KB085277

위대한 영화 1

위대한 영화 1

THE GREAT MOVIES

로저 에버트 지음
윤철희 옮김

을유문화사

위대한 영화 1

발행일
초 판 1쇄 2003년 2월 25일 │ 5쇄 2005년 8월 25일
제2판 1쇄 2006년 12월 30일 │ 6쇄 2014년 6월 25일
제3판 1쇄 2019년 11월 20일 │ 3쇄 2023년 5월 30일

지은이 로저 에버트
옮긴이 윤철희
펴낸이 정무영, 정상준
펴낸곳 (주)을유문화사

창립일 1945년 12월 1일
주소 서울시 마포구 서교동 469-48
전화 02-733-8153
팩스 02-732-9154
홈페이지 www.eulyoo.co.kr

ISBN 978-89-324-7406-9 04680
ISBN 978-89-324-7405-2 (세트)

나의 스승인
대니얼 컬리, 매니 파버, 폴린 케일, 스탠리 카우프먼,
아서 나이트. 드와이트 맥도널드, 도널드 리치, 앤드루 새리스에게
이 책을 바친다.

일러두기

1. 본문 하단에 나오는 각주는 모두 옮긴이 주다.
2. 영화는 <>, 영화 시리즈는 ◇◇, 신문·잡지·단행본은 『』, 뮤지컬·연극·오페라·TV 프로그램은 「」로 표기했다.
3. 영화의 한국어 명칭은 한국영화데이터베이스(www.kmdb.or.kr)와 인터넷 포털 사이트 네이버의 영화 페이지(movie.naver.com)를 참고해서 표기하되, 그 표현이 어색하거나 불확실할 경우 옮긴이의 판단에 따라 수정했다.
4. 각 에세이에서 배우의 이름은 처음 언급될 때마다 원어를 병기했고, 캐릭터의 이름은 기본적으로 원어를 병기하지 않았다. 예) <대부The Godfather>: 콜레오네(말론 브란도Marlon Brando), 마이클(알 파치노Al Pacino)
5. 인물 명칭의 한국어 표기는 국립 국어원의 원칙을 따랐으나, 원칙과 다르게 오래 전부터 널리 통용된 명칭이 따로 있을 경우 해당 명칭을 따랐다.
6. 인물의 생몰년도 표기 중 사망 년도는 최근의 정보에 맞게 수정했다.

김영진(영화 평론가)

로저 에버트는 『시카고 선 타임스Chicago Sun-Times』 신문에서 수십 년 동안 평론가로 활동했으며, 자신의 이름을 건 텔레비전 비평쇼를 진행했고, 엄청나게 많은 평론을 빨리 쓴 전설적인 비평가다. 대중의 신경을 자극하기 위해 안달인 폭력적인 저널리즘 환경에서 단련된 에버트의 문장은 묘사가 풍부하고 주석이 간결하며 무엇보다 쉽고 명료하다. 그의 개봉 영화 비평은 열정적이고 때로 신랄했지만 『위대한 영화』에 실린 비평들은 그것들과 다소 결이 다르다. 이 책들의 문장은 그가 사랑하고 존경하는 영화의 매혹을 음미하듯 부드럽고 세심하다. 『위대한 영화』는 정기적으로 신문에 개봉 영화 평을 썼던 에버트가 과외 활동으로 영화사에 남는 명작들을 상영하는 영화제를 열고 관객들 앞에서 그 영화들을 숏 단위로 분석하는 세미나를 행했던 틈틈이 각별한 애정을 갖고 몰두한 집필 작업의 산물이다. 그런데 흥미로운 것은 이 작업을 통해 에버트가 영화를 점점 더 많이 알아 가는 사랑의 방식이 독자에게도 전달된다는 것이다. 더 놀라운 것은『위대한 영화』1권에서 4권으로 갈수록 그의 글은 더욱 유려해진다는 것이다. 그는 솔직하게 예전에 본인이 썼던 영화 평의 관점을 스스로 비판하기도 하고, 영화를 접하지 않아 일정한 편견에 사로잡혀 있을 독자들에게 강요하지 않고도 명작들을 사랑하는 법을 알려 준다. 에버트의 글은 읽는 사람의 마음을 움직인다. 고개를 끄덕이게 하는 것이 아니라 사랑하게 만든다. 그가 거론한 영화들을 보고 싶어지는 것이다.

나는 영화의 이미지가 주는 매력을 활자로 따라잡는 불가능한 임무를 완수하는 에버트의 손이 행한 기적에 부러움을 느낀다. 이를테면 그는 니컬러스 로그Nicolas Roeg의 매혹적이지만 플롯이 헝크러진 영화 <쳐다보지 마라Don't Look Now>를 옹호하면서 이렇게 쓴다. "유령이 출몰하는 도시 베니스가 <쳐다보지 마라>에서보다 더 우울한 모습을 보였던 적은 결코 없었다. 도시는 광대한 공동묘지처럼 보이고, 돌덩이들은 축축하고 연약하며, 운하에는 쥐 떼가 우글거린다. 앤서니 B. 리치몬드와, 크레디트에는 오르지 않은 로그가 담당한 촬영은 베니스에서 사람들을 제거해 버린다. 북적이는 길거리나 대운하 인근에서처럼 베니스 거주자나 관광객들을 볼 수 있는 몇 가지 장면이 있지만, 존과 로라가 (처음에는 함께, 나중에는 별도로) 길을 잃는 한결같은 두 장면에서는 아무도 보이지 않고, 거리와 다리와 운하와 막다른 골목과 잘못된 모퉁이는 그것들끼리 서로 포개져 있는 것처럼 보인다." 에버트는 이런 영화들이 '플롯에서 자유롭고, 어떤 최종적인 설명도 제시하지 않는, 하나의 체험으로만 존재하는 영화'이며 관객인 우리는 '소풍을 따라 나섰다가 안전하게 돌아온 소녀들과 비슷하다'고 본다.

페데리코 펠리니Federico Fellini의 <달콤한 인생La Dolce Vita>에 관한 글에서 에버트는 세상의 속된 관심거리를 찾는 신문기자의 저열한 생존 본능과 세상의 물질적인 욕망을 포착하려는 영화감독의 심미안을 포개 놓고 단도직입적으로 영화의 주제를 향해 달려간다. 비틀즈의 초기 모습을 담은 리처드 레스터Richard Lester의 <하드 데이즈 나이트 A Hard Day's Night>에 관한 평에서는 계절의 주기처럼 한번 지나가면 다시 돌아오지 않는 인생의 어떤 모습을 비유한다. 이 평론의 끝에서 아름다운 봄 운운하는 그의 멋진 결론을 보노라면 마음이 상쾌해진다. 무엇보다 내가 가장 좋아하는 영화인 장뤽 고다르Jean-Luc Godard의 <비브르 사 비Vivre Sa Vie>에 관한 다음과 같은 분석적인 문장은 멋지다. "카메라가 두 사람을 투 숏으로 잡았을 때 남자가 말한다. '웃어봐.' 거부하던 그녀는 미소를 짓는 동시에 숨을 내쉰다. 그러면 카메라는 남자에게서 멀어지면서 그녀에게 다가간다. 갑자기 그녀에게 흥미가 생겼다는 듯이 말이다. 우리는 카메라의 의도에 말려들고 말았다. 우리 자신이야말로 관찰하고 놀라워하는 카메라다. 카메라는 '스타일'을 표현하는 방법이 아니다. 사람들이 다른 사람들을 바라보는 방법이다." 이 글은 굳이 학구적인 용어를 쓰지 않고도 영화 <비브르 사 비>의 본질을 간명하게 잡아낸다. 이 글의 결론은 영화의 여주인공 나나를 보는 카메라의 역할을 논하며 끝난다. "우리는 리허설도 없는 나나의 첫 번째 인생을 카메라가 보는 대로 본다. 나나가 살아가는 대로 본다. 영화가 안겨 주는 충격은 놀라울 정도다. <비브르 사 비>는 명료하고 신랄하며 무뚝뚝하다. 그러고는 끝난다. 그것이 그녀가 살아야 할 삶이다." 젠체하지 않고 냉소적이지 않으며 무한한 애정으로 영화를 껴안으면서 정확하게 분석적 거리를 유지하는 이런 글을 『위대한 영화』 시리즈 곳곳에서 읽을 수 있다.

자크 타티Jacques Tati의 <월로 씨의 휴가Les Vacances de M. Hulot>에 관한 비평에서 에버트는 우리 시대에 점점 사라져 가는 영화 보기의 매혹과 미덕에 관한 장뤽 고다르의 다음과 같은 잠언을 인용한다. "영화는 역이 아니다. 영화는 기차다." 우리는 영화가 '역'이라고 생각하지만 실은 '기차'라는 것이다. 영화를 기차가 아니라 역이라고 여긴다면, 우리는 기차 여행의 즐거움을 만끽하는 대신 목적지인 종착역에 빨리 도착하려 안달하는 어린애와 같다. 에버트는 이렇게 덧붙인다. "나는 이 말이 뜻하는 바를 전혀 몰랐었다. 월로 씨가 그 뜻을 나한테 보여 주기 전까지는 말이다. 즐거움은 여행길에 있고, 슬픔은 목적지에 있다."

즐거움은 여행길에 있고 슬픔은 목적지에 있는 것, 그게 영화와 인생이 나누는 공통분모이다. 영화와 비평이 만나는 가장 행복한 풍경이 여기에 있다.

우리는 시간과 공간으로 둘러싸인 상자 안에서 살아간다. 영화는 그 벽에 난 창문이다. 우리는 영화를 통해 다른 이들의 마음속에 들어갈 수 있다. 우리 자신을 영화의 캐릭터와 동일시한다는 단순한 의미에서 비롯된 이야기만은 아니다. 물론 그런 동일시는 관객들이 영화를 보는 중요한 이유이기도 하다. 그런데 영화를 보는 가장 중요한 이유는 다른 사람의 시각에서 세상을 바라볼 수 있다는 점일 것이다. 프랑수아 트뤼포François Truffaut 감독은 "영화관의 스크린 앞으로 걸어간 영화감독이 몸을 돌려 스크린에서 반사된 빛이 관객들의 얼굴에 어른거리는 것을 바라보는 것은 감동적인 광경"이라고 말했다. 그 관객들이 보는 영화가 훌륭한 영화라면, 관객들이 지금 유체 이탈을 경험하고 있다는 사실이 관객들의 얼굴에 확연하게 드러날 것이다. 관객들은 잠시나마 다른 공간, 다른 시간에 살고 있고, 또한 자신들의 삶이 아닌 다른 이들의 삶을 걱정하며 고민하는 중이다. 다양한 예술 형태가 있지만, 관람 주체의 감정 이입을 이끌어 내는 점만 보면 영화는 가장 강력한 예술이다. 게다가 위대한 영화는 관객들을 더 위대한 사람이 되도록 이끌 수 있다.

하지만 세상에 위대한 영화는 그리 많지 않다. 봐도 그만 안 봐도 그만인 주말 심야 상영용 영화가 무수히 많은 게 현실이다. 나를 포함한 평론가들은 그런 영화를, 두 시간 동안 재미있게 시간을 죽이는 데 유용한 영화로 평가한다. 기분 전환을 기대하며 심야 영화 표를 끊은 관객들은 극장에 온 목적을 그럭저럭 달성하게 된다. 하지만 그 이상의 것을 얻는 경우는 드물다. 할리우드는 영화의 질이 아닌 마케팅 능력으로 관객들을 끌어들여 왔다. 세계 영화계에도 악영향을 미치는 할리우드가 너무하다 싶을 정도로 저속한 취향의 관객들을 겨냥해 만든 최근 영화들에서는 그러한 경향이 더 심해졌다. "영화에 세 가지 철학을 담는 건 위법입니다. 그리고 그런 영화를 보러 오는 사람은 아무도 없을 겁니다." 배우 겸 감독 숀 펜Sean Penn이 2001년 에든버러영화제에서 관객들에게 한 말이다. 하지만 이 책에서 소개한 영화들은 세 가지 철학, 아니 그 이상의 철학을 담고 있다. 이 책에서 소개한 영화들이 영화 역사상 '최고의 걸작 100편'이라고는 할 수 없다. 걸작 영화의 목록을 집대성하겠다는 멍청한 시도는 세상과 담을 쌓겠다는 것이나 다름없기 때문이다. 오히려 이렇게 말하는 게 적합할 것 같다. '영화의 첫 1세기동안 탄생한 기념비적인 작품들을 두루 살펴보고 싶다면 이 책에서 출발하라.'

내가 이 책에 실린 에세이들을 쓰기 시작한 것은 할리우드가 내놓는 신작들이 바닥을 치기에 이른 것처럼 보이고, 젊은 영화 관객 대부분이 옛날 영화에는 거의 관심을 갖지 않는 듯 보이던 무렵이었다. 나는 1968년 이래로 매년 봄마다 볼더에 있는 콜로라도대학에서 열린 세계정세협의회에 참석해 일주일간 한 편의 영화만 철저히 분석해 왔다. 어둠 속에 앉은 우리는 정지와 재생을 반복해 가며 영화를 천천히 분석

한다. 때로는 숏 하나하나를 일일이 검토할 정도로 분석을 느리게 진행할 때도 있다. 초기에는 16밀리미터 필름으로 영화를 분석했다. 레이저디스크와 DVD가 개발된 후에는 분석 작업이 한결 수월해졌다. 객석에 앉은 사람들은 모두 토론에 참여한다. 스크린 위에 얼어붙어 있는 이미지를 놓고 벌이는 어둠 속의 민주주의라 할 수 있다. 초창기에는 위대한 영화(<시민 케인Citizen Kane>, <제3의 사나이The Third Man>, <달콤한 인생La Dolce Vita>, <제너럴The General>, <오명Notorious>, <페르소나Persona>, <이키루生きる>, <택시 드라이버Taxi Driver>)를 교재로 채택했다. 그런데 영화 동아리의 사멸과 가정용 비디오의 보급을 반영한 듯, 최근 학생들은 옛날 영화에는 별 관심을 보이지 않는다. 어느 해인가 <현기증Vertigo>을 분석하자고 했더니 학생들은 <파이트 클럽Fight Club>을 분석하자고 졸랐다.

우리는 두 편 모두를 분석했다. 나는 <파이트 클럽>이 기교가 매우 빼어난 영화라는 걸 알고 있었다. 그리고 <파이트 클럽>을 추앙하는 이들이 대단히 인상적인 영화라는 이메일을 수도 없이 보내오기 때문에 학생들이 <파이트 클럽>을 분석하자는 이유도 이해한다. 그러나 나는 <파이트 클럽>에 호의적이지는 않다. <파이트 클럽>을 일주일간 다시 본 결과, 이 영화의 기교에 대해서는 더욱 존경하게 됐지만 영화에 담긴 철학에 대해서는 더욱 부정적인 태도를 취하게 됐다. <파이트 클럽>에는 말하고자 하는 주제를 함께 보듬고 가는 지적인 능력이 결여되어 있다. 그렇다고 음향과 액션으로 관객들을 맹공격하고, 숏은 점점 짧아지는 데 반해 영화는 더 요란해지며, 특수 효과가 영화의 주제나 배우의 연기를 대체하거나 심지어 능가하기까지 하는 시대적 상황을 탓하는 건 아니다. 요즘 영화는 관객들을 영화의 내러티브로 끌어들이는 흡입력을 상실했다. 요즘 관객들은 <제3의 사나이>를 보면서 해리 라임이 등장하는 순간까지 참을성 있게 기다릴 수 있을까?

볼더를 비롯한 여러 캠퍼스에서 학생들과 이야기를 나누던 중에 학생들이 영화사에 중요한 상당수 감독의 이름을 모른다는 사실을 깨달았다. 영화를 전공하는 학생들조차 루이스 부뉴엘Luis Buñuel, 로베르 브레송Robert Bresson, 오즈 야스지로小津安二郎 감독의 영화를 한 편도 보지 않은 경우가 많았다. 그들은 존 포드John Ford나 빌리 와일더Billy Wilder 감독의 영화는 한두 편 봤고, 앨프리드 히치콕Alfred Hitchcock 감독의 클래식은 대여섯 편 알고 있었으며, <시민 케인> 앞에서는 정중히 무릎을 꿇는데, 《스타워즈Star Wars》 시리즈는 암기하다시피 했다. 하지만 그들이 가끔씩 다음과 같은 말을 내뱉을 때마다 나는 그들을 구제 불능의 속물로 생각하게 됐다. "저는 흑백 영화는 좋아하지 않아요." 이 책에서 소개한 영화 중 절반 정도는 흑백 영화이고, 세 편은 흑백과 컬러가 섞여 있다. 흑백 영화의 위력이 컬러 영화보다 덜하지 않을뿐더러 오히려 컬러 영화를 능가할 수 있다는 사실을 이해할 수 없다면, 당신은 영화의 역사를 안다고, 또는 영화를 사랑한다고 말해서는 안 된다.

영화사 초창기의 걸작들이 많은 관객, 심지어는 아주 훌륭한 관객에게도 미개척지로 남아 있음을 깨닫게 됐다. 나는 일간지에 영화평을 쓰는 사람이지만, 눈앞의 삶에만 사로잡힌 채 인생을 보내고 싶지는 않았다. 1997년에 당시 『시카고 선 타임스Chicago Sun-Times』의 편집장이던 나이절 웨이드Nigel Wade를 찾아갔다. 그러고는 영화사의 걸작들을 되돌아보는 긴 리뷰 시리즈를 격주로 싣자고 제안했다. 그는 자비를 베풀었다. 그런 자비를 베풀어 줄 편집자는 많지 않다. 미국의 영화 저널리즘은 연예인 소식, 박스 오피스 결과 분석, 기타 저급한 기사들을 주로 다룬다. 아무튼 나는 그 후 2주에 한 번씩 위대한 영화들을 되돌아봤다. 시리즈에 대한 반응은 고무적이었다. 영화 애호가들은 편지와 이메일을 보내왔고, 다른 평론가들은 논쟁을 걸어 왔다. 어느 대학교 임원과 매디슨에 거주하는 10대는 리스트에 오른 영화를 모두 보겠다고 맹세했다. '도서관 미디어 프로젝트The Library Media Project'는 리스트에 오른 영화의 DVD를 공공도서관에서 할인 판매하기로 결정했다.

클래식 영화를 보기 힘들어진 상황은 영화 동아리의 사멸과 직접적인 관련이 있다. 가정용 비디오가 널리 보급되기 전까지만 해도, 제대로 짠 프로그램에 맞춰 저렴한 입장료를 받으면서 영화를 16밀리미터 필름으로 상영했던 영화 동아리가 모든 캠퍼스와 상당수 공동 도서관, 지역 회관에 있었다. 내가 영화에 제대로 입문한 계기도 일리노이대학의 두 영화 동아리에 가입한 것이었다. 나는 동아리에서 볼 수 없었다면 죽을 때까지 보지 못했을 영화들을 동아리에서 처음 봤다. 내가 동아리 방에서 처음 봤던 <이키루>, <400번의 구타Les Quatre Cents Coups>, <말타의 매The Maltese Falcon>, <스윙 타임Swing Time> 같은 영화들이 그런 경우다. 25센트만 있으면 영화를 볼 수 있다는 사실을 제외하면, 나는 그 작품들에 대해 아는 게 거의 없었다. 영화가 끝나면 사람들은 학생회관에 모여 커피를 마시면서 방금 전에 본 영화에 대해 이야기를 나누었다.

이론적으로만 보면 가정용 비디오는 위대한 영화 애호가들을 위해 하느님이 보내 준 선물이어야 한다. 실제로 위대한 영화 대부분이 여러 형태의 비디오로 출시되어 있고, 관객들도 비디오를 통해 위대한 영화를 접하는 경우가 대부분이다. 하지만 당신의 집 근처에 있는 비디오 가게에 들어가 보라. 입구에 놓인 진열대에는 할리우드 블록버스터의 '신작 비디오'가 진열되어 있다. '외국 영화'와 '클래식'을 찾으려면 체인점의 구석진 곳을 배회하고 다녀야 한다. 그나마 몇 편밖에 구비되지 않은 경우도 허다하다. 체인에 가입하지 않은 독립 비디오 대여점이나 'netflix.com'과 'facets.org' 같은 온라인 대여점을 통해 광범위한 영화를 빌려 볼 수는 있다. 하지만 평균적인 영화 관객이 그런 수고를 하려고 할까? 평론가 스탠리 카우프먼Stanley Kauffmann은 1960년대에 영화에 미쳐 사는 젊은 영화 관객들을 일컫는 말로 '영화 세대film generation'라는 용어를 만들어 냈다. 나는 그 세대의 일원이었다. 나는 알랭 레네Alain Resnais 감독의 <지난해 마리엥바드에서L'Année Dernière à Marienbad>와 장뤽 고다르Jean-Luc Godard 감독의 <주말Week-end>의 매진 사례를 이끌어 낸 입장권 구매 행렬에 동참하려고 극장 앞에서 진을 쳤었다고 엄숙히 선언할 수 있다. 요즘 미국의 영화 배급망을 과점하고 있는 배급사들은 외국 영화라면 대중적인 영화조차 무시하는 경우가 많다. 할리우드 주류 영화는 10대 남성 관객을 겨냥해 만들어진다. 관객들은 'A급 제작비를 투여해 만든 B급 영화'인 할리우드의 신규 특산품을 보려고 극장 앞에 장사진을 친다.

나는 이 책에 소개한 영화 중 일부는 수십 번을 봤다. 그중 마흔일곱 편을 한꺼번에 본 적도 있다. 하지만 신문에 리뷰를 쓸 때마다 해당 영화를 다시금 신선한 시각으로 감상했다. 그것이 이 책에 실린 리뷰를 쓰던 내 기본적인 마음가짐이다. 영국의 영화 평론가 데릭 맬컴Derek Malcolm이 했던 비슷한 영화 선정 과정이 생각난다. 그는 다시는 볼 수 없을지도 모른다는 고통스러운 생각이 드는 영화들로 자신이 선정한 위대한 영화 목록을 채웠다. 나는 신문에 실린 기사들 일부를 다듬고 글의 분량도 늘려 책으로 엮었다. 러닝 타임이 늘어난 <지옥의 묵시록Apocalypse Now>의 새 버전에 대한 논의의 경우 글을 다시 쓰기도 했다. 이 책을 출간하는 날까지 신문에 게재한 150여 편의 영화 중에서 1백 편을 선택했다. 격주간 시리즈는 계속 연재하고 있다.

에세이를 다시 손보면서 지금 하고 있는 일이 얼마나 놀라운 일인지를 새삼 실감했다. 각각의 영화를 감상하던 전후 상황을 기억하고 있기 때문이다. 하와이영화제에서 일본 영화의 최고 권위자인 도널드 리치Donald Richie와 함께 오즈 야스지로 감독의 <부초浮草>를 봤다. 버지니아미국영화제에서는 <분노의 주먹Raging Bull>을 편집 감독 셀머 슌메이커Thelma Schoonmaker와 함께 봤다(영화를 편집한 사람만큼 그 영화를 잘 아는 사람은 없다). <카사블랑카Casablanca>는 플로팅영화제에서 촬영 감독 해스켈 웩슬러Haskell Wexler와 함께 봤다. 퀸엘리자베스 2호 선상에서 매년 열리는 텔루라이드영화제에서는 평론가이자 영화감독으로 유명한 피터 보그다노비치Peter Bogdanovich와 <시민 케인>을 분석하기도 했다. <2001 스페이스 오디세이2001: A Space Odyssey>의 첫 시사회에 참석했던 나는 일리노이대학에서 열리는 오버룩트영화제에서 70밀리미터 스크린으로 영화를 다시 봤다. 2001년 칸영화제에서 공개된 <지옥의 묵시록: 리덕스Apocalypse Now: Redux>는 세상에서 가장 좋은 영화관에서 봤다. 미시건주 스리오크스에 있는 비커스 극장 외벽에 영사된 <전함 포템킨Броненосец «Потёмкин»>을 볼 때는 접의자에 앉은 관객들과 함께 벤튼 하버 출신의 그룹 콘크리트Concrete가 작곡한 영화 음악을 듣기도 했다. 오버룩트영화제에서는 매사추세츠주 케임브리지의 앨로이 오케스트라Alloy Orchestra가 연주하는 음악을 들으면서 <노스페라투Nosferatu>를 봤다. 깐깐하지만 사람 좋은 영화 수집가였던 고故 데이비드 브래들리David Bradley의 로스앤젤레스 거실에서 16밀리미터로 <빅 슬립Big Sleep>의 오리지널 버전을 봤던 기억이 난다. 베니스의 산마르코 광장 야외에서 봤던 <시티 라이트City Lights>는 최고의 경험이었다. 영화가 끝난 후 채플린Charlie Chaplin이 발코니에 모습을 드러내서는 관객들에게 손을 흔들었다. 시카고에 있는 패시츠 멀티미디어에 근무하는 밀로스 슈텔릭Milis Stehlik이 반드시 봐야 할 영화가 있는데 무슨 영화인지는 말해 주지 않겠다는 전화를 걸어 온 후, 나는 <천국의 문Gates of Heaven>을 처음 봤다. 사람들은 애완동물 공동묘지를 다룬 다큐멘터리는 보고 싶지 않다고 '생각하기' 때문에, 이 신비로운 걸작은 지금도 고초를 겪고 있다.

위대한 영화를 많이 보면 감독들의 목소리와 스타일이 머릿속에 떠오르기 시작한다. 당신은 영화감독 개인이 만든 영화가 있는 반면 집단 작업을 통해 만들어진 영화가 있다는 사실을 알게 될 것이다. 어떤 영화들은 출연한 배우들이 전부다(마르크스 형제Marx Brothers와 프레드 아스테어Fred Astaire와 진저 로저스Ginger Rogers의 영화가 그렇다). 잘 만들어진 수준을 뛰어넘은 《스타워즈》 같은 걸작 장르 영화도 있다. 대부분의 위대한 영화는 영화를 만든 사람들의 스타일과 분위기, 비전을 보여 준다. 영화감독은 당신의 상상력이라는 현악기를 연주한다. 그러한 경험을 하고 나면, 다른 감독의 작품을 보고 싶어 미칠 지경이 될 것이다. 어느 틈에 영화감독은 당신의 친구 같은 존재가 되어 버린다. 루이스 부뉴엘 감독은 인간의 본성이 파렴치하다는 사실을 즐거워했다. 가톨릭 신자인 마틴 스콜세지Martin Scorsese 감독은 죄를 저지를지도 모른다는 가능성에 대한 끔찍한 괴로움 때문에 영화를 만들었다. 구로사와 아키라黑澤明 감독은 개인을 경시하는 국가에서 살아가는 개인들을 찬양했다. 빌리 와일더 감독은 사람들이 행복해지려고 저지르는 짓에 대경실색했다. 앨프리드 히치콕 감독은 죄책감을 불러일으키는, 꿈과 유사한 특징을 담은 이미지들을 창조해 냈다. 영화 애호가라면 언젠가는 오즈 야스지로 감독의 세계에 발을 들여놓게 된다. 오즈의 세계에 들어서면 영화가 사물의 움직임을 다루는 예술이 아니라 움직여야 할지 말지 여부를 다루는 예술이라는 사실을 이해하게 될 것이다.

차례

내슈빌	감독	로버트 올트먼	
Nashville	주연	데이비드 아킨, 바버라 백슬리, 네드 비티 등	
	제작	1975년	160분

평론가 폴린 케일Pauline Kael이 쓴 <내슈빌> 리뷰를 다시 읽으려고 1976년에 나온 그녀의 컬렉션 『릴링Reeling』을 책장에서 꺼냈다가 페이지를 표시하려고 꽂아 넣은 노란 메모지를 발견했다. 내가 영화에 대해 가르치던 수업에 쓰려고 적은 메모였다. 거기에는 내 글씨로 "이것은 무엇에 대한 이야기인가?"라고 적혀 있었다. 이 영화가 위대한 것은 이 질문에 대한 진정한 대답을 내놓을 수 있는 사람이 없어서일지도 모른다.

이 영화는 뮤지컬이다. 로버트 올트먼Robert Altman, 1925~2006은 새로 출시된 DVD의 코멘터리에서 이 영화에 한 시간이 넘는 음악이 담겨 있다고 밝힌다. 영화는 내슈빌 신scene에 대한 다큐드라마다. 워터게이트의 영향을 즉각적으로 받으면서 집필되고 연출된 정치적 우화다(그랜드 올 오프리Grand Ole Opry 장면들은 닉슨이 사임한 날에 촬영되었다). 영화는 사랑과 섹스가, 상처받은 마음들과 회복된 마음들이 맞물린 이야기들을 들려준다. 그리고 영화는 미국인들이 해 대는 입에 발린

언사에 대한 짓궂은 풍자다(컨트리 스타는 "사랑스러운 내 고향 내슈빌에 온 것을 환영합니다"라고 엘리엇 굴드Elliott Gould에게 지껄인다).

그런데 무엇보다 이 영화는 상처 입은 이들과 서글픈 이들에게 바치는 애정이 담긴 시다. 뇌리에서 가장 지워지지 않을 것 같은 이 영화의 캐릭터들은 최고의 캐릭터들이다. 릴리 톰린Lily Tomlin이 연기하는, 청각 장애인 아들들을 사랑하는 주부, 어머니가 화재에서 구한 컨트리 가수의 옆을 지키는 외로운 군인, 방금 세상을 떠난 아내 때문에 비탄에 잠긴 노인, 총격이 일어난 후 마이크를 건네받고는 무대에 오르는, 바버라 해리스Barbara Harris가 연기하는 가출한 아내, 그리고 심지어 아첨을 달고 살지만 위기 상황에서는 알맞은 방식으로 행동하는 컨트리 가수(헨리 깁슨Henry Gibson)까지. 케일은 이렇게 썼다. "신심이 깊은 헤이븐 해밀턴Haven Hamilton이 편집증이 느껴지는 눈빛을 번득이며 청중을 자신의 감시하에 두고서는 복음 성가 같은 'Keep A'Goin(계속 나아가세)'을 부르는 걸 지켜본 사람은 그 노래가 그의 참된 영혼을 표현한다는 것을, 그리고 부상을 당했을 때 그가 자기 앞에 있는 청중을 생각할 것임을 짐작할까?"

영화의 배경은 대통령 후보 예비 선거의 카운트다운이 진행되는 닷새간의 내슈빌이다. 스크린에 전혀 등장하지 않는 후보 핼 필립 워커는 신생 정당인 교체당Replacement Party의 후보로 출마해 앞선 네 차례의 예비 선거에서 승리했다. ABC 기자 하워드 K. 스미스에 따르면, 그의 입후보는 대학생들을 대상으로 연설하는 자리에서 "당신에게 크리스마스는 오렌지 냄새가 나나요?"라는 질문을 듣던 중에 발표되었다. 그렇다. 스미스의 논평은 이렇게 결론을 맺는다. 크리스마스는 그에게 늘 약간은 오렌지 냄새가 났었다고.

마이클 머피Michael Murphy가 내슈빌의 판테온에서 선거 전야 집회를 기획하는 구변 좋고 품위 있는 선거 운동원 존 트리플렛을 연기한

다. 톰린의 남편을 연기하는 네드 비티Ned Beatty는 그를 돕는 지역 변호사다. 트리플렛은 컨트리의 전설 바버라 진(로니 블레이클리Ronee Blakley)이 집회에서 노래를 불러 주기를 원하지만, 그녀의 남편(앨런 가필드Allen Garfield)은 정치에 엮이는 것을 원치 않는다. 한편 뜨내기들과 성공하겠다는 희망을 품은 이들이 내슈빌로 모여든다. 출세하겠다는 희망을 품은 그들은 '마이크 개방의 밤open-mike nights'에 노래를 부르고 작곡한 노래를 팔러 다니며 테이프를 제작한다.

그들 중 한 명이 톰 프랭크(키스 캐러딘Keith Carradine)다. 바람둥이인 그는 녹음 스튜디오에서 톰린의 캐릭터와 마주쳤었다(그녀는 가스펠 합창단과 노래를 부른다). 그는 끈질기게 그녀의 집으로 전화를 걸고, 그녀는 그의 전화를 끊는다. 그러나 그녀와 비티의 결혼 생활은 그리 좋은 편이 아니고, 우리는 그가 청각 장애인 아이들과 소통하려는 노력조차 하지 않을 때 그녀가 느끼는 고통을 감지한다. "얘가 뭐라는 거야?" 아들이 수영 레슨 때문에 흥분해서 홍조를 띠자, 그는 싫증난 표정으로 아내에게 묻는다.

결국 톰린은 다른 많은 캐릭터도 시간을 보내고 있는 클럽으로 포크 가수를 만나러 간다. 로버트 올트먼은 작품에 늘 많은 요소를 끌어들이는 감독이다. 그의 촬영장은 늘 파티 같았고, 그의 영화들은 그런 분위기를 자주 풍긴다. 그는 인재들을 포용하고, 옛 친구들에게 충실하며, 모두를 위한 장소를 찾아내고 싶어 한다. (새로 출시된 DVD에 실린 그의 코멘터리를 들으면서 느끼는 기쁨 중 하나가, 그가 스크린에 등장한 인물 중 일부와 수십 년간 함께한 작업에 대해 하는 묘사를 듣는 일이다. 그 사람들 중에는 이 영화에서도 역할을 맡아 연기한 조감독 토미 톰슨Tommy Thompson도 포함되는데, 올트먼의 가장 친한 친구였던 그는 코멘터리가 녹음되기 열흘 전에 촬영장에서 숨을 거두는 순간에도 여전히 올트먼과 함께 작업을 하고 있었다.)

1925년생인 올트먼은 친구들과 동료들로 구성된 바다에서 힘들이지 않고 헤엄을 치는 인물이라서 똑같은 일을 반복하는 영화들을 만드는 것을 수월하게 여겼다. 놀라운 점은 <내슈빌>에 등장하는 캐릭터가 많다는 사실(중요한 대사를 연기하는 역할만 스물다섯 명 이상이다)이 아니라 주요 캐릭터가 정말로 많다는 점이다. 이 영화에 출연한다는 것은 각자에게 주어진 장면에 무게와 깊이를 더한다는 뜻이다. 그러니 배우 각자는 자신이 연기하는 캐릭터에 깊은 인상을 담아야 한다. 영화에는 캐릭터만 많은 것이 아니라 표현하고자 하는 주제도 많다. 영화에 등장하는 정치적 견해를 따라잡는 건 어렵지 않다(핼 필립 워커의 선거 운동은 제시 벤투라Jesse Ventura부터 랠프 네이더Ralph Nader에 이르기까지 이후로 등장한 군소 정당 후보 모두를 대표할 수도 있다). 더 미묘한 것은 컨트리 음악의 가사들이 캐릭터들의 삶에 적용되는 방식을 점검하는 것이다.

　　케일은 이 점을 날카롭게 통찰한다. 영화 도입부에서 우리는 헤이븐 해밀턴(깁슨)이 노래하는 "우리는 아이들을 위해 작별 인사를 해야 해요"라는 가사를 듣는다. 나중에 톰린이 포크 가수의 침대에서 나와 아이들이 있는 집으로 향하는 것은 "정확히 그 이유 때문"이라고 케일은 말한다. 가수(캐러딘)는 다른 여자와 하는 통화로 그녀에게 상처를 주려 애쓰지만, 톰린은 그것을 깨닫지 못한다. 가수는 톰린이 떠나자 짜증난 표정으로 전화를 끊고, 우리는 올트먼이 불과 이삼 분만으로도 놀라운 임팩트가 담긴 짧은 이야기를 들려줬음을 깨닫는다. 가수는 동침했던 여자 대부분을 기억하지 못하지만 이 여자만큼은 "영원토록 기억할 것"이라고 케일은 말한다.

　　<내슈빌>에 등장하는 많은 노래 중 대부분은 해당 노래를 부르는 배우들(블레이클리, 캐런 블랙Karen Black, 깁슨, 캐러딘 등등)이 쓴 노래다. 그들 중에 걸출한 가수는 없다(그웬 웰스Gwen Welles가 노래 실력이

끔찍한 웨이트리스를 연기하는데, 결국 그녀에게 솔직한 얘기를 해 주는 친구를 찾아낸다). 올트먼은 코멘터리에서 리허설에 들인 시간은 거의 없다고 말한다("머리를 만지는 데 들인 시간이 더 많았습니다"). 즉석에서 부른 진심이 담긴 노래들의 톤은 세련된 방식의 공연보다 더 낮게 들린다. 얼빠진 모습으로 떠돌아다니는 제럴딘 채플린Geraldine Chaplin도 마찬가지다. 그녀가 연기하는 BBC 기자는 그녀를 원치 않는 자리에 무턱대고 끼어들어 사람들의 코 밑에 마이크를 들이민다. 그녀가 머릿속에 떠오르는 생각을 마음대로 지껄이며 폐차장을 돌아다닐 때, 우리는 그녀가 정말로 BBC 기자인지 궁금해진다. 대단히 이상한 짓을 하는 그녀는 사기꾼인 것 같다.

노래와 로맨스, 정치의 밑바닥에는 정치적 암살이라는 음험한 물결이 흐른다. 케네디 가문에 대해 기다란 독백을 읊조리는 헤이븐의 거친 아내를 연기하는 바버라 백슬리Barbara Baxley가 무대를 차린다. 우리는 두 젊은 떠돌이를 유심히 보기 시작한다. 가수의 병실에서 밤을 보내는 군인과 가구 딸린 방을 임대한 청년이다. 바버라 진Barbara Jean이 선상 콘서트에서 노래를 부를 때, 우리는 두 사람 모두 앞줄에 나란히 서 있음을 깨닫고 모골이 송연해진다. 이것은 위협일까? 어느 쪽이 암살자일까?

로버트 올트먼의 작품들은 스크린의 네 모서리 안에만 존재하는 것을 거부해 왔다. 그의 유명한 오버래핑 대사는 한 번에 딱 한 명의 캐릭터만 말을 하는 것을 거부하려는 시도다. 그는 이런 대사를 위해 새로운 녹음 시스템을 발명하기까지 했다. 그의 캐릭터들에게는 이웃과 친구, 비밀리에 관계를 맺은 동료들이 있다. 그들은 예상치 못한 방식으로 연결된다. 상투적인 플롯으로는 그들의 이야기를 담을 수 없다.

그가 처음으로 엄청난 성공을 거둔 영화인 <야전병원 매쉬MASH>(1970)부터 경이로운 <쿠키의 행운Cookie's Fortune>(1999)에 이르기까지,

그의 이야기에는 서로 맞물리는 캐릭터가 많다. 그리고 그는 미국의 백인 감독 중에서 거의 유일하게 세상에는 많은 흑인이 살면서 일한다는 사실을 결코 잊지 않는 감독이다. 그는 <내슈빌>과 연달은 성공작 <플레이어The Player>(1992)>와 <숏컷Short Cuts>(1993)으로 폴 토머스 앤더슨Paul Thomas Anderson 감독의 <부기 나이트Boogie Nights>(1997)와 <매그놀리아Magnolia>(1999)를 위한 길을 열어 주었다. 이 영화에 잠복되어 있는 메시지는, 인생은 줄거리의 깔끔한 결말로 이어지는 단선적인 방식으로 진행되지 않는다는 것일 테다. 인생은 혼란스럽고 우리는 서로를 우연히 만난다. 그리고 우리 모두는 늘 이 세상에서 함께 산다. 그것이 <내슈빌>이 끝났을 때 내가 얻은 메시지였다. 그리고 그 메시지는 나를 감동시키는 데 단 한 번도 실패하지 않는다.

네트워크 Network	감독	시드니 루멧
	주연	페이 더너웨이, 윌리엄 홀든, 피터 핀치
	제작	1976년 121분

'TV의 미친 예언자' 하워드 빌이 <네트워크>에 대한 우리의 기억을 장악하고 있다는 사실은 이상하다. 우리는 비에 흠뻑 젖은 비옷 차림에 이마에 머리카락이 짝 달라붙은 그가 "나는 완전히 미쳤습니다. 나는 더 이상은 참지 않을 겁니다"라고 외치는 모습을 기억한다. 이 문장은 사람들의 일상에 편입되었다. 그런데 빌(피터 핀치Peter Finch)은 이 영화의 조역이다. 이야기의 중심은 시청률이 높아진다면 무슨 짓이건 할 준비가 되어 있는, 시청률에 굶주린 편성 간부 다이애나 크리스턴슨(페이 더너웨이Faye Dunaway)이다. 그녀의 행동을 거울처럼 반영하는 캐릭터가 맥스 슈마커(윌리엄 홀든William Holden)다. 중년의 보도부 임원인 그는 다이애나의 희생자가 되었다가 연인이 된다.

패디 차예프스키Paddy Chayefsky가 쓴, 오스카상을 수상한 시나리오의 매력은 시나리오가 풍자에서 광대극으로, 다음에는 사회적 격분을 일으키는 내용으로 기어를 정말로 매끄럽게 바꾼다는 점이다. 빌과 혁명적인 '해방군'이 등장하는 장면들은 과장이 심하지만 유쾌하다. 다이애나와 맥스가 등장하는 장면들은 차분하면서도 긴장감이 팽배한, 설득력 있는 드라마다. 방송국 임원급 수준에서 벌어지는 액션은 방송국의 배후에서 벌어지는 일들의 리얼리즘을 겨냥한다. 우리는 하워드 빌이 방송에 등장할 수 있느냐 여부에는 의문을 품을 수 있지만, 영화가 제시하는 것처럼 방송국 임원들이 그 문제를 놓고 논의할 것이라는 점에는 추호의 의심도 품지 않는다. 차예프스키와 시드니 루멧Sidney Lumet, 1924~2011 감독은 방송국의 배후에서 벌어지는 일이라는 소재를 풍자 영화로 서서히 밀고 나간다. 그런데 그 작업이 대단히 교묘하게 이뤄지기 때문에, 우리는 임원들이 하워드 빌을 어떻게 할 것인지를 결정하는 최후의 심야 미팅에서 부지불식간에 정신 병원에 들어와 있다.

영화는 1976년에 센세이션을 일으켰다. 오스카상에서 열 개 부문 후보로 올랐고, 네 개 부문을 수상했다(핀치와 더너웨이, 여우 조연 비어트리스 스트레이트Beatrice Straight, 차예프스키). 그러면서 텔레비전의 타락한 가치관에 대한 숱한 논쟁을 불러일으켰다. 사반세기 후에 다시 본 영화는 예언서와 비슷하다. 차예프스키는 하워드 빌을 창작할 때 제리 스프링거Jerry Springer와 하워드 스턴Howard Stern, WWE•를 상상할 수 있었을까?

영화의 몇몇 부분은 시대에 뒤쳐졌다. 가장 눈에 띄는 부분은 하워드 빌이 처음 방송을 할 때 사용하는 뉴스 세트다. 가구용 소나무로 만든 부스는 그가 사우나에서 방송을 하고 있는 것처럼 보이게 만든다. 방송국의 전략 회의를 비롯한 다른 부분들은 시대를 초월한 장면들로 남았다. 그리고 빌이 향하는, 점쟁이들과 가십 칼럼니스트들이

• World Wrestling Federation. 미국의 프로 레슬링 단체 WWE(World Wrestling Entertainment)의 과거 명칭

회전하는 무대에 오른 채 등장하는 세트는 당신이 대중에게 전달해야 할 유용한 정보를 가졌을 때보다 '영매'일 때 방송 시간을 확보하기 더 쉬운 프로그램인 뉴스·엔터테인먼트 쇼의 느낌을 근사하게 포착한다.

대부분의 사람은 하워드 빌이 넌더리가 나서 더 이상은 참지 못하고는 방송 중에 정신 줄을 놔 버리는 모습을 기억한다. 그런데 사실은 그것과는 조금 다르다. 빌은 방송 실력이 형편없어서 상사(홀든)가 해고한 알코올 중독자로 묘사된다. 그러면서 두 사람은 함께 술에 취해 방송 중에 자살을 하겠다는 농담을 주고받는다. 이튿날 빌은 고별 방송에서 시청률이 떨어지기 때문에 진짜로 자살할 계획이라고 발표한다. 방송에서 잘린 그는 작별 인사를 할 기회를 달라고 사정한다. 그러면서 이튿날에 마련된 그 자리에서 이런 말을 한다. "흐음, 무슨 일이 있었는지 여러분께 말씀드리겠습니다. 나는 헛소리가 바닥났습니다." 그의 솔직함은 시청률에 엄청난 호재다. 다이애나는 상사들에게 빌을 해고한다는 맥스의 결정을 뒤집으라고 설득하고, 하워드는 방송에 복귀한다. 그는 유명한 대사를 내지를 때 이미 심하게 미쳐 버린 게 분명하다.

루멧과 차예프스키는 감정을 최대한으로 끌어내야 할 순간이 언제인지를 잘 안다. 빌이 시청자들에게 "내가 하는 말을 따라하십시오"라고 명령한 후, 그들은 사람들이 창밖으로 몸을 기울이고는 자기들도 완전히 미쳤다고 외치는 실외 숏들로 편집해서 넘어간다. 이 숏들은 현실에서 재연될 성싶지는 않지만 효과만큼은 걸출한 드라마로, 당시 극장에서 관객들을 짜릿하게 만들었다. 빌의 시청률은 하늘로 치솟는다(그의 시청률 순위는 「6백만 달러의 사나이The Six Million Dollar Man」와 「올 인 더 패밀리All in the Family」, 「필리스Phyllis」에 이은 4위다). 그러면서 아나운서가 그를 말 그대로 "미친 예언자"로 소개한 후, 그가 호통을 치고 고함을 쳐 대는 새 세트가 지어진다.

이런 현란한 풍자의 맞은편에는 맥스와 다이애나가 벌이는 불륜이 있다. 더너웨이는 시청률에 집착하는 편성 임원 역할을 맡아 매혹적인 연기를 펼친다. 그녀는 높은 시청률을 떠올릴 때면 눈을 반짝거리며 입술을 적신다. 그리고 어느 시퀀스에서 그녀는 맥스에게 키스하는 동안 '제임스 본드' 시리즈의 재방영권을 얼마나 싸게 구입할 수 있는지 말한다. 나중에 침대에서 섹스를 하면서 시청률 이야기를 하는 동안, 그녀는 「모택동 시간」을 헐떡이며 말하다가 절정에 달한다.

공생해방군Symbionese Liberation Army에서 영감을 얻은 게 분명한 좌파 그룹의 활동을 바탕으로 한 프라임 타임 프로그램를 만들자는 아이디어도 그녀가 내놓은 아이디어다. 그녀는 외진 곳에 있는 안가에서 무장한 리더와 협상을 벌이고, 패티 허스트Patty Hearst 타입의 여자와 입씨름을 벌이며, 앤절라 데이비스Angela Davis 타입의 여성을 중개자로 활용한다. 그녀가 시청률을 위해서라면 무슨 짓까지 할 것인지를 보여 주는 사례라는 점을 제외하면, 이 소재는 설득력이 덜하다.

이보다 훨씬 더 설득력 있는 것은 에드워드 R. 머로Edward R. Murrow로부터 교육을 받은 방송 기자로, 지금은 자신이 사랑하는 보도부서가 다이애나에 의해 망가지는 걸 지켜볼 수밖에 없는 신세인 홀든의 연기다. 맥스는 그녀에게 매혹되고 일부러 그녀와 불륜을 벌인다. 그의 입장에서 그것은 악마에게 도취하는 것이자 사랑일 것이다. 그녀 입장에서 그것이 무엇인지 말하기는 어렵다. 결말에서 그가 그녀에게 정확히 말하는 것처럼 "당신 내면에는 내가 참고 견딜 만한 게 하나도 남아 있지 않기" 때문이다.

비어트리스 스트레이트가 연기하는 맥스의 아내 역할은 단역이기는 하지만 엄청나게 위력적인 역할이라서 그녀에게 오스카상을 안겨 주었다. 그녀의 연기는 그토록 긴 시간 동안 감내하는 것이 불가능한 남자와 함께 살아온 여자를, 남편이 바람을 피운다는 이야기에 분노와 배신감을 느끼지만 그리 놀라워하지는 않는 여자를 설득력 있게 보여준다. 바람을 피우겠다는 맥스의 결정에 담긴 의미는 미술 연출로 강조된다. 그와 아내는 벽에 책이 가득 꽂힌 고상하게 꾸며진 아파트에 산다. 연애를 시작한 후, 그는 다이애나의 볼품없는 듀플렉스로 이사 간다. 다이애나는 (의상을 담당한 테오니 V. 앨드리지Theoni V. Aldredge가 입힌) 자신의 복장에는 관심을 쏟지만, 가정적인 여자가 아니라서 자신의 거처에는 관심을 쏟지 않는 게 분명하다. 그녀의 집은 임원 회의실이고 고위층이 일하는 사무실이며 방송 조정실이다.

영화에는 생생한 조역들이 가득하다. TV 소유주로 카메오 출연한 네드 비티Ned Beatty는 강한 인상을 남긴다("그건 당신이 텔레비전에 나오기 때문이지, 멍청아"라고 말하는 사람이 그다). 로버트 듀발Robert Duvall은 살인 제안이 나왔을 때 "이 문제에 대한 모두의 의견을 듣고 싶다"고 고민하는 임원을 연기한다. 웨슬리 애디Wesley Addy는 방송국 진열창에 있는 반백의 미남 임원으로, 주주 회의에서 뛰어난 모습을 보인다.

차예프스키의 중요한 통찰력 중 하나는, 방송국 고위 인사들은 자신의 이익이 위협받지 않는 한 사람들이 TV에서 하는 이야기에 그리 신경을 쓰지 않는다는 것을 파악한 점이다. 하워드 빌은 분노를 요구하고, 시청자들에게 TV를 끄라고 충고한다. 그의 팬들은 자신이 얼마나 넌더리가 나는지를 한목소리로 외친다. 그런데 그는 방송국의 모회사가 사우디아라비아인들에게 팔릴 거라는 계획을 폭로했을 때에만 곤경에 처한다. 이 영화는 CBS 뉴스를 다룬 1999년 영화 <인사이더The Insider>와 비슷한 면이 있다. 그 영화에서 「60분60 Minutes」은 CBS의 수익을 위협하는 소재만 아니라면 원하는 소재는 무엇이든 다룰 수 있는 것으로 묘사된다.

1924년생인 시드니 루멧은 텔레비전이 생방송을 하던 황금기가 낳은 산물로, 그의 시대에 아주 꾸준히 지적인 영화를 생산력 있게 만들어 온 감독군에 속한다. 그의 크레디트는 훌륭한 영화들을 담은 우등생 명부로, 다수의 작품이 양심의 문제를 다뤘다. <열두 명의 성난 사람들12 Angry Men>(1957), <밤으로의 긴 여로Long Day's Journey into Night>(1962), <핵전략 사령부Fail-Safe>(1964), <형사 서피코Serpico>(1973), <뜨거운 오후Dog Day Afternoon>(1975), <도시의 제왕Prince of the City>(1981), <심판The Verdict>(1982), <허공에의 질주Running on Empty>(1988), <사랑과 슬픔의 맨하탄 Q&A>(1990) 등이 그런 작품들이다.

루멧은 대단히 다양한 장르를 작업했고 스타일보다는 스토리에 더 의존한 감독이라 업계 외부보다 내부에서 명성이 높았다. 그런데 까다로운 스토리를 들려줄 알맞은 방법을 찾아내는 솜씨가 그보다 뛰어난 감독은 드물었다. <뜨거운 오후>에서 알 파치노Al Pacino가 유명한 전화를 하게 되기까지 줄거리가 전개되는 과정을 숙고해 보라. 그의 저서 『영화 만들기Making Movies』는 내가 읽은 책들 중에 가장 사실적이고 상식적으로 영화 제작 과정을 다룬다. '감독의 영화'로 간주되는 일이 드문 <네트워크>에서 그토록 상이한 톤과 에너지 수준이 한 작품 내부에 공존하도록 만든 것은 다름 아닌 그의 절제된 연출력이다. 다른 감독이 연출했다면 영화는 일대 혼란에 빠져 산산조각 났을지도 모른다. 그런데 그의 손에서 영화는 믿음직한 시금석 같은 작품이 되었다.

노스페라투	감독	F. W. 무르나우	
Nosferatu	주연	막스 슈렉, 구스타프 폰 방겐하임, 그레타 슈뢰더	
	제작	1922년	94분

F. W. 무르나우F. W. Murnau, 1888~1931 감독의 <노스페라투>를 보는 건 뱀파이어 영화라는 존재가 생기기 이전 시기에 만들어진 뱀파이어 영화를 보는 것이다. 클리셰와 농담, TV 촌극, 만화, 그리고 다른 30여 편의 영화에서 산 채로 매장되기 전에 만들어진 드라큘라 이야기가 여기있다. 이 영화는 자기가 다루는 소재에 경외심을 품고 있다. 영화는 뱀파이어의 존재를 진정으로 믿는 듯하다.

뱀파이어를 연기한 막스 슈렉Max Schreck은 벨라 루고시Bela Lugosi부터 크리스토퍼 리Christopher Lee, 프랭크 란젤라Frank Langella, 게리 올드먼Gary Oldman에 이르는, 이후에 드라큘라를 연기한 배우들의 연기와는완전히 차원이 다른, 연기를 한다는 느낌이 거의 들지 않는 연기를 펼친다. 뱀파이어는 현란한 연기를 펼치는 연기자 같다는 인상을 줄 게 아니라, 무서운 저주에 걸려 고통 받는 남자 같다는 인상을 줘야 마땅하다. 슈렉은 백작을 인간적인 존재보다는 짐승에 더 가까운 모습으로 연기한다. 무르나우의 협력자 알빈 그라우Albin Grau의 솜씨인 미술 연출은 그에게 박쥐의 귀와 갈퀴 같은 손톱, 그리고 할로윈 마스크 비슷한 송곳니가 아니라 쥐새끼처럼 입 한가운데에 솟아난 앞니를 달아 준다.

무르나우의 무성 영화는 브램 스토커Bram Stoker의 소설이 원작이지만, 스토커의 과부가 남편의 저작권이 이용당하고 있다는 합당한 소송을 제기한 탓에 제목과 캐릭터의 이름들을 바꾸게 되었다. 스토커의 저작권을 바탕으로 만들어진 작품 중에서 가장 롱런한 것이 무르나우의 작품이라는 사실은 아이러니하다. <노스페라투>가 이후에 만들어진 드라큘라 영화 수십 편에 영감을 주었기 때문이다. 그러나 후속 영화 중 어느 것도 예술적이거나 잊을 수 없는 작품은 아니었다. 베르너 헤어초크Werner Herzog가 클라우스 킨스키Klaus Kinski를 출연시켜 만든 1979년 버전이 그나마 그 경지에 근접할 뿐이다.

어쨌거나 '노스페라투'는 '드라큘라'보다 좋은 제목이다. "드라큘라"라고 말하면 웃음이 나온다. "노스페라투"라고 말하면 레몬을 씹은 것 같은 기분이 든다. 무르나우의 이야기는 베를린에서 시작한다. 원숭이처럼 생긴 왜소한 부동산 중개인 노크(알렉산더 그라나흐Alexander Granach)는 직원 후터(구스타프 폰 방겐하임Gustav von Wangenheim)에게 도시에 있는 저택('폐가')을 구입하기를 원하는 올로크 백작의 외딴 성을 찾아가라고 지시한다. 이야기의 실마리는 노크의 어깨 너머로 보이는 올로크의 편지에서 발견할 수 있다. 편지는 오컬트의 심벌들로 쓰여 있다. 노크가 그 편지를 읽을 줄 안다는 점에서 그가 나중에 올로크를 '주인님'이라고 부를 때 우리는 그리 놀라지 않는다.

카르파티아산맥에 있는 올로크의 소굴로 향하는 후터의 여행 중에 무르나우가 보여 주는 이미지들은 불운을 암시한다. 여관에서 후터가 올로크의 이름을 들먹거리자 모든 손님이 침묵에 빠진다. 여관 밖에서 말들은 펄쩍펄쩍 뛰며 달아나고, 하이에나는 으르렁거리다 슬그머

니 꽁무니를 뺀다. 후터는 침대 옆에서 뱀파이어의 전설을 설명하는 책을 찾아낸다. 그는 뱀파이어는 흑사병으로 죽은 이들이 묻힌 무덤에서 가져온 흙에서 잠을 자야 한다는 사실을 알게 된다.

후터가 고용한 마부는 그를 올로크의 저택으로 데려가는 것을 거부한다. 백작이 자기 마차를 보내는데, 이 마차는 패스트 모션fast motion•으로 여행한다. 쥐처럼 종종걸음으로 달리는 하인도 마찬가지다. 후터는 뱀파이어의 존재에 대한 경고를 듣고서도 여전히 웃어넘긴다. 그러나 저녁 식탁에서 그의 웃음기는 사라진다. 그가 빵 써는 칼로 자기 손가락을 베자, 백작은 "피, 당신의 아름다운 피!"에 불건전한 관심을 보이는 듯하다.

이제 영화의 핵심적인 시퀀스 두 개가 이어진다. 둘 다 동시에 벌어지는 사건들을 교차 편집한 몽타주 장면이다. 무르나우는 오늘날 일상적으로 쓰이는 테크닉인 몽타주의 도입에 한몫하는 공을 세웠다. 그리고 여기서 우리는 올로크가 후터에게 다가가는 동안, 브레멘에 있는 후터의 아내 엘렌이 몽유병에 걸린 사람처럼 걷다가 뱀파이어가 방향을 돌리게끔 만드는 경고를 울부짖는 모습을 본다(뱀파이어는 박쥐를 닮은 자기 머리처럼 생긴 아치를 통해 다가왔다 물러간다). 나중에 위험에 처했다는 걸 깨달은 후터는 성에서 도망쳐 마차를 타고 브레멘으로 황급히 달아난다. 그러는 사이에 올로크는 바다로 여행을 하고, 무르나우는 마차와 선상에서 벌어지는 사건, 엘렌이 조바심을 내며 기다리는 모습을 교차 편집한다.

선상이 배경인 숏들은 모두가 기억하는 숏들이다. 화물은 여러 개의 관으로, 모든 관에는 (전염병으로 죽은 이들이 묻힌 영양분 많은 무덤에서 가져온) 흙이 채워져 있다. 선원들은 시름시름 앓다 숨을 거둔

• 슬로 모션(slow motion)의 반대말. 정상 속도보다 느리게 촬영한 후 정상적인 속도로 영사해서 필름에 포착된 이미지가 스크린 상에서 정상적인 속도보다 더 빠르게 움직이는 것처럼 보이게 만드는 기법을 가리킨다.

다. 용감한 항해사가 관을 열려고 도끼를 들고 아래로 내려가고, 쥐들은 허둥지둥 도망 다닌다. 그러고는 당시에는 <엑소시스트The Exorcist>의 360도 돌아가는 머리만큼이나 무시무시하고 유명했던 숏에서, 올로크 백작이 관들 중 하나에서 뻣뻣하고 오싹한 모습으로 벌떡 일어선다. 배는 선원들이 사망한 채로 항구에 도착하고, 해치는 저절로 열린다.

여기서 무르나우는 상징적인 의미를 제외하면 줄거리와 거의 직접적인 관련이 없는 장면들을 삽입한다. 한 장면은 '식물 왕국의 뱀파이어'인 파리지옥풀에 대해 강의하는 과학자를 보여 준다. 그런 후 감방에 갇힌 노크는 먹잇감을 게걸스럽게 먹는 거미를 클로즈업으로 관찰한다. 인간은 어째서 뱀파이어처럼 될 수 없는 걸까? 주인님이 당도했음을 감지한 노크는 탈출해서는 등에 관을 짊어지고 시내를 돌아다닌다. 전염병이 창궐한다는 두려움이 퍼지면서 "도시는 희생양을 찾는 중이다"라고 자막은 말하고, 노크는 지붕 위를 기어 다니다가 돌팔매질을 당한다. 한편 거리는 이제 막 사망한 이들을 담은 관들의 음침한 행렬로 가득 차 있다.

엘렌 후터는 뱀파이어를 막을 유일한 방법은 첫닭이 울고 난 후까지 그를 붙잡아 둘 수 있도록 착한 여자가 그의 주의를 끄는 것뿐이라는 사실을 알게 된다. 그녀의 희생은 도시를 구하는 데에서 그치지 않고 드라큘라 이야기에 잠복된 섹슈얼리티를 우리에게 상기시키기까지 한다. 브램 스토커는 숨 막히는 19세기 빅토리아 시대의 가치관에 따라 글을 썼다. 『드라큘라』에는 허가받지 않은 섹스는 사회에 위험하다는 메시지가 잠복돼 있는 것 같다고 의아해할 독자들의 분석은, 그가 집필할 때 세운 목표가 아니었다. 빅토리아 시대 사람들은 우리가 에이즈를 두려워하는 것처럼 성병을 두려워했다. 흡혈 행위는 그에 대한 은유일 수 있었다. 포식자인 뱀파이어는 배필 없이 살면서 — 강간범이나 여자를 후리는 난봉꾼처럼 — 희생자들 주위를 어슬렁거리거나 지고의 행복을 안겨 주겠다는 약속으로 그들을 유혹한다. 흡혈 행위의 치료제는 심장을 관통하는 말뚝이 아니라 핵가족과 부르주아 가치관인 게 분명하다.

현대적인 관점에서 볼 때 무르나우의 <노스페라투>는 무서운 영화일까? 나는 무섭지 않다. 나는 수완 좋은 현대의 호러 영화들처럼 내 감정을 조종하는 이 영화의 능력보다는 이 작품의 예술적인 면모와 아이디어, 분위기와 이미지를 더 높이 평가한다. 영화는 스크린 구석에서 갑자기 튀어나와 관객을 겁먹게 만드는 훗날 개발된 수법들을 전혀 모른다. 그럼에도 <노스페라투>는 효과적인 영화로 남았다. 이 영화는 우리를 겁먹게 만드는 게 아니라 우리에게 달라붙어 우리를 괴롭힌다. 영화가 보여 주는 것은 뱀파이어가 어둠 속에서 튀어나올 수 있다는 것이 아니라 악이 죽음을 자양분 삼아 거기에서 자라날 수 있다는 것이다.

어떤 면에서 무르나우의 영화는 우리가 새벽 3시에 깨어났다가 걱정하게 될 모든 일(암, 전쟁, 질병, 광기)을 다루는 영화다. 영화는 이런 음울한 공포들을 특유의 비주얼 스타일에 담아 제시한다. 영화의 상당 부분은 어둠 속에서 촬영되었다. 스크린의 모퉁이는 평범한 영화보다 더 많이 활용된다. 캐릭터들은 거기에 잠복하거나 웅크리고 있다. 그리고 숏이 다루는 대상이 프레임 가운데에서 제거될 때 긴장감이 생기게끔 만드는 게 화면 구도의 법칙이다. 무르나우의 특수 효과는 관객을 불안하게 만드는 분위기를 더한다. 올로크의 하인의 패스트 모션, 사라진 유령의 마차, 허공에서 갑자기 출현하는 백작, 시커먼 하늘을 배경으로 선 흰 나무들을 보여 주는 네거티브 사진의 활용 등이 여기에 해당한다.

무르나우는 영화 스물두 편을 만들었지만, 대체로 다음의 걸작 네 편으로 잘 알려져 있다. <노스페라투>, 그리고 에밀 야닝스Emil

Jannings가 실직하면서 마음이 황폐해진 호텔 도어맨을 연기하는 <마지막 웃음Der Letzte Mann>(1924), 작은 마을의 하늘을 채우는 악마가 등장하는 <파우스트Faust>(1926), 자기를 살해할 것 같은 남편을 둔 여인을 연기한 재닛 게이너Janet Gaynor에게 오스카상을 안긴 <선라이즈Sunrise>(1927). 무르나우는 <노스페라투>와 <마지막 웃음>의 세계적인 성공 덕에 폭스와 할리우드 계약을 맺고 1926년에 미국으로 이주했다. 그의 유작은 <타부Tabu>(1931)였다. 그는 이 영화의 시사회가 열리기 전에 퍼시픽 코스트 고속도로에서 자동차 사고로 목숨을 잃었고, 그러면서 유망한 경력은 마흔셋의 나이에 짧게 끝나고 말았다.

그가 계속 살았다면 경력의 이후 부분은 유성 영화 제작으로 채워졌을 것이다. 아마 걸작도 몇 편 만들었을 것이다. 그런데 <마지막 웃음> 같은 무성 영화를 만들면서도 그는 줄거리 전달을 위한 자막 화면을 하나도 필요로 하지 않았다. 그리고 <노스페라투>는 무성 영화인 게 더 효과적이다. 사람들은 대체로 무성 영화가 더 '꿈결 같다'고 말한다. 그건 무슨 뜻일까? <노스페라투>에서 그것은 캐릭터들이 걱정스러운 이미지들과 대면하지만 언어를 통해 그것들을 쫓아낼 자유는 부정당한다는 뜻이다. 악몽에는 재치 있는 대답이 존재하지 않는다. 인간의 언어는 어둠을 흩어지게 만들고 그 공간을 평범한 곳처럼 보이게 만든다. 밤에만 살아가는 존재들은 말을 할 필요가 없다. 희생자들이 잠든 채 기다리고 있기 때문이다.

닥터 스트레인지러브	감독	스탠리 큐브릭	
Dr. Strangelove	주연	피터 셀러스, 조지 C. 스콧	
	제작	1964년	95분

위대한 영화는 볼 때마다 새로운 것을 찾아내게 된다. 스탠리 큐브릭 Stanley Kubrick, 1928~1999의 <닥터 스트레인지러브>를 아마 열 번째쯤 보면서 나는 조지 C. 스콧George C. Scott이 얼굴로 하는 짓에 초점을 맞췄다. 그의 연기는 영화에서 가장 재미있는 요소다. 심지어 피터 셀러스 Peter Sellers가 펼치는 1인 3역 연기나 스털링 헤이든Sterling Hayden이 연기하는 미치광이 장군보다도 인상적이다. 그런데 이번에 나는 나도 모르게 스콧의 얼굴에 일어나는 경련과 실룩거림, 찡그림과 활처럼 휘는 눈썹, 냉소적인 미소와 껌 씹기에 특히 주목하게 되었다. 그러면서 스콧이 목소리와 표정 연기의 듀엣으로 역할에 접근하는 방식을 즐겼다.

　　연기자에게 그런 연기는 위험할 수도 있다. 감독들은 배우들에게 카메라가 얼굴로 가까워지는 숏에서 절제된 연기를 펼치라고 자주 주문한다. 얼굴을 지나치게 자주 움직이면 지나치게 과장된 연기를 한다는 인상을 주기 때문이다. 언젠가 빌리 와일더Billy Wilder는 잭 레먼Jack

Lemmon에게 숱하게 많은 테이크 동안 줄곧 "조금만 덜" 하라고 주문했고, 결국 레먼은 분통을 터뜨렸다. "원하는 게 뭡니까! 아무 것도 하지 말라는 건가요?" 레먼은 와일더가 눈을 하늘로 향하면서 뱉은 말을 회상했다. "제발, 하나님!" 모든 프레임에 등장하는 대단히 사소한 디테일에도 집착이라 할 만한 신경을 쏟는 큐브릭은 조지 C. 스콧이 얼굴로 체조를 하고 있음을 분명히 인지했을 것이다. 그럼에도 그는 그런 연기를 허락했다. <닥터 스트레인지러브>를 보면 그 이유를 알 수 있다.

스콧의 연기는 평범한 시각으로 보면 두드러지지 않는다. 영화에서 그의 얼굴은 갖가지 표정을 무척이나 유연하게 짓기 때문에 관객은 그의 얼굴을 보면서 제리 루이스Jerry Lewis나 짐 캐리Jim Carrey의 얼굴을 떠올린다. 그럼에도 관객은 그의 표현을 의식적으로는 알아차리지 못한다. 스콧이 자신이 펼치는 연기에 대한 확신과 거기에 담긴 에너지로 관객들에게 자신의 표현을 납득시키기 때문이다. 그가 대단히 급박하게 하는 이야기에는 진심이 담겨 있다. 그래서 그의 표현들은 바로 그런 진지함에서 탄생한 것처럼 보인다. 그의 목소리는 말을 하고 그의 얼굴은 그가 한 말들을 마임으로 연기한다. 그가 연기하는 캐릭터인 벅 터지슨 장군이, B-52 폭격기는 러시아 레이더망 아래로 비행하기 때문에 소비에트 공군 전체가 폭격기의 목적지를 알고 있더라도 폭탄을 제대로 투하할 수 있을 거라고 대통령에게 알리는 장면을 숙고해 보라. "조종사는 그 녀석을 그토록 낮은 고도에서 총알같이 몰 수 있습니다!" 스콧은 두 팔을 날개처럼 활짝 펼치고 자신의 조종사들이 정말로 뛰어나다(대단히 뛰어나서 그들 중 한 명은 인류 문명에 종지부를 찍으려는 참이다)는 사실에 탄복하듯 고개를 흔들면서 말한다.

다른 배우가 두 팔을 그런 식으로 흔들면 어리석어 보일 것이다. 스콧은 그 순간에 보디랭귀지를 아주 철저히 주입하기 때문에 그의 연기는 단순한 드라마처럼 (그리고 코미디처럼) 관객에게 먹힌다. 전쟁 상황실을 허둥대고 돌아다니는 영화의 다른 장면에서 그는 미끄러지고 자빠지고 다시 일어나서는 짓을 계속한다. 완벽주의자 큐브릭은 계획에 없던 미끄러지는 모습을 영화에 그대로 남겼다. 스콧의 모습이 대단히 설득력이 있어서 우연히 일어난 일처럼 보이지 않았기 때문이다.

<닥터 스트레인지러브>는 위대한 코미디 연기들로 가득 차 있다. 표정과 몸, 대사 말고는 영화에 담겨 있는 요소가 거의 없기 때문이다. 큐브릭은 네 군데 주요 로케이션(공군기지의 사무실과 방어선, '전쟁 상황실'과 B-52 폭격기 내부)에서 영화를 촬영했다. 특수 효과는 상당히 뛰어나지만 관객을 현혹시키지는 않는다(우리는 분명 러시아 상공을 날아가는 모형 비행기를 보고 있다). 영화에 등장한 실내 중에서 가장 기억에 남을 만한 공간 중 한 곳인 전쟁 상황실은 커다란 원형 책상과 전구들로 이뤄진 고리, 배경에 영사되는 지도들과 어둠으로 창조되었다. 미쳐버린 공군 장군인 잭 D. 리퍼 장군의 사령부는 사무용 가구가 몇 점 설치된 평범한 사무실이다.

그럼에도 이런 기초적인 소품들과 (피터 조지Peter George의 소설을 원작으로 큐브릭과 테리 서던Terry Southern이 집필한) 영민한 시나리오를 갖고 큐브릭은 20세기 최고의 정치 풍자 영화라고 주장할 수 있는 영화를, '핵 억제력'이 지상의 모든 생명체를 파괴한다면 그게 억제하는 것이 정확히 무엇인지 말하기란 어렵다고 주장하는 것으로 냉전이 양산한 계획들을 망치는 영화를 만들어 냈다.

<닥터 스트레인지러브>의 유머는 기본적인 코미디 원리로 탄생한다. 웃기려고 애쓰는 사람들은, 진지하려고 애쓰지만 그러는데 실패하는 사람만큼 웃기지 않다. 폭소는 사건들의 논리에 의해 본의 아니게 웃기게 된 캐릭터들에게 강요된 듯 보여야 한다. 웃기는 모자를 쓴 사람은 웃기지 않다. 그런데 그 사람이 자기가 웃기는 모자를 쓰고 있다는 사실을 모른다면, 이제 사람들은 웃음거리를 갖게 된다.

<닥터 스트레인지러브>의 캐릭터들은 자신들이 쓴 모자가 웃긴다는 사실을 모른다. 영화는 리퍼 장군(스털링 헤이든)이 남근처럼 생긴 시가를 만지작거리면서 러시아를 상대로 허가받지 않은 핵 타격을 개시하는 것으로 시작한다. 그는 빨갱이들이 상수도에 불소를 첨가해서 "우리 체액의 순수함과 본질"을 더럽히는 중이라고 확신하게 되었다(이 주장은 1950년대에 우익이 소중히 여긴 신념이었다). 리퍼의 핵 타격과 시가 다루는 솜씨, 그리고 자신의 '소중한 체액'에 대한 관심이 절묘하게 뒤엉키면서 관객들은 틀림없이 마스터베이션을 연상하게 된다.

　　리퍼와 핵 홀로코스트 사이에 선 유일한 남자가 영국군 연락관 맨드레이크 대령(피터 셀러스)이다. 그는 리퍼의 호언장담을 불신하는 기색으로 듣는다. 한편 암호화된 리퍼의 메시지가 러시아를 상대로 공격을 개시하기 위해 공중에 떠있는 B-52 폭격기들에 전달된다. 겁에 질린 머플리 대통령(이번에도 셀러스)은 참모들을 전쟁 상황실에 소집하고, 터지스는 조금씩 주저하는 모습으로 상황의 심각성을 대통령에게 알린다. 폭격기들은 비행경로에 올랐고, 폭격기들을 다시 소환할 수는 없으며, 리퍼 장군은 연락이 닿지 않는다는 등 말이다. 결국 머플리는 러시아 수상에게 모든 것을 고백하려고 전화를 건다("디미트리, 사소한 문제가 생겼어요").

　　다른 주요 캐릭터에는 사악한 전략가 닥터 스트레인지러브(세 번째 셀러스)가 포함된다. 이 캐릭터의 독일식 억양을 듣는 요즘 관객들은 헨리 키신저Henry Kissinger•를 연상하지만, 1964년 당시의 관객들은 핵 관련 싱크 탱크의 일원이던 허먼 칸Herman Kahn◆을 떠올렸다. 스트레인지러브의 검은 장갑을 낀 오른손은 자체적인 의지를 가진 제멋대로 날뛰는 무기로, 갑자기 나치식 경례를 붙이기도 하고 박사의 목을 졸라 죽이

　　•　독일 태생의 미국의 정치인·외교관(1923~). 1973년에 노벨 평화상을 받았다.
　　◆　미국의 미래학자·군사 전략가(1922~1983)

려고 애쓰기도 한다. 전쟁 상황실과 공군 기지에서 벌어지는 일들은 T. J. '킹' 콩 소령(슬림 피켄스Slim Pickens)이 지휘하는 B-52 조종실에서 벌어지는 일들과 교차 편집된다. 공격 명령이 하달되었다는 통신병의 말을 들은 소령은 병사들에게 말한다. "비행기 안에서는 장난치지 마."

콩 소령은 원래 셀러스가 영화에서 맡을 네 번째 배역으로 계획되어 있었다. 그런데 셀러스는 카우보이 억양을 구사할 자신이 없었다. 큐브릭은 서부 출신의 성격파 배우 피켄스를 데려왔는데, 보도에 따르면 그는 피켄스에게 이 영화가 코미디라는 사실을 알리지 않았다고 한다. 피켄스가 승무원들에게 하는 애국심 넘치는 연설(그리고 승진과 훈장에 대한 약속)은 비행기를 소환하려는 미국인들의 절박한 노력과 대비된다.

나는 이 영화가 분명치 않는 분위기로 끝난다고 늘 생각해 왔다. 첫 핵폭발이 일어난 후, 큐브릭은 전쟁 상황실로 돌아간다. 거기서 스트레인지러브는 땅 속 깊은 곳의 광산을 생존자들의 피신처로 활용할 수 있을 거라고, 생존자들의 후손들은 90년 후면 지상으로 돌아올 수 있을 거라고 생각한다(터지슨은 남녀 비율이 1:10이라는 점에 흥미를 느낀다). 그런 후 영화는 베라 린Vera Lynn의 노래 「We'll Meet Again(우리 다시 만나리)」가 흐르는 동안 많은 버섯구름이 피어나는 유명한 몽타주로 갑자기 끝난다. 내가 보기에 첫 폭발이 일어난 뒤로는 대사가 나오지 않는 편이 옳은 듯 보인다. 스트레인지러브의 생존 전략은 슬림 피켄스가 안장도 걸치지 않은 채로 말을 타고 죽음으로 향하기 직전의 시점으로 옮길 수도 있었다. 나는 러시아 미사일들이 대응 공격을 할 때까지 시간이 남아 있다는 사실을 깨달았지만, 최초의 폭발 이후에 있을 모든 스토리 전개를 끝장냈을 때 영화는 더 효과적일 거라고 생각한다(큐브릭은 원래 파이 던지기 싸움으로 영화를 끝낼 계획이었다. 실제로 전쟁 상황실의 배경에서 파이들이 놓인 테이블을 볼 수 있다. 그는 그 장면을 촬영했지만, 현명하게도 자신의 제작 의도는 풍자였지 슬랩스틱이 아니라는 점을 깨달았다).

<닥터 스트레인지러브>와 <2001 스페이스 오디세이2001: A Space Odyssey>(1968)는 큐브릭의 의문의 여지없는 걸작이다. 그의 두 위대한 영화에는 공통의 주제가 있다. 인간이 완벽한 논리에 따라 기능하게끔 설계한 기계는 재앙 같은 결과를 초래한다는 것. 미국의 핵 억지와 러시아의 '최후의 심판일 기계doomsday machine'는 애초의 제작 의도대로 정확하게 기능하면서 지상의 생명체를 전멸시킨다. 컴퓨터 핼 9000은 우주 비행사들을 공격하는 것으로 임무를 수행한다.

스탠리 큐브릭은 그의 영화에 담긴 모든 요소가 제대로 작동하게끔 하려고 집착에 가까운 시간을 쏟아 부은 완벽주의자였다. 그는 카메라와 음향 장비, 편집 장비를 직접 보유했다. 그리고 동일한 숏을 수십 테이크씩 찍는 일이 잦았다. 그는 극장에서 상영한 영화가 초점이 맞지 않았다는 불만을 제기하려고 영사 기사에게 전화를 건 것으로 유명하다. 그렇다면 그의 최고작 두 편은 큐브릭의 완벽주의적인 성향을 고스란히 담아낸 작품들일까?

달콤한 인생	감독	페데리코 펠리니	
La Dolce Vita	주연	마르첼로 마스트로야니, 아니타 에크버그, 아누크 에메	
	제작	1960년	174분

페데리코 펠리니Federico Fellini, 1920~1993의 <달콤한 인생>은 7일 밤과 7일 낮 동안 로마의 일곱 언덕에서 일어나는 7대 죄악을 목록으로 만든 영화라는 이론을 들은 적이 있다. 그러나 나는 그 이론들을 깊이 생각해 보지 않았다. 그런 이론을 따르자면 영화가 크로스워드 퍼즐로 격하될 것이기 때문이다. 나는 이 영화를 알레고리로, 내면에 중심이 존재하지 않는 남자에 대한 교훈적인 이야기로 보는 쪽을 선호한다.

펠리니는 이 영화를 1959년에 나이트클럽과 노천카페가 밀집해 있고 밤중에 퍼레이드가 벌어지는 로마 거리인 비아 베네토에서 찍었다. 주인공은 가십 칼럼니스트 마르첼로로, 쇠락해 가는 귀족, 2류 무비 스타, 나이 먹은 플레이보이, 몸을 파는 여자 들의 '달콤한 인생'을 연대기로 기록한다. 마르첼로 마스트로야니Marcello Mastroianni가 그 역할을 연기했다. 그가 세상을 떠난 지금, 우리는 이 작품이 그의 대표작이었음을 알 수 있다. 두 마르첼로(캐릭터와 배우)는 피곤한 기색이 역력하고 절망에 빠진 미남으로 한데 어우러져 흘러갔다. 그 남자는 언젠가는 뭔가 좋은 일을 하겠다는 꿈을 꾸면서도 공허한 밤과 고독한 새벽으로 점철된 인생의 덫에 걸려 있다.

영화는 기삿거리와 여자들을 쫓아다니는 마르첼로의 뒤를 쫓으면서 화려한 비주얼에서 다른 비주얼로 껑충껑충 뛰어다닌다. 그의 집에는 자살을 시도하는 약혼녀(이본 퓌르노Yvonne Furneaux)가 있다. 그는 나이트클럽에서 품행이 문란한 사교계 미녀(아누크 에메Anouk Aimée)를 만나고, 두 사람은 매춘부의 지하실 집을 방문한다. 이 에피소드는 퇴폐적으로 끝나는 게 아니라 잠을 자는 것으로 끝난다. 우리는 마르첼로가 누구와 섹스를 했는지 여부를 조금도 확신하지 못한다.

다른 날 새벽, 우리는 영화의 구조를 이해하기 시작한다. 이어지는 밤과 낮, 상승과 하강. 마르첼로는 지하에 있는 나이트클럽과 병원 주차장, 창녀의 거처, 고대 납골당으로 내려간다. 그리고 성 베드로 성당의 돔으로, 성가대석으로, 그가 영웅시하는 지식인 스타이너(알랭 퀴니 Alain Cuny)의 고층 아파트로 올라간다. 심지어 그는 로마 상공을 날아다니기도 한다.

그리스도상이 헬리콥터로 로마 상공을 가로지르며 운반되는 유명한 오프닝 신은 바닷가 어부들이 그물에서 바다 괴물을 찾아내는 클로징 신과 짝을 이룬다. 여기에 그리스도 심벌 두 가지가 있다. 조각상은 '아름답지만' 가짜고, 물고기는 '추악하지만' 진짜다. 두 장면이 펼쳐지는 동안, 커뮤니케이션이 실패하는 모습이 등장한다. 마르첼로가 일광욕을 하는 세 미녀의 전화번호를 얻으려 애쓰는 동안 헬리콥터가 선회한다. 결말에서 바닷가에 간 그는 평화롭게 소설을 쓸 곳을 찾아 시골에 갔을 때 만났던 수줍음 많은 소녀를 본다. 소녀는 그가 기억을 떠올리도록 타자를 치는 시늉을 하지만, 기억을 못하는 그는 어깨를 으쓱한 다음에 발길을 돌린다.

오프닝 신과 클로징 신만 대칭적인 게 아니라, 성스러운 것과 세속적인 것을 짝짓고 양쪽 모두에 의혹의 시선을 던지는 다른 많은 것도 대칭적이다. 전반부에 등장하는 시퀀스에서 우리는 이 세상 사람이라고는 믿기 힘들 정도로 풍만한 무비 스타(아니타 에크버그Anita Ekberg)의 로마 도착을 취재하고는 욕망에 몰두하는 마르첼로의 모습을 본다. 그는 그녀를 따라 성 베드로 성당의 꼭대기로, 나이트클럽 내부로, 들개들이 으르렁거리고 그녀가 들개들을 향해 으르렁거리는 로마의 밤거리로 간다. 그의 여정은 그녀가 트레비 분수로 걸어 들어가고 그가 그녀를 모든 여성으로, 여성 그 자체로 이상화하면서 그녀를 따라 들어가는 새벽에 끝난다. 그녀는 영원히 그의 손이 미치지 않는 곳에 남아 있다.

이 시퀀스는 아이들이 성모 마리아의 모습을 봤다고 밝히는 나중의 시퀀스와 짝지을 수 있다. 마르첼로는 현장으로 달려가는데, TV 카메라와 신앙심 두터운 군중이 현장을 에워싸고 있다. 다시금 우리는 이상화된 여성을 갖게 되고 그녀가 세상의 모든 문제를 해결할 수 있을 거라는 희망을 품는다. 그러나 에크버그가 마르첼로를 로마 이곳저곳으로 이끌었던 것처럼 아이들은 신심 두터운 신자들을 데리고 추격전을 벌인다. 그들은 여기서 성모 마리아를 봤다가 다음에는 저기서 본다. 그러는 동안 절름발이들과 앞 못 보는 이들은 아이들을 따라 몰려다니고, 아이들의 할아버지는 팁을 내라고 조른다. 기력이 쇠한 새벽에 다시금 만사가 무너져 내린다.

<달콤한 인생>의 핵심은 스타이너와 관련된 에피소드로, 그는 마르첼로가 선망하는 모든 것을 대표하는 인물이다. 스타이너는 예술품이 가득한 아파트에 산다. 그는 시인, 포크 가수, 지식인 들이 모이는 살롱을 주재한다. 그에게는 아름다운 아내와 흠잡을 데 없는 두 아이가 있다. 성당에서 만난 마르첼로와 스타이너는 오르간석으로 올라가

고, 스타이너는 마르첼로에게 자신에 대한 믿음을 가지고 책을 완성하라고 권하면서 바흐를 연주한다. 그런 후에 스타이너가 주최한 파티의 밤이 이어진다. 그리고 (영화의 중반부쯤인) 어느 순간 마르첼로는 타자기를 챙겨 시골 음식점에 가서는 글을 쓰려고 애쓴다. 그런 후 스타이너가 두 번째로 등장하는 끔찍한 신이 이어지고, 마르첼로는 스타이너의 평온함이 일련의 거짓으로 만들어졌다는 사실을 알게 된다.

이런 장면들을 언급하는 것은 이 풍성한 영화가 얼마나 많은 위대한 순간을 담고 있는지를 상기시키기 위함이다. 반향실, 새벽 미사, 마지막의 절망적인 술자리, 그리고 물론 마르첼로의 야간 여행에 합류하는, 순회 세일즈맨인 마르첼로의 아버지(아니발 닌치Annibale Ninchi)가 등장하는 감동적인 시퀀스도 그렇다. 클럽에서 마르첼로 부자는 슬픈 얼굴의 광대(폴리도르Polidor)가 트럼펫을 불면서 외로운 풍선들을 이끌고 방에서 나가는 모습을 본다. 그리고 샴페인 덕에 생긴 용기로 충만해진 마르첼로의 아버지는 마르첼로에게 신세를 졌던 젊은 아가씨에게 점점 더 과감하게 다가간다. 그러나 결국 몸이 안 좋아지면서 다시금 새벽에 파리한 기색으로 로마를 떠난다.

영화는 한계를 모르는 에너지로 만들어졌다. 펠리니는 이 작품으로 [<길La Strada>(1956) 같은] 초기작들의 네오리얼리즘과 화려한 후기작들[<영혼의 줄리에타Giulietta degli Spiriti>(1965), <아마코드 Amarcord>(1974)]의 카니발 같은 비주얼의 분수령에 선다. <달콤한 인생>을 만들고 3년 후에 만든 자전적인 영화 <8과 1/2⁸ 1/2>은 이 영화의 자매편이지만 세상 물정에 더 밝아진 작품이다. <8과 1/2>의 주인공은 이미 영화감독이지만, 이 영화의 주인공은 성공하려고 기를 쓰는 젊은 신문 기자다.

니노 로타Nino Rota의 음악은 이 소재에 완벽하게 어울린다. 음악은 때로는 예배용 음악이고, 때로는 재즈며, 때로는 록이다. 영화의 기저에는 불손한 튜바와 아코디언이 자리하고, 팝송들('Stormy Weather(스토미 웨더)'와 심지어 '징글 벨')도 잠깐 등장한다. 캐릭터들은 영원토록 움직이고 있고, 로타는 그들에게 행진과 퍼레이드용 음악을 제공한다.

캐스팅은 모두 타입 캐스팅이다. 아니타 에크버그는 빼어난 여배우는 아닐지 모르지만 그녀 자신을 연기할 수 있는 유일한 사람이었다. 한때 영화에서 타잔을 연기했던 렉스 바커Lex Barker는 그녀의 알코올 중독자 남자 친구로 우스꽝스러운 모습을 선보인다. 알랭 퀴니가 스타이너로서 보여 주는 진지한 자신감은 설득력 있는데, 그의 최후가 충격적인 이유가 바로 그것이다. 그리고 기억하라. 아누크 에메를, 멍든 눈을 가리려고 쓴 그녀의 선글라스를, 거리의 창녀 역할을 맡아 현실적이고 상식적으로 행동하는 아드리아나 모네타Adriana Moneta를, 나이트클럽의 사탄 같은 지도자 알랭 디종Alain Dijon을, 그리고 두통 때문에 또는 영혼 깊은 곳에서 느껴지는 통증 때문에 눈을 가늘게 뜬 마스트로야니를 영원히 기억하라. 그는 늘 소극적인 연기자였는데, 이 영화에는 바로 그런 특징이 필요하다. 행복을 추구하면서도 행복을 찾아내려는 걸음을 내딛지 못하는 그는 한도 끝도 없고 정처도 없는 탐색에 나서면서 밤을 허비한다. 세상의 모든 이를 즐겁게 하려 애쓰면서 자신의 솜씨를 넘어서는 많은 공을 갖고 묘기를 부리는 곡예사처럼.

영화는 변치 않지만 관객은 변한다. 1961년에 <달콤한 인생>을 봤을 때 나는 '달콤한 인생'이 원죄, 이국적인 유럽의 글래머, 냉소적인 신문 기자의 지긋지긋한 로맨스 등 내가 꿈꾸는 모든 것을 대표한다고 생각한 청소년이었다. 1970년경에 영화를 다시 봤을 때, 나는 마르첼로의 세계와 비슷한 삶을 살고 있었다. 시카고의 노스 애비뉴는 비아 베네토가 아니었지만 새벽 3시의 그곳 단골들은 영화에 나오는 단골만큼이나 다채로웠고, 나는 마르첼로 연배였다.

1980년경에 영화를 봤을 때, 마르첼로의 나이는 그대로였지만, 열 살쯤 나이를 더 먹고 술을 끊은 나는 그를 롤 모델이 아니라 그런 방식으로는 절대로 찾을 수 없는 행복을 끝없이 찾아나서야 하는 운명을 부여받은 희생자로 봤다. 콜로라도대학에서 영화를 한 번에 한 프레임씩 분석했던 1991년경에 마르첼로는 여전히 젊어 보였지만, 한때 그에게 감탄했고 그러다가 그를 비판했던 나는 그를 딱하게 여기면서 사랑하고 있었다. 그러다가 마스트로야니가 타계한 직후에 영화를 다시 봤을 때, 나는 펠리니와 마르첼로가 각성의 순간을 가지고는 그 순간을 불멸의 것으로 만들었다고 생각했다. 달콤한 인생 같은 건 세상에 없을지도 모른다. 그러나 우리는 우리 자신을 위해 그것을 찾아 나설 필요가 있다.

대부	감독	프랜시스 포드 코폴라	
The Godfather	주연	말론 브란도	
	제작	1972년	175분

<대부>는 폐쇄된 세계 내부에서만 전개되는 이야기다. 본질적으로 악인일 수밖에 없는 캐릭터들에게 관객들이 공감하는 이유도 그 때문이다. 마리오 푸조Mario Puzo와 프랜시스 포드 코폴라Francis Ford Coppola, 1939~ 가 쓴 이야기는 눈부신 마력을 발휘한다. 그들은 관객들에게 마피아의 관점으로 마피아를 바라보라고 요구한다. 돈 비토 콜레오네(말론 브란도Marlon Brando)는 관객의 공감을 얻는 정도가 아니라 존경심까지 불러일으키는 캐릭터다. 프로 범죄인으로 평생을 살아온 콜레오네는 관객의 비난을 받을 만한 짓은 영화를 통틀어 한 번도 저지르지 않는다. 조직범죄에 희생되는 민간인은 영화에 한 명도 등장하지 않는다. 매춘의 덫에 걸린 여성도 없다. 도박 때문에 패가망신한 사람도 없다. 절도와 사기, 보호비 갈취에 희생되는 피해자도 없다. 상당한 양의 대사를 연기하는 비중 있는 유일한 경찰 간부는 부패한 경찰이다.

영화는 마피아 내부의 시선으로 마피아를 바라본다. 그것이 바로

<대부>의 성공 비법이자 매력이며 마력이다. <대부> 개봉 후 마피아를 바라보는 대중의 시각은 크게 바뀌었다. '대부'의 권위주의적인 가부장제 사회는 현실 세계를 대체했다. 대부가 지배하는 세계에서 모든 권력과 정의는 대부에게서 흘러나온다. 배신자는 대부의 세계에 존재하는 유일한 악당이다. 마이클(알 파치노Al Pacino)이 이야기하는 계율이 하나 있다. "패밀리에 맞서는 편에는 절대로 서지 마라."

영화의 첫 숏의 배경이 블라인드로 가려진 어두운 방이라는 점은 의미심장하다. 이날은 콜레오네의 딸이 결혼하는 날이다. 이렇게 경사스러운 날에는 합당한 간청이라면 무엇이든 들어줘야 하는 게 시칠리아 전통이다. 한 남자가 딸을 겁탈한 놈을 징벌해 달라는 탄원을 하러 찾아온다. 콜레오네는 왜 즉시 달려오지 않았느냐고 묻는다.

"선량한 미국인들처럼 경찰에 갔었습니다." 남자는 말한다. 남자에게 던지는 대부의 대답은 영화 전체를 떠받치는 토대가 된다. "경찰에는 왜 간 건가? 왜 나를 먼저 찾아오지 않았어? 자네가 나를 존경하지 못할 만한 짓을 내가 한 적이 있었나? 자네가 내게 우정을 느끼고 나를 찾아왔다면 자네 딸을 욕보인 그 쓰레기 같은 놈은 그날로 벌을 받았을 거야. 자네 같은 정직한 사람에게 혹시라도 적이 생긴다면 그들은 내 적이 되는 거야. 그들은 자네를 두려워하게 될 거고."

날이 저물 때까지 대부를 노여워하게 만드는 모임이 두 번 더 등장한다. 면담 장면들은 실외에서 벌어지는 결혼식 장면과 교차 편집된다. 결혼식 시퀀스가 끝날 무렵이면, 영화의 주요 캐릭터 대부분에 대한 소개가 끝나고, 관객들은 각 캐릭터의 성격을 이해하는 데 필수적인 요소들을 알게 된다. 정말이지 탁월한 연출력이다. 방대한 출연진을 대단히 교묘하게 무대에 올려놓는 코폴라 감독의 수완 덕에 관객들은 대부의 세계로 단번에 빨려 들어간다.

<대부>의 시나리오는 — '권력은 한 세대에서 다음 세대로 이어진

다'는 고전적인 구성을 제외하면 — 어떤 공식도 따르지 않는다. <대부>
의 시나리오는 영화 뒷부분에 등장하는 사건의 실마리를 앞부분에 던
져 놓는 식으로 솜씨 좋게 구축되었다. 인기를 잃은 가수 조니 폰테인의
간청이 할리우드에서 어떻게 해결되는지 눈여겨보라. 그가 흘린 눈물이
영화계 거물이 애마의 머리가 놓인 침대에서 깨어나는 충격적인 장면으
로 연결되는 방식을 주목하라. "그런 날은 결코 오지 않겠지만, 내가 자
네에게 부탁할 날이 있을 걸세"라는 이야기를 듣는 장의사를 눈여겨보
라. 그날이 왔을 때 그 부탁은 (틀에 박힌 영화들처럼) 폭력을 저지르라
는 게 아니라 아들의 망가진 시신을 아내에게 보여 주고 싶어 하지 않
는 콜레오네의 바람이다. 여자의 '잘못된' 전화를 받은 소니(제임스 칸
James Caan)가 덫에 걸려 죽음을 맞게 되는 방식을 주목하라. 이 에피소
드들은 대단히 깔끔하게 연출되었다. 그 때문에 관객들은 사건을 제대
로 이해하기 위해 거듭해서 영화의 앞부분을 떠올려야 한다.

　　여기서 사소한 질문 하나 해 보겠다. 콜레오네의 아내의 이름은
무엇인가? <대부>에서 그녀는 미미한 그림자 같은 존재다. 그녀는 결
혼식 사진을 찍을 때 남편과 함께 포즈를 취하는 포동포동한 시칠리아
노파로 영화에 존재하지만, 정작 남편을 고민에 빠트릴 만한 사건이 벌
어질 때면 아무런 역할도 하지 않는다. <대부>에는 여성들을 위한 공
간이 없다. 소니는 여자들을 이용해 먹고 내팽개친다. 아내도 무시한
다. 대부의 딸 코니(탈리아 샤이어Talia Shire)도 가족들에게 무시당한다.
그 결과 그녀의 남편 역시 패밀리의 사업에는 발을 들이지 못한다. 그
에게는 목구멍에 풀칠할 수 있을 정도의 뼈다귀만 던져진다. 나중에 그
가 살해당했을 때, 마이클은 누이에게 냉담하게 거짓말을 한다.

　　<대부>라는 제목은 아이러니하다. '대부'라는 단어가 아들의 입장
에서 다른 사람을 가리키는 단어지, 아버지의 입장에서 다른 사람을 가
리키는 단어는 아니기 때문이다. 영화가 시작할 때, 패밀리의 사업에 관

여하고 있지 않은 마이클은 앵글로색슨 백인 신교도인 여성 케이 애덤스(다이앤 키튼Diane Keaton)와 결혼할 계획이다. 아버지를 구하려고 병실 침대를 옮기는 마이클이 의식을 잃은 아버지에게 "지금 제가 아버지와 함께 있습니다"라고 속삭이는 순간은 그의 인생의 전환점이 된다.

마이클은 부패한 경찰을 사살한 후 시칠리아로 도피하고 그곳에서 아폴로니아(시모네타 스테파넬리Simonetta Stefanelli)와 사랑에 빠져 결혼한다. 그들은 각자 다른 언어를 사용한다. 마피아의 아내에게는 조금만 장애가 될 만한 일이다. 마이클이 케이를 사랑했듯 아폴로니아를 사랑했다는 데에는 의심의 여지가 없다. 그런데 그는 시칠리아에서 대체 무슨 생각을 하는 걸까? 마피아의 길을 걷기로 했기 때문에 케이하고는 결혼할 수 없다는 생각일까? 아폴로니아가 죽고 미국으로 돌아온 그는 케이를 수소문해서 결국 결혼한다. 마이클은 케이에게 아폴로니아의 이야기를 했을까? 이 영화에 그런 디테일들은 중요하지 않다.

중요한 것은 패밀리에 대한 충성이다. <대부>에는 사내대장부의 말을 신뢰하라는 이야기가 자주 등장한다. 하지만 충성심의 중요성에 견주어 보면 정직함은 그리 중요치 않은 덕목이다. 다른 패밀리의 우두머리들을 살해할 계획을 비밀리에 세우는 마이클은 톰 하겐(로버트 듀발Robert Duvall)조차 신뢰하지 않는다. 유명한 '세례식 학살'은 믿을 수 없을 만큼 탁월한 연출의 성과물이다. 세례식은 마이클에게 완벽한 알리바이를 제공한다. 그리고 마이클은 세례식을 통해 동시에 두 가지 의미의 '대부'가 된다.

<대부>에서 돈 비토 콜레오네는 선악을 판가름할 수 있는 기준점이 되는 인물이다. 노련하고 현명한 그는 마약을 취급하는 데 반대한다. 그는 사회가 "술, 도박… 심지어 여자"에 대해서는 불안을 느끼지 않음을 이해한다. 하지만 콜레오네 입장에서 마약 사업은 추잡한 사업이다. <대부>의 압권이라 할 장면 중 하나는 마피아 수뇌부들이 모인

자리에서 콜레오네가 주장을 펴는 장면이다. 그는 대부가 지배하는 세계에 마약이 발붙일 곳은 없고, '피해자 없는 범죄'만이 있을 뿐이며, 마약을 다룬 자에 대한 처벌은 공평하고도 신속하게 이뤄질 거라는 의미를 담아 주장을 편다.

이렇게 돈 비토 콜레오네의 주장을 정리하는 이유는, 코폴라가 관객이 주인공에게 공감하게 하려고 영화를 대단히 영리하게 구축했음을 지적하기 위함이다. 마피아는 인정이 많거나 약자를 보호하는 조직이 아니다. 콜레오네 패밀리도 여타 패밀리에 비해 기껏해야 조금 더 나은 정도에 불과하다. 그럼에도 늙은 대부가 토마토 농장에서 쓰러져 죽을 때 관객들은 거물이 쓰러졌다는 느낌을 받는다.

고든 윌리스Gordon Willis의 촬영은 화면에 드리워진 정취 있고 의미심장한 음영 때문에 찬사를 받았다. 윌리스는 특유의 비주얼 스타일 덕에 '어둠의 왕자The Prince of Darkness'라는 별명을 얻었다. 인위적으로 영화를 밝게 촬영했기 때문에 <대부>를 비디오로 보면 윌리스가 만든 빼어난 화면을 완벽히 감상할 수 없을 것이다. 코폴라는 주목할 만한 얼굴들을 침침한 실내 공간에 배치한다. 전열에 선 얼굴들(브란도, 파치노, 칸, 듀발)은 여러 모로 매력적이다. 그리고 그들의 동료를 연기하는 배우들은 두툼하고 선 굵은 얼굴, 큰 턱과 깊이 자리 잡은 눈동자 때문에 선택받았다. 무시무시한 집행자 테시오 역의 에이브 비고다Abe Vigoda를 보라. 영화에 처음 등장할 때 그는 결혼식에서 어린아이와 춤을 추고 있다. 아이의 검은 구두가 그의 구두 위에서 균형을 잡는다. 결혼식 날은 화창하지만, 이후로 그런 날은 오지 않는다. 그는 잔혹한 복수의 가능성을 암시하는 흉측한 몰골로 돌변한다. 영화 끝부분에서 살려 달라고 목숨을 구걸할 때, 그의 무기력한 모습이 두드러지게 만들려고 약간의 빛이 그에게 허용된다.

브란도가 <대부>에서 보여 준 유명한 연기는 자주 모방된다. 우리는 그의 부풀어 오른 뺨을, 그리고 그가 오프닝 시퀀스에서 주전자 같은 소품을 활용한 것을 잘 알고 있다. 배우들은 연기의 효과를 높이려고 주전자 같은 소품을 자주 활용한다. 그러나 브란도는 활용하는 소품에 전혀 의지하지 않는다. 그는 무척이나 그럴 듯하게 캐릭터를 연기해 낸다. 그 때문에 콜레오네가 아들에게 "모임을 주선하겠다고 너한테 접근하는 놈, 그놈이 배신자다"라고 두세 번 경고할 때, 우리는 그게 연기라는 생각조차 하지 않게 된다. 관객들은 대부가 점점 늙어 가고 있는 자기 자신에게 되뇌는 말이라고 생각하는 동시에 대부의 말이 맞을 거라고 생각하게 된다.

파치노가 연기하는 마이클은 쓸데없는 위험은 무릅쓰려 하지 않는다. 아버지는 낯선 사람들 앞에서는 절대로 말하지 말고, 다른 사람을 불필요할 정도로 신뢰하지는 말며, 조언을 얻되 자신의 의견은 밝히지 말라고 마이클을 가르쳤다. 이외의 역할 모두 성공적인 배우들로 꽉 차 있기 때문에, 나는 1997년에 복원판으로 영화를 볼 때 기이한 경험을 했다. 로버트 듀발에게 친숙한데도 그가 스크린에 처음으로 모습을 나타냈을 때 '톰 하겐이 등장했군' 하고 생각하게 된 것이다.

<대부>의 영화 음악을 맡은 니노 로타Nino Rota는 펠리니 감독 영화 여러 편에서 음악 작업을 했던 영화 음악가다. 코폴라는 <대부>의 영화 음악을 니노 로타에게 맡기려고 이탈리아를 찾아갔다. 슬픔과 향수가 한껏 배어 있는 <대부>의 메인 테마를 들을 때마다 그 음악이 우리에게 말하는 바를 깨닫는다. 우리가 대부의 말에 귀를 기울이기만 했다면 세상은 지금보다 나은 곳이 됐으리라는 것을.

덕 수프	감독	리오 매캐리	
Duck Soup	주연	그루초 마르크스, 하포 마르크스,	
		치코 마르크스, 지포 마르크스	
	제작	1933년	68분

우리 아버지는 코미디언 중에서, 아니, 무비 스타 중에서 마르크스 형제Marx Brothers를 제일 좋아하셨는데, 아버지가 나를 데리고 보러 간 첫 영화가 <경마장의 하루A Day at the Races>(1937)였다. 그 경험에서 내가 기억하는 것이라고는 아버지의 웃음소리뿐이다. 그런데 세월이 한참 흐른 후에야 이해하게 된 다른 요소도 있다. 바로 마르크스 형제 이야기를 하는 아버지의 목소리다. 아버지는 무엇엔가 푹 빠진 사람이 그 대상에 대해 떠들어 댈 때 내는 목소리 톤을 구사하셨다.

그건 내가 <뜨거운 것이 좋아Some Like It Hot>나 <프로듀서The Producers>, <불타는 안장Blazing Saddle>, <에어플레인!Airplane!>, 몬티 파이튼Monty Python, 앤디 카우프먼Andy Kaufman, 「새터데이 나이트 라이브Saturday Night Live」, 「사우스 파크South Park」, 하워드 스턴Howard Stern, <메리에겐 뭔가 특별한 것이 있다There's Something About Mary>, <존 말코비치 되기Being John Malkovich>, 심지어 <펄프 픽션Pulp Fiction>처럼 코

미디 요소가 많은 영화를 화제로 삼아 이야기할 때 듣게 되거나 구사하게 되는 톤과 동일한 톤이었다. 사람들은 관습에 과감히 맞서는 소재이면서도 대단히 인상적이면서 저항하기 힘들 정도로 재미있는 소재에 감탄하고는 한다. 마르크스 형제가 활동하던 당시에 얼마나 무정부주의적인 존재였는지에 대해 동시대인들이 체감하던 정도는 우리가 오늘날 이해할 수 있는 정도를 훌쩍 뛰어넘는다. 그들은 사람들이 그런 톤을 구사하게끔 만든 초창기 스타군에 속했다. 당신은 마르크스 형제에게서 영감을 받은 사람이 누구누구인지를 식별할 수 있을 것이다. 그러나 그들의 자양분이 된 뮤직홀과 보드빌과 유대인 코미디를 제외하면, 그들에게 영감을 준 사람이 누구누구였는지를 식별하지는 못할 것이다.

영화라는 매체는 그들에게 대규모 관객을 제공했다. 그리고 그들은 본질적으로는 유대인의 유머 스타일이던 것을 도입해서 미국 코미디의 지배적인 분위기로 탈바꿈시킨 매개자들이었다. 세상은 그들을 진지하게 받아들이지 않았지만, 그들은 살바도르 달리만큼이나 초현실적이었고, 스트라빈스키만큼이나 충격적이었으며, 거트루드 스타인만큼이나 언어적으로 유쾌했고, 카프카만큼이나 소외된 존재였다. 슬랩스틱과 스크루볼 장르에서 활동했던 탓에 앞서 언급한 인물들과 동일한 정도의 주목을 받지는 못했지만, 대중의 뇌리에 심어진 인상 면에서 영향력은 앞서 언급한 인물들보다 컸을 것이다. 영국의 평론가 패트릭 매크레이Patrick McCray는 이렇게 썼다. "정치와 전쟁을 다룬 부조리주의적인 에세이라는 점에서, <덕 수프>는 베케트와 이오네스코의 작품들과 어깨를 나란히 할 수 (심지어는 그것들을 능가하는 위치에 설 수) 있다."

마르크스 형제는 개별 작품들이 전체에서 잘라 낸 조각들처럼 보이는 작품군을 창작했는데, 그중에서 최고작이 <덕 수프>일 것이다.

이 영화는 그들의 영화 작업에서 전환점이 되었다. 그들이 파라마운트에서 만든 마지막 영화였고, 영화에 나오는 모든 장면에 형제들이 직접 출연한 마지막 영화였다. 형제들은 영화가 박스 오피스에서 실망스러운 성적을 거두자 MGM으로 적을 옮겼는데, MGM의 제작 부문 책임자 어빙 솔버그Irving Thalberg는 형제들이 출연하는 작품의 플롯에 판에 박힌 낭만적 커플을 집어넣기 위한 여지를 만들라고 지시했다. 관객들이 마르크스 형제를 너무 많이 보고 나면 뭔가 평범한 것을 요구하게 될 거라는 투였다(버스터 키튼이 MGM을 위해 만든 착실한 분위기의 코미디들도 이와 똑같은 간섭과 물 타기 때문에 고초를 겪었다).

형제가 만든 첫 MGM 영화 <한밤의 오페라A Night at the Opera>(1935)에는 그들이 발휘한 최고의 솜씨도 몇 가지 포함되어 있다. 그런데 나는 그 영화를 볼 때는 키티 칼라일Kitty Carlisle과 앨런 존스Allan Jones와 관련된 어리석은 막간극 부분은 빨리 감기로 건너뛰고는 한다. 반면에 <덕 수프>에는 내가 건너뛰는 시퀀스가 하나도 없다. 그 영화는 시종일관 재미있다.

<덕 수프>의 플롯을 기술하려는 시도는 헛수고가 될 것이다. 마르크스 형제의 영화는 알기 쉬운 줄거리에 존재하는 게 아니라, 순간들에, 짧은 장면에, 시퀀스에, 몸짓에, 대사에 존재하기 때문이다. 아주 간략히 요약하자면, <덕 수프>는 그루초Groucho Marx를 부유한 티즈데일 부인(마거릿 더몬트Margaret Dumont. 형제가 다른 여배우로 교체하지 못할 정도로 그들의 영화에 꾸준히 출연했던 여배우)의 후원 아래 프리도니아의 절대 권력자 자리에 오르는 루퍼스 T. 파이어플라이로 등장시킨다. 이웃하고 있는 나라 실바니아와 그 나라에서 파견한 대사 트렌티노(루이스 캘헌Loius Calhern)는 프리도니아를 정복하려는 음모를 세우고, 트렌티노는 하포Harpo Marx와 치코Chico Marx를 스

파이로 고용한다. 이 보잘것없는 전제가 그루초의 말장난과 중의적으로 해석될 수 있는 짓궂은 대사들의 빼어난 사례들을 비롯한 영감 넘치는 시퀀스들이 연달아 등장하게 만드는 발판을 제공한다. 또한 영화는 형제가 어렸을 적에 보면서 자랐고 나중에 직접 공연하기도 했던 보드빌 연기에서 뿌리를 찾을 수 있는, 말이 필요 없는 몸동작 시퀀스도 몇 장면 뒷받침한다.

그런 시퀀스 중 하나가 치코와 하포, 그리고 정상적인 남자 에드거 케네디Edgar Kennedy(맥 세네트Mack Sennett와 채플린과 함께 경력을 시작한 배우)가 모자 세 개를 갖고 벌이는 몸 개그다. 스파이인 치코는 도무지 알 수 없는 이유로 땅콩 장사로 위장하고, 하포는 행인으로 위장한다. 케네디는 치코의 땅콩 수레 옆에 레모네이드 수레를 놓고 장사를 하는데, 형제는 야바위 게임에서 카드가 재빨리 위치를 바꾸듯 모자 세 개가 재빨리 위치를 바꾸는 것과 관련된 몸 개그로 케네디의 인생을 비참하게 만든다.

다른 시퀀스는 영화사의 첫 세기를 수놓은 보석 중 하나다. 굉장히 복잡하기 때문에 설명할 도리가 없는 이유로, 하포는 그루초처럼 위장하고는 티즈데일 부인의 집에 숨어들어가 금고를 부수려고 하다가 거울을 깨뜨린다. 그루초가 무슨 일인지 알아보려고 직접 아래층으로 내려온다. 하포는 깨진 거울의 틀 안에 서서 그루초를 반영한 영상인 것처럼 위장해서는 발각되지 않으려고 애쓴다. 이런 노력은 그루초가 거울 속 영상에서 잘못된 점을 찾으려 애쓰고 하포는 그루초의 모든 동작을 따라 하면서 흠잡을 데 없는 타이밍을 보여 주는 장시간의 팬터마임으로 이어진다. 결국 어릿광대깃이 최고조에 달한 시점에서 역시 그루초처럼 차려입은 치코가 실수로 틀에 끼어든다.

그루초의 대사를 인용하지 않으면서 그의 대사를 논하는 것은 불가능한 일이다. 그런데 그의 대사를 인용하는 건 무의미한 짓이기도 하다. 그루초의 말투가 대사가 남기는 인상에 필수 요소이기 때문이다. 그는 지독히도 불손한 캐릭터를 연기한다. 그가 하는 대사에는 (루퍼스 T. 파이어플라이가 결혼 가능성을 내비치며 티즈데일 부인의 애를 태우다가 "내가 당신에게 줄 수 있는 거라고는 당신 머리 위에 있는 루퍼스가 전부"라고 고백할 때처럼) 검열 당국이 설정한 경계선에 아슬아슬하게 걸쳐 있는 말장난과 무례한 언동, 외설적인 암시가 담겨 있다. S. J. 페럴먼S. J. Perelman을 비롯한 재능 있는 코미디 작가 다수가 마르크스 형제가 출연하는 영화의 시나리오를 쓰려고 고생했지만, 그들이 써 낸 대사는 하나같이 오랜 세월을 거치면서 완벽해진 그루초 자신의 대사 스타일에 뿌리를 두고 있다.

1972년에 나는 『에스콰이어Esquire』에 기고할 인물 기사를 쓰기 위해 그루초와 한동안 시간을 보낼 수 있었다. 당시 그는 81세였지만 그를 유명하게 만든 특징을 여전히 지니고 있었다. (그가 사생활에서 어떤 존재였느냐 하는 것은 여전히 내게 미스터리로 남아 있다. 그는 공개 석상에서는 항상 무대에 오른 배우 같은 모습이었다.) 그가 내게 처음으로 한 말은 어느 정도는 루퍼스 T. 파이어플라이가 한 말과 똑같았다. "『에스콰이어』는 내가 좋아하는 잡지가 아니오. 사실, 인터뷰는 사람 잡는 짓이지. 사람들은 항상 상대방에게 질문들을 던져 대거든. 나는 강간 혐의로 법정에 출두할 수도 있었소. 나는 손도끼 쓰는 것에는 신경 쓰지 않아요. 그게 참된 일이기만 하다면요. 당신은 나한테 강간 혐의를 씌울 수 있소? 노력해 보겠소? 그래 주면 고맙겠소. 당신은 치과 일은 하지 않죠? 나는 프랑스에 가기 전에 치과에 들러야 해요."

몇 주 간격을 두고 그를 두 번 만나 그가 하는 이야기를 몇 시간씩 들었는데, 그가 하는 이야기는 항상 빠져나갈 구멍을 찾는 화젯거리들이 꼬리에 꼬리를 무는 동일한 방식으로 전개되었다. 나는 그를 이야기를 악기로 삼아 연주를 하는 독주자로 생각하기 시작했다. 훌륭한 뮤지션처럼 그는 음표들에 대한 생각은 더 이상 할 필요가 없었다. 그는 타이밍과 테마의 관점에서 연주를 해 나갔고, 내가 던지는 질문들은 대답을 이끌어 내는 게 아니라, 즉흥 연주를 이끌어 냈다.

당연한 이야기지만 채플린Charlie Chaplin과 키튼Buster Keaton이 확신을 품지 못한 채 유성 영화에 적응하려 했던 것과 마찬가지로, 코미디언으로서 그루초는 무성 영화 시대에는 불가능한 존재였을 것이다. 그렇기는 해도 외모 면에서 핵심적인 3형제(4형제 중에서 지포Zeppo Marx는 부적절한 존재로 보인다)는 무성 영화 시대의 캐리커처들과 닮았다. 하포는 항상 말이 없다. 곱슬머리에 피노키오 모자를 쓴 치코는 이탈리아인의 특징을 보여 준다. 분장용 기름으로 두툼하게 그린 수염과 눈썹에다 시가를 문 그루초는 대단히 작위적인 캐릭터다. 그의 외모는 너무나 기괴해서 분장이라기보다는 복면처럼 여겨진다. <덕 수프>의 거울 시퀀스가 펼쳐지는 동안 어느 쪽이 진짜 그루초인지를 자문해 보는 순간들이 있다.

<덕 수프>는 몇 가지 점에서 어쩔 도리 없이 시대에 뒤떨어졌지만, 영화를 끝맺는 전투 시퀀스에서 그루초가 도움을 요청할 때처럼 놀랄 만큼 현대적으로 보이는 순간들도 있다. 그루초의 요청에 대한 응답은 소방차, 코끼리, 오토바이, 그 외에 우리가 생각할 수 있는 모든 것을 담은 뉴스 릴 장면들을 편집해서 얻은 상투적인 장면들이다. 하포가 그루초에게 배에 새긴 개집 문신을 보여 주고 그 문신에서 진짜 개가 나타나 그루초를 향해 짖어 대는 기묘한 순간이 있다. 마르크스 형제는 코미디 영화의 전통적인 구조를 깨뜨리고는 그것들을 아무렇게나 다시 접착해 놓았다. 그러자 어떤 것도 이전과 같지 않았다.

그런데 왜 이런 제목이 붙었을까? 평론가 팀 덕스Tim Dirks는 이렇게 설명한다. "그루초가 다음과 같은 요리법을 내놓았다는 주장이 있

다. '칠면조 두 마리, 거위 한 마리, 양배추 네 포기, 그리고 오리duck는 넣지 말고 그것들을 한 데 뒤섞어라. 그걸 한번 맛보고 나면 죽을 때까지 수프에 머리를 처박게duck soup• 될 것이다.'"

• 영어 'duck'에는 '머리를 물에 밀어 넣는다'는 뜻이 있다.

드라큘라	감독	토드 브라우닝	
Dracula	주연	벨라 루고시, 헬렌 챈들러	
	제작	1931년	75분

영화계에 전해 내려오는 이야기에 따르면, 유니버설이 <드라큘라>의 스타로 벨라 루고시Bela Lugosi를 선택했을 때 루고시는 영어를 거의 못 했다고 한다. 그 역할은 론 채니Lon Chaney가 연기하기로 스케줄이 잡혀 있었다. 채니가 클래식 무성 영화 <노트르담의 꼽추The Hunchback of Notre Dame>(1923)와 <오페라의 유령The Phantom of the Opera>(1925)에서 성공을 거둔 후였기 때문에 이 캐스팅은 현명한 결정이었다. 그런데 그는 <드라큘라>가 제작에 돌입한 와중에 세상을 떠났고, 그러면서 1927년에 브로드웨이에서 제작된 <드라큘라>에 출연했던 미스터리에 싸인 49세의 헝가리인이 그 역할에 캐스팅됐다. 전설은 과장된 게 분명하다. 이 영화가 만들어진 때는 헝가리에서 이주해 온 루고시가 미국에 살면서 일한 지 10년쯤 됐을 때였기 때문이다. 물론 그가 하는 대사 연기에는 샛길로 영국에 온 남자를 암시하는 특징이 있기는 하다. 그것은 아마도 드라큘라가 트랜실베이니아에 있는 성에서 수

세기 동안 영어를 공부해 왔지만 실제로 연습할 기회는 거의 없었기 때문일 것이다.

토드 브라우닝Tod Browning, 1882~1962 감독의 1931년 영화를 그토록 영향력 있는 할리우드 영화로 만든 것은 루고시의 연기, 그리고 카를 프로인트Karl Freund의 촬영임에 분명하다. 흡혈귀 영화 중에서 가장 위대한 영화는 F. W. 무르나우F. W. Murnau의 무성 영화 <노스페라투Nosferatu>(1922)다. 그런데 무르나우의 작품은 더 이상 발전할 여지가 없는, 자체적으로 완벽한 독보적인 걸작이다(1979년에 클라우스 킨스키Klaus Kinski와 함께 자기 버전의 <노스페라투>를 만들 때 오리지널에 강한 경외심을 느낀 베르너 헤어초크Werner Herzog는 "마력을 얻으려고" 오리지널과 동일한 로케이션 몇 곳에서 영화를 촬영했다). 브라우닝이 만든 <드라큘라>의 비주얼은 무르나우와 <마지막 웃음Der Letzte Mann>(1924)을 같이 작업했던 독일인 카메라맨 프로인트가 제대로 알고 있던 무르나우의 음침한 고딕 비주얼에서 영감을 받았다. 프로인트는 드라큘라 성에 도착했을 때, 성의 기분 나쁜 내부 공간에 들어설 때, 그리고 관에서 꿈틀거리며 나오는 손과 납골당에서 킁킁거리는 쥐들처럼 <노스페라투>에서 영감을 얻은 숏들에서 느껴지는 강렬한 임팩트를 창조하는 데 큰 몫을 했다.

이 영화의 새로운 점은 사운드였다. 이 영화는 브램 스토커Bram Stoker의 소설을 원작으로 한 최초의 유성 영화였다. 드라큘라 백작은 어쩐 일인지 그의 목소리를 들을 수 있을 때 더 섬뜩하다. 비인간적인 괴물이 아니라, 상류 사회의 인습을 조롱하는 공들여 가다듬은 문장들을 내뱉는 인간적인 괴물로서 그렇다. 그리고 여기서 루고시가 구사하는 영어의 딱딱하고 독특한 악센트는 큰 장점이었다.

전해지는 이야기에 따르면, 루고시는 사전에 치밀하게 준비된 괴상한 연기를 펼친 인물로, 양식화된 행동으로 사람들의 눈길을 끌어모

으는 사람이었다. 그는 외국에서 왔다는 신분을 자산으로 삼았다. 그리고 할리우드와 뉴욕에서 불길한 느낌을 주는 자신의 악센트를 스스로 조롱해서 이득을 챙겼다. <드라큘라>의 성공 이후 그는 여전히 그 역할을 연기하고 있는 것처럼 풍성하게 늘어진 망토를 걸친 격식 차린 차림새로 대중 앞에 자주 나타났다. 말년에 마약에 중독된 그는 자기 자신을 패러디하는 신세로 전락했다. 그의 말년의 모습은 그가 마지막 영화를 찍을 당시를 배경으로 삼은 <에드 우드Ed Wood>(1994)에서 볼 수 있다.

흡혈귀 드라큘라는 수십 편의 영화가 다룬 주제였다. 드라큘라 전설의 깊은 곳에는 영화로 만들기에 적합한 무언가가 존재한다. 아마도 공포가 동반된 에로티시즘에 동참하는 것일 테다. 뱀파이어의 공격은 특별히 성적인 것은 아니다. 그러나 희생자의 피를 마실 때 그는 가장 내밀한 섹스에 참여하고 있으며, 이 행위가 한 사람의 동정(그리고 그 사람의 영혼)을 잃는 것과 불사의 존재가 되는 것 사이의 본능적인 연결이라는 점에는 의심의 여지가 없다. 흡혈귀처럼 다른 이의 피를 빼는 것은 당신을 마력으로 굴복시키는 피조물이 점잖게 수행하는, 슬로 모션으로 행해지는 고상한 강간이다.

드라큘라 전설은 무척 다양한 방식으로 무척 자주 영화로 만들어져 왔다〔가장 최근 영화는 프랜시스 포드 코폴라Francis Ford Coppola가 연출한 <드라큘라Bram Stoker's Dracula>(1992)다〕. 그러면서 이 소재는 오페라 대본이나 셰익스피어의 희곡과 비슷한 존재가 되었다. 그래서 줄거리와 이야기 전개를 몽땅 아는 우리는 대체로 스타일과 영화 미술에 관심을 기울인다. 또한 드라큘라를 다룬 진지한 영화는 모두 루고시의 연기에서 영감을 받았다. <노스페라투>의 주연 배우인 막스 슈렉Max Schreck은 인간과 거리가 먼 비인간적인 말라빠진 생령生靈이지만, (프로인트가 핀포인트 조명을 비춰 오싹하게 보이게 만든) 깊이 팬 눈과 반들반들 윤기 있는 검은 머리의 루고시는 영화 역사상 영향력이 상당한 연기 중 하나를 창조해 냈다. 그의 연기는 이후로 수십 년 동안 찾아올 영화 속 드라큘라들에게 — 특히 드라큘라 캐릭터를 최소한 일곱 번은 연기했던 해머 필름의 스타 크리스토퍼 리Christopher Lee에게 — 영향을 줄 정도로 독특한 인상을 남겼다.

강한 영향력을 발휘한 것은 영화의 비주얼과 스타의 연기뿐 아니라 대사 역시 마찬가지였다. 이 영화의 위대한 대사 중 상당수가 세속의 언어로 편입되었다.

나는 절대로 마시지 않소…… 와인은.

당신은 단 한 번의 인생조차 살아 보지 않은 사람치고는 현명한 사람이오, 반 헬싱.

저 소리에 귀를 기울이시오. 밤의 아이들에게, 그들이 연주하는 음악에.

줄거리는 모든 영화팬에게 친숙한 이야기다. 영국인 부동산 중개인 렌필드(드와이트 프라이Dwight Frye)는 백작에게 런던의 부동산을 팔려고 트랜실베이니아를 방문한다. 그는 이 거래를 정말로 성사시키고 싶어 한다. 그는 드라큘라의 이름이 언급되자 마을 사람들이 보내는 경고를 전혀 받아들이지 않는다. 그는 마부가 없는 마차를 타고 달리는 무시무시한 질주에서 살아남는다. 그런 후 자신을 위해 준비된 비운에 빠져든다. 드라큘라 성의 섬뜩한 내부를 보여 주는 설정 숏은 처음부터 끝까지 독일 표현주의 전통에 빚진 것이다. 드라큘라가 손님을 맞고 그에게 음식과…… 와인을 대접하는 장면은 정중하면서도 불길한 기운이 감돈다. 그런 후 압도당하는 렌필드, 관이라는 치명적인 화물을 실은 배를 타고 돌아온 영국(<노스페라투>에 많은 것을 빚진 또 다른 시퀀스), 항구로 떠밀려 들어온 유령선. 배에 탄 사람은 렌필드를 제외하고는 전원이 사망한 듯 보이고 렌필드는 광기 어린 눈으로 사람들을 바라보고 있다.

런던에서 뱀파이어는 밤에 마주치는 낯선 이들의 피로 향연을 벌이는데, 이 장면들은 잭 더 리퍼Jack the Ripper의 전설에 빚을 지고 있다. 그런 후 그는 시워드 박사(허버트 번스턴Herbert Bunston)가 차지한 오페라 특등석을 교묘히 찾아가 자신을 소개한다. 박사는 불운한 렌필드가 (피를 먹으려고 낄낄거리며 거미들을 먹어치우면서) 감금되어 있는 요양원과 이웃한 곳인 카팩스 애비의 소유자다. 그는 시워드의 딸 미나(헬렌 챈들러Helen Chandler)와 그녀의 약혼자 조너선 하커(데이비드 매너스David Manners), 그녀의 친구 루시(프랜시스 데이드Frances Dade)를 만난다. 그들은 결국 뱀파이어 사냥꾼 반 헬싱 박사(에드워드 반 슬론Edward Van Sloan)을 만나게 되는데, 헬싱은 흡혈귀의 행태를 드라마가 요구하는 것보다 더 자세히 설명한다.

카팩스 애비의 장면들은 트랜실베이니아와 선상을 배경으로 한 장면들이 전하는 표현주의적 공포가 지나간 후에 등장해서 김을 빼놓는다. 이 장면들은 루고시가 처음으로 드라큘라를 연기했던 동명의 브로드웨이 연극에 기초하고 있으며, 흡혈 행위의 잠재적 매력보다는 상류층 드라마의 (그리고 반드시 밝혀둘 점은 코미디의) 전통에 많은 것을 빚졌다. 그럼에도 브라우닝은 이 부분에서도 보는 이를 심란하게 만드는 솜씨를 발휘할 수 있었다. 박쥐들의 방문과 떠다니는 안개로 드라큘라의 등장을 제시하는 방식이 거기에 해당한다.

토드 브라우닝은 호러 장르에 대한 어떤 연구를 보더라도 핵심을 차지하는 감독이다. 그럼에도 그의 최고작 상당수는 같이 작업한 이들이 드리운 그늘에 덮여 있다. '천의 얼굴을 가진 사나이' 론 채니는 브라우닝의 기념비적 작품 <사악한 세 사람The Unholy Three>(1925)과 <잔지바르의 서쪽West of Zanzibar>(1928)의 배후에 자리한 핵심적인 창조력처럼 보인다. 루고시와 프로인트, 그리고 영화가 다루는 주제는 <드라큘라>의 배후에 위치한 창조적 엔진이다. 브라우닝의 개인적인 비전을 담은 독보적인 작품은 서커스를 배경으로 한 <프릭스Freaks>(1932)로, 대단히 충격적인 작품이라 제작된 이후로 이곳저곳에서 상영이 금지되었다.

<드라큘라>는 처음 공개되었을 때 잠깐 나왔다가 사라지는 「백조의 호수Swan Lake」 말고는 음악 스코어가 없었다. 그 점은 또 하나의 기회로 남았다. 나는 1999년 9월에 텔루라이드영화제에서 이 영화의 복원판을 봤는데, 이때 필립 글래스Philip Glass가 새로 작곡한 스코어를 크로노스 콰르텟Kronos Quartet이 연주했다. 그 버전은 현재 비디오로 시판 중이다. 순수주의자들은 브라우닝의 원래 결정이 — 음악으로 공포를 강조하는 대신 섬뜩한 음향효과로 공포를 강화하기 위한 — 최고의 결정이라고 주장한다. 그러나 <드라큘라>는 대단히 많은 상이한 아티스트에 의한 대단히 다양한 연출을 통해 부침을 겪어 온 터라, 글래스의 음악은 그 자신이 기여할 수 있는 바를 덧붙이는 전통을 따랐을 뿐이라고 보면 된다. 글래스의 음악은 소름 끼치는 단순한 분위기를 제시하는 게 아니라 드라큘라의 흡혈 행위 배후에 자리한 급박함과 욕구를 강조하는 면에서 효과적이다. 이 음악은 피에 대한 갈증을 불러일으킨다.

1931년 영화 <드라큘라>는 여전히 무서운 영화일까, 아니면 시대물이 되어 버렸을까? 참고서 시리즈 『시네북스Cinebooks』는 "여태까지 만들어진 영화 중에서 가장 오싹하고 진정으로 섬뜩한 영화"라고 단언한다. 그 말은 1931년에는 맞는 말이었을 것이다. 그러나 나는 오늘날에도 이 영화가 흥미로운 것은 대체로 기술적인 이유들(양식화된 연기,

촬영, 세트) 때문이라고 생각한다. 루고시가 잠들어 있는 루시에게 다가가면서 이 소재에 담긴 모든 것이 한꺼번에 표면으로 떠오르는 순간이 있다. 우리는 그 대가로 얻는 무시무시한 결과물에 대해 곰곰이 생각하게 된다. 불멸, 그러나 뱀파이어로서 얻는 불멸. 우리 관점에서 보면 드라큘라는 형언할 수 없는 범죄를 저지르는 중이다. 그런데 그의 관점에서 보면 그는 형언할 길이 없는 선물을 제공하는 중이다.

똑바로 살아라	감독	스파이크 리	
Do the Right Thing	주연	스파이크 리	
	제작	1989년	120분

살면서 많은 영화를 봤지만 <똑바로 살아라>를 처음 보았을 때 느꼈던 것과 맞먹는 감정을 선사한 영화는 드물었다. 내가 본 영화 대부분은 그저 저기 멀리 떨어진 스크린이라는 공간에만 자리를 잡고 있었다. 관객의 영혼을 꿰뚫는 영화는 세상에 몇 편 되지 않는다. 1989년 5월, 나는 칸영화제의 시사회장을 나오면서 눈물을 흘렸다. 스파이크 리Spike Lee, 1957~ 감독은 거의 불가능에 가까운 과업을 이루어 냈다. 그는 미국에 살고 있는 모든 인종이 공감할 수 있는 방식으로 미국의 인종 문제를 다뤘다. 그는 인종과 인종 사이에 경계선을 긋지도 않았고 특정 인종을 편들지도 않았다. 그저 모든 인종 문제를 대표하는 특정 인종 문제를 슬픈 눈으로 바라봤을 뿐이다.

모든 관객이 <똑바로 살아라>의 시선이 공명정대하다고 여겼던 것은 아니다. 기자 회견장에서 내 앞자리에 앉은 여자는 <똑바로 살아라> 때문에 인종 폭동이 일어날 거라고 확신했다. 리 감독은 <똑바로

살아라>의 DVD 서플먼트에서 영화에 대한 리뷰를 읽는다. 조 클라인 Joe Klein이 『뉴욕New York』에 기고한 글을 읽은 스파이크 리는 클라인이 샐의 피자 가게가 불탄 것을 슬퍼하면서도 젊은 흑인 청년이 경찰의 손에 죽었기 때문에 불이 난 것이라는 사실은 간과하고 있다고 지적한다.

샐이 "내 자식처럼 여긴다"고 말하는 종업원 무키(스파이크 리)가 가게 창문에 쓰레기통을 던지는 것으로 샐의 피자 가게 약탈이 시작된다는 사실에 많은 관객은 충격을 받았다. 무키는 호감 가는 캐릭터다. 리는 무키가 옳은 일을 한 것이냐는 질문을 오랫동안 많이 받아 왔다고 말한다. 그런데 그는 "유색 인종 중에서 그런 질문을 하는 사람은 한 명도 없다"는 것을 발견했다. 여하튼 <똑바로 살아라>는 경찰이 어떻게 흑인을 죽였고, 군중이 어떻게 피자 가게에 불을 질렀는지를 다룬 영화가 아니다. 그것은 너무 단순한 설명이다. <똑바로 살아라>는 그렇게 단순한 영화가 아니다. 영화는 브루클린 거리의 하루 생활을 보여 준다. 그 덕에 관객들은 거리의 이웃들을 모두 보게 되고, 몇 걸음 떨어진 곳에서 비극이 다가오고 있음을 알게 된다.

경찰의 손에 희생되는 라디오 라힘(빌 넌Bill Nunn)은 나무랄 데 없는 사람은 아니다. 그는 휴대용 스테레오를 귀청이 터져라 크게 틀어 댄다. 스테레오에서 쏟아져 나오는 소음은 샐(대니 아이엘로Danny Aiello)뿐 아니라 길모퉁이에 앉아 잡담을 하는 흑인 노인들까지 미치게 만든다. 라디오 라힘은 양손에 'LOVE(사랑)'와 'HATE(증오)'라고 쓰인 반지를 끼고 있다(<사냥꾼의 밤The Night of the Hunter>에 등장하는, 로버트 미첨Robert Mitchum이 연기하는 목사 캐릭터를 본뜬 것이다). 라디오 라힘이 해를 끼칠 사람이 아니라는 것을 우리가 이미 알고 있고, 또한 그가 무키 앞에서 펼친 가상 대결에서 '사랑'이 승리하는 광경을 우리가 이미 봤다고 해도, 경찰의 눈에 그 반지는 흉물스러운 물건일 뿐이다. 백인 경찰들은 라디오 라힘의 행동을 이성적으로 관찰하려 하

지 않는다. 경찰들이 샐과 싸우는 라디오 라힘을 끌어낼 때 성난 라디오 라힘이 하는 행동은 경찰들에게는 아무런 해도 입히지 않는 것이었다(샐은 야구 방망이로 라디오 라힘의 휴대용 스테레오를 박살낸 참이다).

<똑바로 살아라>에는 영웅도 없고 악당도 없다. 경찰봉으로 라디오 라힘의 목을 조르는 동료 경찰에게 "이제 그만해!"라고 외치는 책임감 있는 경찰도 등장한다. 목을 조른 경찰도 군중에 둘러싸인 상태에서 샐의 가게가 화염에 휩싸이자 겁에 질려 그런 행동을 했을 것이다. 흑인과 백인 사이의 두려움과 의구심은 꼬리를 물고 돌고 돌면서 부풀어 오르고 덩치를 키운다. 우리는 거리의 사람들을 모두 안다. 그들과 함께 거리에서 하루를 보냈기 때문에 우리는 분노만큼이나 슬픔을 느낀다. 라디오 라힘은 죽었다. 그리고 25년간 이웃의 꼬마들에게 피자를 먹였던 샐은 불타 버린 가게 앞에 서 있다. 피자 가게가 한 사람의 인생에야 맞먹지 못하겠지만, 샐에게 피자 가게는 큰 의미가 있는 곳이다. 그는 삶의 의미를 잃었다. 스파이크 리 역시 그 점을 알고 있다. 샐에게 미안함을 느낀 스파이크 리는 무키가 등장하는 따스한 마지막 장면에서 이렇게 말하려 했을 것이다. 피자를 먹고, 가족을 먹여 살리고, 사업체를 운영하거나 일을 하면서 다른 인종에게 품게 되는 의혹을 앞세운 인종주의가 우리 정신을 지배하지 못하게 막는 그런 삶을 우리는 어째서 살지 못하는 걸까요?

버긴 아웃(지안카를로 에스포지토Giancarlo Esposito)이 샐이 피자 가게에 프랭크 시나트라Frank Sinatra, 조 디마지오Joe DiMaggio, 알 파치노Al Pacino 같은 이탈리아인들의 사진만 걸어 놨다는 비난을 퍼부으면서 폭동이 촉발된다. 그는 왜 흑인의 사진은 걸려 있지 않느냐고 묻는다. 샐은 당신 가게를 열어서 걸고 싶은 사진을 마음대로 걸라고 말한다. 누군가 샐의 피자를 사먹는 사람은 모두 흑인이라고 대꾸한다. 그 대꾸

에 다른 사람은 거리에 흑인이 소유한 가게가 없다는 건 모두가 다 아는 사실이며, 샐과 모퉁이 잡화상을 운영하는 한국인들이 아니면 이 동네 사람들은 음식 살 곳이 없을 거라고 대답한다. 다른 사람은 그 대답에 대해 미국에서 흑인에 대한 경제적 차별이 수십 년 동안 제도화됐다고 항변한다. 그렇게 꼬리에 꼬리를 물고 이야기가 이어진다.

중요한 건 정답이 결코 존재하지 않는다는 사실이다. 영웅도 있고 악당도 있을 수 있지만, 브루클린의 평범한 길거리에서 살아가는 사람들은 영웅과 악당의 꼬리표를 내비치지 않는다. <똑바로 살아라>를 보면서 어느 긴 여름날을 보낸 우리는 샐의 피자 가게 창문으로 날아가는 쓰레기통 뒤에서 오해와 의심, 불안감과 고정관념, 불운 같은 것이 힘을 보태고 있음을 예측할 수 있다. 우리 사회 깊은 곳에 뿌리 내리고 있는 인종주의라는 질병 자체가 또 다른 질병을 불러일으키는 지경에 이르렀다. 사태가 그런데도 흑인과 백인 모두 방관자처럼 바라만 보고 있다.

오늘 <똑바로 살아라>를 다시 보면서 이 영화가 스타일 면에서 대단히 뛰어난 영화라는 생각을 다시 하게 되었다. <똑바로 살아라>를 만들 당시 서른두 살이었던 스파이크 리는 자신의 능력에 대한 확신과 자신감, 기쁨으로 충만했다. 유쾌하지 않은 사회적 리얼리즘 계열의 소재를 선택한 그는 음악과 유머, 색채와 풍부한 상상력으로 영화를 풀어 나간다. 영화의 대부분은 대단히 흥겹다. 그는 리얼리즘을 피하는 데 상당한 노력을 기울인다. 인종 차별에 대해 이야기하는 흑인과 백인, 한국인의 클로즈업 몽타주 장면이나, 창문 너머 거리를 관찰하며 이웃들에게 사운드트랙을 제공하는 것 같은 동네 디스크자키(새뮤얼 L. 잭슨Samuel L. Jackson)의 따발총 같은 대사를 예로 들 수 있다. 리는 관심 없다는 듯 말을 삼가기도 한다. 한편 사람들이 서로를 바라보는 시선과 관련한 슬로 모션 장면이 두 장면 있다. 한 장면에서는 경찰 두 명과 흑인 노인 세 명이 서로를 경멸하는 듯한 시선을 같은 눈높이에서 교환한다. 다른 장면에서는 샐이 제이드(조이 리Joie Lee)에게 부드럽게 말을 건넨다. 카메라는 무키와 샐의 아들 피노(존 터투로John Turturro)의 가늘게 뜬 눈초리 사이를 천천히 팬 한다. 두 사람 모두 샐의 목소리 톤을 마뜩치 않아 한다.

샐이 제이드에게 특별한 마음을 품고 있다는 것은 확실하다. 샐은 제이드에게 늘 피자 몇 조각을 더 얹어 주는 것으로 마음을 표현한다. 그는 그녀의 갈색 눈이 아름답다고 말한다. 자신이 손님들을 좋아한다고 말할 때의 샐은 진실하기 그지없다. 피노가 아무 생각 없이 길거리 사람들을 "검둥이"라고 부르며 비난할 때, 샐은 손에 머리를 파묻는다. 그러나 샐도 화가 날 때는 '검둥이'라는 단어를 사용한다. 그 점에 있어서는 흑인들도 인종 차별과 무관하다고 할 수 없다. 한국인 가게에 불을 지르는 흑인들 역시 인종 차별에서 크게 벗어난 것은 아니다.

리는 등장인물들을 애정을 품고 그려 낸다. 무키와 무키의 아이를 낳은 티나(로지 퍼레즈Rosie Perez) 사이의 달콤한 순간을 주목해 보라. 얼음 조각을 집은 그가 그녀의 눈썹과 눈, 발목, 허벅지를 어떻게 애무하는지, 서로에게 부드럽게 속삭이는 입을 어떻게 클로즈업하는지 주목해 보라. 사람들의 분노를 잠재우려 애쓰는 노인 다 메이어(오지 데이비스Ossie Davis)에게 보이는 스파이크 리의 애정을 살펴보라. 마더 시스터(루비 디Ruby Dee)와 다 메이어가 함께하는 장면은 인생의 황혼기에 다다른 남녀의 사랑을 보여 준다.

이 사람들 중 누구도 완벽하지 않다. 그러나 리는 관객이 등장인물의 감정을 느낄 수 있게 해 준다. <똑바로 살아라>의 진면목을 깨달으려면 감정 이입을 해야 한다. 당신이 타인의 감정을 이해하려 애쓰지 못하겠다면, 당신은 스스로 만든 상자에 갇힌 채 인생을 살아야 한다. 지난 몇 년간 생각 없는 사람들은 리를 '분노한 영화감독'이라고 비난했다. 그가 여러 번 분노를 표출한 것은 사실이지만, 나는 그의 영화에서 그런 분노를 찾을 수 없다. <똑바로 살아라>의 경이로움은 스파이크 리가 대단히 공정하다는 점이다. 이 영화에서 폭력을 선동하는 측면만 바라보는 사람들은 자기 주장만 내세우려고 할 뿐 이 영화가 얼마나 유용한 영화인지에 대해서는 한마디도 하지 않는다. <똑바로 살아라>에 가득한 정서는 슬픔이다. 스파이크 리는 두 가지 인용구로 영화를 끝맺는다. 하나는 비폭력을 주장하는 마틴 루터 킹Martin Luther King Jr.의 연설이고, 다른 하나는 '필요할 경우' 폭력을 주장하는 맬컴 엑스Malcolm X의 연설이다. 로드니 킹Rodney King의 세 번째 주장이 내 마음속을 흘러갔다.

뜨거운 것이 좋아

Some Like It Hot

감독	빌리 와일더	
주연	매릴린 먼로, 토니 커티스, 잭 레먼	
제작	1959년	121분

예술과 자연이 빚어낸 걸작 매릴린 먼로Marilyn Monroe. 그녀는 세월이 흘러도 아이콘의 지위를 지키면서 한때 전성기를 누렸던 인물로 전락하지 않고 여전히 우리가 지켜보는 동안 스스로 자신을 재발명하고 있는 것처럼 보인다. 그녀는 운 좋게 영감을 받은 덕에 자신이 연기해야 할 대사를 우연히 떠올리는 것처럼 보이는 재주를 가졌다. 빌리 와일더Billy Wilder, 1906~2002 감독의 <뜨거운 것이 좋아>에는 그녀와 토니 커티스Tony Curtis가 재치 넘치는 농담을 뜨거운 감자처럼 주고받는 장면이 있다. 풍만한 가슴을 궁금한 사내들을 위해 건네는 기분 좋은 선물로 제공하는 것처럼 보이는 드레스에 몸을 밀어 넣은 그녀는 섹스에 대한 생각은 눈곱만치도 없는 것처럼 보이는 동시에 남자들을 도저히 항거할 수 없는 욕정으로 녹여 버리는 것처럼 보인다. "저 여자 봐!" 잭 레먼Jack Lemmon은 홀딱 반한 눈으로 그녀를 바라보는 커티스에게 말한다. "저 여자 움직이는 것 봐. 스프링 달린 젤리 같아. 몸 어느 구석에

모터가 달려 있는 게 분명해. 말이야, 여자는 우리하고는 판이하게 다른 성性이야."

　　와일더의 1959년 코미디는 시간을 가장 잘 견뎌 낼 보석 같은 작품이다. 영감과 꼼꼼한 수완으로 완성된 영화이자, 전적으로 섹스에 대한 영화이면서도 범죄와 탐욕에 대한 영화인 것처럼 위장한 영화다. 와일더의 기분 좋은 냉소주의가 영화를 뒷받침하기 때문에 영화는 싸구려 감상 따위에는 조금도 시간을 허비하지 않고, 모든 등장인물은 원초적인 진화론적 동기에 따라 행동한다. 진지한 감정이 이 캐릭터들을 강타하면, 그들은 그 감정에 허를 찔린다. 커티스는 자신이 원하는 건 섹스뿐이라고 생각하고, 먼로는 자신이 원하는 건 돈뿐이라고 생각한다. 그러다가 그들은 자신이 원하는 것이 상대방뿐이라는 걸 알게 되고는 깜짝 놀라면서도 즐거워한다.

　　플롯은 전형적인 스크루볼 코미디의 플롯이다. 커티스와 레먼은 밸런타인데이 학살을 목격한 후 악당들에게 목숨을 잃지 않으려고 여자로 위장하는 시카고 뮤지션들을 연기한다. 두 사람은 플로리다로 가는 길에 여성으로만 구성된 오케스트라에 합류한다. 가수인 먼로는 백만장자와의 결혼을 꿈꾸지만 "나는 늘 막대 사탕의 흐물흐물한 끄트머리만 얻고는" 한다. 먼로를 갈망하게 된 커티스는 그녀를 얻으려고 백만장자인 척 위장한다. 돈을 갈망한 먼로는 그에게 사랑하는 법을 가르친다. 그들의 관계는 레먼이 조 E. 브라운Joe E. Brown이 연기하는 진짜 백만장자와 엮이게 되는 저질 코미디에 뒤집혀 반영된다. "넌 여자가 아냐!" 커티스가 레먼에게 따진다. "남자야! 남자가 어째서 남자하고 결혼하고 싶어 하겠어?" 레먼은 받아 친다. "안전하니까!"

　　이 영화는 마르크스 형제의 클래식들과 비교되어 왔다. 갱스터들이 호텔 복도를 통해 주인공들을 잡으러 다니는 슬랩스틱 추격 장면이 특히 그랬다. 마르크스 형제의 상당수 작품이 가진 약점은 영화에 삽입된 뮤지컬 부분이다. 하포Harpo Marx의 솔로를 말하는 게 아니라, 재미없는 조연 캐릭터들과 관련된 로맨틱한 듀엣 말이다. 반면에 <뜨거운 것이 좋아>의 뮤지컬 삽입곡들에는 조금도 문제가 없다. 가수가 먼로이기 때문이다. 그녀는 노래하는 목소리는 대단히 뛰어나진 않지만 프랭크 시나트라Frank Sinatra만큼 호소력 있게 가사를 전달한다.

그녀의 솔로 'I Wanna Be Loved by You(당신에게 사랑 받고 싶어)'를 숙고해 보라. 상황은 더할 나위 없이 원초적이다. 어여쁜 아가씨가 오케스트라 앞에 서서 노래를 부른다. 먼로와 와일더는 이 장면을 영화 역사상 가장 몽환적이고 뻔뻔스럽게 관능적인 신 중 하나로 탈바꿈시킨다. 그녀는 몸에 쫙 달라붙은 시스루 드레스를 입었다. 망사가 가슴 상반부를 덮고 있고, 움푹 팬 네크라인은 검열관이 눈썹을 치켜 올리게 만든다. 와일더는 그녀를 둥그런 스포트라이트 중심에 배치하는데, 이 스포트라이트는 평범한 스포트라이트가 그러는 것처럼 그저 그녀의 상반신을 밝게 비추는 데서 머무르지 않고 그녀의 네크라인을 대신하는 존재인 것처럼 그녀를 희롱한다. 스포트라이트는 먼로가 감질날 정도로 정확하게 조명 속에서 몸을 높이고 낮추는 동안 그녀의 몸에 바짝 달라붙어 그녀를 빛으로 물들인다. 누드가 사방으로 넘쳐 난다는 느낌이 드는 스트립 쇼 장면이다. 그럼에도 그녀는 천진하게 노래를 부르면서 이 장면이 가져올 효과에는 무지한 듯 보인다. 그녀는 그 장면을 곧이곧대로 받아들이는 것처럼 보인다. 그 장면을 체험하면 어째서 카메라와 섹슈얼한 화학 작용을 먼로보다 더 잘 빚어낼 배우가 남녀를 통틀어 아무도 없는지를 이해하게 된다.

화학 작용을 포착하는 것이 늘 그리 간단한 일이었던 것은 아니다. <뜨거운 것이 좋아>를 둘러싼 전설들이 있다. 커티스는 먼로와 키스한 것에 대해 히틀러와 키스한 것 같다는 유명한 말을 남겼다. 먼로는 장롱 서랍을 들여다보면서 한 줄만 하면 되는 대사("버번 어디 있

어?")를 연기하느라 대단히 많은 고생을 했다. 그래서 와일더는 서랍 안에 대사를 붙였다. 그러자 그녀는 엉뚱한 서랍을 열었다. 그래서 와일더는 모든 서랍 안에 대사를 붙였다.

촬영장에서 먼로가 보여 준 기행과 노이로제는 악명 높았다. 그러나 스튜디오들은 다른 여배우라면 일찌감치 쫓겨나고도 남았을 오랜 시간 동안 그녀를 견뎌 냈다. 스크린에서 얻어 내는 결과물이 엄청나게 매력적이기 때문이었다. "버번 어디 있어?"의 최종 테이크를 잘 살펴보라. 먼로의 모습은 무척이나 자연스럽다. 요트 선상이 배경인 유명한 신도 잘 살펴보라. 커티스는 어떤 여자도 자신을 흥분시키지 못한다고 투덜거리고, 먼로는 그를 흥분시키려고 최선을 다한다. 그녀는 그에게 에로틱하게 키스를 하는 것이 아니라 선물을 주고 상처를 치료하는 것처럼 부드럽고 사랑스럽게 키스를 한다. 이 장면에서 커티스가 하는 말도 기억에 남겠지만, 그 장면을 지켜볼 때 관객 입장에서 생각할 수 있는 것은 히틀러는 끝내주게 키스를 잘하는 사람이었을 게 분명하다는 생각이 전부다.

사실 영화는 레먼과 커티스 캐릭터의 이야기이고 영화에는 정상급 조연진(조 E. 브라운, 조지 래프트George Raft, 팻 오브라이언Pat O'Brien)이 출연하지만, 먼로는 자신이 출연한 모든 영화를 도둑질해 유유히 걸어 나왔던 것처럼 이 영화 역시 자기 것으로 만들고 만다. 그녀가 스크린에 등장해 있는 동안 다른 출연자를 지켜보려면 대단한 의지가 필요하다. 토니 커티스의 연기는 많은 칭찬을 들을 만하다. 먼로를 촬영하는 데 필요했던 테이크가 얼마나 많았는지를 알기 때문이다. 커티스는 자신이 프로암pro-am• 토너먼트에 출전하고 있는 프로 선수 같다는 기분을 분명 숱하게 느꼈을 것이다. 그럼에도 그가 자신을 셸 오일 상속

• 프로와 아마추어가 함께 출전해 경쟁을 벌이는 스포츠 이벤트

자라고 소개하면서 케리 그랜트Cary Grant를 짓궂게 패러디하는, 바닷가에서 두 사람이 처음 만나 나누는 눈부신 대사 장면에서 그는 펄떡펄떡 숨 쉬는 활력을 유지한다. 요트 유혹 장면에서 그가 보여 주는 타이밍과 그의 캐릭터가 그녀의 순진한 모습을 갖고 노는 방식을 잘 살펴보라. "워터 폴로요? 그거 너무 위험하지 않으요?" 먼로가 묻자 커티스는 대꾸한다. "위험하죠! 조랑말 두 마리가 내 밑에서 익사했어요."

평범해 보이는 장면에 노골적으로 성적인 상징을 과감하게 감춰 놓는 와일더의 솜씨도 살펴보라. 두 사람이 소파에 수평으로 누워 있을 때 먼로가 커티스에게 처음으로 키스를 퍼붓는 동안 커티스의 에나멜 구두가 그녀 뒤편에서 남근처럼 솟아오르는 방식을 주목하라. 이런 효과는 와일더가 의도한 걸까? 의심의 여지가 없다. 잠시 후 불감증인 백만장자가 치유됐다고 고백하면서 이런 말을 하기 때문이다. "발가락에 이상한 감각이 느껴졌어요. 누군가 내 발가락들을 약한 불로 굽고 있는 것 같은 기분이요." 그러자 먼로는 말한다. "우리, 불에다 장작을 더 넣어 봐요."

잭 레먼은 유사한 관계에서 막대 사탕의 흐물흐물한 끄트머리를 얻는다. 와일더와 I. A. L. 다이아몬드I A. L. Diamond가 쓴 시나리오는 하이 코미디와 저질 코미디 사이를 오가는, 주인공과 광대 사이를 오가는 방식 면에서 셰익스피어 스타일을 보여 준다. 커티스 캐릭터는 남성과 여성을 오가는 왕복 여행을 완료할 수 있었지만, 레먼은 중간 어딘가에 갇혀 버린다. 그래서 커티스가 상층의 러브 스토리에서 먼로와 연결되는 반면, 레먼은 아래층의 스크루볼 구역에서 조 E. 브라운과 엮인다. 그들의 로맨스는 노골적으로 냉소적이다. 브라운의 캐릭터는 다른 남자들이 데이트를 하듯 결혼과 이혼을 밥 먹듯 하고, 레먼은 위자료를 노리고 그와 결혼할 계획을 세운다.

그런데 두 쌍 모두 서로에게 구애하는 모습이 대단히 재미있다!

커티스와 먼로가 브라운의 보트에서 일을 벌이는 동안, 레먼과 브라운은 레먼의 입에 있던 장미가 브라운의 입으로 옮겨가는 완벽한 타이밍을 보이며 춤을 춘다. 레먼이 주도하는 기분 좋은 장면이 있다. 유쾌한 데이트를 마친 이튿날 아침, 그는 여전히 여장 차림으로 침대에 누워 타악기를 연주하면서 약혼 사실을 밝힌다. (커티스: "허니문에서 무슨 일을 할 건데?" 레먼: "그는 리비에라에 가고 싶어 해. 하지만 나는 나이아가라 폭포가 끌려.") 커티스와 레먼 모두 잔인한 사기 행각을 벌이고 있다. 커티스는 먼로가 백만장자를 만났다고 생각하게끔 만들었고, 브라운은 레먼을 여자로 생각한다. 그러나 영화는 누가 상처 받기 전까지 자유분방하게 춤을 춘다. 먼로와 브라운 모두 진실을 알게 되지만 개의치 않는다. 레먼이 자신은 남자라는 걸 밝힌 후, 브라운은 영화 역사상 최고의 클로징 대사를 내뱉는다. 영화를 봤다면 그게 어떤 대사인지 알 것이다. 만약 보지 못했다면, 당신은 그것을 당신 귀로 처음 들어볼 자격이 있다.

라탈랑트	감독	장 비고	
L'Atalante	주연	미셸 시몽, 디타 파를로, 장 다스테	
	제작	1934년	89분

사랑하는 사람과 이후로도 행복하게 살려면, 그 또는 그녀와 함께 생활할 수 있어야 한다. 사소한 문제들은 스스로 해결해야 한다. 여자는 식사 중에 고양이들이 식탁에 올라오는 걸 좋아하지 않는다. 남자의 옷장에는 더러운 빨랫감 1년 치가 꽉 차 있다. 여자는 남들이 보지 않을 때 둘만이 갖는 순간들을 소중히 여긴다. 남자는 자신의 가장 친한 친구를 소중히 여긴다. 수염이 텁수룩하고 말이 많은 그 친구는 속옷 차림으로 식탁에 나타난다. 여자는 파리Paris를 보고 싶어 한다. 남자는 자신이 하는 일이 걱정스럽다. 당신은 그들이 어떻게 생활하는지 본다.

　장 비고Jean Vigo, 1905~1934의 <라탈랑트>는 그런 러브 스토리를 들려준다. 위대한 영화들을 꼽는 리스트 여러 곳에 이름이 올라 있는 이 영화는 작품에 담긴 지극히 현실적인 면모를, 불안정하게 출발하는 신혼부부의 이야기를 들려주는 직설적인 화법을 절묘하게 은폐한다. 프랑스 감독 프랑수아 트뤼포François Truffaut는 열네 살 때인 1946년의 어느 일요일 오후에 이 영화와 사랑에 빠졌다. "극장에 들어갔을 때만 해도 장 비고가 누구인지도 몰랐다. 나는 작품을 향한 그의 거센 열정에 즉시 압도당했다." 어느 영화 평론가가 다른 영화를 "심한 발 고린내 같은 냄새가 난다"는 이유로 비판한 이야기를 듣고는 그것을 찬사로 간주한 트뤼포는, 비고와 비고가 그려 낸 프랑스 운하 바지선의 혹독한 삶을 떠올렸다.

트뤼포는 그날 오후 파리에서 비고의 역작을 봤다. 영화의 러닝 타임은 2백 분에 조금 못 미친다. 이 영화의 시사회가 열리고 두어 달 후에 폐결핵으로 스물아홉의 나이에 사망한 감독을 둘러싼 전설은 많다. 이미 <품행 제로Zéro de Conduite>(1933)로 유명했던 그는 유난히도 추위가 맹위를 떨치던 시기에 <라탈랑트>를 만들다가 병세가 너무 나빴던 탓에 들것에 누워 연출을 하는 일이 잦았다. "그가 연출 중에 일종의 열병에 걸렸다는 결론을 쉽게 내릴 수 있다"고 트뤼포는 썼다. 어느 친구가 비고에게 건강을 챙기라고 조언하자, 비고는 자신에게는 "시간이 부족해서 지금 곧장 모든 걸 쏟아 부어야 한다"고 대답했다.

파리와 베니스영화제에서 시사된 영화는 의례적인 반응을 얻었다. 처음에 이 영화에 열렬한 반응을 보인 옹호자들은 런던의 평론가들이었다. 영화는 가위질을 당한 끝에 러닝 타임이 89분에서 65분까지 이르는 난도질된 여러 버전으로 오랫동안 상영되다 1990년에야 복원되었다. 복원 버전은 현재 비디오로 시판되고 있다.

<라탈랑트>는 줄거리를 요약해 보면 단순한 이야기처럼 보인다. 영화는 젊은 바지선 선장 장과 '일을 늘 남들과 다르게 해야만 하는' 시골 처녀 줄리엣의 결혼으로 시작된다. 결혼 피로연은 없다. 신부는 여전히 웨딩드레스를 입은 채 돛 아래 활대를 잡고는 바지선 갑판에 오른다. 남편과 함께하는 생활뿐 아니라 남편의 덩치 크고 비틀대는 친구 줄스와 함께하는 생활을 시작하기 위함이다. 선원인 줄스는 요코하마

와 싱가포르에도 가 봤지만 지금은 르아브르와 파리 사이의 수로를 정기적으로 오가고 있다. 바지선은 그 외에도 사환 소년과 최소한 여섯 마리의 고양이로 북적인다.

줄리엣은 자신이 처한 상황에서 최선을 뽑아낸다. 고양이가 그녀의 침대에 새끼들을 낳자, 그녀는 그렇게 깔끔하게 굴 필요가 뭐가 있냐고 생각하는 줄스의 반대를 물리치고 침대의 시트를 벗겨 낸다. 그녀는 어느 날 라디오에서 마법의 주문 같은 말을 듣는다. "여기가 파리다!" 그녀는 파리에 가본 적이 없다. 다른 곳들도 마찬가지다. 바지선이 도시에 도착하자, 장은 그녀에게 시내에 나가 하룻밤을 보내자며 옷을 차려입으라고 말한다. 그러나 줄스가 육욕을 채우려는 길에 나서면서, 두 사람은 보트에 머물러야 하는 처지가 된다. 결국 없어졌다는 사실이 알려지기 전에 돌아오겠다는 계획으로 그녀는 혼자 도시로 빠져나간다. 장은 그녀가 없어졌다는 걸 알고는 화가 나서 배를 다시 띄운다. 그녀가 돌아왔을 때 바지선은 없어지고…….

이런 디테일들은 <라탈랑트>의 고혹한 품격을 불러일으키지 못한다. 이 영화는 연인들의 행동을 다룬 영화가 아니라 그들이 느끼는 감정을 다룬 영화다(그들의 감수성은 얼마나 예민하고, 얼마나 섬세하고 우둔한가). 영화는 그들을 신화에 등장하는 인물들처럼 바라보는 시적인 방식으로 촬영되었다. '아탈란테Atalante'는 바지선의 이름일 뿐 아니라, 『브루어 사전Brewer's Dictionary』에 따르면 "발이 대단히 빨랐던" 그리스 여신의 이름이기도 하다. "여신은 구혼자가 경주에서 자신을 이기지 못하면 청혼을 거절했다." 장과 줄리엣이 경주를 펼쳤는데 장이 그녀를 이겼을 수도 있을까?

영화의 효과는 젊은 부부를 특정한 플롯에 엮어 넣으려는 노력보다는, 그들이 살아가는 특별한 삶의 순간들을 불러일으키는 방식으로 구현된다. 그 순간들은 다른 모든 것이 희미해져 가는 지금부터 50년 후에도 여전히 우리의 기억에서 환하게 빛나는 순간들이 될 것이다. 그들이 맞은 첫날 아침을 주의 깊게 살펴보라. 아코디언과 바지선 선원들의 노래가 잠에서 깨어난 커플을 환영한다. 빨랫감을 두고 벌이는 논쟁, 선실에 늙은 줄스와 줄리엣 둘만 남게 된 비범한 순간. 줄스는 그녀를 성폭행할 준비를 거의 마친 것처럼 보이지만, 그녀는 자신이 짓고 있는 드레스로 그의 주의를 딴 데로 돌린 후에 그를 드레스의 모델로 삼는다. 그녀가 예상치 못하게 보여 준 쾌활함이 어찌나 강렬한지(그녀는 자신이 위험에 처했다는 걸 감지하기나 했을까?) 그는 그녀에게 자기 인생의 보물들을 보여 주기에 이른다. 보물 자랑은 제일 친한 친구의 손('그가 남긴 모든 것')이 담긴 단지를 보여 주는 것으로 클라이맥스에 도달한다.

운하 옆 작은 카페에서 마술사가 그녀에게 시시덕거리고 예쁜 스카프로 그녀를 유혹하며 그녀와 춤을 추어 장을 격분케 만드는 시퀀스가 있다. 남자가 입심으로 그려 낸 파리의 그림이 그녀의 상상력에서 메아리치고, 결국 그녀는 도시에 홀로 나가야 하게 된다. 그녀가 장에게 불성실한 아내여서가 아니라 자신을 주체하지 못하는 어린 아가씨이기 때문이다.

이별은 두 사람 모두에게 너무 고통스러운 일이다. 그녀가 처음에 느꼈던 기쁨은 공포로 바뀐다. 그녀는 핸드백을 도둑맞고, 매처럼 생긴 남자들은 음탕한 제안을 해 오며, 도시는 더 이상 매혹적인 곳이 아니다. 장은 괴로워서 머리를 감싼다. 그런 후 비고는 억눌려 있는 고독을 과감한 제스처로 모조리 풀어낸다. 도입부에서 줄리엣은 물에 얼굴을 담고 눈을 뜨면 자신의 진정한 사랑을 볼 수 있다고 장에게 말했다. "나는 당신을 만나기 전에 당신을 봤어요." 이제 절망에 빠진 장은 차가운 운하로 뛰어들고, 줄리엣이 미소를 지으면서 그 앞으로 헤엄쳐 온다. "이 장면은 사랑스러운 여인을 담은 영화의 역사에서 눈부신 이미지 중 하나로 꼽아야 마땅하다"고 소설가 마리나 워너Marina Warner는 썼다. 장이 선상으로 돌아오자 노인과 사환은 음악으로 그의 기분을 풀어주려 애쓰지만, 그는 이리저리 헤매다가 — 가슴 찢어지는 숏에서 — 마치 그의 사랑인 양 얼음 덩어리를 품에 안는다.

줄리엣을 연기한 배우는 디타 파를로Dita Parlo다. 베를린 출신의 이 전설적인 여배우는 1928년과 1940년 사이에 스물다섯 편의 영화에 출연했고, 1950년과 1965년에 각각 영화 한 편씩에 더 출연했다. 그녀가 맡은 다른 유명한 역할은 장 르누아르Jean Renoir의 <위대한 환상La Grande Illusion>(1937)에서 탈옥한 죄수들을 숨겨 주는 농장 여인이었다. 가수 마돈나Madonna는 자신의 책『섹스Sex』의 영감을 <라탈랑트>의 파를로에게서 받았다고 말했다. 얼굴에 가르보Greta Garbo 분위기의 고아함이 어렴풋이 감도는 그녀는 세상 구경을 못한 시골 아가씨 역할을 맡기에는 지나치게 고상해 보이지만, 그녀의 그런 특징은 늙고 거친 줄스 역의 미셸 시몽Michel Simon 옆에 섰을 때 제 몫을 한다.

이 영화를 만들 당시 아직 마흔이 채 되지 않았던 시몽은 짠 바람에 깎이고 항구 살롱의 술 냄새에 전 60세 노인처럼 보인다. 두 젊은 연인이 키스하는 모습에서 자극을 받은 그는 자신이 레슬링도 할 수 있음을 보여 주면서 최고의 순간을 연출한다. 그는 갑판에서 자기 자신과 드잡이를 하는데, 비고는 노출과 노출 사이의 디졸브를 통해 이 장면을 외로운 두 유령이 하나의 신체를 소유하려고 다투고 있는 것처럼 보이게 만든다.

장을 연기한 장 다스테Jean Dasté는 자신이 사랑에 빠졌다는 걸 알지만 애정 관계의 현실적인 측면(줄리엣의 욕구를 받아들이는 방법과 그녀에게 상처를 주게 될 일들에 대한 직관)에 대해서는 하나도 아는 게 없는 젊은 남성의 무력함을 전달한다. 영화는 모두가 기쁨에 겨워하며 배에 돌아오는 것으로 끝나지만, 우리는 어쩐 일인지 방금 전에 그들이 벌인 마지막 결투를 본 것 같다는 의구심을 품게 된다.

영화의 비주얼은 부드럽고 시적이다. 비고와, 수십 년 후 할리우드에서 오토 프레민저Otto Preminger를 위해 일한 촬영 감독 보리스 카우프만Boris Kaufman은 영화의 대부분을 로케이션에서 촬영하면서 차가운 겨울철 운하의 풍경과 연기 자욱한 카페, 비좁은 선실, 배를 파리로 들이려고 물이 갑문에 쏟아져 들어올 때 낡은 바지선이 보여 주는 육중한 모습의 놀라움을 포착해 낸다. 이 영화는 즐겨 부르는 노래처럼 언제 어디서 이 영화를 처음 봤었는지를, 영화를 보고 난 기분이 어땠는지를, 그리고 영화가 풍기는 발 고린내는 어땠는지를 기억하면서 다시 감상하게 되는 그런 영화다.

레이디 이브	감독	프레스턴 스터지스
The Lady Eve		
	주연	바버라 스탠윅, 헨리 폰다
	제작	1941년 94분

로맨틱 코미디를 통틀어 단일 장면으로 가장 섹시한 동시에 가장 재미있는 장면을 하나 꼽아달라는 질문을 받는다면, 프레스턴 스터지스 Preston Sturges, 1898~1959 감독의 <레이디 이브>가 시작된 지 20분하고 6초가 지난 시점부터 바버라 스탠윅Barbara Stanwyck이 헨리 폰다Henry Fonda의 머리카락을 갖고 노는, 3분 51초 동안 계속 이어지는 숏을 보라고 충고하겠다.

　　스탠윅은 원양 정기선에 있는 자신의 객실로 세상 물정 모르는 부자 총각을 유혹해 데려와서는 솜씨 좋게 그의 애를 태우는 사기꾼을 연기한다. 그녀는 장의자에 몸을 눕힌다. 그는 그녀의 옆에 있는 마룻바닥에 밀쳐진다. "꼭 안아줘요." 그녀는 그를 꼭 껴안으면서 말한다. 그녀는 뱀 때문에 겁에 질렸기 때문이라고 주장한다. 이제 단절되지 않는 숏이 시작된다. 그녀의 오른팔은 그의 머리를 감싸 안고, 그녀는 말을 하는 동안 그의 귓불을 만지작거리다 손가락으로 그의 머리카락을 훑는다. 그녀는 그를 괴롭히고 희롱하고 시시덕거린다. 그는 부끄러움과 수줍음 때문에 거의 마비된 상태다. 이 과정 중 어느 시점엔가 그녀는 그에게 홀딱 반한다.

그것은 계획에 없던 일이다. 스탠윅은 아버지와 시종과 함께 1등 선실에 투숙해 여행을 다니면서 카드를 쳐서 부유한 여행자들을 벗겨 먹고, 그 외에도 여러 일을 벌이는 사기꾼 진 해링턴을 연기한다. 양조업으로 갑부가 된 가문의 상속자 찰리 파이크(폰다)가 남미에서 뱀 사냥 원정을 마친 후 승선하자, 그녀는 그를 표적으로 삼는다. 그가 줄사다리를 타고 배에 오르는 동안 그녀는 그가 쓴 헬멧 모자에 사과를 떨어뜨린다. 그러자 아버지는 그녀를 꾸짖는다. "천박하게 굴지 마라, 진. 우리, 부정한 짓을 하는 사람이 되자꾸나. 평범한 사람은 결코 되지 말잔 말이다."

스탠윅의 연기가 보여 주는 즐거운 점은 그녀가 양쪽 측면을 모두 보여 주는 방식에 있다. 그녀는 사기꾼임에도 신뢰할 수 있는 사람이다. 남자를 유혹하는 여자임에도 로맨스에 쉽게 빠져드는 여자다. 남자의 주머니를 노리는 여자지만 그에게서 아무것도 바라지 않는다. 그리고 그는 그녀가 쓰는 향수가 '아마존 상류'에서 1년을 보내고 온 사람이 맡기에 썩 좋은 냄새를 풍긴다는 것밖에 모르는 고지식한 남자다. 그녀는 그에게 그토록 빨리, 그토록 철저히 빠져들면서 자신이 쓰는 수법들을 솔직히 밝히기까지 한다. 그가 뱃머리에서 달빛 속의 그녀에게 키스를 하기 전에 그녀는 말한다. "사람들은 달빛이 비치는 갑판은 여자들의 사무실이라고 말하죠."

언젠가 하워드 호크스Howard Hawks는 자신이 연출한 위대한 스크루볼 코미디 <베이비 길들이기Bringing Up Baby>의 결점은 영화에 등장하는 모든 등장인물이 별난 인물들이라는 점이라고 말했었다. 그 영화에는 캐릭터들을 측정하는 기준으로 삼을 정상적인 사람이라는 기준

선이 없다는 것이다. 호크스의 영화만큼이나 앞뒤가 맞지 않는 영화인 <레이디 이브>는 그런 실수를 하지 않는다. 폰다는 캐릭터를 탄탄하게 연기해 낸다. 그는 영화 내내 유약하면서도 참된 존재로 남아 있다. 사랑에 진실하게, 그리고 심하게 빠진 모든 젊은 남자가 그러는 것처럼 그의 의식이 한 가지에만 꽂혀 있기 때문이다. 그녀만이 채울 수 있는 마음속 공허에만 말이다.

로맨스와 코미디가 동시에 무척이나 우아하고 자연스럽게 진행된 덕에, 스탠윅은 가장 걸출한 연기를 펼칠 뿐 아니라 여러 분위기를 동시에 드러내는 연기를 펼치기까지 한다. 영화는 그녀가 배의 라운지에서 가짜 대령인 아버지와 만나는 영감 넘치는 초반 장면에서 진 해링턴 캐릭터를 확고하게 설정한다. 그녀는 콤팩트의 거울을 활용해 혼자 앉아 책을 읽는 찰리 파이크를 훔쳐본다(책 제목 '뱀은 필요한 동물인가?'는 영화에 남근의 이미지를 교묘하게 가미한다). 스터지스는 거울에 비친 광경으로 컷 하고, 진은 잘생긴 총각의 눈을 붙들려는 실내에 있는 모든 여자의 시도를 묘사하면서 아버지에게 신랄한 보이스오버 내레이션을 들려준다. 그러다가 찰리가 방을 떠날 때, 그녀는 발을 불쑥 내밀어 그를 넘어뜨린다. 그가 몸을 일으키자, 그녀는 자신의 구두 굽을 부러뜨렸다고 그를 비난한다.

그는 그녀의 전용실로 그녀를 에스코트하고, 그녀는 그에게 새 신한 켤레를 골라 신겨 달라고 말한다. "무릎을 꿇어야 할 거예요." 그녀는 그렇게 말하면서 스타킹 신은 다리를 그의 얼굴 앞에 흔들어 댄다. 그의 눈앞은 정욕 때문에 흐릿해지고, 스터지스는 그녀의 발가락이 위험할 정도로 가까이에서 흔들거리게 만들면서 제작 규범을 위반하기 직전까지 접근한다. 가여운 찰리는 그녀에게 푹 빠지고, 얼마 안 가 부녀와 같이 포커를 치다 부녀가 짜 놓은 계략에 따라 6백 달러를 딴다. 그런 후에 그녀에게 귀와 머리카락을 애무받는 더 없이 훌륭한 고문을 당한다.

남자가 여자를 만나고 여자를 잃은 다음에 다른 여자라고 생각하는 여자를 얻는다는 점을 제외하면, 플롯은 스크루볼의 관행대로 전개된다. 그가 자신을 신뢰하지 않는다는 사실에 상처를 받은 진은 '레이디 이브 시드위치' 행세를 하면서 찰리 아버지의 대궐 같은 저택에서 주최된 만찬에 스스로를 초대하는 식으로 일을 꾸민다. 찰리는 이브가 진을 쏙 빼닮았다는 사실에 충격을 받는다. "같은 여자예요!" 찰리의 충실한 시종 먹시(윌리엄 디머레스트William Demarest)는 말한다. 그러나 찰리는 그 말을 믿을 수가 없다. 그래서 눈이 휘둥그레져서는 그녀를 쫓아다니다 연달아 실수를 저지른다.

스터지스는 스튜디오가 찰리가 저지르는 실수들을 잘라 내려 했다고, 사전 비공개 시사회에서 디머레스트가 수풀로 넘어지고 폰다가 소파와 커튼에 걸려 넘어지다가 끝내 로스트비프를 무릎에 떨어뜨리는 장면이 나올 때 남몰래 행운을 빌었다고 회고록에서 밝혔다. 그런데 그 장면들이 모두 관객에게 먹혔다. "그 소파는 그 자리에 15년간 있었는데, 조금 전까지는 거기에 걸려 넘어진 사람이 아무도 없었다!" 찰리의 아버지는 소리친다. 레이디 이브는 응수한다. "오, 그렇다면 관례가 깨진 거네요!"

바버라 스탠윅1907~1990은 대체로 재능 있는 드라마 여배우(<골든 보이Golden Boy>, <스텔라 달라스Stella Dallas>, <이중 배상Double Indemnity>)로 알려져 있었다. 1940년대 초반에 영감 넘치는 코미디들(<설리번의 여행Sullivan's Travels>, <팜비치 스토리The Palm Beach Story>)을 연달아 만들었고 잘못된 행보를 보이는 일이 좀처럼 없던 프레스턴 스터지스는 그녀에게 코믹한 역할을 주겠다고 약속한 후 시대를 초월한 역할을 줬다.

<레이디 이브>는 폰다를 빼놓고는 상상할 수 없는 영화이기는 해도 온전히 스탠윅의 영화다. 그녀의 캐릭터가 느끼는 사랑과 상처, 분

노는 거의 모든 장면에 행동 동기를 제공한다. 놀라운 점은 그녀가 코미디에서 찾아낸 감정들이 무척이나 진솔하다는 것이다. 두 사람이 함께 있는 차분한 장면 모두에서 그녀가 폰다를 바라볼 때 그녀의 눈동자를 관찰해 보라. 그러면 당신은 남자의 숫기 없는 수줍음을 즐기면서도 남자의 외모에 자극을 받는 여자를 보게 될 것이다. 처음에 그녀는 유혹의 게임을 사랑했다. 당신은 그녀가 자신이 보유한 권력을 즐기고 있음을 감지할 수 있을 것이다. 그런 후에 그녀는 어떤 면에서는 자신이 쳐 놓은 유혹에 걸려든다. 영화에서 이보다 더 설득력 있게 남자를 욕망하는 여자를 찾아보기는 어렵다.

그녀의 아버지를 연기하는 찰스 코번Charles Coburn, 1877~1961은 1930년대부터 1950년대까지 활동한 귀한 성격파 배우로, 찰스 로튼 Charles Laughton과 같은 순회 극단에서 활동한 배우였다. 이 작품에서 코번과 스터지스는 굉장히 중요한 옳은 결정을 내렸다. 해링턴 '대령'은 우쭐대는 천박한 인물이 아니라, 영리하고 지각 있으며 요란을 떨지 않으면서 딸을 사랑하는 남자다. 진이 찰리를 처음 만난 다음 날 아침 장면에서 부녀지간의 관계가 확고하게 설정된다. 그녀는 전용실에 있는 침대에 누워 있다. 아버지는 드레싱 가운 차림으로 들어와 침대에 앉아서는 딸에게 질문을 던지면서 카드를 갖고 논다. 영화의 이 지점에서 우리에게는 그가 사기꾼이라는 심증은 있지만 분명한 물증은 없는 상태다. "뭐 하시는 거예요?" 그녀가 묻는다. "다섯 번째 패 돌리기를 한다." 그는 대답한다. 딸은 그걸 보고 싶어 한다. 그는 딸에게 에이스 네 장을 보여 주고 카드의 윗부분에 에이스들을 올려놓은 다음, 단 한 장의 에이스도 까지 않으면서 카드를 네 장씩 네 번 돌린다. 다섯 번째로 돌리는 카드는 모두 에이스다(놀라운 일이지만 코번은 이 장면과 다른 장면에서 직접 카드를 다루는 것처럼 보인다).

이 장면은 그를 사기꾼으로 설정하고, 부녀가 한패임을 명확히 하며, 그녀가 아버지를 '해리'라고 부르는 방식을 통해 두 사람이 협소한 부녀 관계에 갇혀 있지 않고 서로를 장성한 어른으로 대하고 있다는 걸 강조한다. 이 장면은 대령이 포커판에서 찰리를 속이려고 노력하는 그날 밤의 유쾌한 장면도 설정한다. 여기서 진은 사랑하는 남자를 구하기 위해 한 수 위의 사기 수법을 펼친다.

      <레이디 이브> 같은 영화는 만들기 대단히 어렵기 때문에, 영화를 자연스럽고 매끄럽게 보이게 만들 방법을 찾을 수 없다면 만들 도리가 없다. 프레스턴 스터지스는 이 영화에서 로맨스와 사기, 몸 개그를 전부 다루면서도 숨 가쁘게 균형 잡힌 연출을 해낸다. 진이 레이디 이브처럼 가장하는 신들을 숙고해 보라. 그녀는 위장을 전혀 하지 않는 방법을 활용해 찰리의 의심에서 벗어난다. 뻔뻔하게도 똑같은 모습으로 그의 집에 들어선 그녀는 영국식 억양을 구사하면서 그를 향해 해볼 테면 해보라는 식의 과감한 도전을 감행한다. 그녀는 그가 감히 의심하지 못할 거라는 사실을 안다. 그리고 이 위장은 영화의 마지막 대사 두 마디를 설정하게 되는데, — 내 생각으로는 <뜨거운 것이 좋아>를 끝맺는 "완벽한 사람은 아무도 없소"에 필적하는 대사임을 밝히는 것을 제외하면 — 여기에서 그 대사들을 언급하지는 않겠다.

말타의 매	감독	존 휴스턴
The Maltese Falcon	주연	험프리 보가트, 메리 애스터, 글래디스 조지, 피터 로리
	제작	1941년 · 100분

<말타의 매>는 우리가 사랑할 뿐 아니라 보물처럼 소중히 여기는 영화 중에서 거대한 분수령으로 우뚝 서 있다. 이 영화가 개봉된 1941년 이후에 맞는 말인 내용과, 개봉 전까지는 맞는 말이 아니었던 내용을 비교해 보라.

이 영화는 (1) 험프리 보가트Humphrey Bogart가 여생 동안 보여 줄 연기를 규정했다. 그가 연기한, 감정을 드러내지 않는 샘 스페이드는 B급 갱스터 영화에서 그저 그런 역할들을 연기하며 보낸 10년의 세월로부터 보가트를 구해 내 <카사블랑카Casablanca>(1943), <시에라 마드레의 보물The Treasure of the Sierra Madre>(1948), <아프리카의 여왕The African Queen>(1951)을 비롯한 다른 클래식에 출연할 수 있는 위치에 그를 위치시켰다. 이 영화는 (2) 존 휴스턴John Huston, 1906~1987의 연출 데뷔작으로, 그는 이후 40년이 넘는 세월 동안 박력 있고 스타일리시하며 참신한 영화를 숱하게 만들었다. (3) 시드니 그린스트리트Sydney

Greenstreet가 처음으로 스크린에 등장한 영화로, 그는 <카사블랑카>를 비롯한 많은 영화에 출연하면서 영화 역사에서 인상적인 성격파 배우 중 한 명이 되었다. (4) 그린스트리트와 피터 로리Peter Lorre가 처음으로 짝을 이룬 영화로, 그들이 보인 연기 호흡이 대단히 뛰어난 덕에 그들은 <카사블랑카>와 그들이 조연 배우가 아닌 사실상 스타였던 <디미트리오스의 가면The Mask of Dimitrios>(1944)을 비롯한 다른 아홉 편의 영화에서 공연했다. (5) 일부 영화 역사가는 <말타의 매>를 최초의 필름 누아르로 간주한다. 이 영화는 비열한 거리와 칼날처럼 날이 선 주인공들, 시커먼 그림자와 터프한 악녀들을 다루는 미국산 장르의 초석을 놓았다.

물론 필름 누아르는 세상에 태어날 날을 기다리는 중이었다. 필름 누아르는 『말타의 매』를 쓴 대실 해밋Dashiell Hammett의 소설들과 레이먼드 챈들러Raymond Chandler, 제임스 M. 케인James M. Cain, 존 오하라John O'Hara의 작품 속에, 그리고 뒷방에 있는 다른 사내들의 마음속에 이미 존재하고 있었다. 챈들러는 "비열하지 않은 사내는 이 비열한 거리를 걸어 내려가야 한다"고 썼고, (보가트가 연기할) 주인공 필립 말로에게 이 말은 참말이었다. 그러나 해밋의 샘 스페이드에게는 참말이 아니었다. 스페이드는 비열했고, 감정 따위는 갖고 있지 않은 주인공들이 터프한 말을 내뱉고 제정신이 아닌 일들을 벌이는 10년 세월을 위한 무대를 세웠다.

<말타의 매>에서 모두가 기억하는 순간은 결말에 이르러서야 찾아온다. 브리지드 오쇼네시(메리 애스터Mary Astor)가 스페이드의 파트너를 죽였다는 사실이 발각된다. 그녀는 스페이드를 사랑한다고 말한다. 그녀는 샘에게 자기를 사랑하느냐고 묻는다. 그녀는 법망을 피하게 해 달라고 간청한다. 그러자 그는 일부 사람들이 암기로 인용할 수도 있는 말로 대답한다. "그들이 당신을 목매달지 않기를 바라. 그 소

중하고, 그토록 근사한 목을……. 종신형을 면할 가능성은 있어. 당신이 착하게 지낸다면 20년 후에 세상에 나오게 된다는 뜻이지. 당신을 기다릴게. 만약에 사람들이 당신의 목을 매달면, 늘 당신을 기억할게."

냉정하다. 스페이드는 냉정하고 무정하다. 그는 파트너가 살해당했다는 소식을 접했을 때도 눈 하나 깜빡하지 않는다. 어쨌든 그 친구는 마음에 들지 않았다. 그는 과부가 된 파트너의 아내와 단둘이 있게되자 여자에게 키스를 한다. 조엘 카이로(로리)를 구타하는 것은 그래야 해서 그런 게 아니라 카이로가 향수 뿌린 손수건을 갖고 다니기 때문이다. 1941년에 만든 영화에서 그게 무슨 뜻인지는 당신도 알 것이다. 그는 거친 모습을 보였다가 그런 모습을 감춘다. 그린스트리트와같이 있다가 참을성을 잃은 그는 시가를 불길에 던지고는 잔을 박살낸다음에 으름장을 놓고 문을 거칠게 닫는다. 그런 후에 복도에 나온 그는 자신이 한 행동에 즐거워하며 씩 웃는다.

스페이드는 파트너가 마음에 들지는 않았지만 그의 죽음과 관련해서는 일종의 규범을 표명한다. 그는 브리지드에게 말한다. "한 남자의 파트너가 살해당하면 그 남자는 그에 관해 무슨 일인가를 해야 하는 거요." 그는 경찰도 마음에 들지 않는다. 그가 진짜로 좋아하는 것처럼 보이는 유일한 사람은 비서 에피(리 패트릭Lee Patrick)다. 그녀는그의 책상에 앉고 그의 담배에 불을 붙여 주며 그가 저지른 죄를 속속들이 알면서 그 죄들을 용인한다. 보가트와 휴스턴은 그토록 음울한사내를 영화의 주인공으로 삼는 일에 어떻게 성공하는가? 그가 자신의직업윤리에 충실하게 직무를 수행하기 때문이고, 우리가 (이 역할 이후보가트가 늘 그랬던 것처럼) 그의 거친 모습이 해묵은 상처와 박살난꿈들을 은폐하고 있음을 감지하기 때문이다.

존 휴스턴은 워너 브라더스에서 작가로 일하다가 감독을 맡겨 달라고 스튜디오를 설득하는 데 성공했다. <말타의 매>는 그가 처음 선택한 작품이었다. 그 소설이 이전에도 워너에 의해 두 번이나 영화로 만들어지기는 했지만 말이다(1931년에는 같은 제목으로, 1936년에는 <사탄이 숙녀를 만났다Satan Met a Lady>라는 제목으로). "앞에 만들어 진 영화들은 졸작이었소"라고 휴스턴은 그의 전기를 쓴 로런스 그로벨 Lawrence Grobel에게 말했다. 그는 해밋의 비전을 더욱 뚜렷하게 알았고, 스토리가 플롯에 대한 이야기가 아니라 캐릭터에 대한 이야기임을 알 았으며, 샘 스페이드를 부드러운 캐릭터로 연출하는 것은 치명적이 될 것임을 알았다. 그래서 (심지어 그 시절에도) 해피 엔딩을 열망하는 스 튜디오에 맞서 싸웠다.

시나리오를 완성한 그는 시나리오를 스토리보드로 옮기는 작업 에 착수해 모든 숏을 일일이 스케치했다. 이것은 히치콕Alfred Hitchcock 이 사용한 유명한 방법으로, 그의 <레베카Rebecca>는 1940년에 오스카 상 작품상을 수상했다. 할리우드 저쪽에서 <시민 케인Citizen Kane>을 연출하고 있던 오슨 웰스Orson Welles처럼, 휴스턴은 새로운 스타일의 가능성에 흥분했다. 그는 구도와 카메라 움직임을 두고 심각하게 고민 했다. 내가 그러는 것처럼 영화를 정지·재생하며 분석해서 보면 복잡한 숏들이 대단히 잘 작동하기 때문에 언뜻 보면 영화가 단순해 보인다는 점을 이해하게 된다. 휴스턴과 촬영 감독 아서 에데슨Arthur Edeson은 웰 스와 그레그 톨런드Gregg Toland가 <시민 케인>을 하면서 했던 것만큼 이나 인상적인 방식으로 위업을 달성했다.

분절되지 않고 이어지는 경이로운 7분짜리 테이크를 숙고해 보라. 그로벨의 저서 『휴스턴 가문The Hustons』은 오랫동안 휴스턴의 스크립 트 슈퍼바이저로 일했던 메타 와일드Meta Wilde가 한 말을 인용한다.

믿기 힘들 정도의 카메라 이동 계획이었어요. 우리는 리허설을 이 틀 동안 했어요. 카메라는 그린스트리트와 보가트를 이 방에서 저

방으로 따라간 다음, 기다란 복도를 내려가서 결국에는 거실로 따라 들어가요. 거기서 카메라는 붐 업과 붐 다운 숏이라고 부르는 식으로 위와 아래로 움직이고는, 왼쪽에서 오른쪽으로 팬 한 다음에 보가트의 취한 얼굴로 돌아가요. 다음으로 팬 한 숏은 그린스트리트의 육중한 배를 보가트의 시점에서 보여 주는 숏이에요. (…) 하나만 삐끗해도 모든 걸 처음부터 다시 시작해야 했어요.

이 숏은 묘기를 부린 것에 불과할까? 전혀 그렇지 않다. 대부분의 관객은 그렇다는 사실을 알아차리지 못한다. 카메라의 자연스러운 흐름에 휩쓸렸기 때문이다. 그린스트리트가 매에 대해 지껄이면서 보가트가 약을 탄 술을 마시고 나가떨어지기를 기다리는 다른 숏을 숙고해 보라. 휴스턴의 전략은 교묘하다. 먼저 그린스트리트는 자신의 주장을 강조하는 것으로 미리 자리를 깐다. "나는 '언제'라고 말하는 남자를 믿지 않소. 그가 과음을 하지 않으려고 조심해야 한다면, 그건 그가 믿어야 하는 때에 믿음을 얻지 못하기 때문이오." 이제 그는 보가트에게 술을 권하지만 보가트는 술을 마시지 않는다. 그린스트리트는 이야기를 이어 가고, 그러다가 보가트의 잔을 다시 채운다. 그는 여전히 마시지 않는다. 그린스트리트는 세밀하게 그를 관찰한다. 그들은 사라진 검은 새의 가치에 대해 논의한다. 결국 보가트는 술을 마시고 정신을 잃는다. 이 장면에서는 타이밍이 전부다. 휴스턴은 술에 약이 들었을 가능성을 강조하려고 술잔을 클로즈업으로 보여 주지는 않는다. 그는 우리 마음속에 의심이 생겨나게끔 상황에 의존한다. (한편 이 장면은 그린스트리트가 스크린에 처음 등장한 신이다.)

　　<말타의 매>를 생각할 때 가장 마지막에 떠올리게 되는 게 플롯이다. (금으로 만들어졌고 보석들이 박혀 있다는) 검정 새가 도난당했다. 사람들이 그것 때문에 살해당했고, 이제 거트먼(그린스트리트)

이 그것을 회수하려고 졸개들(로리와 엘리샤 쿡 주니어Elisha Cook Jr.)과 함께 당도했다. 스페이드는 메리 애스터의 캐릭터가 그를 고용한 탓에 사건에 연루된다. 그러나 플롯은 자꾸 외곽을 맴돌고, 결국 우리는 검정 새가 히치콕의 '맥거핀MacGuffin'과 동일한 존재라는 것을 깨닫는다. 스토리에 등장하는 모두가 그것을 원하거나 두려워하는 한 그것의 정체는 중요치 않다.

이 영화의 플롯을 단선적이고 논리적인 방식으로 묘사하는 것은 거의 불가능하다. 그건 중요치 않다. 이 영화는 본질적으로 짤막하고 폭력적인 중간 에피소드로 강조되는 일련의 대화다. 이 영화는 스타일이 전부다. 폭력이나 추격전이 아니라 배우들의 모습과 움직임, 대사, 캐릭터를 체현하는 방식이 전부다. 스타일의 기저에는 태도가 있다. 대공황을 벗어나 전쟁으로 치닫는 사회에서 고생스러운 계절을 살아가는 거친 사람들은 탐욕과 사람을 죽일 수 있는 능력에 따라 동기를 부여받는다. 샘 스페이드는 시급을 벌려고 이 영역에 종사할 것이다. 브리지드가 그에게 도와달라고 부탁하지만 그가 그녀의 연기를 비판하는 장면에 샘 스페이드에 대해 알아야 할 모든 게 담겨 있다. "당신은 훌륭해. 특히 눈빛이 훌륭하다고 생각해. '관대한 모습을 보여 주세요, 스페이드 씨' 같은 말을 할 때 목소리가 떨리는 부분도 그렇고." 그는 늘 외부에 서서 상황을 판단한다. 1941년 이전에 할리우드에 등장했던 주인공 중에 플롯에 대한 인습적인 충성심에서 그렇게 거리를 유지한 주인공은 드물었다.

매케이브와 밀러 부인

McCabe & Mrs. Miller

감독	로버트 올트먼	
주연	워런 비티, 줄리 크리스티	
제작	1971년	120분

영화감독에게 완벽한 영화를 만들 기회가 자주 주어지는 것은 아니다. 어떤 감독들은 갖은 노력을 다하면서 평생을 보내지만 항상 결점이 있는 영화만 만들게 된다. 로버트 올트먼Robert Altman, 1925~2006은 이런저런 면에서 위대하다 부를 수 있는 영화를 10여 편 만들었다. 그중에는 완벽한 작품이 하나 있었는데, 그게 바로 <매케이브와 밀러 부인>이다. 이 영화는 내가 본 영화 중에 대단히 슬픈 축에 속한다. 영화는 — 매케이브에게는, 밀러 부인에게는, 비나 눈이 내리는 무거운 회색 하늘 아래 웅크리고 있는 마을인 프레스비테리언 처치에는 — 결코 찾아오지 않을 사랑과 안락한 가정에 대한 열망으로 가득하다. 이 영화는 한 편의 시다. 세상을 떠난 이들을 위해 부르는 만가輓歌다.

이토록 압도적인 로케이션 감각을 보여 주는 영화는 손에 꼽을 정도다. 프레스비테리언 처치는 원목 속에서 튕겨져 나온, 개간의 위협을 받는 삼림을 개척해 만든 마을이다. 땅은 진창이거나 빙판이다. 해는 짧다. 실내에는 금니를 번득이게 만들고 눈물을 반짝거리게 만들 만큼만 빛이 있다. 이 영화는 캐릭터들을 소개하는 그런 영화가 아니다. 그들 모두는 이미 영화 안에 자리 잡고 있다. 그들은 여기에 오랫동안 있었다. 그들은 서로를 속속들이 안다.

말을 탄 남자가 비를 뚫고 마을에 들어온다. 술집에 들어온 남자는 뒷문이 있는 곳을 확인하고는 밖에 있는 말한테 다시 갔다가 천을 들고 돌아와 테이블에 씌운다. 그가 판을 벌이는 동안 남자들이 의자를 끌어온다. 그는 도박사 매케이브(워런 비티Warren Beatty)다. 매케이브가 언젠가 사람을 쐈다는 이야기를 들었다고 생각하는 사람들이 있다. 뒤쪽에서 누군가가 묻는 소리가 희미하게 들린다. "로라, 저녁 메뉴는 뭐야?"

이것이 전형적인 올트먼 스타일이다. <야전병원 매쉬MASH>에서 만발한 올트먼 스타일을 <세 여인3 Women>(1977), <보위와 키치 Thieves Like Us>(1974), <내슈빌Nashville>(1975), <캘리포니아 스플리트 California Split>(1974), <기나긴 이별Long Goodbye>(1973), <플레이어The Player>(1992), <쿠키의 행운Cookie's Fortune>(1999)을 비롯한 많은 작품에서 볼 수 있다. 이 스타일은 한 가지 근본적인 전제에서 시작한다. 영화에 등장하는 모든 캐릭터는 서로 아는 사이이고, 카메라는 충직한 개처럼 한 사람을 봤다가 다른 사람을 응시하는 게 아니라 무리 안에서 편안하게 자리를 잡을 것이다. 사람들은 연극에 등장하는 캐릭터들처럼 한 줄로 서서 서로에게 말을 건네거나 하지도 않을 것이다. 그들은 말하고 싶을 때 하고 싶은 말을 내뱉는다. 그리고 우리는 들려오는 단어를 하나도 빼놓지 않고 다 듣는 게 중요한 것이 아님을 이해한다. 중요한 것이라고는 실내의 분위기가 전부인 경우가 잦다.

프레스비테리언 처치 주민의 대부분은 남자인데, 이 남자들은 대부분 마을을 건설하는 일에 종사하고 있다. 이곳은 공사장처럼 보인다. 절반쯤 파인 구덩이들, 사용되기를 기다리며 쌓여 있는 목재들, 얼마 전에 새로 짠 문틀이 덧붙여진 오래 전에 페인트칠된 문짝들. 일터를 떠나면 술 마시고 도박하고 몸 파는 여자들을 사는 것 외에는 달리할 일이 없다. 매케이브는 도박판에서 딴 돈으로 눈길을 끄는 생김새의 여자 세 명을 사들인다. 재미있는 시간을 보내려고 그러는 게 아니라 투자를 한 것이다. 그 여자들의 진짜 면모는 그다지 화려하지 않다. 한 명은 뚱뚱하고, 한 명은 이빨이 하나도 없으며, 전원이 지나치게 값싼 비누로 박박 문질러댄 듯한 모습이다. 그의 계획은 뒤편에 목욕탕이 있는 매음굴과 술집을 여는 것이다.

마을에 도착한 밀러 부인(줄리 크리스티Julie Christie)은 그의 동업자가 되고 싶어 한다. 그녀는 자신의 미모에는 오래 전에 관심을 끊은 런던 출신 여자다. 그녀가 관심을 갖는 것이라고는 자신의 미모로 벌어들일 게 뭐냐 하는 것이 전부다. 그녀는 매케이브에게 "당신은 여자에 대해 아는 게 하나도 없고, 여자들이 대는 핑계를 간파할 수 없으며, 그들의 두려움도 달래 주지 못하고, 여자들이 겪는 고초도 이해 못 하는데다가, 마을 전체가 일주일 안에 성병에 걸리는 걸 막기에 충분한 지식도 없다"고 설명한다. 그녀는 샌프란시스코에서 더 예쁜 여자들을 데려올 계획이다. 그녀들은 그 혼자서 일하는 것보다 일을 더 잘할 수 있을 것이다. 그는 동의할 수밖에 없다.

우리는 절반쯤만 보이고 절반쯤만 들리는 순간들을 통해 그들에 대해 알게 된다. 그가 그녀와 동침하는 순간이 있다. 우리는 이 영화가 그들이 동침하게끔 설정되지 않았다는 걸 처음부터 깨닫는다. 영화는 나중에 그녀가 다른 남자들에게 하는 방식대로 그에게 화대를 청구했음을 밝히려고 급하게 왔던 길을 되돌아간다. 그녀는 가장 높은 가격인 5달러를 받는다. 매케이브는 비판과 맹세가 섞인 혼잣말을 중얼거리며 많은 시간을 보낸다. 그는 그녀에게 하고 싶은 말을 자기 자신

에게 한다. "돈을 주지 않더라도 당신이 딱 한 번만이라도 달콤한 모습을 보여 줄 수만 있다면." "나는 내 안에 시를 품고 있소!" 그가 하는 독백들은 종잡을 수가 없고 애처로우며 모호하다. 그가 대화를 하면서 지속적으로 에너지를 분출한 때는 개구리에 대한 농담을 지껄일 때다. 그는 그 농담을 사투리로 지껄이는데, 내 생각에 그건 아는 사람만 알아듣는 농담이다. 그의 목소리는 이상하게도 <우리에게 내일은 없다 Bonnie and Clyde>에서 진 해크먼Gene Hackman이 연기했던 벅의 목소리처럼 들리기 때문이다.

만사에 항상 돈이 관련되어 있다. 어느 날 바트라는 남자가 죽고, 사람들은 그를 묻어 준다. 장례식장에서 밀러 부인의 눈과 바트의 과부(셸리 듀발Shelley Duvall)의 눈이 마주친다. 그날 밤 두 사람은 이야기를 나눈다. 과부는 매춘부가 되어야 한다. 그녀도 그걸 알고, 밀러 부인도 그걸 알고, 마을 전체가 그걸 안다. 그렇게 하지 않으면 그녀가 어떻게 생계를 꾸릴 수 있겠는가? "바트랑 살기 전에 하던 일이었잖아요." 밀러 부인은 설명한다. "이제야 당신 혼자서 조금이라도 돈을 챙길 수 있게 된 거예요."

대형 광산 회사에서 파견한 사내들이 매케이브의 재산과 관련한 제안을 하려고 도착한다. 자신만만한 매케이브는 그들의 제의를 거절하고는 원하는 가격으로 지나치게 높은 가격을 부른다. 그날 밤 그는 밀러 부인에게 그 사실을 자랑하는데, 부인의 표정은 그가 실수를 저질렀음을 보여 준다. 사내들은 아침 무렵에는 떠나고 없다. 매케이브는 그들의 제안을 받아들이려고 말을 타고 마을로 가지만, 그들을 찾아내기에는 너무 늦었다. 그는 회사가 그를 죽일 사람을 보낼 것임을 잘 알고 있다.

이 모든 것이 대체로 실내에서, 등불과 장작불에서만 빛이 새어 나오는 어두운 방에서 펼쳐진다. 서글픈 변방 지역의 만가인 레너드 코언

Leonard Cohen의 노래들이 에피소드들을 강조한다. 촬영 감독 빌모스 지그몬드Vilmos Zsigmond는 와이드 스크린 파나비전Panavision 이미지가 베푸는 자유를 기꺼이 껴안는다(이때는 스크린이 홈 비디오에 적절하게끔 다시 비좁아지기 전이다). 그는 캐릭터들을 자연 속에 익사시키듯 배치한다. 어둡고 축축하고 쌀쌀하다가 눈이 내린다. 이들은 소박한 사람들이다. 매음굴의 응접실에서 두 쌍의 남녀가 뮤직 박스의 음악에 맞춰 춤을 추는 장면이 있다. 음악이 멎자, 네 사람은 뮤직 박스 주위에 모여 몸을 숙이고는 기계 안을 들여다보며 놀란 표정을 짓는다. 다음 음악이 시작되면 그들은 안도하면서 몸을 일으켜 다시 춤을 춘다.

이 고장에서 사람의 목숨은 싸구려다. 영화는 웨스턴 역사상 가장 가슴 아픈 죽음 중 하나를 보여 준다. 바보 같은 청년(키스 캐러딘 Keith Carradine)이 말을 타고 마을에 나타나 매음굴에 있는 여자들을 하나도 빼놓지 않고 방문한다. 이제 그는 현수교를 건너기 시작한다. 맞은편에서 젊은 총잡이가 다가와 총에 맞아 죽는 것에 대한 이야기를 냉혹하게 들려준다. 청년은 자신이 총에 맞게 될 것임을 안다. 그는 친한 척 알랑거리려 노력하지만 결국 때가 왔다. 마을 전체가 무표정하게 이 모습을 지켜본다. 당신은 다리 위에서 이런 사내를 마주보며 붙잡혀 있고 싶지는 않을 것이다. 우리는 다리 위에서 벌어진 이 에피소드가 영화 전체의 줄거리를 축약한 것이라는 사실을 영화의 결말에 다다라서야 깨닫는다. 세상에는 남에게 목숨을 빼앗기는 일 없이 살아갈 수 있는 능력이 없는 사람들이 있다.

영화를 끝맺는 에피소드 내내 꾸준히 눈이 내린다. 코언의 노래들을 제외하면 사운드트랙에는 음악이 하나도 없다. 젊은 총잡이를 포함한 고용된 살인자 세 명이 매케이브를 쫓아 마을을 가로지른다. 바람에 날려 사선斜線으로 펑펑 쏟아지는 눈발은 들리지 않는 음악처럼 느껴진다. 어떤 영화들에서는 주인공이 살해당하면 그의 여자가 슬픈 표정을 짓는다. 이 영화에서 우리는 매케이브가 숙명과 맞닥뜨리기 훨씬 전부터 슬픈 모습을 보이는 밀러 부인을 본다. 그녀는 프레스비테리언 처치의 끄트머리에 있는 차이나타운의 아편굴에 있다. 그녀는 자그마한 병의 어여쁜 색상과 표면에 집중하고 있다. 그녀의 입장에서 이 시간과 이 장소는 이미 죽어 있기 때문에, 그녀는 마음의 문을 그냥 닫아 버린다.

제목을 잘 살펴보라. "McCabe & Mrs. Miller." 커플을 이야기할 때처럼 "and"가 아니라 회사 이름에 쓸 때처럼 "&"다. 이것은 동업 관계다. 그녀와 함께하는 일은 만사가 사업이다. 이제 그녀에게 프레스비테리언 처치에 도착하기 전에 알고 있던 모든 슬픔은 과거지사다. 아편은 그녀에게 약속한다, 이제는 다른 만사도 과거지사라고. 가여운 매케이브. 그는 안에다 시를 품고 있었다. 그가 딱 한 사람만 제외하고는 시가 무엇인지를 아는 사람이 아무도 없는 마을에 들어선 것은 너무도 안 된 일이다. 그런데 시를 아는 그녀는 이미 시 따위에는 신경 쓰지 않는다.

맨해튼	감독	우디 앨런	
Manhattan	주연	우디 앨런, 다이앤 키튼, 마이클 머피	
	제작	1979년	96분

우디 앨런Woody Allen, 1935~ 이 <맨해튼>에서 발휘한 완벽에 가까운 솜씨가 <맨해튼>이 코미디와 로맨스를 매끄럽게 오가도록 만든 스타일과 타이밍이라는 사실을 한동안 잊고 있었다. 한동안 <맨해튼>을 보지 못했던 나는 영화의 개략적인 줄거리와 재치 넘치는 대사, 중년 남자와 여고생이 벌이는 로맨스 정도만 기억하고 있었다. 그러다가 영화를 다시 보면서 <맨해튼>이 생각했던 것보다 더 미묘하고 복잡한 영화임을 깨닫게 됐다. <맨해튼>이 사랑을 다룬 영화가 아니라 상실감을 다룬 영화라는 것도 깨달았다. <맨해튼>의 사운드트랙에는 많은 노래가 담겨 있다. 그중에서도 주인공을 대변하는 노래는 "그들은 사랑 노래를 연주하지만 나를 위해 연주하는 건 아닙니다"라고 말한다.

　<맨해튼>에 등장하는 5월에서 11월에 걸친 로맨스는 아이작(우디 앨런)과 트레이시(마리엘 헤밍웨이Mariel Hemingway) 사이에 공통점이 너무도 없어 보인다는 사실 때문에 비판을 받았다. 하지만 적어

도 트레이시에게는 연인들에게 필요한 능력이, 즉 상대방을 이상화하는 능력이 있다. 그런 능력이 없다는 치명적인 결점을 가진 남자는 연애 관계를 유지하지 못한다. 아이작은 트레이시를 특별한 사람으로 보지 않을뿐더러 그녀와 함께 미래를 펼쳐 갈 수 있다는 가능성도 보지 못한다. 장학금을 받고 런던으로 가라고 트레이시를 설득할 때 아이작은 "너는 나를 좋은 추억으로 생각하게 될 거야"라는 말로 그녀를 위로한다. 그는 그들이 함께하는 시간의 절반가량을 두 사람의 관계를 깨뜨리려 애쓰는 데 허비한다. 결국 노력의 결실을 거둔 그는 하교하는 그녀를 분식집으로 데려간다(그녀의 나이를 생각하면 대단히 아이러니한 장소다). 그는 그녀에게 다른 여자를 사랑한다고 말하지만, 이게 100퍼센트 옳은 이야기라고는 할 수 없다. 그녀는 말한다. "기분이 좋지 않아요." 단순한 이 대사는 듣는 이의 가슴을 아프게 만드는 헤밍웨이의 여러 대사 중 하나다.

나중에야, 그것도 한참이 지난 후에야, 아이작은 친구에게 진심을 털어놓는다. "트레이시를 보내면서 좋은 기회를 놓쳤다고 생각해." 아마 그럴 것이다. 아니, 트레이시를 보내는 건 옳은 일이었을 것이다. 42세의 (철이 덜 든) 남자와 17세의 여자 사이에 그럴 듯한 미래는 없을 수도 있다. 그러나 <맨해튼>은 그런 이야기를 하자는 영화가 아니다. <맨해튼>은 허울뿐인 현대의 짝짓기 문화를 빈정대는 영화로, 진정한 감정의 순간이 닥쳤을 때 말만 앞세우는 아이작의 궤변으로는 구원을 받을 수 없으리라는 것을 보여 주는 작품이다.

망가진 인간관계 속에서 살아가는 다른 어른들이 아이작을 포위하고 있다. 여자와 동거하려고 아이작을 떠난 아이작의 전처(메릴 스트립Meryl Streep)는 자신들의 결혼 생활과 연애 생활을 조롱하는 베스트셀러를 저술한다. 과거의 관계에 그토록 집착하는 그녀가 새로운 관계를 건전하게 유지해 갈 수 있을지 의심스럽다. 몇 년간 행복한 결혼

생활을 해 온 예일(마이클 머피Michael Murphy)은 메리(다이앤 키튼Diane Keaton)와 불륜 관계를 맺고 있다. 아이작과 예일 모두 여자들을 위한 것이라는 말로 관계에서 벗어나려 한다. 앨런은 아이작이 트레이시에게 미래가 없다는 말을 하게 만든 직후에 메리가 예일에게 똑같은 말을 하게 만든다. 예일은 메리를 아이작에게 떠넘기려고까지 한다("그녀에게는 자네가 최고일 것 같아"). 결국 예일 자신이 그녀를 사랑한다는 걸 깨닫기 전까지, 메리와 아이작 두 사람은 재미를 본다.

아이작과 예일 모두 사랑을 감당하지 못한다. 두 사람 모두 말만 앞세울 뿐 진실한 감정 앞에서는 무력해지기 일쑤다. <맨해튼>은 현재 진행되고 있는 사랑에 대한 영화가 아니라 과거에 나눴던 사랑에 대한 영화다. 우리에게 뭔가 근사한 일이 있었는데 바보처럼 처신하는 바람에 그걸 망쳐 버리고 말았음을 깨달았을 때 느끼는 말 못할 고통에 관한 영화다. 판에 박힌 영화라면 <맨해튼>의 핵심 커플은 예일과 메리일 것이고 아이작과 트레이시는 그들의 가장 친한 친구가 됐을 것이다. 셰익스피어 이후로 작가들은 주인공 연인들 옆에 우스꽝스러운 조연들을 배치해 왔다. 그러나 앨런은 주변인인 캐릭터를 주인공으로 삼은 영화를 계속 만들어 왔다. 아이작과 메리의 관계는 로맨틱 코미디에 어울리는 관계가 아니다. 두 사람의 관계는 복잡하고 모호하다. 메리를 향해 돌진해야 하는 건지, 메리에게서 도망쳐야 하는 건지를 몰라 안절부절못하는 아이작의 모습을 보면, 가끔씩은 그를 용서할 수 없다는 생각이 들기도 한다.

<맨해튼>은 앨런이 사랑하는 도시 맨해튼에서 사랑에 빠진다는 생각을 찬양하는 가슴 뛰는 찬가이기도 하다. 거슈윈George Gershwin의 'Rhapsody in Blue(랩소디 인 블루)'가 늘 그랬던 것처럼 관객들을 초월적인 경지로 데려가는 동안, 여명이 센트럴파크를 가로질러 서쪽으로 가는 장면을 보여 주는 오프닝 숏은 무척 아름답다. 영화의 로케이

션은 맨해튼의 명소 기행 같다. 캐릭터들은 구겐하임 미술관, 엘레인스 클럽, 자바스 식료품 가게를 방문한다. 그들은 높이 솟은 교각 아래 벤치에 앉아 새벽을 맞고, 마차를 타고 센트럴파크를 가로지르며, 호수에서 보트의 노를 젓는다. 예술 영화를 보고, 콘서트를 관람하며, 침대에 누워 중국 음식을 먹고, 라켓볼을 친다. 노래가 우리의 인생이라는 영화에 깔리는 사운드트랙이라는 걸 잘 아는 앨런은 'But Not for Me(나를 위한 것은 아닙니다)'뿐 아니라 'Sweet and Lowdown(달콤한 진실)', 'I Got a Crush on You(당신에게 홀딱 반했어요)', 'Do Do Do(하세요, 하세요, 하세요)', 'Lady Be Good(숙녀여, 착해지세요)', 'Embraceable You(안고 싶은 당신)', 'Someone to Watch over Me(나를 보살펴 줄 누군가)' 같은 노래를 우리에게 선사한다. 그리고 아이작이 마침내 사랑하는 여인을 향해 뛰고 또 뛸 때 'Strike Up the Band(밴드여 연주를 시작하라)'가 흐른다.

그러나 고든 윌리스Gordon Willis의 와이드 스크린 흑백 촬영이 없었다면, <맨해튼>의 로케이션과 삽입곡 모두 제대로 효력을 발휘하지 못했을 것이다. <맨해튼>은 영화 역사상 촬영이 가장 잘된 영화에 속한다. 와이드 스크린을 한껏 활용할 수 있도록 화면의 구도를 잡았기 때문에 <맨해튼>을 비디오로 출시할 때는 레터박스Letterbox• 사이즈로 출시해야 한다는 주장은 설득력 있다. 아이작의 아파트에서 아이작과 트레이시가 달콤한 대화를 나누는 장면을 예로 들어 보자. 스크린 좌측 하단에 빛이 고인 웅덩이가 있는 반면, 그곳에서 스크린 우측에 있는 나선형 계단까지는 아파트의 텅 빈 공간이 이어진다. 트레이시가 인생을 맡겨야 할지도 모르는 집이 이토록 넓지만 외로운 주택이라는 사실을 이보다 더 잘 보여 줄 수 있을까?

• 화면의 위아래를 검은 여백으로 남기고 원래 화면 비율을 살린 포맷

몇몇 장면은 순전히 윌리스의 조명 때문에 유명해졌다. 아이작과 메리가 천문대를 걷는 장면을 보자. 그들은 별 사이를, 달의 표면을 어슬렁거리고 다니는 것처럼 보인다. 그들의 대화가 살짝 샛길로 빠져나갈 때, 윌리스는 어둠이 그들을 삼켜 버리게 만든다. 그러고는 은빛 보조 조명으로 그들을 다시 포착한다.

키튼은 <대부The Godfather>(1972)부터 유명세를 탔지만 <애니 홀 Annie Hall>(1977)로 아카데미상을 받으면서 스타 대접을 받기 시작했다. 그러고서 2년 후에 찍은 <맨해튼>의 메리에는 애니의 흔적이 남아 있다. 하지만 그것은 캐릭터의 유사성 때문이라기보다는 키튼 개인의 연기 스타일 탓이라고 보는 게 옳다. 메리는 애니보다 엉뚱한 면이 덜하고, 일부러 괴팍한 행동을 하는 경우도 덜하다. 메리는 홀로 남게 되는 경우를 방지하려고 번뜩이는 머리를 쓸 줄 아는 여자다. 그녀는 말썽을 일으키기에는 너무 영리하고, 말썽을 일으키지 않고 살아가기에는 너무 조심성이 없다. 그녀는 예일이 아내를 떠나는 걸 원치 않는다고 그에게 말한다. 그녀는 가정 파괴범이 되고 싶지는 않지만 그를 사랑한다. 그 결과 일요일 오후에 같이 놀 사람도, 얘기를 나눌 사람도 없는 신세가 된다. 마침내 그녀가 입을 연다. "그냥 타이밍이 나빠서 이런 거야." 그녀와 아이작이 재미있게 어울리는 것은 두 사람 다 근본적으로는 고독하기 때문이다. 그들에게는 달리 이야기를 나눌 사람이 없다.

<맨해튼>으로 처음으로 비중 있는 역할을 맡은 마리엘 헤밍웨이는 아카데미상 후보에 올랐다. 그녀는 자신이 연기한 캐릭터처럼 열여덟 살이 될 참이었다. 대단히 직설적이고 천진난만하며 가식이 없는 그녀의 연기는 관객의 가슴 깊은 곳으로 곧장 파고든다. 그녀의 키도 <맨해튼>의 흥미로운 요소다. 당연히 그녀는 앨런보다 크다. 하지만 두 사람의 키에 차이가 난다는 의미는 단순한 '키 큰 여자와 키 작은 사내 증후군'이 아니다. 헤밍웨이와 앨런이 함께 등장하는 장면을 보면서 그녀

가 조금도 가식적일 줄 모른다는 사실에, 그녀의 실체는 도무지 어떤 식의 치장도 못하는 순수한 존재라는 사실에 깊은 인상을 받았다. 아이작은 사회적인 상황에 처하면 가면을 뒤집어쓰려 한다. 재치를 부리면서 자신의 진짜 면모를 감추려 하고, 대화를 통해 상대방에게 게릴라 스타일의 기습을 감행한다. 그런데 아이작의 옆에 선 이 소녀는 그의 존재를 돋보이게 만든다. 그녀는 아이작에게 쏟아지는 적군의 화력을 모두 자신에게 끌어당긴다. 메리가 "트레이시는 무슨 일을 하지?"라고 묻고 트레이시가 "고등학교 다녀요"라고 대답할 때, 아이작의 얼굴을 살펴보라.

우디 앨런은 영화에서 항상 똑같은 캐릭터만을 연기한다는 말을 듣는다. 이건 불공정한 평가지만, 앨런의 입담이 늘 일정한 수위를 유지한다는 건 옳은 평가다. 갈망과 불안으로 점철된 아이작은 조금도 철이 들지 않는 인물이다. 그는 무언가를 바라지만, 자신이 바라는 것이 무엇인지는 모른다. 그는 윤리에 위배된다는 이유로 직업을 버리지만, 아무런 향후 대책이 없다. 아이작이 트레이시와 마지막으로 만나는 장면에서 앨런의 얼굴을 살펴보라. 런던에 가지 말고 자기 곁에 머무르라고 애원하는 순간에도, 그는 자기가 이기심 때문에 이런 얘기를 하고 있음을 깨닫고 있다. 앨런보다 연기력이 떨어지는 배우는 이 장면에서 허풍을 떨 듯 애원한 후 실망감을 과장해서 표현할 것이다. 상대 여성을 갈구했지만 그녀를 잃었음을 후회하는 동시에, 그녀가 지금 옳은 일을 하고 있음을 알 정도로 충분히 이 어린 여성을 좋아하는 남자의 분위기를 정확하게 표출하기란 어려운 일이다. 하지만 앨런은 그런 일을 해냈다. 그는 한때 그녀의 사랑을 얻었지만, 지금은 그 사랑을 잃었다. 이제 그들은 자신들에게 주어졌던 시간은 모두 흘러갔음을 알고 있다. 그는 미래를 계획하고 있지 않다. 대신에 과거를 다시 쓰려 애쓰고 있다. 그녀는 그를 좋은 추억으로 간직할 것이다.

멋진 인생	감독	프랭크 캐프라
It's a Wonderful Life	주연	제임스 스튜어트
	제작	1946년 130분

<멋진 인생>에 일어난 일 중에서 가장 좋은 일은 영화가 저작권 보호에서 풀리면서 퍼블릭 도메인public domain이라는 이상한 무인 지대로 들어간 것이었다. 저작권 소유자가 이 영화에 대한 저작권을 더 이상은 주장할 수 없게 되면서, 영화의 프린트를 손에 넣을 수 있는 텔레비전 방송국은 어디건 돈 한 푼 들이지 않고도 원하는 만큼 자주 이 영화를 방영할 수 있게 되었다. 그런 상황은 프랭크 캐프라Frank Capra, 1897~1991 감독의 한때 잊혔던 영화가 재발견되는 것으로, 그리고 이 작품이 미국인들이 크리스마스에 전통적으로 관람하는 영화의 반열에 오르는 것으로 이어졌다. 1970년대 초반에 처음으로 이런 관행에 뛰어든 방송국은 PBS였다. PBS는 다른 방송국들이 명절을 겨냥해 비싼 제작비를 들여 만든 특별 프로그램에 맞서는 프로그램으로 소도시의 영웅 조지 베일리의 무용담을 활용했다. TV 연출자들 입장에서는 대단히 놀랍게도, 이 영화의 시청자 수는 해가 갈수록 계속 늘었고, 결국

요즘의 많은 가정에서는 이 영화를 시청하는 행위를 연례행사로 삼게 되었다.

<멋진 인생>의 두드러진 점은 영화가 세월을 정말로 잘 견뎌 냈다는 것이다. 이 영화는 <카사블랑카Casablanca>나 <제3의 사나이The Third Man>처럼 세월을 타지 않는, 오히려 시간이 흐름에 따라 더 나아지는 영화에 속한다. 어떤 영화들은 — 아무리 훌륭한 영화더라도 — 딱 한 번만 감상해야 한다. 영화가 어떻게 전개될지를 관객이 알고 나면, 그 영화는 품고 있는 미스터리와 매력을 상실한다. 그런데 한도 끝도 없이 거듭해서 감상할 수 있는 영화들이 있다. 그 영화들은 걸출한 음악처럼 친숙해질수록 더 나아진다. <멋진 인생>은 후자에 속한다. 캐프라 감독과 주연 배우 제임스 스튜어트James Stewart 모두 이 영화를 좋아하는 영화로 꼽았다.

영화는 소설『크리스마스 캐럴A Christmas Carol』을 거꾸로 뒤집어놓은 것처럼 강렬하고 근본적인 우화처럼 효과를 발휘한다. 이 영화에서는 천박한 노인이 사람들이 행복해하는 광경들을 목격하는 게 아니라, 착한 남자가 절망에 빠진다. 주인공은 조용한 고향 베드포드 폴스를 제대로 벗어나 본 적이 한 번도 없는 조지 베일리(스튜어트)다. 그는 젊었을 때 구두에 묻은 흙먼지를 털어 내면서 멀리 떨어진 나라들을 여행하는 것을 꿈꾼다. 그런데 이런저런 일이 연달아 벌어지면서 그는 고향을 떠나지 못하게 된다. 가족이 운영하는 저축·대부 조합에 느끼는 책임감은 특히 그의 발목을 잡는다. 이 조합은 베드포드 폴스와 탐욕스러운 지역 은행가 포터 씨(라이어널 배리모어Lionel Barrymore)의 욕심 사이에서 완충기 역할을 하는 유일한 기관이다.

고등학교 시절의 연인(이 영화로 데뷔한 도나 리드Donna Reed)과 결혼한 조지는 가족을 부양하려고 고향에 정착하고는 소도시에 있는 가난한 이웃들의 절반이 가족을 부양할 수 있도록 주택 구입을 돕는다. 그러다가 조지의 멍청한 삼촌(토머스 미첼Thomas Mitchell)이 크리스마스 시즌에 은행 자금을 잃어버리고, 결국 사악한 포터는 욕심을 채울 방법을 찾아 낸 것처럼 보인다. 조지는 희망을 잃고는 천박해진다(심지어 표정조차 어두워진 듯 보인다). 절망한 그가 다리에 서서 자살을 고민할 때, 2급 천사 클래런스(헨리 트래버스Henry Travers)가 그를 구하고는 우울한 장면들을 연달아 보여 주면서 그가 없는 베드포드 폴스의 삶은 어땠을지를 보여 준다.

프랭크 캐프라에게는 <멋진 인생>을 '크리스마스 영화'로 분류되게끔 만들 의도가 전혀 없었다. <멋진 인생>은 그가 제2차 세계 대전에 참전해 복무한 후 복귀해서 만든 첫 영화였다. 그는 이 영화가 특별한 영화가 되기를, 자신들과 이웃들의 힘을 통해 올바른 일을 할 수 있도록 최선을 다하려 애쓰는 평범한 미국인들의 삶과 꿈을 찬양하는 영화가 되기를 바랐다. 1930년대에 일련의 포퓰리스트 우화들(<어느 날 밤에 생긴 일It Happened One Night>, <천금을 마다한 사나이Mr. Deeds Goes to Town>, <스미스 씨 워싱턴에 가다Mr. Smith Goes to Washington>, <우리들의 낙원You Can't Take It with You>)을 통해 서민들을 그리는 할리우드의 시인이 된 후, 캐프라는 스튜디오 책장에서 먼지를 뒤집어쓰고 있던 필립 반 도렌 스턴Philip Van Doren Stern의 작품에서 <멋진 인생>의 아이디어를 떠올렸다.

역시 얼마 전에 군복을 벗은 스튜어트 입장에서 이 영화는 <스미스 씨 워싱턴에 가다>를 같이 작업했던 캐프라와 다시 작업할 기회였다. 캐프라의 기준에 따르면 그들이 만든 영화는 음울하고 관습에서 벗어난 영화였다. 그는 세상사는 때로 안 좋은 쪽으로 벌어질 수 있다는 견해로 전쟁 전에 만들었던 작품에 배어 있던 낙관주의를 대체했다. 할리우드가 틀어 대는 예고편이 광고하는 내용은 실제로 만들어진 영화가 아니라 스튜디오가 만들고 싶어 하는 영화라는 것은 자명한 사실

이다. <멋진 인생>의 예고편은 영화의 메시지를 감추고 영화의 우울한 분위기를 회피하면서 스튜어트와 도나 리드 사이의 애정 관계를 강조한다. 그렇게 했는데도 영화는 박스 오피스에서 히트하지 못했고, 퍼블릭 도메인 상태가 된 프린트가 방송국들을 돌아다니기 시작할 때까지 대중의 뇌리에서 잊혔다.

영화의 한복판에 자리한 우울한 면모가 무척이나 강렬한 탓에 관객들은 일부 유쾌한 장면들을 간과할 수도 있다. 댄스 플로어가 열리면서 밑에 수영장이 나타나고 춤을 추던 스튜어트와 리드가 물에 빠지는 고등학교 댄스파티의 슬랩스틱 코미디 같은 장면 말이다(위가 덮인 이 수영장은 세트가 아니라 할리우드고등학교에 실제로 존재하던 곳이다). 영화에는 조지가 얼음 깨진 연못에 빠진 남동생을 구해 내는 장면이나, 도나 리드의 목욕 가운이 벗겨지고 스튜어트가 관목을 향해 떠들어 대게 되는 드라마도 있다. 전화 장면(격분한 스튜어트와 리드가 자신들이 서로에게 꼼짝 못하고 빠져들었다는 걸 알게 되는 장면)에서는 놀라울 정도로 로맨스가 넘친다.

술에 취한 조지 베일리가 미워하고 싶은 도시를 비틀거리며 걷다가 친절한 천사의 도움 덕에 고향을 다시 방문하는, 이후에 등장하는 더 어두운 부분들은 엄청나게 위력적이다. 여기서 스튜어트는 이후로 영화팬들이 <현기증Vertigo>(1958) 같은 히치콕Alfred Hitchcock의 영화나 <운명의 박차The Naked Spur>(1953)같은 앤서니 만Anthony Mann의 웨스턴에서 다시 보게 될 얼굴을 처음으로 보여 준다. 앤드루 새리스Andrew Sarris가 썼듯 그가 "미국 영화사에서 가장 완결적인 캐릭터를 보유한 배우"였다면, 전쟁 전에는 보기 힘들었던 어두운 측면을 드러내면서 완결적인 연기자로 향하도록 전환점 역할을 한 것이 이 영화였다. <필라델피아 스토리The Philadelphia Story>와 <모퉁이 가게The Shop Around the Corner>(모두 1940년 작품) 같은 전쟁 전 코미디들의 호리호리하고 명랑한 주연 배우는 수염이 텁수룩한 씁쓸한 얼굴로 자살을 고민하며 비틀비틀 술집들을 전전한다.

스튜어트가 공군 조종사로 복무하면서 적극적으로 군 생활을 한 건 의심의 여지없이 헌신적인 일이었다. 다른 스타들이 집에 머무르거나 위문 공연을 다니는 동안, 스튜어트는 사병으로 입대해서 대령까지 진급했고, 수십 번의 전투 임무를 맡았으며, 공군 수훈 십자훈장을 받았다. 그는 진정한 전쟁 영웅이었다. 그리고 그가 전쟁터에서 목격한 일은 베드포드 폴스 다리에 서 있는 조지 베일리의 얼굴에 의심의 여지 없이 반영된다.

스튜어트는 전쟁 이전의 쾌활한 이미지를 포기하면서 이후 몇 년간 살인자와 현상금 사냥꾼, 성적으로 집착하고 도덕적으로 망가진 캐릭터를 연기하는 쪽으로 향한다. 이는 더할 나위 없이 훌륭한 커리어 전환으로서 그의 인기가 장수하도록 했고, 그를 할리우드에서 가장 창조적인 감독들(특히 히치콕, 앤서니 만, 존 포드John Ford)과 연결시켰다. 그에게 캐프라의 영화는 과도기에 속한 영화라고 볼 수 있다. 조지 베일리는 절망의 깊은 구렁텅이를 응시하면서 동료 시민들에 대한 믿음을 잃는다. 그러나 그는 벼랑 끝에서 되돌아온다. 세상에는 악이 존재하며, 세상은 슬프고 고독한 곳이 될 수도 있음을 영화는 인정한다. 그러나 결국에는 모든 것이 제자리를 찾고, 베드포드 폴스의 전통적인 가치관은 재확인된다.

캐프라가 택한 접근 방식은 — 다른 작품과 마찬가지로 이 작품에서도 — 영화의 줄거리를 제공하는 기초적인 우화에 의존하는 것이다. 우리는 이 영화의 여러 음울한 순간에도 우리가 희망찬 여행길을 걷고 있음을 영화 내내 감지한다. 캐프라는 복잡다단한 감독은 아니었다. 그의 명성이 전쟁 후에 내리막길을 걸은 이유 중 하나는, 전쟁이 미국의 근본적인 낙관주의를 흔든 방식에 그가 스튜어트처럼 적응하는 데 실패했다는 이유일 것이다. 그러나 <멋진 인생>에서 스튜어트의 어두운 측면과 캐프라의 희망 사이의 긴장은 영화에 활력을 불어넣는다. 그 긴장은 영화에서 가장 감상적인 순간(천상의 존재들이 조지의 운명에 대한 의견을 나누는 동안 별들이 반짝거리는 순간)에도 영화를 구해 낸다. 노골적이다 싶을 정도로 단순한 그 별들은 지나치게 뻔뻔해 보인다. 조지의 인생사로 들어가는 더 세련된 입구를 보여 주는 건 쉽지 않은 일이었던 듯 보인다.

  <멋진 인생>은 프랭크 캐프라의 전후 경력에 거의 도움이 되지 않았고, 그는 1930년대 동안 박스 오피스에서 발휘했던 마력을 다시는 되찾지 못했다. <스테이트 오브 더 유니언State of the Union>(1948)과 <포켓에 가득 찬 행복Pocketful of Miracles)>(1961)에는 캐프라 특유의 손길이 묻어 있지만 마력의 수준에 다다르지는 못했다. 감독은 1961년 이후로 장편 신작을 만들지 못했다. 그러나 그는 뇌졸중 때문에 운신이 느려진 1980년대 말까지 활발하게 활동하는 유명 인사로, 할리우드 시민으로 남았다. 그는 1991년에 세상을 떠났다. 1970년대에 영화학도들과 가진 세미나에서 그는 자신의 영화들에서 볼 수 있는 종류의 가치관과 이상에 대한 영화를 만들 방법이 여전히 있는 것 같으냐는 질문을 받았다.

  "흐음, 그런 방법이 없다면," 그는 대답했다. "우리는 삶을 포기하는 편이 나을 겁니다."

메트로폴리스	감독	프리츠 랑	
Metropolis	주연	알프레트 아벨, 브리기테 헬름, 구스타프 프뢸리히, 루돌프 클라인로게	
	제작	1927년	153분

<다크 시티Dark City>의 환영 같은 이미지들에 자극받은 나는 프리츠 랑Fritz Lang, 1890~1976의 <메트로폴리스>를 다시 방문하고는 이 영화가 거는 오싹한 주술에 다시금 사로잡혔다. 이 영화의 플롯은 상식을 무시하지만, 바로 그런 불연속성이 이 영화의 강점이다. 그 특징은 <메트로폴리스>를 환영(일정한 스토리라인이라는 확신이 존재하지 않는 악몽) 같은 영화로 만든다. 이보다 시각적인 활력을 더 잘 불어넣는 영화는 역사상 몇 편 되지 않는다.

　일반적으로 최초의 위대한 SF 영화로 간주되는 <메트로폴리스>는 20세기의 이후 기간 동안 미래 도시의 이미지를 과학적인 진보와 인간적인 절망이 어우러진 지옥으로 고착시켰다. 이 영화에서 비롯되어 여러 진로를 따라 생겨난 후손으로는 <다크 시티>뿐 아니라 <블레이드 러너Blade Runner>, <제5원소The Fifth Element>, <알파빌Alphaville>, <LA 탈출Escape from L.A.>, <가타카Gattaca>, 배트맨의 고담 시티까지 해

당된다. 영화의 사악한 천재 로트방의 실험실은, 특히 <프랑켄슈타인의 신부Bride of Frankenstein>(1935)에서 그대로 모방된 이후 수십 년간 미치광이 과학자들의 비주얼 룩을 창조했다. 그리고 인간처럼 생긴 로봇인 '가짜 마리아'라는 장치는 <블레이드 러너>의 '리플리컨트'에 영감을 주었다. 심지어 로트방의 기계손조차 <닥터 스트레인지러브 Dr. Strangelove>에서 오마주 대상이 되었다.

이 중 많은 영화의 공통점은 주민들을 통제하는 시스템에 침투하면서 미래 사회의 내부 작동 기제를 발견하는 외톨이 영웅이다. 배트맨의 악당들조차 자신들의 의지를 집행할 레버들을 당기면서 낄낄거리는 로트방의 후예들이다. 영화에 잠복된 메시지는 위력적이다. 과학과 산업은 선동가들의 무기가 될 것이라는 것.

스타디움, 마천루, 공중 고속도로를 갖춘 거대한 도시 메트로폴리스, 또 다른 하루를 주당 노동 일수로 억지로 밀어 넣으려고 시계 문자반이 열 시간을 보여 주는 곳인 지하의 노동자 도시. <메트로폴리스>는 두 세계를 창조하기 위해 거대한 세트를 짓고, 엑스트라 2만 5천 명을 동원했으며, 경이로운 특수 효과를 활용했다. 랑의 영화는 양식화된 세트와 드라마틱한 카메라 앵글, 상식에서 벗어난 그림자, 인위성을 노골적으로 드러낸 연극조 스타일이 결합된 독일 표현주의의 정점이었다.

이 영화는 제작 과정만으로도 스탠리 큐브릭Stanley Kubrick의 통제에 대한 열광적인 집착을 온화한 수준으로 만들어 버린다. 패트릭 맥길리건Patrick McGilligan의 책 『프리츠 랑: 야수의 본성Fritz Lang: The Nature of the Beast』에 따르면, 랑은 엑스트라들을 격렬한 군중 신으로 격하게 투입했고, 엑스트라들이 찬물 속에서 몇 시간이나 서 있게 만들었다. 그는 엑스트라들을 인간보다는 소품에 더 가까운 존재로 다뤘다. 여주인공을 높은 곳에서 점프하게 만들었고, 그녀가 화형대 기둥에 묶여 화형을 당할 때에는 실제 화염을 사용했다. 아이러니는 랑의 연출 스타일이

영화 속 악당의 접근 방식과 별반 다르지 않았다는 것이다.

줄거리는 둘로 갈린 도시의 주민들(곱게 자란 지상의 시민들과 지하의 노예들)이 상대의 존재에 대해 모르는 거대한 도시의 이야기다. 도시는 무자비한 비즈니스맨이자 독재자인 요 프레데르센(알프레트 아벨Alfred Abel)이 운영한다. 그의 아들 프레데르(구스타프 프뢸리히Gustav Fröhlich)는 지하 도시 출신 여성 마리아(브리기테 헬름Birgitte Helm)가 노동자들의 아이들 무리를 데리고 지상에 온 날에 '기쁨의 유원지'에 있었다. 마리아의 미모에 강한 인상을 받고 노동자들의 생활상을 알고는 충격을 받은 프레데르는 지하 세계의 비밀을 아는 실성한 천재 로트방(루돌프 클라인로게Rudolf Klein-Rogge)을 찾아낸다.

이후 프레데르는 지하로 내려가 혁명적인 마리아가 결속시킨 노동자들을 도우려고 한다. 한편 로트방은 로봇을 발명하고 진짜 마리아를 붙잡은 다음, 여전히 마리아를 추종하는 노동자들을 속여 좌지우지할 수 있도록 마리아의 얼굴을 로봇에 이식한다(전기가 오가는 아크, 부글거리는 비커, 빛을 발하는 전구 고리 등 이 이식 시퀀스에 등장하는 미치광이 과학자의 소품들은 1천 편 가량의 영화에 영향을 줬다).

랑은 경이로운 독창성을 발휘한 장면들로 이 줄거리를 전개해 나간다. 노동자들이 무거운 다이얼 바늘들을 앞뒤로 움직이며 혹사당하는 곳인 지하 발전소가 처음 등장하는 장면을 숙고해 보라. 그들이 하는 행동은 아무런 논리적 의미가 없지만, 시각적인 관련성은 명확하다. 그들은 시계 바늘처럼 통제당하는 것이다. 기계가 폭발했을 때, 프레데르는 기계가 게걸스럽고 저속한 괴물로 둔갑한 환영을 본다.

드라마틱한 비주얼 시퀀스는 더 있다. 어두운 지하 납골당에서 진짜 마리아와 그를 쫓는 로트방이 벌이는 추격 신(로트방이 든 조명의 빔은 그녀를 때려눕히려는 곤봉과 비슷하다), 마리아가 노동자들에게 연설할 때 등장하는 바벨탑 이미지, 스크린의 위부터 아래까지 어둠 속에 배열된 그들의 얼굴, 저절로 열리고 닫히는 로트방의 저택 문들, 가짜 마리아가 음탕한 춤을 추는 모습을 노동자들이 바라볼 때 스크린을 가득 채우는, 크고 축축하며 뚫어져라 쳐다보는 눈동자들, 지하 세계에 들이닥치는 물살과 구조를 받으려고 마리아를 향해 뻗은 아이들 무리의 물결치는 팔들.

줄거리에 존재하는 공백과 논리적 수수께끼(일부는 영화가 랑의 손을 떠난 후 자행된 서툰 재편집이 원인이다)는 이런 이미지들의 급류에 휩쓸려 사라진다. 평론가 아서 레닝Arthur Lenning은 "이 영화를 즐기려면 반드시 관찰만 할뿐 생각을 해서는 절대로 안 된다"고 말했고, 폴린 케일Pauline Kael은 이 영화의 "거의 믿기지 않을 경지의 아름다움과 위력"을 "부조리한 어리석음"과 대조했다. 그러나 플롯이 표류하는 것처럼 보일 때에도 영화는 절대로 자신감을 잃지 않는다. 도시와 시스템의 위력이 엄청나게 압도적이라 단순한 논리적 문제점들은 하나같이 어깨를 펴지 못한다. 랑은 자신의 영화를 반권위주의적인 작품으로 여겼지만, 영화를 꽤나 흡족하게 여긴 나치는 그에게 독일 영화 산업의 통제권을 제안했다(그는 대신에 미국으로 도주했다). <메트로폴리스>의 일부 아이디어는 히틀러를 찬양하는 레니 리펜슈탈Leni Riefenstahl의 다큐멘터리 <의지의 승리Triumph des Willens>(1935)에도 메아리친 듯 보인다. 물론 그 아이디어에 깃든 아이러니는 그 작품에서는 상실되었다.

우리가 <메트로폴리스>에서 보는 것의 상당 부분은 비주얼 트릭 없이는 존재하지 않는다. 시각 효과는 오이겐 쉬프탄Eugen Schüfftan의 작품으로, 그는 1960년대에 할리우드에서 <릴리스Lilith>와 <허슬러The Hustler>의 촬영 감독으로 일했다. 『매길의 영화 서베이Magill's Survey of Cinema』에 따르면 "현상소에서 하는 작업보다 거울을 활용한 그의 촬영 시스템 덕에 사람들과 미니어처 세트들이 단일 숏에 결합될 수 있었다." 다른 효과들은 촬영 감독 카를 프로인트Karl Freund의 카메라를 통해 창조되었다.

당시로서는 경이로운 결과물이었다. <메트로폴리스>는 오늘날 활용 가능한 모든 디지털 트릭 없이도 상상력으로 가득하다. 사실 오늘날의 효과들은 효과들처럼 보이는데, 그게 그 효과들의 매력이다. 오리지널 <킹콩King Kong>을 얼마 전에 본 나는 현대적인 기준으로 보면 원시적인 수준인 그 영화의 효과들이 기묘한 효과를 거둔다는 것을 알게 되었다. 요즘 가능한 매끄럽고 대단히 설득력 있는 효과에 비하면 그 효과들은 기이하고 초자연적으로 보이기 때문에 더 많은 정서를 불러일으킨다. 비교해 보자면 <쥬라기 공원Jurassic Park>과 <타이타닉 Titanic> 같은 영화들에 구사된 효과는 무척이나 훌륭하게 작업된 까닭에 우리는 우리가 실제 사물을 보고 있다고 간단하게 생각하는데, 이를 재미 그 자체라고 말하기는 힘들다.

<메트로폴리스>는 수십 년간 랑이 완성한 버전으로는 존재하지 않았다. 영화는 배급업자에 의해, 검열당국에 의해, 극장주에 의해 난도질당했고, 핵심 촬영 분량은 자취를 감추었다. 테아 폰 하르보우Thea von Harbou가 영화의 줄거리를 바탕으로 쓴 소설에 의해서만 다양하게 존재하는 줄거리의 간극을 설명할 수 있었다. 1984년에야 독일과 호주에서 수집된 추가 촬영 분량을 기존 프린트에 덧붙인 복원된 버전이 개봉되었다. 조르조 모로더Giorgio Moroder가 제작한 그 버전은 '랑의 애초 의도에 따라' 색채가 입혀졌고 MTV 스타일의 뮤지컬 스코어가 덧붙여졌다. 이것이 오늘날 가장 자주 상영되는 버전이다. 순수주의자들은 꽤나 합당한 이유로 이 버전에 반대하지만, 무성 흑백 프린트를 만들어 내려면 사운드를 끄고 컬러를 죽이기만 하면 된다. 나는 사운드트랙에 열광하는 입장은 아니지만 모로더의 버전을 감상하면서 그 버전의 색조를 즐겼고, 랑의 비전이 대단히 위력적이라서 사소한 결함 따위는 옆으로 밀어내 버린다고 느꼈다. 활용 가능한 모든 촬영 분량을 갖춘 잘

복원된 프린트를 감상하는 것이 순전히 원칙에 입각한 태도만 취하는 것보다는 낫다.

<메트로폴리스>는 많은 위대한 영화가 행하는 일을 해낸다. <메트로폴리스>는 대단히 강렬한 시간과 공간, 캐릭터들을 창조하기 때문에, 그것들은 우리가 세상을 상상하는 데 활용하는 이미지 저장고의 일부가 되었다. <메트로폴리스>의 아이디어들이 대중문화에 상당히 빈번하게 흡수되었기 때문에 그 무시무시한 미래 도시는 거의 당연한 풍경처럼 되어 버렸다(앨버트 브룩스Albert Brooks가 <영혼의 사랑 Defending Your Life>에서 유토피아적인 미래를 과감하게 창조했을 때, 지옥 같은 도시의 풍경이 없는 그 미래는 어쩐 일인지 잘못된 곳처럼 보였다). 랑은 강박 관념에 몰려 동료들에게 서슴지 않고 잔인한 짓을 저지르는 완벽주의자 미치광이가 되어 거의 1년 동안 이 영화를 촬영했다. 그렇게 해서 탄생한 결과물이, 이 영화를 통하지 않고서는 다른 영화들을 완벽하게 이해하고 평가할 수 없을 정도로 막강한 영향력을 행사한 영화였다.

모래의 여자

砂の女

감독	데시가하라 히로시	
주연	오카다 에이지, 기시다 교코	
제작	1964년	123분

"저는 시골집에 묵는 걸 무척 좋아합니다." 도시로 가는 막차를 놓친 남자는 묵을 곳을 제공하겠다는 제안을 받아들이면서 말한다. 그는 일본의 외진 사막 지대에서 곤충을 수집해 왔다. 마을 사람들은 그를 모래 구덩이 바닥에 있는 집으로 안내하고, 그는 거기 사는 여자와 밤을 보내려고 줄사다리를 타고 내려간다. 그녀는 그의 저녁을 차리고는 그가 식사를 하는 동안 부채질을 해 준다. 밤중에 그는 밖에 나갔다가 집밖에서 모래를 삽질하고 있는 여자를 발견한다. 아침에 그는 몸에 묻은 모래가 반짝거리는 알몸으로 자고 있는 그녀를 본다. 그는 떠나려고 밖으로 나간다. "이상하군." 그는 혼잣말로 중얼거린다. "사다리가 없어졌어."

이 순간, 귀에 거슬리는 현악기 소리가 깔리면서 리얼리즘과 삶에 대한 우화를 결합할 줄 아는 드문 영화에 속하는 <모래의 여자>의 고통스러운 놀라움을 선포한다. 남자(오카다 에이지岡田英次)는 구덩이에 남아 여자와 함께 모래를 삽질하는 일을 할 거란 기대를 받는다. 그렇게 파낸 모래는 자루에 담겨 마을 사람들에 의해 지면으로 운반된다. "삽질을 멈추면," 여자(기시다 교코岸田今日子)는 설명한다. "집이 파묻힐 거예요. 우리가 파묻히면 이웃집이 위험해져요."

나는 이 설명에 담긴 역학을 이해하지 못한다. 이 지역의 경제도 이해하지 못하겠다. 마을 사람들은 모래를 건축용으로 판다고 여자는 설명한다. 건축법을 충족시키기에는 모래의 염도가 너무 높기 때문에 마을 사람들은 모래를 헐값에 판다. 그런데 인생에는 구덩이에 살면서 모래를 파는 것 말고도 선택할 수 있는 다른 대안들이 분명히 존재하지 않나? 물론 이 이야기의 기저에 합리적인 논리는 존재하지 않고, 데시가하라 히로시勅使河原宏, 1927~2001 감독도 모래가 구덩이 주위의 모래들처럼 가파른 벽으로 쌓일 수는 없다고 설명하기까지 했다. "30도 이상의 각도를 만드는 건 물리학적으로 불가능하다는 걸 알아냈습니다."

그럼에도 이 영화가 전혀 사실적이지 않다고 보이는 순간은 단 한 순간도 없다. 어쨌건 이 영화는 모래에 대한 영화가 아니라 인생에 대한 영화다. 남자는 여자에게 묻는다. "살려고 삽질을 하는 거요, 삽질을 하려고 사는 거요?" 그와 동일한 질문을 던질 수 없는 사람이 어디 있겠는가? <모래의 여자>는 신들의 저주를 받아 영원토록 언덕 위로 바위를 굴려 올리지만 그 바위가 다시 굴러 내려가는 걸 지켜볼 도리밖에 없게 된 남자인 시시포스 신화의 현대적 버전이다.

어떤 면에서 남자가 욕할 수 있는 대상은 자기 자신이다. 그는 도쿄의 떠들썩한 소란에서 벗어나려고 사막으로 여행을 왔다. 고독을 추구한 그는 고독을 발견했다. 영화는 지문과 인장의 몽타주로 시작된다. 그런 후 바위처럼 큰 모래 알갱이의 클로즈업이 나오고, 몇 가지 크기의 다이아몬드가 나온 후, 물에 생기는 파장처럼 바람이 표면을 잔잔하게 훑고 지나가는 이루 셀 수 없이 많은 알갱이가 나온다. 모래를 이렇게 촬영한 영화는 한 편도 없다(<아라비아의 로렌스Lawrence of Arabia>조차도 이렇게 촬영하지는 못했다). 촬영 감독 세가와 히로시瀨川浩는 이야기가 이런 구체적인 물리적 리얼리티에 굳건히 뿌리 내리게 만드는 것으로 감독이 우화를 실제로 일어나고 있는 일인 것처럼 들리게 만드는 어려운 위업을 달성하는 데 한몫한다. 다케미쓰 도루武滿徹의 음악은 금속성 바람이 내는 소리처럼 구슬프고 귀에 거슬리는 고음으로 액션을 강조하는 게 아니라 조롱한다.

처음 봤을 때 이 영화는 사이코섹슈얼한 모험처럼 느껴졌다. 영화의 밑바닥에 깔린 상황은 거의 포르노에 가깝다. 방랑하던 남자가 여자의 덫에 걸리고, 여자는 남자가 평생 자신에게 예속되는 것에 대한 대가로 자신의 몸을 제공한다. 영화에는 여자가 잠자는 모습을 보여 주는 것으로 시작해 적대와 투쟁, 결박을 거쳐 결국 서로의 이해가 일치하는 지점에 도달하기까지 에로틱한 저류가 줄곧 강하게 흐른다.

<모래의 여자>는 (모래의, 피부의, 모래에 스며들어 모래의 특성을 바꿔 놓는 물의) 구체적인 질감을 창조하기 위한 비주얼들을 내가 생각할 수 있는 거의 모든 영화보다 더 잘 활용한다. '여자는 매혹적이다'라고 묘사하는 것보다는, 당신이 그녀를 볼 때 그녀의 피부를 만지면 어떤 느낌이 들지를 정확히 알게 해 준다는 게 그녀에 대한 정확한 묘사다. 이 영화의 섹슈얼리티는 영화의 전반적인 리얼리티의 일부다. 이 구덩이에서 삶은 일과 잠, 음식, 섹스로 축소되고, 여자가 "세상 돌아가는 소식을 계속 따라잡을 수 있으니까" 라디오를 탐내며 소망할 때 그녀의 소망은 그런 것들이 얼마나 무의미한 일인지 강조할 따름이다.

아베 코보安部公房가 자신의 소설을 원작으로 쓴 시나리오는 이 상황이 엄청나다는 것을 서서히, 사려 깊게 드러낸다. 남자의 딜레마를 보여 주려 서두르지 않고, 구덩이에서 살아가는 삶의 일상적인 리듬을 확립하면서 작은 힌트들과 통찰을 통해 그 딜레마를 드러낸다. 구덩이

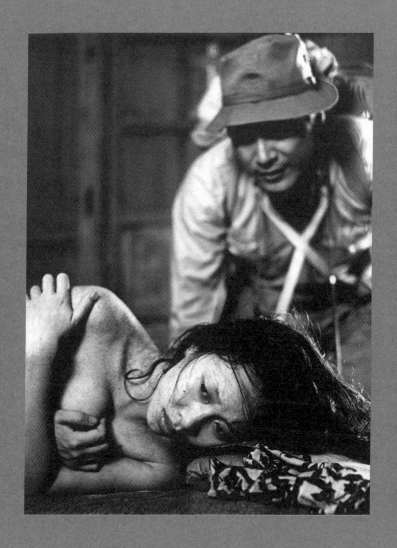

거주자들은 위에 사는 마을 사람들로부터 서비스를 받는데, 마을 사람들은 물과 생필품을 내려 주고 모래를 끌어올리려고 도르래를 이용한다. 여자가 자발적으로 구덩이 아래로 내려온 것인지 마을 사람들에 의해 거기에 있게 된 것인지는 명확하지 않지만, 자신의 운명을 받아들였고, 탈출할 수 있더라도 탈출하지 않을 거라는 점은 분명하다. 그녀는 그래야만 하기 때문에 남자를 포박하는 일에 참여한다. 그녀 혼자서는 모래에 파묻히지 않는 상태를 유지하기에 충분할 정도로 삽질을 할 수 없다. 그녀의 생존(식량과 물)은 작업량에 달렸다. 게다가 그녀는 남편과 딸은 모래 폭풍에 파묻혔다고, "유골은 여기에 묻혔다"고 남자에게 말한다. 따라서 두 사람 모두 포로다. 한 명은 운명을 받아들였고, 다른 한 명은 거기에서 벗어나려고 애쓰고 있다.

남자는 구덩이를 기어오르려고 할 수 있는 모든 일을 시도한다. 어느 숏에서 모래벽이 비처럼 쏟아져 내리는데, 그 모습이 무척이나 부드럽고 갑작스러워서 심장이 쿵쾅쿵쾅 뛰기까지 한다. 동물학자인 그는 자신이 처한 상황에 대한 흥미를, 이곳을 방문하는 새들과 곤충들에 대한 흥미를 키워 간다. 그는 까마귀를 잡으려고 덫을 고안하지만 까마귀를 잡지는 못하고, 대신 모래에서 물을 추출하는 방법을 우연히 발견한다. 이 발견은 그의 인생에서 구체적이고 유용하며 확고부동한 업적이 될 것이다. 그 외의 모든 것은—내러티브의 목소리(그의 목소리일까?)가 들려주듯—계약과 면허, 증서, 신분증('서로가 서로를 확인시켜 주는 서류')일 뿐이다.

데시가하라 히로시는 칸영화제에서 심사위원상을 수상하고 오스카상 두 개 부문에 후보로 지명된 <모래의 여자>를 감독할 때 서른일곱 살이었다. 그의 아버지는 도쿄에서 유명한 꽃꽂이 학교를 설립했다. 나는 언젠가 이 학교에서 두어 개의 수업을 들으면서 꽃을 조화롭게 배열하는 것이 예술과 철학의 성공적인 사례가 되고 일종의 명상이 될 수 있다는 가능성을 엿봤다. 그는 이 학교의 운영권을 넘겨받을 거라는 기대를 늘 받았다(영화 제작 일지에는 "아이러니하게도 <모래의 여자>의 주인공의 그것과 유사한 상황"이라고 적혀 있다). 다양한 분야에 관심을 가진 그는 복서 호세 토레스José Torres와 목판화가에 대한 다큐멘터리들을 만들었고, 도자기 작업을 했으며, 오페라와 다도 모임을 가졌고, 다른 장편 영화 일곱 편을 연출했다. 그는 계획에 따라 꿋꿋이 학교도 인수했다.

<모래의 여자>는 오랫동안 세상에서 자취를 감춘 듯 보였다. 나는 영화 클래스를 위해 이 작품을 빌리려 애썼지만 그럴 수 없었다. 도쿄에 있는 데시가하라의 학교에서, 나는 교장 선생님이 예전 작업으로 복귀하는 대신 새로운 방향을 추구하기로 했다는 모호한 이야기를 통역을 통해 들었다. 그런데 영화를 구해 내는 데 전념하는 미국 회사 마일스톤에 의해 1998년에 새로운 프린트가 공개되었다. 이 영화를 35밀리미터 필름으로 보면서 이 작품이 이 영화를 처음 봤을 때처럼 과격하고 철저하게 현실을 묘사하면서도 도전적인 영화임을 발견했다.

처음에는 위력적이지만 다시 보면 위선적인 작품일 뿐인 일부 우화들과는 달리, <모래의 여자>는 주제와 스타일, 아이디어가 완벽한 조화를 이룬 덕에 작품의 위력을 그대로 간직하고 있다. 남자와 여자에게는 공동으로 수행해야 하는 과업이 있다. 그들은 거기에서 탈출할 수 없다. 지역 공동체가 — 그리고 확장해 보면 전 세계가 — 그들에게 의존한다. 그렇다면 투쟁이 투쟁의 유일한 목적일까? 남자는 물 펌프의 원리를 발견하는 것으로 뭔가 새로운 것을 존재하게 할 수 있었다. 그는 생존의 조건을 바꾸어 놓았다. 당신은 구덩이에서 탈출할 수 없다. 그러나 그곳을 더 나은 구덩이로 만들 수는 있다. 작은 위안이라도 있는 편이 위안이 전혀 없는 것보다는 낫다.

미녀와 야수	감독	장 콕토	
La Belle et la Bête	주연	장 마레, 조제트 데이	
	제작	1946년	96분

디즈니의 1994년 영화가 만들어지기 전인, 야수가 올랜도의 디즈니월드에서 입장객들에게 사인을 해 주기 시작하기 한참 전인 1946년에 장콕토Jean Cocteau, 1889~1963가 프랑스에서 <미녀와 야수>를 찍었다. 이 영화는 지금껏 만들어진 모든 영화 중에서 가장 마술적인 작품에 속한다. 컴퓨터 특수 효과와 현대적인 크리처 메이크업의 시대가 도래하기 전에 만들어진 이 영화는 우리에게 인간처럼 외롭고 짐승처럼 오해받는 야수la Bête를 선보이는 트릭 숏과 경이로운 효과로 살아 숨 쉬는 판타지다. 시인이자 초현실주의자인 콕토는 '어린이용 영화'를 만든 게 아니었다. 그는 제2차 세계 대전의 고초를 겪은 세계에 전하는 다음과 같은 특별한 메시지가 담겨 있다고 느낀, 프랑스의 옛날이야기를 각색했다. '불행한 유년기를 보낸 사람은 누구든 야수로 성장할 수 있다.'

　　1991년도 애니메이션에 친숙한 사람이라면 이 영화를 구성하는 일부 요소를 보는 즉시 알아차릴 테지만, 영화의 톤만큼은 절대로 그러지 못할 것이다. 콕토는 자신이 연출하는 캐릭터들의 무의식에서 들끓는 감정들을 보이려고 매혹적인 이미지와 프로이트 학파의 과감한 상징들을 활용한다. 미녀la Belle가 성의 식탁에서 야수의 첫 등장을 기다리는 비범한 숏을 고찰해 보라. 야수는 미녀 뒤에서 나타나 조용히 그녀에게 다가간다. 그의 등장을 감지한 그녀는 — 일부 관객들은 겁에 질렸다고 묘사하겠지만 — 오르가슴을 느끼는 게 분명한 방식으로 반응하기 시작한다. 그녀는 그를 보기 전부터 내면 깊은 곳까지 자극을 받았다. 그러고는 몇 초 후 그녀가 (야수와) 결혼할 수 없다고 말할 때 그녀는 칼을 칼 이상 가는 것인 양 만지작거린다.

야수의 거처는 필름에 담긴 장소 중에서 가장 기이한 곳에 속한다. <시민 케인Citizen Kane>의 재너두와 살바도르 달리Salvador Dalí가 교배해서 태어난 곳 같다. 성의 현관홀에는 벽에서 튀어나온 살아 있는 사람들의 손이 든 칸델라브룸candelabrum•이 줄지어 있다. 조각상들은 살아 있고, 조각상들의 눈은 움직이는 캐릭터들을 따라다닌다(이들은 마술에 걸려 감금된 야수의 포로일까?). 성의 문들은 저절로 열린다. 야수의 영역에 처음 들어선 미녀는 마룻바닥에서 몇 피트 떨어진 상공을 꿈꾸듯 미끄러지는 것처럼 보인다. 나중에 그녀의 다리는 전혀 움직이지 않지만, 그녀는 자력에 이끌리듯 미끄러져 다닌다(스파이크 리Spike Lee는 이 효과를 차용했다). 그녀는 야수의 손에서 피어오르는 연기(그가 살생을 했다는 표식)를 보고는 심란해한다. 그가 그녀를 그녀의 침실로 데려갈 때, 그녀는 문 이쪽에서는 평복 차림이지만 문 반대편에서는 여왕 복장 차림이다.

미녀는 인질로 성에 왔다. 그녀는 집에서 아버지와 심술궂은 두 자매, 멍청한 오빠와 산다. 오빠의 미남 친구는 그녀와 결혼하고 싶어 한

• 초를 여러 개 켤 수 있는 서양식 촛대

다. 하지만 그녀는 아버지를 돌봐야 하기 때문에 결혼할 수 없다. 아버지의 사업이 위험에 처하고, 아버지는 항구로 떠난 여행에서 자신이 빈털터리가 되었음을 알게 된다. 아버지는 폭풍우 치는 밤에 숲을 뚫고 집으로 돌아오는 길에 우연히 야수의 성에 들어갔다가 죄수로 잡혀서는 죽어야 한다는 이야기를 듣는다. 이때 야수는 거래를 제안한다. 그가 사흘 안에 돌아오거나 딸들 중 한 명을 보내 줄 수 있다면 집에 가도 좋다는 것. 다른 딸들은 물론 콧방귀를 뀌고 변명을 늘어놓는다. 아버지는 자기는 늙어서 죽을 날이 멀지 않았으니 자기가 돌아가겠노라고 말한다. 그러나 미녀는 스스로 나서서 성으로 가는 길을 아는 야수의 백마에 오른다. 야수가 미녀에게 던지는 첫 마디는 "당신은 위험에 처해 있지 않소"다.

정말로 그녀는 위험해 처해 있지 않다. 야수는 아버지의 자리를 대신한 미녀가 착한 심성의 소유자라는 걸 직감했을 것이다. 그는 매일 저녁 7시에 똑같은 질문을 던지겠노라고 말한다. "내 아내가 되어 주겠소?" 그녀는 몸서리치면서 자신은 절대로 그와 결혼하지 않겠다고 말한다. 그러나 결국 그녀의 마음은 누그러지고, 그녀는 그를 가여워하면서 그가 착한 사람임을 알게 된다. 그는 성과 집 사이를 순식간에 여행할 수 있게 하는 (벽에서 몸이 쑥 튀어나온다) 마술 장갑을 그녀에게 건넨다. 그리고 그의 재산이 보관되어 있는 정원으로 가는 열쇠와 관련된 계략이 등장한다. 못된 자매들은 계략을 꾸미지만, 미녀는 물론 그 계략을 뿌리친다. 그녀의 아버지는 임종 석상에서 일어나고, 야수는 그 대신 치명적인 병을 앓게 된다. 그녀가 원기를 되찾으라고 애원할 때 그가 남기는 유언은 애처롭다. "내가 사람이었다면 아마 그럴 수 있을 거요. 하지만 자신들의 사랑을 증명하고 싶어 하는 가여운 야수들은 땅바닥을 기어 다니다 죽게 될 뿐이오."

그러자 다른 죽음이 일어난다. 미녀와 결혼하기를 원했던 가족 친

구의 죽음이다. 그런 후 그의 시체는 야수의 시체로 둔갑하고, 목숨을 되찾은 야수는 불가사의하게도 죽은 친구와 닮은 왕자로 변신한다. 이 건 전혀 놀랄 일이 아니다. 세 캐릭터(친구, 야수, 왕자) 모두 장 마레 Jean Marais가 연기하기 때문이다. 마레가 야수를 연기할 때 대단히 매력적이라는 점, 그리고 올백 머리를 한 왕자를 연기할 때 무척이나 천박하고 얄팍해 보인다는 점은 기이하다. 미녀조차 그의 품에 기쁜 기색으로 뛰어들지 않는다. 그녀는 새로운 결혼 상대를 의아한 눈으로 바라보다가 야수가 그립다고 고백한다. 파리 스튜디오에서 열린 이 영화의 서스펜스 넘치는 첫 시사회 동안 콕토의 손을 잡고 있던 마를레네 디트리히Marlene Dietrich도 마찬가지였다. 왕자가 희미한 빛을 발하면서 자신을 미녀의 새 연인이라고 웃으며 선언할 때, 그녀는 스크린을 향해 소리를 질렀다. "내 아름다운 야수는 어디 있는 거야?"

콕토는 영화를 많이 만들었으면서도 자신을 영화감독으로 여기지 않았다. 그 대신 그림을 그리고 조각을 하고 소설과 희곡을 쓰면서 파리 예술계의 조류를 뒤흔드는 시인으로 여겼다. 그의 첫 영화로 초현실주의적인 작품인 <시인의 피Le Sang d'un Poète>는 살바도르 달리와 루이스 부뉴엘Louis Buñuel이 함께 작업한 악명 높은 <황금시대L'Age d'Or>와 마찬가지로 1930년에 만들어졌다. 두 영화 모두 드 노아유 자작 Viscount de Noailles이 제작했는데, 달리와 부뉴엘의 영화가 일대 소동을 불러일으키자 자작은 콕토 영화의 개봉을 연기했다. 콕토의 영화에는 거울이 물웅덩이로 바뀌는 이미지와 그림에 그려진 입술을 문지르자 그 입술이 손에 달라붙는 이미지처럼 이후로 유명해진 이미지들이 담겨 있다.

<시인의 피>는 시인이 만든 예술 영화였다. <미녀와 야수>는 예술가가 만든 시적인 영화였다. 콕토는 오랫동안 자신의 연인이던 마레의 재촉을 받고는 영화를 만들었다. 큰 키에 사람들의 눈길을 끄는, 옆

얼굴이 비범해 보이는 미남 배우인 마레는 빼빼 마른 데다 줄담배를 피우는 콕토하고는 대조적이었다. 이 영화를 찍은 몇 달 동안 콕토는 세 시간마다 페니실린을 맞아야 하는 고통스러운 피부병 때문에 비참한 상태에 있었다.

콕토는 자신에게 이런 야심찬 제작을 성사시킬 기술적인 솜씨가 있는지를 확신하지 못했다. 그래서 그는 르네 클레망René Clément 감독 (<태양은 가득히Plein Soleil>)을 기술 고문으로, 실외의 리얼리즘과 실내의 판타지 사이의 교묘한 변화에 대처하기 위해 재능 있는 카메라맨 앙리 알레캉Henri Alekan을 촬영 감독으로, 무대 디자이너 크리스티앙 베라르Christian Bérard를 메이크업과 세트, 의상을 디자인할 인물로 고용했다 (베라르의 아이디어는 귀스타프 도레Gustave Doré의 삽화에 기초했다). 의상은 대단히 정교했기 때문에 '연기자들이 간신히 버텨 낼 수 있었다' 고 전해진다. 제작 과정 동안 콕토가 했던 생각은 그가 쓴 저널 『미녀와 야수: 영화 일기La Belle et la Bête : Journal d'un Film』에 몽땅 보존되었는데, 이 저널은 건강이 악화되는 상황에서도 그가 어느 정도의 인내심을 발휘했는지를 보여 준다. 다음은 그가 1945년 10월 18일에 쓴 글이다. "참을 수 없는 통증 때문에 깨어났다. 잘 수도 없고 걸어 다닐 수도 없었다. 공책을 집어 들고 훗날 이 글을 읽게 될 알지 못할 친구들을 향해 내 고통을 큰소리로 외치려 노력하는 것으로 나 자신을 진정시킨다."

우리는 존재한다. 그의 영화는 우리를 그의 친구로 만들었다. 오늘밤 나는 그 영화를 다시 보면서 평범치 않은 흥분을 느꼈다. 영화는 평범한 내러티브의 관습에 침투해서 우리의 심리 깊은 곳에 어필하게끔 고안되었다. 콕토는 시를 쓰고 싶었다. 언어보다는 이미지를 통해 어필하고 싶었다. 이야기는 친숙한 우화 형식을 취했지만, 작품의 표면은 더 깊고 심란한 조류를 위장하고 있는 것처럼 보인다. 이것은 '어린이용 영화'가 아니다. 이 영화가 어린이에게 적절하기나 한 작품일까?

어떤 이들은 흑백 화면과 (짧고 읽기 쉬운) 자막 때문에 애초부터 흥미를 잃을 것이다. 그런 장애물을 넘은 이는 이 영화가 자신을 디즈니 애니메이션보다 훨씬 더 깊은 곳으로 끌어들인다는 걸 알게 될 것이다. 이 영화는 명랑한 코믹 뮤지컬이 아니라 — 모든 동화가 그렇듯 — 우리가 두려워하고 욕망하는 대상을 다루기 때문이다. 더 영민하고 호기심 많은 아이들은 이 영화를 아주 많이 즐길 수 있을 것이다. 어른이 되어서 이 영화로 돌아온 그들은 자신이 인식했던 것보다 더 많은 것이 이 영화에 존재하고 있다는 사실에 깜짝 놀랄 것이다.

바람과 함께 사라지다	감독	빅터 플레밍	
Gone with the Wind	주연	클라크 게이블, 비비안 리	
	제작	1939년	238분

<바람과 함께 사라지다>는 남북 전쟁을 감상적인 시선으로 바라본다. 영화를 보고 나면 '남북 전쟁 이전의 남부Old South'가 카멜롯●과 흡사한 곳이라는 느낌을 받는다. 남북 전쟁이 일어난 원인도 남부 연합을 격퇴하고 노예를 해방시키기 위해서라기보다, 스칼렛 오하라가 응당 치러야 할 벌을 주기 위해서라는 생각이 드는 것 같다. 우리는 수십 년 간 그렇게 알고 지냈다. 미심쩍은 구석이 많은 향수가 남부의 광활한 대지와 함께 찾아왔던 것이다. 그리고 수십 년의 세월이 지난 지금도 <바람과 함께 사라지다>는 영화사의 거대한 기념비로 남아 있다. 내러티브가 훌륭할 뿐 아니라 무척이나 잘 만들어진 영화이기 때문이다.

영화가 전달하고자 하는 이야기의 측면에서 보면, <바람과 함께 사라지다>는 대단히 적절한 시기에 만들어진 대단히 적절한 영화다.

● 아서왕의 전설에 나오는 성

스칼렛 오하라는 1860년대가 배출한 인물이 아니라, 1930년대가 배출한 자유분방하고 고집 센 현대 여성이다. 소설가 프랜시스 피츠제럴드가 쓴 소설 속의 '재즈 시대'를 연상케 만드는 장치들, 당대를 휩쓴 대담한 여배우들, 많은 여성이 가정을 벗어나 직업 전선에 뛰어든 역사상 최초의 시기였던 대공황의 경제적 현실 등은 모두 스칼렛 오하라의 탄생을 위해 준비된 것들이다. 스칼렛의 욕망과 고집불통의 열정은 연약한 '남부 출신 꽃 미녀' 신화와는 전혀 관계가 없다. 스칼렛의 모든 것은 그녀를 창조한 소설가 마거릿 미첼Margaret Mitchell을 사로잡았던 영화 속 섹스 심벌들, 그러니까 클라라 보Clara Bow와 진 할로Jean Harlow, 루이즈 브룩스Louise Brooks, 메이 웨스트Mae West 같은 여배우들과 관계가 깊다. 스칼렛은 자신이 벌이는 성적 모험을 통제하고 싶어 하는 여성이다. 그리고 그것이야말로 그녀의 으뜸가는 매력이다. 그녀는 자신의 경제적 운명도 통제하고 싶어 한다. 그녀는 남부의 경제가 붕괴된 시기에 면화를 재배하다 나중에는 목재 사업을 성공적으로 경영한다. 스칼렛은 제2차 세계 대전을 향해 치닫는 국가가 필요로 한 상징적인 존재이고, '리벳공 로지Rosie the Riveter•'의 영적인 자매다.

물론 그녀는 세 번이나 결혼하고, 멜라니의 상냥한 남편 애슐리를 탐내면서 약탈자 양키를 쏴 죽이고, 잘록한 허리를 출산으로 망가뜨리지 않으려고 세 번째 남편을 신혼 침대에서 밀어내는 등 꽤나 순탄치 않은 행로를 걸어야 했다. 남성 우월주의가 판치는 세상에 위험할 정도로 대담하게 저항한 그녀는 결국 단죄를 당한다. 그녀가 치러야 할 벌은 "여보, 솔직히 말해 나는 조금도 관심이 없소"가 뜻하는 모든 것이다. 만약 <바람과 함께 사라지다>가 스칼렛의 승승장구로 끝을 맺었다면, 영화가 성공했을 가능성은 거의 없었을 것이다. <바람과 함께 사

• 2차 대전 당시 군수 산업에 종사한 여성들을 지칭하는 이름

라지다>의 초기 관객들(남자보다는 여자가 많았을 것이다)은 그녀가 고초를 겪는 모습을 보고 싶어 했다. 물론 그렇더라도 내일은 또 다른 태양이 뜰 테지만.

레트 버틀러는 그녀를 고초로 밀어 넣는 역할을 맡은 사내다. 그가 그녀에게 이야기하는 초반부의 핵심 장면을 보자. "당신은 키스를 받기를 간절히 바라는군. 당신은 그게 잘못된 거야. 당신은 키스를 받아야 해. 그것도 자주. 키스하는 법을 잘 아는 사람한테서 말이야." '키스를 받는다'는 표현을 당신 머리에 떠오르는 단어로 대체해 보라. 이런 대사는 사람들의 마음속 깊은 곳의 밑바닥까지 순식간에 전달된다. 이런 대사는 관객들에게 성적인 쾌락을 안기면서 관객들의 판타지를 휘젓는다. ("여자들이 왜 말에게 속삭이는 남자들을 사랑하는지 아나요?" 어떤 여자가 내게 물었다. "그들이 말에게 해 줄 수 있는 일을 나한테도 해 줄 수 있을 거라는 생각을 불러일으키기 때문이죠.") 스칼렛이 느끼는 혼란은 뜨뜻미지근하게 구는 '남부 신사'(애슐리 윌크스 Ashley Wilkes)를 향한 감정적인 집착과 거친 사내(레트 버틀러)를 향한 숙녀답지 않은 욕망 사이에서 비롯된다. <바람과 함께 사라지다>에서 벌어지는 가장 치열한 전투는 남군과 북군 사이에서가 아니라, 스칼렛이 느끼는 욕망과 그녀의 허영심 사이에서 벌어진다.

클라크 게이블Clark Gable과 비비안 리Vivien Leigh는 당대의 모든 배우가 탐을 내던 두 역할에 무척 잘 어울린다. 스튜디오 시스템은 두 배우가 각자의 캐릭터를 연기하기에 이상적인 프로필과 성장 배경을 가졌다고 홍보해 댔다. 두 사람은 스튜디오의 홍보 덕을 톡톡히 봤다. 그러나 오늘날 우리는 그들이 얼마나 많은 말썽을 일으켰는지 알고 있다. 스튜디오는 술에 절어 산 바람둥이 게이블이 일으키는 스캔들을 감추느라 애를 먹었다. 신경질적이고 약물을 남용하던 미녀 비비안 리는 그녀를 사랑한 모든 남자를 절망의 구렁텅이로 몰아넣었다. 그들은 자신들이 연기하는 역할에 자신들의 경험과 잘 다듬은 태도, 강렬한 자기도취의 분위기를 불어넣었다. 줄거리가 전달하려는 것 이상을 포착해서 보여 주곤 했던 카메라는 섹슈얼한 도전을 앞에 두고 두 배우의 눈에서 튀는 불꽃과, 도전을 받아들일 준비가 됐다는 두 배우의 보디랭귀지를 포착한다. 트웰브 오크스에서 바비큐 만찬이 벌어지는 동안 두 사람이 처음으로 마주하는 초반부 장면을 보라. 평론가 팀 덕스Tim Dirks는 레트가 "냉정하면서도 도전적인 눈빛을 스칼렛과 주고받는다"는 의견을 피력했다. "레트가 눈으로 그녀의 옷을 벗기고 있음을 그녀는 감지한다. '그 사람은 마치 슈미즈를 벗은 내 모습을 알고 있다는 듯이 나를 쳐다봤어.'"

성적인 모험의 부침이 <바람과 함께 사라지다>의 핵심 드라마라면, '남북 전쟁 이전의 남부'를 바라보는 편향됐지만 열정적인 시선은 핵심 드라마의 대척점에 해당한다. 대부분의 서사 영화와 달리 <바람과 함께 사라지다>의 시각은 정말로 편향되어 있다. 그러면서도 관객들이 영화의 시각이 편향되었다고 느끼는 건 시대가 변해서 그런 것뿐이라는 분위기를 솔솔 풍긴다. 영화는 전쟁 전, 전쟁 중, 전쟁 후의 남부의 모습을 스칼렛의 눈을 통해 보여 준다. 그런데 스칼렛은 남부 사람이다. 마거릿 미첼도 그렇다. 영화는 의심의 여지가 없다는 듯한 주장을 편다. 사람들을 놀라게 하는 듯한 영화 첫 장면의 자막을 보면 <바람과 함께 사라지다>가 품고 있는 가치관을 알 수 있다.

남북 전쟁 이전의 남부Old South라고 불리는 기사Cavaliers들의 땅과 면화 농장Cotton Field이 있었다. 이 아름다운 세계에서 용맹스러운 행위Gallantry는 여기에서 마지막으로 답례를 받았다. 기사들Knights과 그들의 요조숙녀들Ladies Fair, 주인Master과 노예Slave의 마지막 모습이 여기에 있다. 기억나는 꿈에 지나지 않기에 책에서만 찾아볼 수 있는 문명Civilization은 바람과 함께 사라졌다.

그렇다. 첫 글자가 대문자로 표시된 단어들을 그대로 옮긴 자막이다. 노예들도 이것을 같은 시각으로 바라볼 것인지 여부는 물어볼 필요도 없다. 영화는 면화 농장의 상류층 생활이 노예들이 흘린 강제 노동의 피땀으로 유지됐다는 불편한 사실은 회피한다(영화는 노예 제도가 저지른 모든 범죄보다도 스칼렛의 어여쁜 작은 손에 못이 박혔다는 사실을 더욱 동정한다). 영화에 등장하는 주요 흑인 캐릭터들이 인간성과 복합적인 성격을 부여받는 은총을 입었다는 게 그나마 다행스러운 일이었다. 유모 역을 맡은 해티 맥대니얼Hattie McDaniel은 영화를 통틀어 분별력과 통찰력을 가장 많이 갖춘 인물이다(그녀는 영화가 받은 8개의 오스카상 중 하나를 수상했다). 프리시 역의 버터플라이 매퀸Butterfly McQueen도 "아이 낳는 것에 대해서는 아는 게 하나도 없어요"라는 말을 입에 달고 다니기는 하지만 역시 애교 있고 약간은 전복적이다.

<바람과 함께 사라지다> 제작 당시만 해도 남부에서는 흑백 분리segregation가 법으로 정해져 있었고, 북부에서는 법으로 정해져 있지는 않았지만 실생활에서 흑백 분리가 관행이었다는 사실을 기억하라. KKKKu Klux Klan, 큐 클럭스 클랜와 관련한 장면은 KKK에 소속된 선출직 관리들의 심기를 거스를지도 모른다는 두려움 때문에 삭제되었다. <바람과 함께 사라지다>는 현대를 살고 있는 우리의 가치관과 세계관과는 동떨어진 세계에서 만들어진 영화다. 물론 호메로스나 셰익스피어를 비롯한 고전 걸작 모두가 그렇기는 하다. 정치적으로 올바른 <바람과 함께 사라지다>는 만들 가치가 없을 것이다. 만들어 봤자 거짓말로 점철된 작품일 것이다.

연출의 기교 측면에서만 보면 <바람과 함께 사라지다>는 여전히 놀라운 영화다. 여러 명의 감독이 연출에 관여했다. 클라크 게이블이 조지 큐코어George Cukor를 싫어했기 때문에 빅터 플레밍Victor Fleming, 1889~1949이 자리를 넘겨받았다. 플레밍이 신경 쇠약으로 쓰러지자 샘

우드Sam Wood와 캐머런 멘지스Cameron Menzies가 구원 투수로 등장했다. 그런데 <바람과 함께 사라지다>의 진정한 작가는 제작자 데이비드 O. 셀즈닉David O. Selznick이었다. 1930년대의 스티븐 스필버그라 할 수 있는 그는 멜로드라마와 최고 수준의 제작 기술을 결합하는 것이야말로 대중의 호응을 얻는 핵심 요소임을 이해하고 있었다. 불타는 애틀랜타, 타라로 도피하는 장면, 스칼렛이 거리를 헤매며 방황할 때 눈 닿는 곳까지 쓰러져 있는 남군 부상병을 카메라가 잡아내는 '죽어 가는 사람들의 거리' 장면 등, <바람과 함께 사라지다>의 일부 개별 장면은 여전히 관객들의 숨통을 조이는 위력을 발휘한다.

<바람과 함께 사라지다>의 경쾌하고 화려한 비주얼 스타일은 개성 없는 TV 방송에서 훈련받은 감독들이 판치는 요즘 시대에도 여전히 매력적이다. 스칼렛과 아버지가 대지를 굽어보는 초반부 장면을 생각해 보라. 카메라가 뒤로 빠지면 두 사람의 모습과 나무가 그들 뒤에 펼쳐진 풍경과 함께 검정 실루엣으로 잡힌다. 스칼렛이 탄 피난 마차의 배경으로 화염에 휩싸인 애틀랜타가 프레임에 잡히는 방식을 보라. 1954년과 1961년, 1967년('와이드 스크린' 버전으로 재개봉됐지만 성공하지는 못했다), 1989년, 그리고 복원판이 재개봉된 1998년 등, 나는 <바람과 함께 사라지다>를 주요 재개봉 때마다 감상했다. <바람과 함께 사라지다>는 할리우드의 최상급 솜씨를 보여 주는 사례라면서, 바람과 함께 사라진 문명을 추억하는 빛바랜 감상을 담은 타임캡슐이라면서 앞으로도 여러 번 재개봉될 것이다. 좋다, 문명은 사라졌지만 잊힌 것은 아니니까.

바람에 쓴 편지	감독	더글러스 서크	
Written on the Wind	주연	록 허드슨, 로런 버콜, 로버트 스택, 도로시 멀론	
	제작	1956년	99분

더글러스 서크Douglas Sirk, 1900~1987의 멜로드라마에 대한 평단의 견해는 그의 주요 작품들이 개봉된 1950년대 이래로 번복되어 왔다. 당시 평론 가들은 그의 작품들을 비웃었고, 대중은 그의 영화들을 열심히 관람했 다. 오늘날 대부분의 관객은 그의 작품들을 대중문화가 낳은 쓰레기라 고 쉽사리 일축한다. 그러나 진지한 영화 동아리들은 (히틀러를 피해 도망쳐 와서는 전후 미국의 물질주의를 은밀히 전복시킨 인물이 된 독 일인) 서크를 위대한 영화감독으로 여긴다.

1998년 1월의 어느 추운 날 밤에, 나는 서크의 <바람에 쓴 편지> 의 복원 프린트를 재상영하는 걸 보려고 런던 북쪽에 있는 햄스테드의 에브리맨 시네마에 갔다. 별나고 심술궂으면서도 재미있는 이 멜로드 라마에서 당신은 TV 드라마 「댈러스Dallas」와 「다이너스티Dynasty」, 프 라임 타임에 방영되는 온갖 일일 연속극의 근원을 찾아낼 수 있다. 서 크는 열정이 배어 있는 장엄한 분위기로 충격적인 행동들을 다뤄 내는 동시에, 표면 아래에서는 패러디가 부글거리고 있는 그 드라마들의 톤을 확립한 인물이다.

이 영화를 평한 모든 리뷰에는 다음의 내용이 반드시 등장하는 것 같다. '이 영화는 부富와 알코올 중독, 여성의 색정증, 발기 불능, 자살, 그리고 베일에 싸인 근친상간과 동성애를 다룬다.' 하지만 새미 칸 Sammy Cahn이 작곡한 주제가는 포 에이시스Four Aces가 불렀다. 당신은 이 영화의 여기저기에 흩어져 있는 이런 요소들을 조롱하는 동시에 깔보는 시선으로 즐길 수 있다. 그런데 나와 함께 영화를 본 관객들은 영화를 높이 평가하는 데에서 비롯된 침묵 속에 앉아 있었다(결혼할 때가 되지 않았느냐는 얘기를 들은 록 허드슨Rock Hudson•이 "석유를 찾는 일만으로도 충분히 골치가 아파요"라고 대답했을 때 관객들이 약간 낄낄거린 것은 사실이다).

<바람에 쓴 편지> 같은 영화를 제대로 감상하려면 베리만Ingmar Bergman의 걸작들 중 한 편을 이해하는 것보다 더 많은 교양이 필요할 것이다. 베리만이 다룬 주제는 영화에 뻔히 드러나는 데다 강조되어 부각되지만, 서크의 경우는 스타일이 메시지를 은폐하기 때문이다. 그의 영화에 등장하는 실내 공간은 과장되게 꾸며졌고, 실외 공간은 가짜다. 그는 관객들이 그게 속임수임을 알아차리기를, 자신이 리얼리즘을 활용하는 게 아니라 과장된 할리우드 스튜디오 스타일을 활용하고 있음을 알아차리기를 원했다. 도입부 장면에 보이는 맨해튼의 스카이라인은 그림으로 그린 배경인 게 분명하다. 배경 영사로 등장하는 도로에는 연식이 10년도 더 된 낡은 차들이 보인다. 캐릭터들이 훗날 애석하게 여기게 될 젊은 시절의 약속을 하는 강가의 웅덩이는 뒤쪽에 가짜 풍경을 배치한 스튜디오에 있는 물탱크라는 게 확연히 보인다.

• 록 허드슨은 1985년에 에이즈로 사망하면서 동성애자라는 사실이 세상에 널리 알려진 배우다.

배우들도 배경만큼이나 부자연스럽다. 『포토플레이Photoplay』• 잡지의 표지 모델처럼 생긴 그들은 통속적인 로맨스물의 클리셰라 할 대사들을 내뱉는다. 서크는 배우들을 아무 생각 없이 캐스팅하지는 않았다. <바람에 쓴 편지>가 주는 즐거움 중 하나는 그가 연기자들이 가진 선천적인 특성들을 과장해 내는 방식과 그 과장된 특성들을 아이러니하게 활용하는 방식이다.

영화는 록 허드슨을 미치 웨인(이 이름을 곰곰이 생각해 보라)으로 출연시킨다. 웨인은 석유로 백만장자가 된 재스퍼 해들리(로버트 키스Robert Keith)가 소유한 텍사스 목장에서 가난하게 자란 인물이다. 그는 재스퍼의 아들 카일(로버트 스택Robert Stack)과 딸 메릴리(도로시 멀론Dorothy Malone)와 같이 자랐다. 이제 미치는 해들리 오일 제국에서 중요한 위치를 차지하고 있다. 그 일 때문에 그는 야구 모자를 쓰고 귀에는 노란 연필을 꽂고 다니면서 지질학적으로 작성된 지도를 꼼꼼히 살펴봐야 한다. 한편 카일은 술꾼 플레이보이가 되고, 메릴리는 술에 취한 색정증 환자가 된다.

영화가 시작되면 미치와 카일은 뉴욕에 있다. 거기서 그들은 날씬하고 지적인 루시 무어(로런 버콜Lauren Bacall)와 동시에 사랑에 빠진다. 그녀가 카일에게 광고 쪽 일을 해 봤으면 좋겠다고 말하자, 카일은 그녀에게 에이전시를 사주려고 전화기를 든다. 그녀는 카일을 막는다. 세 사람은 '21' 클럽에서 점심을 먹는다. 카일은 미치에게 담배를 사다 달라고 부탁하고는 루시를 택시에 태워 공항에 가는데, 공항에는 (카일의 수법을 잘 아는) 미치가 그들보다 앞서 와서 해들리의 전용기에 탑승해 있다. 카일은 직접 비행기를 몰고 마이애미 해변으로 날아가던 중에 루시에게 고백한다. "나는 술을 좀 많이 마셔요." 그리고 "당신처럼

• 영화 팬을 겨냥한 미국 최초의 잡지로 1911년에 창간했다. 개봉하는 영화의 플롯과 캐릭터를 다루면서 그 영화를 위한 홍보 도구로 활용됐다.

내 얘기에 귀를 기울여준 사람은 아무도 없었어요." 그리고 미치 웨인에 대해서는 이렇게 말한다. "저 친구는 괴짜예요. 가난뱅이죠." 두 단어는 동의어다.

마이애미 해변에서 그들은 해들리 호텔에 투숙한다. 지배인이 "무어 양의 스위트룸"이라고 말하는 동안 음악은 물질주의의 엑스터시를 향해 부풀어 오른다. 카일은 디자이너들이 만든 가운이 가득한 옷장, 그리고 핸드백과 보석을 담은 갑이 가득한 서랍들을 루시에게 보여 주고는 저녁 먹으러 갈 준비를 해 달라고 부탁한다. 30분 후(그들이……같이 쓰는 스위트룸에서 미치와 옷을 차려입은 후), 카일이 루시의 스위트룸에 들어와 묻는다. "옷 다 입었나요?Are you decent?"● 그녀가 공항으로 떠났다는 걸 알게 된 그는 생각에 잠기면서 말한다. "그랬을 거라고 짐작하는데."

마이애미 해변은 그림으로 그린 배경막이다. 스포츠카가 유정탑을 지나치며 질주하는 몇 장면을 제외하면, 영화에 등장하는 텍사스도 모두 촬영장에 지어진 세트다. 플롯은 뜨겁게 달아오른다. 어렸을 때부터 미치에게 홀딱 반한 메릴리는 미치와 결혼하고 싶어 한다. 그녀의 욕망은 정말이지 너무나 커서 목둘레가 깊이 파인 드레스 차림으로 스텝을 밟을 때 그녀의 무릎이 정욕의 무게를 이기지 못하고 휘어질 지경이다(멀론은 이 연기로 오스카상을 수상했다).

한동안 술을 끊은 카일에게 의사가 현명치 못하게도 그가 성 불능이라는 이야기("문제"가 있지만 아이를 갖는 건 "가능하다")를 전한다. 카일은 뒤에 이어지는 말을 기다리지 못하고 술을 다시 부어 대려고 컨트리클럽으로 질주한다. 루시가 임신했다는 이야기를 전하자, 그는 아이의 아버지가 미치일 거라고 추측한다. 어릴 적의 친구들을 되찾을 수

● '당신은 예의 바른 사람인가요?'로 해석할 수도 있다.

있도록 루시를 목장에서 내보내고 싶어 하는 메릴리는 카일의 의심을 부추긴다.

내가 영화의 플롯을 요약하면서 미소를 지었다면, 서크도 분명 이 영화를 연출할 때 빙긋 웃고 있었을 것이다. 그는 자신이 찬양한 바로 그 라이프 스타일을 전복하고 있다. 그가 작위적이며 부자연스러운 효과들과 컬러, 플롯 장치들을 활용해 만든 작품은 "미국의 가정과 경제 생활에 공통된 무능력에 대해 집필한 선정적인 '브레히트' 스타일의 에세이"(데이브 커Dave Kehr)였다. 맞는 말이다. 그런데 서크의 예민한 감수성을 단순한 오락거리로 즐기는 것도 가능한 일이다. 이 영화들은 교양 면에서 중간층에 속하는 사람들의 취향보다 상위에 있는 사람들이나 하위에 있는 사람들 모두 즐길 수 있는 영화다. 거죽만 볼 경우 이 영화는 쓰레기 같은 삼류 일일 연속극이다. 스타일과 부조리, 과장된 표현과 풍자적인 유머를 볼 수 있다면, 이 영화는 이런 물질적 웅장함을 다룬 1950년대 드라마 중에서도 가장 전복적인 작품이다. 1950년대 사람들은 윌리엄 인지William Inge●와 테너시 윌리엄스Tennessee Williams◆를 대단히 진지하게 받아들였다. 그런데 서크는 그들의 프로이트적인 히스테리를 — 윌리엄스의 작품에서 살아남은 것은 그의 상식이 아니라 우아한 스타일에 대한 찬사였다는 것을 — 놀려 대고 있다.

다음은 풍자를 판단하는 테스트다. 우리는 작가가 장난을 치고 있다는 걸 어느 지점에서 깨달을까? 미치가 루시에게 초반부에 하는 말에 실마리가 있다. "당신은 웃음거리를 찾고 있나요? 아니면 자기 성찰을 하고 있나요?" 그리고 옛날에 물장구치던 웅덩이는 어느 정도는 잃어버린 순수와 메릴리에게 한 약속을 상징한다. 영화에서 가장 선정

● 미국의 극작가(1913~1973). 1953년 작품 「피크닉(Picnic)」으로 퓰리처상을 받았다.

◆ 미국의 극작가(1911~1983). 유진 오닐(Eugene O'Neill), 아서 밀러(Arthur Miller)와 함께 20세기 미국을 대표하는 극작가로 유명하다.

적인 시퀀스 중 하나에서 서크는 향수를 느끼는 그녀의 들뜬 얼굴을 클로즈업으로 잡는다. 그때 우리는 나중에 자라서 메릴리와 결혼하겠다고 약속하는 어린 미치의 목소리를 듣는다. 미치는 나중에 그녀에게 말한다. "우리는 그 강에서 너무나 멀리 왔어!"

결말에는 음탕한 암시가 있다. 늙은 재스퍼 해들리는 책상 뒤에 있는 모습으로 자주 등장하는데, 책상 위에는 커다란 청동 유정탑 모형이 놓여 있다. (그가 똑같은 책상에 앉아 있는 모습을 그린, 벽에 걸린 초상화에도 똑같은 청동 모형이 놓여 있다. 이발소 거울 효과다). 영화의 결말에서 메릴리의 라이벌들이 승리를 거둔 후, 그녀는 아버지의 사무실에 홀로 남는다. 그녀는 우뚝 선 유정탑을 쓰다듬는다. 처음에는 서글픈 분위기로, 다음에는 부드럽게.

<바람에 쓴 편지>의 통속성을 제대로 감상하려면 그 작품을 깔보는 자세를 취하지는 말아야 한다. 대중문화의 클리셰와 관습은 우리의 삶과 우리가 내리는 의사결정을 우리가 깨닫는 것보다 훨씬 더 심하게 규정한다. 우리가 품은 판타지를 과장하는 영화는 우리가 그런 사실을 목격하는 것을 ─ 그것들을 보며, 그리고 우리 자신을 보며 즐거워하는 것을 ─ 돕는다. 그것들은 우리의 근심을 씻어 준다.

더글러스 서크의 경력은 두 부분으로 나뉜다. 그는 처음 37년을 독일에서 고전적인 작품들을 전문적으로 연출하는 무대 연출자로 활동하며 보냈다. 그가 미국에서 만든 첫 영화는 <히틀러의 미치광이들 Hitler's Madmen>(1943)이었고, 그가 얻은 비평적인 명성은 유니버설에서 만든 <내가 욕망하는 모든 것All I Desire>(1953)과 <거대한 강박 관념Magnificent Obsession>(1954), <천국이 허락한 모든 것All That Heaven Allows>(1955), <슬픔은 그대 가슴에Imitation of Life>(1959) 등 어마어마한 인기를 모은 일련의 멜로드라마를 토대로 한 것이다. 그는 웨스턴과 뮤지컬, 전쟁 영화도 만들었고, 허드슨과는 그 어떤 스타보다도 자

주 작업했다. 아마도 그는 허드슨의 감춰진 동성애 섹슈얼리티가 그가 종종 연기하던 상투적인 캐릭터들을 미묘하게 전복하는 방식을 높이 평가한 듯하다.

미국적인 멜로드라마 형식에 집착한 또 다른 독일인인 라이너 베르너 파스빈더Rainer Werner Fassbinder는 자신의 작품에 가장 많은 영향을 끼친 사람은 서크였다고 말했다. 서크는 프라임 타임에 방영되는 TV 일일 연속극의 아버지인 게 분명하다. 또한 스페인 감독 페드로 알모도바르Pedro Almodóvar는 이렇게 말했다. "<바람에 쓴 편지>를 1천 번쯤 봤습니다. 그런데도 그 작품을 다시 볼 때까지 도저히 기다릴 수가 없습니다." 서크의 스타일이 무척 널리 스며들었기 때문에, 그가 활동한 후로는 어느 누구도 정색을 하고 멜로드라마를 작업할 수가 없었다. 서크가 행한 비밀스러운 전복은 보이거나 보이지 않는 수많은 방식으로 미국 대중문화를 왜곡했고, 새로운 아이러니의 시대가 펼쳐지는 것을 도왔다.

베를린 천사의 시

Der Himmel über Berlin

감독	빔 벤더스	
주연	브루노 간츠, 솔베그 도마르텡, 오토 잔더	
제작	1987년	130분

<베를린 천사의 시>의 천사들은 단순한 수호천사가 아니다. 그들은 인류가 탄생했을 때부터 지상에 자리를 잡고 있었다. 그들은 목격자였다. 그리고 오랫동안, 아니 태초부터 인류를 지켜봐 왔다. 베를린의 콘크리트 강둑에 선 그들은 원시시대의 강물이 강바닥을 찾기까지 오랜 시간이 걸렸던 걸 회상한다. 그들은 빙하가 녹아내린 것을 기억한다. 그들은 만물을 창조했지만 그분이 이루신 것을 지켜보는 이가 아무도 없었던 신神의 외로움을 반영한 존재다. 천사들의 역할은 지켜보는 것이다.

빔 벤더스Wim Wenders, 1945~ 의 영화에서 천사들은 동서로 갈라진 베를린 시내를 보이지 않게 움직이면서 지켜보고 귀 기울이며 정보를 주고받는다. 그들은 영웅의 동상 어깨 위나 빌딩의 옥상 같은 높은 곳에 자주 서 있지만, 사고를 당한 희생자를 위로하거나 자살할 생각을 하는 청년의 어깨에 손을 얹으려고 지상에 내려오기도 한다. 그들은 인

간의 세상에서 벌어지는 사건에 직접 개입할 수는 없다(청년은 자살한다). 그러나 희망의 가능성을 주거나, 우리가 완전히 혼자인 것만은 아니라는 직감을 제공할 수는 있을 것이다.

영화는 몽상적인 분위기, 애조 띤 분위기, 명상적인 분위기를 불러일으킨다. 플롯을 쫓아 저돌적으로 돌진하지 않고 영화에 등장하는 천사들처럼 참을성을 보여 준다. 만사를 지켜보기는 하지만 사건에 개입할 수는 없는 기분이 어떤 것인지를 보여 준다. 우리는 다미엘(브루노 간츠Bruno Ganz)과 카시엘(오토 잔더Otto Sander), 두 천사의 뒤를 따른다. 그들은 늙은 홀로코스트 희생자의 생각에, 아들을 걱정하는 부모의 생각에, 전차를 탄 승객과 길거리 행인의 생각에 귀를 기울인다. 다이얼을 돌리면서 다양한 라디오 프로그램을 청취하는 것과 비슷하다. 그들은 남부로 떠나 돈을 많이 벌고 싶어 하는 창녀의 소망을, 보름달이 뜬 불길한 밤이라서 추락할지도 모른다는 공포에 떠는 서커스 공중 곡예사의 두려움을 기록한다.

당신은 빔 벤더스 감독이 독일 극작가 페터 한트케Peter Handke와 공동으로 시나리오를 쓴 영화의 마법에 걸렸다. 영화는 천천히 흘러간다. 당신이 참을성을 잃게 되는 경우는 생기지 않는다. 이 영화에는 명확하게 이야기할 수 있는 플롯이 없기 때문이다. 그래서 다음에 어떻게 전개될지를 뻔히 아니까 빨리 다음 단계로 넘어가라며 초조해할 일도 없다. 이 영화는 행동하는 것을 다루는 영화가 아니라 존재하는 것을 다루는 영화다. 영화는 그러다가 천사 다미엘이 인간이 되어야겠다는 결심을 할 때부터 행동의 세계로 들어온다.

그는 공중 곡예사와 사랑에 빠진다. 그는 그녀가 중앙 무대에서 연기를 펼치는 초라한 작은 서커스를 밤마다 찾아간다. 그는 그녀가 품고 있는 미래에 대한 의구심과 그녀의 연약함에 감동했다. 그는 고양이에게 먹이를 주거나, 신문 잉크가 손에 묻어나는 느낌이 어떤 것인지에 대해 다른 천사 카시엘과 이야기를 나눈다. 그는 관찰 대상 중 한 명인 미국 영화배우(자기 자신을 연기하는 피터 포크Peter Falk)에게 공감한다. "보이지는 않지만 당신이 여기 있다는 걸 알아." 포크는 그에게 말한다. 포크는 어떻게 천사를 느끼게 된 걸까? 아이들은 때때로 천사를 볼 수 있다. 그렇지만 어른들은 그런 능력을 상실하게 되는 듯하다.

이런 질문들에 대한 대답은 할리우드가 1998년에 만든 <시티 오브 엔젤City of Angels>에 명확하게 나와 있다. <베를린 천사의 시>를 리메이크한 <시티 오브 엔젤>은 오리지널이 암시만 하고 지나갔던 요소들을 조목조목 명확하게 밝혀 놓았다. 니컬러스 케이지Nicolas Cage가 천사로, 멕 라이언Meg Ryan이 여자(공중 곡예사가 아니라 심장외과 의사)로 출연한 영화를 본 후, <베를린 천사의 시>를 다시 봤다. 같은 소재를 다룬 영화가 전혀 다른 분위기를 연출할 수 있다는 생각이 들었다.

<시티 오브 엔젤>은 솜씨 좋은 로맨틱 코미디다. 나는 <시티 오브 엔젤>을 즐겼다. 하지만 <시티 오브 엔젤>은 그런 영화가 됐다는 사실에 흡족해하면서 그저 스크린 위에만 머물러 있었다. <베를린 천사의 시>의 수준은 그 이상이다. 플롯을 매끄럽게 전개하면서 긴장을 느슨하게 풀거나 하지 않는다. 슬픔과 고독, 갈망, 세속적인 사건들을 초월하려는 분위기가 가득하다. 시간의 흐름 속에 살고 있다는 사실을 인식하는 유일한 동물이 인간이라면, <베를린 천사의 시>는 그런 인식을 다룬 영화다.

장 콕토Jean Cocteau(영화 속 서커스단의 이름은 그의 이름을 딴 것이다)의 <미녀와 야수La Belle et la Bête>에서 캐릭터들이 무게가 없는 것처럼 공중을 떠다니게 만들었던 전설적인 촬영 감독 앙리 알레캉Henri Alekan이 촬영한 <베를린 천사의 시>는 아름답다. 알레캉은 천사의 시점을 보여줄 때는 푸른 계열의 흑백으로 촬영하고, 인간의 관점을 보여줄 때는 컬러로 촬영했다. 카메라는 중력에서 해방된 것 같다. 도시 상공을 날아다니기도 하고, 비행기 복도를 미끄러져 다니기도 한다. 카메

라는 주제넘게 나서지 않는다. 가만히 관찰한다. 천사가 공중 곡예사를 따라 록 클럽에 들어갈 때, 카메라는 빠르게 편집되는 리듬에 휩쓸려 들어가지 않는다. 초연한 듯한 태도를 보인다. 평론가 브라이언트 프레이저Bryant Frazer는 천사 카시엘이 "벽에 기대어 눈을 감으면, 무대 조명이 그에게서 세 가지 다른 색깔의 그림자를 드리운다. 위치와 색채를 교대로 보여 주는 그림자들은 카시엘의 본질이 우리 눈앞에서 분리되는 것 같은 분위기를 연출한다"라고 의견을 피력한다.

브루노 간츠의 얼굴은 천사에 어울린다. 딴 세상 사람 같은 잘생긴 얼굴은 아니지만, 평범하고 기쁨이 넘치며 솔직한 얼굴이다. 시간이 태어난 후부터 세상을 관찰해 온 존재인 그는 세상사에 그리 많은 반응을 보이지 않는다. 그 모든 일을 지켜봐 왔던 그는 이제는 그 일들을 느끼고 싶어 한다. "나는 결심한 대로 실행하고 있어요." 그가 다른 천사에게 말한다. 그는 시간과 질병, 고통, 죽음 속으로 뛰어들 것이다. 뛰어드는 동시에 만지고, 냄새 맡고, 세상사의 일부가 될 수 있기 때문이다. 그가 바라는 모든 것은 피터 포크가 새벽녘에 노천카페에서 그에게 말하는 내용으로 집약된다. "담배를 피우고, 커피를 마시게. 두 가지를 함께 하면 끝내준다네. 그림을 그리게. 추워서 손이 곱으면 손을 비비도록 하고." 거리의 아이들은 포크를 "콜롬보Columbo"●라고 부른다. 지저분한 레인코트를 입은 콜롬보는 사람들의 삶으로 들어가 주위를 둘러보며 관찰하다가 질문을 던지곤 했다. 긴 검정 코트를 입은 천사들도 같은 일을 한다. 그들의 질문을 듣는 게 쉬운 일은 아니지만 말이다.

벤더스는 영화를 만드는 방법을 다양하게 실험해 온 야심만만한 감독이다. 그의 1991년 영화 <이 세상 끝까지Bis ans Ende der Welt>를 성공작이라고 생각하지는 않지만, 4개 대륙 7개 나라의 20개 도시에서

● 피터 포크가 주연을 맡았던 TV 추리물의 주인공

다섯 달간 즉흥적으로 만들어 낸 두 연인의 줄거리를 쫓아가는 대담함만큼은 존경해 마지않는다. <시간이 흐르면Im Lauf der Zeit>(1976)은 폴크스바겐 버스를 타고 동독과 서독 국경선을 방랑하는 두 남자를 다룬 세 시간짜리 오디세이아. 고백과 통찰을 공유한 두 남자는 여자와 함께 살 수는 없지만 여자 없이 살 수도 없다는 걸 알게 된다. <시간이 흐르면>은 '약속 이행자Promise Keepers 운동'●의 지적이고 형이상학적인 버전이다. <파리, 텍사스Paris, Texas>(1984)는 <수색자The Searchers>의 현대판 리메이크다. 해리 딘 스탠턴Harry Dean Stanton이 연기한 고독한 남자는 인간의 교류를 금지하는 듯 보이는 풍경 속에서 잃어버린 여자를 찾아내려 애쓴다.

러닝 타임이 긴 영화를 만드는 감독 대부분이 그런 것처럼, 벤더스 역시 완벽주의자는 아니다. 그는 완벽주의자라면 삭제해 버릴 만한 것들을 영화에 그대로 남겨 둔다. 그의 입장에서는 결점보다 중요한, 딱히 꼭 집어서 말하기 힘든 이유 때문이다. 예를 들어 공중 곡예사(솔베그 도마르탱Solveig Dommartin)가 카페에서 피터 포크를 처음 만나는 장면을 관찰해 보라. 그녀의 연기는 굉장히 경박하다. 그녀는 TV에서 봐 오던 스타를 만난 기쁨에 흥분한 여배우처럼 보인다. 그녀의 목소리 톤과 보디랭귀지 때문에 이 장면의 리얼리티는 심하게 훼손된다. 두 사람 모두 준비가 잘 되지 않은 즉흥 연기를 펼치는 것 같다. 좁은 시각으로 영화를 보면, 이 장면은 '그릇된' 장면이 될 것이다. 그런데 이 장면에도 나름의 생명력이 담겨 있지 않을까? 대답은 '그렇다'이다. 이 장면이 영화에 결점이 되는 것과 동일한 이유에서다. 영화는 시간 속의 한순간일 뿐이다. 그리고 그 순간은 내가 경험하게 된 것을 행복해하는 순간이다.

●   예수 그리스도와 맺은 일곱 가지 약속을 지키려는 기독교인들이 벌이는 운동

<베를린 천사의 시>는 영화 평론가들이 난해하고 어려운 영화를 좋아한다는 비난을 받게 만드는 영화에 속한다. "아무 사건도 벌어지지 않는다. 그럼에도 러닝 타임은 두 시간이나 되고, 복잡한 상징이 숱하게 등장한다." 페테르 판 데르 린덴이라는 네티즌은 '인터넷 무비 데이터베이스Internet Movie Database, IMDb'에 올린 코멘트에서 이렇게 투덜댔다. 하지만 그가 시간을 넉넉하게 확보한 후에 <베를린 천사의 시>를 다시 본다면 영화에서는 놀라운 일들이 벌어지며, 영화에 등장하는 상징들은 마음의 준비를 단단히 한 후라야만 눈에 뜨인다는 걸 알 수 있게 될 것이다. 깃발 같은 단순한 상징은 눈에 쉽게 보이는 것들만 잘 보여 줄 뿐이다. 나에게 영화는 음악이나 풍경과 비슷하다. 영화는 내 마음 속의 공간을 깨끗이 청소해 주고, 그 공간에서 나는 여러 질문을 숙고할 수 있다. 그 질문 중 일부는 영화가 던진 것들이다. "나는 왜 나이고, 왜 당신이 아닌가? 나는 왜 여기에 있고, 왜 저기에 있지 않은가? 시간은 언제 시작됐고, 공간은 어디에서 끝나는가?"

보디 히트
Body Heat

감독	로런스 캐스던	
주연	윌리엄 허트, 캐슬린 터너, 리처드 크레나	
제작	1981년	113분

필름 누아르는 사람들의 욕망을 부추기는 신기루처럼 당대의 영화감독들을 사로잡는다. 누아르는 밤과 죄책감, 폭력, 금지된 것을 향한 열정의 장르다. 이보다 더 매혹적인 장르는 없다. 그런데 누아르 장르의 최고 걸작들은 감독들 자신조차 무슨 영화를 만들고 있는지를 의식하지 못하던 시대인 1940년대와 1950년대에 만들어졌다(로버트 미첨Robert Mitchum은 "그 영화들을 B급 영화라고 불렀다"고 말했다).

프랑스 평론가들이 그 장르에 누아르라는 이름을 붙이면서, 영화광 출신 감독 세대가 싸구려 극장이 아닌 시네마테크로 누아르를 보러 다니면서, 누아르는 더 이상 허접한 존재가 아니게 되었다. '누아르는 허구로 만들어낸 줄거리를 대단히 진지하게 받아들인 사람들이 만든 영화'라고 생각하는 것이야말로 <우회Detour>(1945) 같은 걸작 누아르를 볼 때 얻는 즐거움 중 하나다. 폴린 케일Pauline Kael은 <보디 히트>를 가차 없이 깎아내린 비평에서 현대에 만들어진 누아르들이 장르를 지나치게 의식하고 있고, 그 결과 여러 위험을 내포하고 있다고 썼다. 케일은 그런 위험 중 하나로 캐슬린 터너Kathleen Turner 같은 여배우들이 "선대 여배우들이 길바닥에 남겨 놓은 표시를 따라 걷고 있는 양" 등장한 것을 꼽았다.

못 만든 누아르는 패러디 신세를 면치 못할 수도 있는 반면, 잘 만든 누아르는 오늘날에도 여전히 매력적이다. 그렇다. 로런스 캐스던Lawrence Kasdan, 1949~ 감독의 <보디 히트>는 그 영화에 영감을 베푼 영화들을, 특히 빌리 와일더Billy Wilder 감독의 <이중 배상Double Indemnity>(1944)을 제대로 파악하고 있다. 한편으로 <보디 히트>는 원전을 뛰어넘는 기염을 토한다. <보디 히트>는 출연 배우들의 개인적인 스타일을 철저히 활용한다. 캐슬린 터너에 대한 케일의 평가는 부당하다. 그녀가 품은 자신감을 확인한 관객들은 그녀의 연인(윌리엄 허트William Hurt)이 그녀에게 사로잡혀 그녀를 위해서라면 못할 일이 없는 지경이 되리라는 걸 납득하게 된다. 관객이 그런 신념을 갖는 순간, 가볍게 몸을 풀던 영화는 준비 운동을 멈추고 주연 배우들은 본격적으로 경기를 벌이기 시작한다(그녀가 남자는 자기주장을 못하는 존재라는 투로 허트를 붙잡고 이끄는 장면부터 시작된다고 본다).

영화가 여성들을 대담한 존재이거나 빗나간 존재로 그려 낸 적은 거의 없었다. 남성이 대부분인 영화감독들은 여성을 목표, 전리품, 숙적, 연인, 친구로만 바라봤다. 여성을 주인공으로 바라보는 감독은 드물다. 하지만 <보디 히트>에서 터너가 처음 등장하는 장면은 이 영화의 핵심 인물은 터너임을 잘 보여 준다. 플로리다의 무덥고 끈적이는 여름 밤에 건방지고 게으른 변호사 네드 라신을 연기하는 허트는 힘 빠진 밴드가 마지못해 음악을 연주하는 부둣가를 어슬렁거리고 있다. 그는 자리에 앉은 관객들 뒤에 선다. 카메라는 통로 한복판에서 무대를 내려다본다. 화면 전체가 검정색, 빨강색, 주황색으로 가득하다. 그때 흰옷을

입은 여자가 갑자기 일어서더니 뒤돌아서서는 네드를 향해 곧장 걸어온다. 이 여자가 매티 워커다. 그녀를 보면 그녀를 갖고 싶어진다.

이 영화를 통해 처음으로 영화 연기를 한 터너는 흥미로울 정도로 독창적이다. 어깨까지 머리를 늘어뜨린 호리호리한 몸매의 터너는 바버라 스탠윅Barbar Stanwyck과 로런 버콜Lauren Bacall을 연상시킨다. 쉽게 깨닫기 어려운 라틴계 억양이 약간 섞인 그녀의 목소리는 도발적이다. 평론가 데이비드 톰슨David Thomson은 그녀가 "분노의 눈동자"를 가졌다는 의견을 피력했다. 윗니와 아랫니 사이가 약간 벌어진(나중에 교정을 한 것 같다) 그녀의 도발적인 대사에는 날카로운 가시가 박혀 있다("당신은 그리 영리하지 않군요, 그렇죠?" 라신을 만나고 조금 지났을 때 그녀가 말한다. "나는 남자의 그런 점이 좋아요").

<보디 히트>에 출연하기 전에 허트가 출연한 영화는 켄 러셀Ken Russell 감독의 1980년 영화 <얼터드 스테이트Altered State> 한 편뿐이었다. <보디 히트>에 출연했을 때는 아직 얼굴이 알려지지 않았을 때였다. 그럼에도 머리가 벗겨지기 시작한 이 훤칠한 미남의 목소리에는 자신의 지적인 면모를 스스로 즐기는 듯한 거만함과 나태함이 배어 있다. <보디 히트>는 자신을 위해 살인을 저지르도록 남자를 조종하는 여자를 다룬 영화다. 그런 영화에서는 남자가 어수룩한 얼간이가 아님을 보여 주는 것이 중요하다. 남자는 혼자서도 살인 계획을 세울 수 있을 만큼 영리해야 한다. 캐스던이 쓴 시나리오의 영리한 측면 중 하나는, 네드 라신이 매티 워커의 계획을 처음 고안한 사람은 다름 아닌 자신이라고 생각하게 만든다는 점이다.

관객들이 화면에 등장하는 날씨를 생각하게 만드는 뛰어난 업적을 이루는 영화는 드물다. 열기, 육체의 열기body heat는 포르노가 애용하는 영화적 장치다. 포르노 배우들은 몸에서 열이 난다고 계속 투덜거린다(섹스를 하면 몸이 뜨거워지는 게 아니라 열기를 식힐 수 있다는

투로 말한다). 1981년 당시에 플로리다 남부에 에어컨이 알려져 있지 않았던 것이 아닌데도 <보디 히트>의 캐릭터들은 시도 때도 없이 열기에 사로잡힌다. 귀가한 네드가 셔츠를 벗고 냉장고 문을 열고는 그 앞에 서 있는 장면도 등장한다. 영화는 멀리 떨어진 곳에서 불길에 휩싸인 여관을 보여 주면서 시작된다. ("여관이 있던 자리를 청소하고 싶은 누군가가 불을 질렀다"고 네드는 설명한다. "아마 내 의뢰인 중 한 명이 한 짓일 것이다.") 화재는 또 일어난다. 빨간색이 많이 사용된다. 열기가 열정의 불을 댕기고 광기를 부추기는 듯한 느낌이 든다.

매티는 이런 열기 속에서도 냉정해 보인다. 영화 초반부에 매티가 술집에서 네드를 데리고 귀가하는 유명한 장면이 있다. 풍경 소리를 들은 그녀는 네드에게 떠나라고 말한다. 그는 떠났다가 다시 돌아온다. 그는 그녀의 집 현관 옆 창문을 통해 집안을 들여다본다. 빨간 옷을 입은 그녀가 집안에서 묵묵히 그의 시선을 되돌려 준다. 그는 의자를 집어 창문에 던진다. 다음 장면에서 두 사람은 포옹하고 있다. 매티에 대해 알고 있는 상태에서, 남자를 돌아볼 때 그녀가 어떤 표정을 짓는지 자세히 살펴보라. 전자오락을 하면서 버튼을 누르고는 당연한 반응이 나오기를 기다리는 어린아이처럼 그녀는 자신 있고 흡인력 있는 모습을 보여 준다.

캐스던은 시나리오를 쓰려고 할리우드에 오기 전까지는 광고 에이전시에서 일했었다. 개인적으로 만들고 싶었던 시나리오들이 서랍 속에서 잠자고 있는 사이, 그는 초대형 블록버스터인 <스타워즈 5: 제국의 역습The Empire Strikes Back>(1980)과 <레이더스Raiders of the Lost Ark>(1981) 두 편의 각본 크레디트를 영화 경력의 첫 부분에 올려놓았다. 캐스던의 감독 데뷔작에 제작자로 참여한 조지 루카스George Lucas는 영화가 제때 만들어져 개봉될 수 있도록 워너 브러더스를 설득했다. 데이비드 슈트David Chute는 『필름 코멘트Film Comment』에 <보디 히

트>는 "영화 역사상 가장 놀라운 데뷔작일 것"이라고 썼다(<시민 케인Citizen Kane>을 어떻게 생각하는지 의문이지만 신경 쓰지 말자). 이후 캐스던의 영화 경력은 다른 감독들을 위해 쓴 액션 영화 시나리오〔<스타워즈 6: 제다이의 귀환Return of the Jedi>(1983)과 <보디가드The Bodyguard>(1992)〕와 직접 연출한 기발하고 영리한 영화들〔<우연한 방문객The Accidental Tourist>(1988), <바람둥이 길들이기I Love You to Death>(1990), 잘 만들어졌지만 인정받지 못한 <그랜드 캐년Grand Canyon>(1991), 그리고 부당한 대우를 받은 <멈포드Mumford>(1999)〕 사이를 오갔다.

캐스던의 시나리오가 돋보이는 <보디 히트>에서 훌륭하게 창조된 조연 배우들의 연기는 주연 캐릭터의 주변을 잘 감싸고 있다. 캐스던은 경찰서, 식당, 법률 사무소, 그리고 매티가 복잡한 시나리오 속으로 네드를 끌고 들어가는 레스토랑을 실감나게 그려 낸다. <보디 히트>에 등장하는 최고의 조연 연기는 네드의 친구이자 전문 방화범 역할을 맡아 놀라운 연기를 펼친 미키 루크Mickey Rourke의 것이다. 리처드 크레나Richard Crenna는 매티의 남편을 연기한다. "남편은 키도 작고 생긴 것도 변변찮은 데다 약골이에요." 매티는 네드에게 남편을 이렇게 묘사하지만, 실제 남편이 등장할 때 보면 덩치가 작은 것도 아니고 약골도 아니다. 테드 댄슨Ted Danson과 J. A. 프레스턴J. A. Preston은 각각 검사와 경찰을 연기한다. 네드의 친구인 두 사람은 네드가 살인범이 아닐까 하는 의심을 조금씩 품게 된다(친구 네드에게 사건 개요를 설명하는 밤을 그린 장면에서 댄슨의 타이밍과 연기 뉘앙스는 완벽하다).

"캐스던이 등장시킨 캐릭터들은 레이먼드 챈들러의 소설에서 금방 걸어 나온 것 같다. 그들은 지르박을 추듯 들뜬 대사를 내뱉는다." 케일의 비판이다. "그는 자신이 웃고 싶어 하는 건지, 그렇지 않은 건지도 잘 모르는 것 같다." 그런데 누아르의 주인공이라면 어느 정도는 홍분된 모습으로 말을 하는 게 필수적이지 않을까? 관객들이 알아차릴 수 있도록 웃음을 짓는 것도 어느 정도는 가능한 일 아닐까? 처음으로 동침한 날 네드는 매티에게 말한다. "당신, 그런 차림이어서는 안 될 것 같아." 그녀가 말한다. "이건 블라우스하고 스커트예요. 당신이 무슨 얘기를 하는 건지 모르겠네요." 그러자 그는 말한다. "당신 육체를 걸쳐서는 안 될 것 같다는 얘기야." 챈들러 스타일이라고? 그렇다. 이 영화에 제대로 먹히느냐고? 역시 그렇다.

네드와 매티가 고민하는 범죄가 얼마나 거창한 것인지를 솔직하게 보여 주는 대사들도 있다. 상당수 영화에 등장하는 살인자들은 범죄를 저지르게 된 자신의 입장을 정당화하는 동시에 합리화한다. 그런데 <보디 히트>에서 네드가 매티에게 다음처럼 얘기하는 장면은 으스스하다. "당신 남편은 우리가 그가 죽기를 바란다는 이유 말고는 아무 이유도 없이 죽게 될 거야."

영화의 줄거리에 담겨 있는 배반의 과정은 관객에게 상당한 즐거움을 안긴다. 내가 영화의 반전을 알고 영화를 다시 보았던 어젯밤에도 그랬다. 하지만 영화의 마지막 결말이 악마 같은 모략을 보여 주기에는 효과가 조금 덜하다는 것도 알게 되었다. <보디 히트>의 마지막 장면은 의무적으로 만든 장면처럼 보인다(마지막 해변 장면도 형식적이고 설득력 없다). 드라마로서 훌륭하게 먹히는 마지막 장면은 네드가 매티에게 보트 창고에 가서 안경을 가져오라고 말하는 장면이다. 잔디밭에 멈춰선 그녀가 그에게 말한다. "네드, 당신이 어떻게 생각하건, 나는 정말로 당신을 사랑해요."

정말로 사랑할까? 영화를 흥미롭게 만드는 요소가 그것이다. 그렇다면 그는 그녀를 사랑할까? 아니면 그는 육체의 열기라는 섹스의 마약에 중독되어 넋이 나갔던 것일까? 처음에는 남자의 시점에서, 그 다음에는 여자의 시점에서 영화를 감상해 보라. 두 가지 시점으로 전혀 무리 없이 모든 장면을 해석할 수 있다. <보디 히트>는 우리가 전에는 제대로 만들어진 필름 누아르를 본 적이 없다고 느끼게 만들 정도로 잘 만들어진 영화다.

부초	감독	오즈 야스지로
浮草	주연	나카무라 간지로, 교 마치코, 와카오 아야코
	제작	1959년	119분

영화를 사랑하는 이라면 이르건 늦건 결국 오즈 야스지로小津安次郎, 1903~1963의 세계에 발을 들이게 된다. 그는 가장 조용하면서도 점잖은 감독이고, 가장 인간적이고 평온한 인물이다. 그럼에도 그의 영화들을 관통하며 흐르는 감정들은 강렬하고 심오하다. 우리가 가장 큰 관심을 갖는 대상들을 반영한 영화이기 때문이다. 부모와 자식, 결혼이나 독신 생활, 병환과 죽음, 그리고 서로를 뒷바라지하는 것.

오즈는 1903년에 태어나 1963년에 사망했다. 그런데 그가 연출한 영화들은 1970년대 초가 되기 전까지 일본 외부에서는 널리 향유되지 못했다. '지나치게 일본적인' 감독으로 여겨졌기 때문이다. 그는 보편적인 영화를 연출한 감독이다. 나는 지나치게 바쁜 탓에 부모님이 방문한 동안 적절하게 관심을 쏟지 못하는 자식들을 다룬 <동경 이야기東京物語>가 상영되는 동안 객석에서 나는 울먹이는 소리보다 더 큰 울음을 끌어낸 영화를 결코 본 적이 없다.

오즈의 최고작을 꼽는 것은 불가능한 일이다. 그의 작품은 하나하나가 걸출한 작품으로, 거의 항상 높은 수준을 동일하게 보이기 때문이다. 그의 영화들은 대체로 두 세대를 다룬다. 폭력이 등장하지 않는 가족 드라마다. 캐릭터들이 속에 담아 둔 감정을 터뜨리는 장면은 거의 없고, 중요한 결정 중 일부는 말로 표현되지 않고 암시만 된다. 우리가 자신의 이기심과 남들의 욕구 사이에서 균형을 잡는 방식을 다루는 그의 솜씨는 지혜롭다.

나에게 <부초>는 안도감을 느끼고 위안을 받으려고 의지할 수 있는 친숙한 음악과 비슷한 작품이다. 분위기 넘치는 — 후텁지근한 여름철의 조용한 어촌을 떠올리게 만드는 — 이 음악은 나를 감싼다. 영화의 캐릭터들은 이웃 사람들 같다. 슬픈 영화는 아니다. 핵심 캐릭터는 활력이 넘치고 자부심이 강한 배우로, 자신의 취향에 따라 인생을 조율하려고 시도해 온 그는 남들도 나름의 의지를 갖고 있음을 알게 되고는 놀라워한다. 그는 재미있는 모습을 보였다가 비뚤어진 모습을 보인 후 결국 감동적인 모습을 보여 준다.

그의 이름은 고마주로(나카무라 간지로中村鴈治郎)다. 그는 시골 지역에서 할인된 입장료를 받고 가부키를 공연하는 순회 극단을 이끈다('부초浮草'는 떠돌이 연기자들을 가리키는 일본식 표현이다). 어여쁘고 현명한 교 마치코京マチ子가 연기하는 연인 스미코는 다른 베테랑 연기자들처럼 그에게 충직하지만, 극단이 쇠락하고 있음은 분명하다. 영화가 시작하면 우리는 스크린 밖에서 낡아 빠진 선박 엔진이 내는 통통거리는 소리를 듣는다. 그런 후 선박 갑판에 있는 그늘에 널브러져 부채질을 하면서 담배를 피우는 극단이 등장한다. 뭍에 오른 단원들은 마을 곳곳으로 퍼져 포스터를 붙이고, 어중이떠중이들이 몰려드는 퍼레이드가 연출된다(조그마한 사내아이는 지나치게 들뜬 탓에 쏜살같이 달려가 벽에다 오줌을 갈긴다). 극장 주인은 2층에 있는 비좁은 거

주 공간을 내준다.

고마주로는 술집을 운영하는 여성을 찾아간다. 그녀의 이름은 오요시(스기무라 하루코杉村春子)다. 그녀는 수십 년 전에 이 배우의 아들을 낳았다. 그 아이는 이제 기요시(가와구치 히로시川口浩)라는 잘생긴 젊은이가 되어 우체국에서 일한다. 그는 고마주로가 자신의 삼촌이라고 들어 왔다. 노년의 배우는 아들이 자랑스럽지만, 자신이 아버지임을 인정하는 것을 창피해한다. 그는 그 사실이 비밀로 지켜지기를 원한다. 비밀을 알게 된 스미코는 격분해서 덫을 놓는다. 그녀는 예쁜 젊은 여배우(와카오 아야코若尾文子)에게 청년을 유혹하라며 돈을 준다. 노년의 배우는 당연히 자기 아들이 (자신이 사연을 속속들이 잘 아는) 헤픈 여자와 사귀는 것을 원치 않는다. 두 젊은이가 사랑에 빠지자 그의 딜레마는 한결 더 골치 아파진다. 그는 어떻게 진실을 밝히는 일 없이 권위를 행사할 수 있을까?

이런 소재는 다양한 방식으로 들려줄 수 있다. 삼류 일일 연속극으로 만들 수도, 뮤지컬로 만들 수도, 비극으로 만들 수도 있다. 그런데 오즈는 이 이야기를 일상적인 사건들이 연달아 벌어지는 방식으로 들려준다. 자신이 다루는 캐릭터들을 무척이나 사랑하는 그는 그 캐릭터들이 겪는 드라마가 인위적인 감정의 고저를 겪게 하지 않는다. 무엇보다 우리는 이 사람들이 물리적으로 존재한다는 느낌을 받는다. 나이든 고마주로가 술집에 자리를 잡고 앉아 담배에 불을 붙이고 주위를 돌아보다가 순전히 혼자서만 누릴 수 있는 순간을 갖게 된 걸 기뻐할 때, 그가 육체적으로 느끼는 피로는 특히 더 잘 감지된다.

오즈가 만든 장면들은 평범한 생활의 리듬을 고스란히 반영한다. 그는 두서없는 대화를 하는 단역 캐릭터들을 보여 준다. 우리는 조연 배우들이 주고받는 수다에서 극단에 대한 많은 것을 알게 된다. 빈자리가 많은 객석 앞에서 펼쳐지는 공연을 본다. 배우들은 커튼 틈으로 밖을 내다보며 관객의 수를 세고 예쁜 아가씨들이 있는지 살핀다. 이 공연은 반드시 참신한 시각으로, 그리고 더 흥미로운 출연진을 등장시켜 다시 가다듬을 필요가 있다.

오즈는 이 플롯 포인트에서 다른 플롯 포인트로 부리나케 옮겨 가지 않는다. 그는 관객인 우리가 액션을 응시하면서 그 액션을 직접 겪을 수 있도록 하는 유명한 비주얼 스타일을 활용한다. 카메라는 항상 캐릭터들보다 약간 낮은 곳에 위치한다. 캐릭터들이 다다미에 앉으면, 카메라는 바닥에서 불과 몇 피트 위에 있다. 카메라의 이런 위치는 캐릭터들에게 일상성 비슷한 것을 부여한다. 장면과 장면 사이에 그는 '필로우 숏pillow shot'(건물의 디테일이나 바람에 나부끼는 현수막, 나무나 하늘을 보여 주는 두세 개의 차분한 구성 요소들)을 삽입한다.

그의 카메라는 결코 움직이지 않는다. 패닝은 없다. 트래킹 숏도 없다. 심지어 디졸브도 없다. 그냥 하나의 구도에서 다음 구도로 컷 해 넘어갈 뿐이다. 대단히 사색적인 스타일이다. 우리는 단순히 화면에 반응만 하는 대신, 직접 관찰하고 관여하도록 유도받는다.

오즈는 비주얼 구도와 관련한 전통적인 법칙들을 위반한 것으로 유명하다. 캐릭터들의 대화 장면에서, 그는 그들이 서로를 쳐다보고 있는 것처럼 보이지 않는 식으로 화면을 구성하는 일이 잦다. 나는 그 이유를 알 것 같다. 오버더숄더 숏을 번갈아 사용하면, 관객은 어느 캐릭터의 시점에 동일시했다가 다른 캐릭터의 시점에 동일시하라는 요구를 받는다. 오즈가 같은 방향을 바라보고 있는 두 사람을 촬영할 때, 우리는 그 대화의 바깥에 있는 위치를 계속 지키게 된다. 우리는 그들을 객관적으로 관찰할 수 있으며, 그들이 프라이버시도 지킬 수 있게 한다.

그의 숏들은 직설적이면서도 아름다운 경우가 적지 않다. 그가 노년의 배우와 연인 사이의 다툼을 다루는 방식을 주목하라. 카메라는 움직이지 않는다. 그들은 비좁은 거리의 양쪽에 있다. 그들 사이에 비가 내리고 있다. 그녀는 빨간 우산을 들고 앞뒤로 걷는다. 극적인 클로즈업들로 이 장면을 분할하면, 이 장면의 분위기는 산산조각날 것이다. 그들 사이에 존재하는 물리적인 공간과 쏟아지는 비는 그들이 느끼는 감정의 시각적 대척점이다(그리고 그들은 감정이 격한 상태이기는 하지만 어느 쪽도 비에 젖고 싶어 하지 않을 것이다).

사이토 다카노부斎藤高順가 맡은 영화 음악은 경쾌하면서도 향수를 불러일으킨다. 몇 가지 이유에서, 나는 그 음악을 들으면 <월로 씨의 휴가Les Vancances de M. Hulot>의 음악이 떠오른다. 두 사운드트랙 모두 열기와 고요함으로, 세상사의 규칙들을 몽환적으로 유예하고 싶은 분위기를 만드는, 바다 근처에 있는 마을의 여름 느낌을 떠올리게 만든다.

오즈는 1927년에 무성 영화로 감독 경력을 시작해 타계하기 전해에 <꽁치의 맛秋刀魚の味>까지 54편의 영화를 만들었다. 그는 동일한 배우들과 거듭해서 작업했다. 빔 벤더스Wim Wenders의 다큐멘터리 <도쿄가Tokyo-Ga>에서, 그의 카메라맨 미야가와 가즈오宮川一夫와 베테랑 배우 류 치슈笠智衆는 그를 떠올리며 울먹인다. 자그마하고 과묵하며 골초였던 오즈는 국제적인 관객을 목표로 영화를 만든 적이 없었다. 그는 일본적인 이야기들을 약간씩 변주해서 들려주는 데 흡족해했다. 서구에 비디오로 출시된 그의 영화는 열두 편이 안 된다(<부초>만이 레이저 디스크로도 출시되었다). 그러나 <동경 이야기>와 <만춘晩春>(1949), <이른 봄早春>(1956), <가을 햇살秋日和>(1960), <꽁치의 맛>(1962) 같은 영화들은 출시되어 있다. 오즈의 영화는 어떤 영화를 보건 오즈의 영화 세계 전체를 살짝 엿보는 것이나 다름없다.

"나는 머릿속에서 나만의 고유한 연출 스타일을 만들었습니다." 그는 언젠가 말했다. "다른 사람들을 불필요하게 모방하지 않으면서 작업을 해 나갔죠." 그가 말한 "다른 사람들"은 동시대 사람들을 뜻하지 않았다. D. W. 그리피스D. W. Griffith까지 거슬러 올라가는 전체적인 영화 언어를 뜻했다. 그는 스크린 한쪽에 있는 소품들이 다른 쪽으로 건너뛰는 것처럼 보이도록 카메라를 360도 이동시키면서 용감하게 '선을 넘었다.' 그는 시선 숏eyeline shot•을 일치시키는 것과 관련한 모든 규칙을 위반한다.

언젠가 젊은 조감독이 관객의 눈에 캐릭터들이 서로를 쳐다보고 있는 것처럼 보이게끔 대화 장면을 촬영해야 옳다고 주장한 적이 있었다. 이에 오즈는 테스트 촬영에 동의했다. 그들은 장면 하나를 양쪽 방식으로 촬영해서는 서로 비교했다. "봤나?" 오즈가 말했다. "하나도 다르지 않잖아!"

유사한 소재들을 취해서 그것들을 항상 자신만의 고유한 스타일로, 미묘하게 다른 방식들로 거듭해서 작업했다는 점에서 오즈는 가장 일본적인 감독이었다. 앞선 몇 세기 동안 활동한 일본의 판화가들처럼, 그는 새로운 것을 꺼린 동시에 한 가지 주제를 변주하는 방식을 선호했다. 그가 연출한 작품을 보면 차분한 자신감을 품고 사람들을 배려하는 달인의 품에 안긴 듯한 기분이 들 것이다. 당신은 당신과는 멀리 떨어진 곳에 사는 사람들을 다룬 그의 영화들에서 이런저런 방식으로 당신이 아는 모든 이를 보게 될 것이다.

• 관객이 스크린에 등장한 캐릭터가 보고 있는 대상을 보고 싶어 할 거라는 가정을 바탕으로, 시선의 연속성을 유지하는 식으로 편집한 숏

분노의 주먹
Raging Bull

감독	마틴 스콜세지	
주연	로버트 드 니로	
제작	1980년	129분

<분노의 주먹>은 권투를 다룬 영화가 아니다. 질투와 성적인 불안감에 온정신이 마비되어 링에서 징벌받는 것을 고해성사로, 참회로, 면죄부로 여기는 남자를 다룬 이야기다. <분노의 주먹> 시나리오가 권투 경기에서 펼쳐지는 전략에 조금도 관심을 보이지 않는 건 우연이 아니다. 제이크 라모타가 경기 중에 벌이는 일은 전략에 따라서 한 행동이 아니다. 순전히 두려움과 본능적 충동에서 비롯한 일이다.

아내 비키가 별생각 없이 내뱉은, 상대 선수가 "잘생겼다"는 말에 분노한 제이크는 상대의 얼굴이 떡이 되도록 주먹을 날려 댄다. 관중석에 앉아 있던 마피아 보스가 부하에게 몸을 기울이고 말한다. "저 친구, 더 이상 곱상한 얼굴이 아니군." 상대 선수에게 징벌을 가한 제이크(로버트 드 니로Robert De Niro)는 상대를 쳐다보는 게 아니라, 남편이 던진 메시지를 알아챈 아내(캐시 모리아티Cathy Moriaty)의 눈을 응시한다.

마틴 스콜세지Martin Scorsese, 1942~ 감독의 1980년 영화는 설문 조사에서 1980년대의 최고 걸작으로 세 번이나 선정됐다. 그러나 스콜세지는 영화를 만드는 와중에도 <분노의 주먹>의 개봉이 가능할까 하는 심각한 의구심을 떨칠 수 없었다. "관객들을 위해서가 아니라 우리 자신을 위해 영화를 만드는 거라고 생각했습니다." 스콜세지와 로버트 드 니로는 1940년대에 슈거 레이 로빈슨Sugar Ray Robinson●과 전설적인 혈투를 벌였던 미들급 챔피언 제이크 라모타Jake LaMotta의 자서전을 오래 전에 함께 읽었다. 그들은 <택시 드라이버Taxi Driver>의 시나리오 작가 폴 슈레이더Paul Schrader에게 자서전을 각색해 달라고 요청했다. 자서전을 각색하는 동안, 스콜세지와 드 니로는 뮤지컬 <뉴욕, 뉴욕New York, New York>(1977)을 야심차게 추진했다. 하지만 두서없는 뮤지컬이라는 평가를 받았고, 그 때문에 라모타 프로젝트는 한동안 침체기에 빠졌다. 스콜세지의 마약 복용이 위기를 불러오면서 라모타 프로젝트의 침체는 더욱 깊어만 갔다. 친구 스콜세지의 병실에 문병을 간 드 니로는 병상에 책을 툭 던지면서 말했다. "우리는 이걸 만들어야 한다고 생각해." 마딕 마틴Mardik Martin〔<비열한 거리Mean Street>(1973)〕의 수정 작업을 거쳐 최종 시나리오로 탄생한 <분노의 주먹>은 영화감독 스콜세지를 치유한 작품이자 그를 부활시킨 작품이 되었다.

로버트 드 니로와 편집 감독 셀머 슌메이커Thelma Schoonmaker는 아카데미상을 수상했다. <분노의 주먹>은 이외에도 작품상, 감독상, 촬영상, 음향상, 남우 조연상(조 페시Joe Pesci), 여우 조연상(모리아티) 후보에 올랐다. <분노의 주먹>은 <보통 사람들Ordinary People>에 밀려 작품상을 수상하지 못했지만 시간이 흐르면서 전혀 다른 평가를 받게 된다. 버지니아대학에서 슌메이커를 길잡이 삼아 <분노의 주먹>의 정지-재생 분석을 한 적이 있다. 영화의 비밀을 속속들이 알고 있는 편집 감

● 미국의 프로 권투 선수(1921~1989). 1940년대부터 1960년대까지 활약하며 역대 최고의 권투 선수로 인정받고 있다.

독 슌메이커는 떠들썩하고 고통스러운 이야기를 다룬 영화에 첨가된 세세한 디테일과 요소들이 무엇인지 파악하는 데 도움을 주었다.

스콜세지에게 있어서 라모타의 인생은 그의 작품에 늘 등장하는 주제를, 그리고 여성을 믿지 못하고 여성과 제대로 된 관계를 형성하지 못하는 남자들이라는 캐릭터를 고스란히 구현한 것 같았다. <분노의 주먹>에서 라모타 캐릭터를 밀고 나가는 엔진은 권투가 아니다. 아내 비키를 향한 시기심 가득한 강박 관념이고, 섹슈얼리티에 대한 두려움이다. 라모타는 열다섯 살 소녀인 그녀를 처음 본 순간부터 딴 세상 사람 같은 이 멋진 금발 여신에게 완전히 매료된다. 나이보다 성숙해 보이는 그녀는 영화의 많은 장면에서 라모타보다 더 크고 강인해 보인다.

그녀가 남편 몰래 바람을 피웠다는 직접적인 증거는 영화에 등장하지 않는다. 그런데 그녀는 열다섯 살밖에 되지 않았으면서도 마피아 단원들과 친숙한 관계를 맺고 있다. 그녀는 상황 판단을 잘한다. 라모타와 첫 데이트를 할 때 그윽한 눈초리로 라모타를 이끄는 그녀는 어색해하는 라모타가 진도를 나가기만을 기다리는 자신감 넘치는 여성이다. 영화를 찍을 당시 열여덟 살밖에 되지 않은 모리아티가 불행한 결혼 생활의 말년에 접어든 여성을 그렇게 실감나게 연기했다는 사실은 인상적이다.

여성에 대해 품고 있는 제이크의 애증은 프로이트가 '마돈나-창녀 콤플렉스Madonna-whore Complex'라는 이름을 붙인 바로 그 증세다. 라모타에게 있어 감히 범접하기 힘든 여성은 (그와) 육체적 접촉을 통해 순결이 더럽혀지기 전까지는 이상적인 성 처녀다. 일단 순결이 더럽혀진 여성은 끝없는 의심의 대상이 된다. 제이크는 영화 내내 비키가 자기 몰래 바람을 피우고 있다는 환상을 떠올리며 스스로를 괴롭힌다. 비키가 하는 모든 이야기, 비키가 바라보는 모든 대상은 정밀한 검증 과정을 거쳐 왜곡된다. 그는 그녀가 바람을 피운다는 증거를 하나도 잡지

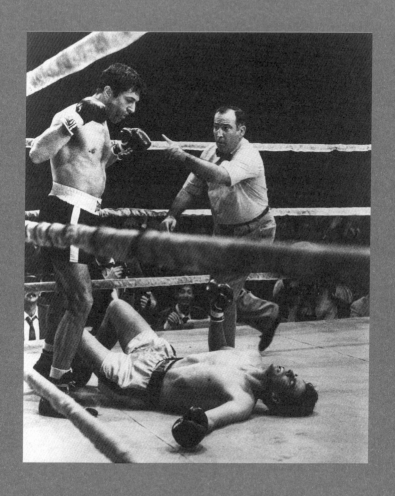

못하면서도 증거를 잡았다는 듯이 그녀를 두들겨 팬다. 그가 의심을 품는다는 사실 자체가 그녀가 죄를 저질렀다는 증거다.

영화에서 제이크와 동생 조이(조 페시)는 아주 가까운 사이다. 페시의 캐스팅은 행운의 산물이라 할 수 있다. B급 영화에서 페시를 발견한 드 니로가 오디션을 보라고 페시를 부추겼을 때는 페시가 연기 생활을 포기하기로 결심하던 찰나였다. 페시의 연기는 드 니로의 연기와 우열을 가리기 힘든 대척점을 이룬다. 그들이 대사로 벌이는 스파링은 괴상한 음악처럼 들린다. 조이가 "형이 졌어, 형이 이겼어. 형이 이겼어, 형이 이겼다고. 어찌 됐건, 형이 이겼다니까"라고 쏟아 내자 제이크는 할 말을 잃는다. 제이크가 TV를 고치면서 비키와 놀아나고 있다고 조이를 비난하는 신이 있다. "형 스스로도 자기가 무슨 말을 하는지 모를 거야." 제이크가 자신의 첫 아내는 "원래 목적에 어긋나게" 스테이크를 지나치게 심하게 구웠다고 말할 때의 대사는 리틀 이탈리아에서 보낸 스콜세지의 유년기를 반영한 것이다.

스콜세지는 경기 장면을 10주간 찍었다. 원래 잡힌 촬영 계획은 2주였다. SF 영화만큼 많은 특수 효과가 사용됐다. 사운드트랙에는 군중의 소음과 동물의 울음소리, 새 울음소리, 전구가 터지는 신경질적인 소리(실제로 창유리를 박살냈다) 등을 교묘하게 결합시켰다. 관객들은 들려오는 소리 전체를 의식적으로 완벽하게 파악할 수는 없지만, 소리에 대한 느낌만큼은 강렬하게 받는다. 경기 장면은 수십 개의 숏으로 편집되었다. 슌메이커는 경기 장면을 라모타의 경기 전략을 보여 주기 위한 편집이 아니라, 라모타가 징벌의 주먹을 맞고 있다는 식으로 편집했다. 카메라가 주먹에서 불과 몇 센티미터 떨어진 곳에 놓인 경우가 허다했다. 스콜세지는 카메라가 링 안에 머무르게 만드는 것으로 권투 영화의 법칙을 깨 버렸고, 화면의 모양과 크기를 원하는 대로 자유자재로 조절했다. 그 결과 때로는 폐소공포증을 불러일으키는 화면이 만들어졌고, 때로는 캐릭터가 느끼는 고통이 한없이 연장되는 듯한 화면이 만들어졌다. 잔인한 권투 경기 장면도 새로웠다. 라모타에 비하면 록키는 순한 양이다. 주고받는 주먹은 '쿵'하는 사운드트랙으로 강조된다. 스콜세지는 땀과 피가 분출되면서 사방으로 튈 수 있게 글러브 밑에는 스펀지를, 선수들 머릿속에는 작은 튜브들을 감춰 놓았다. 혈투의 결과 발산된 액체에 흠뻑 젖은 <분노의 주먹>은 권투 영화 역사상 물기가 가장 흥건한 영화다. 스콜세지가 <분노의 주먹>을 흑백으로 찍은 이유 중 하나가 선수들이 흘리는 피를 컬러로 보여 주기를 망설였기 때문이다.

영화에서 가장 효과적으로 쓰인 비주얼 전략은 캐릭터의 인식을 과장되게 보여 주려고 사용한 슬로 모션이다. <택시 드라이버>에서 트래비스 비클이 뉴욕의 거리를 걸어가는 장면을 슬로 모션으로 보여 준 것처럼, 라모타가 비키를 바라볼 때 비키를 둘러싼 시간들은 길게 늘어지는 듯한 느낌을 준다. 영화는 1초에 24프레임으로 촬영된다. 슬로 모션은 초당 더 많은 프레임으로 촬영된다. 그 결과 촬영된 대상은 스크린에 더 오래 비춰진다. 스콜세지는 1초에 30프레임, 35프레임 등으로 촬영 속도를 교묘하게 조절했다. 관객들은 제이크가 비키의 행동 때문에 편집증적 증세를 보이면서 눈을 가늘게 뜨거나 분노를 터뜨리는 장면의 긴장된 느낌을 슬로 모션이라는 영화적 장치로 내재화한다.

나이를 먹어 머리가 벗겨지고 몸이 불어난 제이크 라모타는 먹고 살려고 나이트클럽을 운영하는가 하면, 심지어 스트립클럽에서 사회를 보기까지 한다. 그가 사회를 보기 전에 '대본을 감독하는' 장면은 유명하다. 이 장면들을 찍으려고 복부가 혁대를 덮을 정도로 몸을 불리겠다며 촬영을 한동안 중단시킨 것은 로버트 드 니로의 아이디어였다. 영화의 결말부에는 절망에 빠진 제이크가 겪는 위기가 포함되어 있다. 그 장면에서 그는 마이애미 감옥의 벽에 주먹을 날리면서 울부짖는다.

"왜! 왜! 왜!"

오래지 않아, 그는 뉴욕의 거리에서 동생을 쫓아간다. 그는 주차장에서 동생을 다정하게 껴안는다. 캐릭터가 구원받았음을 암시하는 장면이다. 그가 분장실 거울 속의 자신을 바라보며 <워터프론트On the Waterfront>의 한 장면("나는 도전자가 될 수도 있었어")을 연습하는 뛰어난 장면이 이어진다. 사람들은 이 장면을 드 니로가 브란도Marlon Brando를 연기하는 장면이라고 오해한다. 정확히 말하면 테리 말로이를 연기하는 브란도를 연기하는 라모타를 드 니로가 연기하는 장면이다. 드 니로라면 브란도 흉내를 '이보다 훨씬' 더 잘 낼 수 있을 것이다. 하지만 그렇게 잘 낸 흉내가 <분노의 주먹>에 도움이 됐을지 여부는 미지수다.

<분노의 주먹>은 인간의 질투라는 감정을 가장 고통스럽고 비통하게 그린 영화다. <분노의 주먹>은 우리 시대의 「오셀로」다. 여자들을 학대하게 만드는 남자들만의 자존심과 성적인 불안감, 두려움을 다룬 영화 중에서 최고의 작품이다. 권투는 경기장을 제공할 뿐 <분노의 주먹>의 소재가 아니다. 라모타는 링에서 한 번도 다운을 당하지 않았던 것으로 유명하다. 손을 옆으로 늘어뜨리고 무방비 상태가 된 그가 날아오는 주먹에 몸을 맡기며 서 있는 장면이 있다. 우리는 그가 다운을 당하지 않은 이유를 알고 있다. 그는 지나치게 많은 상처를 입은 탓에 고통을 그치게 하지 못한다.

불안은 영혼을 잠식한다	감독	라이너 베르너 파스빈더	
Angst Essen Seele Auf	주연	브리지트 미라, 엘 헤디 벤 살렘	
	제작	1974년	93분

영화를 여는 숏들이 영화의 주제를 설정한다. 우리를 따돌리는 세상. 땅딸막하고 볼품없는 나이든 여자가 낯선 술집에 들어가 문간 옆 테이블에 앉는다. 목이 깊이 파인 드레스를 입은 건방진 금발 웨이트리스가 뚜벅뚜벅 걸어온다. 여자는 콜라를 마시겠다고 말한다. 바에 있는 손님들이 고개를 돌려 그녀를 바라보고, 카메라는 그들 사이의 거리를 두드러지게 강조한다. 바 뒤에 선 금발 여급은 손님 중 한 명에게 여자한테 춤추자고 청해 보라고 조롱하듯 부추긴다. 그는 그 말대로 한다. 그리고 이제 카메라는 남들이 지켜보는 동안 초라한 댄스 플로어에서 춤을 추는 남자와 여자를 한 묶음으로 무리 짓게 만든다.

　<불안은 영혼을 잠식한다>는 이 두 사람의 이야기를 들려준다. 에미 쿠로브스키(브리지트 미라Brigitte Mira)는 예순이 다 된 과부다. 그녀는 2교대 근무를 하는 건물 청소부인데, 자식들은 그녀를 피한다. 알리(엘 헤디 벤 살렘El Hedi ben Salem)는 마흔쯤 된 모로코 출신의 자동차

정비공이다. 다른 아랍인 다섯 명과 한 방에서 사는 그는 자신의 생활을 이렇게 간단히 묘사한다. "늘 일하고, 늘 술을 마셔요." 알리라는 이름조차 실명이 아니다. 그것은 독일에서 일하는 짙은 피부색의 외국인 노동자를 부르는 일반적인 명칭이다.

라이너 베르너 파스빈더Rainer Werner Fassbinder, 1945~1982는 두 사람의 이야기를 1974년에 거액의 제작비가 투입된 영화 <마샤Martha>와 <에피 브리스트Fontane Effi Briest>를 만들던 사이에 생긴 15일의 기간 동안 만든 간결한 영화로 보여 준다. 그는 이 영화를 얼마 안 되는 돈으로 찍었다. 미라는 무명에 가까운 조연 연기자였고, 당시 파스빈더의 연인이던 살렘은 단역들만 연기했었다. 줄거리는 제인 와이먼Jane Wyman이 젊은 정원사(록 허드슨Rock Hudson)와 사랑에 빠진 나이 든 여인으로 출연하는 더글러스 서크Douglas Sirk 감독의 1955년 영화 <천국이 허락한 모든 것All That Heaven Allows>에서 영감을 받았다. 이 영화를 만든 건 규모가 큰 영화들 사이에 생긴 짬을 메우기 위해서였을 뿐이라고 파스빈더는 말했다. 그런데 <불안은 영혼을 잠식한다>는 아마도 그가 만든 40여 편의 영화 중에서 최고작일 것이다. 이 작품은 <마리아 브라운의 결혼Die Ehe Der Maria Braun>(1979)과 <사계절의 상인Händler der Vier Jahreszeiten>(1972)과 함께 그의 최고작으로 구성된 짧은 명단에 속하게 분명하다.

영화는 위력적이지만 대단히 단순하다. 영화의 기초는 멜로드라마지만, 파스빈더는 최고의 순간과 밑바닥 순간들을 모두 제거하고는 중간에 존재하는 꽤나 절망적이고 절박한 순간들만 남겨 둔다. 두 캐릭터는 인종과 나이에 의해 분리되어 있지만 한 가지 소중한 것을 공통으로 갖고 있다. 그렇지 않았다면 두 사람 모두 서로에게 무관심하며 서로를 냉담하게 대했을 것으로 보이는 세상에서, 그들은 서로를 좋아하고 서로를 염려한다. 자신은 건물 청소부라고 수줍게 고백한

에미는 그래서 많은 사람이 그녀를 깔본다고 말한다. 독일어가 어눌한 알리는 자신의 처지를 더 직설적으로 표현한다. "독일인 주인, 아랍인 개."

파스빈더는 섹슈얼리티를 통해 서로를 냉소적으로 이용해 먹는 캐릭터들에 대한 영화를 자주 만들었다. 그런데 <불안은 영혼을 잠식한다>는 깜짝 놀랄 만큼 부드럽다. 키 크고 수염이 텁수룩한 모로코인은 청소부 여인에게 집까지 데려다주겠다고 제안한다. 밖에는 비가 내리고, 그래서 여자는 커피를 마시고 가라고 그를 초대한다. 그는 집이 있는 동네로 가려면 트램을 타고 한참을 가야 한다. 여자는 남자에게 밤을 보내고 가라고 청한다. 잠을 이룰 수가 없는 남자는 이야기를 하고 싶어 한다. 여자는 남자에게 자기 침대에 앉으라고 말한다. 이 영화를 볼 때마다 남자가 여자의 손을 잡고 여자의 팔을 쓰다듬는 정확한 순간이 언제인지를 전혀 알아차리지 못하고는 한다.

당연히 여자는 이튿날 아침에 거울을 보며 자기 모습을 살핀다. 여자는 자신이 주름이 자글자글한 할망구임을 안다. 우리는 그녀가 사는 세계의 일부를 보고, 그녀의 동료 청소부들이 무심코 나누는, 외국인 노동자들이 얼마나 불결한지에 대한 인종주의적인 대화를 듣는다. 에미는 에둘러 옹호한다. "하지만 그 사람들은 일을 하잖아! 그게 그 사람들이 여기 온 이유야." 맞는 말이다. 독일인들은 외국인 노동자가 마음에 들지 않지만, 자신들이 만든 쓰레기를 치우거나 도랑을 파는 일을 하고 싶지도 않다. 이런 결벽증은 독일에만 국한된 현상이 아니다.

에미와 알리는 단순히 함께 있는 것만으로도 그들을 보는 모든 이의 심기를 불편하게 만든다. 파스빈더는 여러 신을 보여 준다. 에미의 이웃들이 심술궂게 험담을 주고받는다. 거리 건너편 청과상 주인은 일부러 알리에게 무례하게 군다. 레스토랑 웨이터는 멀찌감치 떨어져 있다("히틀러의 단골 레스토랑이었어요!" 에미는 알리에게 말한다). 카페 손님들은 그들을 업신여긴다. 가장 잊히지 않는 장면은 에미가 자식들에게 본인이 결혼했음을 알릴 때다. 피사체들이 현미경 슬라이드 사이에서 샌드위치가 된 것처럼 숏을 납작하게 만들려고 줌 렌즈를 활용한 파스빈더는 두 아들과 딸, (파스빈더 자신이 연기하는) 사위의 얼굴을 팬으로 훑고 지나간다. 그러자 그녀의 아들 브루노가 의자에서 벌떡 일어나서는 그녀의 TV에 발길질을 해 댄다.

이어지는 더 섬세한 장면들은 이 영화에서 가장 뛰어난 장면들이다. 알리와 에미는 두 사람만 있을 때 행복하다. 그런데 그들은 유독有毒한 사회에서 살고 있다. 얼마 안 있어 에미는 새로 온 청소부인 유고슬라비아 출신 여성을 따돌리려고 동료 청소부들과 패거리를 이룬다. 불만을 표출하던 이웃들은 얼마 안 있어 에미의 건장한 새 남편이 가구를 옮기는 걸 도와준다는 사실에 행복해한다. 얼마 안 있어 동료 청소부들은 알리를 높이 평가하고, 에미는 그들이 알리의 근육을 느낄 수 있게 해 준다. 얼마 안 있어 알리는 '아랍인 짝들'과 함께 술집으로 돌아가고 풍만한 금발 여자와 함께 2층으로 올라간다. 섹스를 하기 위해서가 아니다. 미키 스필레인Mickey Spillane•의 페이퍼백 표지를 위한 모델처럼 문간에서 포즈를 취한 그녀는 그에게 무엇을 원하느냐고 묻는다. 그러자 그는 대답한다. "쿠스쿠스Couscous◆."

파스빈더 자신이 아웃사이더였다. 아버지는 그가 어렸을 때 세상을 떠났고, 어머니는 영화관을 베이비시터로 활용했다. 그는 동성애가 용인되지 않던 시절에 게이였고, 당신에다 매력적이지 않았다. <불안은 영혼을 잠식한다>를 그가 훤칠하고 잘생긴 엘 헤디 벤 살렘과 했던 연애 이야기로 보는 건 그리 지나친 확대 해석이 아니다. 그리고 독일 사

• 미국의 하드보일드 소설가(1918~2006)
◆ 으깬 밀로 만든 북아프리카 음식

회가 외국인에게 품은 편견을 에미가 생각 없이 반영하게끔 만드는 방식을 그의 자기비판으로 보는 것도 어려운 일이 아니다.

그런데 영화는 영화에 담긴 정치적 함의를 아이러니로 잘라 낸다. 에미 쿠로브스키의 첫 남편은 독일에 온 폴란드 노동자였다. 이웃들은 모로코인과 함께 온 그녀를 보고는 콧방귀를 뀐다. "이름을 보면 저 여자는 진짜 독일 사람이 아니에요." 청과상 부녀는 알리를 냉대하지만, 얼마 안 가 장사를 하려면 그들이 필요하다는 사실을 깨닫고는 에미에게 자기들 가게로 돌아와 달라고 알랑거린다. 아들 브루노는 망가진 TV를 새로 사라며 수표를 보내고는 어머니에게 날마다 오후에 아이를 봐 달라고 부탁하러 모습을 나타낸다. 그리고 알리가 술집 여급과 벌이는 불륜은 열정적이라기보다는 서글픈 모습에 가깝다. 두 사람이 함께 침대에 누울 때, 그는 기력이 쇠한 듯 움직이지 않은 채로 누워 있고 여자는 그를 위로한다.

'불안은 영혼을 잠식한다'라는 문구는 아랍인들이 자주 쓰는 문구라고 알리는 에미에게 말한다. 분명 불안은 그의 영혼을 잠식하고 있다. 인생이 그럴 수 있는 것처럼 갑작스럽고 멜로드라마틱한 영화의 엔딩은 알리가 자신에게 비우호적인 나라에서 이방인으로서 경험하는 참을 수 없는 긴장을 반영한다. 그러나 에미는 해법을 제시할 수 있다. "우리가 함께할 때, 우리는 서로에게 잘해 줘야 해요."

파스빈더가 요점을 강조하기 위해 일부러 상투적인 비주얼을 활용할 때가 여러 번 있다. 그는 여러 롱 숏을 번갈아 보여 주는 것으로 에미와 알리를 나머지 사회와 자주 분리시킨다. 처음에 그들은 외따로 떨어져 있고, 그다음에는 그들을 지켜보는 이들이 외따로 떨어져 있다. 그는 폐소 공포증이 생길 정도로 작은 방에 있는 그들을 클로즈 투 숏으로 빼곡히 밀어 넣는다. 그는 카메라 앞에서 모로코인이 보여 주는 자연스러운 뻣뻣한 모습을 활용한다. 영화의 결말 부분에서 바에 들어

온 에미는 그녀와 알리가 처음 춤을 춘 곡인 "그 집시 노래"를 요청한다. 노래는 알리의 행동을 지시하는 신호처럼 작용한다. 그는 노래로부터 자극을 받은 로봇처럼 자리에서 일어나 그녀에게 가서 춤을 추자고 요청한다. 그가 더 자연스러운 모습이었다면 영화에 더 이로웠을까? 그렇지 않다. 캐릭터들의 움직임과 의사 결정은 그들이 사는 세상으로부터 지시를 받은 것이라는 게 파스빈더가 영화 내내 보여 준 스타일이기 때문이다.

영화가 거의 끝날 무렵, 독일에서 일하는 외국인 노동자들의 상황에 대한 대사가 등장한다. 이 대사는 '메시지'가 아니라 현실의 반영이다. 파스빈더가 (1982년에 서른일곱의 나이에 약물과 알코올 때문에) 사망하고 두어 달 후, 나는 몬트리올영화제에서 파스빈더를 대단히 잘 아는 스위스 감독 다니엘 슈미트Daniel Schmid와 함께 심사위원으로 일했었다. 그는 내게 엘 헤디 벤 살렘의 이후 이야기를 들려줬다. 북아프리카 산악 지대 출신으로 독일에 온 그는 파스빈더의 궤도에 끌려 들어왔다. "독일은 그에게는 이상한 세계였죠." 슈미트가 들려준 말이다. "그는 술을 마시기 시작했고, 긴장이 쌓여 갔어요. 그러다가 어느 날 베를린의 어느 곳에 가서는 세 명을 칼로 찔렀죠. 그러고는 라이너에게 돌아와서 말했어요. '너는 이제 더 이상은 두려워하지 않아도 돼.' 그는 감옥에서 목을 매고 자살했어요."

<불안은 영혼을 잠식한다>는 실제로는 있을 법하지 않은, 억지로 꾸며 낸 삼류 연속극처럼 보일지도 모른다. 그런데 영화는 그런 식으로 작동하지 않는다. 이 영화가 그토록 큰 위력을 발휘하는 이유는 제목이 의미하는 바가 무엇인지를 정확히 알았던 파스빈더가 진실을 이야기하기에 딱 알맞은 시간밖에 없었던 덕에 대단히 신속하게 영화를 만들었기 때문이라고 생각한다.

붉은 강
Red River

감독	하워드 호크스	
주연	존 웨인, 몽고메리 클리프트	
제작	1948년	133분

피터 보그다노비치Peter Bogdanovich는 연출작 <라스트 픽처 쇼The Last Picture Show>를 찍다가 운이 다한 소도시 극장에서 틀 최후의 영화가 필요했을 때 하워드 호크스Howard Hawks, 1896~1977의 <붉은 강>을 선택했는데, 그중에서도 존 웨인John Wayne이 몽고메리 클리프트Montgomery Clift에게 "미주리로 몰고 가자, 매트!"라고 말하는 장면을 선택했다. 그러고 나면 황야의 풍상을 겪은 카우보이들의 얼굴을 클로즈업으로 잡으면서, 그들이 허공으로 모자를 흔들어 대며 "히야!"라고 환성을 지르는 기쁨에 찬 장면을 편집해 낸 호크스의 유명한 몽타주가 등장한다.

이 순간은 영화 역사상 여태껏 촬영된 장면 중에서 웨스턴의 본질을 가장 잘 보여 주는 순간으로, 광활한 하늘 아래에서 해야 할 일이 있기에 말에 오르게 된 카우보이들의 들뜬 감정을, 목적지에 급여가 기다리고 있다는 생각에서 비롯된 카우보이들의 들뜬 감정을 포착했다. 그리고 <붉은 강>은 늙은 남자와 젊은 남자를 다룬 핵심 줄거리에 머물러 있는 동안, 그리고 치솜 트레일Chisholm Trail*을 따라 처음으로 소떼를 몰고 가는 동안 가장 위대한 웨스턴에 속한다. 영화는 여자들이 관련된 몇 장면에서만 그릇된 길로 접어든다.

영화의 영웅이자 악당은 톰 던슨(웨인)으로, 그는 1851년에 포장마차 행렬을 이끌고 서부로 향하다 텍사스에서 소를 키우는 목장을 운영하려고 행렬해서 이탈한다. 그는 마차를 모는 나딘 그루트(월터 브레넌Walter Brennan)만 데리고 간다. 던슨의 연인 펜(콜린 그레이Coleen Gray)은 함께 가고 싶어 하지만, 그는 그녀에게 나중에 전갈을 보내겠다고 말하면서 거의 무관심한 표정으로 그녀를 받아들이지 않는다. 나중에 몇 마일쯤 길을 간 후 던슨과 나딘은 연기가 피어오르는 광경을 목격한다. 인디언이 포장마차 대열을 습격한 것이다. 반백의 괴짜 노인 나딘은 인디언은 "항상 좋은 마차들을 불태워 버리고 싶어 한다"고 호통을 치고, 던슨은 돌아가서 사람들을 도우려면 시간이 너무 많이 걸릴 거라고 말한다. 던슨이 사랑했던 연인을 막 잃은 참임을 고려하면, 그들이 보여 주는 태도는 놀라울 정도로 냉담하다.

얼마 지나지 않아 사내들은 인디언의 습격에서 살아남은 어린 소년과 맞닥뜨린다. 던슨에게 입양된 그 소년 매트 거스는 결국 던슨의 목장을 물려받을 상속자로 키워진다. 학교를 다니던 매트는 던슨이 소 9천 마리를 북쪽으로 미주리까지 몰고 가려는 대장정을 준비 중인 1866년에 목장으로 돌아온다. 어른이 된 매트를 연기하는 배우는 몽고메리 클리프트다(이 영화는 그의 영화 데뷔작이다).

던슨은 영웅이자 악당이라고 말했었다. 이것은 타입 캐스팅 되는 일이 잦았던 존 웨인에게 고뇌하고 혼란스러워하는 캐릭터를 부여한 이 영화의 복잡성을 보여 주는 징표다. 그는 "어렸을 때 암소를 갖고 시

---

* 남북 전쟁 이후 텍사스의 농장에서 캔자스의 철도로 소떼를 몰고 가는 데 사용한 루트

작해서 어른이 돼서는 황소를 갖게 된" 인물로, 엄청난 규모의 소떼를 키워 냈다. 그러나 그는 몰락을 눈앞에 두고 있다. 그는 소떼를 몰고 북쪽으로 가지 않으면 파산할 것이다. 그런데도 그는 고집불통이다. 사람들은 영화 내내 그가 틀렸다고 말하는데, 사람들이 한 말은 대개는 옳다. 그들이 미주리로 가는 긴 여행 대신 거리도 가깝고 철도가 지나간다는 애빌린으로 소를 몰고 가고 싶어 할 때는 특히 더 옳다. 소몰이가 힘든 일이 되어 갈수록 던슨은 화를 내기 일쑤고, 결국 수면 부족과 위스키 때문에 약간은 정신이 나간 지경에 이른다. 폭동이 시도된 후, 매트는 끝내 반란을 일으켜 애빌린으로 소를 몰고 간다.

평론가 팀 덕스Tim Dirks는 그들이 겪는 갈등과 교착 상태가 <바운티 호의 반란Mutiny on the Bounty>에서 블라이 선장과 플레처 크리스천이 겪는 상황과 유사하다는 점을 지적했다. 보든 체이스Borden Chase가 쓴 시나리오는 늙은 남자의 자존심과 자신을 입증하려는 젊은 남자의 욕구에 많은 관심을 쏟는다. 젊은 매트와, 소몰이에 참여하겠다는 계약을 맺고 매트의 라이벌이 되는 억센 카우보이 체리 밸런스(존 아일랜드John Ireland) 사이의 관계도 형성되지만, 이 관계는 결코 제대로 발전되지 않는다. "두 사람 사이에 말썽이 생길 거야"라고 늙은 나딘은 예상한다. 그런데 영화는 그 말썽을 결코 보여 주지 않는다. 이 영화는 영화들에 감춰진 동성애 섹슈얼리티를 다룬 다큐멘터리 <셀룰로이드 클로짓The Celluloid Closet)>(1995)의 관심을 끌 정도로 기묘하고 모호한 분위기의 한복판에서 두 사람이 오도 가도 못하게끔 놔둔다. (체리는 매트의 총을 다루면서 말한다. "있잖아, 세상에는 좋은 총보다 아름다운 게 딱 두 가지 있어. 스위스 시계하고 여자들이지. 스위스 시계 가져 본 적 있어?")

영화에서 사람들이 품은 애정은 던슨이 펜을 떠나기 전에 그녀에게 건넨 은팔찌를 따라 이동한다. 나중에 던슨은 자신이 죽인 인디언

의 팔목에서 팔찌를 발견한다. 그 후 던슨은 팔찌를 매트에게 주고, 나중에 매트는 그가 구했다가 사랑에 빠지게 된 테스 밀레이(조앤 드루 Joanne Dru)에게 그 팔찌를 준다. 테스가 등장하는 세 장면은 영화에서 최악의 장면들이다. 부분적으로는 그녀의 수다 때문이고(그녀가 인디언에게 습격당하는 와중에 매트에게 정신 사납게 떠들어 대는 수다에 귀를 기울여 보라), 부분적으로는 그녀가 불행한 엔딩을 피하기 위해 플롯이 필요로 하는 데우스 엑스 마키나deus ex machina•라는 게 너무나 뚜렷해 보이기 때문이다. 마지막 장면은 최악이다. 시나리오 작가 보든 체이스가 그 장면을 싫어했다는 말이 있는데, 타당한 이유가 있다. 두 남자가 두 시간 동안 격렬한 심리적 경쟁을 벌여 왔는데, 결말만 놓고 보면 그렇게 경쟁을 벌인 것이 여자의 그럴듯한 입심에 순식간에 굴복하기 위해서였다. 그러나 우리가 <붉은 강>에서 기억하는 것은 멍청한 엔딩이 아니라 설정 배경과 장대한 핵심 부분이다. 비극적인 라이벌 관계는 설정이 무척이나 잘된 덕에 — 엔딩 때문에 어느 정도 훼손되기는 했지만 — 우리의 뇌리에서 중량감과 위엄을 어느 정도 유지하고 있다.

강을 건너느라 밤을 꼬박 새워야 할 정도로 규모가 큰 소떼를 몇 안 되는 인원이 통제하는 소몰이 장면도 인상적이다. 러셀 할런Russell Harlan의 촬영은 소몰이에서 사람들과 하늘, 나무로 구성된 고전적인 구도를 찾아낸다. 그런 후에 등장하는 소들의 질주 장면에서, 그는 소들이 강물처럼 언덕을 흘러 내려가는 모습을 보여 준다. 이 영화는 실외 영화다(우리는 던슨이 목장에 지었을 게 분명한 저택에는 결코 들어가 보지 못한다). 애빌린에서 소 구매자의 사무실로 들어간 매트는 고개를 들었다 내렸다 하면서 지붕 아래로 들어와 본 게 얼마만인지 모르겠다고 말한다.

• 줄거리에 존재하는 해결하지 못할 것처럼 보이는 문제를 도저히 가능할 것 같지도 않고 예상하지도 못한, 대체로 작위적인 사건이나 존재가 갑자기 해결하게 만드는 플롯 장치

분위기를 설정하는 호크스의 솜씨는 빼어나다. 그가 소떼가 질주하는 밤에 키워 대는 불길한 분위기(침묵, 안절부절못하는 소들, 나지막한 목소리들)를 주목하라. 안개가 두껍게 깔린 밤에 눈에 보이는 모든 그림자가 그를 죽이러 올 던슨처럼 보일 때 매트가 신경을 곤두세우는 모습을 주목하라. 던슨이 인민재판을 벌이는 초반 장면의 긴장감을 주목하라. 호크스가 던슨이 지속적으로 붕괴되어 가는 정도를 조절해 나가는 미묘한 방식을 꼼꼼히 관찰해 보라. 존 웨인은 영화가 시작될 때는 키가 크고 듬직했다. 그런데 영화가 끝날 무렵에 그의 머리는 백발에다 장발이고 눈빛은 뭔가에 홀린 듯하다. 이런 변화가 무척 천천히 일어나기 때문에, 우리는 그가 처음에는 흰색 모자를 썼는데, 영화가 끝날 때는 검정 모자를 쓴다는 사실조차 감지하지 못할 수도 있다. 그는 가끔은 연기자라기보다는 강렬한 카리스마만 갖춘 인물로 간주됐었다. 그런데 이 영화에서 그가 펼친 절제된 연기는 영화에 제격이었다. 웨인을 숱하게 연출했던 존 포드John Ford가 <붉은 강>을 보고 나서 호크스에게 "그 덩치 큰 개자식이 연기를 할 수 있다는 걸 나는 전혀 몰랐었어"라고 말했다고 평론가 조지프 맥브라이드Joseph McBride 는 말했다.

웨인과 클리프트 사이에는 명백한 긴장이 흐른다. 나이 많은 남자와 젊은 남자 사이의 긴장뿐 아니라, 1929년에 경력을 시작한 배우와 메소드 연기의 대표 배우 사이의 긴장도 흐른다. 눈부신 연기자의 모습을 보일 수도 있었던 웨인은 과묵한 배우로 자세를 낮추고 들어가려 노력하는 모습을 보인다. 그리고 도전에 직면한 그는 도전과 한데 어울리려는 유연한 태도를 보인다.

<붉은 강>의 주제는 고전 비극에서 가져온 것이다. 자신이 등극할 왕좌로 이어지는 길을 돌파하기 위해 아버지를 문자 그대로나 상징적으로나 살해하려는 아들의 욕구, 그리고 자식을 통해 불멸을 얻으려는

아버지의 욕망(던슨이 테스에게 자신을 위해 아들을 낳아 달라고 부탁하는 장면이 던슨이 여자와 자리를 같이 했을 때 효력을 발휘하는 한 번의 순간이다). 소몰이의 장관과 '소를 몰고 갈 방향을 잡는 것'과 카우보이들을 먹이고 그들을 계속 흡족해하는 상태로 붙들어두는 것과 관련한 전문적인 세부 사항 모두는 이런 주제들을 둘러싼 주변적인 환경이다.

영화의 모든 요소 밑에는 분명히 당시 영화감독들 눈에는 보이지 않았던 태도가 깔려 있다. 백인 남자에게는 원하는 것을 취할 권리가 있다는, 구체적으로 표현되지는 않는 가정 말이다. 던슨은 '돈 디에고 Don Diego'가 소유한 땅이라는 말을 전하러 온 멕시코인을 총으로 쏴 죽인다. 스페인의 왕이 디에고에게 하사한 땅이라는 이야기를 들은 던슨은 이렇게 말한다. "당신 얘기는 그도 예전에 누군가에게서 여기를 빼앗았다는 뜻이군. 인디언들에게서였겠지. 흐음, 나는 그에게서 여길 빼앗아야겠어." 넌지시 지나가는 대사를 통해 우리는 던슨이 목장을 위해 일곱 명을 더 죽였음을 알게 된다. 그리고 그가 사람들을 총으로 쏜 다음에 "시신 위에서 성경을 읽어 준다"는 으스스하면서도 유머러스한 모티프가 있다.

던슨은 나름의 법체계를 갖춘 인물이다. 매트가 교수형을 중단시키고 던슨의 통치를 끝내기 전까지는 말이다. 대부분의 웨스턴이 문명의 불가피한 침략을 다룬 작품들이라면, 이 영화는 그게 꽤나 훌륭한 아이디어인 것처럼 보이게끔 만드는 영화다.

비브르 사 비 Vivre Sa Vie	감독	장뤽 고다르
	주연	안나 카리나, 사디 르보, 앙드레 S. 라바르트
	제작	1962년 | 80분

고다르Jean-Luc Godard, 1930~ . 1960년대에 우리는 모두 장뤽 고다르의 영화를 보러 갔었다. 스리 페니 극장 앞에서 비를 맞으며 <주말Week-end>(1967)의 다음 회 상영을 기다렸다. 언젠가 뉴욕영화제에서는 고다르의 영화를 두 편 상영했었다. 아니, 세 편이었나? 고다르는 토론토영화제에서 "영화는 정거장이 아니다. 기차다"라고 말했다. 그건 어쩌면 역설적인 말이었는지도 모른다. 그래도 우리는 고개를 끄덕였다. 우리는 그의 영화를 사랑했다. <펄프 픽션Pulp Fiction> 이후로 세상 사람 모두가 타란티노Quentin Tarantino를 얘기한 것처럼, 당시 우리는 고다르를 얘기했다. 내 레퍼토리의 일부가 된 문장을 기억한다. "그의 카메라는 360도 회전을 두 번 합니다. 그리고 멈춰서 약간 다른 방향으로 물러서죠. 카메라가 자신이 무슨 짓을 하고 있는지를 안다는 걸 보여주기 위해서 말입니다!"

　이제 대부분의 영화 관객들은 고다르라는 이름에 무덤덤한 반응을 보인다. 자막이 달린 외국 영화는 자취를 감췄다. 예술 영화는 자취를 감췄다. 자의식적인 영화는 자취를 감췄다. 영화의 한계를 시험하는 영화들은 자취를 감췄다. 이제는 모든 영화가 편협한 취향과 오락적인 요소에 갈채를 보내는 대중을 겨냥해 만들어진다. 한편 세대마다 존재하는 극소수의 관객들은 대중의 취향에 넌더리를 치면서 구석진 곳으로 자리를 옮긴다. 무자비하고 삐딱하면서도 사람의 애간장을 태우는 고다르가 그런 이들을 기다리고 있다.

원래는 <네 멋대로 해라À Bout de Souffle>(1960)를 선택할 생각이었다. <네 멋대로 해라>는 프랑스 누벨바그의 불을 지핀 영화로, '점프 컷jump cut'을 세간의 화젯거리로 만들었으며 장폴 벨몽도Jean-Paul Belmondo를 스타로 만들었다. 그런데 1962년 영화 <비브르 사 비>가 DVD로 출시됐다. 플레이어에 DVD를 밀어 넣고 5분도 채 지나지 않았는데도 영화에 철저히 매혹된 나는 감동도 느끼지 못하고 흥분도 하지 않은 상태로 영화가 끝날 때까지 꿈쩍도 않고 앉아 있었다. <비브르 사 비>는 걸작이다. 수전 손택Susan Sontag이 "내가 알고 있는 한 가장 비범하고 아름다우며 독창적인 예술 작품"이라고 이 영화를 묘사했다는 걸 알았을 때 나는 놀라지 않았다.

<비브르 사 비>는 촬영 당시 고다르의 아내였던 안나 카리나Anna Karina가 연기하는 나나의 이야기다. 도자기 같은 피부, 경계심을 늦추지 않는 눈동자, 헬멧 모양의 윤기 나는 검정 머리에 세련된 차림새로 항상 담배를 피우면서 감정을 숨기는 그녀는 파리의 젊은 여성이다. 타이틀 숏은 그녀의 옆얼굴과 얼굴 정면을 경찰서의 범인 식별용 사진처럼 보여 준다. 우리는 영화 내내 그녀를 보면서, 눈곱만치도 드러내려 하지 않는 그녀의 속내를 읽으려 애쓰게 될 것이다. 각각의 숏은 미셸 르그랑Michel Legrand의 음악으로 시작한다. 음악은 갑작스레 뚝 끊기고는 다음 숏과 함께 다시 시작된다. 음악이 뭔가를 설명하려 애쓰지만

실패하고 말았다는 걸 얘기하는 듯하다. 두 번째 숏에서는 카페에서 폴과 이야기하는 그녀의 뒷모습을 보게 된다. 우리는 이 숏에서 폴이 그녀의 남편이고, 남편과 아이 곁을 떠난 그녀가 영화계에 뛰어들까 하는 막연한 계획을 세우고 있다는 걸 알게 된다.

당시 고다르와 밀접한 관계를 맺으며 함께 작업했던 촬영 감독 라울 쿠타르Raoul Coutard는 나나와 폴의 얼굴이 거울에 언뜻언뜻 보이는 상태가 되도록 유지하면서 처음에는 나나의 뒷머리를, 다음에는 폴의 뒷머리를 잡는 식으로 카메라를 움직인다. "필름은 제2의 존재에 의해 만들어졌다"고 고다르는 말했었다. 카메라는 기록하는 장치일뿐더러 '관찰looking'하는 장치다. 우리는 관찰하는 장치의 움직임을 통해, 카메라가 그녀를 보고 있고 그녀를 기이한 존재로 여기고 있으며 그녀의 주변 공간 여기저기를 힐끔힐끔 탐색하는 것으로 그녀에 대한 추론을 하려고 한다는 걸 깨닫게 된다.

영화는 열두 개의 장으로 이루어져 있고, 각각의 장에는 옛날 소설처럼 소제목이 달려 있다. 그녀는 핀볼을 친다. 그녀는 레코드 가게에서 일한다. 그녀는 돈이 필요하다. 그녀는 관리인 사무실에서 아파트 열쇠를 훔치려하지만 붙들려서는 등 뒤로 팔이 꺾인 채 거리로 내몰린다. 그녀는 집도 없고 돈도 없다. 이것은 그녀의 잘못인가, 아니면 그녀의 숙명인가? 그녀는 왜 폴의 곁을 떠났는가? 그녀에게는 아이에 대한 애정이 없는 걸까? 영화는 말해 주지 않는다. 영화는 냉담하다. 그녀는 영화를 보러 간다(남성들에게 심판받는 여성에 대한 영화인 드레위에르Carl Theodor Dreyer 감독의 <잔 다르크의 수난La Passion de Jeanne d'Arc>이다). 극장표를 사 준 사내를 팽개쳐 버린 그녀는 바에서 그녀의 사진을 얻고 싶어 하는 사내를 만난다. 그녀는 '길에 떨어진' 1천 프랑 지폐를 두고 다투다 경찰에 잡혀간다. 그녀는 매춘부들이 일하는 거리로 간다. 그녀는 남자들이 자신을 선택하게 놔둔다. 하지만 그녀는 남자가 키스하는 걸 허용하지 않는다.

　　카메라는 모든 곳에 자리 잡고 있다. 레코드 가게에서 나나와 손님을 따라 좌우로 팬 하던 카메라는 고개를 돌려 창밖을 바라본다. 술집에서 왼쪽으로 팬 하기 시작하던 카메라는 다시 뒤쪽을 응시한다. 창녀들이 있는 거리에서, 카메라는 천천히 움직이면서 한쪽 길가를 바라보고 맞은편 길가를 바라보다 매혹적인 여자를 발견한다. 그녀는 뚜쟁이 라울을 만난다. 카메라가 두 사람을 투 숏으로 잡았을 때 남자가 말한다. "웃어 봐." 거부하던 그녀가 미소를 짓는 동시에 숨을 내쉰다. 그러면 카메라는 남자에게서 멀어지면서 그녀에게 다가간다. 갑자기 ― 그녀가 그러는 것처럼 ― 그녀에게 흥미가 생겼다는 듯이 말이다. 우리는 카메라의 의도에 말려들고 말았다. 우리 자신이야말로 관찰하고 놀라워하는 카메라다. 카메라는 '스타일'을 표현하는 방법이 아니다. 사람들이 다른 사람들을 바라보는 방법이다.

　　이 장면 다음에 등장하는 숏들은 유명하다. 손님이 포옹할 때 담배를 피우던 그녀는 공허한 눈동자로 남자의 어깨 너머를 바라본다. 나중에 라울은 담배 연기를 삼키면서 그녀에게 키스를 하고, 그녀는 그의 담배 연기를 내뿜는다. 술집에서 빈둥거리고, 담배를 피우고, 돈이 더 많았으면 좋겠다고 바라는 것 말고 파리에서 달리 할 일이 뭐가 있겠는가? 그녀에게 매춘은 핀볼보다 더 흥미로운 일은 아니다. 프랑스에서는 매춘을 '삶'이라고 부른다. 그렇기 때문에 이 영화의 제목은 '살아야 할 내 삶'과 '생계를 위한 매춘'이라는 중의적인 의미를 담고 있다. 라울이 그녀가 얻은 새 직업의 규칙을 설명해 주는 단조로운 일문일답 장면이 등장한다. 이후 영화는 범죄 이야기로 탈바꿈한다. <비브르 사비>의 카메라가 폭력 장면을 목격하고 고개를 떨어뜨리기는 하지만, 역시 거리에서 벌어지는 폭력적인 총격전으로 끝맺었던 <네 멋대로 해라>가 연상되는 순간이다. 카메라는 길거리 아니면 발치로 고개를 떨어뜨린다. 결말에서도 영화는 그렇게 시선을 돌린다.

결말보다 조금 앞서 등장하는 장면에서 나나는 옆 테이블에 앉은 철학자(브리스 파랭Brice Parain이 자기 자신을 연기한다)와 대화를 한다. 그는 위험을 피해 도망치다 갑자기 멈춰 서서는 "어떻게 하면 한쪽 발을 다른 발 앞으로 내놓을 수 있는가"를 생각하다 몸이 굳어 버린 한 남자에 대한 이야기를 들려준다. 철학자는 이런 의견을 피력한다. "그가 처음으로 생각이라는 걸 했을 때, 그 생각이 그를 죽인 거요."

그녀가 생각을 한다면 그 생각이 그녀를 죽이게 될까? 우리는 늙은이와 이야기하는 그녀가 개방적이고 호기심 많은 사람임을 알게 된다. 생각이나 감정을 드러내기를 주저하는 여자, 껍질뿐인 여자가 개방성과 호기심을 내비친다. 영화 초반부에 폴이 해 주던 이야기가 떠오른다. 닭의 껍질을 제거하면 속을 얻게 될 것이고, 그 속을 제거하면 영혼을 얻게 될 거라고 설명하는 한 아이에 대한 이야기. 나나는 껍질만 있는 존재다.

<비브르 사 비>는 과장된 제스처를 취하지 않는다. 영화는 흥미로운 시선을 일정한 수준으로 유지하면서 전개된다. 처음 세웠던 원칙을 준수하는 카메라는 관객들이 나나의 인생을 멜로드라마처럼 해석하는 걸 막으려 한다. 모든 문장 앞에 '물론'이라는 단어가 암묵적으로 붙어 있는 것처럼 보이는 무미건조한 프랑스 철학과 비슷하다. 안나 카리나는 나나를 대단히 감동적으로 연기한다. 그녀는 기다리고, 술을 마시고, 담배를 피우고, 거리를 걷고, 돈을 벌고, 처음 만난 뚜쟁이에게 몸을 넘기고, 자기 인생을 통제하기를 포기한다. 그녀가 주크박스 음악에 맞춰 웃으며 춤을 추는 장면이 있다. 관객들은 이 젊은 여자에게도 속이 있을지 모른다는, 영혼이 있을지 모른다는 걸 알 수 있다. 그 외의 것은 몽땅 껍질일 뿐이다.

고다르는 이 영화를 영화에 등장하는 장면 순서대로 찍었다고 밝

혔다. "내가 해야 했던 일은 숏과 숏의 끝과 끝을 잇는 게 전부였습니다. 제작진이 러시 필름에서 본 것과 대중이 본 영화는 별로 다르지 않습니다." 그는 첫 테이크를 사용하려고 애썼다. "새로 테이크를 찍어야할 필요가 있다면, 새로 찍은 테이크는 NG나 다름없습니다." 그런 까닭에 쿠타르의 카메라 역시 나나의 삶을 처음으로 들여다보는 셈이었다. 그리고 바로 그런 점들 때문에 <비브르 사 비>는 유별나면서도 흡인력 있는 영화가 됐다. 우리는 리허설도 없는 나나의 첫 번째 인생을 카메라가 보는 대로 본다. 나나가 살아가는 대로 본다. 영화가 안겨 주는 충격은 놀라울 정도다. <비브르 사 비>는 명료하고 신랄하며 무뚝뚝하다. 그러고는 끝난다. 그것이 그녀가 살아야 할 삶이다.

빅 슬립	감독	하워드 호크스	
The Big Sleep	주연	험프리 보가트, 로런 버콜	
	제작	1946년	114분

하워드 호크스Howard Hawks, 1896~1977의 <빅 슬립>에서 가장 자주 들먹여지는 이름 두 개가 오웬 테일러와 숀 리건이다. 한 사람은 부유한 스턴우드 가문의 운전사다. 다른 사람은 늙은 스턴우드 장군이 '그를 대신해서 술을 마시는 일을 시키려고' 고용한 아일랜드인이다. 둘 중 어느 쪽도 살아 있는 모습으로는 등장하지 않는다. 리건은 영화가 시작되기 전에 미스터리하게도 실종됐고, 테일러의 시체는 그가 탄 패커드 승용차가 부두에서 바다로 돌진한 후 태평양에서 인양된다. 그들은 살해된 걸까? 그런데 다른 살인이 다섯 건이나 등장하는 영화에 그게 중요한 사건이기는 할까?

할리우드에 전해 내려오는 일화 중에서도 꽤 잘 알려진 일화 중 하나는 레이먼드 챈들러Raymond Chandler의 혼란스럽기 그지없는 소설을 원작으로 한 영화의 혼란스러운 플롯과 관련이 있다. 로런 버콜Lauren Bacall은 자서전에서 이렇게 회고한다. "어느 날 보기Bogie•가 촬영장에

와서 호크스 감독에게 물었다. '테일러를 부두에서 떠민 게 누군가요?' 촬영장의 모든 움직임이 멈췄다." A. M. 스퍼버A. M. Sperber와 에릭 랙스 Eric Lax가 『보가트Bogart』에서 썼듯이 "호크스는 챈들러에게 스턴우드의 운전사 오웬 테일러가 살해당한 것인지 자살한 것인지를 묻는 전보를 보냈다. 챈들러는 '젠장, 나도 어느 쪽인지 모르겠소'라고 답장을 보냈다. 챈들러는 나중에 출판업자에게 보낸 편지에 이렇게 썼다. '색기 넘치는 여동생을 연기한 아가씨(마사 비커스Martha Vickers)가 대단히 뛰어나서 버콜 양을 완전히 산산조각 내 버렸소. 그래서 스튜디오는 그녀가 등장하는 최고의 장면들을 딱 하나만 남기고 모두 잘라 버리는 방식으로 영화를 편집했소. 그 결과 영화는 난센스가 돼 버렸고 하워드 호크스는 소송을 걸겠다고 으름장을 놨소. (…) 듣기에 오랜 논쟁 끝에 그는 촬영장으로 돌아가 재촬영을 상당히 많이 했다고 합디다.'"

이것이 이 영화가 왜 그렇게 혼란스러운지에 대해서조차 의견을 같이 하는 사람이 아무도 없는 가장 혼란스러운 영화의 전형적인 모습이다. 그럼에도 이런 혼란은 <빅 슬립>의 지속적인 인기에 조금도 영향을 주지 않았다. 이 영화는 범죄를 수사하는 과정을 다룬 영화이지 결과를 다룬 영화가 아니기 때문이다. 수사 과정은 사설탐정 필립 말로(험프리 보가트Humphrey Bogart)가 부유한 늙은 장군(찰스 왈드런Charles Waldron)과 음탕한 두 딸(버콜과 비커스)과 결부된 도박꾼, 포르노 제작자, 살인자, 공갈꾼 들을 뚫고 나갈 길을 찾아가는 과정을 따라간다. 일부 악당들은 살해당하고 다른 악당들은 체포된다. 그러나 우리는 그들에게 그리 신경을 쓰지 않는다. 진짜 결과는 보가트와 버콜이 서로의 품에 안기는 것이기 때문이다. <빅 슬립>은 다른 많은 것을 다루는 플롯을 갖춘 육욕肉慾에 대한 이야기다.

●　보가트의 애칭

영화의 초기 버전이 세상에 등장한 지금, 그 부분을 더 선명하게 볼수 있다. 워너 브러더스는 <빅 슬립>을 1945년에 완성했지만, 스튜디오가 창고에 쌓아 두고 있던 제2차 세계 대전을 다룬 전쟁 영화들을 서둘러 극장에 밀어내는 동안 <빅 슬립>은 개봉이 연기된 상태였다. 1945년도 프린트의 역사는 복잡하다. 이 프린트는 태평양 주둔 미군에게 상영하기 위해 USOUnited Service Organizations, 미군위문협회로 보내졌는데, 나는 전설적인 필름 아키비스트 데이비드 브래들리David Bradley 덕에 1980년의 어느 일요일 오후에 그 버전의 사본을 감상했다. 할리우드 힐스에 있는 브래들리의 집 뒤에는 콘크리트 블록으로 지은 벙커가 있었고, 그 벙커에는 필름 프린트가 가득했다. 브래들리는 극장에 배급하지 않은 영화를 군에 제공한 건 드문 일이라면서, 스튜디오가 군에 필름을 넘기자마자 버콜 역할을 강화해야겠다는 생각을 시작한 건 아닌지 궁금해했다.

어쨌든 이후로 벌어진 일들은 영화의 미래에 심대한 영향을 끼쳤다. 버콜의 스크린 데뷔작인 호크스의 <소유와 무소유To Have and Have Not>(1944)는 대히트를 쳤고, 그녀와 보가트가 스크린에서 보여 준 합은 열기가 끓어 넘쳤다("휘파람 부는 법 알죠, 그렇죠, 스티브? 입술을 한데 모으고 숨을 내쉬기만 하면 돼요"). 그런 후 버콜은 <비밀요원Confidential Agent>(1945)에 샤를 부아예Charles Boyer의 상대역으로 출연했지만 평은 좋지 않았다. 그러고서 그녀와 보가트는 결혼했다(당시 그녀는 20세였고 보가트는 44세였다).

<빅 슬립>의 오리지널 버전이 마음에 들지 않았던 버콜의 권세 좋은 에이전트 찰스 펠드먼Charles Feldman은 낙담에 빠진 스튜디오 수장 잭 워너에게 여러 장면을 삭제하고 덧붙이고 다시 촬영해 달라고 요청하는 편지를 썼다. 그렇지 않으면 버콜은 더 심한 악평에 시달리게 될 가능성이 있다고, 그랬다가는 워너가 보유한 최고의 흥행 제조기와 결혼한 유망한 스타의 커리어가 타격을 입을 것이라고 경고했다. 워너는

동의했고, 호크스는 재촬영을 위해 배우들을 데리고 촬영장에 돌아왔다. 버콜은 자서전에서 이 과정을 축소한다. "하워드 감독이 필요로 한 것은 … 보기Bogie와 나 사이의 장면 하나였다." 사실 그는 그보다 더 많은 것을 필요로 했다. UCLA의 아키비스트들이 복원해서 비디오로 출시한 1945년도 개봉 버전에는 1946년에 영화가 개봉했을 때 원래 버전에서 어떤 게 남았고 어떤 게 새로 촬영되었는지를 보여 주는 상세한 다큐멘터리가 수록되어 있다.

펠드먼은 워너에게 보낸 편지에서 자신은 버콜이 <소유와 무소유>에서 보여 준 "건방진 분위기"를 봐야겠다고 말했다. <빅 슬립>의 오리지널 버전에서 보가트와 버콜의 관계는 딱히 뭐라고 규정하기 어려운 골칫거리다. 말로는 자신이 이 차갑고 고상한 미녀를 신뢰하는지 여부를 확신하지 못한다. 1946년 버전은 그들의 로맨스에 전념하면서, 그 시점까지 만들어진 영화 중에서 가장 과감한 중의적 표현의 사례를 포함한 여러 장면을 덧붙인다. 새로 삽입된 장면은 버콜과 보가트가 나이트클럽에서 만나는 모습을 보여 준다. 그곳에서 두 사람은 경마 이야기처럼 들리는 대화를 나눈다.

버콜: 말 이야기를 하자면, 나는 직접 말을 다루는 걸 좋아해요. 하지만 처음에는 말들이 약간 뛰어다니는 걸 좋아해요. 선두에서 달리는 말인지 뒤에서 날아오는 말인지 확인하는 거예요. (…) 당신은 평가받는 걸 좋아하지 않는 것 같네요. 당신은 앞에 나서서 선행으로 달리다가 직선 주로 반대편에서 약간 숨을 돌리고는 홀가분하게 집에 돌아오는 걸 좋아하는군요.

보가트: 당신은 클래스가 남다르군. 하지만 당신이 얼마나 멀리 갈 수 있을지 모르겠어.

버콜: 안장에 탄 사람이 누구냐에 많은 것이 달려 있죠.

사랑에 빠져 서로를 희롱하는 두 사람의 즐거움 넘치는 모습이 감지된다. 새 장면들은 1945년 버전에는 존재하지 않던 박력을 영화에 불어넣었다. 이 버전은 '스튜디오의 간섭'이 정확하게 올바른 일을 해낸 사례다. 초기 버전을 봐야 하는 유일한 이유는 신들의 배후를 보기 위해서, 두어 개의 신을 수정하는 것만으로도 영화의 톤과 임팩트가 바뀔 수 있다는 걸 터득하기 위해서다(같이 수록된 다큐멘터리는 약간 상이한 분위기를 빚어내기 위해 대사가 어떻게 다시 더빙되었는지도 보여 준다).

우리가 긴 세월 동안 내내 보아 왔던 1946년 버전의 경우, 그 영화는 걸작 필름 누아르에 속한다. 챈들러의 필력을 정확하게 재생산해 내는 흑백의 심포니는 사건과 거리를 유지하는 목소리의 톤을 찾아내면서도 심술궂고 유머러스하며 자상하다. 작가들(윌리엄 포크너William Faulkner, 줄스 퍼스먼Jules Furthman, 리 브래킷Leigh Brackett)은 챈들러의 원래 대사를 기본으로 삼고는 거기에 자신들 고유의 분위기를 가미하는 식으로 시나리오 역사상 가장 많이 인용될 만한 대사를 써 냈다. 대사가 뭔가가 재미있어서가 아니라 짓궂다 싶을 정도로 영리하기 때문에 깔깔거리게 되는 영화는 보기 드물다('색기 넘치는' 여동생에 대해 말로는 "그녀는 내가 일어서는 중에 내 무릎에 앉으려고 애썼다"고 묘사했다). 액션으로 가득한 현대의 범죄 영화들과는 달리 <빅 슬립>은 대사의 비중이 크다. 캐릭터들은 챈들러의 소설에서처럼 말하고 또 말한다. 누구의 입담이 더 센지 알아보는 경기라도 벌이는 것 같다.

여동생 역할을 맡은 마사 비커스는 정말로 짜릿한 연기를 펼치고, 도로시 멀론Dorothy Malone은 말로에게 흥미를 느끼는 서점 직원으로 등장한 장면에서 독보적인 모습을 보인다. 그런데 1945년 버전은 펠드먼이 두려워했던 것처럼 버콜이 형편없는 연기를 펼친 것은 아니라는 것을 명확하게 보여 준다. 그녀는 대부분의 신에서 적절한 연기를 펼치고 다른 장면들에서는 썩 괜찮은 모습을 보여 준다. 그런데 장면들 자체가 — 재촬영된 신들이 그랬던 것처럼 — 그녀에게 기회를 제공하지 않았다. '경마' 대화 같은 장면에서 그녀는 트레이드마크가 된 무뚝뚝하고 자제하는 분위기를, 개인적으로만 느끼는 즐거움을, 남자들의 그릇을 재고 경쟁을 붙이기를 좋아하는 모습을 보인다. 그녀가 연기자 훈련을 받지 못한 스무 살배기라는 사실을 감안하면 깜짝 놀랄 연기다. 그녀 자신도 겁이 나서 죽을 뻔했다고 토로했다.

보가트는 개인적인 스타일을 예술의 형태로 발전시켰다. 그가 이것 외에 따로 더 작업해야 할 게 무엇이 있었겠나? 그는 딱히 미남도 아니었고 부분 가발을 썼으며 키가 크지도 않았다(그는 "그러려고 노력해"라고 비커스에게 말한다). 그는 늘 특정한 범위 안에서만 연기하는 것처럼 보였다. 그럼에도 지금으로부터 한 세기 후에 그보다 더 잘 기억되는 배우는 없을 것이다. 그리고 <빅 슬립>에 들어 있는 매력적인 서브텍스트는 그가 버콜이라는 연분을 찾아냈다는 것이다.

그의 눈에서 그 점을 볼 수 있다. 분명히 그는 사랑에 빠졌다. 그런데 그 외의 다른 것들도 있다. 그는 이 영화를 찍을 때 아내 메이오Mayo Methot와 까다로운 결별을 진행하는 중이었다. 그는 지나치게 과음하고는 촬영장에 며칠간 나타나지 않았고, 호크스는 계획되어 있던 장면들 대신에 그가 등장하지 않는 장면들을 찍어야 했다. 보가트는 이 미숙하지만 활달한 스무 살배기를 연인으로서뿐 아니라 그를 구원할 천사로도 봤다. 그게 영화의 밑바닥에 흐르는 저류다. 그런 삶을 직접 살아 내는 것은 그다지 재미있지 않겠지만, 그런 사생활은 스크린에 즐거우면서도 절박한 긴장감을 빚어낸다. 필름 누아르의 전체 아이디어는 입 밖에 낼 수 없는 경험을 체험하면서 쿨한 태도를 유지하는 것이기 때문에, 이 작품은 그의 인생 중 그 시기에 알맞은 시나리오였다.

하워드 호크스는 순수한 영화들〔<그의 연인 프라이데이His Girl Friday>(1940), <베이비 길들이기Bringing Up Baby>(1938), <붉은 강Red River>(1948) <리오 브라보Rio Bravo>(1959)〕를 연출한 위대한 미국 감독 중 한 명이자, 다양한 장르 영화에서 자신만의 간결한 가치관을 찾아냈다는 점에서 작가 이론 평론가들의 영웅이다. 언젠가 그는 좋은 영화를 "걸출한 장면 세 개가 있고 나쁜 장면은 하나도 없는 영화"로 정의했었다. <빅 슬립>의 두 버전을 비교하면, 걸출한 장면 하나를 다시 촬영해서 집어넣고 나쁜 장면들 일부를 제거하는 것으로도 그의 주장을 입증할 수 있음이 드러난다.

사냥꾼의 밤	감독	찰스 로튼	
The Night of the Hunter	주연	로버트 미첨, 셸리 윈터스	
	제작	1955년	92분

찰스 로튼Charles Laughton, 1899~1962의 <사냥꾼의 밤>은 위대한 미국 영화 중 한 편이지만 받아 마땅한 주목은 전혀 받지 못했었다. 대중과 평단을 사로잡는 데 적절한 과시적인 요소가 없었기 때문이다. 많은 위대한 영화가 위대한 감독들에 의해 만들어졌다. 그런데 로튼이 연출한 영화는 이 영화 한 편뿐인 데다가 이 영화가 비평과 흥행 면에서 실패한 사실은 그의 두드러진 연기 경력에 오랫동안 가려져 왔다. 많은 위대한 영화가 덕망과 명성을 갖춘 연기자들을 활용한다. 그런데 로버트 미첨 Robert Mitchum은 늘 평판 나쁜 아웃사이더였다. 그리고 많은 위대한 영화가 사실적이다. 그런데 <사냥꾼의 밤>은 표현주의적인 기괴함으로 점철된 작품으로, 비주얼 판타지를 통해 오싹한 이야기를 들려준다. 사람들은 이 영화를 어떻게 분류해야 할지 몰랐고, 그래서 자신들의 위대한 영화 목록에서 이 영화를 제외했다.

그럼에도 이 얼마나 매력적이고 섬뜩하며 아름다운 영화란 말인가! 게다가 이 영화는 어려운 시기를 대단히 잘 이겨 내고 살아남았다. 1950년대 중반에 만들어진 많은 영화가, 심지어 잘 만들어진 영화들조차, 지금 보면 약간 시대에 뒤떨어진 듯 보인다. 하지만 로튼은 자신의 작품 배경을 전통적인 리얼리즘의 외부에 존재하는, 구상 작업을 통해 생긴 영화의 세계로 설정하면서 영화에 영원한 생명을 부여했다. 그렇다. 영화는 강가에 있는 작은 마을이 배경이다. 그런데 이 마을은 크리스마스카드에 그려진 풍경처럼 인공적인 느낌을 풍긴다. 내부의 각도는 기이하고 외부는 사람이 살기에는 너무 좁아 보이는 기이하게 생긴 주택과 강은 <괴담怪談> 같은 철저하게 양식화된 스튜디오 영화를 찍기 위해 지어진 곳이라고 해도 믿을 만큼 확연히 인공적인 세트다.

미첨이 연기하는 캐릭터인 사악한 '목사' 해리 파월에 대해서는 모르는 사람이 없다. 영화를 보지 않은 사람들조차 그의 두 손의 관절들을, 그리고 한손에는 'H-A-T-E'가, 다른 손에는 'L-O-V-E'가 문신으로 새겨져 있다는 것을 들어서 알고 있다.

많은 영화 애호가가 천진난만한 소년에게 목사가 하는 설명을 암기할 수 있다. "아하, 꼬맹이가 내 손가락을 보고 있구나. 내가 오른손 왼손에 대한 짧은 이야기를 들려줄까?" 그리고 목사가 계단 위에 서서 아래에 있는 소년과 여동생을 부르는 장면은 다른 공포 영화 수백 편의 모델이 됐다.

그런데 이러한 친숙함이 <사냥꾼의 밤>에게 응당 받았어야 할 보상을 해 줬을까? 나는 그렇게 생각하지 않는다. 이 유명한 트레이드마크들이 이 영화가 이룩한 진정한 위업에 쏟아져야 할 눈길을 다른 곳으로 돌려 버렸기 때문이다. 이 영화는 가장 잊을 수 없는 악당 중 한 명이 등장하는 가장 오싹한 영화에 속한다. 그 두 가지 측면에서 이 영화는 <양들의 침묵The Silence of the Lambs>이 지금부터 많은 세월이 흐른 후에도 그대로 유지할 거라 예상하는 위신을 40년이 지난 지금도 간직하고 있다.

줄거리를 정리해 보면 이렇다. 해리 파월은 감방에서 사형수(피터 그레이브스Peter Graves)의 비밀을 알게 된다. 사형수는 자기 집 어딘가에 1만 달러를 숨겼다. 석방된 파월은 남자의 과부인 윌라 하퍼(셸리 윈터스Shelley Winters)와 두 자녀인 존(빌리 채핀Billy Chapin)과 올빼미처럼 생긴 펄(샐리 제인 브루스Sally Jane Bruce)을 찾아간다. 아이들은 돈이 어디 있는지 알지만 '목사'를 신뢰하지는 않는다. 그러나 그의 사탕발림에 넘어간 아이들의 어머니는 그와 결혼하고, 이 결혼은 예배당과 납골당이 결합된 것처럼 보이는 박공 높은 침실에서 보내는 고통스러운 밤으로 이어진다.

얼마 지나지 않아 윌라 하퍼가 죽는다. 강바닥에 가라앉은 자동차를 촬영한 믿기 힘든 숏에서 그녀의 머리카락은 해초들과 함께 흐느적거린다. 그러고 얼마 지나지 않아 아이들은 작은 보트를 타고 꿈결 같은 강 하류로 도망치고, 목사는 강가를 따라 무자비하게 아이들을 추적한다. 아름답게 양식화된 이 시퀀스는 악몽의 논리를 활용한다. 악몽에서는 꿈을 꾸는 사람이 얼마나 빠른 속도로 달아나건 느린 걸음으로 쫓아오는 추적자에게 따라잡히고 만다. 아이들은 결국 성경 말씀을 경외하는 늙은 부인(릴리언 기시Lillian Gish)의 품에 들어가는데, 돈에만 골몰하는 살인자에 맞서 아이들을 지키기에는 무력한 듯 보이는 그녀는 그녀의 믿음처럼 단호한 모습을 보인다.

강바닥에 있는 윈터스를 찍은 숏은 이 영화에 담긴 두드러진 이미지 중 하나로, 스탠리 코테즈Stanley Cortez가 흑백으로 촬영한 것이다. 오슨 웰스의 <위대한 앰버슨가The Magnificent Ambersons>(1942)를 촬영했던 그는 언젠가 자신이 "늘 괴상한 것들을 촬영할 사람으로 선택됐다"는 의견을 밝혔었다. 그런 그도 이보다 더 괴상한 것들은 촬영한 적이 없었다. 어느 오싹한 구도는 가로등 밑에 선 미첨의 섬뜩한 그림자가

아이들의 침실 벽에 비치게 만든다. 목사가 계단으로 도망가는 아이들을 쫓다가 자빠지고 넘어지고 돌진하다 문틈에 손가락이 끼는 지하실 시퀀스에는 공포와 유머가 결합되어 있다. 그리고 걸출한 밤중의 강 시퀀스는 개구리와 거미 같은 자연의 디테일들을 전경前景으로 활용해 아이들이 결국 안전한 곳을 향해 떠내려가는 것이 일종의 성경의 말씀에 따른 여정임을 강조한다.

데이비스 그럽Davis Grubb의 소설이 원작인 시나리오의 크레디트는 미국 영화의 시나리오와 비평의 아이콘이라 할 수 있는 '제임스 에이지James Agee'로 달렸는데, 그는 당시 알코올 중독 말기였다. 로튼의 과부 엘사 랜체스터Elsa Lanchester는 자서전에서 단호하게 주장한다. "찰스는 결국 에이지를 거의 존중하지 않게 됐다. 게다가 그는 에이지가 쓴 시나리오를 혐오했는데, 그 혐오가 그에게 영감을 줬다." 그녀는 영화의 프로듀서인 폴 그레고리Paul Gregory가 한 말을 인용한다. "스크린에 등장한 영화의 시나리오를 쓴 사람이 제임스 에이지라면…… 나는 마를레네 디트리히Marlene Dietrich입니다."

최종고를 쓴 사람은 누구일까? 아마도 로튼일 것이다. 랜체스터와 로튼 모두 로튼이 견뎌 낼 수가 없었던 두 아역 배우를 데리고 작업하는 걸 도와준 미첨이 무척이나 소중한 존재였다고 기억했지만, 최종적인 작품은 전적으로 로튼의 것이다. 릴리언 기시가 연로한 복수 천사처럼 사건들을 주재하는, 성경을 연상시키는 꿈결 같은 마지막 시퀀스는 특히 더 그렇다.

로버트 미첨1917~1997은 영화의 반세기가 낳은 위대한 아이콘이었다. 스크린 밖에서 때로 불명예스러운 명성을 얻었음에도, 다정한 성격 탓에 설익은 프로젝트들의 출연 계약서에 선뜻 서명했음에도, 그는 일군의 성공적인 영화를 만들었다. 그래서 데이비드 톰슨David Thomson은 자신의 저서 『영화의 전기적 사전Biographical Dictionary of Film』에서 이렇게 묻기에 이르렀다. "어떻게 나는 이 멋진 사내를 영화계에서 뛰어난 배우 중 한 명으로 제시할 수 있는가?" 그러고는 대답했다. "전쟁 때문에, 그토록 상이한 무드의 1급 영화들을 더 많이 만든 미국 배우가 없었기 때문이다." 그는 <사냥꾼의 밤>이 "미첨이 영화 경력 내내 자신의 이미지에서 벗어난 역할을 연기한 유일한 때"라는 의견을 표명했다. 목사 캐릭터에는 미첨의 페르소나가 거의 없다는 뜻이다.

불가사의하게도 미첨은 이 역할에 딱 맞았다. 기다란 얼굴과 귀에 거슬리는 목소리, 시골 장터의 약장사 같은 유들유들한 분위기 때문이었다. 신경과민과 성적인 히스테리를 보여 주는 셸리 윈터스는 조급하게 그의 품에 안겼다가 조급하게 벗어나는 모습에 어느 정도 설득력을 부여한다. 조연 연기자들은 노먼 록웰Norman Rockwell● 이 그린 그림들에 등장하는 원형들을 모아 놓은 수다스러운 갤러리와 비슷하다. 그들의 삶은 자선기금 모금 행사와 소다수 판매장, 가십의 주위를 맴돈다. 아이들, 특히 어린 여자아이는 사랑스럽다기보다는 기괴하게 생겼는데, 이는 이 영화가 리얼리즘에서 멀어지면서 양식화된 악몽의 영역으로 들어가는 것을 거든다. 그리고 내 생각에 릴리언 기시와 스탠리 코테즈는 그녀의 모습을 잡은 빼어난 숏을 일부러 휘슬러James Whistler의 그림●에 등장하는 어머니가 엽총을 든 것과 사뭇 비슷하게 보이게끔 구도를 잡았다.

찰스 로튼은 이 영화에서 독창적인 심미안을, 그리고 영화계의 인습을 확장시키는 소재를 향한 취향을 보여 줬다. 공포와 유머를 결합하는 건 위험한 일이다. 그리고 표현주의를 통해 거기에 접근하는 건 무모한 일이다. 로튼은 첫 영화를 만들면서 이전에도 이후에도 전혀 존

● 미국의 화가(1894~1978). 미국 문화를 반영한 그림으로 대중적인 명성을 얻었다.
◆ 미국의 화가 제임스 휘슬러(1804~1881)가 그린 그림 '화가의 어머니(Whistler's Mother)'(1871)를 가리킨다.

재하지 않았던 영화를 만들었다. 게다가 어찌나 자신감이 넘쳤던지, 이 영화는 그의 평생을 담아 낸 역작처럼 보인다. 평론가들은 영화를 보고 당황했고, 대중은 영화를 거부했으며, 스튜디오는 이 영화 대신 홍보하고 싶었던, 훨씬 많은 제작비가 든 미첨의 영화〔<낯설지 않은 사람으로서Not as a Stranger>(역시 1955년 작품)〕를 갖고 있었다. 그러나 <사냥꾼의 밤>을 본 사람은 누구도 이 영화를 잊을 수 없었다. 그리고 지하실 계단을 소용돌이치며 내려가는 미첨의 목소리를. "얘…… 들아?"

사랑은 비를 타고	감독	진 켈리, 스탠리 도넌
Singin' in the Rain	주연	진 켈리, 도널드 오코너, 데비 레이놀즈
	제작	1952년 103분

<사랑은 비를 타고>보다 재미있는 뮤지컬 영화는 없고, 세월이 흐르면서도 여전히 참신한 채로 남아 있는 뮤지컬 영화도 드물다. 영화를 위해 새로 작곡된 노래는 딱 한 곡 밖에 없다는 사실을, 프로듀서들이 세트와 소품들을 MGM의 보관 창고에서 훔쳐 왔다는 사실을, 영화가 애초에는 오스카상 작품상을 수상한 <파리의 아메리카인An American in Paris>보다 낮은 평가를 받았다는 사실을 알고 나면 이 영화의 독창성은 더더욱 놀랍게 느껴진다. 세월의 평가는 아카데미상 회원들보다 훨씬 더 지혜롭다. <사랑은 비를 타고>를 감상하는 것은 평범한 차원을 뛰어넘는 비범한 경험으로, 영화를 사랑하는 사람치고 그 점을 놓칠 이는 아무도 없다.

    무엇보다 이 영화는 낙천적이고 행복하다. 세 스타(진 켈리Gene Kelly, 1912~1996, 도널드 오코너Donald O'Connor, 열아홉 살배기 데비 레이놀즈Debbie Reynolds)는 탄성이 절로 나오는 곡예가 포함된 댄스 넘버

들을 한도 끝도 없이 리허설했을 게 분명하다. 그런데 그들은 춤을 추고 노래를 부를 때 기쁨에 젖은 들뜬 모습을 보여 준다. 피터 월렌Peter Wollen은 영국영화협회 논문에 켈리의 비에 흠뻑 젖은 'Singin' in the Rain(사랑은 비를 타고)' 댄스 넘버는 "필름에 담긴 가장 인상적인 단일 댄스 넘버"라고 썼다. 나는 도널드 오코너의 'Make 'Em Laugh(사람들을 배꼽 잡게 만들어)'를 그 노래와 쌍벽을 이루는 곡으로 꼽겠다. 그는 그 노래를 공연하면서 몸을 만화 영화 속 캐릭터처럼 거칠게 다룬다. 영화가 만들어진 1952년에 켈리와 오코너는 이미 탄탄히 자리를 굳힌 스타들이었다. 예전에 단역 다섯 개만 연기했던 신인 배우 데비 레이놀즈에게 이 영화는 출세작이었다. 두 베테랑 댄서들의 춤 실력을 따라잡아야만 했던 그녀는 실제로 그 일을 해냈다. 'Good Morning(굿모닝)'에서 그들이 모두 소파를 향해 나아갈 때 그녀가 성큼성큼 걸음을 내딛으며 보여 주는 쾌활한 얼굴에 서린 결단력을 눈여겨 보라.

　　<사랑은 비를 타고>는 활력으로 고동친다. 영화의 제작 과정을 다룬 영화에서, 우리는 그들이 이 영화를 만들면서 누렸을 즐거움을 감지할 수 있다. 영화를 공동 연출한 감독은 스물여덟 살밖에 안됐던 스탠리 도넌Stanley Donen, 1924~2019이었다. 켈리는 안무를 감독했다. 도넌은 1998년에 오스카상 명예상을 수상하면서 자신이 받은 트로피와 함께 춤을 추며 'Cheek to Cheek(뺨을 맞대고)'를 부르는 것으로 시상식을 자신의 무대로 만들어 버렸다. 그는 열여덟 살 때인 1941년에 켈리의 어시스턴트로 영화 일을 시작했다. 그들이 <춤추는 대뉴욕On the Town>(1949)에서 같이 작업했을 때 그의 나이는 겨우 스물다섯이었다. 그의 크레디트에는 <퍼니 페이스Funny Face>(1957)와 <7인의 신부Seven Brides for Seven Brothers>(1954) 등이 있다.

　　이 영화가 안겨 주는 즐거움 중 하나는 정말로 무언가 대단한 것을 다룬 영화라는 점이다. 물론 이 영화는 대부분의 뮤지컬이 그렇듯

로맨스를 다룬다. 그런데 이 영화는 위험한 전환기에 접어든 영화 산업을 다룬 영화이기도 하다. 영화는 무성 영화에서 유성 영화로 넘어가는 전환기를 단순하게 묘사하기는 하지만 그릇되게 묘사하지는 않는다. 그렇다. 카메라는 방음 부스에 들어가야 했고, 마이크는 평범한 풍경에 감춰야 했다. 그리고 맞다. 사전 시사회의 관객들은 유명한 스타들의 목소리를 처음 들었을 때 폭소를 터뜨렸다. 광고는 "가르보가 말하다!Garbo Talks!"라고 약속했지만, 그녀와 공연한 존 길버트John Gilbert는 입을 계속 닫고 있는 편이 나았을 것이다. 영화는 사전 비공개 시사회로 시작했다가 끝나고, 촬영 스튜디오와 더빙 스튜디오가 배경인 시퀀스들이 있다. 그리고 영화는 스튜디오들이 작품에서 공연한 스타들 사이의 로맨스를 날조하는 방식을 조롱한다.

MGM이 프로듀서 아서 프리드Arthur Freed와 작가 베티 캄든Betty Comden과 아돌프 그린Adolph Green에게 프로젝트를 할당했을 때, 그들이 받은 지시는 스튜디오가 이미 보유하고 있는 노래들을 재활용하라는 것이었다. 대부분의 노래는 레니 헤이튼Lennie Hayton이 나치오 허브 브라운Nacio Herb Brown과 함께 작곡한 곡이었다. 그 노래들이 무성 영화가 유성 영화에 길을 내주던 시기에 작곡된 곡들이라는 점에 주목한 캄든과 그린은 유성 영화의 탄생에 대한 뮤지컬을 만들기로 결정했다. 그 결정은 손톱으로 칠판을 긁는 것 같은 목소리를 가진 육체파 금발 미녀 리나 러몬트(진 헤이건Jean Hagen) 캐릭터로 이어졌다.

사실 헤이건의 목소리는 꽤 괜찮은 편이었고, 할리우드 전체가 그 사실을 잘 알았다. 어쩌면 바로 그 점이 그녀가 아카데미상 여우조연상 후보로 지명되게끔 도왔을 것이다(뻔뻔스러운 아이러니는 데비 레이놀즈가 연기하는 캐릭터가 스크린 뒤에서 헤이건을 위해 노래를 부르는 장면에서 데비 레이놀즈의 노래하는 목소리를 더빙한 사람이 바로 헤이건이었다는 것이다!). 헤이건은 풍자적으로 묘사된 멍청한 금발을 연기한다. 그녀는 공연하는 주연 배우 돈 록우드(켈리)가 자신과 사랑에 빠졌다고 믿는다. 그렇다는 이야기를 팬들을 대상으로 발행되는 잡지에서 읽었기 때문이다. 그녀는 가장 웃기는 대사도 몇 개 부여받았다("사람들이 나를 어떻게 생각할까? 멍청할 거라고? 왜? 나는 캘빈 쿨리지가 평생 번 돈보다 더 많은 돈을 버는데!")

켈리와 오코너의 댄스 스타일은 우아한 거장 프레드 아스테어Fred Astaire의 스타일보다 활력 넘치고 곡예에 가깝다. 오코너의 'Make 'Em Laugh'는 영화 역사상 가장 경이로운 댄스 시퀀스로 남아 있다. 시퀀스의 많은 부분이 분절되지 않은 롱 테이크로 촬영되었다. 그는 마네킹과 씨름을 하고, 벽을 타다 공중제비를 돌고, 자기 몸을 봉제 인형처럼 내던지고, 마룻바닥에서 재주를 넘으며, 벽돌담과 널빤지에 부딪치고, 배경막을 뚫고 나간다.

월렌의 연구에 따르면, 켈리는 'Singin' in the Rain'의 최종 위치를 배후에서 조종한 인물이다. 오리지널 시나리오는 그 곡을 영화 후반부에 배치했고, 세 스타가 함께 부르는 것으로 설정했다(오프닝 타이틀이 나올 때 세 사람이 함께 노래 부르는 모습을 볼 수 있다). 켈리는 다른 이들을 쳐 내고 솔로 곡으로 만든 후, 그와 젊은 케이시 셀든(레이놀즈)이 사랑에 빠졌음을 깨달은 직후의 지점으로 위치를 옮겼다. 그렇게 하면서 그가 춤을 추는 이유가 설명된다. 그는 비에 젖는 것을 개의치 않는다. 이미 로맨스에 젖어 인사불성이기 때문이다. 켈리는 촬영 현장에서 눈에 띄는 소품들과 지형을 바탕으로 안무 짜기를 좋아했다. 그는 우산을 들고 춤을 추고, 가로등 기둥을 타고 돌며, 한 발은 인도에 올리고 다른 발은 배수구에 딛는다. 그러면서 장면이 절정에 달하는 지점에서는 빗물을 첨벙거리며 펄쩍거리기만 한다.

다른 댄스 넘버들도 실제 소품을 활용한다. 목소리 강사에게서 발성 강습을 받는 켈리와 오코너는 'Moses Supposes(모세는 생각해)'를 부르면서 탁자와 의자에서 균형을 잡는다(이 노래가 영화를 위해 작곡된 유일한 곡이다). 'Good Morning'은 록우드의 집 주방과 거실 공간을 활용한다(아이러니하게도 이 세트는 존 길버트가 출연하는 영화를 위해 제작된 것이었다). 영화 도입부에서 켈리는 전차에 올라갔다가 케이시의 컨버터블로 뛰어내린다. NG 컷을 보면 켈리는 첫 시도에서는 자동차를 놓치고 길거리에 착지한다.

영화의 3분의 2되는 지점에서 켈리와 시드 채리스Cyd Charisse가 등장하는 정교한 판타지 댄스 넘버 'Broadway Ballet(브로드웨이 발레)' 때문에 스토리 라인이 잠시 멈춘다. 이런 설정은 켈리가 자신이 만들고자 하는 작품의 내용을 스튜디오에 설명하는 큰 꿈('Gotta Dance!(춤 춰야 해!)')을 안고 브로드웨이에 도착한 멍청한 청년이 갱스터의 각선미 뛰어난 여자 친구와 어울린다는 내용의 댄스 넘버로 설명된다. MGM 뮤지컬들은 대규모 프로덕션 넘버들을 보여 주려고 영화의 진행을 멈추는 걸 좋아했다. 'Broadway Ballet'를 즐기는 건 가능한 일이지만 그게 정말로 영화에 필요한 곡이었는지는 여전히 의심스럽다. 이 댄스 넘버는 더 형식적이고 사려 깊은 무언가를 위해 영화의 저돌적인 에너지를 순식간에 사그라지게 만든다.

클라이맥스는 우둔한 리나의 진면목을 폭로하고 참신한 얼굴의 케이시를 찬양하려고 영화가 이미 심어 놓았던 전략들을 영리하게 활용한다. 시사회 관객들이 리나의 신작 영화에 갈채를 보낸 후(케이시가 무대 뒤에서 그녀의 목소리를 대신했다), 그녀는 무대에서 노래를 불러야 하는 궁지에 몰린다. 케이시는 리나가 입을 벙긋거리는 동안 무대 뒤에서 노래를 부른다는 데 마지못해 동의한다. 그런데 그녀의 두 친구가 스튜디오 보스와 합세해 관객들이 속임수를 볼 수 있게끔 커튼을 올려 버린다. 케이시는 복도를 달려 도망간다. 그런데 영화사에서 가장 로맨틱한 순간 중 하나에서 그녀가 전경에 클로즈업으로 잡히면 록히

드가 무대에서 소리를 지른다. "신사숙녀 여러분, 저 아가씨를 막으세요! 복도를 달려가는 저 아가씨요! 저 아가씨가 오늘밤에 여러분이 듣고 사랑했던 목소리의 주인공입니다. 그녀가 이 영화의 진정한 스타 케이시 셸든입니다!" 감상적이고 진부하지만 완벽하다.

<사랑은 비를 타고>의 마력은 계속 발휘되어 왔지만, 할리우드 뮤지컬은 이 모범 사례에서 배운 게 없다. 할리우드는 이 영화〔그리고 <파리의 아메리카인>(1951)과 <밴드 웨곤The Band Wagon>(1953)〕처럼 전적으로 영화를 만들려고 창작된 오리지널 뮤지컬 대신에 권리를 사들인 브로드웨이 히트작들을 재활용하기 시작했다. 그런 전략은 먹히지 않았다. 브로드웨이는 장년층 관객을 겨냥했기 때문이다(브로드웨이 히트작 중 다수가 나이를 먹은 전설적인 여배우들을 위한 쇼케이스였다). 현대 뮤지컬의 수작 대다수가 <하드 데이즈 나이트A Hard Day's Night>, <토요일 밤의 열기Saturday Night Fever>, <핑크 플로이드의 더 월 Pink Floyd: The Wall>, <퍼플 레인Purple Rain>처럼 새로 작곡된 음악에서 직접 끌어낸 작품들이었다. 한편 <사랑은 비를 타고>는 영화 광고가 한 약속을 충족시키는 몇 안 되는 영화 중 하나로 남았다. 포스터는 말했다. "이 얼마나 유쾌한가!What a glorious feeling!" 정말이지 솔직한 진실이었다.

사이코
Psycho

감독	앨프리드 히치콕
주연	앤서니 퍼킨스, 베라 마일스, 존 개빈
제작	1960년 109분

관객을 자극한 것은 메시지가 아니었습니다.

결출한 연기도 아니었습니다.

관객들은 순수한 영화에 자극받았습니다.

앨프리드 히치콕Alfred Hitchcock, 1899~1980은 <사이코>에 대해 프랑수아 트뤼포François Truffaut에게 이렇게 말하면서 그 영화는 "당신과 나 같은 영화감독들에게 속하는 영화"라고 덧붙였다. 히치콕은 일부러 <사이코>가 싸구려 기획 영화처럼 보이기를 바랐다. 그는 <사이코>를 평소 같이 작업하던 (<북북서로 진로를 돌려라North by Northwest>를 막 끝낸 참인) 몸값 비싼 영화 스태프가 아니라, 그가 제작하는 텔레비전 드라마를 만드는 데 활용하던 제작진과 촬영했다. 그는 흑백으로 촬영했다. 영화에는 긴 시간 동안 대사가 등장하지 않는 장면들이 담겨 있다. 예산 80만 달러는 1960년 기준으로 보더라도 쌌다. 베이츠 모텔과 맨션은 유니버설 촬영장의 야외 부지에 지어졌다. <사이코>는 영화가 풍기는 본능적인 분위기 면에서 <이창Rear Window>(1954)과 <현기증 Vertigo>(1958) 같은 고상한 히치콕 스릴러보다는 <우회Detour>(1945) 같은 누아르 급조 영화와 공통점이 더 많다.

그럼에도 다른 그 어떤 히치콕 영화도 <사이코>보다 더 큰 임팩트를 보여 주지 못했다. 감독은 책 한 권 분량의 인터뷰에서 트뤼포에게 "나는 관객들을 연출하고 있었습니다"라고 말했다. "내가 그들을 오르간처럼 연주하고 있었다고 해도 무방할 겁니다." 최초의 관객들에게 이 영화는 그들이 그때까지 본 가장 쇼킹한 영화였다. 영화 광고는 "반전을 폭로하지 마십시오!"라고 외쳤다. 그리고 히치콕이 준비해 둔 반전을 예상할 수 있는 관객은 단 한 명도 없었다. 여주인공인 게 분명한 매리언(재닛 리Janet Leigh)이 영화의 불과 3분의 1지점에서 살해당하는 것, 그리고 노먼의 어머니의 비밀 말이다. <사이코>는 윌리엄 캐슬William Castle이 만든 기획 스릴러처럼 홍보되었다. 히치콕은 "<사이코>는 영화의 처음부터 볼 필요가 있습니다!"라는 포고령을 내리면서 설명했다. "재닛 리가 스크린에서 자취를 감춘 후에 극장에 들어온 관객은 재닛 리가 등장하는 걸 보려고 기다리게 될 테니까."

이 깜짝 놀랄 반전들이 지금은 널리 알려져 있음에도 <사이코>는 섬뜩하고 오싹한 스릴러로 계속 위력을 발휘하고 있다. 그건 대체로 히치콕이 그리 명백해 보이지 않는 두 영역에서 부린 예술적 수완 덕분이다. 바로 매리언 크레인 이야기의 설정, 그리고 매리언과 노먼(앤서니 퍼킨스Anthony Perkins) 사이의 관계 말이다. 두 요소 모두 효력을 발휘하는데, 그건 히치콕이 두 요소 모두를 영화 전체를 위해 전개될 것처럼 처리하는 데 온 신경과 재주를 동원하기 때문이다.

설정은 히치콕이 거듭해서 사용했던, 범죄 상황에 빠진 평범한 사람이 느끼는 죄책감이라는 주제를 끌어 들인다. 매리언 크레인은 4만 달러를 훔치지만, 그럼에도 그녀는 여전히 죄를 짓지 않은 무고한 사람이라는 히치콕의 틀에 잘 들어맞는다. 우리는 그녀가 애인인 이혼남 샘 루미스(존 개빈John Gavin)와 초라한 호텔 방에서 점심시간을 보내는 동안 그녀와 처음 마주한다. 남자는 이혼 수당을 지불해야 하는 문제 때문에 그녀와 결혼하지 못한다. 두 사람은 비밀리에 만나야 한다. 그러던 그녀의 눈앞에 돈이 나타난다. 그 돈은 비열한 부동산 고객(프랭크 앨버트슨Frank Albertson)의 것이다. 부동산 고객은 그 정도 돈이면 매리언을 살 수도 있을 거라고 넌지시 말한다. 따라서 매리언은 사랑이라는 동기에서 돈을 훔치는 행동을 하고, 그녀의 범행에 희생당한 대상은 저열한 인간이 된다.

두 시간짜리 히치콕 영화의 플롯으로서 완벽하게 적절한 설정이다. 우리를 잘못 인도하게끔 만들어진 소재처럼 느껴지는 순간은 하나도 없다. 매리언이 피닉스에서 도망쳐 샘의 고향인 캘리포니아주 페어베일로 향하는 동안, 우리는 히치콕이 좋아한 또 다른 트레이드마크, 즉 경찰에 대한 편집증을 접한다. 고속도로 순찰 경관(모트 밀스Mort Mills)이 길가에서 낮잠을 자는 그녀를 깨워 심문한다. 경관은 훔친 돈이 든 봉투를 보기 직전까지 이른다. 그러한 위기를 겪은 여자는 자신의 차를 다른 번호판이 달린 차와 교환한다. 그러다가 그녀는 자동차 대리점에서 거리 건너편에 똑같은 경관이 차를 세우고 팔짱을 낀 채 순찰차에 기대고 서서 그녀를 응시하고 있는 모습을 보고는 대경실색한다. 영화를 처음 본 관객은 누구나 이 설정이 영화를 끝까지 끌고 갈 스토리 라인을 확립한다고 믿는다.

겁에 질린 데다 피곤한, 그리고 이미 절도 행각을 후회하고 있는 듯한 매리언은 페어베일 근처까지 차를 몰고 가지만 격렬한 폭풍우 때문에 속도를 늦춘다. 베이츠 모텔에 차를 세운 그녀는 노먼 베이츠와 짧으면서도 치명적인 만남을 갖기 시작한다. 그리고 다시 여기에서 장

면과 대사에 대해 히치콕이 쏟는 세세한 관심은 노먼과 매리언이 영화의 나머지 러닝 타임 동안 주인공으로 활동할 거라고 우리를 설득한다.

히치콕은 노먼의 '휴게실'에서 두 사람이 긴 대화를 하는 동안 그런 수완을 발휘하는데, 휴게실에 있는 사납게 박제된 새들은 활강해 내려와서는 두 사람을 먹잇감으로 포획할 것 같은 자세를 취하고 있다. 노먼의 어머니가 노먼을 날카롭게 쏘아붙이는 소리를 들은 매리언은 노먼에게 이 외진 곳에, 새로 놓인 고속도로가 우회해 간 길가에 있는 쓰러져 가는 모텔에 머무를 필요는 없다고 부드럽게 제안한다. 그녀는 노먼을 걱정한다. 또한 자신이 했던 행위를 다시 생각해 보기로 마음먹는다. 그리고 그는 감동한다. 어쩌나 감동했던지 자신의 감정이 자신을 위협한다고 느끼기까지 한다. 그게 그가 그녀를 죽여야 하는 이유다.

히치콕의 말에 따르면, 노먼이 매리언을 엿볼 때 관객 대부분은 그것을 관음증에 따른 행동으로 읽는다. 트뤼포는 브라와 팬티 차림의 매리언이 등장하는 영화의 오프닝이 뒷부분의 관음증을 강조한다고 말했다. 우리는 살인이 준비되어 있다는 생각은 꿈에도 하지 못한다.

오늘날 샤워 신을 보면 몇 가지가 두드러진다. 현대적인 공포 영화들과는 달리, <사이코>는 칼이 살을 찌르는 장면을 절대로 보여 주지 않는다. 상처는 전혀 등장하지 않는다. 피는 보이지만 몇 갤런 분량은 아니다. 히치콕이 흑백으로 촬영한 건, 컬러로 찍으면 관객들이 그 많은 피를 감당할 수 없을 거라고 느꼈기 때문이다(구스 반 산트Gus Van Sant의 1998년도 리메이크는 특히 이 생각을 부인한다). 버나드 허먼Bernard Herrmann이 만든, 현악기가 맹렬하게 울려 퍼지는 사운드트랙은 섬뜩한 음향 효과들을 대체한다. 클로징 숏은 보는 이를 불쾌하게 만드는 생생한 숏이 아니라 상징적인 숏이다. 피와 물이 배수구로 소용돌이치며 내려가는 동안, 카메라는 매리언의 움직이지 않는 눈동자를 클로즈업해서 배수구와 같은 크기로 잡는다. 상황과 예술적인 수완이 디테일한 생생한 묘사보다 더 중요함을 암시하는 이 장면은 영화 역사상 가장 효과적인 난도질 장면으로 남았다.

퍼킨스는 랜드마크가 된 연기를 통해 노먼의 복잡한 캐릭터를 구축하는 불가사의한 과업을 완수해 낸다. 그는 노먼은 뭔가 근본적으로 잘못된 점이 있는 인물이라는 것을 보여 준다. 그러면서도 청바지 주머니에 두 손을 찔러 넣고 베란다를 껑충껑충 뛰어다니며 미소를 짓는 것으로 호감이 가는 젊은 남자의 모습을 보여 준다. 그는 대화가 개인적인 문제로 접어들 때에만 말을 더듬거리면서 화제를 적당히 얼버무린다. 그는 처음에는 매리언의 공감뿐 아니라 우리의 공감도 산다.

여주인공의 죽음은 노먼의 꼼꼼한 살인 뒤처리로 이어진다. 히치콕은 교활하게 주인공을 교체한다. 매리언은 죽었다. 그런데 이제 우리는 (의식적으로는 아니지만 내면 깊은 곳에서) 노먼과 일체감을 느낀다. 그가 누군가를 찌를 수 있는 사람이라서가 아니라, 우리가 살인을 마친 후에 청소를 해야 한다면 우리도 노먼처럼 두려움과 죄책감에 사로잡힐 것이기 때문이다. 이 시퀀스는 베이츠가 매리언의 (그녀의 시신과 현금이 담긴) 차를 늪에 밀어 넣는 훌륭한 숏으로 끝난다. 가라앉던 차가 멈칫한다. 노먼은 뚫어져라 쳐다본다. 차는 결국 수면 밑으로 사라진다.

우리는 우리가 느끼는 감정을 분석하면서 우리도 노먼만큼이나 차가 가라앉기를 바랐음을 깨닫는다. 샘 루미스가 매리언의 여동생 라일라(베라 마일스Vera Miles)와 팀을 이뤄 그녀를 찾아다니려고 다시 등장하기 전까지, <사이코>는 이미 노먼 베이츠라는 새 주인공을 보유하고 있다. 이것은 관객을 쥐락펴락 조종해 온 히치콕의 오랜 관행에서도 가장 대담한 주인공 교체에 속한다. 영화의 나머지 부분은 효과적인 멜로드라마인데, 그런 분위기에 잘 어울리지 않는 충격을 주는 장면이 두 번 등장한다. 사설탐정 아보가스트(마틴 발삼Martin Balsam)는 카메라가 그와 함께 계단에서 떨어지는 것처럼 보이는 배경 영사를 활용한 숏에서 살해당한다. 그리고 노먼의 어머니의 비밀이 밝혀진다.

그런데 사려 깊은 관객에게는 여전히 마찬가지로 놀라운 장면이 기다리고 있다. 히치콕이 그로테스크하게 어울리지 않는 시퀀스로 걸작의 엔딩을 훼손한 이유는 미스터리다. 살인 사건들이 해결된 후, 장광설을 늘어놓는 정신과 의사(사이먼 오클랜드Simon Oakland)가 한데 모인 생존자들에게 노먼이 정신병적인 행동을 한 원인을 강의하는, 납득이 안 되는 장면이 있다. 이것은 거의 패러디의 지경까지 이르는 안티클라이맥스다. 내가 히치콕의 영화를 재편집할 정도로 과감한 사람이라면, 나는 노먼의 이중인격에 대한 의사의 설명의 첫 부분만 남겨 놓을 것이다. "노먼 베이츠는 더 이상 존재하지 않습니다. 그는 처음부터 절반만 존재했습니다. 그리고 지금, 다른 절반이 우세해졌습니다. 어쩌면 늘 그랬을지도 모릅니다." 그런 다음에 정신과 의사가 하는 말의 모든 걸 들어내고는 노먼이 이불을 뒤집어쓰고서 어머니 목소리로 말하는 숏으로 넘어갈 것이다("어머니가 친아들을 책망하는 말을 해야 하는 건 슬픈 일이야"). 그렇게 편집하면 〈사이코〉는 거의 완벽에 가까워질 거라고 생각한다. 정신과 의사의 장광설을 설득력 있게 옹호하는 주장은 단 한 번도 접해 보지 못했다. 트뤼포는 유명한 인터뷰에서 그 주제를 재치 있게 회피한다.

극장을 나서는 순간 영화의 거의 절반가량을 이미 잊게 되는 영화들이 넘쳐나는 시대에 〈사이코〉를 불멸의 영화로 만드는 것은, 그 영화가 우리가 느끼는 두려움과 직접적인 관련을 맺는다는 점이다. 충동적으로 죄를 저지를지도 모른다는 두려움, 경찰을 향해 느끼는 두려움, 미치광이의 희생자가 될지도 모른다는 두려움, 그리고 물론 어머니를 실망시킬지도 모른다는 두려움.

선셋대로	감독	빌리 와일더	
Sunset Blvd.	주연	윌리엄 홀든, 글로리아 스완슨	
	제작	1950년	110분

빌리 와일더Billy Wilder, 1906~2002의 <선셋대로>는 대중의 뇌리에서 잊힌 무성 영화 스타의 초상화다. 그녀는 그로테스크한 맨션에서 유배당한 사람처럼 살면서 오래 전에 출연했던 영화들을 감상하며 컴백을 꿈꾼 다. 그런데 이 영화는 러브 스토리이기도 하다. 그리고 바로 그 사랑이 이 영화가 평범한 밀랍 인형 전시 이벤트나 괴물 쇼로 전락하는 걸 막 는다. 글로리아 스완슨Gloria Swanson은 무성 영화 스타 노마 데스먼드 역할을 맡아, 원하는 것을 강하게 움켜잡는 손톱과 연극적인 매너리즘, 과대망상을 표출하며 그녀의 가장 위대한 연기를 펼친다. 윌리엄 홀든 William Holden은 자기 나이보다 두 배나 많은 연상의 여인이 자신을 곁 에 둘 수 있게끔 허용하는 작가라는 까다로운 역할을 재치 있게 연기 한다. 그런데 이 영화를 하나로 응집시키는 연기는, 고딕 스타일의 화 려함을 내세우는 영화를 현실적인 영화로 탈바꿈시키고 관객에게서 정 서적인 울림을 이끌어 내는 연기는 노마의 충실한 집사 맥스 역의 에리

히 폰 슈트로하임Erich von Stroheim이 펼친 연기다.

영화는 단도직입적이다. 영화가 많은 무성 영화 스타의 실제 인생을 얼마나 생생하게 반영했던지, 시사회에 참석한 당사자들은 영화를 보며 서로의 개인적인 디테일들을 감지할 수 있었다. 그런데 그중의 어떤 캐릭터도 — 심지어 노마 데스먼드도 — 한때 위대한 무성 영화 감독이었지만 지금은 자신이 연출하기도 했던, 그리고 결혼했던 여자의 집사로 일하는 신세가 되어 버린 맥스 폰 메이얼링보다 더 단도직입적이지는 않다. <여왕 켈리Queen Kelly>(1928)에서 스완슨을 연출했었고 <탐욕Greed>과 <유쾌한 미망인The Merry Widow>(둘 다 1925년 작품) 같은 영화들이 연출 필모그래피에 포함된, 그럼에도 유성 영화는 단 두 편만 연출했고 다른 감독들이 만든 영화에서 엄격한 나치 군인과 자신을 패러디한 역할들을 연기하는 신세로 전락한 폰 슈트로하임과 이 집사 캐릭터 사이에 유사점이 많다는 사실은 못 보고 지나치려야 지나칠 수가 없다.

<선셋대로>에서 데스먼드는 홀든이 연기하는 젊은 작가 조 길리스에게 그녀가 출연했던 오래된 클래식 무성 영화를 보여 준다. 영사기를 돌리는 사람은 맥스다. 등장하는 신은 <여왕 켈리> 중 한 장면이다. 한순간에 스완슨과 폰 슈트로하임은 실제 자신들의 모습을 연기하고 있다. 나중에 길리스가 대저택에 이사해 들어왔을 때, 맥스는 화려하게 장식된 침실을 보여 주며 설명한다. "이 방은 남편 방이었습니다." 맥스는 자신에 대해 말하는 중이다. 그녀와 결혼했던 세 남자 중 첫 남자였던 그는 그녀를 너무도 사랑한 나머지 그녀의 위대함을 열렬히 찬양하는 팬 메일을 위조하면서 그녀의 환상을 먹여 살리는 하인으로 기꺼이 돌아왔다.

영화에서 펼쳐진 연기 중 위대한 축에 속하는 이 연기에서 스완슨이 연기하는 노마 데스먼드는 패러디의 모서리 근처까지 미끄러지듯

달려간다. 스완슨은 러닝 타임의 대부분 동안 노마를 광기의 모서리에 붙잡아 두고는 연극 무대에서 펼치는 연기 같은 경멸과 변덕, 가식을 보여 줄 수 있는 어마어마한 기회를 잡았다. 그러고는 결국 노마를 광기의 영역으로 밀어 넣는다. 관객들은 그녀를 진지하게 받아들이지 않을지도 모른다. 그런데 맥스가 등장하는 지점이 바로 그곳이다. 그가 그녀를 믿기 때문에, 그가 인생을 그녀의 신전에 바쳤기 때문에 관객들은 그녀를 믿게 된다. 그의 사랑은 노마 데스먼드에게는 사랑할 만한 어떤 가치가 분명히 존재한다고 관객들을 설득하고, 그 설득은 결과적으로 조 길리스가 그녀를 받아들일 수 있게 된 연유를 설명한다.

물론 노마는 주름이 자글자글한 노파다. 영화에서 설정된 그녀의 나이는 쉰 살밖에 안 됐다. 이는 수전 서랜던Susan Sarandon과 카트린 드뇌브Catherine Deneuve 같은 스타들이 너그러운 관객들 앞에서 누드 신을 연기했을 때의 나이보다 어린 나이다. 노마가 공들여 화장하는 동안 돋보기가 그녀의 눈을 정면에서 잡는 장면이 있다. 우리는 스완슨의 피부가 대단히 매끄럽다는 사실에 깜짝 놀란다. 실제로 스완슨은 건강을 끔찍이도 챙기는 사람으로서 햇빛까지 피해 다녔는데, 그 덕에 피부가 보호됐다는 사실은 의심의 여지가 없다(그녀는 촬영 당시 쉰세 살이었다). 그런데 <선셋대로>가 주장하는 점은, 그녀가 나이를 먹은 곳은 육체가 아니라 정신이라는 것이다. 그녀의 삶은 그녀가 위대했던 순간에 고정되었고, 그녀는 과거에서 살고 있다.

빌리 와일더, 그리고 공동으로 시나리오를 쓴 찰스 브래킷Charles Brackett은 영화에 등장하는 캐릭터들의 모델이 된 실제 인물들을 잘 알았다. 범상치 않은 점은 와일더가 대단히 과감하고 사실적으로 캐릭터들을 묘사했다는 것이다. 그는 실명을 활용했다(대릴 자눅Darryl Zanuck, 타이론 파워Tyrone Power, 앨런 래드Alan Ladd). 그는 실제 인물을 보여 줬다(길리스가 잔인하게 "밀랍 인형 전시 이벤트"라고 부르는 노마의 브리지 파트너들은 무성 영화 스타 버스터 키튼Buster Keaton과 애나 Q. 닐슨Anna Q. Nilsson, H. B. 워너H. B. Warner다). 그는 현실을 그대로 담아냈다(노마가 파라마운트로 세실 B. 데밀Cecil B. DeMille을 방문했을 때, 감독은 실제 영화 <삼손과 데릴라Samson and Delilah>를 만드는 중이다. 그리고 그는 노마를 "작은 친구"라고 부르는데, 이는 그가 스완슨을 부를 때 늘 쓴 호칭이다). 집사 맥스가 조에게 "그 시절에 유망해 보였던 젊은 감독이 세 명 있었습니다. D. W. 그리피스D. W. Griffith와 세실 B. 데밀, 그리고 맥스 폰 메이얼링이었죠"라고 말할 때 폰 메이얼링의 이름을 폰 슈트로하임으로 교체하면, 이는 — 어쨌건 그의 속내에서는 — 1920년대에 폰 슈트로하임의 위상을 적절하게 반영한 언설이 된다.

<선셋대로>는 영화를 소재로 만들어진 역사상 최고의 드라마로 남았다. 환상을 통해 영화를 바라보기 때문이다. 노마 데스먼드는 그렇지 않다 하더라도 말이다. 무성 영화 스타가 땡전 한 푼 없는 작가를 자기 맨션으로 들일 때, 두 사람은 고전이 된 대사를 주고받는다. "예전에 당신은 거물이었죠." 그가 말한다. 노마는 위대한 대사로 응수한다. "나는 지금도 거물이야, 작아진 건 영화야." 조의 다음 대사를 기억하는 사람은 드물다. "영화에 뭔가가 잘못됐다는 건 알고 있었어요."

플롯은 조가 온전히 자신만을 위한 시나리오를 써 달라는 노마의 일자리 제의를 받아들일 이유를 여럿 제공한다. 그는 무일푼에다 월세가 밀려 있다. 차는 할부금 미납으로 회수될 참이다. 그리고 그는 데이튼의 신문 기자라는 옛 직업으로 돌아가고 싶지 않다. 그는 몸을 파는 것을 완전히 꺼리지도 않는다. 홀든은 자신의 역할에 미묘한 허약함과 자기혐오를 투사한다. 그는 노마의 선물은 원치 않는다는 형식을 갖추면서도 선물들(금 담배 케이스, 백금 시계, 정장, 셔츠, 구두)을 취한다. 그녀가 섣달그믐에 두 사람만을 위한 파티를 열자 그는 깜짝 놀랐다고 주장한다. 그러나 그녀가 작가만이 아니라 자신이 여전히 매력적인 존

재임을 확신시켜 줄 젊은 남자도 원한다는 사실을 그는 처음부터 알고 있었던 게 분명하다.

노마 이야기를 하자면, 그녀와 함께하는 삶은 전혀 나쁘지 않다. 그녀는 따분한 사람이 아니다. 그녀의 연극조 말투와 드라마투르기는 재미있다. 조를 위해 팬터마임 무대를 펼치고는 맥 세네트Mack Sennett의 목욕하는 아가씨를 연기한 다음에 채플린Charlie Chaplin의 트램프를 적당한 버전으로 연기할 때처럼, 그녀에게는 매혹적인 면이 있다. 조는 기꺼이 그녀에게 붙잡혀 있기로 한다. 영화에 결여된 유일한 요소는 공통점이 대단히 많은 조와 맥스 사이에 피어났어야 마땅한 더 큰 공감이다.

물론 영화에는 조가 영화 도입부에서 만난 파라마운트의 젊은 금발 작가 베티(낸시 올슨Nancy Olson)가 있다. 그녀에게는 결혼할 약혼자(젊은 잭 웹Jack Webb)가 있지만, 조가 맨션을 몰래 빠져나가 그녀와 시나리오를 쓰면서 두 사람은 사랑에 빠진다. 그는 그녀에게 매력을 느끼지만 뒷걸음질 친다. 부분적으로는 그녀가 진실을 발견하는 걸 원치 않기 때문이지만, 그가 노마의 생활 방식을 좋아하기 때문이기도 하다. 그리고…… 어쩌면 맥스처럼, 그가 그녀의 마술에 걸렸기 때문일까? 그의 대사는 신랄하고, (그녀가 자살하겠다고 위협하자 그녀에게 "오, 깨어나요, 노마. 당신은 빈집에서 자살하게 될 거예요. 관객들은 20년 전에 떠났어요"라고 말할 때처럼) 잔인해질 수도 있다. 그런데 거기에는 동정심도 분명 존재한다. 그는 말한다. "한참 전에 지나간 퍼레이드를 향해 지금도 자랑스럽게 손을 흔들고 있는 가여운 악마."

<선셋대로>를 여러 번 감상했고 버지니아대학에서는 숏 하나하나를 분석하기까지 했다. 그런데 최근에 이 영화를 감상하면서 이 영화와 1964년도 일본 영화 <모래의 여자砂の女>가 유사하다는 사실을 깨닫고는 깜짝 놀랐다. 두 작품 모두 남자를 밖으로 내보내려 하지 않는 여자의 집 또는 소굴에 갇힌 남자들을 다룬다. 그들은 다투고 욕설을

내뱉고 탈출 수단을 찾아보지만, 의식 속 깊은 곳에서는 죄수가 됐다는 사실에 만족한다. 어쩌면 그 사실을 즐기기까지 할 것이다. 두 여자 모두 가차 없이 몰려오는 모래(노마의 경우는 시간의 모래) 앞에서 자신을 지키는 데 도움을 줄 남자가 필요하다.

할리우드 황금기가 낳은 위대한 감독 중에서 빌리 와일더만큼 오늘날까지도 신선하고 오락적인 영화들을 많이 만든 감독이 있었던가? 그의 필모그래피는 경이롭다. <이중 배상Double Indemnity>(1944), <비장의 술수Ace in the Hole>(1951), <뜨거운 것이 좋아Some Like It Hot>(1959), <아파트 열쇠를 빌려 드립니다The Apartment>(1960), <잃어버린 주말The Lost Weekend>(1945), <제17 포로수용소Stalag 17>(1953), <검찰 측 증인Witness for the Prosecution>(1957), <사브리나Sabrina>(1954). 그리고 그 누가 영화 역사상 가장 위대한 클로징 대사로 꼽힐 세 건의 후보를 내보일 수 있겠는가? <뜨거운 것이 좋아>의 "완벽한 사람은 아무도 없소!" <아파트 열쇠를 빌려 드립니다>의 "입 닥치고 카드나 돌려요." 그리고 <선셋대로>에서 노마가 하는 대사다. "그 외에는 아무것도 없어요. 그저 우리, 그리고 카메라, 그리고 저기 어둠 속에 있는 놀라운 사람들뿐이에요. 좋아요, 데밀 씨, 저는 클로즈업을 연기할 준비가 됐어요."

성공의 달콤한 향기
Sweet Smell of Success

감독	알렉산더 매캔드릭	
주연	버트 랭커스터, 토니 커티스	
제작	1957년	96분

<성공의 달콤한 향기>의 두 남자는 폐품 처리장에서 서식하는 개들 같은 관계를 맺고 있다. 한쪽은 지배적이고, 다른 쪽은 기죽은 개처럼 다리 사이에 꼬리를 말고는 우두머리가 식사를 마치고 남긴 찌꺼기를 먹을 수 있기를 바라며 허기진 모습으로 주변을 맴돈다. 권세가 막강한 가십 칼럼니스트와 굶주린 홍보 담당자 사이의 역학이 뚜렷하게, 인정사정없이 묘사된다. 플롯의 나머지 부분은 단순히 애증 관계를 실례로 보여 줄 사건들을 공급할 뿐이다.

<성공의 달콤한 향기>가 개봉된 1957년, 이 영화는 미국에서 가장 유명하고 욕을 가장 많이 먹는 가십 칼럼니스트로 몇십 년을 군림해온 월터 윈첼Walter Winchell을 속이 뻔히 들여다보이는 위장막을 치고 공격하는 작품으로 간주되었다. 그로부터 40년 후, 대중은 윈첼을 거의 잊었다(그는 1972년에 사망했다). 그러나 영화는 신랄하고 무자비

한 모습 그대로 살아남았다. 버트 랭커스터Burt Lancaster와 토니 커티스 Tony Curtis의 연기는 시대에 뒤떨어지지도 않았고 개봉 당시보다 유순해지지도 않았다. 두 사람 모두 당시에는 스튜디오 스타들이라는 이유로 경시당했지만, 이들이 해낸 뛰어난 연기보다 두 역할을 더 잘 연기할 수 있는 '진지한 배우'를 떠올릴 수 있을까?

랭커스터는 뉴욕에서 가장 권세 좋은 칼럼니스트 J. J. 헌세커를 연기한다. 그는 칼럼의 대상으로 고른 상대를 출세시킬 수도 있고 망가뜨릴 수도 있다. 커티스는 홍보 담당자 시드니 팔코다. 팔코는 너무나 하찮은 인물이라, 그의 이름은 사무실 출입문에 페인트칠되어 있는 게 아니라 이름이 적힌 종이가 테이프로 붙어 있다(사무실의 내실이 그의 침실이다). 팔코는 헌세커가 쓰는 칼럼의 아이템을 제공하는 것으로 생계의 큰 부분을 유지하는데, 최근에 헌세커는 그를 쫓아냈다. 왜? 헌세커가 자신의 여동생 수전(수전 해리슨Susan Harrison)과 재즈 뮤지션 스티브 댈러스(마틴 밀너Martin Milner) 사이의 로맨스를 깨뜨리라고 지시했는데, 팔코가 그 일을 성사시키지 못했기 때문이다.

당시 관객들은 월터 윈첼이 딸 왈다Walda(그녀의 이름은 아버지의 자존심 크기가 어느 정도인지를 가늠할 수 있게 해 준다)와 결혼하고 싶어 하는 남자를 공격하는 데 자신의 칼럼을 이용하는, 영화에 묘사된 것과 거의 비슷한 일을 했었다는 수군거림을 들었을지도 모른다. <성공의 달콤한 향기>에서 팔코는 수전의 남자 친구를 중상하는 아이템을 제공해 다른 칼럼니스트(헌세커의 지독한 라이벌)를 설득할 음모를 꾸민다. 이 아이템이 그녀의 오빠 진영에서 나온 것이라고 수전이 의심하지 못하도록 말이다.

이 무자비하고 잔혹한 행동들은 모두 헌세커의 개인적인 스타일을 반영한다. 그는 자기만의 섹슈얼리티가 없다는 게 명백해 보이는 남자다. 그가 팔코의 기분 변화에 따라 세밀하게 태도를 조정하는 듯 보이지만 말이다. 팔코는 대단히 잘생긴 사내다. 그러나 J. J.는 조심성이 많다. ("자네를 베어 먹는 게 싫어." 그는 어느 시점에서 홍보 전문가에 말한다. "자네는 비소가 가득 든 쿠키야.") J. J.의 괴상한 가족 안에는 근친상간의 느낌이 분명 잠재적으로 존재한다. 그의 여동생은 오빠의 말을 철저히 따르며 살고, 다른 남자가 그녀를 앗아가려는 듯 보였을 때 칼럼니스트는 히스테리를 키워 간다.

제임스 웡 하우James Wong Howe가 겨울에 흑백으로 촬영한 영화는 맨해튼의 도심 클럽 구역의 두어 블록 내부가 배경이다. 많은 장면의 배경이 '21'을 비롯한 나이트클럽들이다. 눈썰미가 좋은 사람들은 헌세커가 브로드웨이의 브릴 빌딩Brill Building에 거주한다는 사실에서 재미있는 아이러니를 찾아낼 것이다. 브릴 빌딩은 수십 년간 연예계 사무실들이 있었고 틴 팬 앨리Tin Pan Alley에서 활동하는 작곡가들이 묵는 곳이었기 때문이다. 이 빌딩의 기다랗고 가구가 없는 입구 홀은 <택시 드라이버Taxi Driver>에서 가장 외로운 숏을 촬영하는 데 활용되기도 했다.

헌세커는 자신의 활동 영역을 냉철하게 알고 있다. 그는 도입부 장면에서 "이 추잡한 도시가 좋아"라고 말한다. 그는 모든 호텔과 레스토랑의 지배인들과 휴대품 보관소에서 근무하는 아가씨들을 이름으로 부르고, 애호하는 부스에서 상원 의원들과 콜걸들을 알현하며 단한 가지 사항도 놓치지 않는다. 영화가 주목하는 디테일은 다음과 같은 식이다. 팔코는 코트를 입지 않은 채로 사무실을 나선다. 팁을 아끼기 위해서다. 나중에 그와 함께 '21'을 나서던 헌세커는 묻는다. "코트는 어디 있나, 시드니? 팁을 아끼려고?" 그런데 우리는 헌세커가 자신의 코트를 받아 들고도 팁을 주지 않는 모습을 방금 목격했다. 그는 절대로 팁을 주지 않고 절대로 계산도 하지 않는다. 이 세계의 어느 누구도 그에게서 그런 걸 기대하지 않을 것이다.

팔코는 영화가 시작됐을 때 이미 추방자 신세지만, 헌세커는 팔코

를 시야에서 완전히 몰아낼 수가 없다. 그가 필요하기 때문이다. 졸개 개가 눈치를 보며 슬금슬금 돌아다니지 않는다면 우두머리 개가 자신이 지배자라는 사실을 어떻게 알겠는가? 팔코는 헌세커의 테이블에 앉고, 칼럼니스트는 주위를 둘러볼 필요도 없이 그가 거기에 있음을 감지한다. 그는 불을 붙이지 않은 담배를 들고는 영화에서 가장 유명한 대사를 내뱉는다. "불붙이게, 시드니."

공동으로 시나리오를 쓴 작가 중 한 명은 클리퍼드 오데츠Clifford Odets다. 좌익 사회 드라마를 쓴 극작가인 그가 미국 사회를 바라본 냉혹한 시선은 <황금 주먹Golden Boy>(1939)과 로버트 올드리치Robert Aldrich의 <빅 나이프The Big Knife>(1955)(<달콤한 향기>가 칼럼니스트에게 했던 것과 비슷한 일을 할리우드 시나리오 작가에게 한 작품)로 이어졌다. 다른 작가는 어니스트 리먼Ernest Lehman으로, 그는 자신이 집필한 소설을 원작으로 이 작품을 각색했다. 감독은 영국 출신 알렉산더 매켄드릭Alexander Mackendrick, 1912~1993인데, 그의 필모그래피는 대부분 코미디[<레이디킬러The Ladykillers>(1955), <흰 양복의 사나이The Man in the White Suit>(1951)]로 채워져 있지만, 이 작품만은 예외적으로 미국식 누아르다.

비트족이 현대의 관습에서 탈피한 스타일을 소개하기 직전의 시간과 공간을 포착하는 능력 면에서 이 영화는 불가사의할 정도다. 재즈 뮤지션들은 정장과 타이 차림이고, 머리를 짧게 쳤으며, 캐릭터들이 고안해 낸 수법(헌세커가 행동으로 발전시킨 트릭)은 늘 냉정해 보인다. 나이트클럽 바깥의 거리는 어딘가에 가려고 허둥지둥 움직이는 이름 모를 사람들로 가득하고, 팔코가 그들과 함께 걸을 때 그는 군중의 일부가 된다. 헌세커가 걸을 때 그의 리무진이 그의 뒤를 따라온다. 팔코 같은 보행자 입장에서 그는 인도에서 벗어나 '21'의 부스에 들어갈 수 있게 해 주는 열쇠 같은 존재다.

오데츠와 리먼은 현실에서는 절대로 언급되지 않지만 자주 인용될 만한 대사를 재주 좋게 집어넣는 한편, 영화를 하드보일드인 동시에 사실적으로 보이게 만드는 교묘한 솜씨를 선보인다. "자넨 죽었어, 젊은이." 헌세커는 팔코에게 말한다. "스스로 땅에 묻히도록 해." 자기 성찰을 하는 순간도 있다. "내 오른손은 내 왼손을 30년간 보지 못했어." 팔코는 고객인 클럽 사장에게서 이런 이야기를 듣는다. "거짓말쟁이가 되는 건 홍보 담당자의 본성이지. 자네가 거짓말쟁이가 아니었다면 자네를 고용하지 않았을 거야." 그런데 팔코는 이런 고백을 할 때 진실을 말하고 있다. "J. J. 헌세커는 내가 가고 싶은 곳으로 날 데려다 줄 황금 사다리야."

팔코는 헌세커처럼 되고 싶다. 펜트하우스에 살며 값비싼 옷을 입고 차세대 팔코들로부터 아첨을 듣고 싶다. 두 남자 모두 도덕관념이라고는 눈곱만치도 없다. 그 사실은 팔코가 수전의 남자 친구를 중상하라며 헌세커의 라이벌 칼럼니스트를 설득하는 무정한 계획으로 극화된다. 그는 섹스를 약속하며 사내를 자기 사무실로 유혹하고, 동일한 약속으로 시가렛 걸(바버라 니콜스Barbara Nichols)을 그곳으로 유혹한다. 여자가 동침하고 싶어 했던 상대는 비열한 칼럼니스트가 아니라 시드니였다는 점은 제외하고 말이다. "군사 학교에 다니는 아이가 있잖아?" 시드니는 여자에게 날카롭게 쏘아붙이고, 잠시 고민한 여자는 몸을 팔기로 동의한다.

이와는 대조적으로 청순한 여주인공은 맥아리가 없고 관습적인 캐릭터다. 수전 헌세커와 스티브 댈러스는 천진한 연인들이라는 불행한 역할을 연기하면서 영화의 가장자리를 차지한다. 팔코가 심어놓은 아이템이 표면화됐을 때, 그 음모는 이중으로 작용한다. 댈러스가 마약 중독자이자 빨갱이라는 죄를 뒤집어쓰는 것이다. 그런 후 팔코는 헌세커의 부패한 경관 친구 해리 켈로가 찾아낼 수 있도록 댈러스에게 마리화나를 심어서 작업을 완료한다. 영화가 끝나기 직전에 팔코가 수전에게 던지는 불필요하게 잔혹한 언설이 약간의 결함이지만, 영화의 엔딩은 냉혹하고 아이러니컬하다.

<성공의 달콤한 향기>는 사람들이 캐릭터들을 (인물로, 타입으로, 벤치마크로) 기억하기 때문에 캐릭터들의 이름을 기억하는 드문 영화에 속한다. 작가 벤 브랜틀리Ben Brantly는 이 영화에 대해 이렇게 썼다. "심지어 오늘날에도 나는 연극 홍보 담당자들이 얼굴을 찌푸리고는 '시드니 팔코 모드'로 변신하면서 하는 말을 듣는다." 영화는 영화사에서 설득력 있고 세밀하게 관찰하기로 손꼽히는 공생 관계 중 하나에 대한 기록으로 우뚝 선다. 헌세커와 팔코. 한 사람이 없으면 다른 사람도 존재하지 않는다. 팔코는 말한다. "지금부터 나는 세상 모든 것의 최고에만 만족할 거야." 흐음, 최소한 그는 세상에서 제일가는 아첨꾼이긴 하다.

세브린느	감독	루이스 부뉴엘	
Belle de Jour	주연	카트린 드뇌브, 장 소렐, 미셸 피콜리	
	제작	1967년	100분

스탠리 큐브릭Stanley Kubrick 감독의 <아이즈 와이드 셧Eyes Wide Shut>을 처음 본 후, 다른 영화 한 편이 며칠 동안 머릿속을 맴돌았다. 그 영화는 루이스 부뉴엘Louis Buñuel, 1900~1983의 <세브린느>로, 일주일에 하루 이틀 오후에 비밀리에 사창가에서 일하는 고상한 젊은 유부녀를 다룬 영화다. 배우들은 자신들이 연기하는 캐릭터에 관객들은 모르고 자기들만 아는 '사연'을 지어서 넣는 경우가 가끔 있다. 나는 큐브릭의 영화에서 니콜 키드먼Nicole Kidman이 연기한 주인공이 가장 좋아하는 영화로 <세브린느>를 꼽을 거라고 확신한다.

    <세브린느>는 현대에 가장 널리 알려진, 아마도 으뜸가는 에로틱 영화일 것이다. 에로티시즘 내부의 관점에서 에로티시즘을 바라보고 이해하며, 에로티시즘이 땀에 젖은 살갗에 존재하는 게 아니라 우리의 상상 속에 존재함을 이해하고 있기 때문이다. <세브린느>는 영화 전체가 외과의사의 스물세 살 된 고상한 아내 세브린느의 눈을 통해 전개

된다. 카트린 드뇌브Catherine Deneuve가 세브린느를 연기한다. 영화 개봉 당시 67세였던 부뉴엘 감독은 인간 본성의 은밀한 영역을 다룬 익살맞은 영화를 만드는 데 평생을 바친 사람이다. 세브린느 같은 여자가 섹스를 하러 방에 들어갈 때 느끼는 에로틱한 흥분은 방안에서 그녀를 기다리는 사람이 누구인가에서 비롯되는 게 아니라 자신이 섹스를 하러 방에 들어가고 있다는 사실에서 비롯된다는, 감독 대부분은 결코 알 수 없는 진리를 부뉴엘은 알고 있었다. 섹스는 그녀 자신을 위한 것이다. 물론 사랑은 다른 차원의 문제다.

세브린느가 열정을 보이는 대상은 항상 세브린느 자신이다. 그녀는 젊고 잘생긴 외과의사 피에르(장 소렐Jean Sorel)와 평범한 결혼 생활을 한다. 남편은 그녀의 정숙함을 칭찬한다. 예전부터 가족끼리 알고 지내던 친구로 음흉한 구석이 있는 앙리(미심쩍은 분위기를 풍기는 외모를 타고난 미셸 피콜리Michel Piccoli)가 그녀를 방문한다. 앙리 역시 그녀의 정숙함에, 완벽한 금발에, 세심한 몸치장에, 과묵함에, 자신을 대하는 쌀쌀맞고 오만한 태도에 관심을 갖는다. "아첨은 자신을 위해 아껴두세요." 휴양지에서 남편과 앙리와 점심을 먹던 세브린느가 말한다.

세브린느의 비밀은 난잡한 판타지를 꿈꾼다는 것이다. 부뉴엘은 수수께끼 같은 세브린느의 미소와 생각 사이에 그녀가 품은 판타지를 편집해 넣는다. 부뉴엘 자신도 나름의 페티시를 가진 것으로 유명하다. 부뉴엘 영화의 주인공은 늘 발과 신발에 집착한다. 페티시는 그것이 페티시라는 것 외에는 아무 의미도 없음을 부뉴엘은 잘 알고 있다. 세브린느는 거칠게 다뤄지는 걸 좋아하는 마조히스트다. 또한 사소한 여러 물건에서 성적 흥분을 느끼기도 한다. 현명하게도 <세브린느>는 세브린느를 흥분시키는 물건이 무엇인지는 결코 설명하지 않는다. 그녀의 페티시는 오로지 그녀만을 위한 것이기 때문이다. 예를 들면 고양이 울음소리와 마차의 종소리가 그렇다. 영화의 판타지 장면에서 그런 소리

들이 들린다. 그녀가 교외에서 피에르와 마차를 타고 갈 때, 피에르는 마부 두 명에게 그녀를 폭행하라고 명령한다. 다른 장면에서 남자들은 눈처럼 새하얀 가운 차림으로 묶여 꼼짝도 못하는 그녀에게 진흙을 던져 댄다.

세브린느의 성생활은 남편들이 사무실에 있는 동안 유부녀들이 오후에 틈틈이 일하면서 부수입을 챙기는 파리의 비밀 매음굴을 알게 됐을 때 전환점을 맞는다.

세브린느에게 전화를 건 앙리는 그런 매음굴의 주소를 알려 준다. 며칠 후 자신의 장례식에 참석한 듯 온통 검정색 차림인 세브린느가 매음굴의 문을 두드린다. 그러고는 여성들에게 일자리를 제공하면서 행복을 느끼는 노련한 비즈니스 우먼인 마담 아나이스(준비에브 파주Geneviève Page)의 터전에 발을 들인다. 세브린느는 처음에는 도망치지만 호기심을 이기지 못하고 돌아온다. 그녀는 처음에는 직접 고객을 고르고 싶어 한다. 그러나 아나이스는 그녀를 몰아세우고, 그녀가 "알겠어요, 마담"하고 대답하자 흐뭇해하면서 "너에게는 억센 손이 필요하다는 걸 알아"라고 말한다. 세브린느의 욕망을 이해하는 그녀는 그 욕망이 세브린느를 자신의 사업장에 데려올 거라는 사실에 기뻐한다.

<세브린느>에 노골적인 섹스는 전혀 등장하지 않는다. 가장 유명한 장면(영화를 본 사람은 이 장면을 거듭해서 언급한다)에는 우리가 보지 못하고 이해조차 못하는 뭔가가 등장한다. 손님 한 사람이 래커 칠이 된 작은 상자를 꺼낸다. 그는 상자를 열어 내용물을 그곳의 여자에게 보여 준 다음에 세브린느에게 보여 준다. 우리는 상자에 든 게 무엇인지 전혀 모른다. 상자 안에서 윙윙거리는 작은 소리가 들려온다. 손님이 마음속에 품은 생각이 무엇이건 첫 번째 여자는 그걸 실행에 옮기기를 거부한다. 세브린느도 마찬가지다. 그런데 수수께끼 같은 방식

으로 편집된 영화는 나중에 무슨 일인가가 벌어졌을지도 모른다는 가능성을 남겨 둔다.

상자에 들어 있는 것은 무엇인가? 있는 그대로의 진실은 중요하지 않다. 부뉴엘이 관심을 갖는 대상인 상징적인 진실은 손님에게 엄청나게 에로틱하고 중요한 무언가가 들어 있다는 것이다.

마담 아나이스의 가게에 갱스터 둘이 온다. 둘 중 한 명인 마르셀 (피에르 클레망티Pierre Clémenti)은 검정 가죽 망토를 걸치고, 입안이 섬뜩한 쇠 이빨로 가득하며, 칼이 든 지팡이를 짚은 건방진 청년이다. "당신한테는 돈을 받지 않겠어요." 세브린느가 재빨리 말한다. 그녀는 그의 모욕적인 언동과 태도에 흥분한다. 마르셀의 상스러운 길거리 매너가 자신의 차갑고 완벽한 관념을 훼손할 거라는 생각에서 세브린느가 느끼는 흥분이 비롯되었다는 데에는 의심의 여지가 없다. 그들은 섹스를 한다. 그들의 섹스는 영화 마지막의 멜로드라마 같은 장면에 담긴 깊은 아이러니로 이어진다. 마르셀은 세브린느가 자신에게 빠져든 이유가 자신이 대표하는 어떤 관념이나 상징 때문임을, 세브린느가 정작 마르셀 본인에게는 관심이 없음을 결코 이해하지 못한다. 그는 세브린느의 판타지를 위한 소품일 뿐이다. 그녀가 여태 찾아낸 것 중에서 가장 우수한 소품 말이다.

영화 역사상 최고의 감독에 속하는 부뉴엘은 세련된 스타일을 경멸했다. 젊은 시절에 초현실주의자였고, 유명한 <안달루시아의 개Un Chien Andalous>(1928)를 살바도르 달리Salvador Dalí와 공동으로 작업했던 그는 인간의 본성에 대해 엄청나게 냉소적이었지만 그것을 조롱하기보다는 재미있어 했다. 부뉴엘은 내면 깊숙이 자리한 감정적인 프로그래밍이 의사 결정 과정에서 우리를 이끌 때 자유 의지보다 더 중요한 역할을 담당한다는 사실에 매혹되었다. 그의 영화 대부분은 자유로이 행동하는 것처럼 보이지만 실제로는 그렇지 않은 캐릭터들이 처한 상황을 다룬다. 그는 많은 이가 평생 지속되는 섹스 패턴을 어린 시절에 주입받는다고 믿었다.

세브린느도 그런 사람이다. "나도 어쩌지 못하겠어요." 어느 시점에 그녀는 말한다. "나도 뭐가 뭔지 모르겠어요." 영화 후반부에서 그녀는 자신의 상황을 체념하는 편이다. 그녀는 자신이 피에르를 배신했다는 걸 안다. 그 문제와 관련해서 그녀는 자신이 마르셀을 뻔뻔하게 이용해 먹었다는 것을 안다. 마르셀은 자신이 그녀에게 하고 있는 짓이 그런 짓이라고 생각하지만 말이다. 경멸만큼이나 절망이 담겨 있는 우디 앨런Woody Allen의 이야기를 들자면 "우리의 본심은 본심이 원하는 걸 원한다."

<세브린느>는 (의상, 세팅, 무대 장치, 헤어스타일 면에서) 대단히 우아하고, 전개 속도는 약간 나른하다. 세브린느의 운명은 이미 예정되어 있던 것으로 보인다. 아내의 제어할 수 없을 만큼 강한 욕망에 휩쓸리는 연약한 남편도 마찬가지다. 영화는 아주 사소한 부분에서 가장 뛰어나고 스타일리시한 솜씨를 보여 준다. 부뉴엘의 영화에 친숙하지 않은 사람은 그 부분을 놓치기 쉽다(당신이 그걸 알아차리지 못했더라도 그 요소는 제 몫을 해낸다). 사운드트랙에 담긴 고양이 울음소리의 미묘한 활용, 그것은 무엇을 표현하는 것일까? 답을 아는 사람은 세브린느뿐이다. 인간 본성에 대한 우울한 지혜를 보자. 세브린느가 손님을 거부하자, 아나이스는 손님의 방에 다른 여자를 들여보내고는 세브린느를 옆방으로 데려간다. 그 방에서는 벽에 뚫린 작은 구멍을 통해 손님이 있는 방을 훔쳐볼 수 있다. "역겨워요." 세브린느는 말하면서 고개를 돌린다. 그러다가 고개를 돌려 그 구멍을 다시 들여다본다.

<세브린느>와 <아이즈 와이드 셧>은 유사한 캐릭터들을, 아내들의 판타지를 충족시키지 못하면서 결혼 생활을 하는 따분한 중산층 전

문직 종사자들을 다룬다. 니콜 키드먼이 연기하는 캐릭터가 남편에게 들려주는 해군 장교에 대한 긴 이야기는 세브린느의 상상 속에서 작동하는 시나리오와 밀접한 관계가 있다. 두 여자의 남편들은 무능하다. 아내들이 갈구하는 것은 남편이 아니라 마음속 무척 깊은 곳에 자리 잡고 있기에 본능 수준에서만 작동하는 욕구와 충동이기 때문이다. 고양이 울음소리처럼 말이다.

로베르 브레송Robert Bresson, 1901~1999의 <소매치기>의 도입부에 나오는 이미지 중 하나는 흥분과 공포에 사로잡힌 남자의 초점 없는 눈동자를 보여 준다. 남자의 이름은 미셸이다. 그는 파리의 처마 밑에 있는 작은 방에, 간이침대와 책들만으로도 가득 차다시피 한 다락방에 산다. 그는 범죄를 저지르려 한다. 다른 남자의 지갑을 훔치고 싶어 한다. 무표정하고 태평한 표정을 짓고 싶어 한다. 무심한 관찰자의 눈에는 그렇게 보일 것이다. 그러나 우리는 그를, 그리고 그가 무슨 일을 하려는 참인지를 안다. 우리는 그의 눈에서 자신이 느끼는 충동에 굴복하고 있는 남자가 느끼는 꿈결 같은 엑스터시를 본다.

아니, 우리가 진짜 그걸 보는 걸까? 대단히 사려 깊고 철학적인 감독에 속하는 브레송은 배우들이 하는 '연기'를 끔찍이 두려워했다. 그는 <사형수 탈출하다Un Condamné à Mort S'Est Échappé>(1956)의 주연 배우에게 모든 감정과 불순한 요소들이 벗겨져 나갈 때까지 똑같은 신을

50번 가량 반복해서 연기하라고 강요했다. 브레송이 원하는 건 육체적인 움직임이 전부였다. 브레송은 어떤 감정도, 어떤 스타일도, 효과를 거두려는 어떤 노력도 원치 않았다. 우리가 소매치기의 얼굴에서 보는 건 우리가 그 얼굴에 불어넣은 감정이다. 브레송은 연기자들에게 '공포를 보여 달라'고 요구하는 대신, 아무것도 보여 주지 말라고 요구했다. 그러면서 공포를 조달하기 위해 줄거리와 이미지에 의존했다.

<소매치기>의 주인공 마르탱 라살Martin LaSalle은 미셸을 평범하게 생긴 유별나지 않은 남자로 연기한다. 그는 잘생기거나 못생기거나 인상적으로 생기지 않았다. 그는 보통은 정장에 타이 차림으로, 군중 속에 들어가면 분간하기 어렵다. 그에게는 친구가 몇 없다. 그는 카페에서 친구 중 한 명에게 "비범한 사람"은 범죄를 저질러도 괜찮은지 여부를 큰소리로 궁금해 한다. 그는 바로 그 지점에서 출발한다.

미셸은 자신에 대해 생각하는 중이다. 그는 원하기만 하면 직업을 가질 수 있을 것이다. 그러나 그러지 않는다. 그는 나르시시즘을 자기 주위에 모포처럼 그러모은다. 그는 다락방에 앉아 책을 읽는다. 그러면서 자신은 대단히 특별하기 때문에 남들 것을 훔쳐도 되는 특권을 가진 사람이라는 이미지를 소중히 간직한다. 물론 그는 소매치기 행각에서 에로틱한 흥분을 느낀다. 그는 지하철이나 경마장에서 피해자들의 숨소리를 느낄 수 있을 정도로 피해자들에게 바짝 다가선다. 그는 사람들이 한눈을 파는 순간을 기다렸다가 핸드백을 열거나 코트에서 지갑을 빼낸다. 그때가 그가 해방감을 맛보는 순간이다. 열등한 사람들에게 승리를 거두는 순간이다. 물론 그의 얼굴은 절대로 기쁨을 표출하지 않지만.

당신은 이 이야기를 듣고, 이 작품이 다락방에 살면서 자신은 일반인들이 저질러서는 안 되는 범죄를 저질러도 좋다는 허가를 받았다고 생각하는 외로운 지식인에 대한 다른 이야기인 도스토예프스키의

『죄와 벌』을 그대로 흉내 냈다는 걸 감지할 수 있을 것이다. 브레송의 미셸은 도스토예프스키의 주인공 라스콜리니코프처럼 꿈을 실현하기 위해 돈이 필요한 인물이다. 그는 활력도 없이 살아가는 평범한 사람들에게 그런 돈을 내놓으라고 요구해서는 안 될 이유가 무엇인지를 조금도 알지 못한다. 이런 추론 과정은 도덕관념을 뛰어넘지만, 캐릭터들은 평범한 도덕관념을 넘어서는 특권을 주장한다.

미셸의 인생에는 —『죄와 벌』의 주인공처럼 — 그가 스스로 구원을 받을 수 있을 거라고 믿는 착한 여자가 있다. <소매치기>에서 그 여자의 이름은 잔느(마리카 그린Marika Green)다. 그녀는 미셸의 어머니의 이웃이자, 미셸의 친구 자크(피에르 레이마리Pierre Leymarie)의 연인이다. 그녀가 미셸의 어머니가 죽어 가고 있다는 소식을 갖고 미셸을 찾아온다. 미셸은 어머니를 만나는 걸 원치 않아하면서 어머니에게 전해 달라며 잔느에게 돈을 건넨다. 그는 왜 어머니를 피하는 걸까? 브레송은 그에 대한 동기를 조금도 제공하지 않는다. 우리는 짐작만 할 수 있을 뿐이다. 아마도 그가 어머니의 소박한 면모를 창피해하기 때문일 것이다. 아마도 어머니는 그가 자신을 비범한 사람으로 생각하는 것을, 세상에서 하나밖에 없는 사람으로 생각하는 것을 불가능하게 만들기 때문일 것이다. 그가 어머니를 피하는 건 오만해서일까, 두려워서일까?

영화에 나오는 다른 캐릭터는 미셸을 주시하는 경감(장 펠레그리 Jean Pélégri)이다. 경감이 미셸이 도둑임을 안다는 걸 암시하고 미셸도 어느 정도 그 사실을 인정하는 장면에서 두 사람은 정교한 추격전을 연출한다. 두 사람은 소매치기의 대가가 코트 주머니를 따서 열기 위해 디자인한 독창적인 도구를 함께 점검한다. 경감은 미셸의 사건을 맡고, 미셸은 체포되고 싶어 한다는 걸 우리는 감지한다.

가게에서 물건을 훔치는 들치기와 소매치기는 더 뻔뻔한 도둑들과는 사뭇 다른 정서적 풍요를 느끼며 활동한다. 그들은 육체적 힘을

활용하는 게 아니라 비밀스러운 몸놀림을 활용한다. 그들의 절도 행각은 다른 사람의 재산을 내밀하게 훔쳐 내는 것이다. 그런 행각에 성공하려면, 그들은 보이지 않는 존재로 남거나 피해자의 신뢰를 끌어내야 한다. 거기에는 뭔가 섹슈얼한 면이 있다. 다른 소매치기가 작업 중인 미셸을 발견하고는 그와 맞닥뜨리는 공간이 남자 화장실 안이라는 건 우연의 일치가 아니다. 나중에 경찰이 경마장에서 주머니 가득 든 현금을 미셸에게 미끼로 던졌을 때, 미셸은 그 남자가 경찰일 거라고 의심한다("그는 우승한 말에 돈을 걸지도 않았어!"). 그러나 어쨌건 그는 그 남자의 주머니를 털려고 애쓰고, 경찰이 손에 수갑을 채우는 그 순간 미셸은 그게 바로 바라던 바였다는 듯한 반응을 보인다.

로베르 브레송은 부뉴엘Luis Buñuel과 로메르Éric Rohmer처럼 옛 시절에 타고난 재능을 자연스럽게 쏟아 내던 인물들이었다. 그는 1983년에 마지막 영화 <돈L'Argent>을 만들어 칸영화제에서 특별상을 수상했다. 그는 영화감독 중에서 가장 독실한 크리스천으로 불렸다. 그의 영화 대부분은 이런저런 방식으로 구원을 다룬다. <시골 사제의 일기Journal d'un Curé de Campagne>(1950)에서 죽어 가는 젊은 사제는 타인들의 삶에 초점을 맞추는 것으로 자신의 죽음과 대면한다. 프랑스 레지스탕스의 실화에 기초한 <사형수 탈출하다>에서 감금된 애국자는 자신의 영혼은 자유롭다는 듯 행동한다. 위대한 <무셰트Mouchette>(1967)에서 어린 소녀(그녀가 살던 마을의 추방자이자 강간의 피해자)는 적들에게 망신을 줄 방법을 찾는다. 브레송은 『죄와 벌』과 유사한 <소매치기> 외에도 도스토예프스키에 직접 기초해 영화를 두 편 더 만들었다〔<온순한 여인Une Femme Douce>(1969)과 <몽상가의 나흘 밤Quatre Nuits d'un Rêveur>(1971)〕.

<소매치기>는 일부러, 그리고 자의식적으로 도덕관념의 외부에서 활동하려 애쓰는 남자를 다룬다("우리가 심판을 받을까요? 어떤 법

으로요?"). 다른 많은 범죄자처럼 그는 두 가지 상충된 이유를 위해 범죄를 저지른다. 자신은 남들보다 뛰어나다고 생각하기 때문에, 그리고 — 실력이 뒤떨어진다는 걸 두려워하며 — 벌을 받는 것을 갈구하기 때문이다. 그가 잔느를 피하는 것은 그녀가 전적으로 착한 사람이고, 그래서 그에게는 위협적인 존재이기 때문이다. 그는 "이 창살들, 이 벽들, 나는 이것들이 보이지도 않아"라고 그녀에게 말한다. 그러나 그는 그것을 보면서 그녀의 손길에 의해 치유받는다(마지막 대사: "오, 잔느, 당신을 만나려고 내가 얼마나 이상한 길을 택해야만 했는지!").

브레송의 영화에는 믿기 힘들 정도로 잠복된 열정이 있다. 그러나 그는 그것을 노골적으로 표현하는 게 필요하다고 보지 않는다. 넘치는 긴장감과 흥분도 엄격하게 절제되어 있다. 미셸을 포함한 소매치기 무리가 사람들이 붐비는 열차에서 작업하는 시퀀스를 숙고해 보라. 손, 지갑, 주머니, 얼굴 들의 클로즈업을 활용한 카메라는 소매치기들의 작업 방식을 다큐멘터리처럼 완벽하게 타이밍을 맞춘 이미지의 발레로 보여 준다. 한 명이 주의를 산만하게 만들면 두 번째 소매치기가 지갑을 꺼내 세 번째 일당에게 잽싸게 건네고, 세 번째 일당은 자리를 떠난다. 가장 중요한 규칙은, 돈을 취한 사람은 절대로 그걸 갖고 있어서는 안 된다는 것이다. 세 남자는 기차를 앞뒤로 오가며 작업한다. 어느 순간에는 피해자의 빈 지갑을 그의 주머니에 매끄럽게 되돌려 놓기까지 한다. 그들의 작업은 발레의 타이밍과 우아함, 정확성에 필적한다. 그들은 일심동체가 되어 작업한다. 그리고 그들이 카메라를 향해 자신들의 움직임을 보여 주는, 그러면서 피해자들에게는 그것을 숨기는 방식에는 일종의 과시벽이 있다.

브레송은 무게감이 느껴지는 직설적인 방식으로 영화를 만든다. 그는 연기자들이 가능한 한 감정을 꾸며서 드러내지 않기를 바란다. 그들을 있는 그대로 필름에 담고 싶어 했다. 그래서 우리는 그들이 카메라를 보는 모습 그대로의 모습으로 그들을 보고 있다. 비스듬하게 기운 숏과 오버더숄더 숏은 캐릭터들을 행동의 한가운데에 위치시킨다. 정면에서 포착한 숏들은 이렇게 말한다. '여기 한 남자가 있고, 여기 그가 처한 상황이 있다. 우리는 그를 보며 무슨 생각을 하는가?'

쇼생크 탈출	감독	프랭크 다라본트	
The Shawshank Redemption	주연	팀 로빈스, 모건 프리먼	
	제작	1994년	142분

감옥이 배경인 영화에 대해 내놓는 코멘트치고는 이상하지만, <쇼생크 탈출>은 우리의 감정을 따뜻하게 감싸 안는다. 영화가 우리를 한 식구로 만들기 때문이다. 많은 영화가 우리에게 대리 경험을, 그리고 재빨리 형성됐다 빠르게 사라지는 얄팍한 정서를 제공하는 반면, <쇼생크 탈출>은 느긋한 태도로 찬찬히 세상을 관찰한다. 영화는 우리를 창살 뒤에서 커뮤니티를 형성했던 사내들의 이야기로 끌어들이기 위해 내레이터의 차분하고 빈틈없는 목소리를 활용한다. 우정과 희망에 바탕을 두고 평생 지속되는 관계를 다룬 이 영화는 대부분의 영화보다 심오하다.

영화의 주인공은 유죄 판결을 받은 전직 은행가 앤디 듀프레인(팀 로빈스Tim Robbins)이다. 하지만 영화의 전개가 절대로 그의 시점에서 묘사되지 않는다는 사실은 흥미롭다. 영화의 오프닝 신은 그가 아내와 아내의 애인을 살해한 죄로 두 번의 종신형을 받는 모습을 보여 준다. 그런 후 우리는 재소자들의 시점으로, 특히 종신형을 받은 엘리스 '레드' 레딩(모건 프리먼Morgan Freeman)을 대표하는 시점으로 영원히 이동한다. 앤디를 처음 봤을 때를 기억하는 목소리는 레드의 목소리다("그는 거센 바람이 불면 날아갈 것처럼 보였다"). 레드는 그가 감옥에 적응하지 못할 것이라고 (그릇되게) 예견한다.

앤디가 교도소에 도착한 때부터 영화가 끝날 때까지, 우리는 다른 사람들(친한 친구가 되는 레드, 늙은 사서 브룩스, 부패한 교도관 노튼, 교도관들, 죄수들)이 그를 어떻게 보는지만 본다. 레드는 우리의 대리인이다. 그는 우리가 공감하는 캐릭터고, 구원이 찾아왔을 때 그것은 레드의 것이다. 영화는 레드가 앤디를 모범 삼아 자신의 참된 모습을 계속 유지하는 것을, 희망을 잃지 않는 것을, 때를 기다리는 것을, 과묵하게 남들에게 모범을 보이는 것을, 기회를 찾아보는 것을 보여 준다. "정말이지, 문제는 간단한 선택으로 귀결되는 것 같아요." 그는 레드에게 말한다. "바쁘게 살거나, 서둘러 죽거나."

이 영화의 구조에서 중요한 기능을 하는 비법은, 이 영화가 주인공에 대한 영화가 아니라 우리가 주인공과 맺는 관계(우리가 느끼는 호기심, 연민, 감탄)에 대한 영화라는 점이라고 생각한다. 앤디를 영웅적인 행위의 구심점이자 용감하게 인내하는 주인공으로 묘사했다면, 영화는 판에 박힌 영화가 되면서 신비감이 줄었을 것이다. 그런데 우리는 이 사내가 궁금하다. 그는 정말로 두 사람을 죽였을까? 왜 그는 그토록 속내를 털어놓지 않는 걸까? 다른 사람들이 감옥 마당을 터벅터벅 걷거나 살금살금 다닐 때, 왜 그는 한가로이 산보를 다니는 자유인처럼 그렇게 어슬렁거릴 수 있는 걸까?

사람들은 영화를 보면서 짜릿한 흥분을 경험하기를 좋아한다. 영화들의 제목은 영화가 그렇다는 점을 전달하려고 애쓴다. 관객들은 '구원redemption'을 다루는 영화에 접근할 때는 무척이나 신중해진다. 위대한 영화를 보게 될 거라는 예상을 하면서 스릴을 느끼는 사람은 그

리 많지 않다. 그런 영화를 감상하는 행위는 노동을 하라는 말처럼 들린다. 그런데 희망적인 메시지에 대한 갈망은 존재한다. 어떤 영화가 그런 메시지를 전달하면, 그 영화는 최초의 관객들을 얻지는 못했더라도 관객들을 만나게 될 자리를 유지하는 능력은 계속 갖게 될 가능성이 있다.

<쇼생크 탈출>은 1994년 9월에 토론토영화제에서 처음 상영됐고, 몇주 후에 개봉했다. 영화는 호평을 받았지만 흥행 성적은 좋지 않았다. 처음에 거둔 흥행 수익 1천8백만 달러는 제작비에도 못 미치는 액수였다. 오스카상에서 작품상을 포함한 7개 부문 후보로 지명된 후에도 1천만 달러를 더 벌었을 뿐이다.

흥행에 도움이 되는 요소는 많지 않았다. 제목은 끔찍했다. 여자들은 '감옥 드라마' 영화를 좋아하지 않는다. 영화에는 액션 장면이 거의 없다. 출연한 배우들은 존경받는 배우들이기는 하지만 빅 스타는 아니었다. 게다가 러닝 타임은 142분이나 됐다. 관객을 찾아내려면 입소문을 타야 하는 영화인 게 분명했다. 실제로 흥행은 영화가 극장에서 내려졌을 때에도 느리지만 꾸준히 이어졌다. 그냥 그대로 극장에 걸어뒀더라면, 영화는 계속 입소문을 타면서 몇 달간 더 상영되었을지도 모른다. 그러나 일은 그렇게 되지 않았다.

그 대신 영화는 홈 비디오 역사상 가장 두드러진 사례 중 하나가 되면서 비디오테이프와 디스크를 통해, 그리고 TV 방영을 통해 진정한 대규모 관객을 찾아냈다. 5년 내에 <쇼생크 탈출>은 영화 팬들이 자신들이 이 영화를 직접 발굴해 냈다고 느끼는 사회적 현상이, 비디오 베스트셀러이자 인기 대여작이 되었다. 1999년 4월에 『월스트리트 저널The Wall Street Journal』이 <쇼생크 탈출>의 여파에 대한 기사를 실었을 때, 이 영화는 최고의 영화 250편을 뽑는 '인터넷 무비 데이터베이스 Internet Movie Database, IMDb'의 전 세계 투표에서 1위를 차지하고 있었다.

이후로도 영화는 꾸준히 5위권 안에 머무르고 있다.

여론 조사와 대여 순위는 영화의 인기를 반영하지만, 사람들이 <쇼생크 탈출>을 그토록 열렬히 지지하는 이유는 설명하지 못한다. 어쩌면 영화가 한 편의 영화라기보다는 영적인 경험처럼 작용하기 때문일 것이다. 물론 영화에는 (야구 유니폼 차림으로 다른 교도소에서 온 교도관들이 세무 신고를 하려고 앤디 앞에 도열해 있을 때처럼) 오락적인 순간들도 있다. 그러나 영화의 대부분은 고요한 고독과 인생에 대한 철학적 논의를 다룬다. 앤디가 성폭행을 당할 때처럼 폭력적인 순간들은 자극적인 방식이 아니라 객관적인 방식으로 다뤄진다. 영화는 앤디가 겪는 고초를 길게 다루는 걸 회피한다. 구타가 발생한 후, 그의 모습은 미디엄 숏과 롱 숏들로 잡힌다. 카메라는 그의 상처나 멍에 초점을 맞추지는 않는다. 그 대신 동료 죄수들처럼 그에게 그만의 공간을 허용한다.

모건 프리먼의 캐릭터는 영화에 영적인 분위기를 불어넣는 운반자다. 우리는 그가 투옥된 지 20년째에, 30년째에, 40년째에 열린 세 번의 가석방 심리를 목격한다. 첫 심리에서는 스토리텔링을 위해 흔히 쓰이는 수법이 등장한다. 영화는 앤디가 형량을 선고받는 장면으로 시작했다. 그런 후에 가석방 심사 위원들을 본 우리는 그게 앤디의 간청을 들으려는 자리일 것이라고 예상한다. 그런데 아니다. 그게 우리가 레드를 처음 볼 때다. 첫 탄원 때, 그는 심사 위원들에게 자신이 새 사람이 되었음을 설득하려고 애쓴다. 두 번째 탄원 때, 그는 그냥 무덤덤하게 심리에 임한다. 세 번째 탄원 때, 그는 갱생이라는 개념 자체를 인정하지 않는다. 그런데 어쩐 일인지 그런 과정을 통해 그의 영혼은 자유로워지고, 위원회는 그를 석방한다.

잠복해 있는 문제가 있다. 레드는 철창 뒤에서는 왕이다. 죄수들에게 담배 한 갑을, 작은 암반용 곡괭이를, 리타 헤이워스Rita Hayworth

포스터를 구해 줄 수 있는 감옥의 해결사다. 그런데 교도소 바깥에서 그에게는 아무런 지위도 신분도 없다. 우리는 자유 속에서 어찌 할 바를 모르는 고독한 늙은 사서(제임스 휘트모어James Whitmore)에게 무슨 일이 벌어졌는지를 이미 목격했다. 레드가 그의 자유를 받아들이게끔 앤디가 돕는 영화의 마지막 장은 정말 감동적이다. 앤디가 다시금 멀찌감치 떨어진 곳에서 편지와 엽서로 상황을 조정하는 모습을 레드의 마음을 통해 볼 수 있기에 더더욱 감동적이다.

프랭크 다라본트Frank Darabont, 1959~ 감독이 스티븐 킹Stephen King 의 소설을 바탕으로 시나리오를 쓰고 연출했다. 그의 영화는 대부분의 영화들이 영화를 위험하게 만들까 봐 두려워하는 여유를 허용한다. 영화는 프리먼의 내레이션처럼 신중하고 사려 깊다. 할리우드는 관객들이 영화에 집중하는 시간이 짧기 때문에 참신하고 신기한 요소들로 관객들을 맹폭해야 한다고 느낀다. 우리를 빨아들여 영화가 전개되기를 기다리는 중이라는 인식에서 먼 곳으로 데려가는 <쇼생크 탈출> 같은 영화와 비교했을 때, 현재 등장한 숏에 흥미를 느끼기도 전에 다음 숏으로 컷 해서 넘어가는 영화들은 객석에서 보면 시간이 더 느리게 흐르는 것 같다.

대사 역시 신중하다. 팀 로빈스는 앤디를 말수가 없고 목소리가 작은 남자로 연기한다. 그는 관객을 흥분시키지 않는다. 그는 나름의 가치관이 확고한 남자다. 오랜 세월 머리를 숙이고 지낼 줄 알며, 그러다가 모차르트의 「피가로의 결혼」의 아리아를 틀 때처럼 화려한 제스처에 탐닉할 줄도 안다(마당에 있다가 음악에 매혹된 죄수들을 찍은 오버헤드 숏은 이 영화가 제공하는 통찰의 순간 중 하나다). 그는 나서는 법이 없고 우리에게서 멀찌감치 떨어져 있으면서 감정을 과장되게 표현하지도 않기 때문에 더더욱 매력적인 인물이 된다. 이처럼 캐릭터가 무슨 생각을 하고 있는지 궁금해하는 것이 그 캐릭터가 하는 생각을 아는 것보다 나을 때가 종종 있다.

로저 디킨스Roger Deakins의 촬영은 화려하지 않고 재치 있다. 두 개의 오프닝 숏은, 즉 헬리콥터에서 찍은 숏과 사람들을 굽어보는 교도소 벽에서 찍은 숏은 감옥의 모습과 분위기를 확실하게 설정한다. 숏들은 대사를 예견하는 대신에 대사를 따라간다. 토머스 뉴먼Thomas Newman의 음악은 감정을 전달하기보다는 감정을 강화한다. 도입부의 살인이 일어나는 동안 낮고 무겁게 깔리는 그윽한 현악기는 젊은 죄수가 범죄를 묘사하던 다른 남자의 모습을 회상할 때 되풀이되는 식으로 미묘하게 다뤄진다.

다라본트는 스토리를 강조하거나 관객의 주목을 끌려고 애쓰는 대신에 차분히 스토리를 지켜보는 방식으로 영화를 구축한다. 이 영화에서 주목을 끌려고 애쓰는 모습은 전혀 없다. 연기자들은 각자의 역할 내부에 머무는 데 만족하고, 스토리는 정연한 방식으로 움직이며, 영화 자체는 몇십 년에 걸친 세월의 느린 흐름을 반영한다. "그들이 당신을 감방에 집어넣을 때," 레드는 말한다. "철창이 쾅하고 닫힐 때, 그때가 당신이 이게 현실임을 알게 되는 때다. 과거의 삶은 눈 깜짝할 새에 사라졌다. 그 삶에 대해 생각해 볼 시간 말고 세상에 남은 것은 하나도 없다." 영화를 다시 보면서 영화를 처음 봤을 때보다 더더욱 감탄하게 되었다. 좋은 영화를 향한 애정은 — 음악을 들으면서 그러는 것처럼 — 친숙해질수록 더 커져 가는 경우가 잦다. 인생은 감옥이라고, 우리는 레드고, 앤디는 우리의 구세주라고 말하는 이가 있다. 훌륭한 예술은 하나같이 그 작품이 인정하는 것보다 더 심오한 무언가를 다룬다.

술 취한 여자	감독	존 카사베츠	
A Woman Under the Influence	주연	지나 롤랜즈, 피터 포크	
	제작	1974년	155분

존 카사베츠John Cassavetes, 1929~1989는 그의 숏과 신, 대사, 캐릭터 들을 보자마자 그것들을 창작한 감독이 누구인지 금세 알아차릴 수 있는 몇 안 되는 현대 감독에 속한다. 카사베츠 영화를 이삼 초만 보더라도 — 히치콕Alfred Hitchcock의 영화나 펠리니Federico Felini의 영화가 그런 것처럼 — 그게 누구 작품인지 알게 된다. 그의 영화들은 침묵을 끔찍이도 두려워한다. 캐릭터들은 말하고 싸우고 농담을 던지고 노래하고 고해하고 비난한다. 그들은 절박하게 사랑을 필요로 하면서도 사랑을 주는데는 서투르며, 사랑을 받는 데는 더욱 서투르지만 하나님은 그들이 노력하고 있다는 점을 아신다.

카사베츠는 가장 중요한 미국의 독립 영화감독이다. 자연스러운 상황에서 참되어 보이는 사람들을 다룬, 저예산의 16밀리미터로 찍은 영화인 <그림자들Shadows>(1960)은 프랑스 누벨바그와 비슷한 시기에 당도하면서 미국에도 비슷한 자유를 제공했다. 스튜디오 제작의 형식성이 아닌, 현재 일어나고 있는 삶의 자연스러운 모습 말이다. 그의 영화들이 대단히 참신하게 느껴졌기 때문에, 사람들은 그를 즉흥적인 작업을 하는 영화감독일 거라고 짐작했다. 이것은 사실이 아니다. 그는 연출하는 작품들의 시나리오를 직접 썼다. 그런데 자신의 정서적 체험에 기초해서 이야기들을 썼기 때문에, 그리고 출연하는 배우들이 가족이거나 친구였기 때문에 그의 세계는 자연스럽게 느껴졌다. 그의 영화에 시나리오 작법에 따른 플롯 구조는 전혀 존재하지 않는다. 그 대신 자유 낙하의 공포가 존재한다. 우리가 살면서 즉흥적인 모습을 자주 보여 줄 수는 없지만 평생 조심스럽게 리허설해 온 캐릭터를 연기할 수는 있다는 점을 그는 잘 알았다.

　<술 취한 여자>는 카사베츠의 작품 중에서 가장 위대한 작품일 것이다(1984년 영화인 유작 <사랑의 행로Love Streams>도 그런 영화로 꼽을 수 있지만 말이다). 이 영화에는 그의 아내이자 그와 자주 작업한 지나 롤랜즈Gena Rowlands와 친구 피터 포크Peter Falk가 카사베츠 자신의 결혼 생활을 통해 도출한 듯한 역할들로 출연한다(실제 결혼 생활에 얼마나 가까운지는 두 캐릭터의 어머니를 연기한 배우들이 레이디 롤랜즈Lady Rowlands와 캐서린 카사베츠Katherine Cassavetes라는 사실을 통해 짐작할 수 있다).

　포크는 닉 론게티라는 공사장 십장을, 롤랜즈는 그의 아내 메이벨을 연기한다. 세 아이를 둔 두 사람은 식당의 소파 베드에서 잠을 잘 만큼 사생활이 없다시피 한 집에서 산다(화장실 문에는 "일반인 출입금지PRIVATE"라고 적힌 커다란 표지판이 붙어 있는데, 사람들은 늘 그 표지판을 두드린다). 메이벨은 지나치게 과음을 하고 이상한 행동을 한다. 영화가 진행되는 동안 그녀는 신경 쇠약에 걸리면서 정신 병원에서 시간을 보내고 그녀를 위해 열린 퇴원 환영 파티에 참석할 것이다. 영화가 끝날 무렵에야 닉 역시 아내만큼 미쳤다는 게 명확해지고, 이 미

치광이 두 사람은 필사적인 방식으로 천생연분의 삶을 산다.

롤랜즈는 이 연기로 오스카상 후보에 올랐는데, 에르마 봄벡Erma Bombeck은 그녀의 연기를 레이디 맥베스Lady Macbeth에 비교했다. 그녀의 광기는 혼란스러운 가사家事 도중에 불타오른다. 무엇 하나 수월하게 되는 일이 없다. 그녀가 내뱉는 첫 대사는 "고함치지 마!"이다. 외할머니와 하룻밤을 보내라며 세 아이를 외갓집에 보내면서 그녀는 앞마당을 껑충껑충 뛰어다니다가 신발이 벗겨진다. 남편이 예기치 않게 이른 아침 시간에 동료 일꾼 열 사람을 데리고 집에 들이닥쳤을 때, 그녀의 반응은 직설적이다. "스파게티 드실래요?" 그러나 그녀는 한껏 노력을 기울이고, 결국에는 당황스러워하는 일꾼 한 사람에게 같이 춤을 추자고 요청하며 그를 품에 안는다. 닉은 "메이벨, 재미 볼 만큼 봤잖아. 그 정도면 됐어"라는 말로 분위기를 깬다. 일꾼들은 재빨리 자리를 정리하고는 집을 떠나고, 메이벨은 기쁨을 누리려다 실패한 또 다른 시도의 잔재 속으로 무너져 내린다.

메이벨에게는 그녀만의 공간이 없다. 집 전체가 시종일관 다른 식구들의, 친척들과 시댁 식구들의, 이웃들의, 그녀를 직접 보고는 치료에 적합한 케이스인지 결정하려고 들른 제프 박사(에디 쇼Eddie Shaw) 같은 예상치 못한 손님들의 것이다. 영화의 도입부에서 한동안 집에 혼자 남게 된 메이벨이 현관 복도 복판에 서서 담배를 피우고, 생각에 잠기고, 오페라에 귀를 기울이고, 술을 마시고, 사람들이 여전히 거기에 있는지 확인하려는 양 방구석을 향해 이런저런 몸짓을 하는 장면이 있다. 나중에 우리는 그녀가 위스키를 큰 잔으로 꿀꺽꿀꺽 마시면서 차마 떨쳐 낼 수 없는 사내와 밤을 지내는 모습을 본다. (사내는 닉이 일꾼들과 도착하기 직전에 집을 떠난다. 카사베츠는 그들이 마주치는 명백한 결말을 피하면서도, 뜨내기들과 만나는 그런 사건들이 과거에도 있었을 거라는 가능성을 제시한다.) 한동안 둘만 남은 닉과 메이벨은

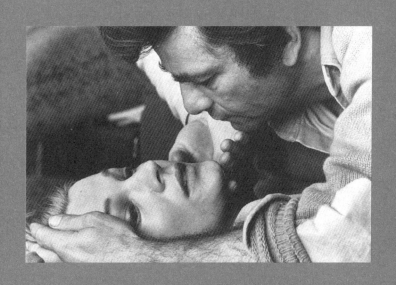

서로를 사랑하지만, 얼마 안 가 아이들과 메이벨의 어머니가 들이닥쳐 부부가 있는 침대에 뛰어든다. 닉은 휘파람으로 '징글 벨'을 불며 모두를 열광시킨다.

소음과 혼란의 물결들이 이 집 안팎을 휩쓴다. 평론가 레이 카니 Ray Carney는 이렇게 썼다. "그녀의 관점에서 볼 때, 어떤 것이 맥박이 단 한 번 뛸 동안만이라도 움직임을 멎으면 그것은 죽기 시작하는 것이다." 맞는 말이다. 그리고 카사베츠의 캐릭터 대부분에게 맞는 말이기도 하다. 침묵이나 통찰을 꾸준히 두려워하면서 사는, 그리고 아내로서나 어머니로서 자신의 능력에 확신을 갖지 못하면서 술과 약에 취해 불안정한 삶을 사는 메이벨은 행복의 시나리오를 실행에 옮기려 애쓴다. 길에서 스쿨버스를 만나는 것은 그냥 일상적인 위기일 뿐이다. 집에서 아이들은 공연을 하라고, 놀라고, 노래를 부르라고, 뛰어다니라고, 행복한 것처럼 보이라고 늘 재촉당한다. "나한테 원하는 게 뭔지 말해 봐요." 그녀는 닉에게 말한다. "난 뭐든 할 수 있어요."

"그녀는 그를 사랑해요." 1975년에 롤랜즈가 카사베츠와 함께 이 영화를 개인적으로 배급하던 중에 나한테 한 말이다. "그런데 영화 전체를 보면 그녀가 온전히 자기만의 주장이라고 할 만한 이야기를, 정말로 그녀 스스로 생각해 낸 이야기를 표현한 적이 단 한 번도 없어요. 그녀는 남편이 원하는 것은 무엇이건 할 거라고 말하는데, 세상에 그럴 수 있는 사람이 누가 있겠어요?"

메이벨이 무대에서 벗어난 동안, 우리는 마초의 자신감에 가려져 있던 닉의 광기를 본다. 그가 트럭을 타고 아이들 학교에 도착해서 수업 중인 아이들을 끌어내 해변으로 데려간 다음 아이들에게 사방을 뛰어다니면서 재미있게 보내라고 지시하는 장면을 숙고해 보라. 그는 심지어 집에 돌아오는 길에 아이들에게 맥주를 먹이기도 한다. 메이벨이 한 짓 중에 이만큼 미친 짓은 없었다.

퇴원해서 귀가한 메이벨을 위해 닉이 연출한 환영 파티도 숙고해 보라. 말도 안 되는 부자연스러운 모습이지만, 그 모든 것의 기저에는 장기적으로 공연되어 온 연극에서 자기만의 것으로 만들었던 역할을 다시 차지하려고 돌아온 여배우 같은 느낌이 물씬 풍긴다. 그녀는 병을 치유했을 수도 있고 여전히 병을 앓고 있을 수도 있지만, 그녀의 삶에 존재하는 사람들은 최소한 그녀가 돌아와 원래 차지하고 있던 익숙한 심리적 공간을 넘겨받았다는 사실에 안도감을 느낀다. 기능 장애가 있는 가정은 기능을 수행하지 못하는 가정이 아니다. 그 가정은 나름의 방식에 따라 작동하고, 꾸불꾸불한 일상사에는 일종의 안도감이 존재할 수도 있다.

카사베츠의 영화들에서 나타나는 결말에 안전한 해결책이란 없다. 관객은 소란스러운 삶이 방해받지 않고 진행된다는, 각각의 영화는 이미 공연되고 있는 연극의 막을 올린 것 같다는 느낌을 받는다. 캐릭터들은 사랑을 주고, 사랑을 받고, 사랑을 표현하고, 사랑을 이해할 방법을 찾으려고 애쓴다. 그러한 노력은 술, 마약, 섹스, 자기 불신 등 다양한 중독으로 방해받는다. 자기 수양의 권위자들은 '옛날 테이프의 재생'에 대해 말한다. 카사베츠는 감방 같은 옛날 테이프를 가진 캐릭터들을 집필한다. 그들의 대사는 창살 사이에서 들려오는 도와달라는 요청과 비슷하다.

자서전에 가까운 책 『카사베츠에 대해 말하는 카사베츠Cassavetes on Cassavetes』를 엮은 레이 카니는 <술 취한 여자>가 '결혼 3부작'의 가운데 영화라고 믿는다. 정서적인 순서 면에서 첫 영화는 롤랜즈와 시모어 카셀Seymour Cassel이 첫사랑에 엉뚱하게 도취하는 내용의 <별난 인연Minnie and Moskowitz>(1971)이고, 세 번째 영화는 롤랜즈와 존 말리John Marley가 붕괴되어 가는 결혼의 마지막 단계에 접어든 부부를 연기한 <얼굴들Faces>(1968)이다. <술 취한 여자>는 결혼 생활과 자식 부양이 절정에 달한 시기가, 희망과 두려움이 불분명한 균형을 맞춘 시기가 배경이다.

카사베츠는 자신이 추구하고 유쾌하게 즐긴 창작 활동을 통해 많은 영화를 선보였다. 나는 카사베츠와 포크, 벤 가자라Ben Gazzara가 방탕한 생활을 하는 것으로 친구를 애도하는 <남편들Husbands>(1970)에서는 그다지 감흥을 받지 못했다. 가자라가 스트립 클럽 경영자로 나오는 <차이니즈 부키의 죽음The Killing of a Chinese Bookie>(1976)은 뜻밖의 성공작이지만 제대로 된 배급망을 전혀 타지 못했다. <오프닝 나이트Opening Night>(1977)는 롤랜즈가 새 연극의 공연 첫날 밤에 엉망이 되고 마는 알코올 중독 여배우를 연기하면서 명연을 보인 작품이다. <글로리아Gloria>(1980)는 상당히 상투적인 영화로, 롤랜즈가 부모가 살해된 아이를 숨겨 주는 조폭과 관련된 여인을 연기한다. 그런 후에 위대한 <사랑의 행로>(1984)가 나왔다. 그러나 그 무렵 카사베츠의 건강은 악화되고 있었고, 그는 몇 편의 작업을 더 마친 후 고통스러운 말기 질환에 시달리게 되었다.

우리가 예술가에게 물어 볼 수 있는 질문 중 하나는 어떤 작품이 그에게 어떤 의미였는지, 그 사람이 세상을 어떻게 보는지, 세상사에 어떻게 대처하는지에 대한 기록을 남겼는지의 여부다. 영화는 여러 사람이 힘을 합쳐 만드는 매체라서 우리가 어떤 영화에서 특정한 한 사람의 느낌을 받는 일은 드물다. 그러나 카사베츠는 최소한 그것을 두 사람의 느낌으로 줄였다. 그 자신과 롤랜즈다. 그의 작품을 이해하는 열쇠는, 카사베츠의 역할을 연기하는 사람이 남자 주인공이 아니라 늘 롤랜즈임을 깨닫는 것이다.

쉰들러 리스트
Schindler's List

감독	스티븐 스필버그	
주연	리엄 니슨	
제작	1993년	195분

<쉰들러 리스트>는 홀로코스트를 다룬 영화라고 소개되지만, 홀로코스트는 이 영화가 다루는 소재라기보다는 줄거리를 펼치기 위한 마당을 제공할 뿐이다. 이 영화는 아주 유사한 두 캐릭터를 꼼꼼히 연구하는 작품이다. 한 명은 사기꾼이고 다른 사람은 사이코패스다. 제3제국을 상대로 사기를 치는 오스카 쉰들러와 제3 제국의 순수한 악랄함을 대표하는 아몬 괴스는 전쟁이 빚어낸 기회에서 태어난 사람들이다.

쉰들러는 전쟁 전후에 사업에 성공하지는 못했지만, 그 사업을 1천 명 넘는 유대인의 목숨을 구한 공장들을 운영하기 위한 위장막으로 활용했다. (엄밀히 말하면, 그 공장들도 실패작이었지만, 그것은 그가 세운 계획의 일환이었다. "이 공장이 실제로 발사될 수 있는 포탄을 생산한다면 기분이 무척 나쁠 거요.") 괴스는 전쟁 후에 처형됐는데, 그는 전쟁을 살인을 저지르고픈 병적인 충동을 가리는 위장막으로 활용했다.

스티븐 스필버그Steven Spielberg, 1946~ 는 그들의 이야기를 들려주는 와중에, 지나치게 방대하고 비극적이라서 픽션으로는 그 어떤 이성적인 방식으로도 아우를 수 없는 소재인 홀로코스트에 접근하는 길을 찾아냈다. 그는 20세기에 일어난 가장 서글픈 이야기가 남긴 잔해 속에서 해피 엔딩이 아니라, 악에 저항하는 것은 가능한 일이고 성공할 수도 있는 일임을 확인시켜 주는 적어도 한 가지 사례를 찾아냈다. 나치가 운영한 시체 안치소의 면전에서, 그런 주장은 마땅히 세상에 공표되어야 하는 것이다. 그러지 못한다면 우리는 절망에 빠지게 될 것이다.

스필버그의 접근 방식이 지나치게 긍정적이거나 '상업적'이라고 생각하는 이들에게, 또는 홀로코스트를 재미있는 스토리의 출처로 탈바꿈시켰다고 그를 비난하는 이들에게 영화는 만만한 표적이었다. 그런데 모든 예술가는 그가 다루는 매체 내부에서 작업해야 한다. 그리고 영화라는 매체는 영사기와 스크린 사이에 관객이 없으면 존재할 수가 없다. 클로드 란츠만Claude Lanzmann은 홀로코스트를 다룬 더 심오한 영화 <쇼아Shoah>(1985)를 만들었지만, 그 영화의 러닝 타임인 아홉 시간 내내 기꺼이 객석에 앉아 있으려는 사람은 드물다. 스필버그는 진지하게 만든 영화들에서는 예술가적 기교를 대중성과 결합시키는 독보적인 능력을 발휘해 왔다. 자신이 말하고자 하는 바를 수백만 명이 듣고 싶어 하는 방식으로 말해 왔다는 뜻이다.

<쉰들러 리스트>에서 그가 이룬 빼어난 성취는 리엄 니슨Liam Neeson이 연기하는 오스카 쉰들러 캐릭터다. 쉰들러는 영화가 거의 끝날 때까지는 자신이 실제로 하고 있는 일이 무엇인지를 결코 인정하지 않는 사람이다. 쉰들러는 입 밖에 낼 수 없는 일을 이해하는 일을 '그의' 유대인들에게, 특히 회계원인 이츠하크 슈테른(벤 킹슬리Ben Kingsley)에게 맡긴다. 쉰들러는 자신이 고용한 일꾼들의 목숨을 지켜 주기 위해 나치를 속이는 사기극의 무대로 공장을 활용한다. 쉰들러는 그것을 슈

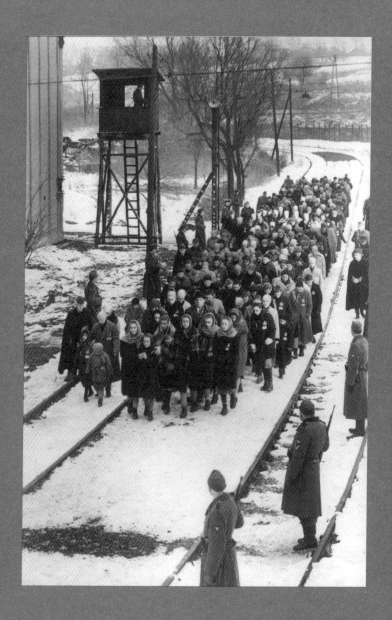

테른의 몫으로 맡기고, 스필버그는 그것을 우리의 몫으로 맡긴다. 이 영화는 실제로 하고 있는 것처럼 보이는 일과 반대되는 일을 하고 있는 남자를 다룬, 그리고 관객이 그것을 스스로 가늠해 내도록 만드는 감독이 연출한 드문 사례다.

쉰들러는 어마어마하게 대담하다. 그가 처음 세운 공장은 솥과 냄비를 만든다. 두 번째로 세운 공장은 탄피를 만든다. 두 공장 모두 대단히 비효율적이라 나치의 전쟁 노력에 거의 기여하지 못한다. 그보다 더 신중한 사람이라면 공장들이 질 좋은 냄비와 쓸 만한 탄피를 생산하게 하라고 요구해서 그 공장들을 나치에게 소중한 장소로 만들었을 것이다. 그런데 쉰들러가 한껏 집착한 것은 유대인들의 목숨을 구해 내면서 쓸모없는 물건들을 생산하기를 원한 것이다. 그러는 내내 그는 암시장에서 구한 값비싼 정장의 옷깃에 나치 배지를 달고 있다.

그의 캐릭터를 이해하는 열쇠는 그가 나치 장교들이 찾는 단골 나이트클럽을 배경으로 처음 등장하는 장면에서 찾을 수 있다. 그가 목적 달성을 위해 동원하는 자산은 주머니에 든 지폐와 몸에 걸친 의상임을 우리는 이해한다. 클럽에 뚜벅뚜벅 들어온 그는 나치의 고위급 장교들의 테이블에 최고급 샴페인을 보내고는 얼마 안 있어 장교들과 그들의 여자 친구들을 자신의 테이블에 합석시킨다. 그의 테이블은 나중에 도착한 이들로 초만원이 된다. 이 남자는 누구인가? 물론 오스카 쉰들러다. 그렇다면 저 남자는 무슨 일을 하는 사람인가? 제3 제국은 그 질문에 대한 대답을 결코 가늠하지 못한다.

쉰들러가 사기꾼으로서 이행하는 전략은 늘 무슨 일을 책임진 사람처럼 보이는 것, 연줄이 좋은 사람처럼 보이는 것, 권세 좋은 나치들에게 선물과 뇌물을 잔뜩 안기는 것, 간이 콩알만 한 사람이라면 감당하지 못하고 무너질 법한 상황들을 헤쳐 가면서 훤칠하고 고압적인 분위기를 풍기는 몸을 성큼성큼 옮기는 것이다. 그는 사기의 진짜 목적을 위장하는 사기꾼 특유의 요령도 갖고 있다. 나치들은 그의 뇌물을 받아먹으면서 그의 목적은 전쟁을 통해 부유해지는 것일 거라 짐작한다. 그들은 그것을 반대하지 않는다. 그 덕에 자신들도 부유해지기 때문이다. 그들은 쉰들러가 실제로는 유대인을 구하고 있음을 결코 알아차리지 못한다. 경비원들이 도둑이 끄는 손수레를 날마다 수색하는 내용의 오래된 이야기가 있다. 그들은 그가 훔치고 있는 게 무엇인지 가늠할 수 없다. 그가 훔치고 있는 것은 손수레다. 유대인은 쉰들러의 손수레다.

영화에서 극적인 장면 중 일부는 쉰들러가 죽음의 구렁텅이에서 말 그대로 노동자들을 낚아채는 모습을 보여 준다. 그는 죽음의 열차에서 슈테른을 구해 낸다. 그런 후 남성 노동자들을 가득 태운 열차의 방향을 아우슈비츠에서 체코슬로바키아에 있는 그의 고향으로 돌린다. 여성들이 탄 열차가 실수로 아우슈비츠로 잘못 향하자, 그는 죽음의 수용소로 과감하게 들어가 그들을 되돌려 보내 달라며 수용소장에게 뇌물을 먹인다. 그가 이 사례에서 보여 주는 통찰은 진심에서 우러나서 그러는 게 아니라면 어느 누구도 그런 목적을 위해 아우슈비츠에 제 발로 걸어 들어가지는 않을 거라는 것이다. 그의 엄청난 대담함이 그를 보호하는 방패다.

물론 슈테른은 쉰들러의 실제 목적은 부자가 되는 게 아니라 인명을 구하는 것임을 재빨리 가늠한다. 하지만 그는 쉰들러가 체코슬로바키아로 이송될 노동자 1천1백 명의 명단을 만드는 일을 시키기 전까지는 그런 속내를 큰소리로 입 밖에 내지 못한다. "이 명단은 완벽하게 좋습니다." 슈테른은 그에게 말했다. "이 명단은 목숨입니다. 명단 사방의 가장자리 주위에는 심연이 있습니다."

이제 아몬 괴스 소장(랠프 파인스Ralph Fiennes)을 고려해 보자. 그는 크라쿠프 게토를 관리하는, 나중에는 유대인들이 이동한 수용소를 관리하는 권한을 가진 나치다. 그는 스키용 오두막의 발코니에 서서 표적 사격 연습 삼아 유대인에게 총질을 한다. 그러면서 유대인들이 품었을지도 모르는, 나치 경찰이 합리적인 패턴으로 행동할 것이라는 일말의 희망조차 산산조각 내 버린다. 그들이 그의 변덕에 따라 언제라도 목숨을 잃을 수 있는 상황이라면 항거와 순종 모두 의미 없는 짓이고 쓸모없는 짓이다.

괴스는 분명 미친 인간이다. 전쟁은 그의 기저에 깔려 있는 연쇄 살인범의 본성을 가려 준다. 그의 잔혹성은 희생자들을 괴롭힌다. 그는 희생자들이 희망을 품기에 충분할 정도로 오랫동안 목숨을 부지시킨 다음에 그들을 쏴 버린다. 최근에 <쉰들러 리스트>를 다시 보면서 괴스를 미치광이로 만든 건 이 영화의 약점이 아니었을까 의아해졌다. 스필버그 입장에서는 괴스 대신 나치의 공무원(그저 명령을 따르고만 있는 '평범한' 사람)에 초점을 맞추는 편이 더 낫지 않았을까? 홀로코스트의 공포는 괴스 같은 괴물이 살인을 할 수 있다는 데에서 비롯되는 게 아니라, 일상을 영위하던 중에 붙잡혀 온 수천 명의 사람들이 ─ 오싹한 표현이지만 ─ 히틀러의 지시를 적극적으로 집행하는 사람들이 되었다는 데에서 비롯된다.

모르겠다. 스필버그가 나름의 방식으로 만든 이 영화는 매혹적이고 강렬하다. 어쩌면 감춰진 차원을 많이 가진 주인공을 내세우는 영화에서는 1차원적인 악당을 등장시키는 게 필수적일지도 모른다. 그저 '명령을 따르고 있는' 평범한 사람은 ─ 명령을 따르지 않은 평범한 남자인 쉰들러와 대비됐을 테지만 ─ 이 영화의 초점을 흐릿하게 만들었을지도 모른다.

<쉰들러 리스트>는 홀로코스트의 부분들이 어떻게 작동했는지에 대한 정보를 주되 그것을 설명하지는 않는다. 종족 학살을 실행할 수 있는 사람은 설명이 불가능한 존재이기 때문이다. 설령 그렇지 않더라도 우리는 그렇게 믿고 싶다. 실제로 종족 학살은 인류사에서 흔히 발

생하는 일로, 현재도 아프리카와 중동, 아프가니스탄, 그 외의 여러 지역에서 일어나고 있다. 미국은 북미 원주민을 상대로 한 종족 학살 정책을 통해 식민지가 된 나라다. 지역과 인종은 우리가 서로를 증오하는 데 사용하는 표식들이다. 우리가 그것들을 뛰어넘지 못하는 한, 우리는 자신이 그런 정책의 잠재적인 집행자임을 인정해야 한다. 스필버그의 영화가 가진 힘은 악惡을 설명한다는 게 아니라 인간은 악의 면전에서도 선善할 수 있다는 것을, 그리고 선은 승리할 수 있다는 걸 주장한다는 것이다.

나는 이 영화의 엔딩을 보면 눈물을 짓는다. 전쟁이 끝났을 때, 쉰들러의 유대인들은 낯선 땅에 있다. 오도 가도 못하는 신세지만 어쨌든 살아 있다. 그들을 해방시킨 러시아군이 묻는다. "저 너머에 마을이 있지 않나요?" 그러자 그들은 지평선을 향해 걷기 시작한다. 다음 숏은 흑백 화면에서 컬러 화면으로 바뀐다. 처음에 우리는 그 전환이 이전 액션이 지속되는 장면일 것이라고 생각한다. 산마루에 있는 남자와 여자들의 차림새가 달라졌다는 걸 알아차리기 전까지는 말이다. 그러면서 영화는 우리에게 강렬한 충격을 안긴다. 그 사람들이 쉰들러의 유대인들이기 때문이다. 우리는 실제 생존자들과 그들의 자식들이 오스카 쉰들러의 묘소를 참배하는 모습을 본다. 영화는 게토에 갇혔던 유대인들의 명단으로 시작한다. 영화는 목숨을 구한 이들의 명단으로 끝난다. 명단은 완벽하게 좋다. 그 명단은 목숨이다. 명단 사방의 가장자리 주위에는 심연이 있다.

스윙 타임 Swing Time	감독	조지 스티븐스		
	주연	프레드 아스테어, 진저 로저스		
	제작	1936년	103분	

영화가 창조해 온 모든 공간 중에서 가장 마술적이고 오랫동안 버텨 온 공간이 프레드 아스테어Fred Astaire와 진저 로저스Ginger Rogers가 활동하던 우주다. 1933년부터 1939년 사이에 만들어진 일련의 영화에서 그들이 표현해 낸 우아함과 유머 덕분에 두 사람은 고상한 모든 것을 판별하는 시금석이 됐다. 영화감독 그레고리 나바Gregory Nava는 언젠가 내게 이렇게 말했다. "뭐가 됐건 스타일이나 취향에 대한 의문이 제기되면 그냥 나 자신에게 물어보고는 합니다. 프레드 아스테어라면 어떻게 했을까?"

무엇보다 아스테어와 로저스는 위대한 댄서들이었다. 로저스가 진지한 드라마 역할로 전향한 후에 아스테어가 맞은 파트너들(리타 헤이워스Rita Hayworth, 엘리너 파월Eleanor Powell, 시드 채리스Cyd Charisse)을 포함한 다른 많은 영화 속 댄서도 마찬가지였다. 그런데 프레드와 진저가 함께했던 일들은, 그리고 어떤 팀도 같은 방식으로 해내지 못했던 일은 춤의 환희를 보여 준 것이었다. 엄청나게 뛰어났던 그들은, 그리고 자신들이 엄청나게 뛰어나다는 것을 잘 알았던 그들은 자신의 재능을 찬양하기 위해 춤을 췄다.

<톱 햇Top Hat>(1935)에서 그들의 넘버 'Isn't It a Lovely Day?(아름다운 날 아닌가요?)'의 마지막 순간을 눈여겨보라. 노래는 그녀가 그를 조롱하는 것으로 시작한다. 그녀는 주머니에 손을 꽂고는 밴드스탠드 주위로 그를 따라다닌다. 이 모습은 번개와 천둥의 대조점이 되어 열정적인 육체적 춤으로 고양되고, 그다음에는 속도가 느려져 그들이 서로의 스타일과 움직임을 모방하는 시퀀스로 이어진다. 결국 만족감을 느낀 두 사람은 밴드스탠드 모서리에 털썩 주저앉아 악수를 한다. 나는 그 악수는 그들이 연기하는 캐릭터들이 나누는 악수가 아니라 댄서들 본인이 나누는 악수라고 늘 생각해 왔다.

편집에 의존하지 않고 실제로 춤을 추는 모습을 연속적으로 잡은 시간의 길이 면에서, 아스테어와 로저스는 영화 역사에 등장하는 다른 모든 댄서를 능가했다. 고다르Jean-Luc Godard는 "영화는 1초에 24번 진실하고, 모든 컷은 거짓말이다"라고 말했다. 아스테어는 그보다 35년 전에 같은 결론에 도달했다. 그는 모든 댄스 넘버는 가급적이면 분절되지 않은 단일 테이크로 촬영돼야 하고, 댄서를 보여 줄 때에는 늘 머리부터 발끝까지 온몸을 보여 줘야 한다고 믿었다. 댄서들의 춤을 보며 탄복하는 관객을 보여 주는 편집 화면은 존재하지 않는다. 아스테어는 그렇게 하면 분위기가 산만해진다고 생각했다. 다른 시점으로 편집하는 경우도 없었다. 아니, 있더라도 아주 드물었다(<스윙 타임>에서 크레인에 장착된 카메라는 댄서들이 계단을 통해 아래층에서 위층으로 올라가는 내내 따라다닌다). 댄서들의 얼굴을 잡는 클로즈업도 없었다. 그렇게 하면 그들이 몸을 놀리고 있다는 사실을 우리가 받아들이지 않을 것이기 때문이다. (로저스 양은 1983년에 댄스 영화 <스테잉

얼라이브Staying Alive>를 본 후 내게 말했다. "요즘 젊은 사람들은 참, 얼굴로 춤을 출 수 있다고 생각하네요!")

우리는 뭔가 어려운 일을 수행하면서도 쉽고 즐거운 일을 하는 것처럼 보이게 만드는 사람들(운동선수, 뮤지션, 댄서, 장인)을 보면 기분이 고양됨을 느낀다. 그것은 인간적인 측면에서 보면 서투름과 소심함, 무기력 같은 적수들을 이기고 거둔 승리다. 아스테어와 로저스에 대한 냉소적인 평가는 "그녀는 그에게 성性을 줬고, 그는 그녀에게 탁월함class을 줬다"는 것이었다. 그런데 실제로는 두 사람 모두 탁월했고, 성은 절대로 중요한 요소가 아니었다. 프레드와 진저가 빚어낸 화학 작용은 에로틱하지 않았다. 그 대신 지적이고 육체적이었다. 그들은 세상의 누구보다도 춤을 잘 출 수 있는 최상급 댄서들이었고, 자신들도 그 사실을 알았다. 아스테어의 후기 댄스 파트너들은 그를 비추는 스포트라이트 속에서 춤을 췄다. 그러나 진저 로저스는 "그녀를 비추는 조명 아래에서" 춤을 췄다고 무용 평론가 아를렌 크로체Arelene Croce는 썼다.

안무가 허미즈 팬Hermes Pan과 작업하곤 하던 아스테어는 그의 춤에 등장하는 제스처는 아무리 사소한 것일지라도 사전에 꼼꼼하게 계획한, 작업에 공을 들이는 장인이었다. 반면 로저스는 댄서였지 창작자는 아니었지만, 발에서 피가 날 때까지 의욕적으로 리허설을 했다("나는 프레드가 하는 일은 무엇이건 했어요. 힐을 신고 거꾸로요"). 그들의 영화에는 픽션이 있다. 댄스 넘버들이 그들의 감정을 자연스럽게 표현하는 방식으로 그들 사이에서 우연히 생긴 것이라는 게 그 픽션의 내용이다. 그들은 태평해 보인다. 그러나 그들의 타이밍과 몸놀림은 철저하게 훈련된 것이었고, 리허설에는 상상을 불허하는 시간이 소요됐다.

아스테어-로저스 뮤지컬 중 다수는 프레드가 진저를 보고 첫눈에 반하면 그녀가 경계심을 느끼고 뒷걸음질을 치다 결국에는 일련의 댄스 넘버들을 통해 구애를 받는다는 내용이다. 그녀가 결국 사랑에 빠

NG-71

지면, 믿기 힘든 플롯의 계략은 그녀가 그를 유부남이나 바람둥이, 누군가 다른 사람과 약혼한 남자라고 생각하게 만든다. 여러 편의 영화에서 그녀는 그들 사이의 부인할 수 없는 사랑에서 꽁무니를 빼지만, 결국 마지막 순간에 등장하는 열정 넘치는 급박한 댄스 신에서 그들의 사랑은 구원을 받는다. 로저스가 1995년에 사망했을 때 "엄청나게 착한 아가씨만이 인생에 대해 그리도 대단한 통찰력을 보여줄 수 있고, 그녀의 심장을 뛰게 할 위협적인 남자에 대해 그리도 무심할 수 있다"고 머리 켐튼Murray Kempton은 썼다.

아스테어-로저스 영화 중 최고작은 다섯 번째 공연작인 <스윙타임>이다. 감독은 당시 RKO 라디오 픽처스에서 제왕으로 군림하던 조지 스티븐스George Stevens, 1904~1975였다〔그 시기에 그가 연출한 다른 작품으로는 <앨리스 애덤스Alice Adams>(1935)와 <강가 딘Gunga Din>(1939) 등이 있다〕. 익살이 담겨 있는 플롯은 <톱 햇>처럼 등장인물의 정체에 대한 오해에 기초하지만, 그 영화보다는 위트도 있고 더 영리하게 집필되었다. 유머작가 P. G. 우드하우스P. G. Wodehouse가 고안한 플롯이라고 해도 믿을만할 정도다. 플롯은 제롬 컨Jerome Kern의 노래들을 위주로 구축된 걸출한 댄스 시퀀스들을 이어 주는 역할을 한다. 클라이맥스에 등장하는 'Never Gonna Dance(절대 춤추지 않을 거야)' 넘버는 아스테어-로저스 파트너십의 최정점일 것이다.

결말에 등장해서 그들의 모든 문제를 감정적으로 해소해 주는 이 노래에서, 나는 늘 구애 행위를 거울처럼 반영한 곡이라는 인상을 강하게 받아 왔다. 이 장면은 구애를 거절당해 낙담한 아스테어가 사람이 없는 나이트클럽의 플로어를 천천히 가로지르는 것으로 시작한다. 마찬가지로 낙담한 로저스는 그를 따라간다. 그들의 걸음걸이는 거의 눈에 보이지 않을 정도로 조금씩 리듬이 빨라지고, 결국 그들은 언제 시작했는지 느낄 수도 없는 사이에 춤을 추고 있다. 그들은 떨어졌다가 함께하다가 떨어진다. 아스테어는 트레이드마크인 템포 변화를 활용한다. 제멋대로 풀린 열정은 갑작스럽게 슬로 모션이나 다름없는 길게 늘어지고 연장된 걸음걸이로 바뀐다. 템포는 그러다가 되살아난다.

또 다른 빼어난 시퀀스는 아스테어의 솔로인 'Bojangles of Harlem(할렘의 보쟁글스)' 넘버다. 요즘의 감수성으로는 아스테어가 얼굴을 검게 칠한 모습을 보고는 불쾌감을 느끼게 된다. 그러나 당시 관객들은 이 장면이 위대한 흑인 댄서 빌 로빈슨Bill Robinson에게 헌정된 신임을 알았을 것이다. 지금은 본질적으로 꽤나 불쾌하게 여겨질, 얼굴이 검다는 사실을 빼면 이 시퀀스에 인종 차별적이라고 볼 수 있는 요소는 하나도 없다. 실제로는 정반대다.

이 넘버에는 아스테어가 배경 영사된 자신의 그림자 세 개 앞에서 춤을 추는 시퀀스도 포함된다. 대부분의 시간 동안 네 인물의 동작은 완벽하게 맞아떨어진다. 그러다가 그와 그림자들 사이의 동작이 엇나가기 시작하고, 결국에는 그의 동작을 따라잡지 못하는 세 그림자 모두 퇴장한다. 이 장면은 어떻게 연출된 것일까? 배경에 보이는 세 사람의 실루엣은 동일한 동작을 보여 준다. 아스테어가 그들의 동작을 대단히 잘 흉내 내기 때문에 그것들은 그의 그림자처럼 보인다. 그러나 그는 배경에 영사된 그림자들이 추는 춤을 타이밍을 맞춘 라이브 퍼포먼스로 무척이나 잘 따라하고 있는 것에 불과하다. 이것을 가능하게 만든 기술적인 훈련은 무시무시할 정도로 인상적이다.

경이로운 아르데코 나이트클럽에서 새로운 사랑에 대한 듀엣으로 공연되는 위대한 넘버 'Waltz in Swing Time(스윙 타임의 왈츠)'도 있다. 그들의 춤사위는 육체적인 열정은 보여 주지 않지만, 연인들은 이상적인 사랑의 초기 단계에서 자신의 소울 메이트를 발견한다. 영화의 첫 댄스 넘버 'Pick Yourself Up(일어서요)'은 아스테어가 춤을 추지 못하는 척하는 방식 면에서 재미있다. 아스테어는 댄스 강사(로저스)

에게 레슨을 받고, 그녀를 해고하고, 그런 후에 보스에게 그녀가 자신에게 무언가를 가르쳤음을 증명하려고 그녀와 에너지 넘치는 격렬한 탭 댄스 넘버를 춘다.

프레드 아스테어1899~1987는 외모가 특이했기 때문에 만화가들은 그의 캐리커처를 쉽게 그렸다. 그는 만화가들이 작업을 편히 할 수 있는 기초 작업을 이미 해 놓은 셈이었다. 그는 역삼각형 형태인 긴 얼굴의 높이 솟은 이마에서 머리카락을 뒤로 납작하게 빗어 넘겼다. 그는 태어날 때부터 입고 있던 옷인 것처럼 옷을 입었다. 의자에 제대로 앉는 건 자신에게는 부자연스러운 일인 것처럼 두 다리를 의자의 두 팔에 털썩 떨어뜨렸다. 반면 그의 연적들은 수행자들이 걸치는 불편한 옷을 속옷으로 입은 것처럼 이브닝드레스를 입었다.

아스테어와 비슷한 키에 날씬하고 건강미 넘치며 고전적인 아름다움보다는 쾌활한 인상을 주는 얼굴을 가진 진저 로저스1911~1995는 춤을 추지 않을 때에도 아스테어의 이상적인 파트너였다. 그건 두 사람 모두 적은 게 많은 거라는 사실을 — 당대인들이 알기 오래전부터 — 잘 알았기 때문이다. 과장된 표정 반응을 보이고 강렬하게 감정을 표출했다면 이 연약하기 그지없는 영화들은 망가졌을 것이다. 로저스는 자신이 출연한 영화의 우스꽝스러운 플롯들을 진정으로 믿는 것처럼 보이는 일은 절대 없게끔 연기함으로써 살아남았다. 그녀는 슬펐지만 지나치게 슬퍼서는 안 됐다. 화가 났지만, 감정으로서가 아니라 연기로서 그래야 했다.

그들이 위태위태한 로맨스에서 진정한 감동을 표현해야 할 때, 그것은 대사가 아니라 늘 춤을 통해서였다. 바로 그것이 'Never Gonna Dance' 넘버가 그토록 경이로운 이유다. 그들은 자신의 목소리와 춤사위에서 본인들이 춤을 추지 못하면 살 수 없는 사람임을 명확히 밝혔다. 흐음, 물론 살 수는 있었을 것이다. 그런데 그런 삶에 무슨 재미가 있겠는가?

	감독	조지 루카스	
스타워즈 Star Wars	주연	마크 해밀, 해리슨 포드, 캐리 피셔	
	제작	1977년	121분

<스타워즈>를 20년이 지나 다시 보는 건 마음속의 어떤 곳을 다시 방문하는 것이다. 조지 루카스George Lucas, 1944~ 의 스페이스 서사시는 우리의 상상력을 식민지로 만들어 버렸다. 이 영화와 거리를 두면서 이 영화를 단순한 활동사진 한 편으로 간주하기란 어렵다. 영화가 아주 철저히 우리 기억의 일부가 되어 버렸기 때문이다. <스타워즈>는 아동용 이야기처럼 멍청하고, 왕년에 토요일 오후에 상영된 시리즈물처럼 천박하며, 8월의 캔자스 들판처럼 진부하다. 그럼에도 걸작이다. 이 영화에 담긴 철학을 분석하는 사람들은 마음속에 미소를 지으면서 그렇게 할 것이라고 상상한다. 포스가 그들과 함께 하기를.

    <국가의 탄생The Birth of a Nation>과 <시민 케인Citizen Kane>과 비슷하게, <스타워즈>는 이후에 만들어진 많은 영화에 영향을 준 기술적 분수령이었다. 이들 영화에는 공통점이 거의 없다. 예외가 있다면 새로운 제작 방식들이 한 작품으로 묶일 수 있을 만큼 성숙한 시기인 영화

사의 중요한 순간에 찾아온, 그 작품들의 제작 방식이다. <국가의 탄생>은 발전된 숏들의 언어와 편집을 한데 통합했다. <시민 케인>은 특수 효과와 발전된 사운드, 새로운 촬영 스타일, 직선형 스토리텔링으로부터의 자유를 결합했다. <스타워즈>는 특수 효과의 새로운 세대를 에너지가 넘치는 액션 영화와 결합했다. <스타워즈>는 스페이스 오페라를 일일 연속극과 연결하고, 동화를 전설과 연결했으며, 그것들을 무척이나 흥분되는 비주얼 경험으로 꾸려 냈다.

<스타워즈>는 1970년대 초기에 황금기를 누렸던, 감독들이 개인적인 스타일로 영화를 연출하던 시기를 사실상 끝장냈다. 그러면서 영화 산업의 초점을 대규모 제작비가 투입된 특수 효과 블록버스터로, 우리가 지금도 여전히 살면서 겪고 있는 트렌드로 이동시켰다. 그렇다고 이 영화가 이룬 성취를 놓고 영화를 비난할 수는 없다. 그저 이 영화가 그런 일을 어떻게 잘 수행했는지를 관찰할 수 있을 따름이다. <스타워즈> 이후 모든 대형 스튜디오가 이런저런 방식으로 제2의 <스타워즈>를 만들려고 애써 왔다(<레이더스Raiders of the Lost Ark>와 <쥬라기 공원Jurassic Park>, <인디펜던스 데이Independence Day>, <매트릭스Matrix> 같은 영화들이 <스타워즈>의 후계자들이다). <스타워즈>는 할리우드의 무게 중심을 활력 넘치는 10대의 지적 수준과 정서적 수준으로 옮겨 놨다.

그런데 우리가 초년기 자아의 취향을 유지하면서 그 취향에 푹 파묻힌 채로 나이를 먹어 간다고 볼 수도 있다. <스타워즈>가 SF에 전혀 신경을 쓰지 않는다고 생각하는 사람들에게조차 <스타워즈>가 왜 그토록 재미있는지를 어떻게 달리 설명할 수 있겠는가? <스타워즈>는 프레임 하나하나에 상냥한 마음이 담긴 영화다. 그리고 첨단 기술을 믿기 힘들 정도로 단순하지만, 정말이지 대단히 위력적인 이야기와 연결할 방법을 알았던 남자의 재능이 영화 내내 빛을 발한 작품이다. 조

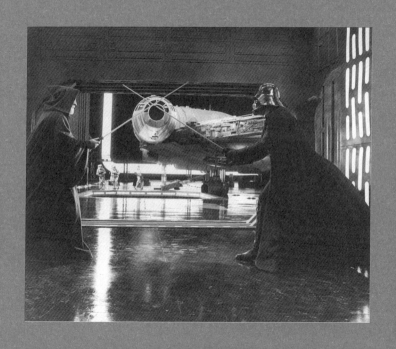

지 루카스가 세상에 전승되는 근본적인 신화들에 대한 전문가인 조지 프 캠벨Joseph Campbell과 작업한 것은, 인류의 아주 오래된 이야기들에 많은 것을 빚진 시나리오를 써 낸 것은 우연이 아니다.

요즘에는 클래식 영화의 리바이벌이라는 의례가 제대로 확립되었다. 예전의 클래식을 스튜디오의 금고에서 꺼내 와 프레임 하나하나를 복원한 후 최고급 극장들에서 재개봉한 다음에 홈 비디오로 재발매하는 것이다. 루카스는 1997년에 내놓은 《스타워즈》 3부작의 '스페셜 에디션'으로 거기에서 한 발짝 더 내디뎠다.

1977년에 상당히 발전해 있었던 그의 특수 효과는 하나의 산업을 파생시켰다. 그가 세운 인더스트리얼 라이트 앤드 매직Industrial Light & Magic Co., IL&M을 포함한, 오늘날 최고의 특수 효과 다수를 작업하는 컴퓨터의 귀재들 말이다. 1997년, 루카스는 1977년에 제작비가 모자라 불만족스러운 상태로 남겨 둬야 했던 일부 효과를 포함한 효과들을 개선하는 작업에 IL&M을 투입했다. 변화의 대부분은 사소한 것들이다. 새로운 숏이 약간 개선됐다는 사실을 알아보려면 새 숏과 기존 숏을 나란히 놓고 비교해야 한다. 첫 버전 때 촬영은 됐으나 사용되지는 않은 핸 솔로와 자바 더 헛의 만남을 포함한 새 장면들이 5분쯤 추가됐다(우리는 자바가 움직이지 못하는 캐릭터가 아니라, 스펀지가 들썩거리는 것처럼 출렁거리면서 돌아다니는 캐릭터임을 알게 됐다). (오비원 케노비가 "인간 쓰레기들과 악당들이 들끓는 저질 번화가"라고 말한) 모스 아이슬리 시내의 모습도 더 나아졌다. 클라이맥스에서 데스스타를 상대로 벌이는 전투 신도 개선됐다.

개선 작업은 훌륭하게 이뤄졌다. 그런데 이 개선 작업은 애초 영화에 구현된 특수 효과가 얼마나 뛰어났는지를 강조하는 결과를 낳았다. 변화된 부분이 눈에 잘 띄지 않는다면, 그것은 <스타워즈>가 처음부터 영화의 비주얼을 대단히 정확하게 구현했기 때문이다. <스타워즈>는 그보다 10년 전인 1967년에 만들어진, 오늘날에도 특수 효과가 완벽하게 잘 구현된 작품으로 여겨지는 큐브릭Stanley Kubrick의 <2001 스페이스 오디세이2001: A Space Odyssey>와 어깨를 나란히 할만하다. (한 가지 차이점이라면 큐브릭은 그가 창작하는 미래 세계가 실제로 어떻게 보일지를 상상하려 애쓰면서 리얼리즘을 추구한 반면, 루카스는 쾌활하게 과거를 강탈했다는 점이다. 핸 솔로의 밀레니엄 팔콘에는 제2차 세계 대전 폭격기 조종사라면 편안하게 여겼을 법한 — 그러나 우주에서 엄청난 속도로 날아다니는 상대를 맞추기에는 대단히 느린 — 수동 조종 무기가 장착된 포탑이 있다.)

루카스는 이야기의 전후를 소개하는 것으로 자신이 떠올린 두 가지 착상을 시작한다. 그는 시대적 배경을 미래가 아니라 '오래 전'으로 설정했고, '챕터 4: 새로운 희망'으로 전체 이야기의 중간 부분으로 뛰어들었다. 천진한 솜씨처럼 보이는 이러한 설정은 실제로는 상당히 위력적이었다. 그러한 착상들 덕에 이 모험담은 고대부터 전래된 이야기이자 지금도 지속되는 이야기라는 아우라를 얻었다.

루카스는 그 두 가지 충격적인 설정만으로 영화의 첫 순간을 장식하기에는 충분치 않았다고 여긴 듯하다. 나는 평론가 마크 R. 리퍼Mark R. Leeper로부터 이 영화는 카메라가 별들이 늘어선 공간을 가로질러 팬한 최초의 영화에 속한다는 걸 알게 됐다. "<스타워즈> 전까지 영화에 등장하는 우주는 늘 고정된 카메라로 작업됐는데, 그럴 만한 이유가 있었다. 팬을 해서 보여 줄 만큼 큰 별들을 배경에 만들어 내지 않는 게 더 경제적이었으니까." 카메라가 위쪽을 향하면, 광대한 우주선이 스크린 상단에서 모습을 나타내 관객의 머리 위로 날아가고 서라운드 사운드가 그 효과를 강화한다. 이것은 상당히 드라마틱한 오프닝이기 때문에 루카스가 관습적인 오프닝 크레디트로 영화를 시작하라는 감독 조합의 요구에 따르는 대신 감독 조합에 벌금을 내고 조합을 탈퇴한 것은 조금도 놀랄 일이 아니다.

영화에는 (말이 많은, 시대에 약간 뒤떨어진) C-3PO와 (어린애 같고 쉽게 망가지는) R2-D2 같은 로봇을 비롯해 단순하지만 제대로 정의된 캐릭터들이 등장한다. 악의 제국은 은하계에서 계속 승리를 구가해 왔다. 그러나 저항군은 스타 디스트로이어 공격을 준비 중이다. 데스스타의 약점을 알려 주는 정보를 입수한 레이아 공주(씩씩하고 쾌활한 캐리 피셔Carrie Fisher)는 그 정보를 R2-D2의 컴퓨터에 입력한다. 그녀의 우주선이 나포당할 때 스타 디스트로이어에서 탈출한 로봇들은 루크 스카이워커가 사는 행성에 가게 된다. 얼마 안 있어 루크(이상주의적인 청년 역의 마크 해밀Mark Hamill)는 그곳에서 현명한 노인인 신비로운 인물 벤 케노비(알렉 기네스Alec Guinness)를 만나고, 그들은 프리랜스 우주 조종사 핸 솔로(이때부터 이미 말수가 적은 해리슨 포드Harrison Ford)를 고용해 레이아 구조에 나선다.

줄거리는 놀라울 정도로 효과적인 미술 디자인, 세트 장식, 특수 효과와 함께 진행된다. 은하계 사이의 술집 신이 별난 외계인 술꾼들 때문에 유명하지만, 두 로봇이 다른 중고 드로이드들과 함께 내던져지는 신처럼 매혹적이고 익살적인 디테일들로 스크린을 채운 장면도 있다. 그리고 (머리 모양이 기이하게도 이티E.T.와 비슷한 뱀이 사는) 데스스타의 쓰레기통 장면도 빼어나다.

행성의 풍경을 보여 주는 화면 대다수는 놀랍도록 아름다운데, 이 화면들은 다른 세계를 상상해서 그린 체슬리 본스텔Chesley Bonestell의 그림으로부터 많은 것을 빚졌다. 전투기들이 양옆에 처진 벽들 사이에서 스피드를 올리며 데스스타에 감행하는 마지막 공격은, 또 다른 차원으로 빛의 여행을 떠나는 장면이 나오는 <2001 스페이스 오디세이>의 연출에 표하는 경의다. 큐브릭은 우주를 무시무시한 속도로 돌진할 때 어떤 느낌일지를 관객들이 느끼게 만드는 방법을 보여 줬고, 루카스는 그 방법을 터득했다.

루카스는 사랑스러운 터치들로 스크린을 채운다. 사막을 깡충깡충 뛰어다니는 자그마한 외계 쥐들이 있고, 살아 있는 생명체로 두는 체스 게임이 있다. 나는 사막을 떠다니는 루크의 풍상에 닮은 스피더 비히클을 보면서, 기이하게도 1965년형 무스탕을 떠올렸다. 다스 베이더의 풍채와 생김새, 소리를 창조해 내는 디테일들을 고려해 보라. 이빨 난 얼굴 마스크와 검정 망토, 저음의 숨소리는 제임스 얼 존스James Earl Jones의 불길하고 차가운 목소리를 위한 세팅이다.

나는 이 영화를 처음 볼 때 완전히 넋을 빼앗겼다. 그리고 이후 지금까지 넋을 빼앗긴 상태로 있다. 복원된 버전을 보면서는 더 객관적인 태도를 취하려고 애썼다. 그러면서 우주선 위에서 벌이는 총격전이 약간 길다고 느꼈다. 제국의 저격병들이 중요한 인물은 하나도 명중시키지 못한다는 점이 두드러진다. 적의 우주선을 향한 전투기들의 습격은, 지금 보면 이 영화가 예언했던 컴퓨터 게임들과 비슷해 보인다. 루카스가 포스의 배후에 지금보다 더 난해한 철학을 제시할 수 있었을지도 궁금하다. 케노비가 설명하듯, 포스는 기본적으로 흐름에 몸을 맡기는 것이다. 루카스가 조금 더 나아갔다면 어땠을까? 비폭력적인 요소들이나 항성 보호에 대한 아이디어들을 포함시켰다면 어땠을까? (항성들을 날려 버리는 건 엄청난 자원 낭비다.)

영원토록 남을 영화는 지극히 단순해 보이는 영화들이다. 심오한 깊이를 갖춘 영화들이지만, 영화의 표면만 보면 관객이 사랑하는 오래된 이야기라는 게 명확하다. 내가 이 사실을 아는 것은 불멸처럼 보이는 이야기들(『오디세이』, 『겐지이야기源氏物語』, 『돈키호테』, 『데이비드 카퍼필드』, 『허클베리 핀』)이 모두 동일하기 때문이다. 용감하지만 결점이 있는 영웅, 모험으로 점철된 여정, 다채로운 사람·장소·조역, 삶의 바탕에 깔린 진리의 발견. 지금부터 한두 세기가 지나고도 여전히 폭넓게 알려질 법한 영화를 확실하게 꼽아 달라는 요청을 받는다면, 나는 <2001 스페이스 오디세이>와 <오즈의 마법사The Wizard of Oz>, 키튼 Buster Keaton과 채플린Charlie Chaplin, 아스테어와 로저스, <카사블랑카 Casablanca>를 꼽을 것이다. <스타워즈>를 꼽는 건 확실하고.

시민 케인

Citizen Kane

감독	오슨 웰스
주연	오슨 웰스, 조지프 코튼, 도로시 코밍고어, 조지프 코튼, 아그네스 무어헤드, 루스 워릭
제작	1941년	119분

"한 사람의 인생을 말로 설명할 수 있을 거라고는 생각하지 않아." 찰스 포스터 케인이 남긴 보물들이 쌓인 창고를 훑고 다니던 수색자 한 명이 말한다. 그런 후 우리는 일련의 유명한 숏들을 거친 후에 용광로에 던져진 썰매에 적힌 '로즈버드Rosebud'라는 단어의 클로즈업에 다다른다. 그 글자의 페인트가 불길 속에서 말려든다. 우리는 이것이 케인이 어릴 적에 타던 썰매임을, 가족과 헤어져 동부에 있는 기숙 학교로 보내질 때 빼앗긴 썰매임을 기억한다. 로즈버드는 한 남자가 되찾으려고 추구하면서 평생을 보낼 수 있는 어린 시절의 안도감과 희망, 순수함의 상징이다. 개츠비의 부두 끄트머리에서 반짝이는 녹색 불빛이고, 무엇을 좇는지를 아무도 모르는 킬리만자로의 정상에 사는 표범이며, <2001 스페이스 오디세이2001: A Space Odyssey>(1968)에서 허공으로 던져진 뼈다귀다. 어른들이 억눌러야 한다고 배우는 덧없음이 지난 후에 찾아오는 갈망이다. "로즈버드는 그가 얻을 수 없었거나 잃어버린 어떤 걸 거

야." 케인의 유언에 담긴 수수께끼를 풀라는 임무를 받은 기자인 톰슨은 말한다. "어쨌든, 그 단어는 아무 것도 설명하지 못할 거야."

맞는 말이다. 그것은 아무 것도 설명하지 못한다. 그런데 이 단어는 세상의 어떤 것도 설명될 수 없음을 보여 주는 실증 사례로서 상당히 만족스럽다. <시민 케인>은 이처럼 장난기 가득한 역설을 좋아한다. 영화의 표면은 그때껏 만들어진 그 어떤 영화 못지않게 재미있다. 영화의 깊이는 이해의 차원을 훌쩍 뛰어넘는다. 나는 서른 개 이상의 그룹과 함께 한 번에 한 숏씩 이 영화를 분석했었다. 내 기억에 우리는 공동으로 스크린 위에 있는 굉장히 많은 요소를 모조리 발견했었다. 그런데 나는 그 요소들의 물리적 실체를 더 명확히 볼 수 있게 될수록 영화에 담긴 미스터리 때문에 더 동요하게 되었다.

1941년, 데뷔작을 만드는 감독과 폭음을 하는 냉소적인 시나리오 작가와 혁신적인 촬영 감독과 일군의 뉴욕의 무대 배우와 라디오 배우들에게 스튜디오로 가는 열쇠와 100퍼센트 통제권이 주어졌고, 그러면서 걸작이 만들어졌다는 사실은 영화계에서 일어난 기적 중 하나다. <시민 케인>은 위대한 영화 이상 가는 작품이다. <국가의 탄생The Birth of a Nation>(1915)이 무성 영화 시대의 정점에서 터득한 모든 것을 집대성한 것처럼, <2001 스페이스 오디세이>가 내러티브의 차원을 넘어선 길을 가리켰던 것처럼, 시작한 지 얼마 되지 않은 유성 영화 시대에 얻은 모든 교훈이 집적된 작품이다. 최고에 해당하는 이들 영화는 다른 작품들 위에 독보적으로 우뚝 서 있다.

<시민 케인>의 기원은 잘 알려져 있다. RKO 라디오 픽처스는 라디오와 연극 무대의 신동 오슨 웰스Orson Welles, 1915~1985에게 만들고 싶은 영화는 무엇이든 만들 수 있는 자유를 허락했다. 산전수전 다 겪은 시나리오 작가 허먼 맨키비츠Herman Machiewicz가 그와 함께 작업해 원제가 '미국인The American'인 시나리오를 썼다. 신문사, 라디오 방

송국, 잡지사, 통신사로 구성된 제국을 건설한 다음에 산 시메온에 여러 나라를 뒤져서 가져온 유적들을 비치한 성城이라는 화려한 기념비적 건물을 지은 윌리엄 랜돌프 허스트William Randolph Hearst의 삶이 이 작품에 영감을 주었다. 허스트는 테드 터너Ted Turner, 루퍼트 머독Rupert Murdoch, 빌 게이츠Bill Gates가 한꺼번에 한복판이 텅 비어 있는 수수께끼 속으로 말려들어 간 것 같았던 인물이다.

웰스는 스물다섯의 나이에 음향과 대사에 대한 예리한 지식을 갖고 할리우드에 도착했다. 그는 진행을 맡았던 「생방송 머큐리 극장The Mercury Theatre on the Air」에서 평범한 영화에서 들을 수 있는 것보다 더 유연하고 암시하는 바가 많은 오디오 스타일을 실험했었다. 그는 촬영감독으로 그레그 톨런드Gregg Toland를 고용했다. 그레그는 존 포드John Ford의 <머나먼 항해The Long Voyage Home>(1940)에서 딥 포커스deep-focus 촬영을 실험했던 인물이었다. 딥 포커스란 전경부터 후경까지 화면에 등장하는 모든 것에 초점을 맞추는, 그래서 구도와 움직임이 눈길이 먼저 닿는 곳을 결정하게 만드는 숏을 보여 주는 기술이다.

웰스는 주인공의 가장 친한 친구 조 릴랜드 역에 조지프 코튼Joseph Cotten, 거물을 도와주는 사업의 귀재 번스타인 씨 역에 에버렛 슬론Everett Sloane, 부패한 정치계의 보스 게티스 역에 레이 콜린스Ray Collins, 소년의 험상궂은 어머니 역에 아그네스 모어헤드Agnes Morehead 등 뉴욕에서 같이 작업했던 동료들을 출연진으로 모았다. 유일한 아웃사이더는 케인이 오페라 스타로 만들 수 있을 거라고 생각한 젊은 여성인 수전 알렉산더 역을 맡은 도로시 코밍고어Dorothy Comingore였다. 웰스 자신은 스물다섯 살 때부터 숨을 거둘 때까지의 케인을 연기했다. 그는 시간이 흐를수록 자신이 느끼는 욕구 안에 사로잡힌 신세로 변해 가는 남자의 변화 과정을 쫓기 위해 분장과 몸짓 언어를 활용했다. "그가 살면서 정말로 원했던 건 사랑이었소." 릴랜드는 말한다. "그게 찰리의 이야기요. 그가 어떻게 그걸 잃었는지가 말이오."

<시민 케인>의 구조는 순환적이고, 영화가 그의 인생을 지나칠 때마다 심오해진다. 영화는 찰스 포스터 케인의 인생과 시대를 브리핑하는 뉴스 영화의 사망 기사 화면으로 시작한다. 거창한 내레이션이 딸린 이 화면은 당시 또 다른 언론계의 거물이던 헨리 루스Henry Luce가 제작한 <시대의 행진The March of Time> 뉴스 영화를 향해 보내는 인사였다. 이 뉴스 영화는 케인의 인생 궤적이 담긴 지도를 제공하고, 시나리오가 시간을 건너뛸 때에도 그를 알았던 이들의 기억을 함께 짜 맞추면서 우리가 계속 나아갈 방향에서 벗어나지 않도록 해 줄 것이다.

케인의 유언 '로즈버드'에 호기심이 생긴 뉴스 영화 편집자는 무슨 뜻인지 알아내려며 기자인 톰슨을 파견한다. 윌리엄 앨런드William Alland가 톰슨 역을 맡아 생색이 나지 않는 연기를 한다. 그는 모든 플래시백을 촉발시키는 인물이지만, 화면에 그의 얼굴은 단 한 순간도 등장하지 않는다. 그가 케인의 알코올 중독자 정부와 병든 옛 친구, 부유한 사업 동료, 다른 증인들에게 질문을 던질 때마다, 영화는 고리 모양으로 시간을 꿰뚫고 이동한다. 나는 <시민 케인>을 자주 봤지만 마음속에 들어 있는 장면들의 순서를 결코 확실하게 고정시키지 못한다. 어떤 장면을 보면 다음에 어떤 장면이 나올지를 놓고 괴로움을 겪는다. 그럼에도 영화는 뭐라 딱히 규정하기 힘든 작품으로 남는다. 웰스와 맨키비츠는 많은 증인의 눈을 통해 플래시백으로 돌아가게 만드는 것으로 시간에서 해방된 정서적인 연대기를 창조했다.

영화는 고도의 기교를 보여 주는 순간들로 가득하다. 재너두의 탑들, 후보로 나선 케인이 연설하는 정치 집회, 라이벌 신문사의 1면에 실린 사진으로 디졸브되는 정부의 집 출입문, 천장에 난 채광창을 통해 나이트클럽에 있는 애처로운 수전을 향해 내려가는 카메라, 평행으로 놓인 거울을 통해 반사되는 숱하게 많은 케인, 부모가 자신의 미래를 결정하는 동안 배경에 있는 눈밭에서 놀고 있는 소년, 수전의 오페라 데뷔 무대에서 못 볼 걸 봤다는 듯 코를 움켜잡는 무대 담당자를 향해 곧장 올라가는 카메라가 잡은 걸출한 숏, 그리고 그다음에 이어지는, 어둠에 얼굴을 감추고는 침묵에 싸인 홀에서 도전적으로 박수를 치는 케인의 숏.

케인의 개인적인 사연들과 더불어 그 시대의 역사가 등장한다. <시민 케인>은 페니 프레스penny press●의 성공(이 부분의 모델은 조지 프 퓰리처Joseph Pulitzer다), 허스트가 고취했던 스페인-미국 전쟁, 라디오의 탄생, 폴리티컬 머신political machine◆의 권력, 파시즘의 발흥, 유명인 저널리즘의 성장을 다룬다. 뉴스 화면 자막에는 이렇게 적혀 있다. "1895년부터 1941년까지, 그가 활동했던 모든 세월 내내, 이들 사건 중 다수에 그가 있었습니다." 맨키비츠와 웰스가 빽빽한 구조로 구축한 시나리오(웰스는 평생 수상했던 유일한 오스카상을 이 작품으로 수상했다)는 어마어마하게 넓은 화제를 다룬다. 그 화제에는 케인이 대중지를 고안해 내는 것을 보여 주는 시퀀스, 황홀한 신혼 생활부터 갈수록 싸늘해지는 아침 식사의 몽타주에 이르는 그의 결혼 생활에 대한 기록, 수전 알렉산더를 향한 구애와 그녀의 처참한 오페라 경력 이야기, 그리고 세상에서 멀어진 재너두("수전, 서쪽 별관을 자세히 살펴보면 피서객 10여 명이 아직도 살고 있다는 걸 발견하게 될 거라고 생각해요")의 주인으로 전락하는 모습이 포함된다.

<시민 케인>은 썰매가 해답이 아님을 안다. 영화는 로즈버드가 무엇인지 설명하지만, 로즈버드가 뜻하는 바가 무엇인지는 설명하지 않는다. 영화의 구조는 우리가 세상을 떠난 후에 우리 인생이 다른 이들의 기억 속에서만 어떻게 살아남는지를, 그리고 그 기억들은 우리가 쌓

● 19세기에 미국에서 발행됐던 값싼 타블로이드 신문
◆ 미국의 정당에서 보스가 장악하고 통제하는 집단

아 올린 벽과 우리가 연기했던 역할들과 거세게 충돌한다는 것을 보여 준다. 손가락으로 그림자놀이를 하는 케인이 있고, 트랙션 트러스트 traction trust를 혐오하는 케인이 있다. 결혼 생활과 정치적 커리어보다 애인을 선택하는 케인이 있고, 수백만 명을 즐겁게 해 주는 케인이 있으며, 홀로 숨을 거두는 케인이 있다.

<시민 케인>에 당신이 쉽게 놓칠지도 모르는 걸출한 이미지가 있다. 지나치게 사업을 확장한 거물은 그가 건설한 제국에 대한 통제력을 잃고 있다. 그는 항복 문서에 서명을 한 후 몸을 돌려 숏의 배경을 향해 걸어간다. 웰스는 딥 포커스 덕에 시점을 이용한 속임수를 쓸 수 있다. 케인의 등 뒤 벽에는 평범한 크기로 보이는 창문이 있다. 그런데 그가 그리로 걸어가는 동안, 우리는 그 창문이 아득히 멀리 떨어져 있으며 창문의 크기가 우리가 생각했던 것보다 높다는 것을 알게 된다. 마침내 그는 창문턱 아래에 선다. 왜소해지고 위축된 모습으로. 그러고서 그가 우리를 향해 걸어올 때, 그의 크기는 다시 커진다. 그 남자는 자신에게는 항상 같은 크기였던 것으로 보인다. 우리가 그를 볼 때 그는 우리가 서 있던 곳에 서 있지 않기에.

<시민 케인>을 감상하는 이를 위한 안내서

'로즈버드'

영화 역사상 가장 유명한 단어. 모든 걸 설명하면서 아무 것도 설명하지 못한다. 이 문제에 있어서 찰스 포스터 케인이 숨을 거두기 전에 그 단어를 실제로 들은 사람은 누구일까? 영화 후반부에서 집사는 자신이 그것을 들었다고 말한다. 그런데 케인은 타계할 때 혼자 있었던 것으로 보이고, 부서진 문진의 유리 조각은 간호사가 방에 들어오는 모습을 보여 준다. 가십에 따르면, 시나리오 작가 허먼 맨키비츠는 '로즈버드'를 아는 사람만 아는 농담으로 썼다고 한다. 허스트의 정부 매리언 데이비스Marion Davies의 친구였던 그는 로즈버드가 허스트가 애인의 가장 은밀한 부위를 가리킬 때 쓴 애칭임을 알았기 때문이다.

딥 포커스

오슨 웰스와 촬영 감독 그레그 톨런드가 <시민 케인>에서 딥 포커스를 썼다는 사실은 세상 사람 모두가 안다. 그런데 딥 포커스는 무엇인가? 그들은 이 영화에서 그것을 처음으로 사용하고 있었던 걸까? 이 용어는 전경부터 배경까지 프레임에 잡힌 모든 것이 동시에 초점에 들어오도록 하는 조명과 구도, 렌즈 선택 전략을 가리킨다. 1941년에 입수할 수 있던 조명 장치와 렌즈 덕에 이 기법을 쓰는 게 마침 가능해지고 있었다. 그리고 톨런드는 1년 전에 존 포드의 <머나먼 항해>에서 이 테크닉을 실험했었다. 대부분의 영화에서는 어떤 프레임의 핵심적인 요소들이 초점에 들어오고, 가까이 있거나 멀리 있는 대상은 그렇지 않을 수 있다. 모든 피사체에 초점이 맞춰질 때, 영화감독은 관객의 시선을 처음에는 여기로, 다음에는 저기로 이끄는 식으로 어떻게 연출할지를 놓고 훨씬 더 고심해야 한다. 프랑스인들이 미장센mise-en-scène이라고 부르는 것(프레임 내부의 피사체 배열)이 더 중요해진다.

착시

영화가 2차원이라서 딥 포커스는 특히 까다롭다. 그래서 관객에게는 어떤 장면의 진정한 축척을 결정하기 위한 시각적인 지침이 필요하다. 톨런드는 영화에서 정말로 유쾌한 두 경우에 관객의 눈을 속이려는 방법으로 이 사실을 활용했다. 첫 경우는 케인이 대처의 사무실에서 자기 제국에 대한 통제권을 양도하는 서명을 할 때다. 그의 뒤에 있는 벽에는 크기와 높이가 평범해 보이는 창문들이 있다. 그러다가 케인이 숏의 배경으로 걸어가기 시작하면, 우리는 그 창문들이 엄청나게 크고 창문턱이 바닥에서 1.6미터 이상 떨어져 있음을 깨닫는다. 케인은 창문 아래 설 때 왜소해진다. 그가 엄청난 권력을 막 잃은 참이기에 흥미로운 장면이다. 영화 후반부에 케인이 재너두의 커다란 벽난로 앞으로 걸어가 설때, 우리는 그 난로도 처음에 볼 때보다 훨씬 더 크다는 것을 깨닫는다.

눈에 보이는 천장들

<시민 케인> 이전의 거의 모든 영화에서 관객은 실내에서 천장을 볼 수 없었다. 천장이 없었기 때문이다. 천장은 조명 장치와 마이크를 배치하는 곳이었다. 웰스는 천장을 올려다보게 될 앙각 숏을 많이 쓰고 싶어 했다. 그래서 톨런드는 진짜처럼 보이지만 실제로는 그렇지 않은 천으로 만든 천장을 쓰는 수법을 고안했다. 마이크를 천장 바로 위에 감췄고, 많은 숏에서 천장은 두드러지게 낮다.

매트 드로잉

매트 드로잉matte drawing이란 실제로는 거기에 없는 요소들을 창조해 내려고 아티스트들이 그리는 그림을 가리킨다. 이것들이 '진짜' 전경과 결합되는 일이 잦다. 케인의 거대한 성 재너두를 찍은 오프닝 숏과 클로징 숏이 그런 사례다. 이 건물을 위해 실제로 지어진 외부 세트는 하나도 없었다. 그 대신 아티스트들은 그것을 그린 후에 케인의 침실 창문을 보여 주려고 뒤에서 조명을 쳤다. 케인의 석호와 사설 동물원 같은 '진짜' 전경의 디테일들이 더해졌다.

보이지 않는 와이프

와이프wipe는 하나의 이미지를 스크린에서 밀어내는 동안 다른 이미지를 스크린에 밀어 올리는 시각 효과다. 보이지 않는 와이프는 움직이고 있는 것처럼 보이는 스크린의 다른 무언가로 위장한다. 그래서 관객은 그 효과를 알아차리지 못한다. 이 기법은 실물 크기의 세트에서 미니어처 세트로 '와이핑wiping' 할 때 유용하다. 예를 들어 <시민 케인>에서 가장 유명한 숏은 수전 알렉산더의 오페라 데뷔를 보여 준다. 그녀가 노래를 부르기 시작할 때 카메라는 무대 위 높은 곳에 있는 캣워크로 곧장 올라가고, 무대 담당자 한 명이 다른 담당자를 보고는 코를 쥐는 것으로 그녀의 연기에 대한 감정 섞인 리뷰를 내놓는다. 여기서 진짜는 무대와 무대 담당자들뿐이다. 분절되지 않은 것처럼 보이는 이 숏의 중간 부분은 RKO 모형 제작실에서 만든 미니어처다. 모형은 우리가 무대 커튼을 지나쳐 위로 올라갈 때 무대 커튼에 의해 보이지 않게 와이프 인wipe in 되었고, 캣워크 바로 아래에 있는 목제 기둥에 의해 와이프 아웃wipe out 되었다. 또 다른 사례로, 월터 대처의 서재에서 대처의 조각상은 그림이다. 카메라는 팬 다운하는 동안 그림을 와이프 아웃 하면서 서재 세트를 와이프 인 한다.

보이지 않는 가구 이동

콜로라도에 있는 케인의 오두막집에서, 카메라는 창문에서 케인의 어머니가 서류에 사인해 달라는 요청을 받고 있는 테이블로 후방 이동한다. 카메라는 테이블이 있었던 곳으로 곧장 물러나고, 그런 후 테이블은 우리가 볼 수 있기 전에 그 자리로 떠밀려 들어온다. 하지만 테이블에 놓인 모자는 테이블 이동 때문에 여전히 떨리고 있다. 그녀가 서명을 한 후, 카메라는 창문을 향해 다시 걸어

가는 그녀를 따라간다. 눈에 불을 켜고 살펴보면, 그녀가 잠시 전까지 테이블이 있던 곳을 곧장 가로질러 걸어가고 있음을 볼 수 있다. 나중에 번스타인 씨는 그의 책상에 앉았다가 걸어서 떠난다. 그리고 그가 케인의 초상화 아래에 돌아와 섰을 때, 책상은 사라지고 없다.

<시민 케인>에서 가장 긴 플래시포워드

대처가 "메리 크리스마스"라고 말하고 "해피 뉴 이어"라고 말하는 사이에 20년이 지났다.

모형에서 실제로

수전 알렉산더 케인이 테이블에 쓸쓸히 앉아 있는 것을 보여 주려고 카메라가 나이트클럽 지붕에서 천장의 채광창을 뚫고 내려갈 때, 카메라는 나이트클럽 천장의 모형에서 진짜 세트로 내려간다. 처음에 내려갈 때에는 번개를 번쩍거리는 것으로 이 전환을 감추고, 두 번째로 나이트클럽에 갈 때에는 디졸브로 작업된다.

군중 장면

<시민 케인>에는 한 장면도 없다. 있는 것처럼 보일 뿐이다. 오프닝 뉴스 영화에서 정치 집회의 스톡 푸티지stock footage*가 케인을 대신해서 연설하는 한 남자를 보여 주는 앙각 숏과 교차 편집된다. 음향 효과는 그가 대규모 야외 집회에 있는 것 같은 소리를 만들어 낸다. 나중에는 케인이 어마어마한 규모의 실내 집회에서 연설한다. 케인과 무대에 있는 다른 배우들은 진짜다. 청중은 움직임을 보여 주려고 깜빡이는 라이트가 달린 모형이다.

* 이전에 촬영되어 다른 작품에 사용하기 위해 보관되는 필름

사소한 사실의 불일치

오프닝 뉴스 화면에서 재너두는 '플로리다의 사막 해안'에 있는 것으로 묘사된다. 그러나 RKO가 앞서 만든 선사 시대 모험물의 화면을 배우들 뒤로 영사한 피크닉 장면에서 빤히 보이는 것처럼, 플로리다에는 사막 해안이 없다. 자세히 살펴보면 익룡이 날개를 퍼덕이고 있는 것처럼 보인다.

루스 커넥션

<시민 케인>은 윌리엄 랜돌프 허스트를 공격하는 작품이라는 게 널리 퍼진 시각이다. 하지만 이 작품은 헨리 R. 루스, 그리고 당시 그의 『타임』 잡지와 <시대의 행진> 뉴스 영화에서 실행되고 있던 '얼굴 없는 집단 저널리즘faceless group journalism'이라는 개념도 표적으로 삼는다. <행진에 대한 뉴스News on the March> 부분의 오프닝은 루스의 뉴스 영화를 고의로 패러디한 것이다. 그리고 영화에서 저널리스트의 얼굴을 전혀 볼 수 없는 것은 웰스와 맨키비츠가 루스의 기자들과 편집자들의 익명성을 조롱하고 있기 때문이다.

장래가 유망한 엑스트라

앨런 래드Alan Ladd를 오프닝 뉴스 영화 시퀀스에서, 그리고 영화 끝부분의 창고 장면에서 다시 살짝 볼 수 있다. 또한 뉴스 영화 미팅에서 조지프 코튼과 어스킨 샌퍼드Erskine Sanford가 우리가 그들을 알아보지 못하기를 바라면서 엑스트라로 연기하는 모습을 볼 수 있다.

영화에서 가장 생색나지 않는 일자리

이것은 '로즈버드'의 의미를 알아보라는 임무를 받은 저널리스트 톰슨을 연기한 윌리엄 앨런드에게 돌아갔다. 그는 늘 뒷모습이나 배경에서 조명을 친 옆모습으로만 화면에 등장한다. 우리는 그의 얼굴을 결코 보지 못한다. 영화의 월드 프리미어에서 앨런드는 자신을 더 쉽게 알아볼 수 있도록 등을 돌리겠다고 관객들에게 말했다. 아이러니하게도 뉴스 영화의 멋들어진 내레이션은 그의 목소리다.

사창가 장면

이것은 촬영할 수 없었다. 오리지널 시나리오에서 케인은 『크로니클』의 직원들을 고용한 후 사창가로 데려간다. 제작 규범Production Code 사무실이 그것을 허용할 리가 없었다. 그래서 그 장면은 『인콰이어러』 뉴스 룸에서 일어나는 일로 살짝 바뀌었지만, 춤추는 무희들은 여전히 있었다.

눈이 없는 앵무새

맞다. 케인과 수전이 대판 싸우기 전의 장면에서 소리를 지르는 앵무새의 눈동자가 있는 곳을 통해 그 뒤쪽을 볼 수 있다. 그건 실수였다.

영화에서 가장 강렬한 이미지를 상기시키는 숏

후보가 많다. 내 선택은 케인이 지나갈 때 거울들이 무한히 많은 케인을 보여주는 숏이다.

<시민 케인>에서 최고의 대사

내가 좋아하는 대사는 번스타인 씨(에버렛 슬론)가 꼬치꼬치 캐묻는 기자에게 기억이 발휘하는 마술에 대해 이야기할 때 하는 말이다. "사람들은 자신이 기억할 거라고 생각하지 못할 일들을 많이 기억할 거요. 나를 봐요. 1896년의 어느 날, 나는 페리를 타고 저지를 건너고 있었소. 우리 배가 출발했을 때 도착하는 다른 페리가 있었고, 거기에는 배에서 내리려고 기다리고 있는 아가씨가 있었소. 하얀 드레스 차림이었지. 흰 양산을 들고 있었소. 나는 그녀를 딱 1초만

봤소. 그녀는 나를 전혀 보지 못했고. 하지만 나는 이후로 그 아가씨 생각을 한 달에 한 번씩은 꼭 해 왔다고 장담할 수 있소."

진심 어린 겸손

영화의 크레디트에서 웰스는 자신의 감독 크레디트와 톨런드의 촬영 감독 크레디트가 같은 카드에 등장하도록 했다. 웰스가 톨런드에게 얼마나 고마워하는지를 보여 주는 전례 없는 제스처였다.

그릇된 겸손

독특한 엔딩 크레디트에서 머큐리 극단의 단원들이 소개되면서 영화에 등장했던 그들의 모습이 짧게 등장한다. 그다음에 단역들은 이름이 많이 적힌 카드로 처리된다. 그리고 마지막 크레디트의 맨 아래에는 작은 글씨로 이렇게 적혀 있다. "케인·················오슨 웰스"

	감독	찰리 채플린
시티 라이트	주연	찰리 채플린, 버지니아 셰릴, 플로런스 리,
City Lights		해리 마이어스, 앨런 가르시아, 행크 만
	제작	1931년 87분

찰리 채플린Charlie Chaplin, 1889~1977의 영화 중에서 딱 한 편만 보존할 수 있다고 한다면, 그가 가진 천재성의 온갖 상이한 측면을 대표하는 작품에 가장 가까운 작품은 <시티 라이트>가 될 것이다. 이 작품은 슬랩스틱과 페이소스, 팬터마임, 수월하게 하는 것처럼 보이는 육체적 코디네이션, 멜로드라마, 음탕함, 우아함, 그리고 물론 리틀 트램프를 담고 있다.

그가 이 작품을 만든 시기는 유성 영화 시대에 돌입한 지 3년째 되는 해였다. 채플린은 <시티 라이트>가 자신의 마지막 무성 영화가 될지도 모른다는 걸 분명 알았을 것이다. 그는 유성 영화를 만드는 문제를 고민했지만 결국 만들지 않기로 했다. 영화에는 (채플린이 작곡한) 뮤지컬 스코어와 음향 효과가 가득하지만 대사는 사용되지 않았다. 당시 관객들은 이 영화의 오프닝을 아는 사람은 알아듣는 농담으로 제대로 이해했을 것이다. 영화는 정치 연설로 시작하지만, 연사들의 입에서 나오는 소리는 알아들을 수 없는 꽥꽥거리는 소리다. 채플린이 유성 영화를 빈정댄 것이다. 5년 후에 <모던 타임즈Modern Times>를 만들 때, 채플린은 사운드트랙에 말소리를 넣는 것을 허용했지만, 심지어 그때도 트램프는 이해할 수 없는 몇 문장을 제외하고는 말없는 캐릭터로 남았다.

여기에는 완벽한 논리가 존재했다. 언어는 트램프가 자기 자신을 표현하는 방법이 아니다. 대부분의 무성 영화에는 캐릭터들이 말을 하고 있다는 환상이 존재한다. 우리가 그들의 말소리는 들을 수 없다 해도 말이다. 예를 들어 버스터 키튼Buster Keaton이 연기한 캐릭터들은 수다쟁이인 것이 분명하다. 그러나 트램프의 핵심은 마임으로, 그는 보디랭귀지로 말을 대신하는 사람이다. 그는 다른 캐릭터들과는 다른 세계에 존재한다. 그는 다른 이들의 삶과 리얼리티의 바깥에 서 있고, 다른 이들은 그의 외모를 보고 그를 판단한다. 그에게는 집이 없고, 진정한 친구나 가족이 없으며, 그는 대체로 행동을 통해서만 세상과 상호작용한다. 우리는 그가 때때로 말을 하는 모습을 볼 수 있지만, 그는 말을 할 필요를 느끼지 않는다. 무성 영화에 나오는 대다수의 캐릭터와 달리, 그는 소리 없는 세계에서 편안하게 존재해 올 수 있었던 것 같다.

월터 커Walter Kerr가 소중한 저서 『말없는 광대들The Silent Clowns』에서 지적했듯, <모던 타임즈>에서 트램프는 위험이 없고 안전한 곳이라고 느끼는 교도소로 돌아가려고 꾸준히 애쓰고 있다. 그가 가장 자주 찾는 은신처는 죄수 호송차다. <시티 라이트>에서 그가 우정을 맺는 상대는 그의 실제 모습을 보지 않거나 볼 수 없는 사람들뿐이다. 술에서 깨고 나면 그를 알아보지 못하는 주정뱅이 백만장자와 앞을 못 보는 꽃 파는 아가씨가 그 예다. 그는 초라한 외양 때문에 별난 존재가 되고, 사람들은 그를 스테레오타입화하면서 그를 피한다. 트램프는 우리 같은 사람이…… 아니다. 일정한 직업이 있고 열심히 사회

에 참여하려는 키튼의 캐릭터들과 달리, 트램프는 부랑자이고 방관자이며 외톨이다.

그가 꽃 파는 아가씨(버지니아 셰릴Virginia Cherrill)와 맺는 관계를 그토록 가슴에 사무친 관계로 만들어 주는 게 바로 그 점이다. 그녀가 그를 받아들이고 소중히 여기는 것은 그의 외모를 볼 수 없다는 사실에서만 비롯된 일일까? (그를 멀리하라고 경고했을 것이 분명한 그녀의 할머니는 트램프가 집을 방문할 때마다 늘 집에 없다.) <시티 라이트>의 마지막 장면은 영화 역사상 가장 감동적인 순간에 속하는 것으로 유명하다. 트램프가 수술비를 댄 수술로 시력을 되찾은 아가씨는 이제는 그를 부랑자로 본다. 그래도 어쨌든 그를 보고 미소를 짓고는 그에게 장미와 동전을 건넨다. 그러다가 그의 손을 만진 그녀는 그 손이 어떤 손인지를 알아차린다. "당신인가요?" 자막 화면에서 그녀가 묻는다. 그는 고개를 끄덕이며 웃음을 지으려 애쓰다 묻는다. "이제는 볼 수 있나요?" 그녀는 대답한다. "그래요. 이제는 볼 수 있어요." 그녀는 그를 본다. 그러고는 그를 향해 여전히 미소를 지으면서 그를 받아들인다. 트램프의 짐작이 옳았다. 그녀는 심성이 착하고, 그를 본연의 모습으로 받아들일 수 있었던 것이다.

채플린을 비롯한 무성 영화의 감독들은 국경선의 존재를 몰랐다. 그들이 만든 영화는 언어와는 무관하게 세상 어디에나 갔다. 그러나 유성 영화는 바벨탑과 비슷해서 나라들 사이에 장벽을 쌓았다. 나는 1972년 베니스에서 영화 관객으로서 겪은 가장 소중한 체험을 하면서 채플린의 예술이 가진 보편성을 목격했다. 당시 베니스영화제에서 채플린의 작품 전편이 상영됐었다. 어느 날 밤에 피아자 산마르코가 어둠에 잠긴 후 <시티 라이트>가 드넓은 스크린에 상영되었다. 꽃 파는 아가씨가 트램프를 알아보자, 주위에서 눈물을 흘리며 훌쩍거리는 소리와 코를 푸는 소리가 많이 들렸다. 피아자에 눈시울이 젖지 않은 사람은 아무도 없었다. 그러다 칠흑 같은 어둠이 내린 후, 스포트라이트 하나가 광장을 굽어보는 어느 발코니로 향했다. 찰리 채플린이 걸어 나와 허리를 굽혔다. 그토록 우레 같은 환호성은 지금까지 거의 들어 보지 못했다.

그때까지 그는 수십 년간 스크린의 위대한 창작자 중 한 명이라는 찬사를 받아 왔었다. <시티 라이트>에서 우리는 그의 여러 영화에 공존하는 창조적 재능과 휴머니티를 볼 수 있다. 영화는 트램프가 민첩한 발놀림을 사용해 심판을 그와 상대 선수 사이에 계속 붙잡아 두는 유명한 권투 장면을 포함한, 채플린이 낳은 위대한 코믹 시퀀스를 몇 장면 담고 있다. 오프닝 시퀀스는 조각의 베일을 벗겼더니 트램프가 그리스 로마 스타일로 조각한 석제 영웅 조각상의 무릎에서 잠을 자고 있는 모습을 보여 준다. (그가 조각에서 내려오려 애쓰는 와중에 조각상이 든 칼에 바지가 꿰인다. 그리고 그는 미국 국가가 연주되는 동안 경의를 표하려고 기립하려 애쓰지만 그의 발은 디딜 곳을 찾을 수가 없다.) 물에 빠져 죽으려는 백만장자를 구하려고 애쓰던 그가 돌멩이를 묶은 밧줄에 목이 묶이는 결과를 얻는 시퀀스가 있다. 그가 호루라기를 삼켰다가 개들이 그를 쫓아 모여드는 장면, 백만장자와 트램프가 강도들과 맞닥뜨리는 장면, 찰리가 아파치 댄서들을 보고는 여성 댄서를 그녀의 파트너로부터 보호하는 곳인 나이트클럽 장면, 그리고 거리 청소부로 일하는 트램프가 말들의 행렬을 피하려다 코끼리를 만나게 되는 장면 같은 순간도 있다. 백만장자가 샴페인 몇 병을 트램프의 바지에 쏟아 버리는 장면도 그렇다.

채플린은 사소한 터치와 지연된 리액션의 대가였다. 그가 눈 수술비를 건네려고 앞 못 보는 아가씨의 집을 찾아가는 순간을 숙고해 보라. 그는 자신에게 필요한 1백 달러를 주머니에 신중하게 챙겨 두지만, 그녀가 그의 손에 키스하자 어깨를 으쓱하고는 주머니에 손을 넣어 마지막 남은 지폐를 건넨다.

채플린과 키튼은 무성 영화 코미디의 거인들이다. 유행의 추는 최근 몇십 년 사이에 두 사람 사이를 오갔다. 채플린은 오랫동안 으뜸가는 존재로 지배했지만, 1960년대 무렵에 일부 관객들은 그를 시대에 뒤떨어지고 감상적인 존재로 본 반면 키튼은 더 참신하고 현대적인 존재로 보았다. 영국의 영화 잡지 『사이트 앤드 사운드Sight & Sound』가 10년마다 실시하는 여론 조사에서 채플린은 1952년에 높은 자리를 차지했지만 1962년에는 명단에서 사라졌다. 키튼은 1972년과 1982년에 높은 자리를 차지했다. 채플린이 1992년에 다시 그를 밀어냈다. 그런 여론 조사들이 확실하게 입증하는 유일한 사실은, 많은 영화 애호가가 두 사람의 작품을 역사상 위대한 영화들의 명단에 포함시킨다는 것이다.

두 감독 모두 연출작의 초점을 자신들이 만든 허구 캐릭터에 맞췄지만, 캐릭터에 접근하는 방식은 정반대였다. 키튼은 매번 다른 캐릭터를 연기했다. 반면 채플린은 트램프를 연기하는 게 보통이었다. 키튼의 캐릭터들은 현실 세계의 용인과 인정, 로맨스와 성장을 욕망하면서 주변 상황에 적응하려 애쓴다. 반면 채플린의 캐릭터들은 동일한 전략과 반응을 엄격하게 반복하는 영원한 아웃사이더들이다(트램프는 부적절한 행동을 하는 것에서 웃음을 이끌어 내는 경우가 잦다). 키튼의 몸놀림은 힘을 들이지 않은 듯 부드럽다. 반면 약간 뻐딱한 채플린의 괴상한 걸음걸이는 관절염 환자처럼 보인다. 두 사람은 채플린의 <라임라이트Limelight>(1952)에서 딱 한 번 같이 스크린에 등장했다. 키튼은 그 장면을 훔쳤다. 그러나 커가 주장했듯, 자신을 더 우월한 배우처럼 보이게끔 장면을 재편집할 수도 있었던 채플린은 키튼이 우위를 보이게끔 놔두는 것에 만족했다.

채플린이 20세기의 가장 대중적인 아티스트로 찬사를 받던 시절이, 그리고 세상 사람 모두가 그의 영화들을 알고 있던 시절이 있었다.

오늘날 그 영화들을 보는 사람은 몇이나 될까? 학교에서 그 영화들을 보여 줄까? 그렇지 않을 거라 생각한다. TV에서는? 썩 자주는 아니다. 채플린에게 세계적인 캔버스를 제공했던 미디어인 무성 영화는 지금은 그에게서 대규모의 관객을 빼앗아 버렸다. 그의 영화들은 영원히 살아갈 것이다. 그러나 그 영화들을 찾아보려는 사람들에게만 그럴 것이다.

<시티 라이트>와 <모던 타임즈>를 막 다시 본 나는 여전히 그 작품들이 건 마술에 걸려 있다. 채플린의 재능은 진정으로 마술적이다. 무성 영화들은 환상적인 상태를 빚어낸다. 영화의 흐름을 끊어 버리려는 대사도 없고, 지나치게 강요된 초현실주의도 없다. 그 영화들은 관객의 곁에 머문다. 그 영화들은 단순한 작품이 아니라 하나의 공간이다. 채플린의 영화들은 대부분 비디오로 구할 수 있다. 그 작품들을 보는 특정 연령대의 아이들은 그 영화들이 '무성'이라는 사실을 깨닫지 못하고, 다른 영화들에서 소란스럽게 들려오는 신비로운 말들 없이 그 영화들의 모든 프레임이 그들에게 선명하게 말을 건네고 있다는 것만 감지한다. 그러던 아이들은 자라고 나면 이런 지혜를 망각한다. 그러나 영화들은 우리를 기꺼이 다시 가르치려는 마음가짐으로 참을성 있게 우리를 기다린다.

'십계' 연작

Dekalog

감독	크시슈토프 키에슬로프스키
주연	알렉산더 바디니 외 다수
제작	1989년 572분

열 개의 계명, 열 편의 영화. 폴란드의 자유노동조합 재판 동안, 크시슈토프 키에슬로프스키Krzysztof Kieslowski, 1941~1996는 바르샤바의 담배 연기 자욱한 작은 방에서 1980년대 초반에 만났던 변호사와 함께 시나리오를 쓰며 몇 달을 지냈다. 크시슈토프 피시비츠Krzysztof Piesiewicz는 시나리오를 쓰는 법은 몰랐지만 말을 할 줄은 알았다고 감독은 기억했다. 몇 시간 동안 혼란에 빠진 폴란드에 대한 이야기를 나눈 두 사람은 계엄령 하의 삶에 대한 이야기 세 편을 들려주는 <노 엔드Bez Końca>(1985)의 시나리오를 함께 집필했다. 정부는 이 작품이 정권의 취향에 맞지 않는다고 보았고, 반정부 세력은 타협적이라고 봤으며, 가톨릭교회는 비도덕적이라고 봤다. 논란이 벌어지는 와중에 시나리오 공동 작가들이 빗속에서 우연히 마주쳤다. 그러자 더 큰 말썽을 피우고 싶어 했을 듯한 피시비츠는 큰소리로 외쳤다. "누군가는 십계에 대한 영화를 만들어야 마땅해."

그들은 폴란드 텔레비전을 위해 각각 한 시간 길이의 영화 열 편을 만들었다. 시리즈는 1980년대 후반에 방영되었고, 베니스영화제를 비롯한 여러 영화제에서 상영되면서 흔치 않은 찬사를 받았다. 그러나 시리즈 형식상 극장에서 상영하기는 어려웠다(관객들에게 열 시간 동안 앉아 있어 달라고 부탁할 텐가? 아니면, 두 시간짜리로 묶어서 다섯 번 상영할 텐가?). 그래서 《십계》 연작은 미국 극장에서 정상적으로 상영된 적도 없었고 비디오로 출시되지도 않았다. 그런데 2000년에 드디어 이 시리즈가 북미에서 테이프와 DVD로 발매되었다.

2년 전쯤에 나는 어느 수업에서 영국에서 출시된 테이프를 이용해 《십계》 연작을 강의했었다. 그러면서 우리가 각각의 영화들과 계명들을 연결하려 애쓰면서 상당한 시간을 허비했다는 것을 깨달았다. 영화와 계명은 1대 1로 조응하지 않는다. 어떤 영화들은 하나 이상의 계명을 건드리고, 다른 영화들은 십계명이 제시하는 윤리적 시스템 전체와 관련이 있다. 이 시리즈는 법칙들의 실례를 단순하게 제시하는 작품이 아니라, 현실적인 문제의 복잡함 속에서 살아가는 실제 사람들과 관련 있는 이야기들이다.

모든 작품이 바르샤바의 동일한 고층 아파트 단지에 사는 캐릭터들을 다룬다. 우리는 단지의 구조에 익숙해지고, 어떤 작품에 나왔던 캐릭터들을 — 예를 들어 엘리베이터에 같이 타는 식으로 — 다른 작품의 배경에서 보기도 한다. 시리즈 중 여덟 편에 등장하는 청년이 있다. 진지한 모습의 관찰자인 그는 말은 한마디도 않고 때로 슬픈 눈빛을 던진다. 나는 그가 그리스도를 상징한다고 생각했다. 그러나 키에슬로프스키는 이 시리즈에 대해 쓴 에세이에서 이렇게 밝혔다. "나는 그가 누구인지 모른다. 그는 그냥 우리한테 와서 우리와 우리의 삶을 지켜보는 사람이다. 그는 우리를 그다지 마음에 들어 하지 않는다." 감독들은 자신이 창조한 이미지들의 의미를 명확하게 정의하지 않는 것으로 악명 높다. 나는 아네트 인스도프Annette Insdorf가 키에슬로프스키를 다룬 소중한 저서 『이중의 삶, 두 번째 기회들Double Lives, Second Chances』에서 주장한 이론을 좋아한다. 그녀는 이 관찰자를 빔 벤더스Wim Wenders의 <베를린 천사의 시Der Himmel über Berlin>(1987)의 천사들과 비교했다. 그녀에 따르면, 벤더스의 천사들은 "순수한 눈빛으로 주시하는 이"들이다. 그들은 "인간의 어리석음과 고통을 기록할 수 있지만, 자신들이 목격하는 삶들의 행로를 변경하지는 못한다."

열 편의 영화는 철학적이고 관념적인 작품들이 아니다. 그 영화들은 우리가 즉각적으로 관여하게 되는 개인적인 이야기들이다. 나는 일부 작품을 보는 동안에는 별다른 자극을 받지 않았다. 스탠리 큐브릭Stanley Kubrick은 시리즈를 모두 감상한 후 키에슬로프스키와 피시비츠는 "자신들이 가진 아이디어에 대해 이야기하는 수준에 그치지 않고 그 아이디어들을 극화하는 대단히 드문 능력을 가졌다"는 의견을 표명했다. 정말로 그렇다. 캐릭터들이 특정한 계명이나 도덕적인 이슈에 대해 이야기하는 순간은 없다. 그 대신 그들은 실생활에서 맞닥뜨린 윤리적인 난점들을 처리하려고 노력하는 데 전념한다.

<십계: 2편Dekalog, Dwa>의 여주인공을 숙고해 보라. 그녀는 의사가 병석에 누운 남편이 살게 될지 죽게 될지를 말해 주기 원한다. 무뚝뚝하고 고독한 사람인 의사는 잔인하리만치 그녀로부터 거리를 둔다. 그는 하나님 행세를 해 달라는 요청을 거부한다. 여자는 자신이 그걸 왜 알아야 하는지를 다음처럼 설명한다. 그녀는 다른 남자의 아이를 가졌다. 남편은 불임증이다. 그가 살 수 있다면 그녀는 낙태를 할 작정이다. 그가 죽을 거라면 그녀는 아이를 낳을 작정이다.

삼류 연속극에 어울리는 이야깃거리다. 그러나 이 작품에서 이 소재는 윤리적인 수수께끼가 되고, 결국 의사 자신의 고통스러운 과거를 보여 주는 플래시백을 통해서만 해결된다. 그런데 심지어 그때 도출된

해법조차 간접적이다. 사건들이 어느 누구의 예상대로 전개되지 않기 때문이다. 키에슬로프스키는 의사(알렉산더 바디니Alexander Bardini)와 여자(크리스티나 얀다Krystyna Janda)의 대단히 구체적인 연기를 통해 이 슈의 뿌리를 깊이 박는다. 그러고 나서 아름답고 절묘한 사건이 벌어진다. 영화는 그들이 각자 맞닥뜨린 별개의 윤리적 난점을 다루지, 한 가지 문제에 갇힌 두 사람을 다루지 않는다.

또는 <십계: 6편 Dekalog, Sześć>•의 윤리적 변환을 눈여겨보라. 이 영화는 길 건너에 사는, 도덕 따위는 개의치 않는 외로운 여자의 성생활을 망원경으로 훔쳐보는 외로운 10대 소년을 다룬다. 그는 그 여자를 사랑하기로 마음먹는다. 그가 우체국 직원이라서 두 사람은 서로의 얼굴을 안다. 그는 그녀를 또 볼 수 있도록 아침에 우유를 배달하는 일도 맡는다. 그녀는 그가 피핑 톰Peeping Tom이라는 것을 — 그리고 정체를 밝히지 않고 전화를 건 사람이며 장난을 친 사람이라는 것을 — 거의 필연적으로 알게 된다. 그러나 우리는 그다음에 그녀가 무슨 일을 할지는 거의 예상하지 못한다.

키에슬로프스키가 작품 활동 내내 좋아했던 예리하지만 그럴 법한 극적인 반전에서, 여자는 10대를 자신의 아파트로 초대하고는 그에게 창피를 주기 위해 그의 성적인 미숙함을 이용한다. 그러나 여기는 아직 그들이 벌이는 윤리적 결투의 중간 지점 밖에 되지 않는다. 이후로 그에게, 그녀에게, 그들에게 벌어지는 일은 가해자와 피해자의 역할이 바뀌면서 옳고 그름이 앞뒤로 방향을 바꾸는 모습을 보여 준다. 그들의 관계는 유동적이고 혼란스러워지는 '상황 윤리'를 보여 준다.

키에슬로프스키는 폴란드의 일상적인 생활상을 그리는 것을 일부러 회피한다. 그런 것들(법규, 법률, 물자 부족, 관료제)은 논점을 흐릴

• 이 에피소드가 확장되어 장편 영화로 개봉된 작품이 <사랑에 관한 짧은 필름>(1988)이다.

거라고 판단했기 때문이다. 그는 보편적인 삶의 일부들을 다룬다. 내가 보기에 그의 모든 작품 중에서 가장 슬픈 작품인 <십계: 1편 Dekalog, Jeden>에서 그는 영민한 아버지와 천재인 아들 사이의 사랑을 들려준다. 부자는 안전하게 스케이트를 타도 좋을 정도로 얼음이 두꺼울 때가 언제인지 알 수 있도록 근처에 있는 연못의 동결 속도를 계산하는 일에 컴퓨터를 사용한다. 그러나 연못과 물결은 늘 그리 단순하게 연구될 수 있는 대상이 아니다. 아마도 컴퓨터는 가짜 하나님일 것이다.

이들 영화 중 어느 작품도 도덕적인 이슈들을 흑백 논리로 보여주지 않는다. <십계: 5편 Dekalog, Pięć>은 도덕관념이 전혀 없는 듯한 살인자를 다룬다. 그를 이해한다고 해서 그를 용서하는 것은 아니다. 그러나 이야기는 그를 변호하는 변호사에게도 초점을 맞춘다. 자신의 첫 사건을 맡은 젊은 변호사는 열정적으로 사형에 반대한다. <십계: 9편 Dekalog, Dziewięć>은 아내가 바람을 피운다는 것을 알게 된 남자를 다룬다. 그는 그들을 훔쳐보려고 몸을 감추는 아내가 애인과 영원히 헤어지겠다고 하는 말을 엿듣는다. 그러다가 아내는 숨어 있는 남편을 발견한다. 그녀는 그릇된 일(불륜)을 저질렀고 올바른 일(불륜의 중단)을 했다. 남편의 미행은 그녀에 대한 믿음을 저버린 것이다. 그러면서 거의 죽음으로 이어질 뻔한 결과가 빚어지는데, 이 결과는 두 사람이 더 솔직하기만 했다면 피할 수도 있는 일이었다.

결국 우리는 십계명이 과학처럼 작동하는 것이 아니라 예술처럼 작동한다는 것을 알게 된다. 계명은 우리의 삶으로 가치 있는 초상화를 그리는 법을 가르쳐 주는 사용 설명서다.

키에슬로프스키와 피시비츠는 각각의 영화를 상이한 감독들이 촬영하게 만들려는 의도로 시나리오를 집필했다. 그러나 시나리오들을 남에게 넘기고 싶지 않았던 키에슬로프스키는 열 편 전부를 직접 연출했다. 그는 비주얼 스타일이 반복되는 것을 막으려고 작품마다 다른 촬영 감독을 고용했다. 세팅은 거의 동일하다. 칙칙한 실외, 대부분의 경우 겨울, 작은 아파트, 사무실. 얼굴들은 영화들의 삶이 거주하는 곳이다.

이들은 할리우드의 플롯들이 짜내는 어리석고 순진한 투쟁에 뛰어든 캐릭터들이 아니다. 그들은 대부분의 경우 체계화된 종교의 외부에 서 있는, 그들에게 윤리적인 선택을 하라고 요구하는 그들 자신의 삶의 상황에 맞닥뜨린 성숙한 성인들이다. 시리즈 전체를 단번에 감상해서는 안 된다. 한 번에 한 편씩 봐야 한다. 그러다가 운이 좋아서 작품에 대해 이야기를 나눌 사람이 있다면 작품에 대해 논의하고는 당신 자신에 대해 배우도록 하라. 그렇지 않고 혼자라면 당신 자신과 논의해 보도록 하라. 키에슬로프스키의 꽤나 많은 캐릭터들이 그러는 것처럼.

아귀레, 신의 분노 Aguirre, der Zorn Gottes	감독	베르너 헤어초크
	주연	클라우스 킨스키, 헬레나 로조, 루이 게라, 델 네그로
	제작	1972년 · 95분

신께서는 이 강에서 그분의 창조를 결코 끝내지 않으셨소.

붙잡힌 원주민은 전설로 전해지는 황금 도시 엘도라도를 찾아 나선 스페인 원정대의 마지막 생존자들에게 진지하게 말한다. 종군 사제가 그에게 '하나님의 말씀'인 성경을 건넨다. 그는 성경을 귀에 갖다 대지만 아무 소리도 듣지 못한다. 그의 목에는 황금 노리개가 걸려 있다. 스페인인은 그것을 빼앗아 눈앞에 들어 올리고는 드디어 엘도라도가 지척에 있다는 희망에 사로잡힌다. "도시는 어디에 있나?" 데리고 온 노예를 통역으로 삼은 그들은 원주민에게 고함친다. 원주민은 강을 향해 모호하게 손을 흔든다. 도시는 저 멀리 있다. 항상 저 멀리 있다.

베르너 헤어초크Werner Herzog, 1942~ 의 <아귀레, 신의 분노>는 영화 예술이 제시한 가장 매혹적인 비전에 속한다. 영화는 스페인 정복자 곤살로 피사로Gonzalo Pizarro의 불운한 원정대 이야기를 들려준다. 잃어버린 도시 이야기에 혹한 피사로는 페루의 열대 우림으로 부하들을 이끌고 갔다. 오프닝 숏의 이미지는 강렬하다. 뱀처럼 길게 늘어선 사람들이 저 아래에 있는 골짜기를 향해 가파른 산길을 내려가는 동안, 안개 같은 구름이 산봉우리들을 덮어 감추고 있다. 강철 투구와 가슴받이 차림의 남자들은 여자들을 사방을 가린 가마에 태워 옮긴다. 여자들의 옷차림은 정글에 어울리는 차림새가 아니라 궁전에서 열리는 구경거리를 보러 가는 차림새다.

음악은 톤을 설정한다. 음악은 매혹적이고 종교적이며 인간적이면서도 뭔가 다른 분위기를 풍긴다. 이 음악 작품은 플로리안 프리케Florian Fricke가 만든 것으로, 그의 밴드 포폴 부Popol Vuh(마야의 창조 신화를 따서 붙인 이름이다)는 헤어초크가 만든 여러 영화의 사운드트랙에 기여해 왔다. 이 작품의 오프닝 시퀀스에 대해 헤어초크는 내게 직접 이렇게 이야기했다. "콰이어 오르간이라는 괴상한 악기를 사용했습니다. 안에는 서로 평행하게 루프를 도는 테이프 40여 개가 있습니다. (…) 이 테이프 전부가 동시에 돌아갑니다. 그리고 오르간처럼 연주할 수 있는 건반이 있는데, 건반을 누르면 사람들로 구성된 합창단이 내는 소리하고 비슷한, 대단히 인공적이면서도 굉장히 기괴한 소리가 납니다."

음악을 강조한 것은, 헤어초크 영화의 사운드가 그의 영화가 낳는 효과의 유기적인 일부이기 때문이다. 그의 이야기들은 단도직입적인 방식으로 시작된다. 그러나 그 결과는 예측 불가능하고, 줄거리가 이어질 방향을 알 수 있는 도리는 전혀 없다. 이야기는 '엔딩'으로 결론지어지는 게 아니라 우리 내면에서 어떤 무드를, 영적이거나 관념적인 느낌을 자아낸다. 그는 관객들이 시간의 외부에 서 있는, 우주의 광대함이 인류의 꿈과 미망迷妄을 압박하는 동안 그 광대함 때문에 슬픔에 잠긴 초연한 관찰자처럼 느끼기를 원한다고 나는 믿는다.

음악이 <아귀레, 신의 분노>에 중요하다면, 클라우스 킨스키Klaus Kinski의 얼굴도 마찬가지다. 그의 푸른 눈동자는 무언가에 사로잡힌 듯하고, 크고 두툼한 입술은 아가리를 활짝 벌린 광기 안으로 빨려 들어가지만 않는다면 관능적이다. 이 영화에서 그는 강인한 의지를 가진 정복자를 연기한다. 헤어초크는 어렸을 때 독일에서 킨스키를 처음 봤다고 내게 말했다. "그를 본 순간 영화를 만드는 게 내 운명이라는 걸, 그리고 그 영화들에서 연기하는 것이 그의 운명이라는 걸 깨달았습니다."

자신의 원정이 우매한 짓일지도 모른다는 두려움을 느낀 피사로는 저 멀리 강의 상류를 일주일간 답사할 소수 병력을 선발한다. 그들이 아무 것도 찾아내지 못하면 원정 시도를 포기하겠노라고 그는 말한다. 이 선발대의 사령관은 귀족 돈 페드로 데 우르수아이고, 아귀레(킨스키)는 부사령관이다. 선발대에는 군인들과 노예들을 비롯해서 사제인 가스파 데 카바잘, 어리석은 귀족 페르난도 데 구즈만, 우르수아의 아내 플로레스, 아귀레의 딸 이네즈, 원주민 노예 발타사르가 있다. 발타사르는 여자들 중 한 명에게 서글프게 말한다. "저는 왕자로 태어났습니다. 사람들은 나를 쳐다보는 것조차 금지됐었죠. 그런데 지금 나는 사슬에 매여 있습니다."

헤어초크는 그들의 여정을 서두르거나, 그 여정에 서스펜스와 액션이 넘치는 인위적인 에피소드들을 채워 넣지 않는다. 우리가 느끼는 것은 무엇보다 강과 강을 둘러싼 삼림의 광대함이다. 올라설 수 있는 강기슭은 없다. 물이 기슭으로 차오르고 범람하기 때문이다. 헤어초크가 영화 초입에 등장하는, 뗏목 한 척이 소용돌이에 휘말린 위기를 어떻게 다루는지 곰곰이 생각해 보라. 노예들은 미친 듯이 노를 젓지만 뗏목은 꿈쩍도 않는다. 헤어초크의 카메라는 위험에 처한 뗏목에서 멀리 떨어진 강 건너편에 머문다. 뗏목에 탄 사람들의 곤경은 멀리서 벌어지는 불가해한 일처럼 보인다. 아귀레는 그들을 구하려는 시도를 경멸적인 태도로 퇴짜 놓지만, 강 맞은편에서 그들에게 도달하려는 시도를 하게끔 한 무리의 병력이 파견된다. 아침이 되면 뗏목은 여전히 그곳을 떠돌고 있다. 뗏목 위의 사람들은 모두 죽어 있다.

　그들은 어떻게 죽었는가? 나한테는 나름의 아이디어가 있다. 그런데 당신도 마찬가지일 것이다. 이 에피소드의 요점은, 죽음이 이 원정대의 숙명이라는 것이다. 지휘관인 우르수아가 체포된다. 아귀레는 새 지휘관으로 구즈만이 선출되도록 일을 꾸민다. 얼마 안 가 두 사람 다 목숨을 잃는다. 구즈만의 마지막 끼니는 물고기와 과일이었는데, 그가 그것들을 게걸스럽게 먹으면서 '황제' 노릇을 하는 동안 부하들은 몇 안되는 옥수수 낱알의 개수를 세고 있다. 말 한 마리가 미쳐 날뛴다. 그는 말을 물에 던져 버리라고 명하지만, 부하들은 어두운 얼굴로 일주일간 먹을 고기는 족히 될 거라고 투덜거린다. 얼마 안 있어 구즈만의 시체가 발견된다.

　아귀레는 공포 정치로 지배를 한다. 그는 한쪽 무릎이 굽혀지지 않는 것처럼 기이하게 절뚝거리는 걸음걸이로 뗏목을 돌아다닌다. 눈에는 광기가 감돈다. 부하 한 명이 탈출 계획을 속삭이는 것을 엿들은 그는 부하의 머리를 재빨리 벤다. 어찌나 빨리 벴던지 몸통에서 떨어진 머리가 말하고 있던 문장을 끝맺기까지 한다. 죽음은 대체로 스크린 밖에서 일어난다. 정글에서 화살들이 부드럽게 날아와 부하들의 목과 등에 박힐 때처럼 스크린에서 벌어지는 죽음은 신속하고 조용하게 일어난다. 내가 여태껏 본 이미지 중에서 뇌리에 가장 깊이 남는 이미지에 속하는 영화의 마지막 이미지는 뗏목에 홀로 있는 아귀레의 모습이다. 많은 시체와 짹짹거리는 작은 원숭이 수백 마리에 에워싸인 그는 여전히 자신의 새 제국을 계획하고 있다.

　<아귀레>의 촬영 과정은 영화 동아리에서 회자되는 전설이다. '로케이션의 마술'을 주장하는 독일 감독 헤어초크는 열병이 빈번하게 퍼

지고 굶주림의 가능성도 존재하는 것처럼 보이는 외딴 정글로 배우들과 스태프들을 데려갔다. 헤어초크가 연기를 계속하라고 강요하면서 킨스키에게 총을 겨눴다는 이야기가 있다. 킨스키가 자서전에서 이 소문을 부정하면서 촬영장에 있던 유일한 총은 자신이 소지하고 있었다고 애매한 말을 덧붙이기는 했지만 말이다. 출연자, 스태프, 카메라 들은 실제로 우리가 본 것과 비슷한 뗏목들을 탔다. 헤어초크가 내게 한 말에 따르면 "어떤 장면을 촬영하기 10분 전까지도 내가 연기를 시킬 대사가 무엇인지를 알지 못하는 때"가 자주 있었다.

어쨌거나 영화는 대사의 힘으로 진행되지 않는다. 심지어는 캐릭터들의 힘으로 진행되지도 않는다. 예외는 있다. 킨스키가 하는 말 만큼이나 그의 얼굴과 몸을 통해 성격의 상당 부분이 만들어지는 아귀레다. 내 생각에 헤어초크가 이 이야기에서 보는 것은 그가 자신의 많은 영화에서 발견한 것이다. 위대한 업적을 쌓겠다는 환상에 사로잡힌 사람들이 감히 거기에 도달하겠다는 교만의 죄를 저지르고는 무자비한 우주에 의해 좌절당하는 것이다. 스키 점퍼 슈타이너Walter Steiner에 대한 다큐멘터리를 떠올려 보라. 영원토록 날고 싶어 한 그는 솜씨가 무척이나 훌륭해진 탓에 착지 지역 너머로 날아가 돌과 나무에 부딪힐 위험에 처한다.

베르너 헤어초크는 현대의 영화감독 중에서 가장 상상력 넘치는 감독이자 위대한 테마에 가장 집착하는 감독이다. 그가 오페라를 많이 연출했다는 사실은 조금도 놀랍지 않다. 그는 플롯에 따라 전개되는 스토리를 말하거나 재미있는 대사를 녹음하고 싶어 하지 않는다. 그는 우리를 경이로운 세계로 데려가고 싶어 한다. 현대 영화 중에서 그가 품은 비전의 대담함에 필적할 만한 비전을 품은 영화는 손에 꼽을 정도다. <2001 스페이스 오디세이2001: A Space Odyssey>와 <지옥의 묵시록 Apocalypse Now> 정도일까. 활동 중인 감독 중에서는 올리버 스톤Oliver

Stone이 비슷한 정도의 열정을 가진 감독처럼 보인다. 그들이 자신의 작업에 대해 말하는 방식에는 성스러운 광기 같은 게 엿보인다. 그들은 관습적인 성공을 거두려고 고민하지 못한다. 초월에 도달하는 것을 꾀하기 때문이다.

　　<아귀레, 신의 분노>의 짝이 되는 영화가 헤어초크의 <피츠카랄도Fitzcarraldo>(1982)다. 역시 킨스키가 출연하고, 역시 열대 우림에서 찍었으며, 역시 불가능한 과업을 다룬 영화다. 이 남자는 증기선을 내륙을 가로질러 끌고 가서 이쪽 강에서 저쪽 강으로 옮기고 싶어 한다. 물론 헤어초크는 영화를 만들기 위해, 케이블이 끊어지면 모두가 동강 날 거라고 엔지니어들이 절박하게 경고하는데도 말 그대로 실제 선박을 끌고 내륙을 가로지른다. 그 영화의 촬영 과정을 다룬 레스 블랭크Les Blank의 다큐멘터리 <버든 오브 드림스Burden of Dreams>(1982)는 영화 자체만큼이나 끔찍하다.

아라비아의 로렌스
Lawrence of Arabia

감독	데이비드 린	
주연	피터 오툴	
제작	1962년	222분

<아라비아의 로렌스>를 만든 건, 아니, 만들 수 있을 거라는 생각을 할 수 있다는 건 얼마나 대담하고 정신 나간 천재적인 짓이란 말인가? 영화가 개봉하고 몇 년 후, 영화에 출연했던 배우 오마 샤리프Omar Sharif는 이런 말을 했다. "당신에게 돈이 있다고 칩시다. 누군가가 당신에게 오더니 영화를 만들고 싶다고 말합니다. 러닝 타임은 네 시간 정도고, 스타는 출연하지 않으며, 여자도 등장하지 않고, 러브 스토리도 없으며, 액션도 별로 등장하지 않는다고 합니다. 게다가 사막에서 촬영을 하면서 엄청난 제작비를 쓰겠다고 합니다. 당신이라면 뭐라고 말하겠습니까?"

<아라비아의 로렌스>를 만들겠다는 충동은 순전히 상상에서 비롯됐다. <아라비아의 로렌스>의 발단은 잔인한 전투 장면이나 값싼 멜로드라마가 아니다. 사막의 지평선 저 끝에 있는 자그마한 점 하나가 서서히 인간의 형체로 커지는 모습이 어떻게 보일지를 상상하던 데이

비드 린David Lean 감독의 능력이 영화의 발단이다. 그는 이 프로젝트가 성공할 가능성이 있다는 것을 스스로 납득하기 전에, 그 이미지가 어떤 느낌일지를 먼저 확인해 봐야 했다.

주인공인 괴팍한 영국의 군인 겸 작가 T. E. 로렌스T. E. Lawrence 가 자살 행동이나 다름없는 사막 횡단에 성공한 후 피난처와 물을 구할 수 있는 곳에 다다르는 장면이 있다. 그는 낙오한 친구를 찾으려고 오던 길을 되돌아간다. 이 시퀀스는 인간으로 판명되는 자그마한 점이 어른거리는 사막의 열기를 뚫고 간신히 모습을 드러내는 장면으로 연결된다(작은 점의 정체가 인간이라는 게 식별될 때까지도 한참이 걸린다). 텔레비전으로 영화를 보면 이 장면을 보고서도 별다른 감동을 받지 못할 것이다. 아무것도 보이지 않으니 말이다. 그러니 아주 깨끗한 70밀리미터 프린트를 상영하는 극장에서 영화를 보라. 당신은 스크린에 가득한 열기의 흐름 속에서 세세한 것 하나하나를 구분해 내려고 스크린을 향해 몸을 기울이고는 바짝 긴장하게 될 것이다. 그렇게 하면 실제 사막의 광활함과 가혹함을 잠시나마 경험하게 될 것이다.

린 감독은 머릿속에서 이 시퀀스를 그려 보면서 이 영화가 관객에게 먹힐 수 있는 이유를 추론할 수 있었다. <아라비아의 로렌스>는 단순한 전기 영화나 모험 영화가 아니다. 두 요소 모두를 채택한 영화이기는 하지만 말이다. <아라비아의 로렌스>는 사막을 무대로 충동을 주체 못하는 기발한 인간의 행동을 보여 주는 영화다. 1914년부터 1917년까지 사이에 터키를 상대로 군사 작전을 벌인 영국군 쪽으로 사막의 부족들을 끌어들이는 데 로렌스가 유용한 도구로 활용됐던 건 사실이다. 하지만 영화는 그의 행동이 애국심의 발로였다고는 보지 않는다. 그 대신 아랍인들의 야성과 과장된 언동에 동화되기로 결심한 로렌스가 자신에게 배어 있는 영국 사회의 전통을 떼어 버리려는 욕구에서 비롯된 행동이라는 쪽에 초점을 맞춘다. 여기에는 그의 마조히즘적 성향과 관련한 섹슈얼한 요소도 일부 작용했다.

분명, T. E. 로렌스는 서사 영화의 한복판에 서기에는 굉장히 어울리지 않는 주인공이다. 린은 로렌스를 연기할 배우로 아주 특별한 배우를 선택했다. 피터 오툴Peter O'Toole은 조각칼로 깎은 듯 잘생겼지만, 보기 흉할 정도로 비쩍 마른 배우다. 말투는 쾌활함과 무례함 사이를 오가는 듯하다. 오툴은 로렌스를 아주 절묘하게 연기해야 했다. 로렌스가 동성애자라는 사실은 널리 알려져 있었지만, 1962년에 수백만 달러를 들여서 만드는 서사 영화에서 그 사실을 노골적으로 밝힐 수는 없었다. 린과 시나리오 작가 로버트 볼트Robert Bolt는 그 사실을 감추면서도 로렌스를 평범한 액션 영웅으로 만들지는 않았다. 영화에는 로렌스의 동성애 성향을 감지할 수 있는 요소가 모두 들어 있다.

린과 볼트는 오툴의 독특한 말투와 연기 방식을 도구로 활용했다. 그 결과 카리스마와 광기가 결합한 캐릭터가 탄생했다. 전통적인 영웅적 군인하고는 판이하게 다른 로렌스는 자신을 따라 정신 나간 사막 횡단을 감행하자며 아랍인들을 부추길 수 있었다. 사막 족장의 흐느적거리는 흰색 옷을 입은 오툴이 포획한 터키 열차 지붕에서 승리의 춤을 추는 장면이 있다. 그는 패션 사진을 찍는 것 같은 포즈를 취한다. 이 장면은 조금 이상하다. 그가 추는 춤은 게이라는 걸 과시하는 전형적인 춤처럼 보이기 때문이다. 그럼에도 영화의 다른 캐릭터들은 그 사실을 전혀 눈치 채지 못한 듯 보인다. 게다가 로렌스가 부리는 사막 소년 두 명에 대해서도 전혀 신경을 쓰는 것 같지 않다.

린과 볼트, 오툴이 만들어 낸 인물은 성적인 관습과 사회적인 관습에서 벗어난 인물이다. 자신에게 붙은 꼬리표나 세간의 평판을 의식하지 않고, 타고난 본연의 모습을 보여 주기만 하는 인물이다. 그런 사내가 사분오열된 사막 부족들을 규합해 터키를 상대로 한 전쟁을 승리로 이끌 수 있을까? 로렌스는 그 일을 해냈다. 하지만 영화가 보여 주

듯, 그는 그 업적에 부분적인 기여만 했을 뿐이다. 혼자 힘으로 로렌스의 신화를 깔끔하게 다듬어 낸 후 영어권 언론에 로렌스의 신화를 퍼뜨린 로웰 토머스Lowell Thomas에게서 영감을 얻은 게 분명한 미국인 기자(아서 케네디Arthur Kennedy)는 영화의 핵심 캐릭터에 속한다. 그 기자도 기삿거리가 될 만한 영웅을 찾고 있다는 사실을 인정한다. 로렌스는 그런 역할을 연기하면서 행복해한다. 그런 역할 연기를 통해서만 과업을 완수할 수 있기 때문이다. 평범한 군사적 영웅은 <아라비아의 로렌스>의 광활한 캔버스에 어울리기에는 지나치게 왜소하다.

러닝 타임이 216분에 달하고 중간에 휴식 시간까지 있는 영화라는 점을 감안하면, <아라비아의 로렌스>의 플롯은 촘촘한 편이 못된다. 허튼 곳에 눈 돌리지 않고 외길을 곧장 걸어가는 절제된 영화이기는 하지만, 관객들이 여러 차례 벌어지는 전투와 관련한 보급 문제 같은 것에 의심을 품을 만한 틈을 조금도 주지 않는다. <아라비아의 로렌스>는 로렌스가 다양한 사막 분파들을 단결시킬 수 있었던 것은 다음과 같은 이유 때문이었다고 주장한다. (1) 그는 아웃사이더이기 때문에 오래 전부터 이어지던 다양한 부족 사이의 반목을 이해할 수 없었고, 따라서 어느 한쪽 편을 들 수도 없었다. (2) 그는 터키에 맞서 싸우는 것이 아랍인들의 이익에 도움이 될 것이라는 점을 아랍인들에게 보여 줄 수 있었다. 로렌스는 사막 지도자들의 존경심을 이끌어 내는 것과 동시에 논리적인 측면에도 호소한다. 그런 과정을 거치면서 셰리프 알리(오마 샤리프), 페이잘 왕자(알렉 기네스Alec Guinness), 아우다 아부 타이(앤서니 퀸Anthony Quinn) 같은 사막 지도자들과 연합해 나간다. 이 장면들에 등장하는 대사는 복잡하지 않다. 볼트가 쓴 간략한 대사가 가끔 시처럼 들릴 정도다.

<아라비아의 로렌스>를 기억하는 사람들이 플롯의 세세한 점에 대한 이야기는 안 한다는 것을 알게 됐다. 그들은 영화를 눈으로 경

험했다. 그들은 경험한 모든 것을 기억하고 있다고 생각하지만, 그 경험을 말로 옮기지는 못한다. 린의 전작 <콰이강의 다리The Bridge on the River Kwai>(1957)나 다음 영화 <닥터 지바고Doctor Zhivago>(1965)처럼, <아라비아의 로렌스>도 전통적인 내러티브를 가진 영화처럼 보이지만, 사실 이 영화는 큐브릭Stanley Kubrick의 <2001 스페이스 오디세이 2001: A Space Odyssey>나 에이젠슈타인Сергей Эйзенштейн의 <알렉산더 네브스키Александр Невский>처럼 본질적으로 시각적인 요소를 중심으로 한 서사 영화와 공통점이 많다. <아라비아의 로렌스>는 관객들이 보고 느낄 수는 있지만, 말로는 옮길 수 없는 장관을 체험할 수 있게 해 준다. 영화의 매력 대부분은 대사가 많은 복잡한 줄거리가 담겨 있지 않다는 점에서 비롯된다. 우리는 텅 빈 고요한 여로를, 사막을 가로지르며 떠오르는 태양을, 모래 위에 부는 바람이 만들어 낸 뒤엉킨 선들을 기억할 뿐이다.

1962년 아카데미 시상식에서 작품상을 비롯한 여러 부문에서 수상했음에도 <아라비아의 로렌스>의 원본 필름은 영화 복원가 로버트 A. 해리스Robert A. Harris와 짐 페인튼Jim Painten이 아니었다면 사라질 위기에 처했었다. 그들은 컬럼비아 영화사 창고에서 찌그러지고 녹슨 필름 통에 담긴 오리지널 네거티브 필름을 찾아냈다. 게다가 배급업자들은 린의 최종 편집판에서 35분가량을 들어내기까지 했다. 해리스와 페인튼은 배급업자들이 들어낸 장면들을 원위치 시켰다. 때로는 망가진 프레임을 한 프레임씩 일일이 대조해서 온전한 프레임을 집어넣기도 했다(해리스는 할리우드가 소중한 유산을 얼마나 부주의하게 다루는지를 보여 주는 증거로 박살난 필름 통을 내게 보내 왔다).

<아라비아의 로렌스>를 극장에서 관람하면, 눈을 뜨기 힘들 정도의 열기와 바람에 날려 카메라 구석구석을 파고드는 모래를 이겨 내면서 성취한 F. A. 프레디 영F. A. Freddie Young의 섬세한 사막 촬영을 제대

로 감상할 수 있다. <아라비아의 로렌스>는 70밀리미터로 촬영한 사실상 마지막 영화에 속한다(35밀리미터 네거티브를 70밀리미터로 블로우 업blow up•하지 않은 영화를 뜻한다). 린 (그리고 큐브릭과 코폴라Francis Ford Coppola, 타르콥스키Андре́й Тарко́вский, 구로사와黒澤明, 스톤Oliver Stone) 같은 감독에게는 한계를 돌파하겠다는 강력한 욕망이 있고, 거대한 아이디어를 떠올리고는 하찮은 스튜디오 임원들을 몰아붙일 정도의 과감성도 있다. 최근에 '서사 영화epic'라는 표현이 '대규모 제작비가 투여된 B급 영화'와 동의어처럼 쓰이고 있다. <아라비아의 로렌스> 같은 영화를 보면 서사 영화라는 표현이 제작비나 정교한 제작 과정을 뜻하는 게 아니라, 아이디어와 비전의 크기를 가리킨다는 걸 느낄 수 있다. 베르너 헤어초크Werner Herzog의 <아귀레, 신의 분노Aguirre, der Zorn Gottes>의 제작비는 <진주만Pearl Harbor> 제작진이 쓴 식비보다도 적다. 하지만 <아귀레, 신의 분노>는 서사 영화인 반면 <진주만>은 그렇지 않다.

1989년에 70밀리미터로 영예로운 재개봉을 마친 <아라비아의 로렌스>가 비디오로 다시 출시됐다. 하지만 비디오는 천장 낮은 방에 키 큰 사람을 억지로 구겨 넣은 것 같은 모양새다. <아라비아의 로렌스>를 비디오로 보면 영화의 줄거리를 알 수 있고 이 영화가 왜 위대한지에 대해 감 정도는 잡을 수 있을 것이다. 하지만 린 감독이 만든 위대한 영화의 '감흥'을 얻으려면 70밀리미터 대형 스크린으로 감상해야 한다. <아라비아의 로렌스>를 70밀리미터 대형 스크린에서 감상하는 건, 영화 애호가가 평생 동안 반드시 해 봐야 할 일이 적힌 짧은 명단에 반드시 올라야 하는 일이다.

• 작은 규격의 필름을 더 큰 규격의 필름으로 인화하는 것

아파트 열쇠를 빌려 드립니다	감독	빌리 와일더	
The Apartment	주연	잭 레먼, 셜리 매클레인, 프레드 맥머리	
	제작	1960년	125분

명절에 갈 곳이 있는 사람과 그렇지 못한 사람 사이에는 우울한 경계선이 존재한다. <아파트 열쇠를 빌려 드립니다>(이하 <아파트>)가 그토록 감동적이고 애처로운 건 부분적으로 잠복되어 있는 다음과 같은 이유 때문이다. 즉, 영화의 시간적 배경은 연중 가장 낮이 짧은 날들로, 어스름이 빠르게 내리고 거리는 쌀쌀하며, 사무실 파티가 끝나면 어떤 사람들은 집과 가족 품으로 가고 다른 사람들은 트리를 세울 수고조차 할 필요가 없는 아파트로 가는 시기다. 외로움에 떠는 사람은 어렸을 때는 있었지만 지금은 더 이상 존재하지 않는 무언가를 강탈당했다는 기분을 1년 중 다른 밤보다도 크리스마스이브에 더 심하게 느낀다.

<아파트>에서 잭 레먼Jack Lemmon은 무척이나 외로운 사내 C. C. 백스터를 연기한다. 백스터는 집에 혼자 있을 자유조차 없는 아이러니한 모순에 처한 캐릭터다. 그의 아파트는 보통은 그의 회사 중역 중 한 명에게 대여된 상태이기 때문이다. 그는 중역들이 일련의 불륜 행각을

벌이는 집의 주인이 되어 버렸다. 그들은 급여 인상과 승진에 대한 암시를 하는 것으로 그를 조종한다. 이웃에 사는 드레이퍼스 박사(잭 크루센Jack Kruschen)는 밤마다 벽을 통해 들리는 열정적인 소리를 듣고는 백스터를 지칠 줄 모르는 정력가라고 생각하는데, 사실 그 시간에 백스터는 집 앞 인도를 서성거리면서 불 켜진 자기 방 창문을 원망스럽게 바라보고 있다. 백스터는 애인도 없고 가족도 없다. 그를 이용해 먹는 임원들은 그의 등을 두드리면서 "자네"라고 부르고, 그는 더 나은 직무와 전용 사무실을 꿈꾼다. 어느 날 그는 용기를 내서 엘리베이터 걸 큐벨릭 양(셜리 매클레인Shirley MacLaine)에게 데이트를 청하지만, 그녀는 빅 보스인 셸드레이크 씨(프레드 맥머리Fred MacMurray)와의 관계에서 생긴 위기 때문에 마지막 순간에 그를 바람맞힌다. 그녀는 셸드레이크와 자신의 연애는 끝났다고 생각했는데, 이제 그 연애는 다시 시작할 것이 분명하다. 그리고 그는 아내와 이혼하겠다고 계속 말하지만, 그 말을 행동으로는 절대 옮기지 않는다.

빌리 와일더Billy Wilder, 1906~2002가 <아파트>를 만들었던 1960년에 '조직인organization man'은 여전히 시사성이 있는 용어였다. 영화의 오프닝 숏 중 하나는 백스터를 수많은 봉급 노예 중 한 명으로 보여 준다. 그들이 일하는 공간에는 평행을 이룬 책상들의 줄이 거의 소실점까지 늘어서 있다. 이 숏은 마찬가지로 무정한 회사에서 일하는 개성 없는 직원을 다룬 킹 비더King Vidor 감독의 무성 영화 <군중The Crowd>(1928)을 인용한 것이다. 이후 큐비클이 이 세계에 혁명적인 발전으로 도래하게 된다. 와일더와 I. A. L. 다이아몬드I. A. L. Diamond가 구성한 시나리오는 백스터와 큐벨릭 양이 실제로는 서로를 좋아하는지도 모른다는 것을 ― 그들이 진정한 사랑으로 이어지는 종류의 참된 감정을 느끼는지도 모른다는 것을 ― 보여 주려고 익살과 서글픔 사이에서 정확히 균형을 잡는다. 두 사람 모두 회사의 가치 시스템에 예속된 노예다. 그는

보스의 어시스턴트가 되고 싶고, 그녀는 보스의 아내가 되고 싶다. 그리고 두 사람 다 '보스'라는 개념에 눈이 멀어서 셸드레이크 씨가 신뢰해서는 안 되는 쥐새끼라는 사실을 보지 못한다.

영화는 흑백 와이드 스크린으로 촬영되었다. 흑백은 영화를 휩쓸어 버릴지도 모르는, 크리스마스 파티의 화려한 장식물과 명절에 분위기가 절정에 달하는 술집과 레스토랑의 흥청거리는 분위기를 약화한다. 그리고 와이드 스크린은 캐릭터들을 분리하거나 그들을 공허함으로 둘러싸는 공간을 강조한다. 백스터의 아파트는 배경의 중심에서 바로 왼쪽에 있는 침실 문이 초점이 되게끔 설계되었다. 그곳은 그의 상사들의 비밀과 그가 그들에게 적개심을 느끼는 이유가 존재하는 곳이고, 그가 외롭게 잠을 자는 공간이며, 결국에는 큐벨릭 양이 그녀의 인생에 생길 중요한 변화를 행동에 옮기게 될 무대다. 다른 숏들은 맨해튼의 거리를 따라 내려가면서 클럽 창문들을 들여다보고, 셸드레이크가 자신의 의도는 선하다는 주장을 열심히 펼치면서 손목시계를 불편하게 들여다보는 중국식 레스토랑의 부스에 큐벨릭과 진지한 척 하는 셸드레이크를 고립시킨다.

<아파트>를 만들 무렵에 와일더는 작품 한복판에 슬픔이 자리한 냉소적이면서 풍자적인 코미디의 대가가 되어 있었다. <이중 배상 Double Indemnity>(1944)은 간단한 범죄 한 건을 저지르면 연애 문제와 재정적인 골칫거리들이 해결될 거라고 믿었던 (역시 맥머리가 연기한) 남자를 다룬다. <선셋대로Sunset Boulevard>(1950)에서 윌리엄 홀든William Holden은 그로스테스크한 늙은 무비 퀸(글로리아 스완슨 Gloria Swanson)의 애인이 되지만, 그녀의 전 남편(에리히 폰 슈트로하임 Erich von Stroheim)이 그녀의 쪼그라드는 위대함을 찬양하는 제단에서 그녀를 숭배하는 방식에는 페이소스가 존재한다. 와일더는 레먼과 같이 작업한 첫 영화인, 엄청나게 히트한 <뜨거운 것이 좋아Some Like It

Hot>(1959)를 막 만든 참이었다. 레먼은 다음 작품으로 <술과 장미의 나날Days of Wine and Roses>(1962)을 택했는데, <아파트>와 더불어 이 영화는 레먼이 가벼운 코미디언에서 비극적인 서민으로 변할 수 있음을 증명했다. 이 영화는 와일더가 그때까지 했던 작품들을 요약했고, 레먼의 커리어에서 중요한 전환점이 되었다.

이 영화는 셜리 매클레인에게도 중요한 작품이었다. 가벼운 코미디 작품들에 출연하고 <달려오는 사람들Some Came Running>(1958) 중 흥미로운 장면들에 등장하며 5년을 보낸 그녀는 이 작품을 통해 1960년대에 꽃을 피울 능력 있는 여배우로 부상했다. 그녀가 연기하는 큐벨릭의 특출난 점은 그녀를 말주변 좋은 난봉꾼에게 빠져든 모자란 여자로 만들지 않고 예전에 거짓말에 속았었던, 마음은 착하지만 참을성은 약한, 다음번 셸드레이크 부인이 되는 데 필요한 타협을 할 준비가 된 젊은 여성으로 표현한 방식이다. 매클레인의 연기의 기저에 깔린 진지함은 영화가 닻을 내리고 안정을 찾도록 돕는다. 영화는 말뚝을 굳게 박고는 성적인 방종을 다루는 영화가 되려는 경향에서 거리를 멀리 두는 쪽으로 향한다.

특히 통찰력 있는 이 영화의 장점은 그녀가 자살 시도를 한 후에 생각을 고쳐먹고는 셸드레이크에게 다른 기회를 주는 방식이다. 그녀는 몸을 파는 일에 강제로 종사하게 된 게 아니라, 백스터처럼 그 일을 자발적으로 선택했다. 이 작품이 시트콤이 아니라 성인용 영화가 된 방식 중 하나는 백스터와 큐벨릭이 로맨틱한 사이로 발전하게끔 충분한 시간을 주는 방식이다. 그들은 속임수에 넘어간 바보들이 아니라 사랑을 포기하고는 급여를 받는 데에서 더 큰 행동 동기를 부여받는 닳고 닳은 현실주의자들이다. 와일더가 마지막 장면을 다루면서 시나리오의 마지막 대사에서 부드러운 동시에 터프한 알맞은 음音을 찾아내는 방식은 놀라우면서도 사악하리만치 섬세하다("입 닥치고 카드나 돌려요"는 <뜨거운 것이 좋아>를 끝맺는 불멸의 대사 "완벽한 사람은 아무도 없소"만큼이나 유명해졌다).

2001년 6월에 잭 레먼이 타계하고 얼마 안 됐을 때, 나는 <아파트>를 감상한 후 블레이크 에드워즈Blake Edwards 감독의 <술과 장미의 나날>과 제임스 폴리James Foley 감독의 <글렌게리 글렌 로스Glengarry Glen Ross>(1992)를 동시에 감상했다. 두 작품을 나란히 감상하면서 레먼의 연기에 대한, 그리고 영화들의 스타일 변화에 대한 통찰을 얻었다. <술과 장미의 나날>은 시대에 뒤떨어졌다. 온실 장면은 알코올 중독을 지나치게 과장되게 표현한 것처럼 보인다. 반면에 와일더의 <잃어버린 주말The Lost Weekend>(1945)은 그보다 17년 전에 만들어졌지만, 알코올 중독이라는 질병을 치료하는 면에서는 더 현대적인 것처럼 느껴진다. <글렌게리 글렌 로스>는 레먼이 펼친 최고의 연기를 담은 작품일 것이다. 그가 펼친 절박한 처지에 놓인 나이 많은 부동산 세일즈맨 연기는 <세일즈맨의 죽음Death of a Salesman>에서 윌리 로먼을 연기한 그 어떤 배우의 연기와도 비교할 만하다. 레먼은 감독들이 그에게 연기의 톤을 낮춰달라고 부탁한 후 "조금만 더 낮춰 달라"고 이야기하는 것으로 연출을 시작한 것으로 유명하다. 그가 이 작품을 하면서 매너리즘으로 은폐한 리얼리즘 스타일인 데이비드 매밋David Mamet의 대사에 필요한 정확한 톤을 연기할 수 있음을 확인하는 것은 흥미로운 일이다.

<잃어버린 주말>이 시대에 뒤떨어지지 않았음을 확인하면서 나는 와일더의 작품 전반에 대한 코멘트를 내놓을 수 있었다. <사브리나Sabrina>(1954) 같은 가벼운 로맨틱 코미디도 1990년대의 리메이크보다 시간을 더 잘 견뎌 냈다. 와일더의 위대한 영화들은 시대극으로 전락하지 않고 우리의 눈을 똑바로 쳐다본다. <뜨거운 것이 좋아>는 여전히 웃기고, <선셋대로>는 여전히 뛰어난 수완이 발휘된 누아르 코미디이며, <아파트>는 소재가 가리켰을지도 모르는 분위기보다 여전히

더 터프하고 신랄하다. 와일더의 가치 있는 점은 그가 가진 성숙한 감수성이다. 그의 캐릭터들은 판에 박힌 플롯에 따라 비행하지 않는다. 생계를 위해 하는 노동이라는 시련을 견디고 책임감을 느끼면서 비행기를 조종해 가기 때문이다. 많은 영화에 등장하는 캐릭터들은 좀처럼 직업을 가진 사람들처럼 보이지 않는다. 그러나 <아파트>의 캐릭터들은 자신들에게는 직업 이외에도 다른 것이 있다는 걸 상기해야만 한다.

《아푸 3부작》은 슬프면서도 평온하게, 그러면서도 위력적으로 관객의 마음을 휩쓴다. 동시에 영화가 어떤 일을 해낼 수 있는지를 보여 준다. 시류와는 아무런 관련이 없는 《아푸 3부작》이 만들어 내는 세계는 대단히 설득력이 강하다. 영화를 보고 나면 또 다른 인생을 산 것 같은 느낌이 들 정도다. 인도 감독 사티야지트 레이Satyajit Ray, 1921~1992가 1950년부터 1959년 사이에 만든 세 편의 영화는 칸과 베니스, 런던에서 작품상을 휩쓸었고, 요란법석을 떠는 뮤지컬 로맨스라는 좁은 장르에 국한되어 있던 인도 영화계에 새로운 조류를 몰고 왔다. 레이 이전에는 일개인이 자신이 속한 문화권의 영화에 그렇게 중요한 영향을 끼친 경우가 전혀 없었다.

　시골 마을에서 태어나 성스러운 도시 바라나시에서 자라고 캘커타에서 교육받은 후 방랑자가 되는 아푸의 탄생부터 성년기까지를 다룬 유명한 연작 소설을 각색하기로 결심했을 때만 해도, 캘커타에 거주하던 레이는 돈도 없고 연줄도 없는 상업 미술가에 불과했다. ≪아푸 3부작≫의 1편과 관련된 전설은 감동적이다. 촬영 첫날에 레이는 한 장면도 연출하지 못했다. 카메라맨 역시 한 장면도 찍지 못했다. 아역 배우들은 역할에 따른 테스트를 받은 적도 없었다. 하지만 대단히 인상적인 초기 촬영본 덕에 나머지 영화를 찍을 제작비를 근근이 구할 수 있었다. 나중에 유명해진 영화 음악 작곡가 라비 샹카르Ravi Shankar도 신인이었다.

3부작의 첫 영화는 1950년부터 1954년까지 촬영한 <길의 노래 Pather Panchali>다. 영화는 아푸가 어린 소년이었을 때 시작된다. 아푸는 조상 대대로 살아 오던 마을에서 부모님과 누나, 늙었지만 지혜로운 고모와 함께 산다. 억척스러운 어머니가 불안해하는데도 성직자인 아버지는 집으로 돌아온다. 두 번째 영화 <아파라지토Aparajito>(1956)는 성스러운 갠지스강에서 몸을 씻으려고 찾아오는 순례자들을 상대로 돈을 버는 아버지가 도시인 바라나시로 이주한 가족들을 쫓아간다. 세번째 영화 <아푸의 세계Apur Sansar>(1959)는 시골에서 삼촌과 함께 사는 아푸와 어머니를 찾아낸다. 학교 성적이 좋은 아푸는 캘커타의 학교에서 장학금을 받는다. 어처구니없는 상황에서 결혼한 그는 어린 신부와 행복하게 살아간다. 그러던 중 어머니와 아내가 갑작스레 세상을 뜬다. 고통스러운 유랑의 시기를 거친 아푸는 아들을 책임지려고 결국 집으로 돌아온다.

이렇게 줄거리를 요약하는 것으로는 ≪아푸 3부작≫의 아름다움과 신비로움을 도무지 담아내지 못한다. 영화는 틀에 박힌 전기 영화의 관습을 따르지 않는다. 첫 영화의 영어 제목인 'The Song of the Road(길의 노래)'에 담긴 뜻처럼 영화는 음악처럼 전개된다. 6세부터 26세까지 다양한 연령대의 아푸를 연기하는 배우들은 침울하면서도 차분한 성격을 공통적으로 보여 준다. 아푸는 약삭빠르지도, 모질지도, 냉소적이지도 않다. 구체적인 계획보다는 모호한 동경에 사로잡힌, 꾸밈없고 순진한 이상주의자다. 그가 반영하는 사회는 야심을 최고로 치지 않고 철학적이고 수용적이다. 그는 아버지를 쏙 뺐다. 우리는 1편과 2편에서 뭔가 좋은 일이 생길 거라는, 새로운 계획과 생각이 열매를 맺을 거라는 한없는 소망을 품은 아푸의 아버지를 보게 된다. 친척에게 진 빚을 고민하고 아이들의 먹거리와 미래를 걱정하는 것은 어머니의 몫이다. 3부작 내내 우리는 어머니의 눈동자에서 현실의 냉혹함과 고독을 보게 된다. 처음에는 남편이, 나중에는 아들이 대도시로 즐거운 여행을 떠나면서 아내이자 어머니인 그녀가 기다림과 걱정의 세계로 떠밀려 들어가는 장면에서는 특히 더 그렇다.

3부작에서 가장 어이없는 에피소드는 세 번째 영화에 등장한다. 대학생이 된 아푸는 친한 친구 풀루와 함께 풀루의 사촌의 결혼식에 참석한다. 결혼 날짜는 점을 쳐서 택한 길일이다. 그런데 식장에 도착한 신랑은 완전히 정신이 나가 있다. 신부의 어머니는 풀루의 사촌을 쫓아낸다. 하지만 이날 결혼을 못하면 신부 아파르나가 영원토록 저주를 받을 것이기 때문에 급히 신랑을 구해야만 한다. 절망에 빠진 풀루는 아푸에게 눈길을 던진다. 결혼식에 참석하러 캘커타를 떠났던 아푸는 새신랑이 되어 도시로 돌아온다.

아파르나를 연기한 샤밀라 타고르Sharmila Tagore는 영화를 찍을 당시 열네 살에 불과했다. 수줍음과 연약함을 완벽하게 표출한 그녀 덕에 우리는 낯선 사람과 갑자기 결혼하는 게 얼마나 기이한 일인지를 체험하게 된다. "가난에 찌든 생활을 받아들일 수 있겠어?" 단칸방에 살면서 인쇄소에서 버는 푼돈으로 장학금을 보조하는 아푸가 묻는다. "네." 그녀는 남편하고 눈을 마주치지도 않은 채로 딱 잘라 말한다. 그녀는 캘커타에 처음 도착했을 때 눈물을 흘렸지만, 얼마 안 있어 그녀의 눈동자에서는 다정함과 애정이 배어 난다. 아푸를 연기한 수미트라

챠터르지Soumitra Chatterjee는 순수한 아내가 느끼는 기쁨을 같이 나눈다. 아내가 아이를 낳다 세상을 뜬 순간은 그의 순수함과 오랜 동안 품었던 희망이 동시에 끝나는 순간이다.

레이는 스틸 사진사였던 수브라타 미트라Subrata Mitra가 촬영을 잘 해낼 거라고 믿었고, 결국 미트라는 3부작을 모두 촬영했다. 대여한 16밀리미터 카메라로 첫 촬영에 돌입한 미트라는 비 내리는 화면으로 영화를 시작하면서 숲속 길, 강의 경치, 몬순 때 몰려드는 구름, 호수 표면을 가볍게 뛰어다니는 물벌레 등 비범하고 아름다운 장면들을 포착했다. 그중에 비바람이 집을 뒤흔드는 가운데 어머니가 열병에 걸린 딸을 지켜보는 소름끼치는 장면이 있다. 카메라가 갖가지 위협에 시달리는 비좁은 공간을 계속 돌아다닐 때 관객들은 어머니가 느끼는 두려움과 절박함을 느끼게 된다. 그리고 죽음의 순간이 지나면 영화는 새가 갑자기 날아오르는 모습을 보여 준다.

1990년대 초반에 수브라타 미트라가 하와이영화제에서 상을 받으면서 밝힌 수상 소감에서 사티야지트 레이에게 감사하지 않고 자신의 카메라와 필름에 감사한다는 말을 들었을 때, 나는 영화를 찍던 초창기 시절로부터 들려오는 먼 메아리를 들었다고 생각했다. 처음 촬영에 돌입했을 당시 그들이 품은 소망이라고는 자신들의 작업이 언젠가는 열매를 맺을 거라는 아주 단순한 생각에 불과했던 게 틀림없다.

《아푸 3부작》을 통틀어 느낄 수 있는 것은 세상에는 우리에게 익숙한 인생이 아닌 다른 종류의 인생도 있다는 것이다. 영화의 배경은 1920년대 벵골이다. 관습을 지키면서 사는 농촌 지역의 삶이 모질기만 하던 시절이다. 가깝게 모여 사는 사람들은 공동체를 형성한다. 과수원에서 사과 서리를 하는 것과 관련된 드라마가 많다. 들판 저 멀리에서 기적을 울리며 달려오는 기차의 모습은 도시와 미래에 대한 약속이나 다름없다. 《아푸 3부작》 내내 기차는 캐릭터들을 이어 주거나 갈라놓는다. 우울한 장면에서는 자살 수단으로 그려지기도 한다.

영화에 등장하는 배우들은 모두 실제 현장에서 캐스팅된 사람들이다. 1950년대 초반에는 이탈리아 네오리얼리즘이 유행했다. 레이도 모든 사람은 '자기 자신'이라는 역할 하나만큼은 연기해 낼 수 있다는 이론을 듣고는 거기에 동조했을 것이다. 《아푸 3부작》에서 가장 비범한 연기자는 깊은 주름이 파인 노파인 고모를 연기하는 추니발라 데비Chunibala Devi다. 그녀는 촬영이 시작됐을 때 80세였다. 그녀는 그로부터 몇십 년 전에 배우 생활을 한 적이 있었다. 하지만 레이가 그녀를 찾아 나섰을 때 사창가에 있던 그녀는 레이가 여자를 사러 왔다고 생각했다. 아푸의 어머니가 고모에게 화를 내면서 나가라고 소리를 지르자 그녀가 다른 친척 집 문 앞에 서서 "여기 살아도 되나?" 하고 묻는 장면을 주목해 보라. 집도 없고 옷과 밥그릇을 제외하면 가진 것도 없는 그녀지만, 만사를 완벽하게 감내하는 모습은 결코 절망적으로 보이지 않는다.

아푸와 어머니의 모자 관계는 모든 문화권에서 발견되는 진실한 관계다. 부모들은 품에서 벗어난 아이들이 성인으로 성장하는 모습을 보려고 얼마나 긴 세월을 희생하는가? 어머니는 다른 친척과 살려고 길을 나선다. 하녀로 사는 것보다는 조금 더 나은 생활이다("그분들은 내가 차린 음식을 좋아한단다"). 방학을 맞아 어머니를 찾아온 아푸는 잠을 자거나 책에 푹 빠져 지내면서 어머니의 질문에는 한 단어로만 대답한다. 그는 떠나려고 서두르지만 기차역에서 생각을 바꾸고는 하루 더 머무르겠다며 집으로 돌아온다. 아푸의 머무름과 출발, 돌아옴을 기록하는 영화의 방식은 외로운 부모와 무심한 자식 사이에 벌어질 수 있는 모든 일을 담아낸다.

최근에 사흘 밤에 걸쳐 《아푸 3부작》을 봤다. 영화를 보고 난 사흘 낮 동안은 영화에 대한 생각만 하며 지냈다. 《아푸 3부작》은 우리의 삶과는 멀리 떨어진 시대와 장소, 문화를 다룬 영화다. 하지만 우리가 느끼는 인간적인 감정과 대단히 직접적으로, 대단히 깊숙이 관련을 맺고 있는 영화다. 우리가 얼마나 냉소적인 인간인가 하는 점과는 무관하게, 《아푸 3부작》은 영화가 이룩할 수 있는 성취를 확인시켜 주는 기도문 같은 작품이다.

안달루시아의 개	감독	루이스 부뉴엘	
Un Chien Andalou	주연	루이스 부뉴엘, 살바도르 달리 등	
	제작	1929년	21분

루이스 부뉴엘Louis Buñuel, 1900~1983은 살날이 20년 남았다면 그 기간을 어떻게 살고 싶으냐는 질문을 받는다면 이렇게 답할 것이라고 말했다. "깨어 있는 시간을 하루에 두 시간 주시오. 그러면 나머지 22시간을 꿈을 꾸는 데 쓰겠소, 그 꿈을 기억할 수 있다는 조건에서." 꿈은 그의 영화를 키운 자양분이었다. 파리에서 초현실주의자로 보낸 경력의 초창기부터 70대 말년에 맞은 성공의 시기에 이르기까지, 꿈의 논리는 늘 그의 작품들의 리얼리즘을 훼방 놓는 것 같았다. 그런 자유 덕에 그의 영화는 히치콕Alfred Hitchcock과 펠리니Federico Fellini의 작품들처럼 무척 독특해 보는 즉시 누구의 작품인지 알아차릴 수 있는 특징을 부여받았다.

그의 첫 영화는 악명 높은 초현실주의 화가 살바도르 달리Salvador Dali와 공동으로 시나리오를 쓴 <안달루시아의 개>였다. 제목이건 영화에 담긴 다른 무엇이건, 사리에 맞게끔 만들려는 의도로 창작된 건 하나도 없었다. 이 작품은 역사상 가장 유명한 단편으로 남았고, 영화에 어느 정도 관심이 있는 사람이라면 이 영화를 언젠가는, 보통은 대여섯 번은 보게 된다.

영화는 사회에 혁명적인 충격을 주겠다는 희망에서 만들어졌다. 평론가 아도 키루Ado Kyrou는 이렇게 썼다. "영화사상 처음으로, 감독은 잠재적인 관객 모두를 즐겁게 해 주려는 대신 그들 모두를 소외시키려고 애쓴다." 그땐 그때고 지금은 지금이다. 오늘날 이 영화에 사용된 기술들이 주류 영화에 철저하게 흡수된 탓에 이 영화가 가하는 충격의 강도는 약해졌다. 눈알을 가르는 숏, 그리고 죽은 당나귀들이 올라 있는 그랜드 피아노와 사제들을 끄는 남자의 숏은 제외하고 말이다.

<안달루시아의 개>가 우리가 여러 사진에서 보는 늙수그레한 노인들인 부뉴엘과 달리에 의해 만들어진 게 아니라, 로스트 제너레이션 Lost Generation●이 세상을 휩쓴 동안 파리에 팽배하던 해방감에 도취된 고집불통의 20대 젊은이들에 의해 만들어졌음을 기억하는 편이 더 낫다. 초현실주의자와 섹스 피스톨스Sex Pistols 사이에는, 부뉴엘과 데이비드 린치David Lynch 사이에는, 달리와 데미언 허스트Damien Hirst 사이에는 겉으로 보이지 않는 연결 고리가 있다. 부뉴엘은 자서전에 이렇게 썼다. "초현실주의자들은 자신들을 테러리스트로 간주하지는 않았지만, 그들이 경멸하는 사회를 상대로 끊임없이 투쟁하고 있었다. 그들의 주된 무기는 물론 총이 아니라 스캔들이었다."

<안달루시아의 개>가 일으킨 스캔들은 초현실주의자들이 남긴 전설 중 하나가 됐다. 부뉴엘이 자서전에 쓴 글을 보면, 그는 첫 상영 때 "재난이 벌어질 경우 관객들에게 던지기 위한" 돌로 주머니들을 가

● 제1차 세계 대전이 벌어지는 동안 성년이 된 세대를 가리키는 용어. 전쟁이 끝난 후 전쟁에서 살아남으면서 혼란과 환멸을 느낀 지식인과 예술인들을 가리키는 용어이기도 하다.

득 채우고는 스크린 뒤에 서 있었다. 다른 이들은 돌에 대해서는 기억하지 못한다. 하지만 부뉴엘의 기억은 때때로 그의 인생을 선명하게 고쳐 썼다. 에이젠슈타인Сергей Эйзенштейн의 혁명적인 소비에트 영화 <전함 포템킨Броненосец «Потёмкин»>을 처음으로 본 그와 친구들은 극장을 나서자마자 방어벽을 설치하려고 거리에 깔린 돌들을 뜯어내기 시작했다. 참말일까?

<안달루시아의 개>는 최초의 수제품 영화에, 스튜디오의 자금 지원 없이 창작자들이 마련한 약간의 예산으로 만들어진 영화에 속한다. 이 영화는 카사베츠John Cassavetes의 작품들과 오늘날의 인디 디지털 영화들의 조상이다. 화가가 되겠다는 모호한 꿈을 품고 파리로 향한 스페인인 부뉴엘은 영화계에 취직해서 일을 배우다 위대한 감독 아벨 강스Abel Gance를 모욕했다는 이유로 해고된 후 초현실주의자들의 궤도로 밀려들어 갔다.

그는 며칠을 지내러 스페인 동포 달리의 집에 갔다가 자신이 꾼 꿈 이야기를 달리에게 들려줬다. 그 꿈에서 구름 한 조각이 '눈알을 가르는 면도날처럼' 달을 반으로 갈랐다. 달리는 자신이 꾼, 개미들이 득실거리는 손에 대한 꿈으로 응수했다. "바로 거기에서 시작해 영화를 만들면 어떨까?" 그는 부뉴엘에게 물었고, 두 사람은 그렇게 했다. 두 사람은 함께 시나리오를 썼고, 부뉴엘이 연출을 맡았다. 시간은 이틀밖에 걸리지 않았고, 제작비는 부뉴엘의 어머니에게서 빌렸다.

그들이 시나리오를 공동으로 창작하면서 쓴 방법은 쇼킹한 이미지나 사건들을 서로에게 던져 대는 것이었다. 두 사람이 좋다고 동의한 숏들만 영화에 포함됐다. "어떤 식으로건 합리적인 설명으로 이어질지도 모르는 아이디어나 이미지는 하나도 받아들이지 않았다"고 부뉴엘은 회상했다. "우리는 비합리적인 것에 모든 문을 활짝 열어야 했고, 이유를 설명하려고 노력하는 일 없이 우리를 깜짝 놀라게 만든 이미지들만 남겨 놨다."

　달의 이미지 다음에는 면도날을 들고 여자의 눈(전설은 돼지의 눈으로 둔갑시켰지만, 실제로는 송아지의 눈)을 가르는 남자(부뉴엘)의 이미지가 이어졌다. 개미가 들끓는 손 다음에는 자전거를 탄 복장 도착자, 털이 북슬북슬한 겨드랑이, 인도에 떨어진 절단된 손, 그 손을 찌르는 막대기, 무성 영화 스타일의 성폭행, 테니스 라켓으로 자신을 보호하는 여성, 괴이한 짐이 올라 있는 피아노를 끄는 강간 미수범, 모래에 파묻혀 상체만 드러낸, 살아 있는 게 분명한 조각상 두 개 등이 이어졌다. 이 영화를 묘사하려면 그냥 영화의 숏들을 리스트로 만들면 된다. 그 숏들을 이어주는 스토리라인이 없기 때문이다.

　그럼에도 우리는 그 숏들을 이어 보려 애쓴다. 이루 헤아릴 수 없이 많은 분석가가 이 영화에 프로이트의 학설을, 마르크스주의를, 융학파의 도식들을 적용해 왔다. 부뉴엘은 그 모든 분석에 코웃음을 쳤다. 하지만 이 영화를 보면 다른 영화들이 의미가 없을 때조차도 의미를 찾아내라고 우리를 얼마나 철저하게 가르쳐 왔는지를 알게 된다.

　부뉴엘은 여배우에게 창밖을 보면서 "무엇이건 보라고, 군대의 행진 같은 것"을 보라고 지시했다. 그런데 다음 숏은 자전거에서 떨어져 죽은 복장 도착자를 보여 준다. 우리는 여배우가 인도에 있는 시체를 보고 있다고 자연스럽게 가정한다. 창문 숏과 인도 숏이 아무런 연관 없이 그저 우연에 의해 연달아 나왔다는 결론을 내리는 건 영화에 대해 우리가 알고 있는 모든 지식에 반하는 일이다. 같은 방식으로 우리는 남자가 (사제들과 죽은 당나귀 등이 있는) 피아노를 끌고 방을 가로지르는 것은, 테니스 라켓을 든 여자를 향한 그의 성적인 접근이 좌절됐기 때문이라고 가정한다. 그러나 부뉴엘은 이들 사건 사이에는 아무런 연관성이 없다고 주장할지 모른다. 남자의 접근은 거절됐고, 그런 후에 그는 전적으로 그와는 무관한 행위로서 로프를 집어 들고 피아노를 당기기 시작했다.

　<안달루시아의 개>를 보는 동안에는 영화를 보는 우리 자신에게도 등등한 관심을 기울이며 영화를 보는 게 좋다. 우리는 영화를 영화에 등장하는 사람들(이 남자들, 이 여자들, 이 사건들)의 '이야기'라고 가정한다. 그런데 그 사람들이 영화의 주인공이 아니라 모델에 불과하다면, 특정 행위를 수행하는 사람들을 대표하게끔 고용된 연기자에 불과하다면 어쩔 텐가? 우리는 오토 쇼에 전시된 자동차가 목욕 가운 차림으로 그 차를 가리키는 모델의 것이 아니라는 것을 (그리고 그 모델이 디자인하거나 만든 것이 아니라는 것을) 안다. 부뉴엘은 그의 연기자들이 그들을 둘러싼 사건들과 유사한 관계에 있다고 주장할지도 모른다.

　부뉴엘은 또 다른 초현실주의 영화 <황금시대L'Age d'Or>(1930)를 만들었는데, 이 영화는 신성 모독이라는 비난을 받고 오랫동안 금지되었다. 그는 한동안 MGM에 취직해서 할리우드 영화들의 스페인어 버전을 감독하는 일을 했다. 그는 멕시코에서 많은 영화를 만들었는데, 그중에서도 <잊힌 사람들Los Olvidados>(1950)과 <범죄에 대한 수필Ensayo de un Crimen>(1955) 같은 영화들은 높은 평가를 받는다. 그는 61세에 최후의 만찬을 모델로 한 충격적인 장면이 들어 있는 <비리디아나Viridiana>(1961)로 세계적인 히트를 쳤다. 영감 넘치는 다작을 연출해 낸 이후 17년 동안 그는 <학살의 천사El Ángel Exterminador>(1962), <어느 하녀의 일기Le Journal d'une Femme de Chambre>(1964), <세브린느Belle de Jour>(1967), <트리스타나Tristana>(1970), <부르주아의 은밀한 매력Le Charme Discret de la Bourgeoisie>(1972), <자유의 환상Le Fantôme de la Liberté>(1974), <욕망의 모호한 대상Cet Obscur Objet du Désir>(1977) 등 경이로운 영화를 연달아 내놨다.

　<안달루시아의 개>는 거장이 출현한다는 전조를 보여 준 작품이

다. 어떤 면에서, 그가 그 작품의 본령에 충실하지 않았던 적은 결코 없었다. 이러한 영화는 원기를 북돋워 주는 강장제다. 영화는 영화 관람이라는 케케묵은 무의식적인 습관을 공격한다. 이 영화는 보는 이를 심란하고 초조하며 미치게 만든다. 영화는 별다른 목적이 없는 듯 보인다. (그런데 우리가 보러 가는 대다수의 영화에는 어느 정도의 목적이 있을까?) 영화에는 심술궂은 유머가 있고, 사람들을 기꺼이 불쾌하게 만들겠다는 쾌활함도 있다. 오늘날의 관객 대다수는 이 영화를 보고 불쾌해하지 않는다. 그건 어쩌면 초현실자들이 혁명에서 승리를 거뒀다는 뜻일 테다. 그들은 예술이 (그리고 삶이) 태곳적부터 선포해 온 협소한 제약 안에서 고분고분 순응할 필요가 없다는 것을 실례로 보여 줬다. 그리고 인습에 따라 미라 신세가 되지 않고 살아서 펄떡거리는 영화에서 당신은 창밖을 볼 때 무엇을 보게 될 것인지를 결코 알지 못한다.

양들의 침묵 The Silence of The Lambs	감독	조너선 데미
	주연	조디 포스터, 앤서니 홉킨스, 스콧 글렌
	제작	1991년　　　　118분

<양들의 침묵>과 그 영화의 속편 <한니발Hannibal>(2001) 사이의 근본적인 차이점은, 전자는 섬뜩하고 관객을 사로잡으며 심란하게 만드는 반면 후자는 심란하게 만들기만 한다는 점이다. 식인종의 관점에서 작품을 시작할 경우, 기인들을 선보이는 쇼로 전락하기 십상이다. <양들의 침묵>의 비밀은 영화가 식인종의 관점에서 시작되지 않는다는 점이다. 영화는 젊은 여성의 눈과 마음을 통해 식인종에게 도달한다. <양들의 침묵>은 조디 포스터Jodie Foster가 연기하는 FBI 훈련요원 클래리스 스탈링의 이야기다. 이야기는 심각한 방해를 받지 않으면서 그녀를 따라간다. 한니발 렉터 박사는 이야기의 한복판에 잠복해 있다. 그는 사악한 인물이지만 어찌된 일인지 호감 가는 존재다. 우리가 그에게 호감을 느끼는 것은 그가 클래리스를 좋아하고 그녀를 돕기 때문이다. 그러나 렉터는 조력자일 뿐, 링의 한가운데 서 있는 사람은 클래리스다.

　　조너선 데미Jonathan Demme, 1944~2017 감독이 연출한 영화의 인기

는 영화를 보면서 겁을 먹고 싶어 하는 사람들의 시장이 있는 한 오래도록 지속될 것 같다. <노스페라투Nosferatu>, <사이코Psycho>, <할로윈 Halloween>처럼 이 영화는 최고의 스릴러는 시대가 흘러도 낡아지지 않는다는 것을 보여 주는 실례다. 공포는 보편적인 정서이자 시간을 초월한 정서다. 그런데 <양들의 침묵>은 단순히 스릴 넘치는 영화의 수준에 머무르지 않는다. 이 영화는 영화 역사상 가장 기억에 남을만한 캐릭터들인 클래리스 스탈링과 한니발 렉터에 대한, 그리고 그들의 기이하고도 긴장감 넘치는 관계에 대한 영화이기도 하다("사람들은 우리가 사랑에 빠졌다고 말할 거야"라고 렉터는 큰소리로 말한다).

두 사람은 공통점이 꽤 많다. 둘 다 자신이 거주하고 싶어 하는 세계에서 배척당했다. 렉터는 연쇄 살인범이자 식인종이라서 인류에 의해, 클래리스는 여자라서 법 집행자라는 직업에 의해 배척당했다. 두 사람 다 무력감을 느낀다. 렉터는 극도의 보안 시설이 설치된 감옥에 갇혀 있기 때문이고(그리고 이송될 때는 킹콩처럼 포박당하고 재갈이 물려지기 때문이고), 클래리스는 여러 면에서 그녀를 능가하면서 눈빛으로 그녀를 애무하는 남자들에 둘러싸여 있기 때문이다. 두 사람 모두 자신이 갇혀 있는 함정에서 탈출하는 데 나름의 설득력을 활용한다. 렉터는 혀를 삼켜 숨 막혀 죽으라는 말을 해서는 옆방에 있는 성가신 죄수를 제거할 수 있고, 클래리스는 버펄로 빌이라는 연쇄 살인자를 찾는 작업을 도와 달라고 렉터를 설득할 수 있다. 그리고 둘 다 유사한 유년기의 상처를 공유한다. 클래리스가 어린 나이에 양친을 잃고 친척집에 맡겨진, 사실상 사랑을 받지 못한 고아 신세였다는 것을 알게 된 렉터는 감동을 받는다. 렉터 자신도 아동 학대의 희생자였다(데미는 DVD 코멘터리 트랙에서 이 점을 더 부각시키지 못한 게 후회된다고 말한다).

이렇게 대응되는 주제들이 비주얼 전략의 패턴에 따라 영화에 그대로 반영된다. 스탈링은 계단을 몇 번 내려가고 문을 몇 개 통과한 후에야 감옥에 갇힌 렉터와 지하실에 있는 버펄로 빌에게 당도한다. 그들은 지하 세계에 거주한다. 영화가 늘 클래리스를 주시하고 있는 것처럼 보이는 방식을 주목하라. 카메라의 시점은 그녀의 인생에 존재하는 사람들을 면밀히 조사하는 위치를 차지하고, 그녀가 위험한 공간에 들어갈 때 카메라는 그녀를 따라 그 공간에 들어가는 대신에 그곳에서 그녀를 기다린다. 빨강, 하양, 파랑이 일관되게 활용되고 있다는 걸 주목하라. FBI 장면뿐 아니라 보관 창고에 있는 자동차를 덮은 깃발과 빌의 소굴을 덮은 다른 깃발들, 심지어는 영화 끝부분에 나오는 졸업 케이크에도 활용된다(케이크에 장식된 미국을 상징하는 독수리 문양은 렉터가 보안 요원을 우리 벽에 날개를 편 독수리 문양으로 못 박은 방식을 무시무시하게 상기시킨다).

영화의 사운드트랙 역시 시종일관 몇 가지 테마를 담아낸다. 빌에게 희생된 첫 희생자의 목구멍에서 매미나방의 고치를 들어낼 때처럼, 많은 지점에서 날숨소리와 한숨 소리가 들린다. 무척이나 둔중한 숨소리다. 그리고 비밀스러운 쿵쾅거리는 소리와 멀리서 들려오는 울음소리와 비탄에 잠긴 소리가 거의 들릴락 말락 한 낮은 소리로 중요한 지점에 자리 잡고 있다. 심장 모니터에서 나는 사운드도 있다. 하워드 쇼어Howard Shore의 슬픔에 잠긴 음악은 장례식 분위기를 설정한다. 클래리스가 빌의 지하실에 들어갔을 때처럼 공포를 자아내고 싶을 때, 사운드트랙은 그녀가 겁에 질려 헐떡거리는 소리를 빌의 둔탁한 숨소리와 감금된 여성의 비명 소리와 뒤섞는다. 그러고는 개가 미쳐 날뛰며 짖는 소리를 가미하는데, 이는 다른 무엇보다도 관객의 내면 깊은 곳에서 심리적으로 작용한다. 그런 후 빌이 어둠 속에서 그녀를 볼 수 있게 해 주는 녹색 고글을 쓰고 바라본 화면이 사운드트랙에 덧붙는다.

조디 포스터와 앤서니 홉킨스Anthony Hopkins는 오스카상 여우 주연상과 남우 주연상을 수상했다. 또한 영화는 작품상을 받았고, 데미

175-15A

는 감독상을, 테드 탤리Ted Tally는 각본상을 수상했다. 영화는 편집상과 음향상에도 후보로 올랐다. 오스카상 시상식이 열리기 열세 달 전에 개봉한 영화를, 후보로 선정한 것은 둘째 치고 기억하고 있었다는 것만으로도 놀라운 일이다. 오스카상은 여전히 극장에서 상영 중이거나 비디오로 새로 출시된 영화에 표를 던지는 게 보통이다. 그런데 <양들의 침묵>은 대단히 뛰어난 작품인 게 분명해서 무시하려야 무시할 수가 없었던 것이다.

홉킨스가 스크린에 등장하는 시간은 포스터가 등장한 시간에 비해 상당히 짧다. 하지만 그의 연기는 관객들에게 도저히 잊을 수 없는 인상을 남겼다. 그의 '등장'은 잊을 수 없다. 클래리스가 계단들을 내려가고 많은 문과 관문을 통과한 후 (문들은 하나같이 삐걱거린다) 감방에 갇힌 렉터를 볼 때, 카메라는 그녀의 시점으로 렉터를 보여 준다. 그는 대단히…… 조용하다. 교도소의 점프슈트 차림에 느슨한 자세로 꼿꼿하게 선 그는 자신을 모델로 삼아 만든 밀랍 인형처럼 보인다. 그녀가 다음에 방문했을 때, 그는 꼿꼿하게 서 있다가 아주 조금 움찔한 다음에 입을 연다. 나는 그를 보면서 코브라를 떠올렸다. 홉킨스는 코멘터리 트랙에서 렉터의 성격에 접근할 때 <2001 스페이스 오디세이 2001: A Space Odyssey>의 핼 9000에서 영감을 받았노라고 말한다. 핼 9000은 감정 따위는 없는 냉정하면서도 영민한 기계로, 논리력은 대단히 뛰어나지만 감정은 결핍된 존재다.

포스터가 연기한 클래리스는 고아라는 처지에만 머물지 않고, 지금 있는 자리에 도달하려고 온갖 고생을 다한 오지 출신의 불우한 아가씨다. 그녀는 자신감이 넘치는 사람인 척하지만, 실제로는 자신감이 무척 약하다. 빌의 희생자 중 한 명의 손톱 상태를 눈여겨 본 그녀는 그 여자가 '소도시town' 출신일 거라고 짐작한다. '소도시'는 소도시 출신이 아닌 사람들만 사용하는 단어다. 그녀가 가장 용감한 모습을 보여 주는 순간은 멍하니 바라보기만 하는 보안관의 부관들에게 장례식장의 방에서 나가라고 명령할 때 찾아온다. ("지금부터 내 말 잘 들어요!")

이 영화가 매력적인 비밀스러운 이유 중 하나는 관객들이 한니발 렉터를 좋아한다는 것이다. 부분적으로는 그가 스탈링을 좋아하고, 그가 그녀를 해치지 않을 것임을 우리가 감지하기 때문이다. 그리고 그가 버펄로 빌을 찾으면서 감금된 여성을 구해 내려는 그녀의 작업을 돕고 있기 때문이기도 하다. 홉킨스가 렉터 캐릭터에 차분하고 유들유들한 방식으로 재치와 스타일을 불어넣었기 때문이기도 할 것이다. 그는 식인종일지는 모르지만, 디너 파티에 게스트로 초대하면 (그가 당신을 먹어치우지만 않는다면) 제몫을 톡톡히 해낼 만한 인물이다. 그는 따분한 사람이 아니다. 남을 즐겁게 하기를 좋아하고, 자신만의 기준을 설정해 놓고 있는, 영화에서 가장 영리한 사람이다.

정말이지 그는 노스페라투와 프랑켄슈타인(특히 <프랑켄슈타인의 신부Bride of Frankenstein>의 프랑켄슈타인), 킹콩, 노먼 베이츠 같은 다른 영화에 나오는 괴물들과 비교할 만한 캐릭터다. 그들은 공통적으로 두 가지 특징을 갖는다. 자신들의 본성에 따라 행동하고, 세상은 그들을 오해하는 것이다. 이 괴물들이 하는 일 중에서 전통적인 도덕 관념에서 볼 때 '사악한' 일은 하나도 없다. 그들에게는 도덕관념이 없기 때문이다. 그들에게는 자신들이 하는 일을 하게끔 만드는 행동 양식이 굳건하게 설정되어 있다. 그들에게는 달리 선택할 대안이 없다. 그들은 선택할 수 있는 영역 내에서 올바른 일을 하려고 노력한다(노스페라투에게는 선택 대안이 전혀 없다는 점에서 예외다). 킹콩은 페이 레이를 구해 내고 싶어 하고, 노먼 베이츠는 기분 좋은 수다를 떨면서 어머니가 내린 명령을 실행하고 싶어 하며, 렉터 박사는 클래리스가 그의 지능을 모욕하지 않는 데다 그의 애정을 자극하기 때문에 클래리스를 돕는다.

그런데 <양들의 침묵>이 진정으로 오싹한 영화가 아니었다면 이 특징들을 모두 다 갖췄더라도 그 영화의 장수를 장담하기에는 충분치 않을 것이다(<한니발>은 오싹하지 않으며, 박스 오피스에서는 성공을 거뒀더라도 사람들의 뇌리에 남는 기간은 그리 길지 않을 것이다). <양들의 침묵>은 우선 한니발 렉터의 등장을 준비하는 과정과 그를 소개하는 방식에서 무섭다. 두 번째 무서운 부분은 목구멍에서 고치를 발견하고 빼내는 장면이다. 세 번째는 경찰들이 위층에서 내려오는 엘리베이터의 도착을 기다리는 장면이다. 네 번째는 일리노이주 캘류멧 시티에 있는 오인된 주택의 외부와 오하이오주 벨베데레에 있는 올바른 집의 실내를 교차 편집한 장면이다. 다섯 번째는 버펄로 빌의 집 내부에 벌어지는 기다란 시퀀스다. 여기서 테드 러바인Ted Levine은 진정으로 혐오스러운 사이코패스를 창조해 낸다(스탈링이 그의 덩치를 가늠하고는 상황을 파악한 후 "꼼짝 마!"라고 외치는 타이밍을 주목하라). 우리가 겁에 질리는 것은 이 영화가 줄거리와 이미지를 영리하게 조종하기 때문이기도 하고, 다음과 같은 더 훌륭한 이유 때문이기도 하다. 우리는 클래리스를 좋아하고, 그녀에게 공감하며, 그녀의 편에 서서 두려워한다. 딱 렉터가 그러는 것처럼.

'업' 다큐멘터리 시리즈
The "Up" Documentaries

감독	마이클 앱티드
제작	1964~현재

사람들은 《업》 다큐멘터리 시리즈라고 부른다. 영국 감독 마이클 앱티드Michael Apted, 1941~ 는 1964년부터 7년마다 사람들 무리를 반복해서 찾아간다. 앱티드는 그 사람들이 어렸을 때부터 그들의 삶을 연대기로 기록해 왔다. 앱티드가 인생살이가 어떤지를 놓고 그들과 수다를 떨 때, 그의 영화들은 빔 벤더스Wim Wenders가 <베를린 천사의 시Der Himmel über Berlin>에서 던졌던 것과 동일한 의문들을 던지면서 삶의 핵심 미스터리를 파고든다. 나는 왜 나이고, 왜 당신이 아닌가? 나는 왜 여기에 있고, 왜 저기에 있지 않은가?

나는 이 시리즈가 영화라는 매체를 영감 넘치는 방식으로 활용한, 심지어는 고결하게 활용한 사례라는 인상을 늘 강하게 받는다. 다른 그 어떤 예술 형식도 피사체의 눈빛을, 그들의 표현에 담긴 감정을, 단어와 단어 사이에 이야기되지 않고 지나간 생각들을 이토록 잘 포착해 내지 못한다. 내가 7년마다 해 온 것처럼 이 영화들을 보는 것은 인간만이 자신이 시간 속에서 살고 있다는 것을 아는 유일한 동물이라는 경이로운 사실에 대해 숙고하는 것이다.

워즈워드는 "아이는 어른의 아버지"라고 썼다. 이 영화들을 보노라면 그 말은 말 그대로 참말인 듯 보인다. 일곱 살배기들은 훗날 그들의 인생에서 꽃피울 좋고 나쁜 요소들을 이미 대부분 드러낸다. 놀라운 일들도 많다. 자신은 절대로 결혼하지 않을 거라 맹세한 예민하고 까다로운 스물한 살 아가씨는 나중의 영화들에서는 명랑한 아내이자 어머니가 되어 있다.

이 시리즈의 추종자 대부분에게 가장 감동적인 캐릭터로 떠오른 닐Neil을 숙고해 보라. 그는 명석하지만 수심이 많은 아이였다. 일곱 살 때 그는 버스 운전사가 되어 승객들에게 창밖으로 무엇을 볼 것인지를 이야기해 줄 수 있기를 바란다고 말했다. 그는 다른 이들의 인생을 위한 투어 가이드로서 운전석에 앉은 자신의 모습을 봤다. 그에게 어떤 커리어가 어울릴 거라고 생각하는가? 교육자? 정치가?

나중의 영화에서 그는 방향을 잃고 방황하면서 불행한 것처럼 보인다. 그는 혼란에 빠진다. 스물여덟 살 때 그는 스코틀랜드의 하일랜드에 사는 홈리스였다. 나는 바위투성이 호숫가의 초라한 트레일러하우스 밖에 앉아 호수 건너편을 바라보는 그의 고독한 눈빛을 기억한다. 나는 그가 다음 영화에는 나오지 않을 거라고 생각했다. 닐은 길을 잃었다. 그러나 그는 살아남았고, 서른다섯 살 때에는 황량한 셰틀랜드 제도에서 가난하게 살고 있었다. 그곳에서 그는 마을 축제의 (무급) 연출자 자리에서 막 물러난 참이었다. 그는 자신이 계속 연출을 맡았다면 마을 축제가 더 나아졌을 거라고 느꼈다.

어쩐 연유인지는 모르겠지만 나는 그가 다음 영화에 돌아올 거라고는 기대하지 않았다. 그런데 닐과 관련된 사연의 최신 챕터는 <42 업 42 Up>의 모든 에피소드 중에서 가장 고무적인 에피소드다. 그가 겪은

변화의 일부는 영화의 다른 관찰 대상자인 브루스Bruce 덕분이다. 기숙학교에 다니던 브루스는 옥스퍼드에서 수학을 공부한 후 보험 회사의 커리어를 포기하고는 런던 도심 빈민가 학교의 선생님이 됐다. 브루스는 늘 관찰 대상자 중에서 가장 행복한 사람처럼 보였다. 마흔이 된 그는 유부남이다. 그즈음에 런던으로 이사 온 닐은 결혼식에 초대받았고, 브루스를 통해 일자리를 찾았다. 그리고 현재 닐은…… 흠음, 당신이 그의 인생이 맞은 믿어지지 않는 반전을 알게 됐을 때 느낄 놀라움을 나는 망치고 싶지 않다.

어떤 인생들은 필연에 따라 전개되는 듯 보인다. 토니Tony는 일곱 살 때 기수騎手가 되고 싶어 했다. 열네 살 때 마구간지기였고, 스물한 살 때 위대한 레스터 피고트Lester Piggott와 함께 진짜 레이스를 펼쳤다. 기수로서 성공할 수 없을 것 같다고 고심한 그는 택시 운전 이야기를 꺼낸다. 그리고 스물여덟 살 때, 아내와 두 아이를 둔 런던의 택시 기사로서 만족해한다. 그는 해마다 스페인에서 보내는 휴가에 대해 이야기하면서 펍을 여는 문제를 고민 중이다. 그는 하고 싶어 한 일들을 하고 있기 때문에 자신의 인생을 좋아한다.

좋아하는 일을 하는 것, 그게 해답인 듯 보인다. 교편을 잡은 관찰 대상자가 둘 있다. 닐의 친구 브루스는 빈곤 지역 학교에서 아이들을 가르치겠다는 결정을 긍정적으로 보면서 자신의 사회주의 이념을 이야기한다. 그는 행복해 보인다. 다른 관찰 대상자는 비슷한 처지에서 아이들을 가르치면서도 교직을 막다른 골목으로 본다. 우리는 그들 성격의 근본적인 차이점을 감지할 수 있고, 무척이나 흔하게 사용되는 (긍정적인 면을 보는 데 도움이 되는) 클리셰가 실제로도 타당한 것 같다는 점을 확인할 수 있다. 우리를 행복하게 해 주는 것은 직업이 아니다. 그 일을 하고 싶어 하느냐 여부다.

나는 <28 업28 Up>(1985), <35 업35 Up>(1991), <42 업>(1998)을

다시 보면서 배우자들의 역할에 대해 이전보다 더 많이 주목했다. 이 시리즈가 만들어지는 동안 현대적인 페미니즘이 성숙해졌다. 그럼에도 이 부부들의 남편들은 본질적으로 부부가 살아가는 환경을 규정하고, 아내들은 본질적으로 아이들을 키우는 일만 여전히 수행하고 있다. 가사 분담 이야기는 많이 오가지만, 여자들이 미소를 지으며 어깨를 으쓱하고는 먼 곳을 바라볼 때 우리는 메시지의 나머지 부분을 읽게 된다.

옥스퍼드 졸업생인 어느 대상자는 핵융합 연구를 하려고 위스콘신대학에 자리를 얻었다. 역시 학자로서 미국으로 함께 이주한 그의 아내는 영국을 2년에 한 번씩 방문한다는 이야기를 밝은 표정으로 나눈다. 그리고 그런 식으로 하면 여생 동안 가족들을 열 번밖에 볼 수 없게 될 것임을 깨닫는다. 그녀는 (1984년에) 가족 부양 이야기를 하면서 집안의 컴퓨터가 그녀의 일과 가사에 도움을 줄 거라고 낙관적으로 말한다. 불행한 교사의 배우자인 다른 아내는 그녀의 선택을 제한하게 될 아이들을 원치 않는다. 영화에 등장하는 다른 이들의 생활에 기초해 보면, 그녀의 판단은 옳다. 그럼에도 우리는 스물한 살 때에는 자식에 대해 모호한 태도를 취하던 대상자들이 나이가 든 후로는 자식들을 애지중지하는 모습을 보게 된다.

대상자들이 모두 영국인이라서 미국 관객의 눈에는 확 띄는 특징들이 있다. 한 가지는 관찰 대상자들이 얼마나 명확하게 자기표현을 하는가 하는 점이다. 펍에서 일하는 세 명의 노동 계급 아가씨들부터 좋은 가문에서 태어나 명문 학교를 졸업한 사람까지, 택시 기사부터 아내와 함께 호주로 이민 간 런던 토박이까지, 그들은 모두 자기표현 능력이 뛰어나다. 그들은 정확하게 말하고, 우아하고 유머 섞인 언어도 자주 구사한다. 이들의 언어생활을 보면 미국인들의 언어생활을 엉망으로 만드는 애매한 웅얼거림과 낙관적인 분위기를 조성하려 사용되는 상투적인 표현들, 스포츠를 동원한 비유법들, 기업 경영과 관련된 진부한 문구들에 대해 깊이 생각해 보게 된다.

계급이 미국에서보다 영국에서 더 중요한 영향력을 발휘한다는 것도 자명하다. 어느 여성은 어렸을 때는 "기회들"이 있다고 믿었지만 지금은 속았다는 걸 알게 되었노라고 말한다. 우리는 중산층에 속한 사람들이 가장 덜 행복해한다는 걸 감지한다. 노동 계급은 자신감이 크고 자기표현도 똑 부러지게 하며 현실적이고 유머러스한 듯 보인다. 행운아들 역시 흥미로운 선택 대안을 찾아낸 듯 보인다(어느 상류층 얼간이는 스물한 살 때, 스물여덟 살 때는 인터뷰를 거절하겠다고 밝히지만, 놀랍게도 서른다섯 살 무렵의 그는 동유럽 구제 프로젝트를 위해 일하는 활동가로 만개했다). 그 가운데에 낀 이들은 더 심한 덫에 걸린 듯 보인다. 교육이 그들을 풀어 주지 못한 상황에서는 말이다. 핵물리학자는 위스콘신 호숫가에서 느긋하게 휴식을 취하면서 미국 대학들이 어떻게 각 세대를 위한 새로운 기회들을 창출해 내는지에 대해 말한다.

시리즈를 다시 보면서 전원 지역이 영국인들의 삶에서 수행하는 역할을 더 잘 깨닫게 됐다. 관찰 대상자 중 다수가 시골에 살거나 시골을 방문하고, 집에서 정원을 가꾸면서 야외 생활을 즐긴다. 카메라는 어느 인터뷰를 하던 중에 우연히도 배경에 있는 관찰 대상자의 개가 토끼를 붙잡는 모습을 보여 주려고 초점을 바꾼다.

관찰 대상자들은 이 시리즈를 즐긴다. 일곱 살 때 그들은 이 프로젝트에 자원하지 않았다. 그러나 지금 그들은 이 시리즈에 애착을 느낀다. 시리즈는 영국 텔레비전으로 방송되고, 따라서 그들의 평판은 정기적으로 새롭게 갱신된다. 걱정은 도움이 되지 않는다. 카메라가 그들을 계속 따라다니기 때문이다. 어떤 이들은 프로젝트 참여를 후회하는 기색을 보이지만, 프로젝트 탈락자는 우리가 상상하는 것보다 훨씬 적고, 대상자 한 명은 프로젝트를 떠났다가 돌아왔다. 대상자 중에서 가장 걱정스러웠던 외톨이 닐조차도 카메라 앞에 선다. 그들은 자신이 자신의 인생보다 규모가 큰 계획의 일부라는 사실을 받아들인다. 그들이 출연한 영화들은 영화라는 매체를 ― 다른 어떤 영화보다 더더욱 ― 타임머신으로 이용한다. 나는 이 대상자들을 잘 알고 있는 것처럼 느낀다. 실제로 나는 날마다 함께 일하는 많은 사람보다 그들에 대해 더 잘 안다. 그들이 일곱 살 때 꿨던 꿈을, 열네 살 때 바랐던 소망을, 20대 초반에 직면했던 문제들을, 그들의 결혼과 직업, 자식, 심지어는 불륜 행각을 알기 때문이다.

앱티드는 책『42 업42 Up』의 서문에서 이 프로젝트를 다시 할 수 있다면 중간 계급 대상자를(그는 샘플을 선택할 때 상류층과 노동 계급에 더 큰 비중을 뒀다), 그리고 여자를 더 많이 선택할 거라고 말한다. 그런데 그가 상류층과 하류층을 선택한 데는 이유가 있었다. 이 시리즈를 시작하면서 던졌던 애초의 질문은 영국의 계급 시스템이 무너지고 있는지 여부였다. 대답은 '그렇다'인 듯 보인다. 하지만 천천히 그러는 것 같다. 앤드루 새리스Andrew Sarris는『뉴욕 옵서버The New York Observer』에 쓴 글에서 다음과 같은 의견을 내놨다. "어느 순간, 일곱 살 때는 자연스럽고 사랑스러운 다른 하류층 아이들에 비해 멍청한 이야기를 늘어놓던 상류층 아이들이 사회적으로 열등한 처지에 있는 아이들을 빠르게 지나치면서 흥미로운 아이들이 되고 더 큰 자신감을 보이게 됐다는 걸 깨달았다. 그것은 어항에 있는 물고기를 사격하는 것과 비슷했다. 애석하게도 계급과 부, 사회적 지위는 중요했고, 그것을 피할 도리는 없었다."

세 명이 프로젝트를 떠나기는 했지만, 열네 명 중 누구도 아직은 세상을 떠나지 않았다(어느 영화를 떠난 몇 명은 다음 영화에 돌아왔다). 지금은 많은 이가 부모를 잃었다. 자신들의 7살 때, 14살 때, 21살 때, 28살 때, 35살 때를 돌아봐야 하는 그들은 상황이 변해 온 방식에 대체로 만족하는 듯 보인다. 그들 모두는 마흔아홉 살 때까지 살까?

시리즈는 모두가 세상을 떠날 때까지 계속 될까? 이제는 친숙해진 얼굴들을 다시 찾으면서 나 자신의 인생을 생각해 본다. 내가 일곱 살인가 여덟 살 때 신문기자가 되고 싶었다는 사실은 얼마나 신기하고, 지금 내가 신문기자가 되어 있다는 사실은 또 얼마나 신기한가. 이 시리즈를 보는 이라면 누구건 유사한 자기 성찰의 과정을 겪게 된다. 나는 왜 나이고, 왜 당신이 아닌가? 나는 왜 여기에 있고, 왜 저기에 있지 않은가?•

• 2019년 현재 <63 업(63 up)>이 방송됐다.

오명 Notorious	감독	앨프리드 히치콕	
	주연	케리 그랜트, 잉그리드 버그먼	
	제작	1946년	101분

앨프리드 히치콕Alfred Hitchcock, 1899~1980의 <오명>은 거장의 비주얼 스타일을 가장 우아하게 표현한 작품이다. <현기증Vertigo>이 그의 강박 관념을 한껏 표현한 작품인 것처럼 말이다. 이 영화에는 그의 (또는 어느 누구의) 작품 중에서도 가장 효과적이고 인상적인 카메라 숏 중 일부가 담겨 있다. 그리고 그 숏들은 모두 두 남자가 자신이 얼마나 그릇된 사람이었는지를 알게 되는 위대한 최후의 결말로 이어진다.

<카사블랑카Casablanca>(1943)와 더불어 이 영화는 잉그리드 버그먼Ingrid Bergman의 불멸성을 확인시켜 준다. 그녀는 악명 높은 평판 때문에 미국 정보 요원에게 발탁되어 전후 리우에 있는 나치 일당을 염탐하는 일에 투입된 여성을 연기한다. 그녀가 사랑하는 남자가 그녀를 수상히 여겼을 때 그 평판은 그녀를 죽기 직전까지 몰고 간다. 그의 오해는 모든 퍼즐 조각이 대단히 정확하게 한데 맞아떨어지는, 그래서 두 사람은 자유를 향해 계단을 내려가고 세 번째 사람은 죽음을 향해 계

단을 올라가는 플롯의 한복판에 존재한다.

히치콕은 제2차 세계 대전이 끝나고 냉전이 막 시작되던 시기인 1946년에 이 영화를 만들었다. 두어 달 후였다면 그는 악당들을 공산주의자로 설정했을 것이다. 그런데 그와 벤 헥트Ben Hecht가 시나리오를 작업할 때, 그들의 마음속에 가장 먼저 떠오른 악당은 여전히 나치였다. 〔오프닝 자막에는 이렇게 적혀 있다. "1946년 4월 20일 오후 3:20, 플로리다주 마이애미." 존경스러울 정도로 구체적이지만, <사이코Psycho>(1960)가 시작될 때 제시되는 상세한 정보만큼이나 불필요한 정보다.〕

버그먼은 애국적인 미국인 얼리샤 후버먼으로 출연한다. 그녀의 아버지는 나치 스파이라는 판결을 받았다. 얼리샤는 술을 마시고 난잡한 생활을 하는 것으로 유명하다. 정보요원 데블린(케리 그랜트Cary Grant)은 리우로 날아가 세바스티안(클로드 레인스Claude Rains)이 이끄는 스파이 일당의 저택에 침투하라며 그녀를 발탁한다. 세바스티안은 한때 그녀를 사랑했었는데, 아마 그 감정은 지금도 여전할 것이다. 본질적으로 데블린은 그녀에게 스파이의 비밀을 알아내기 위해 스파이와 침대를 같이 쓰라고 요구하고 있다. 그런데 그녀는 이 일을 기꺼이 하려고 든다. 그가 그녀에게 그런 요청을 할 때면 그녀는 (데블린과) 사랑에 빠진 상태이기 때문이다.

이런 성적인 설정 모두는 물론 할리우드가 제작 규범을 우회하려고 활용했던 미묘한 대사와 암시를 통해 이뤄진다. 부도덕한 행동이 실제로 언급되거나 등장하는 순간은 영화에 단 한 순간도 없지만, 영화는 의심의 여지를 남기지도 않는다. 퍼즐 조각 모두가 제자리를 잡을 무렵이면, 우리는 실제로 데블린보다는 세바스티안에게 더 공감하게 된다. 그는 스파이일지는 모르지만 얼리샤를 진정으로 사랑했다. 반면 데블린은 미국 정보 요원일지는 모르지만 얼리샤를 다른 남자의 품에

억지로 안기게 만들려고 얼리샤의 사랑을 이용했다.

히치콕은 비주얼한 디테일에 대한 관심이 대단한 감독으로 유명했다. 그는 촬영에 들어가기 전에 모든 신의 스토리보드를 그렸고, 데블린을 영화에 처음 소개하는 장면에서는 그랜트의 스타 파워를 교활하게 깎아내렸다. 아버지가 유죄 판결을 받은 날 밤에 열린 파티에서, 얼리샤는 아버지와 관련된 일을 잊으려고 되는 대로 불러 모은 친구들과 술을 마신다. 카메라는 자리에 앉은 데블린의 뒤에 위치한다. 그래서 우리는 그의 뒤통수만 보게 된다. 카메라가 시시덕거리면서 술을 마시고 잊으려고 애쓰는, 도덕관념이 모호해진 얼리샤를 따라 왼쪽 오른쪽으로 움직일 때 그는 그 숏의 닻 역할을 한다.

이튿날 아침에는 더 유명한 숏들이 등장한다. 얼리샤는 숙취에 시달리며 깨어난다. 알카셀처Alka-Seltzer•가 담긴 컵이 전경前景에 거대한 클로즈업으로 잡힌다(이 클로즈업은 영화 뒷부분에서 관객들이 비소가 들어 있다는 것을 아는 커피 잔이 커다랗게 전경에 잡히는 장면과 짝을 이룬다). 그녀의 시점에서, 그녀는 문간에 서 있는 데블린이 뒤에서 조명을 받으며 거꾸로 서 있는 것을 본다. 그녀가 일어나 앉으면, 그는 180도 회전하는 것처럼 보인다. 그는 그녀에게 스파이가 되라고 권한다. 그녀는 기분 전환을 할 겸 크루즈 여행을 갈 계획이라면서 거절한다. 그는 그녀가 — 방탕하다는 이미지를 갖고 있지만 — 결국에는 애국자임을 입증하는 비밀리에 녹음된 내용을 튼다. 재생이 시작되면 그녀는 그림자 속에 있다. 재생이 계속되는 동안 그녀는 빛이 만든 창살 속에 있다. 재생이 끝나면 그녀는 온전히 빛 속에 있다. 히치콕은 비주얼이 줄거리에서 벌어지고 있는 일을 정확하게 반영하게끔 비주얼을 안무했다.

• 거품을 일으키면서 녹는 제산제 겸 진통제 제품 이름

영화에는 다른 우아한 숏도 풍부하다. 가장 유명한 숏은 카메라가 리우에 있는 세바스티안의 맨션 현관 홀 위 높은 곳에 있는 층계참에 자리하는 것으로 시작된다. 이 숏은 단 한 번도 끊어지지 않고 얼리샤의 신경질적으로 비틀린 손에 들린 열쇠의 클로즈업으로 끝난다. 열쇠는 지하 와인 저장소의 열쇠다. (손님을 가장한) 데블린은 거기에서 얼리샤와 만나 세바스티안의 비밀을 찾아내려고 노력한다. 와인 병 중 하나에는 와인이 아니라 폭탄에 사용된 방사성 물질이 들어 있다. 물론 그 물건은 (지도, 암호, 다이아몬드 등) 무엇이건 될 수 있다. 맥거핀 MacGuffin(정체가 무엇인지는 중요치 않음에도 모두가 관심을 갖는 플롯 요소를 일컫는 히치콕의 용어)이기 때문이다.

헥트의 시나리오는 두 남자를 대조하는 방식에서 교묘하고 독창적이다. 레인스가 연기하는 세바스티안은 왜소하지만 더 품위 있고 연약하며, 드센 어머니(레오폴딘 콘스탄틴Leopoldine Konstantin)에게 잡혀 산다. 그랜트가 연기하는 데블린은 키가 크고 육체적으로 당당하며, 때로는 잔인하고, 세바스티안이 믿음을 주는 지점에서는 수상쩍은 모습을 보여 준다. 두 남자 모두 얼리샤를 사랑한다. 그런데 그녀를 신뢰하는 것은 그릇된 남자다. 플롯은 데블린이 나치 스파이 전원이 지켜보는 가운데 나치 맨션에서 얼리샤를 호위하고 나가는 영감 가득하고 독창적인 순간과, 그러는 동안 누구도 그를 막아설 수 없는 상황으로 이끈다. (영화의 앞선 지점에 데블린이 똑같은 계단을 올라가는 장면이 있다. 그와 얼리샤가 계단을 내려올 때는 실제로 있는 계단보다 더 많은 계단을 내려오고 있음을 알게 될 것이다. 이것이 서스펜스를 연장시키는 히치콕의 수법이다.)

히치콕은 커리어 내내 품위 있는 금발 여성들이 대단히 위험한 상황에 처하게끔 조종당한다는 이야기들을 궁리해 냈다. 히치콕은 꼭두각시 조종사였고, 남자 배우들은 그의 대리인이었다. <현기증>(1958)

이 이 주제를 무척이나 대놓고 다뤄서 그의 속셈을 훤히 드러내 보였다면, <오명>이 그 주제를 어떻게 작동하는지 눈여겨보라. 영화에서 데블린은 (<현기증>에서 제임스 스튜어트James Stewart가 연기한 캐릭터와 비슷하게) 무고한 여성을 자신이 요구하는 모습의 여자가 되게끔 치장하고 훈련시킨 후 자신이 내린 명령을 따르게끔 만든다.

<현기증>의 엄청나게 에로틱한 순간은 남자가 자신이 꿈꾸던 여자에게 키스하는 동안 그의 주변에서 방이 소용돌이치는 장면이다. <오명>에도 유사한 장면이 있는데, 당시 이 장면은 영화 역사상 가장 긴 키스로 유명했다. 하지만 팀 덕스Tim Dirks가 이 영화를 다룬 에세이에서 지적했듯, 그것은 단 한 번의 키스가 아니었다. 당시 제작 규범은 3초가 넘는 키스를 금지했다. 그래서 버그먼과 그랜트는 서로의 품을 결코 떠나지 않으면서 키스와 대사 연기, 눈 맞추기를 교대로 행한다. 시퀀스는 리우를 굽어보는 발코니에서 시작해 전화 통화와 저녁 메뉴에 대한 논의를 하고는 아파트 문에서 떨어지는 것으로 끝난다. 전부 해서 3분이 걸린다. 물론 3초 룰은 더 나은 신을 이끌어 냈다. 실제로 180초 키스는 계속해서 입을 맞추는 연습을 하는 것처럼 보일 테지만, 대사와 입술 접촉, 시선 접촉을 교차로 등장시킨 광경은 그보다 더 자극적이다.

주인공 역할로 잉그리드 버그먼을 선택한 건 이상적인 선택이었다. 그녀는 당시의 모든 여배우 중에서 고상한 모습과 색정적인 모습이 가장 미묘하게 결합된 여배우였다. (<오명>을 본 관객이라면 모두가 봤을) <카사블랑카>를 숙고해 보라. <카사블랑카>에서 그녀는 레지스탕스 영웅과 살지만 마음속으로는 초라한 술집 주인을 사랑한다. 그러면서도 그녀는 이상적인 히로인으로 떠오른다. 우리는 그녀가 <오명>의 히로인임을 조금도 의심하지 않는다. 그런데 우리는 그랜트 캐릭터가 왜 그런 일을 하는지 이해할 수 있다. 그녀는 알코올 중독자처

럼 보인다. 게다가 그녀는 세바스티안과 동침한다. 그녀가 그렇게 하는 건 데블린을 사랑하기 때문이다. 데블린은 그런 일을 하려는 여자를 사랑하는 데 어려움을 겪는다. 그는 자신을 회원으로 받아들이려는 클럽은 어디에건 가입하는 걸 거절했던 그루초 마르크스를 연상시킨다.

최근에 너무나 많은 영화가 의무적인 추격전과 총격전으로 끝을 맺어 왔다. 그래서 솜씨 좋게 다듬어진 3막을 집필하는 능력은 거의 자취를 감춘 것만 같다. 반면에 많은 것을 성취한 <오명>은 마무리도 탁월하다. 마지막 10분 동안 필연적인 사건들이 시계태엽처럼 벌어지고, 그 사건들은 모두 최후의 완벽한 숏들로 이어진다. 마지막 숏에서 다른 나치가 세바스티안에게 말한다. "알렉스, 들어왔으면 하네. 할 얘기가 있어." 그러면 알렉스는 안으로 들어간다. 살아서는 절대로 나올 수 없을 거라는 걸 잘 알면서.

오즈의 마법사	감독	빅터 플레밍	
The Wizard of Oz	주연	주디 갈런드, 프랭크 모건, 레이 볼저, 버트 라, 잭 헤일리	
	제작	1939년	101분

어렸을 때는 영화가 컬러인지 아닌지 여부를 전혀 감지하지 못했다. 영화 자체가 거대한 미스터리였기 때문에, 영화가 흑백이 되기를 원하는지 여부는 전적으로 그들이 알아서 할 일이었다. <오즈의 마법사>를 처음 보고 나서야, 도로시가 캔자스에서 오즈로 날아가는 장면을 보고 나서야 '흑백 대 컬러'라는 대립 구도를 의식적으로 인지하게 됐다. 무슨 생각을 했었냐고? 그 대립 구도를 썩 잘 이해하게 됐다는 것.

흑백에서 컬러로 전환하는 이 영화의 스타일은 이 영화가 만들어졌던 1939년에 특별한 반향을 불러올 터였다. 당시에도 거의 모든 영화가 여전히 흑백으로 제작되고 있었다. 다루기 어려운 신형 컬러 카메라는 공장에서 '테크니컬러 컨설턴트'를 대동하고 촬영장에 당도했다. 컨설턴트는 촬영 감독 옆에 서서 조명을 더 강하게 비추라는 식의 시건방진 주장을 했다. 그런데 <오즈의 마법사>를 컬러로 촬영하는 것은 일찌감치 결정된 일이었을지도 모른다. 이 영화가 MGM이 디즈니의 선구적인 장편 컬러 애니메이션 <백설 공주와 일곱 난장이Snow White and the Seven Dwarfs>(1937)의 대성공에 대한 대응으로 만든 작품이었기 때문이다.

<오즈의 마법사>가 이런 방식으로 시작했다가 다른 방식으로 계속 전개된 것처럼, 제작과 관련된 사연 역시 마찬가지였다. 첫 감독인 리처드 소프Richard Thorpe는 촬영 개시 12일 후에 해고됐다. 조지 큐코어George Cukor가 사흘간 감독 자리를 차지했는데, 주디 갈런드Judy Garland에게 가발을 벗고 메이크업을 지우라고 지시하기에는 충분히 긴 시간이었다. 그런 후에 빅터 플레밍Victor Fleming, 1889~1949이 지휘봉을 넘겨받았다. 다시금 플레밍이 큐코어의 뒤를 따라 <바람과 함께 사라지다Gone with the Wind>로 간 후, 킹 비더King Vidor가 먼치킨 시퀀스와 캔자스 신 일부를 연출했다.

출연진에도 변화가 있었다. 양철 인간 역의 버디 엡센Buddy Ebsen이 은빛 메이크업에 알레르기 반응을 보인 후, 잭 헤일리Jack Haley가 그를 대체했다. 마거릿 해밀턴Margaret Hamilton(못된 서쪽 마녀)은 연기 속에서 열연을 하다가 심한 화상을 입었다. 토토조차 스태프에게 밟힌 후 2주간 촬영장에 나오지 못했다.

우리가 이런 세세한 사항을 모조리 알게 된 건 <오즈의 마법사>가 우리 상상력 안에 있는 굉장히 커다란 공간을 채우고 있기 때문이라고 생각한다. 이 영화는 대부분의 영화하고는 다른 방식으로 리얼하고 중요한 듯 보인다. 우리가 어렸을 때 처음 본 영화라서 그런 걸까? 아니면 경이로운 영화라는 단순한 이유 때문일까? 그것도 아니면 이 영화가 우리 내면에 자리한 보편적인 정서나 원형, 또는 내면에서 깊이 느껴지는 신화와 공명하기 때문일까?

내 마음은 세 번째 가능성 쪽으로, <오즈의 마법사>의 요소들이 많은 아이의 내면에 존재하는 공허감을 힘 있게 채워 준다는 쪽으로 기운다. 특정 연령대의 아이들에게 집은 세계의 모든 것이자 세상의 중심이다. 그런데 아이들은 무지개 너머에 매혹적이면서도 무시무시한 드넓은 땅이 있다는 걸 모호하게 짐작한다. 아이들을 안전한 집에서 데려가 멀리 떨어진 낯선 땅에서 오도 가도 못하게 만들려는 사건들이 꾸며졌을지도 모른다는 대단히 근본적인 공포가 있다. 그렇다면 아이는 거기에서 무엇을 찾아내리라고 희망할까? 그야 물론 그에게 충고를 해주고 그를 보호해 줄 새 친구들이다. 그리고 물론 토토도. 아이들은 애완동물과 무척이나 끈끈한 공생 관계를 맺고 있기 때문에 길을 잃더라도 애완동물과 함께 길을 잃을 거라고 가정하기 때문이다.

이런 극도로 보편적인 매력은 다양한 출신 배경을 가진 아주 상이한 사람들이 어째서 그들의 기억 속에 <오즈의 마법사>를 위해 마련된 구역을 갖고 있는지를 설명해 준다. 봄베이에서 자란 살만 루슈디Salman Rushdie는 열 살 때 이 영화를 본 경험이 "나를 작가로 만들었다"고 기억한다. 미시간 북부에서 유년기를 보낸 흑인 작가 테리 맥밀런Terry McMillan은 "도로시가 하는 말에 아무도 귀 기울이지 않을 때 도로시와 완전히 똑같은 심정이었다." 루슈디는 영화의 "추동력은 아무리 좋은 어른들일지라도 어른들의 불완전함과 허약함이 아이들에게 각자의 운명을 통제하게끔 강요하는 방법이다"라고 썼다. 맥밀런은 용기에 대해 "두렵더라도 어쨌건 네가 하기로 되어 있는 일은 무엇이건 하는 것"에 대해 배웠다.

그들은 유년기에 배우는 핵심적인 교훈을 언급하고 있다. 언젠가는 아이도 아이가 아니게 될 것이고, 집은 더 이상 존재하지 않을 것이며, 이제는 아이들이 어른이 됐고 인생의 난점들을 혼자서 대면해야 하기 때문에 어른들은 더 이상 도움이 되지 않을 것이라는 교훈 말이다. 그러나 친구들에게 도와 달라고 요구할 수도 있다는 것 역시 교훈이다. 오즈의 마법사조차 나름의 문제를 가진 인간에 불과하다는 것도

말이다.

<오즈의 마법사>는 겉만 보면 경이로운 코미디와 음악, 특수 효과와 짜릿한 장면들을 보여 주는 영화지만, 우리가 60년이 지난 지금도 이 영화를 감상하는 것은 기저에 깔린 스토리가 유년기 아이들의 내면 깊은 곳에 자리한 불안한 심정으로 곧장 파고들어 그것들을 자극한 후 다시금 안심시켜 주기 때문이다. 그리고 어른이 된 우리가 이 영화를 사랑하는 것은 우리가 밟았던 여정을 상기시켜 주기 때문이다. 바로 그것이 아이를 보살피는 어른이면 누구든 조만간에 <오즈의 마법사>를 보러 가자고 제안하는 이유다.

주디 갈런드의 유년기는 불행했다는 말이 있다(MGM이 그녀에게 전력을 다해 촬영을 하라고 아침마다 호통을 쳐 댔고 저녁에는 진정제를 줬다는 이야기가 있다). 그러나 어린 도로시를 연기할 때 이미 열일곱 살이 다 됐던 그녀는 빛을 발하는 연기자였다. 그녀가 이 영화에 중요했던 건 목소리의 모든 톤을 통해 연약한 면모와 서글픈 감정을 투영해 냈기 때문이다. 겉만 번지르르한 아역 스타(예를 들어 어린 에설 머먼Ethel Merman)는 이 소재에는 치명적이었을 것이다. 지나치게 허세를 부리면서 작품에 접근했을 것이기 때문이다. 갈런드의 전체적인 페르소나는 흔들리는 불안정성과 고뇌를 투영했다. 그녀가 골칫거리들이 레몬 방울처럼 녹아내리기를 희망했을 때, 우리는 그녀가 실제로 곤경에 처해 있다고 믿었다.

그녀가 노란 벽돌 길에서 만난 친구들(양철 인간, 허수아비, 겁쟁이 사자)은 아이라면 누구나 남몰래 느끼는 공포의 투영이었다. 우리는 진짜일까? 우리는 못생기고 멍청한가? 우리는 충분히 용감한가? 도로시는 그들을 도우면서 그녀 자신을 돕고 있다. 나이를 조금 먹은 아이가 어린 아이 앞에서 용감하게 행동하는 것으로 공포를 극복하는 것처럼 말이다.

모두 보드빌과 레뷰 코미디를 해 본 경력이 있던 연기자들(잭 헤일리, 레이 볼저Ray Bolger, 버트 라Bert Lahr)은 자신을 부각시키려 애쓰지 않는 기품 있는 태도로 캐릭터를 연기했다. 자신들이 지금 위대한 영화를 만드는 중이라는 사실을 누구도 알지 못했다는 점이 도움이 됐을 것이다. 그들은 많은 장면에서 편안하고 여유로워 보인다. 마치 지금 연기하는 역할은 장난삼아 하는 짓이라는 듯한 인상이다. 라이먼 프랭크 바움Lyman Frank Baum의 책은 이전에도 영화화됐었다(1925년에는 올리버 하디Oliver Hardy가 양철 인간을 연기했다). 그리고 이 버전은 — 야심찬 작품이기는 했지만 — 스튜디오가 같은 시기에 준비하던 <바람과 함께 사라지다>의 그늘에 가려졌다. 갈런드는 <오즈의 마법사>를 찍을 때 이미 스타였지만 특급 스타는 아니었다. 특급 스타의 자리가 그녀를 찾아온 건 <오즈의 마법사>로 힘을 받은 1940년대였다.

특수 효과는 왕년의 할리우드 방식 면에서 대단히 멋지다. 관객은 세트가 어디에서 끝나고 배경이 어디에서 시작되는지 확인하려고 세심하게 관찰할 필요도 없다. 현대적인 특수 효과는 머릿속으로 상상한 장면의 모습을 정확하게 보여 주는 반면, 당시의 효과들은 우리가 그 장면을 어떻게 생각하는지를 보여 준다. <마법사The Wiz>(1978)가 증명했듯, 지금보다 더 큰 노란 벽돌 길이 지금보다 더 나은 길은 아닐 것이다.

영화가 활용하는 꿈이라는 스토리텔링 장치는 나이 어린 관객들에게 어필하기에 충분하다. 위기(토토를 잃는 것)에 직면한 도로시는 길에서 흥미로운 인물인 마벨 교수(프랭크 모건Frank Morgan)를 만난다. 그녀는 농장 일꾼 세 명(헤일리, 볼저, 라)과 친해진다. 얼마 안 가 무시무시한 토네이도가 몰려온다. (나를 겁먹게 만든 것은 집 옆을 떠다니는 물건들을 볼 수 있었다는 것이다. 이후로 몇 달간 나는 내 침실의 작은 책상에 앉은 내가 하늘에서 빙빙 돌면서 토네이도에 휩쓸린 급우들이 말없이 내 옆을 지나가는 모습을 지켜보는 꿈을 꿨다.) 그러고서 화면이 마법같이 컬러로 바뀐 후, 도로시는 똑같은 캐릭터들을 다시 만난다. 그래서 우리는 이게 모두 실제가 아니라 꿈이라는 것을 안다.

오즈에는 좋은 어른과 나쁜 어른이 있다. 못된 동쪽 마녀와 서쪽 마녀, 그리고 남쪽 마녀 글린다. 도로시는 친구들의 도움을 받고 싶지만, 그 대신 친구들을 도와야 한다(친구들은 "나한테 뇌만 있다면"이라고, 또는 심장이 있다면, 또는 용기가 있다면 하고 노래한다). 드디어 에메랄드시티에 도착한 그들은 또 다른 꿈결 같은 경험을 한다. 그들이 만나는 사람들은 하나같이 비슷해 보인다(그 사람들 모두를 모건이 연기했기 때문이다). 마법사는 못된 마녀의 빗자루를 가져오라며 그들을 보낸다. 도로시가 캔자스로 돌아오는 열쇠가 루비 슬리퍼 한 켤레라는 것도 하찮은 설정이 아니다. 성장이라는 신발이기 때문이다.

엔딩은 늘 강렬한 듯 보였다. 도로시는 캔자스로 돌아왔다. 그러나 컬러는 필름에서 빠져나갔고, 마술 같던 친구들은 다시금 평범해졌다. "오즈는 눌러 살기에 그다지 나쁜 곳은 아니었다"고 미시간에서 지낸 삶이 불만족스러웠던 어린 테리 맥밀런은 판단했다. "오즈는 캔자스의 농장보다 더 나았다."

와일드 번치 The Wild Bunch	감독	샘 페킨파
	주연	윌리엄 홀든, 어니스트 보그나인, 로버트 라이언, 에드먼드 오브라이언, 워런 오츠, 제이미 산체스, 벤 존슨
	제작	1969년 143분

우리 모두는 다시 어린아이가 되었으면 하는 꿈을 꾼다. 우리 가운데 최악의 악당들조차도 그런 꿈을 꾼다. 최악의 악당 중 최악의 악당들도 그런 꿈을 꿀 것이다.

<와일드 번치>의 도입부에서 말을 탄 무법자 무리는 장난을 치면서 즐거워하는 아이들 옆을 지나 마을로 들어선다. 아이들은 전갈 몇 마리를 가두고는 개미가 전갈을 괴롭히는 모습을 지켜보고 있다. 무법자 무리의 리더 파이크(윌리엄 홀든William Holden)의 눈이 한 아이의 눈과 마주친다. 영화 후반부에서 무법자 무리 중 한 명인 앙헬이 멕시코 반군에 붙들려 사람들이 난생 처음 보는 자동차 뒤에 묶인 채로 마을 광장을 끌려 다닌다. 아이들은 깔깔거리면서 차를 쫓아다닌다. 영화가 끝나갈 때 총을 손에 넣은 어린 소년이 쏜 총에 파이크가 맞는다.

이 영화의 메시지를 포착하기란 어렵지 않다. 그도 그럴 것이 사소

한 주장을 펼치기보다는 대담한 이미지를 보여 주는 것을 선호했던 샘 페킨파Sam Peckinpah, 1925~1984 감독이 그리 이해하기 어려운 감독이 아니었기 때문이다. 규범에 따라 행동하는 파이크 무리로 대변되는 구시대의 전문가들의 손을 떠난 폭력이라는 망토가 게임을 하는 것처럼 비인격적으로 사람을 죽이는 법을, 또는 기계를 들고 사람을 죽이는 법을 배운 신세대의 손에 넘겨지고 있다는 것이 이 영화의 메시지다.

영화의 시대적 배경은 제1차 세계 대전의 발발을 눈앞에 둔 1913년이다. "총을 뽑기에 앞서 생각부터 해 봐야 해." 무리 중 한 명의 생각이다. "총을 쓰는 시절은 빠르게 저물고 있어." 그리고 신기한 자동차를 바라보던 다른 사람은 말한다. "사람들 말이, 저걸 전쟁에 쓸 작정이래." 그런데 그 전쟁은 그가 개인적으로 품고 있던 전쟁이라는 단어의 의미와는 완전히 딴판인 전쟁이다. 자신이 속한 무리에 충성해야 한다는 것을 잘 아는 그는 자신의 시대가 끝장났음을 감지한다.

오리지널 러닝 타임 144분으로 복원된 〈와일드 번치〉의 비디오 버전에는 1969년에 월드 프리미어를 가진 이후로는 대중이 볼 수 없었던 장면 대여섯 개가 추가되어 있다. 다시 삽입된 장면은 손튼(로버트 라이언Robert Ryan)을 배신한 데 따른 파이크의 죄책감 같은, 대체로 파이크의 초기 시절을 묘사한 장면들이다. 손튼은 한때 무리의 일원이었지만, 지금은 무리를 추적하는 현상금 사냥꾼들을 안내하고 있다. 이 장면들이 없는 영화는 공허하고 실존주의적으로 보인다. 파이크와 부하들이 도주의 막판에 다다른 후로 죽음을 좇고 있는 듯 보이기 때문이다. 이 장면들 덕에 파이크의 행동에는 더 명확한 동기가 부여된다. 파이크는 자신에 대해서도, 자신이 행해야 할 역할에 대해서도 확신하지 못한다.

나는 〈와일드 번치〉의 오리지널 버전을 정킷Junket●의 황금기였던

● 영화 홍보를 위해 영화사가 경비 일체를 부담해서 기자들을 초청하는 시사회

1969년에 열린 시사회에서 봤다. 당시 워너 브라더스는 450명의 비평가와 기자들을 바하마로 초청한 후 신작 영화 5편을 보여 줬다. 그곳은 파티장이었지, <펄프 픽션Pulp Fiction>처럼 찬사와 비난이 팽팽하게 맞서는 논란 많은 작품이 될 영화를 보여 주기에 적절한 곳은 아니었다. 시사회 다음 날 아침에 열린 기자 회견에서 짙은 색안경을 쓴 홀든과 페킨파는 무척이나 언짢은 표정을 짓고 있었다. 홀든이 영화를 보고는 경악을 했다는 소문이 돌았다. 『리더스 다이제스트Reader's Digest』소속 기자가 일어나 "이 영화를 왜 만들었나요?"라고 묻고 난 후, 내가 일어나 이 영화를 걸작이라고 말했다. 그때나 지금이나 나는 <와일드 번치>를 현대 영화의 위대한 결정적인 순간 중 하나라고 생각한다.

그러나 144분 버전을 본 사람은 오랫동안 아무도 없었다. 영화는 가위질당했다. 영화에 묘사된 폭력 때문이 아니었다(잘려 나간 건 정적인 장면들뿐이었다). 저녁 시간에 3회 상영을 하기에는 영화가 너무 길었기 때문이다. <와일드 번치>는 흥행에 성공했지만, 세상은 이 영화를 아무 생각 없이 충동적으로 자행되는 폭력을 미화한 영화로 받아들였다. 오리지널 버전을 보면 페킨파가 추구하려던 것이 무엇인지를 훨씬 더 명확하게 알 수 있을 것이다.

무엇보다 <와일드 번치>는 나이 먹고 세파에 찌든 사내들의 이야기다. 홀든과 동료 배우들(어니스트 보그나인Ernest Borgnine, 워런 오츠Warren Oates, 에드먼드 오브라이언Edmond O'Brien, 벤 존슨Ben Johnson과 대단히 훌륭한 로버트 라이언)의 얼굴에는 주름이 자글자글하고, 그들은 지칠 대로 지친 모습이다. 그들은 몇십 년간 범죄를 저지르며 살아왔다. 라이언은 법 집행자로 고용된 상태지만, 그건 순전히 무법자 무리를 체포하지 못하면 교도소로 돌아가게 될 거라는 협박에 못 이겨서 그러는 것뿐이다. 철도 업계 거물이 라이언에게 붙여준 자들은 간사하고 미덥지 못하다. 그들은 무법자 무리의 행동 규범을 이해하지 못한다.

그렇다면 무법자 무리의 행동 규범은 무엇인가? 썩 유쾌한 건 아니다. 규범은 친구들 옆에 서서 세상에 맞서라고, 은행과 기차와 돈이 있는 다른 곳들을 털어 범죄자의 인생을 살아가라고, 민간인에게 불필요한 총질을 하지는 말라고 말한다. 민간인들이 앞길에 끼어들지 않는 경우가 가장 좋다.

<와일드 번치>에는 다수의 민간인과 관련한 걸출한 폭력 장면이 두 번 있다. 하나는 영화 도입부에서 실패로 돌아가는 은행 강도 장면이고, 다른 하나는 파이크가 광장을 끌려 다니는 앙헬의 시신을 보고는 "맙소사, 저런 꼴을 보는 건 질색이야"라고 말한 다음에 매음굴로 가서는 "가세"라고 말하는 장면 뒤에 등장한다. 모두가 그의 말을 알아듣는다. 묵묵히 걸어 나온 그들은 중무장한 반군을 상대로 자살 행위나 다름없는 최후의 대결을 벌이기 시작한다. 두 시퀀스 모두에서 상당수의 구경꾼이 목숨을 잃는다(무리 중 한 명은 부츠에 걸린 찢어진 드레스 조각을 집어 들기도 한다). 그런데 파이크가 죽으러 가기 전에 아이 딸린 창녀에게 금화를 건네는 싸구려 감상도 등장한다.

(기병騎兵들 아래에서 교량이 폭파되는 유명한 신을 비롯해) 액션 장면 사이마다 페킨파가 그의 영화에서 늘 칭송해 마지않았던 사나이들 간의 우정이 그려진다. 페킨파의 사나이들은 총을 쏘고, 으름장을 놓고, 술을 마시고, 말을 탄다. 모닥불과 기타 반주로 부르는 노래, 귀엽고 상냥한 매춘부들이 따라 나오는 조용한 장면들은 백일몽 같다. 무법자 무리의 현실 세계에는 그런 장면들이 설 자리가 없다. 이 영화는 오늘날에는 만들어질 법하지 않은 영화다. 이 영화는 서글프고 공허한 가치관을 시적인 분위기로 묘사한다.

<와일드 번치>에 등장하는 액션의 밑바탕에는 인생살이가 너무도 덧없다는 분위기가 깔려 있다. 처음에 등장하는 은행 강도에서 건진

거라고는 쇳조각들("1달러 가치밖에 안 되는 쇳덩이")이 가득 담긴 가방뿐이다. 열차 강도는 계획을 잘 세웠지만, 무리는 자신들의 몫을 챙길 수가 없다. 유혈 사태가 끝난 뒤인 영화의 마지막 장면에서 로버트 라이언이 연기하는 캐릭터가 요새 정문에 앉아 몇 시간이나 생각에 잠겨 있을 때 그에게 소득이 생긴다. 혹시라도 있을지 모르는 일거리를 찾는 새로운 무리가 결성된 것이다. 라이언은 쓴웃음을 지으며 일어나 무리에 합류한다. 세상에는 달리 할 일이 없다. 그와 같은 경력을 가진 사내가 할 일은 더더욱 없다.

복원된 버전을 보면 영화를 완전히 이해하게 된다. 삭제됐던 장면들은 캐릭터의 살점을 도려낸 것이나 다름없다. 파이크가 절뚝거리는 이유, 과거에 파이크와 손튼 사이에 벌어진 일, 파이크가 과거 기억을 떠올리며 고통스러워하는 이유 등이 모두 그 안에 담겨 있다. 손튼을 연기하는 라이언이 요새 정문에서 생각에 잠길 때, 그가 추억하는 것이 무엇인지 이제는 알 수 있다. 그 장면들은 영화를 완전히 다른 영화로 만들어버린다.

촬영 감독 루시엔 발라드Lucien Ballard는 칙칙한 붉은 색조와 금빛 색조, 갈색과 음영을 바탕으로 영화를 촬영했다. 편집 감독 루 롬바르도Lou Lombardo는 관객들이 영화에 등장하는 폭력적인 장면을 숙고할 수 있도록 슬로 모션을 활용한다. 출연 배우 전원이 자신이 펼칠 수 있는 연기를 정확하게 연기해 낼 수 있는 배역을 맡았다. 단역들조차 별도의 설명을 할 필요가 없을 정도다. 페킨파는 자신을 무법자 무리의 일원이라고 여겼을 것이다. 그는 무법자 무리처럼 시대에 뒤떨어진, 거칠고 술에 절어 사는 사회 부적응자였다. 나름의 행동 규범을 가진 그는 자동차라는 신세계와 할리우드 스튜디오에 쉽게 적응하지 못했다.

제2차 세계 대전에 해병으로 참전했던 샘 페킨파는 액션 영화감독 돈 시겔Don Siegel 밑에서 견습생으로 할리우드 생활을 시작했다. 그는 전통 서부극에 현대의 아이러니하고 우울한 분위기를 누구보다도 잘 불어넣은 감독이었다. 그는 인습 타파주의자였다. 스튜디오와 전쟁을 벌였고, 툭하면 술에 취해 배우들과 싸우기도 했다. 그러나 서부극이라는 신화와 실존적인 주인공을 융합시킨 <와일드 번치>와 <가르시아Bring Me the Head of Alfredo Garcia>(1974)라는 걸작을 만들어 냈다. 나는 그를 두 번 만났다. 한 번은 <관계의 종말Pat Garret and Billy the Kid>(1973) 촬영장에서였고, 다른 한 번은 그가 그때나 지금이나 걸작 대접을 받지 못하고 있는 <가르시아>의 홍보 여행을 다니던 중에 묵은 호텔 방에서였다. 두 번 모두 그의 신경은 바짝 곤두서 있었다. 그가 주체 못하는 불안감에 시달리고 있다는 인상을 받았다. 그는 술에 취해 있는 게 분명했다. (멕시코에 있는 촬영장에서 모자와 검은 안경을 쓴 그는 햇볕 아래 양산으로 가린 의자에 앉아 조감독을 통해 지시를 내리고 있었다). 그가 당시 무슨 생각을 했는지 알고 있다는 척은 못하겠다. 그러나 그의 영화를 보면서 짐작은 할 수 있다. 페킨파의 영화들은 개인적이고 직업적인 고통에 사로잡힌 전문가가 자신이 잘할 수 있는 일을 한다는 우화를 되풀이해서 보여 주고 있다. 그것이 <와일드 번치>의 주제인 것은 확실하다.

욕망	감독	미켈란젤로 안토니오니	
Blowup	주연	데이비드 헤밍스, 버네사 레드그레이브, 세라 마일스	
	제작	1966년	111분

미켈란젤로 안토니오니Michelangelo Antonioni, 1912~2007 감독의 <욕망>은 내가 영화 평론가가 되기 두 달 전에 미국에서 개봉했다. 내가 평론가로 보낸 첫 해를 화려하게 수놓았던 <욕망>은 그 후 지금까지 오랫동안 영화 평론가라는 내 직업에 영향을 주고 있다. <욕망>은 <우리에게 내 일은 없다Bonnie and Clyde>, <주말Week-end>, <알제리 전투Battle of Algiers>, <이지 라이더Easy Rider>, <파이브 이지 피시즈Five Easy Pieces> 등을 상영하는 극장 앞에 재빨리 대열을 형성하면서 스탠리 카우프먼Stanley Kauffmann으로부터 "영화 세대film generation"라는 이름을 얻은 세대의 잠을 깨운 모닝콜 같은 영화였다. <욕망>은 당시 가장 많은 돈을 벌어들인 예술 영화였고, 미국영화비평가협회가 뽑은 1966년도 최우수 영화였다. 아카데미상에서 시나리오와 감독 부문 후보에 오르기도 했다. 하지만 오늘날에는 이 영화의 제목이 언급되는 일도 거의 없다.

요즘의 젊은 관객들은 살인을 목격한 것 같기도 하고 아닌 것 같기도 한 런던의 '트렌디한' 사진작가에게 더 이상 관심을 보이지 않는다. 그리고 동틀 무렵 공원에서 가상의 테니스 공으로 테니스를 치는 대학생들을 바라보는 냉소와 권태로 점철된 젊은 사진작가에게도 더이상 관심이 없다. <욕망>의 입장권을 샀던 관객의 자식들은 아이러니한 영화, 공포 영화 장르를 재활용하는 슬래셔 영화를 더 좋아한다. 1960년대에는 미국인들이 '유행의 첨단을 걷는 런던swinging London'으로 날아갔었다. 오늘날에는 런던 사람들이 전세 비행기를 타고 올랜도의 디즈니월드로 놀러 온다.

버지니아대학에서 강의를 하며 보낸 사흘간 <욕망>을 다시 보면서 숏 단위로 분석했었다. <욕망>을 둘러싼 과장된 언사들과 유행이 완전히 사라져버린 지금, <욕망>은 당시에 우리가 봤던 그 영화가 아닌 듯했다. 그러면서도 <욕망>은 걸작이라는 생각이 들었다. 내 강의는 1998년에 샬러츠빌에서 열린 버지니아미국영화제에서 행해졌다. 영화제의 테마는 '멋Cool'이었다. 영화제는 '비트 세대Beat Generation'의 등장과, 존 카사베츠John Cassavetes 감독에서 <욕망>까지 이르는 발전 과정을 더듬으며 시작했다. 그렇게 탄생한 '멋' 바이러스는 수백만에 달하는 젊은이의 하위문화로 번지기 시작했고, 이후 세계의 문화를 다채롭게 물들였으며, <사우스 파크South Park>를 비롯한 현대의 작품들에도 영향력을 행사하고 있다.

<욕망>을 다시 본 나는 그 영화의 몽롱하고 사이키델릭한 색채와 '끝내주는fab' 같은 단어들을 유행어로 사용하는 주인공에게 익숙해져야 했다(<오스틴 파워Austin Powers>는 영리하게도 그 시절을 웃음거리로 삼고 있다). 그런 과정을 거치고 나서야 그 시절에 나를 사로잡았던 영화의 마력을 발견할 수 있었다. 안토니오니는 서스펜스 스릴러 소재를 채택하고도 결론을 보여 주지 않았다. 그는 냉정한 런던의 사진작가, 오빠부대, 따분한 록 관객들, 맥 빠진 마약 파티, 그리고 자신의 장

인 정신에 도전하는 사건이 벌어지자 그제야 비로소 활기를 되찾는 주인공의 죽은 영혼 속으로 그런 소재를 밀어 넣는다.

영화의 주연 배우는 데이비드 헤밍스David Hemmings다. 그는 <욕망>에서 비틀스 헤어스타일을 하고, 롤스로이스 컨버터블을 몰며, 정문에서 '새들'이 쿵쾅거리는 스튜디오를 운영하는 인기 좋은 사진작가 토머스 역을 연기한 후 1960년대의 아이콘이 됐다. 헤밍스가 연기하는 토머스의 영혼이 얼마나 허기져 있는가 하는 것은 길 건너에서 화가와 살고 있는 이웃(세라 마일스Sarah Miles)과 관련한 세 장면에서 확인된다. 토머스는 그녀만이 자신의 영혼을 치료할 수 있을 거라는 투로 그녀를 바라보지만(적어도 한 번은 그럴 뻔했다), 그녀에게는 그럴 시간이 없다. 그는 빡빡한 촬영 일정으로 하루를 보낸다. (모델 베루쉬카Verushka가 실제의 자신을 연기한다. 첨단 유행에 어울리는 그로테스크한 옷을 걸친 단체 촬영 장면도 등장한다.) 그는 패션 사진들로 구성된 그의 사진첩과 근사하게 대비되는 사진을 찍을 수도 있겠다는 생각에 밤중에 싸구려 여인숙을 방문한다.

공원을 어슬렁거리던 토머스는 멀리 있는 남자와 여자를 보게 된다. 그들은 싸우고 있는 걸까? 장난을 치는 걸까? 한쪽이 집적거리고 있는 걸까? 그는 스냅 사진을 많이 찍는다. 여자(버네사 레드그레이브 Vanessa Redgrave)가 그에게 달려온다. 그녀는 필름을 달라고 애원한다. 그는 거절한다. 스튜디오까지 쫓아온 여자는 셔츠를 벗어젖히면서 그를 유혹한 후 필름을 훔치려 든다. 그는 여자의 손에 다른 필름을 쥐어주고는 여자를 돌려보낸다. 그런 후 그는 찍었던 사진을 확대한다. 그러고는 영화에서 영리하게 활용하는 중요한 사진 속에서 자신이 살인 장면을 찍은 건지도 모른다는 것을 알게 된다.

안토니오니는 관객들이 빛과 그림자, 선명한 화소와 뭉개진 화소를 구분하게 될 때까지 클로즈업 숏과 커다랗게 확대된 장면을 병행해

보여 주면서 사진과 사진작가를 교차해서 보여 준다. 그런데 사진에서 보이는 것은 무엇인가? 온종일 토머스를 졸라 대던 두 여자가 토머스의 작업을 방해한다. 토머스는 스튜디오의 배경으로 썼던 부서진 판지 위에서 벌이는 난잡한 섹스 놀이에 뛰어든다. 확대 사진으로 다시 눈을 돌린 그는 쌀쌀맞게 여자들을 돌려보낸 후 사진을 더 많이 인화한다. 굵은 입자에 식별도 잘 안 되는 사진 속에서 여자가 수풀 속을 들여다 보는 모습이 떠오른다. 수풀 속에는 총잡이가 있다. 어떤 사진에서는 땅에 쓰러져 있는 남자의 모습도 보인다. 아니, 그렇지 않을 수도 있다.

공원으로 다시 돌아간 토머스는 땅에 쓰러져 있는 남자의 시체를 실제로 목격한다. 흥미로운 점은 사진작가가 실제로 시체를 봤는지는 확실치 않다고 말하는 평론가가 많다는 것이다. 하지만 그는 시체를 확실히 목격했다. 그가 목격한 것이 살인인지는 불분명하다. 관객들은 사진에 대한 토머스의 해석을 따른다. 그러나 다른 시나리오도 가능하다. 레드그레이브는 불륜을 저지르는 중이라서 사진을 갖고 싶어 한다. 그녀의 회색 머리 애인이 쓰러져 죽었다. 그녀는 패닉 상태에서 공원을 헤매고 다녔다. 다음날 아침에 발견된 애인의 시신은 다른 곳으로 옮겨졌다. (사회적 스캔들로 비화될 가능성이 있는 <욕망>의 간통 사건은 콜걸과 관계를 가진 영국 총리가 관련된 프로푸모 스캔들Profumo scandal에서 따온 것이다. 사진을 분석하는 모습은 존 F. 케네디 암살 사건을 찍은 재프루더 필름Zapruder film에 대한 집착을 연상시킨다.)

살인 사건이 실제로 발생했는지 여부는 중요치 않다. <욕망>은 권태와 염증의 늪에서 허우적대다가 열정을 불러일으킬 만한 뭔가를 사진에서 발견한 후 활력을 찾는 캐릭터를 다룬 영화다. 토머스가 암실과 확대 사진 사이를 오갈 때, 관객들은 창작이라는 영역에서 길을 잃었던 아티스트가 느끼는 기쁨을 느끼게 된다. 지금 그가 생각하는 것은 돈도, 야망도, 자신의 추잡한 성격적 결함도 아니다. 그는 자신의 예술 세계에서 잃어버린 것을 생각하고 있다. 그의 마음과 몸, 상상력 모두가 하나의 리듬에 맞춰 움직이고 있다. 그는 행복하다.

이후 그는 얻었던 모든 걸 빼앗긴다. 시신도, 사진도 사라졌다. 레드그레이브도 마찬가지다. (토머스가 클럽 밖에 서 있는 여자의 모습을 보는 불가사의한 장면이 있다. 등을 돌려 몇 걸음 걸은 그녀는 감쪽같이 사라진다. 버지니아 강의에서 이 장면을 프레임 별로 하나하나 살펴봤지만, 그녀를 사라지게 만든 수법은 알 수 없었다. 그녀가 문 쪽으로 걸어가는 순간, 관객의 눈에 포착되는 그녀의 다리를 다른 사람의 몸에 갖다 붙이는 식으로 처리한 것 같다.)

마지막 장면에서 공원에 돌아간 토머스는 영화의 첫 장면에 등장했던 대학생들과 마주친다. (일부 영화 애호가들은 이 대학생들을 "얼굴을 하얗게 분칠한 광대들"이라고 부른다. 그러나 영국 관객들은 그들이 '래그 위크Rag Week'라 부르는 의식에 참가하고 있음을 알 것이다. 학생들이 분장을 하고 마을을 뛰어다니면서 자선기금을 모으는 의식이다.) 그들은 가상의 테니스공으로 테니스를 친다. 사진작가는 공이 실제로 보이는 것처럼 행동한다. 사운드트랙에서는 테니스 치는 소리가 들린다. 그 후 사진작가는 풀밭을 배회한다. 어느 순간 그도 시신처럼 사라진다.

안토니오니는 작품에서 주인공이 사라지는 것을 그의 "서명signature"이라고 말했다. 셰익스피어 희곡에 나오는 프로스페로•가 연상된다. 프로스페로의 배우들은 "모두 영혼이고, 허공으로 녹아들어 간다." 관객들에게 미스터리에 대한 해답을 보여 주겠다는 뻔뻔한 약속을 하는 플롯을 채택한 <욕망>은 관객들에게서 배우들까지 앗아 가면서 끝을 맺는다.

• 「템페스트」의 주인공

물론 <욕망>이 개봉 초기부터 엄청난 성공을 거둔 데에는 나름대로 명백한 이유가 있었다. <욕망>은 오빠부대가 벌이는 난교 장면으로 악명 높았다. 음모陰毛를 볼 수 있다는 소문도 돌았다(1966년은 <사이코>에서 재닛 리Janet Leigh의 가슴을 볼 수 있다는 소문이 쉬쉬하는 가운데 나돈 지 7년밖에 지나지 않았을 때다). 당시는 퇴폐적인 분위기가 엄청나게 매력적으로 여겨졌던 시절이다. 영화의 일부 장면은 여러 논란을 일으켰다. 1966년 당시에는 대체로 누드 장면에 논란이 집중되었다. 사진작가가 모델을 잔인하게 다룬다는 점은 당시에는 별로 언급되지 않았었다. 오늘날의 시각에서 볼 때 <욕망>에 등장하는 섹스는 따분해 보인다. 하지만 여자를 멸시하는 주인공의 태도는 요즘 관객들을 분노케 할 것이다.

　　세월의 흐름에 관계없이 여전히 남아 있는 <욕망>의 매력은 관객과 주인공에게 거는 최면 효과다. 지루한 소외의 잠에 깊이 빠져 있던 캐릭터가 벌떡 일어나서는 세상을 돌아다닌다. <욕망>이 보여 주고자 하는 것은 바로 그것이지 '유행의 첨단을 걷는 런던'이 아니다. 실존과 관련된 문제를 다룬 미스터리도 아니다. 헤밍스가 사진을 대하는 태도와 안토니오니가 헤밍스를 다루는 태도 사이의 유사점도 아니다. <욕망>은 우리가 잘할 수 있는 일을 할 때는 행복하지만, 그 외의 일에서 즐거움을 찾기란 어렵다는 단순한 의견을 보여 주는 영화다. 안토니오니는 <욕망>을 만들면서 행복했을 거라고 생각한다.

우리에게 내일은 없다	감독	아서 펜	
Bonnie and Clyde	주연	워런 비티, 페이 더너웨이	
	제작	1967년	111분

<우리에게 내일은 없다>에는 겁도 나고 화도 난 보니가 밀밭으로 뛰어들며 클라이드에게서 달아나자 클라이드가 보니의 뒤를 쫓는 장면이 있다. 이 장면에서 구름은 들판을 가로지르면서 두 사람 위로 그늘을 드리운다. 높은 위치에서 와이드앵글 숏으로 촬영한 이 장면은 행운의 여신이 영화 촬영에는 거의 허용하지 않는 기막힌 순간에 속한다. 요즘은 컴퓨터그래픽으로 구름을 만들 수 있다. 이 장면을 텍사스에서 찍던 시절에 이것은 모든 게 완벽히 맞아떨어지며 빚어진 우연의 산물이었다.

그들 위로 드리운 구름은 불행의 전조다. 보니와 클라이드는 심판을 받게 되겠지만 그것을 쉽게 깨닫지는 못한다. 보니는 이 장면이 등장한 후 얼마 되지 않아 어머니와 마지막으로 만난다. 유명한 무법자 보니 파커(페이 더너웨이Faye Dunaway)와 클라이드 배로(워런 비티 Warren Beatty)는 대공황에 짓밟힌 미국인을 위한 은행 강도라는 언론의 찬사를 받았다. 클라이드가 보니와 결혼하겠다고 하자 옆에 있던 보니

의 어머니는 맥없는 목소리로 단언한다. "얘, 너는 내가 사는 곳에서 1마일 안에 살다가는 죽게 될 거야." 결국 그들은 죽는다. 우박처럼 쏟아지는 총탄 속에서, 영화가 폭력을 묘사하는 방법을 영원히 바꿔 놓으면서. 그러나 영화 광고에서 "그들은 젊었다. 그들은 사랑에 빠졌다. 그리고 그들은 살인을 저질렀다"라고 묘사한 그들의 삶은 이후 영화에서 수없이 반복된 캐릭터들의 원형을 제공했다. <황무지Badlands>, <천국의 나날들Days of Heaven>, <델마와 루이스Thelma and Louise>, <드럭스토어 카우보이Drugstore Cowboy>, <올리버 스톤의 킬러Natural Born Killers>와, 평범한 사람들이 갑작스러운 폭력을 통해 전설적인 인물이 된다는 내용의 헤아릴 수 없이 많은 영화가 <우리에게 내일은 없다>의 대를 이었다.

평론가 패트릭 골드스타인Patrick Goldstein은 <우리에게 내일은 없다> 개봉 30주년 기념 에세이에서 이 영화를 "최초의 현대 미국 영화"로 꼽았다. <우리에게 내일은 없다>가 당시에 그런 느낌을 주었던 건 확실하다. 개봉 당시 <우리에게 내일은 없다>는 관객을 모독하는 영화처럼 보였다. 미국 관객들은 그런 영화를 본 적이 없었다. <우리에게 내일은 없다>는 분위기와 자유분방한 스타일 면에서 프랑스 누벨바그를, 특히 비운에 빠진 연인들을 다룬 프랑수아 트뤼포François Truffaut 감독의 영화 <쥴 앤 짐Jules et Jim>을 계승했다. 사실 트뤼포는 애초에 데이비드 뉴먼David Newman과 로버트 벤튼Robert Benton이 쓴 오리지널 시나리오를 선뜻 받아들였었다. 영화를 제작하기로 결정한 워런 비티가 영화에 관심을 갖게 된 것도 트뤼포 때문이었다.

<우리에게 내일은 없다>의 제작 과정과 관련한 전설은 주인공 캐릭터들만큼이나 유명해졌다. 비티는 영화 제작권을 달라고 애걸하며 스튜디오 보스 잭 워너 앞에서 무릎을 꿇었다고 한다. 그런데 워너는 최초 편집본을 무척이나 싫어했다고 한다. 『뉴욕 타임스The New York

Times』의 평론가 보슬리 크로더Bosley Crowther는 몬트리올영화제에서 첫 시사회를 가진 영화에 혹평을 퍼부었다. 워너 브라더스는 텍사스의 자동차극장 체인에 영화를 처박아 버리기로 결정했고, 비티는 기회를 달라면서 스튜디오에 애원했다. 1967년 가을에 개봉한 영화는 평론가들의 악평 속에 빠르게 극장에서 떨어져 나갔다. 그중에서 오직 한 명의 평론가만이 황홀한 영화라는 솔직한 내용의 비평을 신문에 실었다. (겸손 따위는 집어치우겠다. 바로 내가 그 평론가였다. 나는 "미국 영화 역사에 남을 이정표 같은 영화로, 진실하고 탁월한 작품"이라고 평가한 후 "지금부터 몇 년 안에 <우리에게 내일은 없다>가 1960년대를 대표하는 영화로 간주되는 일이 벌어질 가능성이 꽤 크다"고 썼다.)

극장에서 떨어져 나가기는 했지만 영화가 아예 자취를 감춘 건 아니었다. 플랫 앤드 스크럭스Flatt and Scruggs가 작곡한 블루그래스 음악으로 구성된 사운드트랙은 인기 차트 1위에 올랐다. 테오도라 반 렁클Theodora Van Runkle이 페이 더너웨이에게 입힌 베레모와 맥시스커트는 세계적인 패션 열풍을 불러일으키기 시작했다.『뉴스위크Newsweek』의 평론가 조지프 모겐스턴Joseph Morgenstern은 자신이 처음에 쓴 부정적인 리뷰는 실수였다는 글을 썼다. 영화는 다시 개봉되었고, 어리둥절해하던 잭 워너가 만든 영화 가운데 최고의 히트를 기록한 영화 중 하나가 되었다. 그리고 아카데미상 열 개 부문 후보에 올랐다(에스텔 파슨스 Estelle Parsons가 여우 조연상을 받았고, 버넷 구피Burnett Guffey가 촬영상을 받았다).

하지만 그것은 성공담의 일부일 뿐이었다. 더 중요한 건 <우리에게 내일은 없다>가 미국 영화계에 가한 충격이었다. 비티가 성 기능 장애가 있는 폭력적인 캐릭터를 기꺼이 연기하겠다고 나선 건 1960년대의 일반적인 주연급 남자 배우로서는 신기한 일이었다. 영화 개봉에 맞추어 배포된『에스콰이어Esquire』에 렉스 리드Rex Reed가 쓴 인물평에서 비티는 "철 지난 꽃미남"으로 격하되었다. 하지만 비티는 <우리에게 내일은 없다>로 할리우드의 영원한 유명 인사가 되었다. 비티와 아서 펜Arthur Penn, 1922~2010 감독은 출연진 대부분을 무명의 연극배우들로 채웠다. 두 사람의 결정은 대단히 성공적인 결과로 이어졌고, 이후로 주요 출연진 전원(페이 더너웨이, 진 해크먼Gene Hackman, 에스텔 파슨스, 마이클 J. 폴라드Michael J. Pollard, 진 와일더Gene Wilder)은 <우리에게 내일은 없다>를 발판 삼아 스타 반열에 올랐다. 카메라 뒤에 선 스태프 중에서는 반 렁클뿐 아니라 편집 감독 디디 앨런Dede Allen과 프로덕션 디자이너 딘 타보울러리스Dean Tavoularis가 <우리에게 내일은 없다>로 경력을 개척해 나갔다. 딘 타보울러리스는 이후 코폴라 감독의 <대부The Godfather>와 <지옥의 묵시록Apocalypse Now>을 작업했다. 그리고 구피의 촬영은 프랑스 스타일로 촬영하고 편집하는, 완전히 새로운 인상적인 스타일의 새 장을 열었다.

아서 펜은 평론가들의 찬사를 받은 실패작(역시 비티가 출연했던, 자의식 강하지만 매력적인 1965년도 예술 영화 <미키 원Mickey One>)을 만든 후, 새로운 마음가짐으로 <우리에게 내일은 없다>에 착수했다. 이후 펜의 연출 작품으로는 <나이트 무브Night Moves>(1975), <앨리스의 레스토랑Alice's Restaurant>(1969), <작은 거인Little Big Man>(1970) 등이 있다. 공동 시나리오 작가였던 로버트 벤튼은 훗날 명망 있는 감독이 됐다(<크레이머 대 크레이머Kramer vs. Kramer>, <마음의 고향Places in the Heart>, <소피의 선택Sophie's Choice>). 한 편의 영화가 관련자 전원의 경력을 이후 몇십 년간 눈사태처럼 커지게 만든 것이다.

<우리에게 내일은 없다>는 한 자리에 모으는 것이 불가능할 것 같았던 요소들을 적시에 모으는 데 성공한 작품이다. 그리고 무엇보다 코미디와 비극 사이를 오가는 영화에서 감독과 배우들이 보조를 척척 맞춘 독특한 스타일을 보여 준 걸작이다.

보니에게 사로잡힌 클라이드가 보니 어머니의 차를 훔치는 허세를 보이는 것으로 시작하는 도입부는 낙천적인 분위기를 풍긴다. 보니는 클라이드가 따분한 텍사스 서부의 촌구석을 벗어나는 데 도움을 줄 사람임을 감지한다. 클라이드는 가난에 쪼들리며 살아가는 삶에 매력적인 활기를 불어넣어 줄 수 있는 가능성을 — 그녀에게, 영웅을 떠받드는 갱 멤버 C. W. 모스(폴라드)에게, 이야깃거리에 굶주린 신문 독자들에게 — 제공한다. "우리는 배로 갱단입니다." 은행을 털러 간 클라이드는 자신들의 명성을 떨치게 해 줄 거라고 확신하면서 자신들을 이렇게 소개한다. 클라이드가 은행의 압류 표지판에 총을 쏘라면서 재산을 몰수당한 흑인 소작농에게 총을 빌려주는 장면은 영화의 압권이다.

클라이드가 세상에 활기를 제공하는 장본인이라면, 보니는 홍보 담당자다. 그녀는 '보니와 클라이드의 발라드The Ballad of Bonnie and Clyde'를 써서 신문에 기고했고, 기관총을 들고 시가를 문 포즈로 사진을 찍었다. 클라이드의 형 벅(해크먼)은 다른 일행들보다는 사리판단을 잘하는 사람이다. 벅은 신문 헤드라인보다는 은행 터는 일에 더 관심이 많다. 벅이 사랑하는 블랑셰(에스텔 파슨스)는 칭얼거리는 소리로 불평을 늘어놓으면서 보니의 신경을 건드린다(경찰이 은신처를 포위했을 때, 블랑셰는 저녁 식사를 만들면서 쓰던 주걱을 든 채 비명을 지르면서 잔디밭을 가로지른다).

펜은 상투적인 장면들을 계속 늘어놓는 식으로 영화를 연출하지만, 다음의 장면들은 집약적인 이미지로 우리의 뇌리에 뚜렷하게 자리 잡는다. 캠프에 모여 사는 집 없는 농부들은 은행 때문에 농지에서 쫓겨난 후 모닥불 곁에 꾸부정하게 앉아 있다. 보니는 슬프고 불안하면서 막막한 분위기에서 가족들을 만난다. 모스가 도주 차량을 멍청하게 주차해 놓는 바람에 은행털이는 완전히 실패하고 만다. 권총 강도를 하러 들어갔다가 정육점용 칼과 밀가루 자루 세례를 받는 장면, 은

행원의 얼굴에 총알이 박히는 것으로 끝나는 도주 장면 등은 관객들을 웃기다가 급작스럽게 폭력을 쏟아 내는 장면들이다. 보니와 클라이드는 자신들을 뒤쫓다가 결국에는 자신들과 함께 카메라 앞에서 포즈를 취해야 했던 주 경찰관(덴버 파일Denve Pyle)을 어리석게도 풀어 주고 만다. 주유소 종업원이던 모스는 방금 전에 자신을 털었던 일당들과 도주한다. 모스의 아버지는 문신을 한 것을 트집 잡아 소심한 아들을 윽박지른다. 그리고 최후의 사형 집행이라고 할 슬로 모션 발레가 등장한다.

헤아릴 수 없이 많은 영화가 <우리에게 내일은 없다>의 신선함을 흡수했다. 그 결과 오늘날에는 <우리에게 내일은 없다>가 1967년 당시에 얼마나 급진적이고 독창적인 영화였는지를 깨닫기 어렵게 되었다. <시민 케인Citizen Kane>이 1941년에, <네 멋대로 해라À Bout de Souffle>가 1960년에 던졌던 충격과 마찬가지로, <우리에게 내일은 없다>의 그늘 밑에서 성장한 사람들에게 <우리에게 내일은 없다>의 영향력은 그리 명확하지 않을지도 모른다. 내가 이 영화를 처음 본 건 평론가로 데뷔하고 6개월도 채 되지 않았을 때였다. 나는 뭐라 표현하기 힘들 정도로 들떠 있었다. 이후 어느 정도 주기로 그런 경험을 해 왔는지는 아직도 확실치 않지만, 적어도 그런 경험을 하는 게 가능하다는 사실은 깨달을 수 있었다.

우회	감독	에드가 G. 울머	
Detour	주연	톰 닐, 앤 새비지	
	제작	1945년	68분

<우회>는 결점이 무척이나 많은 영화라서 이 영화의 감독은 영화 학교에서 학점을 받을 수도 없을 것이다. 입을 삐쭉거릴 줄만 아는 남자와 빈정거릴 줄만 아는 여자를 주인공으로 내세워 엿새 만에 촬영된, 기술적인 오류와 서투른 내러티브로 가득한, 할리우드 빈민가에서 만들어진 이 영화는 1945년에 개봉된 직후에 관객의 시야에서 사라졌어야 마땅하다. 그런데 영화는 관객의 마음을 오싹하게 사로잡으면서 필름 누아르의 죄책감 가득한 영혼을 구현한 작품으로 계속 살아남았다. 영화를 본 사람은 누구도 이 영화를 쉽게 잊을 수 없었다.

<우회>는 톰 닐Tom Neal이 연기하는, 눈동자가 매혹적이고 입심은 약하며 툭하면 토라지기 좋아하는 앨 로버츠의 이야기를 들려준다. 나이트클럽에서 피아노를 연주하는 그는 가수 수Sue와 사랑에 빠졌다. 또는 그렇다고 그는 말한다. 그들이 연주하고 부르는 노래는 의미심장하게도 'I Can't Believe You Fell in Love with Me(당신이 나와 사

랑에 빠졌다는 게 믿어지지 않아)'다. 그는 그녀와 결혼하고 싶어 한다. 그녀는 서부 해안으로 떠나고, 그는 피아노를 계속 연주한다. 그는 그러면서도 주절거린다. "이 주정뱅이가 나한테 10달러를 줬을 때 도무지 흥분이 되지를 않았다. 그게 뭔가? 병균들이 들끓는 종이 쪼가리이지 않나."

그래서 그는 히치하이크로 캘리포니아로 간다. 그는 애리조나에서 해스켈이라는 남자의 차에 타는데, 해스켈은 그에게 자기 손에 깊은 상처를 남긴 여자 히치하이커 이야기를 들려준다. "손톱을 날카롭게 기른 계집들은 법으로 막아야 해요." 해스켈은 심장마비로 사망한다. 앨은 시체를 묻고는 해스켈의 차와 옷, 돈, 신분을 취한다. 그는 어떤 경우가 됐건 자기가 그 남자를 살해했다고 경찰이 가정할 것이라서 달리 방도가 없다고 주장한다. 그는 베라(앤 새비지Ann Savage)라는 히치하이커를 태우는데, 그녀는 "세상에서 가장 초라한 화물 열차에서 방금 전에 내동댕이쳐진 것처럼 보인다." 졸린 것처럼 보이던 그녀는 몸을 곧추세우더니 갑작스러운 말 폭탄을 퍼붓는다. "그 사람 시체는 어디다 버렸지? 이 차 주인을 어디다 버린 거야? 당신 이름은 해스켈이 아냐!" 앨은 자신이 손톱을 날카롭게 기른 계집을 태웠음을 깨닫는다.

해스켈은 두 사람에게 사실일 법하지 않은 동일한 얘기를 들려줬었다. 열다섯 살 때 결투 중에 친구의 눈을 찌른 후 집에서 도망 나왔다는 이야기다("아버지한테 프로이센-프랑스 전쟁 때 쓰던 검이 두 자루 있었어요"). 로스앤젤레스에서 베라는 해스켈의 부자 아버지가 죽어 가고 있다는 기사를 읽고는 앨이 오래 전에 잃었던 아들 흉내를 내서 재산을 물려받는다는 사기극을 꿈꾼다. 노인이 죽기를 기다리는 두 사람은 임대한 방에 앉아 술을 마시고 카드를 치다가 다툰다. 그러다가 앨은 자기 손에 또 다른 시체가 있음을 발견하고, 다시 한 번 살인을 했다는 죄책감을 느끼는 것처럼 꾸며야 하는 상황에 처한다.

톰 닐은 베라에게 굴복하는 데에서 안도감을 느끼는 처량한 백수 로버츠를 연기한다("내가 좋아하는 스포츠는 죄수 신세가 되는 거야"). 앤 새비지는 악의에 찬 거세 전문가로 베라를 연기한다. 그녀가 내뱉는 대사들은 표독스럽고 분노가 가득하다. 영화에서 상스러운 욕설들을 하는 게 허용되기 전의 시대에, 그녀는 "풋내기sucker"와 "멍청이sap" 같은 단어로 채찍질을 해 댄다. 물론 앨은 마음만 먹으면 그녀의 손아귀에서 벗어날 수 있다. 방의 열쇠가 그녀에게 있는 것은 분명하다. 그런데 밤중에 술 한 병을 해치운 여자의 손아귀에서는 누가 됐건 꽤나 쉽게 빠져나갈 수 있다. 그런데도 앨은 그대로 머무른다. 머무르기를 원하기 때문이다. 그는 학대당하는 쾌락에 빠진다.

영화는 B 마이너스 수준의 배우들을 동원해서 싸게 찍었다. 그러나 영화를 연출한 감독만큼은 일급 감독이었다. 에드가 G. 울머Edgar G. Ulmer, 1904~1972. 히틀러를 피해 미국으로 망명한 그는 <마지막 웃음Der Letzte Mann>(1924)과 <선라이즈Sunrise>(1927)에서 위대한 F. W. 무르나우F. W. Murnau의 조감독으로 일한 인물로, 과장된 조명과 카메라 앵글, 드라마투르기가 특징인 독일 표현주의, 그리고 거기에 재즈와 죄책감을 가미한 미국 필름 누아르의 사이를 잇는 연결 고리 중 하나를 제공했다.

범죄 영화와 누아르 영화의 차이점은, 범죄 영화의 악당들은 자신이 악하다는 걸 알고 그렇게 되기를 원하지만, 누아르의 히어로는 자신이 인생의 매복 공격을 받은 착한 사내라고 생각한다는 것이다. 앨 로버츠는 투덜거린다. "당신이 어느 길로 방향을 틀건, 운명은 당신을 넘어뜨리려고 발을 내민다." 대다수의 누아르 주인공들은 자신의 허약함을 통해 좌절한다. 로버츠보다 허약한 주인공은 거의 없다. 그는 관객에게 직접, 대체로 자기 연민에 빠져 투덜거림으로써 영화의 이야기를 끌고 나간다. 그는 자신이 휘말린 사건에 대해 항변하면서 인생은 자신에게

정당한 기회를 제공하지 않았다고 불평한다.

　　<우회>를 비평하는 평론가 대다수는 앨의 이야기를 액면 그대로 받아들였다. 그는 사랑에서는 불운했다. 착한 여자는 잃었으며 못된 여자에게 시달렸다. 그는 심지어 자신이 보기에도 죄책감을 느끼는 것처럼 보이는 무고한 구경꾼이다. 그러나 이언 캐머런Ian Cameron의 저서 『필름 누아르의 책Book of Film Noir』에서 평론가 앤드루 브리튼Andrew Britton은 더 흥미로운 이론을 주장한다. 그는 내레이션이 우리에게 직접 전달되고 있다는 걸 강조한다. 우리는 벌어졌던 사건에 대해 듣고 있는 게 아니라, 앨 로버츠가 그런 일이 벌어졌다고 우리가 믿기를 원하는 내용을 듣고 있다. 그는 "그럴싸하게 들리는 말로 우리의 비위를 맞추는 설명"이라고 쓰면서, 가수 수의 모습은 그녀에 대한 앨의 묘사에 거의 들어맞지 않는다고, 앨은 그녀에 대한 사랑보다는 그녀의 급여에 대한 욕심이 더 크다고, 해스켈의 죽음을 은폐하는 건 손쉬운 절도에 대한 합리화라고 지적한다. 브리튼이 보기에 앨이 주장하는 버전은, 우리에게 트라우마를 남기는 경험이 함께 살아가기에 더 수월한 판타지로 재가공될 수 있다는 프로이트 이론을 예증한다.

　　아마도 그것이 <우회>가 관객의 환심을 무척이나 잘 사는, 관객들이 그토록 강하게 영화에 반응하는 이유일 것이다. 내러티브의 비약과 모순은 악몽의 심리학이다. 앨은 이야기를 들려주고 있는 게 아니라, 이야기의 원재료들을 들고 허둥대면서 알리바이를 조립하고 있다. 앨이 해스켈의 시신을 묻고 그의 신분을 취하는 시퀀스를 생각해 보라. 그 즉시 앨은 모텔에 투숙해서 잠자리에 들고는 그와 똑같은 사건들의 꿈을 꾼다. 그의 꿈을 작동시키는 정신이 재빨리 사건을 다시 쓰는 것처럼 플래시백으로 돌아간 사건들이 연달아 플래시백으로 등장한다.

　　톰 닐은 앨을 무기력하고 수동적이며 자기 연민에 빠진 남자로 만든다. 그 연기는 이 소재에 완벽하게 들어맞는다. (닐은 실생활에서도 앨만큼이나 불운했다. 그는 세 번째 아내를 살해했다는 판결을 받았다.) 앤 새비지의 연기는 비범하다. 싸구려 대사("무슨 짓을 했어? 그에게 렌치로 키스라도 한 거야?")를 날카롭게 쏴 댈 때처럼 그녀의 베라 연기에는 단 한 순간도 상냥함이나 인간적인 면모가 존재하지 않는다. 이들은 두 가지 순수한 타입이다. 고분고분한 남자와 난폭한 여자.

영화를 보면 저예산으로 만들어졌다는 사실이 확연히 보인다. 도입부의 한 장면에서 울머는 뉴욕의 거리를 대체하려고 짙은 안개를 활용한다. 가급적 많은 장면을 조잡한 배경 영사를 깐 자동차 앞 좌석에서 촬영한다(앨과 베라가 같이 먹는 유일한 식사는 드라이브 인에서 먹는 식사다). 그는 플래시백을 위해 단순히 닐의 얼굴로 줌 인해 들어가면서 배경에 있는 조명을 자르고 그의 눈동자에만 빛을 비춘다. 때때로 빠듯한 제작비를 맞추려고 장면을 질질 끄는 것도 볼 수 있다. 예를 들어 앨이 수에게 장거리 전화를 걸 때 울머는 전화선과 교환대 교환수들의 스톡 푸티지를 편집해 넣는 것으로 러닝 타임을 늘리지만, 수가 전화기에 대해 말하는 실제 모습을 담은 화면은 보여 주지 않는다. 이야기를 하는 사람은 앨 뿐이다. 울머는 그러고는 귀에다 수화기를 대고만 있는 그녀의 모습으로 컷 한다.

히치하이크하는 앨을 태우는 초기의 차들의 운전석이 오른쪽에 있는 것처럼 보이는 것도 이상하다. 그는 미국에서라면 운전석이 있어야 할 곳으로 차에 오르고, 차들은 길의 '잘못된' 방향으로 달린다. 영화를 영국에서 찍은 걸까? 전혀 그렇지 않다. 내 짐작은 네거티브를 뒤집었기 때문이다. 울머는 차들이 왼쪽에서 오른쪽으로 달리는 장면들을 촬영했을 것이다. 그러다가 동부에서 서부 해안으로 가는 여행의 경우 오른쪽에서 왼쪽으로 가는 것이 영화 문법에 더 잘 맞음을 깨달았을 것이다. 스타일을 상식보다 우선시하는 것은 영화 내내 적용된 울머의 접근 방식과 완벽히 일치한다. 이 영화는 영화가 성공하려면 영화를 잘 만들어야만 한다는 이론을 반박하는 설득력 있는 주장을 제공한다.

　이런 한계와 스타일리스틱한 위반들이 영화에 상처를 줬는가? 그렇지 않다. 그런 결함들도 영화다. <우회>는 소재가 적절한 형태를 찾았을 때 어떤 결과가 나오는지를 잘 보여 주는 모범 사례다. 싸구려의 늪에 빠진 두 밑바닥 인생이 저예산 누아르의 칠흑을 뚫고 헤엄치다 울머의 그물에 걸려 가쁜 숨을 몰아쉰다. 그들 각자는 상대에게 잘 어울리는 존재들이다. 영화가 끝날 때에도 앨은 여전히 투덜거리고 있다. "운명은 도무지 속을 알 길이 없는 힘을 통해 그럴싸한 이유는 하나도 없이 당신이나 나를 선택할 수 있다." 오, 이보게, 거기에는 다 이유가 있다네.

	감독	일리어 커잰	
워터프론트	주연	말론 브란도	
On the Waterfront	제작	1954년	108분

양심, 그게 당신들을 얼간이로 만들 수도 있어.

<워터프론트>에서 소속 노조에 불리한 증언을 하는 부두 노동자 테리 말로이가 한 말이다. 말론 브란도Marlon Brando가 한 이 대사는 영화 전체를 관통하며 울려 퍼진다. 영화의 소재가 '양심'이기 때문이기도 하지만 영화의 뒷얘기 역시 양심과 관련이 깊기 때문이다. 일리어 커잰Elia Kazan, 1909~2003 감독은 국회의 HUACHouse Un-American Activities Committee, 반미국적행위조사위원회에 출석해서 공산당 활동을 하던 옛 동료들의 이름을 대면서 좌익 그룹에서 왕따가 된 직후인 1954년에 <워터프론트>를 만들었다.

　무엇보다 <워터프론트>는 위원회에서 증언하기로 결심했던 일리어 커잰 자신을 옹호하는 영화다. 영화에서 노조의 우두머리가 "테리, 넌 우리를 배신한 거야"라고 외치자 브란도는 맞받아친다. "나는 지금

여기 서 있어. 난 지난 몇 년간 나 자신을 배신했어. 그러면서도 그런 사실조차 모르고 있었어." 한때 공산주의에 매료됐지만 결국에는 공산주의가 사악하다는 걸 깨닫고 반대해야 했던 일리어 커잰의 믿음을 반영한 장면이다. 브란도의 대사는 커잰이 1988년에 펴낸 자서전 『인생 A Life』에서 극적으로 메아리친다. 커잰은 자서전에서 <워터프론트>가 작품상, 남우 주연상, 여우 조연상, 감독상을 비롯한 아카데미상 여덟 개 부문을 수상한 직후의 심정을 이렇게 털어놨다. "그날 밤 복수의 달콤한 맛을 봤고, 그 맛을 즐겼다. <워터프론트>는 바로 내 이야기다. 그 영화를 찍으러 갈 때마다 세상을 향해 내가 서 있는 곳이 어디인지를, 나를 비판하는 놈들이 처박혀서 엿을 먹어야 할 곳이 어디인지를 큰소리로 외쳐 대는 기분이었다."

앞의 이야기에서 우리는 HUAC 청문회가 불을 댕긴 커잰의 열정, 그리고 동료들의 이름을 불었던 사람들이나 그러길 거부했던 사람들이 느꼈던 반항심을 느낄 수 있다. 몇몇 평론가는 <워터프론트>에 잠복해 있는 그러한 요소들이 영화의 순수성을 훼손시켰다고 봤다. 평론가 조너선 로젠바움Jonathan Rosenbaum은 영화를 자기 옹호의 수단으로 활용한 커잰을 "결코 용서할 수 없다"고 말한 적이 있다. 하지만 영화를 만드는 사람들은 갖가지 숨겨진 의도를 갖고 영화를 만든다. 어떤 의도는 고상하고, 어떤 의도는 남부끄럽다. 커잰은 적어도 자신의 의도를 떳떳이 밝혔다. 게다가 그는 위력적이고 영향력 있는 영화를 만들었다. 브란도는 <워터프론트>에서 보여 준 연기로 1950년대 미국 영화의 연기 스타일을 완전히 바꿔 놓는, 이루 헤아리기 힘든 영향력을 발휘했다.

"미국 영화사에서 브란도보다 더 훌륭한 연기를 보여 준 사람이 있었는지 모르겠다." 커잰은 자서전에 이렇게 썼다. "더 훌륭한"이라는 표현을 "더 영향력 있는"으로 바꿔 놓을 경우, 나는 다른 연기를 하나

더 꼽을 수 있다. 바로 커잔의 <욕망이라는 이름의 전차A Streetcar Named Desire>(1951)에서 보여 준 브란도의 연기다. 브란도는 이들 초기작에서 미국의 1940년대를 풍미하던 매너리즘 연기 전통에 이별을 고했다. 신선하고 기민하면서도 기발한 그의 연기 스타일은 단순한 리얼리즘 연기가 아니라, 현실을 끊임없이 고양시켜나가는 독특한 스타일의 연기였다. 그는 아주 중요한 장면에서 빼어난 제스처를 보여 주는 것으로 유명하다(무릎 위에 앉힌 고양이, 토마토 밭의 분무기 등을 활용한 <대부The Godfather>에서도 여전히 그러한 스타일을 보여 줬다).

<워터프론트>에는 테리가 이디(에바 마리 세인트Eva Marie Saint)와 공원을 산책하는 장면이 있다. 이디는 범죄 수사관과 이야기를 나눴다는 이유로 지붕에서 던져진 남자의 여동생이다. 그녀는 장갑을 떨어뜨린다. 테리가 장갑을 줍는다. 그는 장갑을 도로 건네주는 대신 노동자인 자신의 손에 그녀의 장갑을 낀다. 별 의미 없이 흘려보낼 수 있는 장면이지만 그의 행동 하나하나에는 나름의 의미가 담겨 있다. 테리와 그의 형 찰리(로드 스타이거Rod Steiger)가 택시 뒷좌석에 나란히 앉아 있는 장면을 보자. "나는 도전자가 될 수도 있었어" 장면이 바로 이 장면이다. 이 장면은 이후로 끝없이 인용되고 패러디되었다(가장 인상적인 인용 사례는 <분노의 주먹Raging Bull>의 로버트 드 니로Robert De Niro다). 많은 세월이 흘렀음에도 여전히 힘이 넘치는 이 장면에서 관객들은 테리의 고통을 느낄 수 있다. 동생에게 총을 겨눠야 하는 찰리의 고통도 느낄 수 있다. 다음은 브란도에 대한 커잔의 평가다.

내가 느끼기에 브란도의 연기에서 특출한 점은 겉으로는 거친 사내의 이미지를 풍기는 인물이 섬세하고 고상한 성격이 드러나는 행동을 보여 준다는 점이다. 형이 수치스러운 일을 하라고 강요하면서 권총을 들이밀 때, 총에 손을 얹고는 어루만지듯 고상하게

밀어내는 연기를 다른 배우들이 해낼 수 있었을까? 다정함과 깊은 슬픔이 한데 뭉친, 가슴 절절한 아픔이 담긴 톤으로 "오, 찰리!"라는 대사를 해낼 수 있는 배우가 또 누가 있을까?

<워터프론트>의 시나리오는 버드 슐버그Budd Schulberg가 썼고, 제작은 독립 영화계의 위대한 재간꾼 샘 스피걸Sam Spiegel이 맡았다(<워터프론트>를 제작한 스피걸은 <콰이강의 다리The Bridge on the River Kwai>를 연이어 제작했다. 스피걸은 처음에는 프랭크 시나트라Frank Sinatra에게 테리 말로이 역을 제안했다. 커잰도 "시나트라는 뉴저지 사투리를 완벽하게 구사한다"며 동의했다. 젊으면서도 찡그린 표정을 잘 짓는 시나트라도 썩 괜찮은 선택이었을 것이다. 그러나 스피걸은 대형 스타인 브란도를 기용하기로 결정했다. 브란도를 출연시키면 제작비를 두 배로 키울 수 있었기 때문이다. 시나트라와 의상에 대한 협의까지 마친 상태였던 커잰은 배우 교체에 기분이 언짢았다. 하지만 시나트라는 "기분 좋게 떠날 수 있게 해 달라"며 프로젝트를 떠났다.

<워터프론트>의 원작은 부패한 노조를 뒤집어엎으려 했던 부두 노동자의 실화다. 노조 타도 시도가 현실에서는 실패로 돌아갔지만 영화에서는 성공한다. 오늘날 보기에 <워터프론트>의 결말은 작위적이면서도 낙천적인 냄새를 풀풀 풍긴다. 영화는 호보켄 부두와 인근 부두에서 촬영되었다. 그리고 실제 부두 노동자들이 엑스트라로 출연했다(노동자들이 누군가 일부러 그룹으로 뭉쳐 놓은 것처럼 움직이는 장면이 몇몇 있다). 브란도는 프로 권투 선수 출신의 부두 노동자 테리를 연기한다. 테리의 형 찰리가 부패한 두목 조니 프렌들리(리 J. 콥Lee J. Cobb)의 오른팔인 덕에 테리는 쉬운 일만 떠맡는다. 이디의 오빠를 살해하는 음모에 무심코 가담하게 된 테리는 매디슨 스퀘어 가든에서 열렸던 중요한 경기에서 일부러 패하라는 명령을 내렸던 찰리와 조니에

대한 충성심을 포함해 자기 인생의 기본 원칙이 무엇이었는지를 고민하기 시작한다.

노조의 부패상을 고백하는 증언을 하라고 부두 노동자들을 부추기는 신부(칼 몰든Karl Malden)는 <워터프론트>의 다른 주요 캐릭터다. 노조 반대 세력 중 한 명이 하역 작업 중에 고의적으로 일으킨 압사 사고를 당한다. 신부는 시신을 앞에 두고 연설한다("여러분이 그리스도께서 이 부두에 강림해 계신다고 믿지 않는다면 다른 사건들이 여러분을 찾아올 겁니다"). 영화의 중요한 클라이맥스 중 하나가 될 수도 있는 이 장면도 브란도의 나긋나긋한 연기 앞에서는 일과성 에피소드처럼 느껴진다.

에바 마리 세인트는 브란도를 돋보이게 만드는 완벽한 배우다. 브란도가 그녀를 좋아한다고 말하는데도 그녀가 대화의 화제를 로맨스에서 양심으로 돌려놓는 술집 장면은 유명하다. 이 장면에서 커잰과 촬영 감독 보리스 카우프만Boris Kaufman은 그녀의 얼굴과 머리카락을 스크린의 오른쪽 상단 구석에, 브란도를 화면 하단 중앙부에 배치한다. 수호천사가 브란도를 감싸 안는 듯한 구도다.

영화의 뛰어난 장면들은 더욱 직설적이다. 영화 초반부에서 브란도가 부두로 찾아온 수사관의 협조 요청을 거부하는 연기를 보라. 애지중지하는 비둘기들을 모아 놓은 지붕에서 휘청거리고 다니며 고양이처럼 서성거리는 브란도의 연기를 보라. 스타이거는 <워터프론트>에 대단히 소중한 배우다. 택시에서 대화를 하는 장면에서는 더욱 그렇다. 그는 브란도에 필적할 만큼 고상한 연기를 보여 준다. 택시 뒷좌석에 앉은 형제는 사라진 형제애를 떠올리며 비통해한다.

슐버그의 시나리오는 리얼리즘과 스타일리시한 갱스터 영화라는 두 가지 스타일 모두에 다리를 걸치고 있다. 밀고자를 지붕에서 던져 버린 후 등장하는 "그 녀석 나불거리는 건 잘하지만 날지는 못하더군"이라는 대사는 갱스터 영화 스타일에 속한다. "노조가 어떻게 굴러 가는지 알죠? 회의에 참석해서 몸 좀 놀린 다음에 불빛이 꺼지면 회의 실에서 나오는 거죠"라는 대사는 리얼리즘 스타일에 속한다. 브란도의 '도전자' 대사는 무척이나 유명해서 더 이상은 신선하게 느껴지지 않지 만, 영화를 거듭해서 볼수록 형제지간에 깃들어 있는 슬픔의 실체가 느 껴지고, 그 슬픔을 간단하게 표현하는 대사의 힘이 느껴진다.

<워터프론트>는 아카데미상 열두 개 부문 후보에 올랐고 여덟 개 부문을 수상했다. 수상을 못한 부문 중 세 부문이, 남우 조연 세 명이 한 꺼번에 후보로 지명된 남우 조연상 부문이었다는 점은 아이러니하다. 콥과 몰든, 스타이거는 표가 분산되는 바람에 수상하지 못했다. <워터 프론트>는 오늘날의 시각에서 보면 그리 신선하지 않다. 부패에 맞서 벌이는 투쟁이라는 소재나, 틀에 박힌 영화적 장치에 따라 전개되는 로 맨스라는 소재나 신선도가 떨어지기는 마찬가지다. 하지만 <워터프론 트>에 등장하는 배우들의 연기와 최상급 대사의 위력은 결코 약해지지 않았다. 미국 영화의 연기 스타일을 영원히 바꿔 놓은 브란도와 커잰의 영화가 가진 힘은 오늘날에도 여전히 느낄 수 있다.

위대한 환상

La Grande Illusion

감독	장 르누아르	
주연	장 가뱅, 디타 파를로, 피에르 프레네, 에리히 폰 슈트로하임	
제작	1937년	114분

장 르누아르Jean Renoir, 1894~1979의 <위대한 환상>은 많은 성과를 이루었
는데, 훗날에 나온 유명한 여러 영화 시퀀스에 영향을 주기도 했다. <대
탈주The Great Escape>의 탈출용 터널 파기와 <카사블랑카Casablanca>에
서 독일군을 화나게 만들려고 '라 마르세예즈La Marseillaise'•를 부르는
장면은 르누아르가 1937년에 만든 걸작에서 처음으로 볼 수 있다. 터
널 파기의 세세한 부분들(포로들이 파낸 흙을 바지에 숨겨 운동 시간
에 연병장에 쏟아 버리는 방식)조차 동일하다.

　　그런데 단순히 훗날의 영화들에 영감을 준 출처에만 머물렀다면
<위대한 환상>은 그토록 많은 '위대한 영화' 리스트에 오르지 못했을
것이다. 이 작품은 포로들의 탈출을 다룬 영화가 아니고, 정치적인 측
면에서 대외 강경론만 주장하는 영화도 아니다. 유럽 문명의 낡은 질서

•　프랑스 국가

가 붕괴되는 것을 숙고하는 영화다. 전쟁을 벌이는 양측의 귀족들이 동일한 행동 규범을 준수한다는 관념은 감상에 젖은 상류 계급이 항상 품고 있던 환상이었을 것이다. 그런데 그런 규범이 무엇이건 그것은 제1차 세계 대전의 참호에서 숨을 거두었다.

"귀하도 저도 시간의 행군을 막을 수는 없습니다." 생포당한 프랑스 귀족 드 보엘디외 대위가 독일 포로 수용소 소장 폰 라우펜슈타인에게 말한다. 얼마 후 경비가 삼엄한 독일의 요새에서 다른 포로들이 탈출하는 동안 경비병들의 시선을 끌던 이 프랑스인은 독일인이 마지못해 자신을 쏘게끔 만든다. 그러면서 그들은 임종 석상에서 최후의 대화를 나눈다. 그는 독일인에게 말한다. "배에 총을 맞는 게 이토록 고통스러운 일이라는 걸 몰랐습니다." 독일인은 금방이라도 눈물을 쏟을 듯한 얼굴로 말한다. "다리를 겨냥한 거였소." 그러고 잠시 후 말한다. "전사戰死는 평민에게는 비극이오. 하지만 당신과 나 같은 사람들에게…… 그건 세상을 떠나는 훌륭한 방식이오."

프랑스인은 잘 알고 독일인은 인정하지 않는 건, 새로운 세상은 평민들의 세상이라는 사실이다. 유럽의 귀족들이 선전 포고를 했을 때 세상의 주인은 바뀌었다. 그리고 르누아르가 제목으로 내건 <위대한 환상>은 상류 계급들이 전쟁을 벌이면서 어떤 식으로든 내걸었던 관념이다. 독일인은 거의 귀빈처럼 대접했던 포로들이 탈출을 시도할 것임을 믿지 못한다. 어쨌든 그들은 탈출 시도를 하지 않겠다고 약속했었다.

수용소장을 연기하는 에리히 폰 슈트로하임Erich von Stroheim은 영화 역사상 가장 유명한 연기에 해당하는 연기를 펼친다. 이 영화를 보지 못한 많은 이조차 부상당한 민완 조종사 폰 라우펜슈타인의 스틸 사진들을 봤고, 목과 등에 버팀대를 대서 꼿꼿한 자세를 취하고는 외눈 안경을 통해 가늘게 뜬 눈으로 세상을 보는 그를 알아볼 수 있다. 유서 깊은 귀족 가문 출신인 드 보엘디외(피에르 프레네Pierre Fresnay)는 전쟁 초기에 폰 라우펜슈타인이 직접 격추한 파일럿이다. 다른 두 주요 캐릭터 역시 프랑스 포로들이다. 떠오르는 프롤레타리아의 일원인 노동자 마르샬(장 가뱅Jean Gabin), 그리고 아이러니하게도 드 보엘디외 가문이 더 이상은 감당할 형편이 안 되어 팔았던 성城을 매입한 유대인 은행가 로젠탈(마르셀 달리오Marcel Dalio)이 바로 그들이다. 제2차 세계대전의 전운이 피어오르던 시기에 촬영된 영화는 1차 대전에 일어났던 사건들이 2차 대전에서는 얼마나 비극적으로 악화될 것인지를 자세히 보여 주려고 이 캐릭터들을 활용한다.

르누아르가 던진 메시지가 대단히 신랄했던 탓에 <위대한 환상>은 독일군이 프랑스를 점령했을 때 압수한 첫 대상에 속했다. 요제프 괴벨스Joseph Goebbels 선전상은 이 영화를 "공공의 적 1호 영화"로 선언하면서 오리지널 네거티브를 압수하라고 명령했다. 이후로 영화의 프린트가 암흑의 경로를 통해 여러 국경을 넘는 동안 겪은 기구한 사연은 영화 <레드 바이얼린The Red Violin>과 비슷해졌다. 이 영화의 네거티브는 1942년의 연합군 공습 때 소실된 것으로 대단히 오랫동안 간주됐었다. 그런데 스튜어트 클라완스Stuart Klawans가 『네이션The Nation』에 보도한대로 당시 파리에서 근무하던 나치 장교이던 독일의 영화 보관 담당자 프랑크 헨셀Frank Hensel은 영화의 프린트를 빼돌려 베를린으로 이송했다. 르누아르가 1960년대에 '복원된' 프린트를 조립하는 작업을 감독할 때, 이 네거티브에 대해서는 알려진 바가 하나도 없었다. 그는 입수 가능한, 전쟁을 겪고도 살아남은 극장용 프린트 중에서 상태가 가장 좋은 것들을 놓고 작업을 진행했다. 얼마 전까지 온 세상이 감상했던 버전인 그 결과물에는 긁힌 자국과 흐릿한 부분들이 약간 있었고, 볼썽사나운 자막들이 감상을 방해했다.

한편 오리지널 네거티브는 베를린을 점령한 러시아군에게 압류되어 모스크바에 있는 아카이브로 이송됐다. 클라완스가 쓴 글에 따르

면, 1960년대 중반에 러시아의 어느 필름 아카이브와 프랑스 툴루즈에 있는 필름 아카이브가 일부 프린트를 교환했는데, 그중에는 값을 매길 수 없을 만큼 소중한 <위대한 환상>도 포함되어 있었다. 하지만 세상에 존재하는 이 필름의 프린트는 많았고, 오리지널 네거티브가 남아 있을 거라고 생각한 사람은 아무도 없었다. 그래서 이 네거티브는 30년을 기다린 후에야 보물이라는 게 식별되었다. 이 사실은 현재 지구 전역에서 상영되고 있는 <위대한 환상>의 복원된 프린트가 이 영화의 프리미어 진행 후로 상태가 가장 좋은 버전이라는 의미다. 그리고 레니 보거Lenny Borger가 작업한 새 자막은 훨씬 더 개선되었다. 평론가 스탠리 카우프먼Stanley Kauffmann은 "더 깔끔하고 더 신랄하다"고 말한다.

이 프린트는 때깔과 느낌이 갓 만들어진 영화 같다. 르누아르의 비주얼 스타일을, 즉 영화가 편집 없이도 길게 지속되도록 하는, 카메라를 절묘하게 움직이는 달인의 솜씨를 두드러지게 보여 주는 산뜻한 느낌의 프린트다. 그의 아버지 오귀스트 르누아르Auguste Renoir의 그림을 볼 때 우리의 눈길은 그림의 구도 속으로 차분하게 안내되는데, 아들이 만든 영화에는 조용하면서도 관능적인 분위기가 감돈다. 카메라는 특정 대상을 가리키거나 제멋대로 상황에 뛰어들지 않고 유유히 미끄러져 다닌다.

<위대한 환상>이 시작되면, 우리는 독일군 장교 식당에 들어선 폰 라우펜슈타인을 만난다. 프랑스 군용기 두 대를 격추시킨 그는 명령한다. "장교들이라면 점심을 같이 하시자고 초대하도록." 마르샬과 드 보엘디외는 나중에 포로수용소로 보내지고, 거기에서 그들은 이미 포로 신세가 된 로젠탈을 만난다. 그러면서 로젠탈의 가족이 보낸 식품 상자의 혜택을 누린다. 포로인 그들이 그들을 억류하는 독일군보다 잘 먹는 일이 자주 있다. 여기에 터널 파기 시퀀스들이 있고, 유명한 탤런트 쇼 장면이 있다. 실제 여자를 본 지가 너무도 오래된 탓에, 포로들이

여장을 한 남자를 바라볼 때 무거운 침묵이 내려앉는다.

포로 전원이 다른 곳으로 이송되면서 터널 파기는 중단된다. 몇 년 이 지난다. 이제 주요한 세 캐릭터는 기어오를 수 없는 높은 성벽에 둘러싸인 요새인 빈터스보른으로 보내진다. 등 부상을 당하면서 더 이상은 비행하지 못하게 된 폰 라우펜슈타인은 군복을 계속 입기 위한 방편으로 이곳의 소장이 되겠다고 자원했다. 그는 규칙을 엄격히 지키는 사람이기도 하지만 공정한 사람이기도 하다. 그리고 여전히 계급에 대한 충성심이라는 관념에 속고 있다.

폰 슈트로하임은 이 장면들에서 기사도 정신과 우정이라는 낭만적인 관념들에 현혹된 남자로서 잊을 수 없는 인상을 남긴다. 위대한 무성 영화의 감독과 당시 유성 영화의 거장으로 떠오르던 르누아르가 힘을 모아 빚어낸 감동적인 연기다. 그 연기는 겉으로 보이는 것보다 한결 더 뛰어나다. 실제로 관객들은 에리히 폰 슈트로하임은 독일인이었다고 가정하지만, 그의 출신과 관련해서는 미스터리한 안개가 자욱하다. 1885년에 비엔나에서 태어난 그는 1914년에는 할리우드에서 D. W. 그리피스D. W. Griffith와 작업하고 있었다. 그런데 그는 언제 미국으로 이주한 걸까? (그리고 귀족에게 붙는 폰von이라는 호칭은 언제 더해진 걸까?) 르누아르는 회고록에 이렇게 썼다. "슈트로하임은 독일어를 거의 못했다. 그는 외국어를 배우는 학생처럼 자신의 대사를 공부해야 했다."

수용소 요새의 탈출은 드 보엘디외와 폰 라우펜슈타인 사이의 감동적인 임종 석상의 작별을 낳는데, 이는 영화에서 가장 감동적인 장면이다. 그런 후 우리는 노동자 마르샬과 은행가 로젠탈이 독일 영토를 걸어서 가로질러 탈출하려 애쓰는 여정에 합류한다. 마르샬과 비밀리에 사귀는 농장의 과부가 그들에게 은신처를 제공한다. 전선戰線을 넘나드는 진정한 계급 간의 연대는 지배자들이 아니라 노동자들 사이의 연대라고, 르누아르는 속삭이고 있는 것 같다.

1894년에 태어난 장 르누아르는 위대한 영화감독 대여섯 명을 꼽는 명단에 반드시 들어간다. 그의 <게임의 규칙La Règle du Jeu>(1939)은 <위대한 환상>보다 한층 더 높은 평가를 받는다. 그는 제1차 세계 대전에 참전한 후 재빨리 파리로 돌아와 영화계에 투신했다. 그의 으뜸가는 영화들에서 캐릭터들을 향한 꼼꼼한 관찰과 공감은 모든 숏을 규정한다. 카메라와 관련된 결정 중에 순전히 시각적인 효과만을 얻어내려고 내려진 결정은 거의 없다. 카메라는 캐릭터들을 보는 가장 좋은 위치가 어디인지를 먼저 고려한다.

르누아르는 1940년에 미국으로 이주해 할리우드 영화 대여섯 편을 만들었다. 유명한 작품으로 윌리엄 포크너William Faulkner가 시나리오를 쓴 <남쪽 사람The Southerner>, 그리고 독립 영화계로 떠나기 전에 연출한, 루머 고든Rumer Godden의 캘커타 이야기를 원작으로 한 1950년대의 <강The River>이 있다. 그가 은퇴 생활을 하던 오랜 동안 젊은 영화감독들과 평론가들이 그를 찾아다녔다. 그들이 찾아낸 그는 그의 아버지가 그린 인상파 그림들에 등장하는 할아버지처럼 쾌활한 사람이었다. 그는 1979년에 사망했다. 그 시기에 새것이나 다름없는 <위대한 환상>의 네거티브가 툴루즈에서 발견되기만을 기다리고 있었음을 알았다면, 그는 대단히 기뻐했을 것이다.

윌로 씨의 휴가

Les Vacances de M. Hulot

감독	자크 타티	
주연	자크 타티	
제작	1953년	114분

나는 자크 타티Jacques Tati, 1907~1982의 <윌로 씨의 휴가>를 처음 봤을 때 기대했던 것만큼 많이 웃지는 않았었다. 하지만 그 영화를 잊지는 못했다. 그래서 영화 수업에서 다시 그 영화를 봤고, 그런 후에는 레이저 디스크를 사서 세 번째와 네 번째로 영화를 감상했다. 그러면서 그 영화는 내 보물의 일부가 됐다. 하지만 나는 여전히 기대했던 것만큼 많이 웃지는 않았다. 그리고 지금 나는 그 이유를 이해한다고 생각한다. 이 영화는 떠들썩하고 유쾌한 코미디가 아니라 추억과 노스탤지어, 애정, 기분 좋은 쾌활함을 안겨 주는 코미디다. <윌로 씨의 휴가>에는 정말로 웃기는 장면들도 일부 있다. 그런데 이 영화는 우리에게 뭔가 보기 드문 것을 준다. 인간의 본성을 향한 유쾌한 애정, 대단히 진기하고 대단히 소중하며 대단히 특별한 것을 말이다.

1953년에 개봉된 영화는 예술 영화 전용관에서 몇 달이나, 심지어는 몇 년이나 상영되었다. 사람들이 서로에게 추천하는 <달콤 쌉싸름

한 초콜릿Like Water for Chocolate>과 <부시맨The Gods Must Be Crazy>을 비롯한 여러 소품 영화처럼, 당시 <윌로 씨의 휴가>는 빅 히트를 쳤다. 예술 영화 전용관이라면 어디건 <윌로 씨의 휴가>를 거는 것만으로 일주일간 짭짤한 수익을 거둘 수 있었던 시절이 있었다. 자크 타티는 이후 20년간 장편 영화를 네 편만 만들었다. 그 영화들은 이 영화보다 훨씬 많은 공을 들이고 훨씬 더 좋은 평가를 받았지만, 사람들은 그를 이 영화로 기억하게 될 것이다.

영화는 윌로 씨가 브르타뉴 지역 바닷가에서 휴가를 보내는 이야기다. 타티가 연기하는 윌로는 키가 큰 남자로, 스탠리 카우프먼Stanley Kauffmann이 밝힌 것처럼 어느 면에서 보건 "실루엣으로 구성된 피조물"이다. "그의 클로즈업이 등장하는 일은 절대 없고, 그의 표정을 통한 표현은 거의 중요성을 갖지 못한다." 그는 실제로 있을 법하지 않은 작은 차를 타고 해변에 도착한다. 소프 박스 더비soap box derby●를 위해 만들어진, 자전거 바퀴에 좌석을 올려놓은 차처럼 보인다. (영화 촬영을 위해 제작된 차일 거라고 늘 짐작했었는데, 그게 아니었다. 이 차는 1924년형 아밀카Amilcar로, 이 차의 주인들은 난처한 순간을 숱하게 겪었을 게 분명하다.)

휴가객 차림으로 파이프를 비우는 윌로는 지나치게 우호적인 사람이지만, 어느 누구도 그의 모습을 보지 못하는 투명 인간 같은 존재다. 자신들만의 세계와 일행, 계획에 정신이 팔린 행락객들은 자주 그렇듯 무슨 일인가 잘못됐을 때에야 윌로를 주목한다. 예를 들어 그가 묵은 바닷가 호텔의 로비는 조용한 섬 같은 곳인데, 바람이 일련의 사소하지만 즐거운 골칫거리를 만들어 버릴 수 있게끔 그가 문을 활짝 열면 다시 정돈을 하는 데 며칠은 걸릴 게 분명한 상황이 연출된다.

● 어린이용 조립 경주차 경주

타티는 캐릭터들을 설정하는 데 주력하지 않지만, 우리는 서서히 캐릭터들의 얼굴을 알아본다. 혼자서 휴가를 온 어여쁜 금발 미녀(나탈리 파스코Nathalie Pascaud)가 있다. 사람들과 약간은 거리를 둔 그녀는 늘 명랑하다. 배필 감인 총각 월로는 그녀와 산책을 나가고 그녀를 드라이브시켜 주고, 심지어는 그녀와 승마를 가려는 실패한 시도까지 하지만, 그녀는 미소를 지으면서 그와 일정한 거리를 유지한다. 그녀는 <청춘 낙서American Graffiti>의 컨버터블을 탄 금발 미녀처럼 붙잡기 어려운 환영이다. 다른 사람들은 본연의 모습을 보여 주느라 정신이 없다. 사람들이 그에게 안겨 주는 말썽을 믿을 수가 없는 웨이터가 있다. 자신들이 가는 길에 놓인 모든 것을 검사할 임무를 부여받았다고 생각하는 노인 부부가 있다. 퇴역한 장성은 툭하면 화를 낸다. 아이들은 아이들의 신에 의해 보호를 받는다. 그래서 아이들의 아이스크림콘은 넘칠 게 확실해 보이는데도 절대로 넘치는 법이 없다.

<월로 씨의 휴가>는 대사가 거의 등장하지 않는 프랑스 영화다. 영화는 음악(반복되는 경쾌한 멜로디)과 다수의 음향 효과, 들릴 듯 말 듯한 목소리들이 딸린 무성 영화와 비슷하다. 타티는 무성 영화의 광대였다. 그는 젊었을 때 마임 연기자로 활동했었다. 그래서 그의 월로는 대화에 참여하는 수완은 없는 사람처럼 보인다.

영화는 키튼Buster Keaton이나 채플린Charlie Chaplin의 디테일에 꼼꼼한 관심을 기울이며 구성됐다. 대단히 참을성 있게 구성된 시각적 개그는 우주를 움직이는 태엽 장치의 감춰진 기능을 드러내는 것처럼 보인다. 월로가 카약에 페인트칠을 하는 신을 숙고해 보라. 물결은 그의 페인트 통을 바다로 갖고 나갔다가, 그의 붓이 다시 페인트칠을 할 준비를 마칠 때 완벽한 타이밍에 맞춰 다시 원래 자리로 돌려보낸다. 이 장면은 어떻게 완성된 걸까? 트릭일까, 아니면 타티가 제대로 된 상황이 연출될 때까지 물결과 페인트 통을 갖고 실제로 실험을 했던 걸까? 이

장면은 '재미있나?' 아니다. 이 장면은 초자연적이다. 바다는 페인트칠을 하는 사람에게 무관심하다. 그럼에도 페인트 통이 필요할 때 통을 제공한다. 그리고 인생은 계속되고 보트에는 페인트가 칠해진다.

타티가 그의 차만큼이나 그의 덩치에는 어울리지 않게 작은 카약을 저어 나가는 때를 숙고해 보라. 카약이 뒤집힌다. 다른 코미디였다면 이건 주인공이 물에 젖었다는 뜻이고 우리는 웃을 준비를 한다. 그러나 여기서는 아니다. 보트는 반으로 접히면서 상어처럼 보이고, 바닷가는 패닉에 빠진다. 월로는 그런 사실을 깨닫지 못한 채 남는다. 그의 행동에는 거의 영적이라 할 만한 수용력이 존재한다. 계획대로 되는 일은 하나도 없지만, 그를 놀래는 일 역시 하나도 없다.

타티의 우주에서는 비주얼뿐 아니라 사운드도 저마다 의지를 갖는다. 호텔 식당의 문이 내는 삐걱거리는 소리에 귀 기울여 보라. 문 가까운 곳에 있는 혼자 온 손님 전용 테이블에 앉은 월로는 그 소리에 짜증이 날까? 아마도 그럴 것이다. 그런데 삐걱거리는 것이 문의 본성이다. 우리는 그 문이 한 세대 동안 삐걱거려 왔다는 것을, 그리고 이 작은 호텔이 거대한 바닷가 리조트 단지로 재개발되려고 해체될 날까지 삐걱거릴 거라는 점을 이해한다.

내가 <월로 씨의 휴가>와 맺은 관계를 설명하자면 다음과 같다. 나는 이 영화를 처음 볼 때 할리우드 스크루볼 코미디 계열에 속한 영화일 거라고 예상했었다. 그 대신 영화는 달콤한 멜로디로 시작한다. 멜로디는 인생이 계속된다는 사실을 꽤나 즐거워한다. 월로는 (도로 복판에서 자고 싶어 하는 개 때문에 불편을 느끼면서) 도착해서 행동이 방정한 휴가객이 되려고 최선을 다한다. 그는 어찌나 예의 바른지 호텔 라디오를 통해 "모두들 좋은 밤 보내세요!"라고 말하는 아나운서를 향해 모자를 벗고 고개를 숙이기까지 한다. 클로즈업이 없기 때문에, 영화가 월로가 정확히 어떤 사람인지를 주장하지 않기 때문에,

그는 한 사람의 관객이 된다. 그는 나다.

나는 윌로가 만났던 사람들을 모두 만났고, 그가 그랬듯 사람들의 일상적인 순회 활동에 익숙해졌으며, 그가 실수로 장례식에 갔다가 조문객이라는 오해를 받을 때, 양탄자 때문에 사람들을 끌어모을 때, 배를 끄는 밧줄이 그를 바다로 끌고 갈 때 그의 곁에 있었다. 그러고는 휴가가 끝났고, 모두 짐을 꾸려서 떠났다. 똑같은 사람들이 정확히 똑같은 일을 하려고 돌아올 이듬해 여름까지 이 외로운 바닷가 마을이 얼마나 외로울 것인지에 대한 힌트가 등장한다.

영화를 두 번째로 봤을 때 일어난 놀라운 일은 호텔로 되돌아간 것처럼 느껴졌다는 것이다. 영화를 다시 보고 있는 것 같다는 기분이 아니었다. 작년에 봤던 사람들을 알아보고 있는 듯한 기분이었다. 노인 부부가 다시 있었고(잘됐어, 한 해를 건강하게 보내는 데 성공들 하셨군), 웨이터가 있었으며(겨울에는 어디에서 일했을까?), 금발 아가씨가 있었다(아직도 남자가 없군. 어쩌면 이번 여름에는……).

영화가 과거의 행복을 위한 노스탤지어를 대단히 절묘하게, 그러면서도 대단히 완전무결하게 담아낸 건 언제였을까? 이 영화는 인간이 느끼는 가장 단순한 기쁨을 다룬다. 며칠 동안 도피하고픈, 일하는 대신 놀고픈, 바다 공기를 호흡하고픈, 근사한 사람을 만나고픈 욕망. 영화는 모든 휴가의 밑바닥에 깔린 희망과 휴가가 끝날 때 느끼는 슬픔을 다룬다. 우리가 우리에게 주어진 날들을 열심히 보내는 동안 바다와 하늘이 그들의 시간을 같은 식으로 보낸다는 점도 재미있다.

이브의 모든 것
All About Eve

감독	조지프 맨키비츠	
주연	베티 데이비스, 앤 백스터	
제작	1950년	138분

성숙하고 냉철하며 세상사에 정통한 베티 데이비스Bette Davis의 입장에서 나이를 먹는 것은 영리한 커리어 행보였다. 순진한 여성 역할을 맡는 걸 편안해한 적이 없는 그녀는 전문직 여성을, 역경을 이겨낸 생존자를, 욕설을 달고 사는 약탈자를 연기할 때 눈부신 모습을 보였다. 그녀가 <이브의 모든 것>에서 연기한 베테랑 여배우 마고 채닝 역할은 그녀가 연기했던 가장 뛰어난 역할이었다. 이 영화는 그녀가 젊은 여배우의 계략에 무릎을 꿇는 모습을 보여 주는 듯하지만, 사실은 그녀가 거둔 승리를 보여 준다. 아름다움이 가진 얄팍한 힘을 상대로 개성과 의지가 거둔 승리 말이다. 그녀는 이보다 더 자전적인 역할을 연기한 적이 없었다.

　나이를 먹어 가는 스타로서 데이비스가 보여 준 연기는 항상 1950년에 펼쳐진 다른 유명한 연기(글로리아 스완슨Gloria Swanson이 <선셋대로Sunset Boulevard>에서 연기한 노년의 무성 영화 스타)와 나란히 언급된다. 두 배우 모두 여우 주연상 후보에 올랐지만, 어느 쪽도 수상하지 못했다. 그해의 오스카는 <귀여운 빌리Born Yesterday>의 주디 홀리데이 Judy Holiday에게 돌아갔다. 아이러니하게도 데이비스를 지지하는 팬들은 영화에서 그녀의 라이벌을 연기하면서 역시 여우 주연상 후보에 오른 앤 백스터Anne Baxter 때문에 표가 분산되지 않았다면 데이비스가 수상했을 거라고 주장했지만 말이다.

데이비스와 스완슨이 펼친 연기를 비교하면 유사한 소재에 다가가는 상이한 접근 방식을 보게 된다. 두 배우 모두 지금은 나이 먹은 위대한 스타를 연기한다. 데이비스는 마고 채닝을 사실적으로 연기한 반면, 스완슨은 노마 데스먼드를 고딕풍 밀랍 인형처럼 연기한다. 오늘날의 시각으로 보면 <선셋대로>가 더 뛰어난 영화로 보인다. 우리가 사는 아이러니한 세상에 잘 어울리는 영화라서 그렇기도 하고, 빌리 와일더 Billy Wilder가 조지프 맨키비츠Joseph Mankiewicz, 1909~1993보다 뛰어난 감독이라 그렇기도 하다. 그런데 데이비스의 연기는 스완슨의 연기보다 강렬하다. 광기는 덜 보이고 감동적인 면은 더 많이 보이기 때문이다. 데이비스는 그 캐릭터 자체였고, 위엄이 넘치는 스타일을 갖춘 아이콘이었다. 심지어 그녀가 펼치는 과해 보이는 연기조차 사실적이다.

맨키비츠가 시나리오를 쓴 이 영화는 <선셋대로>처럼 작가〔혼란스러워하는, 냉소적이고 사람들을 부리는 데 능한 연극 평론가 애디슨 드윗(조지 샌더스George Sanders)〕가 하는 내레이션으로 시작된다. 연극 관련 시상식이 열리는 만찬장을 둘러보다가 이브 해링턴(백스터)이 받게 될 트로피를 주목한 그는 이브가 맹렬한 기세로 정상에 등극하는 과정에서 살아남은 다음과 같은 이들을 묘사한다. 연출가 빌 샘슨(게리 메릴Gary Merrill), 작가 로이드 리처즈(휴 말로위Hugh Marlowe), 그녀에게 가장 큰 성원을 보낸 로이드의 아내 캐런(설레스트 홈Celeste Holm), 그리고 그녀가 잡아먹은 우상 마고. 얼빠진 늙은 사회자가 이브의 위

대함을 찬양할 때, 이들의 얼굴에는 다른 이야기가 어린다.

영화는 마고 채닝을 뚜렷한 개성을 가진 인물로, 이브 해링턴을 특정 유형의 사람으로 빚어낸다. 이브는 마고 앞에서는 숨도 제대로 못 쉬는 팬이다. 그녀의 눈에서는 거짓된 정직함이 넘쳐흐른다. 그녀는 마고의 주위를 에워싼 사람들 틈바구니로 꿈틀거리며 들어와 그녀의 비서가 되고 대역이 된 다음에 라이벌이 된다. 겸손한 태도로 사람들의 연민을 이끌어 내는 것이야말로 그녀가 연기하는 가장 걸출한 역할이다. 처음에는 딱 한 사람만 그것을 꿰뚫어본다. 마고의 의상을 담당하는 신경질적인 중년 여성 버디(셀머 리터Thelma Ritter)다. "굉장한 이야기네요!" 그녀는 쏘아 댄다. "사냥개들이 그녀의 엉덩이를 덥석 물었다는 이야기만 빠졌을 뿐이네요."

불운에 시달리며 살았고 자신을 흠모한다는 이브의 이야기를 마고는 믿는다. 자신의 인생을 그를 위해 바치고 싶어 하는 다른 사람들의 이야기를 믿는 것을 어려워하는 배우는 세상에 없으니까. 상냥하고 착한 캐런도 이 아가씨를 측은하게 여기고는 이브가 마고의 대역으로 연기를 펼칠 수 있도록 주말에 시골에서 마고의 발이 묶이도록 일을 꾸민다. 캐런이 그런 일을 하고서 받는 대가는 이브가 그녀의 극작가 남편을 빼앗으려고 애쓰는 것으로 나타난다. 이보다 앞서 이브는 마고의 약혼자 빌을 빼앗으려 시도했다 실패했었다. 빌을 연기하는 배우는 (데이비스의 실제 남편인) 메릴이다. 빌은 무자비하게 그녀를 깔아뭉개면서 그녀를 돌려세운다. "내가 쫓아다니는 대상은 쫓아다니고 싶어서 쫓아다니는 거야. 나는 나를 쫓아다니는 상대는 원치 않아."

이브는 보편적인 유형의 캐릭터다. 마고는 자존심 강한 사람처럼 굴지만, 사실은 자기 직업을 사랑하는 사람이다. 과시욕이 강한 사람이 아니라 프로페셔널이다. 그녀는 진국이다. 영화의 냉소적인 분위기를 설정하는 인물은 드윗을 연기하는 샌더스다. 영화의 주요 내레이터로, 깔끔하게 가다듬은 헤어스타일에 흠 잡을 데 없는 이브닝드레스 차림으로 담배를 문 그는 뿌리 깊은 냉소적인 시선으로 세상만사를 바라본다. 그에게는 나름의 계획이 있다. 이브가 자신을 도와주는 여자들의 남자들을 훔치려는 천진한 시도를 하는 동안, 애디슨은 이브를 자신의 소유물로 묶어 두려는 계획을 조용히 세운다. 남우 조연상을 수상한 샌더스는 이 영화에서 상당히 사나운 대사 중 하나로 그녀를 후려친다. "네가 갖고 놀았던 덜 떨어진 꼬맹이들하고 나를 혼동한다는 게 가당키나 한 일이야? 상상이나 할 수 있는 일이냐고? 그놈들한테 보였던 바로 그런 경멸을 나한테 품었다는 게?" 그리고 "나는 보기보다 영리한 사람이야. 적어도 너한테는 그런 사람이라고."

<이브의 모든 것>의 한복판에서는 조연으로 짧게 출연한 매릴린 먼로Marilyn Monroe가 반짝반짝 빛을 낸다. 이 영화, 그리고 같은 해에 조금 먼저 개봉한 존 휴스턴John Huston의 <아스팔트 정글The Asphalt Jungle>은 그녀를 유명하게 만들었다. 그녀는 이미 모든 면이 '매릴린 먼로'였다. 그녀는 드윗의 데이트 상대로 마고가 주최한 파티에 나타난다. 드윗은 그녀를 못생겼지만 힘은 좋은 제작자 맥스 파비안(그레고리 라토프Gregory Ratoff)에게 보내면서 충고한다. "이제 가서 득이 될 일을 해 봐." 먼로는 한숨을 쉰다. "왜 저 사람들은 항상 슬픈 토끼처럼 보이는 거죠?"

어떤 신의 조명을 어떻게 치건 먼로는 모든 조명을 자신에게 끌어오는 능력을 지녔다는 견해가 있다. 그녀가 이 영화에서 짧게 등장한 장면에서 훨씬 더 경험 많은 배우들에게 에워싸인 동안에도 관객의 눈에는 그녀밖에 보이지 않는다. 그녀가 남긴 전설의 프리즘을 통해 우리는 그녀를 보는 걸까? 그렇지는 않을 것이다. 그녀가 무명이던 1950년에 이 영화를 본 사람들도 역시 그녀를 주목했으니까. 맨키비츠는 먼로가 연기하는 캐릭터가 마고의 모피 코트를 본 후에 갖는 이런 대화를

집필하는 것으로 그녀가 스크린 페르소나를 창조하는 것을 도왔다.

"여자라면 목숨을 바칠 수도 있을 만한 게 있네요." 먼로가 말한다.

"그걸 가지려고 말이야." 연출자가 말한다.

"세이블Sable, 흑담비 모피." 먼로가 설명한다.

"세이블?" 제작자가 묻는다. "세이블이라고 말한 거야, 게이블Gable●
이라고 말한 거야?"

먼로는 대답한다. "어느 쪽이든요."

먼로가 본인이 출연한 장면들을 자기 것으로 만들었다면, 유명한 대사인 "안전벨트를 꽉 조여요. 요란한 밤이 될 테니까"로 시작되는 파티 시퀀스는 데이비스가 영화에서 펼친 가장 뛰어난 연기를 담고 있다. 과음을 한 데다 이브의 배신에 환멸을 느끼고 마흔 살 생일 때문에 우울해진 그녀는 나이가 그녀를 "홀딱 발가벗겨진 사람처럼 느껴지게" 만든다는 걸 인정한다. 그녀는 빌을 쳐다보며 쓸쓸하게 말을 내뱉는다. "빌은 서른두 살이에요. 서른두 살처럼 보이죠. 5년 전에도 저런 모습이 었어요. 20년 뒤에도 저런 모습일 거예요. 나는 남자들이 싫어요."

당시 사람들은 데이비스의 마고 연기는 탈룰라 뱅크헤드Tallulah Bankhead에게서 영감을 받은 것이라고 믿었다. "충분히 이해할 만하게 도 탈룰라는 사람들의 그런 믿음을 불식시키려는 짓을 거의 하지 않았 습니다." 맨키비츠는 책 『이브에 대한 더 많은 모든 것More About All About Eve』에서 게리 캐리Gary Carey에게 말한다. "그와는 반대로 빼어난 솜씨와 열정으로 그걸 한껏 활용했죠." 홍보 담당자들은 데이비스와 뱅크헤드 사이의 불화를 날조했지만, 맨키비츠는 자신이나 데이비스나 영화를 만 드는 동안 뱅크헤드를 생각한 적은 없었다고 말한다. 데이비스는 연기에 필요한 영감을 순전히 자신의 인생에서 모두 찾아낼 수 있었을 것이다.

● 　영화배우 클라크 게이블(Clark Gable)을 가리킨다.

데이비스는 영화 내내 담배를 피운다. 스타들이 담배를 소품으로 활용하던 시대에 그녀는 담배를 캐릭터가 하는 동작으로, 또는 기분을 표현하는 수단으로 피운 게 아니라 피우고 싶어서 피웠다. 흡연은 그녀를 다른 배우들과 갈라놓는, 남들이 보내는 성원과 욕구와 갈라놓는 소중한 요소다. 그녀는 담배 연기에 갇힌 모습으로 자주 등장하는데, 담배 연기는 그녀가 내뿜는 카리스마를 사람들의 눈에 띄게 만드는 것처럼 보인다.

영화의 강점이자 약점은 앤 백스터다. 그녀가 연기하는 이브는 마고의 그럴싸한 라이벌로 보기에는 존재감이 부족하지만 꿍꿍이가 있는 팬으로서는 설득력 있다. 이브가 마고의 대역으로 출연해서 격찬을 받을 때, 맨키비츠는 영리하게도 그녀가 연기하는 모습을 조금도 보여주지 않는다. 그걸 상상하는 편이, 그리고 외모는 약간 지나치게 강렬하고 눈빛은 약간 지나치게 또렷하며 겸손함은 어쩐지 미심쩍어 보이는 여성에게 초점을 맞추는 편이 더 효과적이기 때문이다.

맨키비츠는 작가 집안 출신이다. 그의 형 허먼Herman J. Mankiewicz은 <시민 케인>의 시나리오를 썼다. 그는 1949년에 쓰고 연출한 <세 부인에게 보낸 편지A Letter to Three Wives>와 1950년에 쓰고 연출한 <이브의 모든 것>으로 연달아 오스카를 수상했고, <유령과 뮤어 부인The Ghost and Mrs. Muir>(1947)과 <맨발의 콘테사The Barefoot Contessa>(1954), <아가씨와 건달들Guys and Dolls>(1955)로도 기억된다. 그는 평생 독설가로 살았다. <이브의 모든 것>이 브로드웨이 뮤지컬 <박수갈채Applause>로 각색되었을 때, 맨키비츠는 스튜디오가 그에게 집필료와 연출료로 지불한 것보다 '무한히 많은' 로열티를 받았다는 의견을 피력했다. 이에 대해 그는 불만은 전혀 없다고 말했다. 뮤지컬 제작진이 입장권 판매 창구에 '환불 불가' 표지판을 내건 이유는 공연을 보고 화가 난 촌뜨기들이 경찰을 부르는 걸 막기 위해서라고 그는 말했다.

이중 배상	감독	빌리 와일더	
Double Indemnity	주연	프레드 맥머리, 바버라 스탠윅	
	제작	1944년	107분

아뇨, 나는 당신을 털끝만큼도 사랑하지 않았어요, 월터. 당신도, 어느 누구도 사랑하지 않았어요. 나는 심장 속까지 썩은 여자예요. 당신이 말한 것처럼 나는 당신을 이용해 먹었어요. 나한테 당신은 순전히 그런 존재예요. 내가 두 번째 총알을 쏠 수 없었던 1분 전까지만 해도요.

그녀는 농담을 하는 걸까? 월터는 그렇게 생각한다. "미안해, 자기. 나는 그 말을 믿지 않아." 빌리 와일더Billy Wilder, 1906~2002의 <이중 배상>의 미스터리는, 그 영화를 계속 신선한 작품으로 유지해 주는 수수께끼는 이 두 사람이 서로를 진짜로 어떻게 생각하는가 하는 것이다. 그들은 누아르 살인 플롯의 일상적인 경로를 으스대며 통과하면서 거친 말을 주고받고 냉담한 섹스 플레이를 한다. 하지만 그들이 서로를 끔찍이도 좋아하는 것처럼은 전혀 보이지 않고, 그렇다고 그들이 돈에 환장한 사람들로 보이는 것도 아니다. 그들이 좇는 것은 무엇일까?

월터(프레드 맥머리Fred MacMurray)의 풀 네임은 월터 네프Neff ("필라델피아Philadelphia의 철자처럼 f가 두 개")다. 그는 보험 세일즈맨으로 성공했지만 사는 게 따분하다. 여자는 필리스 디트리히슨(바버라 스탠윅Barbara Stanwyck)이다. 금발인 그녀는 현재의 남편을 그의 부인을 간호하다 만났다. 의붓딸에 따르면 그 부인은 그녀의 간호를 받다 사망했다. 어느 날 네프는 그녀의 남편이 든 자동차 보험을 갱신시키려고 그녀의 집을 방문한다. 남편은 집에 없지만 그녀는 있다. 타월로 몸을 감싸고 계단 위에 선 채로. "그녀를 다시 보고 싶었다." 네프는 우리에게 말한다. "더 가까이서, 우리 사이에 그 유치한 계단이 없는 상태에서."

이 이야기는 『우편배달부는 벨을 두 번 울린다The Postman Always Rings Twice』를 쓴 하드보일드 작가 제임스 M. 케인James M. Cain이 1930년대에 썼던 작품이다. 이 시나리오는 할리우드를 돌아다녔지만 헤이스오피스Hays Office•는 "관객들을 범죄에 둔감하게 만든다"는 이유로 퇴짜를 놓았다. 1944년에 와일더는 자신이 이 영화를 촬영할 수 있을 거라고 생각했다. 하지만 케인을 고용할 수 없었다. 그러자 그는 시나리오를 쓸 작가로 레이먼드 챈들러Raymond Chandler를 고용했다. 와일더가 사랑했던 소설 『빅 슬립The Big Sleep』을 쓴 챈들러는 취한 채로 나타나 냄새가 지독한 파이프를 피워 댔고 시나리오 구조에 대해서는 아는 게 하나도 없었다. 그래도 그는 대사에 심술궂고 험악한 분위기를 불어넣을 수는 있었다.

힘을 모은 그들은 케인이 쓴 막판의 복잡한 범죄 수법을 제외하고는 네프와 보험 회사의 보험금 지불 담당 관리자 키스(에드워드 G. 로

• 　1930년대에 활동했던 할리우드의 검열 기관

빈슨Edward G. Robinson) 사이의 관계를 더 깊이 있게 만들었다. 두 사람은 영화를 네프의 내레이션으로 전개되는 플래시백으로 들려준다. 한밤중에 피를 흘리며 사무실에 도착한 네프는 딕터폰에 대고 이야기를 한다. 이런 보이스오버가 대단히 잘 먹히는 것을 확인한 와일더는 <선셋 대로>(1950)에서 그 수법을 다시 활용하기도 했다. 그 영화에서 주인공 캐릭터가 처음으로 말을 할 때 그는 이미 이 세상 사람이 아니다. 그래도 아무 문제가 없었다. <이중 배상>은 원래 네프가 가스실에 들어가는 것으로 끝나지만, 그 장면은 잘렸다. 그보다 앞서 등장한 장면이 영화를 끝내는 완벽한 방법으로 판명되었기 때문이다.

줄거리를 자세히 기술하는 것은 관객을 감질나게 만드는 이 영화의 뉘앙스를 놓치는 짓이다. 필리스는 월터가 남편에게 보험금이 5만 달러인 이중 배상 보험을 팔고 난 후 남편을 '사고사'로 처리하기를 원한다. 월터는 그 제안에 기꺼이 응한다. 표면적으로는 그녀의 성적인 매력에 무릎을 꿇었기 때문이다. 두 사람은 남편의 대리인을 내세운 영리한 계획을 집행한다. 다리가 부러져 목발 신세인 남편은 기차에 오르기 전에 목이 졸려 죽는다. 남편 행세를 하는 네프는 열차에 올랐다가 뛰어내린다. 두 사람은 남편의 시신을 철길에 남겨 둔다. 하지만 그날 밤 나중에, 알리바이를 만들려고 약국으로 향하던 네프는 떠올린다. "내 발자국 소리를 들을 수가 없었다. 그것은 죽은 사람의 걸음걸이였다."

영리한 범죄. 그런데 그들은 왜 그런 짓을 했을까? 필리스는 사는 게 따분했고, 그녀의 남편은 석유 사업에서 많은 돈을 잃었다. 그러니 그녀에게는 동기가 있는 셈이다. 그런데 남편을 살해한다는 아이디어가 구체화되는 건 네프가 ─ 바로 그녀의 거실에서 보험 얘기를 하면서 ─ 그런 이야기를 꺼냈기 때문인 것처럼 보인다. 세 번째로 만났을 때 ─ 적극적인 말이 많이 오간 후 ─ 두 사람은 남편을 죽이고 돈을 챙기자는 데 뜻을 모은다. 나는 그들이 사랑도 나누었을 것이라고 짐작

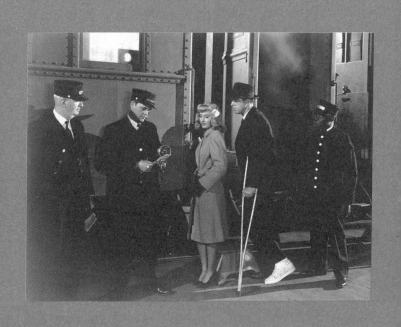

한다. 1944년 영화에서 그런 사실을 확신할 수 없지만, 그들은 그런 일을 했더라도 딱 한 번만 했을 것이다.

왜? 네프는 욕정과 탐욕에 눈이 먼 것일까? 그것이 이 영화를 읽는 전통적인 독해법이다. 약한 남자, 강한 여자. 그런데 그는 냉담하고 냉정하며 매정하고 무뚝뚝하다. 그는 항상 그녀를 '자기baby'라고 부른다. 그녀가 한 사람의 여자가 아니라 브랜드가 붙은 상품인 것처럼 말이다. 그의 눈빛은 조심스럽고 그는 속내를 드러내지 않는다. 그는 사랑 때문에 맛이 간 남자가 아니다. 그리고 필리스는? 역시 냉정하다. 그런데 영화 후반부에서 그녀는 돈보다는 "자신들"을 더 신경 쓴다고 말한다. 두 사람 다 탐욕에 휘둘린 것처럼 보일 경우, 우리는 남편이 돈 때문에 죽었다고 믿을 수 있다. 그런데 두 사람은 그렇지 않다. 그가 두 사람의 치정 때문에 목숨을 잃었다고 믿을 수도 있지만 그것은 그럴싸한 핑계에 가까워 보이고, 살인이 일어나고 나서 그러한 열정은 사라져 버린다.

영화에서, 그리고 영화가 관객인 우리가 생각할 거라고 예상하는 내용에서 한 발짝 뒤로 물러선 나는 그들을 로맨스나 절도 행각에 관련된 이들이 아니라 활력 넘치는 행동에 나선 이들로 본다. 그들은 자신들의 개인적인 스타일에 도취되어 있다. 영화를 보면서, 그리고 라디오와 수사물 잡지를 보면서 배운 스타일에 말이다. 그들은 벤 헥트Ben Hecht•가 범죄와 관련한 대사를 통해 고안한 사람들처럼 보인다. 월터와 필립스는 심리적인 깊이가 거의 없는 통속 소설의 캐릭터들이다. 그리고 그것이 빌리 와일더가 원했던 바다. 그가 연출한 최고작들은 냉소적인 코미디들이다. 그리고 이 영화에서 필리스와 월터는 자신들을 대상으로 짓궂은 장난을 치고 있다.

• 미국의 극작가 겸 소설가(1893~1964)

더 진심 어린 감정은 다른 곳에 터를 잡고 있다. 그 감정은 들통 날까 겁내는 네프의 두려움, 그리고 키스를 향한 감정과 관련이 있다. 에드워드 G. 로빈슨은 넥타이를 느슨하게 풀고 사무실 카우치에 비스듬히 몸을 기대고 싸구려 시가를 피우는, 그리고 네프가 자신의 어시스턴트가 되어 주기를 바라는, 관행 따위는 따르지 않는 조사관을 연기한다. 그는 네프에게 아버지 같은 존재, 또는 그보다 더한 존재다. 역시 영리한 사람인 그는 결국에는 범죄가 자행되었음을 — 그리고 정확한 범행 방법을 — 알아낸다. 그의 조사는 불안한 긴장감이 감도는 두 장면으로 이어진다. 한 장면은 키스가 네프를 자기 사무실로 부른 후 기차에서 네프를 본 목격자를 불러들이는 장면이다. 다른 장면은 키스가 예고도 없이 네프의 아파트를 방문하는 장면이다. 이때 네프는 필리스가 금방이라도 도착할 거라고, 그러면서 죄를 저질렀다는 사실이 발각될 거라고 예상한다.

키스는 네프를 의심하는 걸까? 정말로 그렇게 말할 수는 없다. 그는 네프의 죄책감이 엿보일지도 모르는 상황들을 조성했지만, 그건 그가 일상적으로 쓰는 수법의 일부일 뿐이다. 아마도 그의 잠재의식만이, "내 뱃속에서 사는 작은 사람"만이 네프를 의심할 것이다.

영화의 결말은 기이하다(그 장면은 영화의 시작이기도 하다. 그래서 나는 내용을 밝히지 않을 작정이다). 수사망을 벗어날 수 있다는 희망을 여전히 품고 있었다면, 부상당한 네프는 어째서 사무실로 와서 고백을 하는 걸까? 키스에게 발견되기를 원하기 때문에? 네프는 그에게 말한다. "당신이 왜 범인을 알아내지 못했는지 알아요, 키스? 말해 주죠. 당신이 찾고 있는 남자가 지나치게 가까이 있었기 때문에, 당신의 바로 건너편 책상에 있었기 때문이에요." 키스는 말한다. "그보다 더 가까웠어, 월터." 그러자 네프가 말한다. "나도 당신을 사랑해요." 네프는 영화 내내 키스의 시가에 불을 붙여 줬었다. 그런데 이제는 키스가 네프의 담배에 불을 붙여 준다. 가스실 장면이 불필요한 이유를 당신도 알 것이다.

와일더의 <이중 배상>은 초창기 필름 누아르에 속한다. 존 세이츠John Seitz의 촬영은 모서리가 선명한 그림자와 숏, 그리고 기이한 앵글과 고독한 에드워드 호퍼Edward Hopper●의 세팅으로 구성된 누아르 스타일을 발전시키는 데 도움을 줬다. 그 스타일은 케인과 챈들러, 그리고 에드먼드 윌슨Edmund Wilson◆이 "뒷방에 있는 사내들the boys in the back room"이라고 부른 다른 작가들이 창작한 혹독한 도시적 분위기와 대사에 딱 맞았다.

<이중 배상>은 가장 친숙한 누아르 주제 중 하나를 담고 있다. 주인공은 범죄자가 아니라 유혹에 굴복한 연약한 남자다. 이 '이중二重의' 이야기에서 여자와 남자는 서로를 유혹한다. 둘 중 어느 쪽도 홀로는 행동에 나서지 않을 것이다. 양쪽이 이 살인에 매력을 느낀 건 범죄 자체 때문이 아니라 상대방과 함께 범죄를 저지르는 데 따르는 스릴 때문이다. 사랑과 돈은 핑계거리다. 남편의 죽음은 그들이 벌인 원 나이트 스탠드로 밝혀진다.

1906년에 오스트리아에서 태어나 1933년에 미국에 도착해서 지금까지도 할리우드의 기념비적인 인물로 남은 와일더는 이와 비슷한 이야기들에 대한 나름의 관점을 갖고 있었다. 그는 명명백백한 이야기 구조는 좋아하지 않았다. 캐릭터들이 관심을 가진 것과 동일한 것에 관심을 보이지 않았다. 그는 캐릭터들이 자기들이 생각하기에 중요한 일을 한 후에 그들에게 벌어진 일이 무엇인지를 알고 싶어 했다. 그는 진실이 아니라 진실이 불러온 결과를 원했다.

그처럼 긴장감이 팽배하고 요령 좋으며 냉소적인 영화들을 그토

● 미국의 사실주의 화가(1882~1967)

◆ 미국의 문학 평론가(1895~1972)

록 많이, 그토록 다양한 방식과 분위기로 재미있게 만들어낸 감독은 거의 없다. 시나리오 작가로 영화계 경력을 시작한 후, 그의 연출 크레디트에는 <잃어버린 주말The Lost Weekend>, <선셋대로Sunset Boulevard>, <제17 포로수용소Stalag 17>, <사브리나Sabrina>, <7년만의 외출The Seven Year Itch>, <검찰 측 증인Witness for the Prosecution>, <뜨거운 것이 좋아 Some Like It Hot>, <아파트 열쇠를 빌려 드립니다The Apartment>, <포춘 쿠키The Fortune Cookie> 등이 있다. 나는 리스트를 작성하는 걸 싫어하지만 타이핑을 멈추지 못하겠다. <이중 배상>은 그가 감독으로 연출한 세 번째 영화였다. 감독 경력의 그렇게 이른 시기에 그는 이미 "나는 돈 때문에, 그리고 어떤 여자 때문에 그를 죽였다. 나는 돈을 챙기지 못했다. 여자도 얻지 못했다"라는 대사로 스릴러를 시작할 정도로, 그리고 그 주인공이 에드워드 G. 로빈슨에게 하는 "나도 당신을 사랑해요"라는 대사로 영화를 마칠 정도로 충분히 자만심 넘치는 인물이었다.

이키루

生きる

감독	구로사와 아키라	
주연	시무라 다카시, 오다기리 미키	
제작	1952년	143분

노인은 자신이 암으로 죽어 가고 있다는 것을 안다. 그는 "정말로 좋은 시간"을 보내는 데 쓰려는 돈이 있다고 술집에서 만난 낯선 사람에게 말하지만, 정작 돈을 어떻게 써야 할지는 모른다.

낯선 사람은 그를 시내로, 도박장으로, 댄스홀로, 홍등가로 데려가고, 결국에는 피아노 연주자가 신청곡을 받는 술집으로 데려간다. 그 술집에서도 여전히 오버코트에 모자 차림인 노인은 '인생은 짧아, 사랑스러운 아가씨, 사랑에 빠지도록 해'라는 노래를 신청한다.

"아, 그래요, 옛날 1920년대 노래로군요." 그렇게 말한 피아노 연주자가 연주를 시작하자, 노인은 노래를 부르기 시작한다. 그의 목소리는 부드럽다. 그는 입술을 거의 움직이지 않는다. 그런데 술집은 침묵에 잠기고, 파티 걸들과 술에 취한 월급쟁이들은 잠시나마 자신의 인생이 짧다는 몽상에 끌려 들어간다.

이 순간은 도쿄 시청에서 30년간 근무하고서도 아무것도 제대로 성취하지 못한 공무원을 다룬 구로사와 아키라黑澤明, 1910~1998의 1952년 영화 <이키루>의 중간쯤에 등장한다. 과장이 된 와타나베 씨는 양옆에 서류더미가 잔뜩 쌓여 있는 책상에 앉아 있다. 뒤에 있는 선반들도 헤아릴 수 없이 많은 서류로 꽉 차 있다. 양옆에 있는 기다란 테이블에서는 부하 직원들이 그 서류들을 이리저리 정리한다. 결정이 내려지는 일은 없다. 그의 업무는 시민들의 민원을 처리하는 것이지만, 진짜 업무는 해당 서류를 취급했다는 걸 보여 주려고 서류에 일일이 고무도장을 눌러 찍는 것이다.

영화의 오프닝 숏은 와타나베의 가슴을 찍은 엑스레이 사진이다. "이 사람은 위암에 걸렸습니다만 아직은 그 사실을 모릅니다." 내레이터는 말한다. "그는 일생을 허송세월하고 있습니다. 사실 그는 살아 있는 사람이라고 말하기 힘듭니다."

엑스레이 사진이 희미해지면서 그의 얼굴이 화면에 떠오른다. 시무라 다카시志村喬의 애처롭고 피곤에 절은, 무척이나 평범한 얼굴이. 다카시는 구로사와와 같이 작업한 영화 열한 편과 다른 감독들과 작업한 많은 영화에서 어떤 것도 체현하는 것처럼 보이지 않는 캐릭터들을 체현하는 평범한 사람을 연기한 배우다.

의사의 진료실이 배경인 섬뜩한 장면이 있다. 진료실에서 만난 환자는 아무 생각 없이 떠들어 댄다. 비보를 전하는 전령인 그는 와타나베가 겪는 증상들을 정확하게 묘사하고는 그것이 위암의 증상이라고 말한다. "의사들이 먹고 싶은 건 무엇이건 먹어도 좋다고 말하면 살날이 1년도 안 남았다는 뜻이에요." 그가 예측하면서 썼던 바로 그 단어들을 의사가 사용하자, 늙은 공무원은 의사들에게 등을 돌린다. 그래서 카메라만이 그를 볼 수 있다. 그는 정말로 허망한 사람처럼 보인다.

구로사와는 신중하고 절제된 속도로 이야기를 펼친다. 하지만 영화의 결말에는 생명의 빛이 사그라지는 것에 대한 분노가 놓여 있다.

볼 때마다 동요하게 되는 장면에서 와타나베는 집으로 돌아가 이불을 뒤집어쓰고는 울먹거리고, 그러는 동안 카메라는 그가 한 직책을 맡아서 25년을 보낸 후에 받은 표창장을 보여 준다.

그가 죽을 운명이라는 게 최악의 사건은 아니다. 최악의 사건은 그가 제대로 살았던 적이 결코 없었다는 것이다. "그냥 죽을 수는 없어요. 내가 그 긴 세월 동안 무얼 위해 살았는지를 모르겠어요." 그는 술집에서 만난 낯선 이에게 말한다. 술을 입에 대지도 않던 그가 이제는 술을 마시고 있다. "이 비싼 사케는 지금까지 살았던 내 인생을 향한 항의요."

그의 결근이 하루하루 계속된다. 결국 퇴직하고 싶어 하는 젊은 여직원이 사직서에 도장을 받으려고 그를 직접 찾아온다.

그는 그녀에게 하루를 같이 보내자고 청하고, 두 사람은 파친코장과 영화관에 간다. 그녀는 자신이 사무실에 있는 모든 사람에게 붙인 별명들을 들려준다. 그의 별명은 '미라'다. 그녀는 그의 기분을 상하게 만든 게 아닌지 두려워하지만, 그렇지 않다. "내가 미라가 된 건 아들놈 때문인데, 그 아이는 나한테 고마워하지를 않아."

그녀는 그에게 아들을 만나러 가라고 권한다. 그런데 그가 아들에게 자신의 병에 대해 말하려 애쓸 때, 아들은 대화를 끊는다. 그러고는 노인이 여자들한테 재산을 탕진하기 전에 자신이 물려받을 몫을 챙겨야겠다고 주장한다. 나중에 젊은 아가씨와 마지막으로 함께 외출했을 때, 노인은 자신이 어렸을 때 익사할 거라고 생각했던 일에 대해 그녀에게 말한다. "아들놈은 저기 멀찌감치 떨어져 있어. 딱, 내가 물에 빠졌을 때 부모님이 멀리 떨어져 있던 것처럼."

'이키루生きる'라는 단어는 '살다'라는 뜻으로 해석된다. 와타나베 씨는 기나긴 절망에 빠져들던 어느 시점에 적어도 가치 있는 일 하나는 이루고 죽기로 결심한다. 그가 이런 결심을 하는 곳은 레스토랑이

다. 그가 젊은 아가씨에게 그 이야기를 할 때, 뒤에 있는 방에서는 생일 축하연이 벌어지고 있다. 그가 떠날 때 다른 방에 있는 아가씨들이 친구에게 생일 축하 노래를 불러 준다. 어떤 면에서 그녀들은 와타나베의 새로운 탄생을 축하하고 있다.

동네에 있는 물웅덩이 때문에 항의하는 한 무리의 여성들이 시청의 이 과 사무실에서 저 과 사무실로 떠밀려 다닌다. 미치광이가 된 와타나베는 이 민원을 직접 들고 이 관료와 저 관료를 찾아다닌다. 그는 죽기 전에 불모지에 어린이 놀이터가 지어지는 것을 보겠노라고 결심했다. 이런 전개는 영화사에서 가장 위대한 클로징 숏에 속하는 장면에서 보이는, 와타나베가 거둔 최종 승리로 이어진다.

그가 노고를 쏟는 장면들은 시간 순으로 등장하는 게 아니라, 그의 빈소에서 플래시백으로 등장한다. 와타나베의 가족과 동료들은 그를 추모하고자 한자리에 모였다. 지나치게 많은 술을 마시고 결국에는 지나치게 많은 말을 하는 그들은 그의 사망과 거기까지 이어진 행동에 얽힌 미스터리를 풀려고 애쓴다.

그리고 이 장면에서 우리는 이 영화의 진정한 핵심을 본다. 올바른 일을 하려는 한 사람의 노력은 검증되지 않은 각자의 삶이라는 렌즈를 통해 외부에서 그것을 지켜보기만 한 사람들에게 영감을 줄 수도, 그들을 혼란스럽게 만들 수도, 분노하게 만들 수도, 낙담하게 만들 수도 있다는 것.

와타나베의 마지막 여정을 따라다녔던 우리는 이제 살아 있는 자들의 땅으로, 냉소주의와 험담의 세계로 강제로 다시 끌려왔다. 우리는 살아 있는 이들에게 다르게 생각하라고, 우리가 도달한 결론에 도달하라고 마음속으로 강권한다. 그리고 그것이 구로사와가 최종적인 결과를 달성하는 방법이다. 그는 우리를 와타나베가 내린 결정을 목격한 목격자가 아니라, 그의 결정을 세상에 전하는 전도사로 만든다. 이 영화는 사람들에게 각자의 인생을 조금 다르게 살아가도록 실제로 영감을 줄 수 있는 몇 안 되는 영화 중 하나라고 생각한다.

구로사와는 42세 때인 (그리고 시무라가 47세 밖에 안 됐던) 1952년에 이 영화를 만들었다. 이 영화는 역시 시무라가 출연했던 <라쇼몽羅生門>(1950)과 <백치白痴>(1951)가 나온 직후에 나왔다. 그가 이후에 발표한 작품으로는 대중적인 고전이 된 <7인의 사무라이七人の侍>(1954), <스타워즈Star Wars>의 R2D2와 C3PO 캐릭터에 영감을 준 영화인 <숨은 요새의 세 악인隠し砦の三悪人>(1958) 같은 사무라이 영화들이 있다. 이 영화는 1960년이 되기 전까지는 국제적으로 개봉되지 않았다. 이 영화가 '지나치게 일본적'이라고 생각됐기 때문일 것이다. 하지만 사실 이 영화는 보편적인 영화다.

<이키루>를 1960년인가 1961년에 처음 봤다. 이 영화를 보러 간 것은 캠퍼스에서 개최된 영화제에서 상영된 이 영화의 입장료가 25센트 밖에 안 됐기 때문이다. 나는 와타나베의 이야기에 휩싸인 채 두 시간 반을 앉아 있었다. 그러고는 "검증되지 않은 삶은 살 가치가 없다"는 소크라테스의 주장을 주제로 에세이를 써야 하는 수업에서 이 영화에 대한 글을 썼다. 이후로 오랫동안 <이키루>를 5년에 한 번씩은 봤고, 그때마다 영화에 감동하면서 생각에 잠기게 됐다. 나이를 먹을수록 와타나베를 딴 노인네처럼 보는 시각은 줄어들고 그를 우리 모두와 비슷한 사람처럼 보는 시각은 더욱 커져만 간다.

이티	감독	스티븐 스필버그
E.T.	주연	디 월러스 스톤, 피터 코요테, 헨리 토머스
	제작	1982년 114분

사랑하는 레이븐과 에밀에게.

일요일에 너희 엄마 아빠랑 같이 커다란 녹색 소파에 앉아 <이티>를 봤던 거 기억하지? 우리가 유니버설 스튜디오에 갔을 때 '이티' 놀이기구를 함께 탔기 때문에 너희들은 <이티>가 어떤 영화라는 걸 조금은 알고 있었을 거야. 하지만 너희들이 그 영화를 본 건 그게 처음이었지. 그 영화를 전에도 여러 번 봤던 할아버지는 한쪽 눈으로는 스크린을 쳐다보고 다른 쪽 눈으로는 너희를 지켜봤단다. 네 살 생일을 맞은 사내아이와 일주일 전에 일곱 살이 된 여자아이가 영화에 어떤 반응을 보일까 알고 싶었기 때문이지.

할아버지가 일하는 영화계에서 하는 말로, 그 영화는 너희에게 "먹혔"단다. 레이븐, 너는 화면에서 한 순간도 눈을 떼지 않더구나. 이티가 죽어 가는 것처럼 보이는 장면에서 무섭다며 내 옆으로 뛰어오기는 했지만 말이다. 에밀, 너는 네 아빠 무릎에 여러 번 올라앉기는 했지만, 너

역시 계속해서 영화를 보더구나. 화장실을 들락거리지도 않았고, 잃어버린 장난감을 찾지도 않았지. 너희들은 집중을 하면서 영화를 봤단다.

영화의 처음에 나오는 장면들은 우주선이 착륙하는 것과 작은 생명체가 뒤에 남겨진다는 걸 보여 주지. 픽업트럭을 탄 남자들이 우주선을 찾아오니까 우주선은 재빨리 도망을 치고 말이야. 우주선의 헤드라이트와 깜빡거리는 불빛에서 뿜어져 나오는 광선이 안개 자욱한 밤을 꿰뚫는단다. 너희도 유니버설 스튜디오에서 똑같은 것을 봤던 걸 기억할 거야. 사운드트랙에서는 허리띠에 달린 열쇠들이 쟁그랑거리는 소리가 들리지. 그것이, 길 잃은 외계인이 어떤 경험을 하게 되는지를 보여 주는 방식이란다.

그러고는 교외에 있는 집이 등장해. 넓은 진입로가 있고 큰 뒤뜰이 있는, 너희가 살고 있는 집하고 비슷한 집말이야. 엘리엇(헨리 토머스Henry Thomas)이라는 꼬마가 뜰에 나갔다가 뭔가를 보거나 들었다고 생각하게 되지. 우리는 이미 그게 이티라는 걸 알고 있어.

카메라는 엘리엇이 이리저리 움직이는 걸 지켜본단다. 레이븐, 네가 나한테 "이게 이티가 보는 광경인가요?"라고 물었을 때가 바로 그때란다. 나는 대답했지. "그래, 이제부터 우리는 이티의 시점에서 모든 걸 보게 될 거야"라고. 나는 네가 아주 훌륭한 질문을 했다고 생각해. 네 또래 아이 대부분은 카메라가 시점을 '갖는다'는 걸 모르기 때문이지. 우리는 키 작은 생명체가 바라보는 것처럼, 낯선 행성의 숲속을 헤매고 다녔던 외계인이 경험하는 것처럼 세상 모든 걸 땅에 가까운 아래쪽 높이에서 보게 된단다.

영화를 계속 보면서 네가 물은 질문이 굉장히 적절하다는 걸 깨달았어. <이티> 영화 전체는 영화감독들이 '시점'이라고 부르는 것에 기초하고 있거든. 거의 모든 중요한 장면은 이티가 보는 장면 아니면 엘리엇이 보는 장면을 그대로 보여 준단다. 그리고 사건과 사물들은 이티나 엘리엇이 이해하는 것처럼 이해되지. 중요한 순간에 뒤로 물러선 카메라가 어른의 눈으로 바라보는 것처럼 보여 주는 장면은 한 장면도 없고 말이야. 우리는 아이의 눈을 통해, 아니면 외계인의 눈을 통해 사건과 사물을 보고 있는 거야.

엘리엇과 이티가 처음 만날 때, 겁먹고 놀란 둘은 뒤로 펄쩍 물러서면서 비명을 질러 대지. 우리는 그들 각각을 상대방의 시점에서 보게 되고. 카메라는 전체 장면을 보여 주려고 뒤로 물러설 때도 어른의 시점으로 보여 주는 걸 거부해. 예를 들어 엘리엇의 엄마(디 윌러스 스톤Dee Wallace Stone)가 집안 살림을 하면서 돌아다니지만, 이티가 그녀의 시야 안에서 허둥거리며 돌아다니고 있다는 걸 결코 깨닫지 못하는 장면이 있지. 카메라는 그녀에게서 뒤로 떨어져 있을 뿐이란다. 우리는 그녀가 바라보는 이런저런 방식으로 사건을 보게 되는 건 아니야. 그건 이 영화가 그녀가 보는 사건과 대상을 다룬 영화가 아니기 때문이란다.

나중에 우리는 그녀가 보는 광경을 보여 주는 대단한 장면을 보게 된단다. 그녀는 온갖 장난감이 늘어서 있는 엘리엇의 옷장을 들여다보지만, 거기 있는 '장난감' 중 하나가 이티라는 건 깨닫지 못하지. 우리는 그 장면에서 웃음을 터뜨렸지만, 사실 그 장면은 예외적인 장면이란다. 기본적으로 우리는 이 영화를 아이의 작은 눈동자를 통해 보는 거지 어른의 큰 눈동자를 통해 보는 건 아니거든. (예를 들어, 이티의 머리에 시트를 씌우고는 이티를 할로윈 가장 행렬에 데리고 나가는 장면을 보렴. 우리는 이티가 시트에 난 구멍을 통해 보는 장면들을 보게 된단다.)

레인븐, 네가 정말로 걱정을 많이 하던 장면에서는 트럭에 탄 남자들이 돌아왔어. 그들은 이티가 엘리엇의 집에 있다는 걸 알고 있지. 그 사람들은 외계에서 온 생명체를 검사하고 싶어 하는 과학자들이야. 하지만 그들이 어른스러운 얘기를 하면서 자기들이 무슨 일을 하는지를 설명하는 장면은 하나도 없단다. 우리는 그저 그들이 하는 얘기의 일부

를 엘리엇이 엿듣는 것처럼 들을 수 있을 뿐이지.

물론 그다음 장면에서 우리는 이티의 정신과 엘리엇의 정신이 연결되어 있다는 걸 알게 돼. 그래서 엘리엇이 이티가 죽어 가는 걸 알 수 있게 되거든. 엘리엇은 어른들에게 이티를 내버려두라고 소리치지만, 어른들은 엘리엇의 말을 진지하게 듣지를 않아. 아이들은 누구나 그 기분을 알 수 있을 거야. 그다음에 엘리엇이 형한테 도망갈 차를 운전하라고 말할 때 형은 이렇게 말하지. "차를 앞으로 몰아 본 적은 한 번도 없어!" 너도 그 기분을 알 거야. 아이들은 부모님이 차를 모는 걸 늘 지켜보지만, 직접 차를 몰아 본 적은 한 번도 없거든.

우리는 자전거가 날아오르는 장면을 정말로 좋아했어. 영화 앞부분에서 이티가 엘리엇을 자전거에 태우고 날아가는 걸 봤기 때문에 우리는 이티에게 그런 능력이 있다는 걸 알게 되고 그런 일이 벌어질 거라는 걸 알게 되지. 할아버지는 자전거가 날기 전에 벌어지는 추격 장면이 좀 길다고 생각한단다. (영화를 만든) 스티븐 스필버그Steven Spielberg, 1946~ 감독이 불필요한 서스펜스를 너무 많이 구축하려고 애쓰고 있거든. 하지만 자전거들이 날아오르는 장면은 얼마나 멋진 장면이니! 할아버지가 칸에서 그 영화를 볼 때가 기억나는구나. 거기 있던 관객들은 영화를 수천 편이나 봐 온 사람들인데도 그 장면을 보고는 환호성을 질렀어.

영화 끝부분에 등장하는 장면이 있어. 이티가 집에 전화를 걸고 우주선이 그를 데리러 오는 장면 말이야. 이티는 엘리엇과 함께 숲에 있지. 우주선에서 다리가 내려오면, 우리는 우주선 문가에 이티를 닮은 외계인이 뒤에서 쏟아지는 빛을 받으며 서 있는 걸 보게 된단다.

에밀, 네가 말했지. "저건 이티의 엄마야!" 그러고는 말을 잠깐 멈추더니 이렇게 말했어. "그런데 내가 그걸 어떻게 안 거지?"

우리는 모두 웃었어. 네가 자주 그러는 것처럼 무척이나 재미있는 목소리로 그런 말을 했기 때문이야. 에밀, 너는 타고난 코미디언이야. 그런데 지금도 기억하지만, 할아버지도 네가 그걸 어떻게 알 수 있었을까 나 자신에게 물어봤단다. 그건 이티의 아빠였을 수도 있고, 누나였을 수도 있고, 우주선 조종사일 수도 있는데 말이야. 하지만 나는 엄마일 거라는 네 생각에 동의해. 그 외계인이 이티를 불렀을 때의 목소리가 엄마가 부르는 소리처럼 들리기 때문이야.

할아버지는 네가 그런 생각을 하게 됐다는 건, 스티븐 스필버그가 영화를 굉장히 잘 만들었다는 뜻이라고 생각한단다. 네 살 먹은 너는 '시점'을 이해하기에는 조금 어리지만, 시점에 반응할 만큼의 나이는 됐기 때문이지. 영화 전체를 놓고 볼 때, 너희는 거의 모든 걸 이티 아니면 엘리엇의 눈을 통해 봤단다. 너희는 마지막 순간까지 이티와 하나가 된 거야. 그렇다면 이티가 가장 그리워하는 사람은 누굴까? 우주선 문가에서 자신을 기다리며 서 있었으면 하고 바라는 사람은 누굴까? 당연히 엄마겠지.

물론 스티븐 스필버그는 그 장면을 그런 방식으로 보지 않았을지도 몰라. 이티는 아이처럼 보일 뿐이지 실제로는 5백 살 먹은 외계인이라고 생각할지도 모르지. 하지만 그건 문제가 안 돼. 스필버그는 모든 문제를 우리 몫으로 남겼기 때문이야. 그거야말로 스필버그가 위대한 영화감독이라는 걸 보여 주는 표시란다. 그는 자신이 관객에게 꼭 설명해 줘야 하는 것만 설명했어. 위대한 영화들은 상영 시간이 길수록 설명해 주는 건 적은 법이거든. 실력이 그리 좋지 못한 감독이라면 "이티? 거기 있는 게 너니? 엄마야!" 하고 자막을 달았을 거야. 하지만 그렇게 하는 건 멍청한 짓이지. 에밀, 너 같은 아이가 그게 이티의 엄마라는 걸 알게 됐을 때 느끼는 기쁨과 다른 사람들에게 그렇다고 얘기해 줄 수 있는 즐거움을 빼앗는 짓이거든.

이런 얘기를 하려고 이 편지를 쓴 거란다. 지난 주말은 아주 즐거웠단다. 할아버지는 너희가 처음으로 조랑말을 탈 때 둘 다 무척이나 용감했다는 사실이 자랑스러워. 너희 둘 다 훌륭한 영화 평론가라는 사실도 자랑스럽구나.

너희들을 사랑하는
할아버지 로저가.

자전거 도둑

Ladri di Biciclette

감독	비토리오 데 시카	
주연	엔조 스타이올라, 람베르토 마지오라니	
제작	1948년	93분

<자전거 도둑>은 공인된 걸작으로 무척 확고하게 자리 잡은 영화다. 그래서 우리는 긴 세월이 흐른 후 영화를 다시 감상하면서 그 영화가 여전히 생동감 넘치고, 여전히 강렬함과 신선함을 보유하고 있다는 사실을 깨달으며 놀라게 된다. 1949년에 명예 오스카를 수상했고, 역사상 가장 위대한 영화 중 하나로 주기적으로 선정되며, 이탈리아 네오리얼리즘의 초석을 닦은 영화로 떠받들어지는 이 영화는 일자리가 필요한 남자를 다룬 꾸밈없으면서도 위력적인 영화다.

영화를 연출한 이는 비토리오 데 시카Vittorio De Sica, 1901~1974로, 그는 세상 사람 모두는 한 가지 역할만큼은 완벽하게 연기할 수 있다고 믿었다. 자기 자신 말이다. 시나리오를 쓴 세자레 자바티니Cesare Zavattini는 1940년대부터 1970년대까지 유럽의 위대한 여러 감독과 작업한 작가였다. 자바티니는 자신이 쓴 저널에 그와 데 시카가 영화를 위한 조사 차원에서 매음굴을 — 그리고 이후에 등장인물 중 하나에

영감을 준 영매인 '지혜로운 여인'의 방을 — 방문했던 일을 적었다. 우리가 이 저널에 적힌 글에서 얻을 수 있는 것은 이탈리아가 빈곤 때문에 마비될 지경이었던, 전쟁이 막 끝난 그 시절에 데 시카와 그의 작가가 사회 밑바닥과 가까운 곳에서 영감을 찾고 있었다는 사실이다.

<자전거 도둑>의 줄거리는 단순하다. 영화는 전문 연기자가 아닌 람베르토 마지오라니Lamberto Maggiorani를 아침마다 일자리를 찾으려는 희망 없는 대열에 합류하는 남자 리치로 등장시킨다. 어느 날 (자전거가 있는 사람만 할 수 있는) 일자리가 생긴다. "자전거 있어요!" 리치는 목청을 높이지만 사실은 그렇지 않다. 자전거를 전당 잡혔기 때문이다. 아내 마리아(리아넬라 카렐Lianella Carell)는 침대에서 시트를 벗겨 내고, 그는 자전거를 되찾으려고 그 시트를 전당포에 맡긴다. 그가 전당포 창문을 통해 안을 들여다보면 리넨 꾸러미를 든 남자가 사다리를 타고 다른 사람들이 맡긴 시트가 빼곡히 들어찬 선반들이 설치된 벽을 오르는 모습이 보인다.

리치는 자전거 덕에 포스터를 부착하는 일을 하러 간다. 그는 벽에 풀칠을 하고는 영화 광고물을 붙인다(리타 헤이워스Rita Hayworth의 커다란 초상화는 할리우드의 세계와 네오리얼리즘의 일상적인 삶 사이를 아이러니하게 대비시킨다). 한편 마리아는 리치가 일자리를 구할 거라고 예언한 지혜로운 여인에게 감사하러 간다. 조바심 내며 그녀를 기다리던 리치는 결국 자전거를 문간에 세워 두고 아내가 무엇 때문에 늦는지 보려고 계단을 올라간다. 이때 데 시카는 우리를 희롱한다. 우리는 리치가 돌아오면 자전거가 사라지고 없을 거라고 예상하지만, 자전거는 여전히 그 자리에 있다.

하지만 당연히 자전거는 도둑맞는다. 일자리가 필요한 다른 남자가 그랬을 거라는 점에는 의심의 여지가 없다. 리치와 용감한 작은 아들 브루노(엔조 스타이올라Enzo Staiola)는 자전거를 찾아 나서지만 드

넓은 로마에서 그것은 불가능한 일이고, 경찰은 전혀 도움이 되지 않는다. 결국 리치는 단념한다. "세상살이는 고생이란다." 그리고 아들에게 "젠장! 피자 먹고 싶니?" 하고 말한다. 대단히 활기찬 장면에서 부자父子는 레스토랑에서 외식을 하고, 브루노는 와인을 조금 마셔도 된다는 허락을 받기까지 한다. 소년은 파스타를 큰 접시로 먹는 가족을 부러운 눈으로 쳐다보고, 아버지는 아들에게 이렇게 말한다. "저렇게 먹으려면 한 달에 적어도 1백만 리라는 필요해." 잠시 후 놀랍게도 리치는 자전거 도둑을 찾아내고는 매음굴로 그를 추적한다. 추악한 군중이 몰려든다. 경찰이 도착하지만 아무 일도 할 수가 없다. 증거도 없는 데다 목격자는 리치 밖에 없기 때문이다. 그러다가 영화의 클로징 시퀀스에서 리치는 자전거를 훔쳐야겠다는 유혹에 빠지고, 그러면서 절도와 빈곤의 사이클이 이어진다.

이 영화는 대단히 직설적인 이야기라서 드라마라기보다는 우화에 더 가깝다. 개봉 시기에 영화는 마르크스주의 우화로 간주되었다(자바티니는 이탈리아 공산당 당원이었다). 훗날 좌파 작가 조엘 카노프Joel Kanoff는 엔딩이 "고상한 채플린 스타일인데, 이 엔딩에는 사회적 위기에 대한 비판이 불충분하다"고 비판했다. 데이비드 톰슨David Thompson은 줄거리가 너무 작위적이라고 보면서 이렇게 썼다. "<자전거 도둑>을 많이 볼수록 주인공은 더 지루해지고, 데 시카의 도시 촬영은 더 시적이며 완성도가 높은 것처럼 보인다."

맞는 말이다. 리치는 전적으로 계급과 경제적 필요에 따라 행동의 동기를 부여받는 캐릭터다. 그에게 다른 요소는 그리 많지 않다. 그가 피자집 신에서 활력을 보여 주기는 하지만 말이다. 맞는 말이다. 영화는 그의 가난과 호사스럽게 사는 백만장자들을 대조하는 것을 요점으로 삼지 않는다(부富는 스파게티 한 접시를 살 수 있는 능력으로 묘사된다). 그런데 <자전거 도둑>은 — 제작진이 세상을 떠나고, 네오리얼리즘이 영감을 주는 원천이라기보다는 추억의 장르로 기억될 때까지 — 충분히 오랜 시간을 기다려도 좋다는 허락을 받으면서 비평에서 벗어나 다시금 걸출한 이야기가 되었다. 그런 면에서 이 영화는 지극히 행복한 사례다.

게다가 이 영화가 발휘하는 영향력이 전적으로 과거의 일인 것만은 아니다. 1999년 오스카 외국어 영화상 부문 후보작인 이란 영화 <천국의 아이들Baččе-hâ-ye âsemân>은 여동생의 신발을 잃어버린 소년을 다룬 영화다. 그 영화에는 아버지가 자전거 가로대에 아들을 태우고 일거리를 찾아 부유한 동네로 페달을 밟는 사랑스러운 장면이 있다. <자전거 도둑>을 본 사람이라면 누구나 이 장면에 반응한다. 이런 영화들은 시간의 흐름에서 벗어나 존재한다. 가족을 사랑하고, 가족을 보호하며 부양하고 싶어 하는 남자. 사회는 그것을 어렵게 만든다. 어느 누가 그런 남자에게 공감하지 못하겠는가?

비토리오 데 시카는 미남이었다. 배우로 출연해 달라는 요구를 많이 받은 그가 연출한 첫 영화는 그가 종종 출연하고는 했던 가벼운 코미디였다. 제2차 세계 대전의 가혹한 현실은 그런 이야기들을 만드는 데 필요한 낙관주의와 충돌하며 삐걱거렸고, 그는 1942년에 비스콘티의 <강박 관념Ossessione>이 나온 직후에 영화 <아이들이 우리를 보고 있다Bambini Ci Guardano>를 만들었다. 제임스 M. 케인James M. Cain의 하드보일드 소설 『우편배달부는 벨을 두 번 울린다The Postman Always Rings Twice』가 원작인 비스콘티의 영화는 최초의 네오리얼리즘 영화로 자주 꼽힌다. 무성 영화 시절에도 있는 그대로의 방식으로 일상을 과감하게 들여다본 영화들이 존재하기는 했지만 말이다.

데 시카와 다른 이들은 전문 배우 대신에 실제 일반인을 활용하는 경우가 잦았다. 할리우드의 번지르르한 모습을 수십 년간 감상한 후인 그 시점에 그런 캐스팅이 관객에게 안겨 준 효과는 실로 놀라웠다. 폴린 케일Pauline Kael은 1947년에 데 시카의 첫 걸작 <구두닦이Sciuscià>를 보러 갔다가 연인 한 쌍이 말다툼을 한 후에 그녀가 절망의 상태에 빠졌던 일을 이렇게 기억했다.

> 나는 눈물을 주룩주룩 흘리면서 극장을 나왔다. 그러다가 남자 친구에게 투덜거리는 여대생의 짜증난 목소리를 들었다. "뭐야, 이 영화의 뭐가 그렇게 특출하다는 건지 도무지 모르겠어." 나는 앞을 보지 못할 정도로 울면서 거리를 걸었다. 내 눈물이 스크린에서 본 비극과 스스로 느꼈던 절망 때문인지, <구두닦이>가 발하는 광채를 체험할 수 없는 사람들에게서 느끼는 소외감 때문인지 더 이상 확신할 수 없었다. <구두닦이>를 보고도 감흥을 받을 수 없는 사람들은 그 어떤 걸 느낄 수 있을까?

네오리얼리즘이라는 용어는 많은 뜻을 갖고 있는데, 가난한 문화를 배경으로 삼고 더 나은 사회에서는 부가 더 평등하게 분배될 것이라는 암묵적인 메시지를 담은, 노동 계급의 삶을 다룬 영화를 가리키곤 한다. <구두닦이>는 암거래를 했다는 이유로 소년원에 보내진 두 구두닦이 소년의 이야기를 들려준다. 그 작품에 대한 케일의 묘사는 네오리얼리즘의 배후에 자리한 희망에 대한 개념 정의로 볼 수 있다. "이 영화는 있는 그대로의 거친 모서리들을 부드럽게 갈고 닦거나 대부분의 영화들이 상실하는 것들을 — 인간사에서 벌어지는 혼란과 우연에 대한 감각을 — 잃는 일 없이 인간적 경험의 혼란에서 떠오른 것처럼 보이는 드문 예술 작품 중 하나다."

데 시카의 다음 영화인 <자전거 도둑>도 같은 전통에 속했다. 유쾌한 <밀라노의 기적Miracolo a Milano>(1951)을 만든 후, 그와 자바티니는 1952년에 길거리로 내몰리는 노인과 그의 개에 대한 영화 <움베

르토 D Umberto D>를 통해 초기 스타일로 복귀했다. 그런 후, 많은 평론가가 보기에, 데 시카는 가벼운 코미디들〔<이태리식 결혼Matrimonio all'Italiana>(1964), <어제, 오늘, 그리고 내일Ieri, Oggi, Domani>(1963)〕로 선회하면서 감독으로서 가진 특별한 재능을 여러 해 동안 묵혔다. 예외에 해당하는 중요한 두 작품이 소피아 로렌Sophia Loren이 전쟁 중에 집을 잃은 여인을 연기해서 오스카상을 받은 <두 여인La Ciociara>(1961)과 짙어지는 불길한 구름을 무시하려 애쓰는 이탈리아의 유대인 가족에 대한 영화 <핀치 콘티니의 정원Il Giardino dei Finzi-Contini>(1971)이었다. 두 영화 모두 자바티니가 시나리오를 썼다.

　　<자전거 도둑>이 처음 개봉했을 때 세상에 안긴 임팩트가 어찌나 컸던지, 영국 영화 전문지 『사이트 앤드 사운드Sight & Sound』에서 1952년에 영화감독들과 평론가들을 대상으로 국제적인 여론 조사를 실시했을 때 이 영화는 역사상 가장 위대한 영화로 선정되었다. 이 여론 조사는 10년마다 실시되었는데, <자전거 도둑>은 1962년에 공동 6위로 떨어진 후 명단에서 탈락했다. 1999년에 복원된 프린트가 공개되면서 새로운 세대는 이 영화가 얼마나 꾸밈없고 직설적이며 참된 영화인지를 — '이 영화의 그토록 특출한 점'을 — 볼 수 있게 되었다.

잔 다르크의 수난	감독	카를 테오도르 드레위에르
La Passion de Jeanne d'Arc	주연	르네 마리아 팔코네티
	제작	1928년 110분

르네 마리아 팔코네티Renée Maria Falconetti의 얼굴을 모른다면 무성 영화의 역사를 알 수가 없다. 무성 영화는 말을 활용할 수 없는 매체이자, 감독들이 카메라가 캐릭터들의 얼굴을 통해 그들의 본질을 포착한다고 믿었던 매체다. 무성 영화의 그런 특성을 감안할 때, 드레위에르Carl Theodor Dreyer, 1889~1968의 <잔 다르크의 수난>에서 팔코네티의 모습을 보는 것은 우리의 뇌리를 결코 떠나지 않을 눈동자를 들여다보는 것이다.

팔코네티(그녀는 늘 이 이름으로 불린다)의 출연작은 이 영화 한 편뿐이다. "아마 여태까지 필름에 기록된 연기 중에 가장 뛰어난 연기일 것"이라고 폴린 케일Pauline Kael은 썼다. 초창기의 가장 위대한 감독 중 한 명이던 덴마크인 카를 테오도르 드레위에르는 파리의 대로변에 있는 작은 극장의 무대에서 연기를 펼치는 그녀를 발견했다. 드레위에르의 회상에 따르면, 그녀가 출연한 작품은 가벼운 코미디였지만 그녀의 얼굴에는 강렬한 인상을 안겨 주는 무언가가 있었다. "얼굴 뒤에 영혼이 있었다." 메이크업 없이 스크린 테스트를 한 그는 찾던 것을 발견했다. 소박함과 고결함, 고뇌를 체현한 여인.

드레위에르는 프랑스 제작자들로부터 막대한 예산과 시나리오를 건네받았지만, 시나리오를 내던지고는 잔 다르크Jeanne d'Arc의 재판 관련 문서를 집어 들었다. 문서에는 전설로 승화된 이야기가 담겨 있었다. 오를레앙 출신의 순진한 시골 처녀가 사내처럼 차려입고는 프랑스 군을 이끌고 영국 점령군과 싸웠다가 패배했다는 전설, 프랑스 왕족에게 체포된 그녀가 영국군에게 넘겨지고 교회 법정에 끌려와서는 하늘에서 보여 준 환영에서 영감을 받았다는 믿음 때문에 이단으로 몰렸다는 이야기. 잔 다르크는 1431년에 화형을 당하기 전에 실제로는 스물아홉 번의 고문과 결합된 반대 심문을 받았다. 드레위에르는 그 심문들을 단 한 번의 심문으로 뭉뚱그리는데, 심문에 참가한 재판관들은 그녀가 보여 주는 용기에 대한 두려움 때문에 일그러진 얼굴로 그녀에게 다가가서는 고함을 지르고 비난을 퍼붓는다.

코펜하겐에 있는 덴마크영화박물관에 가면 드레위에르가 이 영화를 위해 지은 평범하지 않은 세트의 모형을 볼 수 있다. 그는 세트 전체가 (카메라 이동을 위해 이동시킬 수 있는 벽들이 세워진) 하나의 덩어리이기를 원했다. 그는 네 모퉁이에 망루를 세우는 것으로 시작했다. 그 망루들을 잇는 콘크리트 벽은 연기자들과 촬영 장비들을 지탱할 수 있을 정도로 두꺼웠다. 성벽 안에는 예배당과 주택, 종교 재판소가 있었는데, 이 건물들은 괴상한 기하학에 따라 지어졌다. 땅과 수직으로 뚫리지 않은 창문들과 출입문들은 날카로운 각도들과 조화롭지 않은 시각적 하모니를 자아낸다. (이 영화는 독일 표현주의, 그리고 미술 분야에서 일어난 프랑스 아방가르드 운동이 절정에 이르렀던 시기에 만들어졌다.)

코펜하겐에 있는 모형을 보면 영화 감상에 도움이 된다. 영화에서는 세트 전체를 한 번도 볼 수 없을 것이기 때문이다. <잔 다르크의 수난>에는 설정 숏이 하나도 등장하지 않는다. 영화는 대체로 클로즈업과 미디엄 숏으로 촬영됐다. 그 결과 잔 다르크와 그녀를 괴롭히는 이들 사이에 소름 끼치는 친밀감이 빚어진다. 숏들 사이에 쉽게 읽어 낼 수 있는 시각적 연결 고리가 존재하는 것도 아니다. 위스콘신대학의 데이비드 보드웰David Bordwell은 이 영화에 대한 엄밀한 숏 단위 분석에서 이런 결론을 내렸다. "영화 속 1천5백여 개의 컷 중에서, 한 숏에서 다른 숏으로 인물이나 물체를 넘겨주는 숏은 30컷이 안 되고, 액션이 제대로 매치되도록 구성되는 컷은 15컷이 채 안 된다."

관객의 입장에서 이 결론은 무슨 의미일까? 우리가 영화를 보러 갈 때 무의식적으로 기대하는 촬영과 편집의 언어가 있다. 우리는 두 사람이 이야기를 하는 중이라면 컷들은 그들이 서로를 바라보고 있다고 보이게끔 만들어 줄 거라고 가정한다. 재판관이 피고인을 심문하는 중이라면, 카메라의 위치와 편집은 그들이 처한 관계가 명확해지게끔 만들 거라고 가정한다. 세 사람이 방에 있는 모습을 보면, 우리는 그들이 어떤 식으로 배열되어 있고 카메라에 가장 가까이 있는 사람은 누구인지 알 수 있게 될 거라고 기대한다. 그런데 <잔 다르크의 수난>에는 그런 시각적인 단서들이 거의 존재하지 않는다.

그 대신 드레위에르는 연달아 등장하는 놀라운 이미지들로 영화를 편집한다. 감옥의 교도관과 법정의 성직자들은 강한 콘트라스트로, 종종 낮은 앵글로 카메라에 잡힌다. 그들의 뒤에 있는 건축물들이 날카로운 각도를 보여 주는 경우가 잦지만, 우리는 이 장면의 척도가 정확하게 어떻게 되는지를 확신할 수가 없다. (창문과 벽은 가까이 있는가, 멀리 있는가?) 보드웰의 저서에는 세 성직자의 숏이 실려 있다. 이 성직자들은 앞에서 뒤로 줄지어 서 있는 것 같은데, 드레위에르의 방식으로 촬영한 결과 그들의 머리는 머리들을 차곡차곡 겹쳐서 쌓은 것처

럼 보인다. 심문관들의 얼굴은 전부 메이크업 없이 밝은 조명 아래에서 촬영되었다. 그래서 그들의 피부에 난 튼 자국, 흠집 들은 병에 걸린 내면의 삶을 반영한 듯 보인다.

이와 대조적으로 팔코네티는 흑백이 아닌 부드러운 회색으로 촬영되었다. 역시 메이크업을 하지 않은 그녀는 엄숙한 것처럼, 그리고 내면의 가책에 지쳐 버린 것처럼 보인다. 재판관이 그녀에게 성 미카엘이 그녀에게 실제로 말을 했느냐고 묻는 장면을 숙고해 보라. 그녀의 무감각한 표정은 미카엘과 그녀 사이에 있었던 일이 무엇이건 그 일은 심문의 범위를 넘어선 일이기에 어떤 대답도 있음직하지 않다고 주장하는 것 같다.

드레위에르는 왜 그의 공간을 분절하고 시각적 감각에 혼란을 주면서 클로즈업으로 촬영을 했을까? 역사 드라마의 사실적인 스펙터클을 보여 주려는 유혹을 일부러 회피하고 싶어서 그랬을 거라고 생각한다. 영화에는 성벽과 아치를 제외하면 그 지방의 풍경이 하나도 등장하지 않는다. 예쁘게 보이게 만들려고 영화에 투입된 것은 하나도 없다. 의상의 경우에도 (모두가 역사적 근거가 있는 의상들이지만) 논의할 만한 내용이 없다. 드레위에르는 얼굴들을 강조하면서 바로 이 사람들이 그들이 했던 일을 했다고 주장한다. 그는 종교 재판소에서 특유의 제식과 고결함을 제거하고는 재판소의 구성원들이 영국인의 돈에 넘어간 뚱뚱한 위선자들임을 폭로한다. 그들의 가느다란 눈과 추잡한 입은 잔 다르크의 거룩함을 공격한다.

팔코네티의 입장에서 연기는 호된 시련이었다. 전설에 따르면 드레위에르는 돌바닥에 그녀를 강제로 무릎 꿇리고는 — 관객들이 탄압받는 그녀의 심정이나 내면의 고통을 읽어 낼 수 있도록 — 그녀의 얼굴에서 모든 표현을 지워 냈다고 한다. 그는 편집실에서 그녀가 표정으로 드러낸 표현에서 알맞은 뉘앙스를 정확하게 찾아낼 수 있기를 희망하며 동일한 숏들을 찍고 또 찍었다. 이 방식은 프랑스 감독 로베르 브레송Robert Bresson의 유명한 연출 방식으로 되풀이됐다. 브레송은 1962년에 연출한 <잔 다르크의 시련Procès de Jeanne d'Arc>에서 배우들의 연기에서 명확한 감정이 모조리 벗겨질 때까지 배우들로 하여금 동일한 숏을 거듭해서 연기하게 했다. 톰 밀른Tom Milne은 드레위에르를 다룬 저서에서 감독의 말을 인용한다. "자신을 향해 돌진해 오는 기차를 본 어린아이의 얼굴에는 자연스러운 감정이 표현됩니다. 거기에 무슨 느낌이 (이 경우에는 갑자기 느끼는 공포가) 있다는 말이 아닙니다. 그 순간에 아이의 얼굴은 완전히 자유롭다는 사실을 말하는 겁니다." 그것이 그가 팔코네티에게서 얻으려 했던 인상이다.

사람들은 그가 바라던 걸 얻었다는 데에는 일반적으로 동의한다. 그리고 그 사실은 팔코네티가 다른 영화는 절대 찍지 않았다는 데에도 일조했을 것이다(그녀는 1946년에 부에노스아이레스에서 사망했다). 우리는 이 영화에서 본 그녀의 얼굴과 비교할 수 있는 대상인 다른 역할을 연기하는 그녀의 모습을 보지 못한다. 그리고 이 영화는 시간의 외부에 존재하는 듯 보인다(프랑스 감독 장 콕토Jean Cocteau는 이 영화가 "영화가 존재하지 않았던 시대를 담아낸 역사적 기록" 같은 구실을 한다는 유명한 말을 했다).

감정이 얼굴보다는 대사와 액션으로 더 많이 전달되는 영화를 보면서 자란 요즘 관객들에게 <잔 다르크의 수난> 같은 영화는 심란한 체험이다. 우리는 영화가 관객의 내면을 너무 깊이 파고들기 때문에 우리가 욕망하는 것보다 더 많은 비밀을 발견하게 될 거라고 두려워한다. 우리가 잔 다르크를 무척 딱하게 여기고 그녀에게 무척 깊이 공감하기 때문에, 드레위에르의 시각적 방식들(앵글과 편집 클로즈업)은 스타일리스틱한 선택을 내려서 얻은 결과물로서 역할을 하는 게 아니라, 잔 다르크가 한 체험의 파편들처럼 작용한다. 기력이 쇠하고 굶주리고 추운 데다 끊임없이 공포를 느끼는, 세상을 떠났을 때 열아홉 살밖에 되지 않은 그녀는 자신을 괴롭힌 자들의 얼굴이 유령과 악령처럼 솟아오르는 악몽 속에서 살고 있다.

드레위에르의 성공 비법은 그가 자문했다는 질문일 것이다. "이 이야기가 실제로 이야기하는 것은 무엇인가?" 그는 그 질문에 대답한 후 그 외의 것은 철저하게 다루지 않는 영화를 만들었다.

전함 포템킨	감독	세르게이 에이젠슈타인	
Броненосец «Потёмкин»	주연	알렉산드르 안토노프, 블라디미르 바르스키	
	제작	1925년	75분

에이젠슈타인Сергей Эйзенштейн, 1898~1948의 <전함 포템킨>은 오랫동안 대단히 유명한 영화였기 때문에 참신한 시각으로 그 영화에 다가가는 것은 거의 불가능한 일이다. 이 영화는 영화사의 중요한 랜드마크 중 하나다. 이 영화의 유명한 오데사 계단 학살은 다른 영화(특히 <언터쳐블The Untouchables>)에 여러 번 인용되었다. 그래서 많은 관객이 원작을 보기에 앞서 패러디부터 먼저 보게 될 가능성이 크다. 이 영화의 위력이 어찌나 컸던지 이 영화가 관객을 선동해서 행동에 나서게 만들 수 있을 거라고 믿은 정부가 실제로 많았다. 오늘날 이 영화가 기술적으로는 훌륭하지만 단순하기 그지없는 "만화 영화cartoon"(폴린 케일이 우호적인 리뷰에서 사용한 단어)에 더 가깝게 보인다면, 그것은 이 영화에 담긴 놀라운 요소들이 진부해졌기 때문이다. 즉 「시편」 23편이나 베토벤의 교향곡 '운명'처럼, 영화가 무척이나 친숙해진 탓에 우리는 이 영화를 있는 그대로의 모습으로 인지할 수가 없다.

이렇게 이야기했으니 이제 내가 여러 번 감상했고 숏 단위 접근 방식으로 강의도 했던 〈전함 포템킨〉이 1998년 6월의 어느 밤에 예기치 못한 방식으로 생동감 넘치게 나에게 다가왔다는 이야기를 해야겠다. 영화는 미시간주 스리 오크스에 있는 비커스 극장 외벽에 걸린 대형 스크린에 영사되었다. 3백 명쯤 되는 시민이 영화를 감상하기 위해 주차장에 설치된 접의자에 자리를 잡았다. 상영과 동시에 연주된 반주는 미시간 중서부의 밴드 콘크리트Concrete가 맡았다. 영화제와 시네마테크하고는 거리가 먼, 온화한 여름밤의 별빛 아래에서 에이젠슈타인이 1925년에 외친 혁명에 참여하라는 요구는 전설적인 선동의 위력을 다소나마 발휘했다. 누군가가 자리에서 일어나 '인터내셔널L'Internationale'을 부르거나 하지는 않았다. 소비에트 프로파간다의 클래식을 감상하는 데 동원된 접의자들은 지역의 가톨릭 성당에서 빌려온 것이었다. 관객 중 일부는 영화가 끝난 후 의심의 여지없이 아이스크림을 먹으러 뉴버펄로의 오잉크스로 차를 몰았을 것이다. 그러나 영화는 저돌적인 힘과 스릴 넘치는 병치, 사람들을 행동에 나서도록 만드는 순수한 위력을 발휘했다. 일부 관객이 요란한 탄성을 내지른 오데사 계단 시퀀스가 나오는 동안에는 특히 더 그랬다.

영화는 포템킨 봉기 20주년을 기념하려는 러시아 혁명 지도부의 주문에 따라 제작되었다. 레닌은 포템킨 봉기를 구체제 전복 과정에서 군이 프롤레타리아에 합류할 수 있다는 것을 보여 주는 최초의 증거라고 환영했었다. 에이젠슈타인의 영화에서 스케치된 것처럼, 일본과 전쟁을 벌인 후 흑해를 항해 중인 전함의 선원들 사이에는 형편없는 배급 탓에 생긴 반항적인 분위기가 팽배하다. 아침으로 배급된 고기에 구더기가 득실거리는 유명한 클로즈업이 있다. 장교들이 반항적인 선원들에게 방수포를 던지고 그들을 총살하라고 명령하자 선동자 바쿨린추크는 큰소리로 외친다. "형제들이여! 그대들은 누구에게 총을 겨

누고 있는가?" 사수들은 총구를 내린다. 어느 장교가 어리석게도 자신이 내린 명령을 실행하려 노력하자 본격적인 반란이 전함을 휩쓴다. 뭍에서는 차르의 압제에 오랫동안 시달려 온 시민들에게 봉기 소식이 도달한다. 시민들은 소형 보트로 식량과 물을 전함에 전달한다. 그런 후 — 필름에 담겨진 가장 유명한 시퀀스 중 하나에서 — 차르의 군대는 기다란 계단을 행진해 내려오면서 겁에 질려 물결처럼 달아나는 시민들을 향해 발포한다. 헤아릴 수 없이 많은 무고한 시민이 목숨을 잃는다. 그리고 학살은 유모차에 실린 아기를 보호하려 애쓰다 총에 맞아 죽는 여인의 이미지로 요약된다. 통제를 벗어난 유모차는 계단을 굴러 내려간다.

실제로 오데사 계단에서 학살이 벌어진 적은 없다는 역사적 사실도 이 장면의 위력을 조금도 줄이지 못한다. 차르의 군대는 오데사의 다른 곳에서 무고한 민간인들에게 발포했었다. 그 살육에 집중하면서 사실을 위한 완벽한 영화적 세팅을 찾아낸 에이젠슈타인은 감독으로서 할 바를 해내고 있었다. 그가 그 일을 무척이나 잘 해냈기에 오늘날에는 오데사 계단의 유혈 참사가 실제로 벌어졌던 일인 것처럼 자주 언급된다는 것은 아이러니하다.

봉기를 진압하려고 오데사를 향해 빠르게 항해하는 러시아 함대에 봉기 소식이 다다른다. 포템킨과 혁명가들이 지휘하는 구축함 한 척이 그들을 맞으러 출항한다. 에이젠슈타인은 접근하는 함대와 용감한 포템킨, 선상에서 벌이는 준비 작업의 디테일을 오가며 편집하는 것으로 긴장감을 자아낸다. 마지막 순간에 포템킨의 선원들은 함대에 있는 동료들에게 혁명에 합류하라는 신호를 보낸다. 그리고 전함은 함포를 한 발도 맞지 않은 채 함대를 통과한다.

<전함 포템킨>은 계급 의식을 담은 혁명 프로파간다로 여겨진다. 세르게이 에이젠슈타인은 3차원적인 개인들을 창작해 내는 걸 일부러

회피한다(심지어 바쿨린추크는 대체로 심벌로 간주된다). 대신 포템킨 갑판에서 굽어보는 많은 숏에서처럼 군중은 혼연일체로 움직인다. 오 데사 인민 역시 짤막하게 지나가지만 뚜렷하게 윤곽이 보이는 많은 얼굴로 구성된 군중으로 등장한다. (자막 화면에 나오는) 대사는 대부분 격분한 함성과 권유에 국한된다. 거대한 정치적 드라마의 균형을 잡아 줄 개인적인 드라마도 존재하지 않는다.

에이젠슈타인은 소비에트의 필름 몽타주 이론의 창안자 중 한 명이다. 몽타주 이론은 필름이 이미지의 부드러운 전개에 의해서가 아니라 이미지의 병치를 통해 최대의 임팩트를 가진다고 주장했다. 편집은 때때로 변증법적이다. 정正, 반反, 합合. 비무장 시민들의 공포에 찬 얼굴들과 군복을 입은 얼굴 없는 군대를 오가는 편집으로 에이젠슈타인은 차르의 국가에 맞서는 시민들을 펀드는 논거를 만들어 냈다. 다른 많은 컷은 비약적이다. 포템킨의 함장이 반란자들을 활대 끝에 교수형 시키겠다고 위협한 후, 우리는 유령 같은 인물들이 거기에 목매달려 있는 모습을 본다. 인민들이 "폭군을 몰아내자"고 외치면 불끈 쥔 주먹들이 스크린에 등장한다. 총에 맞은 희생자들이 무력해서 도망도 못 간다는 것을 강조하기 위해, 두 다리가 없는 어느 혁명 시민이 등장한다. 군대가 진군할 때 군화는 어린아이의 손을 짓밟는다. 유명한 일군의 숏에서 어느 시민은 안경을 끼고 있다. 화면에 그가 다시 등장하면 총알이 렌즈 하나를 관통한 게 보인다.

에이젠슈타인은 몽타주가 줄거리가 아닌 리듬에서 전개되어야 한다고 느꼈다. 숏들은 핵심적인 주장으로 이끌려지게끔 편집해야 마땅하지 개별 캐릭터들의 개인적 이해 때문에 길게 늘어져서는 안 된다. 내가 〈전함 포템킨〉에서 들은 대부분의 사운드트랙은 이 이론을 따르지 않는다. 그 대신 틀에 박힌 무성 영화 드라마에 가깝게 들린다. 미시간의 밴드 콘크리트(보이드 너팅Boyd Nutting, 존 야젤Jon Yazell, 앤드루 러스텐Andrew Lersten)는 키보드와 들릴 듯 말 듯한 말소리, 울음소리, 합창단의 합창 소리, 퍼커션, 호전적인 선율을 활용해 강렬하고 리드미컬하며 반복적인 스코어로 에이젠슈타인의 접근 방식을 강조하고 보강한다. 그것은 자신들을 에이젠슈타인의 고분고분한 반주자가 아닌 그와 함께 협력하는 아티스트로 간주하는 뮤지션들이 요란하게 연주한 적극적이고 인상적인 접근 방식이었다.

내가 오랫동안 <전함 포템킨>에 대해 느낀 친숙함과 결별하면서 이 영화가 어째서 그토록 오랫동안 위험한 영화로 간주되어 왔는지를 어느 때보다도 잘 이해할 수 있었던 것은 평범하지 않은 감상 상황과 더불어 그들의 음악 덕이었다고 생각한다. (이 영화는 미국의 여러 주와 프랑스에서 상영이 금지됐었고, 영국 역사상 다른 어떤 영화보다 더 오랫동안 금지 작품으로 묶여 있었다. 선상 반란이 당 강령에 반하던 시절에는 심지어 스탈린조차도 이 영화의 상영을 금지했다.)

중요한 사실은 <전함 포템킨>이 홀로 서지는 못한다는 것, 영화가 위력을 발휘하려면 영화가 상영되는 사회적 상황에 의존한다는 것이다. 이 영화는 번영을 구가하는 평시에는 호기심의 대상이다. 천안문광장 사태 때 중국에서 이 영화가 상영되었다면 선동의 위력을 한껏 발휘했으리라고 나는 상상한다. 이 영화는 1958년에 열린 브뤼셀세계박람회에서 투표를 통해 영화 역사상 가장 위대한 영화로 뽑혔다(아이러니하게도 <시민 케인Citizen Kane>이 대규모로 재개봉되면서 왕좌를 재빨리 차지한 바로 그해다). 냉전은 1958년에 정점에 달했고, 유럽의 많은 좌파는 마르크스주의 처방을 사회에 적용하는 데 여전히 동의하고 있었다. 그래서 <전함 포템킨>은 그들에게 여전히 힘을 발휘했다.

그러나 <전함 포템킨>은 영화의 맥락과 떼어놓으면 고초를 겪는다(1967년에는 완벽한 분위기로 강렬한 인상을 남겼지만 지금은 케케묵은 분위기의 영화라는 소리를 듣는 <졸업The Graduate>처럼 말이다).

이 영화는 알맞은 관객을 필요로 한다. 어떤 면에서 콘크리트는 가상의 관객을 제공했다. 세 젊은 뮤지션이 다른 관객들을 이끌면서 그들에게 행동에 나서라고 재촉하기 위해 연주한 시끄럽고 열정 넘치며 불길한 분위기의 음악은 열정적인 관객의 반응 같은 역할을 수행했다. <전함 포템킨>은 더 이상은 역사상 가장 위대한 영화로 간주되지 않지만, 영화사에 관심 있는 사람이라면 누구건 필히 관람해야 할 작품이다. 그리고 나는 그날 밤 소도시의 주차장에서 그 영화가 여전히 보유하고 있는, 누군가의 부름을 기다리고 있는 숨겨진 위력을 흥분된 심정으로 감지했다.

정사	감독	미켈란젤로 안토니오니	
L'Avventura	주연	가브리엘레 페르제티, 모니카 비티, 레아 마사리	
	제작	1960년	143분

사랑한다고 말해 줘요.

사랑해.

한 번 더 말해 줘요.

사랑하지 않아.

미켈란젤로 안토니오니Michelangelo Antonioni, 1912~2007의 <정사>가 한참 진행되고서 위의 대화가 나올 무렵이면 이 대화는 사랑하고는 아무런 관계도 없다. 이 대화는 혼자 하는 카드 게임이나 동전 던지기처럼 그저 시간을 보내려는 시도에 더 가깝다. 캐릭터들이 사랑에 빠졌다는, 빠질 수 있다는, 빠졌었다는, 빠지게 될 거라는 가능성조차 존재하지 않는다. 폴린 케일Pauline Kael은 이렇게 썼다. "진정으로 고독하기에는 지나치게 천박한 그들은 서로 접촉하는 것으로 따분함에서 벗어나려 애쓰지만 다시금 따분해졌다는 것만을 알게 된 사람들이다."

<정사>는 케일이 이 영화를 그해 최고의 영화로 꼽은 1960년에 일대 소란을 일으켰다. 영화는 펠리니Federico Fellini의 <달콤한 인생La Dolce Vita>(1960)과 동전의 양면을 이루는 영화로 간주됐다. 두 영화의 감독은 모두 이탈리아인이었다. 두 영화 모두 육체적 쾌락을 좇는 공허한 수색에 나선 캐릭터들을 묘사했다. 두 영화 모두 공허함과 영혼의 질환을 수반한 여명과 함께 끝을 맺었다. 그러나 중산층에다 육욕이 넘쳐흐르는 펠리니의 캐릭터들은 절망으로 향하는 길에도 최소한 희망은 잔뜩 품고 있었다. 반면에 안토니오니의 무위도식하고 빈둥거리며 퇴폐적인 부자들에게 쾌락은 그들의 존재에 대한 치명적인 권태로부터 순간적으로 기분을 전환할 수 있게 해 주는 대상이다. 다시 케일의 글이다. "캐릭터들은 그들이 느끼는 불안을 배출하려 애쓸 때에만 활력을 보인다. 섹스는 그들의 유일한 접촉 수단이다."

<정사>의 플롯은 유명하다. 영화에서 아무 일도 벌어지지 않는다는 이야기를 듣기 때문이다. 우리가 본 것은 결론이 없는 수색이고, 해답이 없는 실종이다. 원제의 뜻은 '모험'이다. 안토니오니가 시나리오 첫 페이지에 그 단어들을 써넣으며 지었을 천연덕스러운 미소를 상상하는 것은 어려운 일이 아니다.

부유한 친구 무리가 시칠리아 인근 바다를 요트로 유람한다. 그들은 섬 가까이에서 닻을 내리고 뭍을 향해 헤엄을 치다 뭍을 돌아보기 시작한다. 안나(레아 마사리Lea Massari)는 연인 산드로(가브리엘레 페르제티Gabriele Ferzetti)와 말다툼을 벌였다. 그녀는 혼자 있고 싶다고 말한다. 두 사람 모두 안나의 친구 클라우디아(모니카 비티Monica Vitti)와 다른 사람들과 함께 섬에 오른다. 시간이 흘러 안나의 모습이 보이지 않는다. 사람들은 그녀를 찾아 섬을 수색한다. 섬은 대부분 바위들과 키 작은 수목들로 덮여 있고, 숨을 만한 곳은 없는 듯 보인다. 그럼에도 그녀의 모습은 찾을 길이 없다.

그리고 그녀는 다시는 나타나지 않는다. <정사>가 틀에 박힌 영화라면, 당신은 이 정보를 폭로한 내게 격분할 것이다. 이 영화가 안나를 찾으려는 수색에 대한 영화라고 짐작할 것이기 때문이다. 그런데 그렇지 않다. 이 영화는 모든 캐릭터가 실종의 가장자리에 있을 때 느끼는 감각을 다룬다. 그들의 삶이 무척이나 비현실적이고 그들의 관계가 무척이나 빈약하기 때문에 그들은 실제로 존재하는 사람들이라는 말도 거의 할 수 없을 지경이다. 그들은 인생의 책갈피와 비슷하다. 어떤 지점들을 가리키기는 하지만, 줄거리하고는 아무런 관련이 없다.

도와줄 사람들을 데려오려고 요트가 파견된다. 안나의 친구들이 섬을 샅샅이 훑을 때, 알도 스카바르다Aldo Scavarda의 촬영은 매혹적이다. 화면 구도에서 인간들은 중심에서 벗어난 곳에 배치된다. 바위들은 거기에 영원토록 존재해 온 것처럼, 그리고 그곳의 방문객들은 바다로 — 또는 하늘로, 또는 그림자로 — 미끄러져 들어갈 것처럼 보이게끔 말이다. 그들은 멀리서 나는 보트 소리를 듣는다. 우리가 그 보트를 봤다는 — 아니면 본 것 같다는 — 기분이 들게끔 괴롭히는 숏이 있다. 안나는 그 보트를 타고 떠난 걸까? 나중에 그들은 다른 보트의 소리를 들은 듯하다.

이런 유령 보트들은 안토니오니의 <욕망Blowup>(1966)에 나오는 공원 잔디밭에 있었던, 또는 없었던 시체와 비슷하다. 1975년도 호주 영화 <행잉 록에서의 소풍Picnic at Hanging Rock>도 풍경이 먹어치운 사람에 대한 영화다. 안나의 실종이 낳은 결과는 심란하다. 우리는 보트가 있었는지 없었는지를, 안나가 그 보트를 타고 섬을 떠났는지 떠나지 않았는지를 알고 싶다. 영화는 파악하기 어려운 상태로 남는다. 결국 요트는 경찰과 안나의 아버지를 태우고 돌아온다(그 아버지는 자식의 실종 같은 그다지 큰 의미가 없는 일 때문에 자신의 책무를 두고 불려 왔다는 사실이 불만스러운 듯 보인다).

그런 후에 두 가지 면에서 충격적인 장면이 나온다. 우선은 그런 일이 벌어졌기 때문에 충격적이고, 다음으로는 그런 일은 거의 일어날 성 싶지 않기 때문에 충격적이다. 그 사건은 우리가 봤는지 여부를 확신할 수 없는 유령 보트와 비슷하다. 일행은 요트로 돌아오고, 안나의 연인 산드로는 안나의 친구 클라우디아를 붙들고 키스한다. 클라우디아는 도망친다. 그 순간은 그렇게 지나간다. 그녀는 무슨 생각을 하고 있을까? 그녀는 그가 그토록 일찍 안나를 배신했다는 사실이 역겨운 걸까? 그 답을 알기란 불가능하다.

묻에서 산드로는 경찰서에 사건을 신고한 후 클라우디아를 쫓아 기차에 오른다. 그는 그녀를 사랑한다고 말한다. 나중에 다른 친구들이 두 사람과 합류한다. 노동 계급의 거리를 그곳의 사내들과 소년들이 던지는 추파 따위는 전혀 염두에 두지 않고 걸어서 지나가는 섹시한 작가 글로리아(도로시 데 폴리올로Dorothy De Poliolo)도 그중 한 명이다. 그녀는 남자들의 관심을 날씨나 다름없는 것인 양 받아들인다. 여기서 흥미로운 점이 도출된다. 그녀는 자신이 섹시한 존재로 비춰지는 것을 고통스러워하지만 자신이 왜 그런 일을 하는지는 잊은 것이다. 그녀는 옷을 차려입고는 자신에 대한 남자들의 생각에 신경을 쓰던 시간의 기억에서 벗어난다. 그들은 여전히 생각한다. 그러나 그녀는 신경을 쓸 수 있는 능력이 소진되어 버렸다.

클라우디아는 산드로를 연인으로 받아들인다. 안나는 잊혀졌다. 둘 중 누구도 그녀의 실종을 슬퍼하지 않는다. 그녀는 하나의 기능(연인, 친구)으로 봉사했다. 그런데 이제 그녀는 사라졌고, 그 기능은 다른 사람에 의해 채워져야 한다. 그들은 함께 호텔 방에 체크인을 한다. 그리고 산드로는 벨보이가 지켜보는 가운데 클라우디아에게 키스하려 애쓰지만, 벨보이가 나가자 다시는 그러려고 들지 않는다. 그는 호텔 아래층에서 열리는 파티에 간다. 클라우디아는 잠들었다 깨어나 복도를 뛰어 내려간다. 안나가 돌아왔기를 소망하면서 (또는 그랬을까 두려워하면서) 말이다. 그녀는 아래층에서 창녀와 소파에 엉켜 있는 산드로를 발견한다. 그녀는 밖으로 뛰어나간다. 산드로가 일어나자 창녀는 기념품(souvenir, 프랑스어로 '추억'이라는 뜻이다)을 요구하고, 그는 그녀의 몸에 지폐를 던진다. 밖은 공허한 새벽이다.

<정사>가 개봉했을 때, "안토니오니적인 권태Antoniennui"라는 농담이 유행했다. 칸영화제에서 열린 영화의 프리미어에서 관객들은 야유를 퍼부었지만, 영화는 심사위원상을 수상했고, 세계 전역의 박스 오피스에서 성공을 거뒀다. 이 영화는 실존의 중간 지대를 떠도는 캐릭터들을 다룬 대여섯 편의 영화 중에서 가장 순수하고 선명한 영화였다. 이 영화는 비트족이 세상에 대한 무심함을 장려할 때, 모던 재즈가 멜로디와 아이러니한 거리를 유지할 때, 쿨cool이 유행할 때 미국에 찾아왔다. 그 모든 시대는 1960년대 말에 붕괴했지만, <정사>는 그 시대가 유지되는 동안에는 그 시대의 축가였다.

나는 이 영화를 처음 봤을 때 이 영화에 그다지 공감하지 않았다. 열여덟 살 나이에 어찌 그럴 수 있었겠는가? 이 사람들은 내가 꾼 가장 방탕한 꿈들을 넘어선 라이프 스타일에 지루해진 사람들이었다. 그리고 15년 후에 수업에서 영화를 가르칠 때, 이 작품은 영화가 아니라 작위적인 장편 영화 길이의 관념처럼 보였다. 영화를 다시 본 최근에야, 안토니오니가 영화의 절망스러운 침묵의 울부짖음에 얼마나 많은 명료함과 열정을 불어넣었는지를 깨달았다.

그의 캐릭터들은 자신이 가진 돈 덕에 노동과 책임, 목표와 목적 같은 것들에서 벗어날 수 있게 된, 그리고 내면의 순전한 공허에 노출된 기생충들이다. 물론 부유하면서 행복해지는 것은 가능한 일이다. 그러나 그러려는 사람에게는 정신, 그리고 관심사가 필요하다. 어떤 사람이 한도 끝도 없이 즐거움을 누린다는 단순한 이유로 행복해지는 것은 불가능하다. <정사>는 우리의 상상력 내부에 위치한 하나의 장소(멜랑콜리한 도덕의 사막)가 됐다.

우리는 어째서 <정사> 같은 영화를 더는 가질 수 없는 걸까? 우리가 더 이상은 동일한 종류의 질문을 묻지 않기 때문이다. 우리는 '삶의 목적'을 '라이프 스타일의 선택'으로 대체했다. 나는 페기 리Peggy Lee의 'Is That All There Is?(거기 있는 그게 전부인가요?)'가 세상에서 가장 슬픈 노래라고 생각하곤 했었다. 안토니오니는 그보다 더 슬픈 노래를 떠올릴 수 있었다. 'More(더 있어요)'.

	감독	버스터 키튼, 클라이드 브룩먼
제너럴	주연	버스터 키튼, 매리언 맥
The General	제작	1926년 ｜ 67분

버스터 키튼Buster Keaton, 1895~1966은 위대한 스톤 페이스Great Stone Face●
라기보다는 혼돈의 한복판에서 평정심을 유지한 사람이었다. 다른 무
성 영화 배우들은 관객에게 들려주려는 이야기의 논지를 이해시키려고
우스꽝스러운 짓을 했을지 모르지만, 키튼은 침착하게 관찰하는 태도
를 유지했다. 그것이 그의 최고작들이 라이벌 찰리 채플린Charlie Chaplin
의 최고작들보다 시대를 더 잘 견뎌 내는 이유다. 그는 무성 영화의 광
대들이 존재하는 세계를 찾은 현대의 방문객처럼 보인다.

　'애정의 대상이 평생 딱 둘(그가 모는 기관차와 아리따운 애나벨
리) 밖에 없는' 남부의 기차 엔지니어를 다룬 걸작 <제너럴>의 오프닝
시퀀스를 숙고해 보라. 영화 도입부에서 나들이옷 차림인 키튼은 자신
이 사귀는 여성의 집으로 걸어간다. 그는 꼬마 두 명이 그와 발을 맞추

●　연기 내내 무표정한 얼굴을 유지했던 키튼의 별명

며 따라오고 있다는 것을, 그리고 애나벨 리(매리언 맥Marion Mack)가 그들을 따라오고 있다는 것을 모른다.

그는 그녀의 집 현관에 도착한다. 그녀는 눈에 띄지 않게 지켜본다. 그는 바지 뒤꿈치 부분으로 구두에 광을 낸 후, 노크를 하고 잠시 멈칫했다 주위를 둘러보고는 그녀가 바로 뒤에 서 있는 것을 본다. 대다수의 무성 영화 코미디언이라면 이 순간에 깜짝 놀라는 과장된 연기를 했을 것이다. 그런데 키튼은 이 순간을 관심이 치솟기만 했다는 걸 보여 주는 표정으로 연기한다.

그들은 집에 들어간다. 그는 그녀가 앉은 소파의 옆자리에 앉는다. 그러다가 소년들이 자기 뒤를 따라왔음을 알게 된다. 그의 얼굴에 약간 불쾌한 기색이 감돈다. 자리에서 일어난 그는 떠나려는 듯 모자를 쓰고 문을 연다. 그러면서 그 소년들에게 그들이 그의 손님이라는 생각이 들 정도로 정중한 태도를 보인다. 소년들은 걸어 나가고 그는 그들의 등 뒤에서 문을 닫는다.

그는 폭소를 유도하려고 연기하는 사람이 아니다. 그의 일생에서 가장 중요한 사람이 하는 요청에 몰두한 남자다. 바로 그게 그가 웃기는 사람인 이유다. 이 영화에서 가장 유명한 숏(여성에게 거절당한 그가 절망적인 심정으로 대형 엔진의 전철 막대에 걸터앉은 숏)이 작동하는 이유이기도 하다. 움직이기 시작한 전철 막대는 그를 들어 올렸다 내려놨다 하지만, 그는 그걸 감지하지 못한다. 오로지 애나벨 리 생각만 하고 있기 때문이다.

일련의 숏이 그의 캐릭터를 자신을 진지하게 받아들이는 남자로 구축한다. 그리고 그 캐릭터가 그가 영화 내내 관객에게 들려줄 음音이다. 우리는 키튼을 보고 폭소를 터뜨리는 게 아니라 그에게 공감한다.

<제너럴>은 무성 영화 코미디의 정점이자, 그 시대에 가장 많은 제작비가 든 영화에 속한다. 남북 전쟁 당시의 에피소드를 역사적으

로 정확하게 재연했으며, 엑스트라 수백 명이 동원되었고, 위험천만한 스턴트 시퀀스들이 있으며, 실제 기관차가 불타는 다리에서 까마득히 아래에 있는 협곡으로 추락한다. 이 영화는 실제 사건에서 영감을 받았다. 시나리오는 그 사건과 관련 있는 엔지니어 윌리엄 피틴저William Pittenger가 쓴 책『위대한 기관차 추격전The Great Locomotive Chase』을 바탕으로 집필되었다.

영화가 시작되면 선전 포고가 이루어지고, 남군南軍 징병관은 조니 그레이(버스터 키튼 분)의 입대 신청을 거부한다(그에게 설명해 주는 사람은 아무도 없지만, 그는 엔지니어로 일할 때 가치가 더 큰 자원이다). "당신이 군복을 입기 전까지는 다시는 말을 하고 싶지 않아요." 애나벨은 선언한다. 시간이 흐른다. 조니는 남군의 기관차인 제너럴의 엔지니어다. 북군北軍 스파이들이 그 기차를 훔치고, 조니는 도보로, 사이드카를 타고, 자전거를 타고, 결국에는 다른 기관차인 텍사스를 타고 그 열차를 추격한다. 그러다가 양측은 열차를 맞바꾸고, 그러면서 추격전은 거꾸로 지속된다. 도둑맞은 열차의 승객이던 애나벨은 북군의 포로가 되었다가 조니에게 구조되고, 텍사스가 협곡으로 추락하는 유명한 숏(그 열차의 녹슨 기체가 오늘날까지도 그곳에 남아 있다는 말이 있다)으로 끝나는 클라이맥스의 추격 장면 내내 그와 함께 열차를 탄다.

기차는 철길에서 벗어날 수가 없기 때문에, 그래서 기차 한 대는 영원히 다른 기차의 뒤에 있어야 하기 때문에 기차가 관련된 추격전을 구현하는 것은 논리적으로 어려운 일처럼 보일 것이다. 그렇지 않나? 하지만 키튼은 기발한 무성 영화의 코믹 시퀀스를 하나씩 보여 주면서 그러한 논리에 저항한다. 그가 대역을 결코 쓰지 않았고 모든 스턴트 연기를, 심지어 대단히 위험한 연기조차 조용하고 우아한 곡예를 펼치면서 몸소 해냈음을 강조하는 일은 중요하다.

기차라는 명백한 한계가 그에게 많은 아이디어를 제공한다. 남군의 전면 퇴각과 북군의 진격이 그의 등 뒤에서 그가 감지하지 못한 채로 벌어질 때, 그는 장작을 패고 있다. 자기 뒤에 있을 거라고 생각했던 차량들이 어쩐 일인지 그의 앞에 다시 등장했을 때 어리둥절해하는 반응과 관련한 몸 개그가 두 번 나온다. 그는 돌아오는 길에 다른 방식으로 사용할 수 있도록 가는 길 주변에 있는 구조물들을 설정한다. 유명한 시퀀스는 무개화차에 실린 대포와 관련된 것이다. 키튼은 다른 기차에 그 대포를 쏘고 싶어 한다. 그는 도화선에 불을 붙이고 뛰어서 기관차로 되돌아가지만, 천천히 뒤로 방향을 돌린 대포가 이제는 그를 곧장 겨냥하고 있는 광경만 보게 된다.

하나의 영감은 다른 영감을 구축한다. 그는 포탄을 피해 몸을 숨기려고 앞으로 달려가서 질주하는, 조종하는 사람이 아무도 없는 텍사스의 배장기에 걸터앉는다. 그리고 그의 품에는 커다란 침목이 있다. 북군 병사들은 다른 침목을 철길에 던지고, 키튼은 완벽한 겨냥과 타이밍으로 먼젓번 침목을 던져 두 번째 침목을 맞춰서는 튕겨 낸다. 흠잡을 데 없는 완벽한 장면이다. 그런데 생각해 보라. 침목을 던졌을 때 다른 침목이 자신의 머리를 박살내는 일 없이 길에서 튕겨져 나갈 것을 소망하면서 기관차 앞에 앉아 있는 게 얼마나 위험한지를.

추격 장면 사이에서 그는 북군 장성들이 전략을 짜고 있는 집에 실수로 들어가 애나벨 리를 구해 낸다. 그런데 키튼은 그녀를 구해 내기 전에 사소하지만 완벽한 영화적 농담을 던진다.

북군 장성들이 상의하는 동안 그는 식탁 아래 숨어 있다. 장성 한 명이 시가로 식탁보를 태워 구멍이 생긴다. 애나벨 리가 방에 끌려오면, 우리는 그 구멍을 통해 밖을 내다보고 있는 키튼의 눈을 본다. 그런 후 그 아가씨의 리버스 숏reverse shot●이 나온다. 키튼은 식탁보에 생긴 구

● 캐릭터 A가 캐릭터 B를 바라본 후 캐릭터 B가 앞서 등장한 캐릭터 A를 응시하는 모습을 보여줌으로써, 관객이 두 캐릭터가 서로 보고 있다고 느끼게 만드는 영화 테크닉

멍을 아이리스 숏iris shot(스크린에 등장한 핵심적인 요소 주위에 동그라미를 그리는, 그리피스D. W. Griffith가 무척 애용했던 숏)을 만드는 데 쓰고 있다.

<제너럴>은 권위 있는 『사이트 앤드 사운드Sight & Sound』가 실시한 여론 조사에서 영화 역사상 가장 위대한 영화 10선 중 하나로 뽑혔다. 이 영화가 키튼이 만든 가장 위대한 영화임을 그 누가 확신 있게 말할 수 있겠는가? 다른 사람들은 <스팀보트 빌 주니어Steamboat Bill, Jr.>(1928)를 꼽을 것이다. 그가 만든 다른 고전으로는 <손님 접대법Our Hospitality>(1923)과 <항해자The Navigator>(1924), <고 웨스트Go West>(1925)>, 그리고 운 좋게 직업을 얻은 뉴스 영화 촬영 감독 지망생을 본인이 직접 연기한 <카메라맨The Cameraman>(1928) 등이 있다.

영화가 탄생한 해인 1897년에 태어난 그는 보드빌 공연자 가정에서 자랐다. 그는 연기의 일환으로 무대 사방으로 말 그대로 '내던져졌다.' W. C. 필즈W. C. Fields처럼 고통스러운 유년기의 도제 생활 동안 몸 쓰는 재주를 배웠다. 1917년에 패티 아버클Fatty Arbuckle과 함께 영화 경력을 시작한 그는 1920년에 처음으로 단편 영화들을 연출했다. 그리고 1920년부터 1928년까지 채 10년이 안 되는 기간에 채플린의 작품들과 나란히 설 ― 일부 사람들이 생각하기에는 그 작품들보다 우월한 ― 작품들을 창작했다. 게다가 그는 리틀 트램프보다 인기가 좋거나 제작비를 잘 조달한 적이 결코 없었기 때문에 상대적으로 적은 자원으로 그런 작업을 했다.

그러다 유성 영화가 등장했다. 그는 자신의 예술적 독립성을 끝장낸 경솔한 계약을 MGM과 체결했다. 그러면서 그의 여생은 기나긴 두 번째 막이 됐다. 그 시간이 어찌나 길었던지, 1940년대에 그는 로스앤젤레스에서 30분짜리 라이브 TV 쇼에 출연하는 신세로 전락했다. 그런데 그 기간은 그의 천재성이 다시 발견되기에 충분히 긴 기간이기도 했다. 그러면서 그는 말년의 중요한 작품인, 사뮈엘 베케트Samuel Beckett가 시나리오를 쓴 <필름Film>(1965)을 만들었고, 사망하기 직전인 1966년에 베니스에서 열린 회고전에서 찬사를 받았다.

현재 나는 키튼의 작품들을 다른 무성 영화들보다 자주 감상한다. 그 작품들은 우아한 완벽함을 갖췄다. 줄거리와 캐릭터, 에피소드는 허술한 구석 없이 딱딱 맞아떨어진다. 그래서 그의 영화들은 음악처럼 전개된다. 그 영화들은 개그로 가득하지만, 키튼이 개그를 위주로 장면을 쓰고 있다는 느낌은 거의 들지 않는다. 대신에 폭소는 상황에서 비롯된다. 평론가 캐런 재네Karen Jaehne는 그가 "슬랩스틱의 히스테리 상태의 복판에 있는, 조용하고 왜소하며 고통 받는 중심"이었다고 기록했다. 그리고 특수 효과가 아직 초창기에 있었고 '스턴트'가 자신이 하고 있는 일이 실제로 스크린에 등장하는 일이라는 걸 뜻하는 경우가 잦았던 시대에, 키튼은 야심만만하고 용감했다. 그는 자기 주변으로 집이 무너지게 했다. 사랑하는 여성을 구하려고 폭포 위에서 그네를 탔다. 열차에서 떨어졌다. 그는 항상 동일한 캐릭터를 연기하면서, 자신의 기발한 재주를 신뢰하는 근엄하고 사려 깊은 남자를 연기하면서 그러한 곡예를 부렸다.

"찰리의 트램프는 부랑자의 철학을 가진 부랑자였습니다." 언젠가 그가 한 말이다. "그는 사랑스러운 사람이지만, 기회가 생기면 도둑질을 할 겁니다. 그런데 내가 연기하는 작은 친구는 노동자입니다. 그리고 정직한 사람이죠." 이 말은 그가 연기한 캐릭터들을 묘사한다. 그리고 그 캐릭터들의 창조자를 반영하는 말이기도 하다.

제3의 사나이
The Third Man

감독	캐럴 리드
주연	조지프 코튼, 알리다 발리, 오슨 웰스, 트레버 하워드

제작	1949년	104분

캐럴 리드Carol Reed, 1906~1976의 <제3의 사나이>보다 음악이 액션과 완벽하게 어울리는 영화가 있었던가? 이 영화의 스코어는 안톤 카라스 Anton Karas가 치터로 연주하는 곡으로, 리드는 어느 날 밤 비엔나의 맥줏집에서 카라스의 연주를 들었다. 경쾌한 사운드였지만 어둠 속에서 들려오는 휘파람 소리처럼 기쁨은 담겨 있지 않다. 스코어는 톤을 설정한다. 액션은 대학 학부생의 장난처럼 시작했다가 타락한 저의를 드러낸다.

줄거리는 누군가가 들려주는 이야기로 시작한다("나는 전쟁 전의 옛날 비엔나는 전혀 알지 못했다"). 산산이 부서진 전후의 도시는 프랑스와 미국, 영국, 러시아 구역으로 분할되어 있고, 각 지역은 정체가 의심스러운 장교 무리를 거느리고 있다. 이 음모의 하수통에 순진한 미국인이, 알코올에 중독된 싸구려 웨스턴 작가인 홀리 마틴스(조지프 코튼Joseph Cotten)가 떨어진다. 그는 대학 친구 해리 라임의 초대를 받아

비엔나에 왔다. 그러나 홀리가 비엔나에 도착했을 때 라임은 땅에 묻히는 중이다.

라임은 어떻게 사망했을까? 이 질문은 홀리가 라임이 남겨 놓고 간 어둠으로 뛰어드는 동안 플롯을 밀고 나가는 엔진이다. 사건을 담당한 영국군 장교 캘러웨이(트레버 하워드Trevor Howard)는 라임은 악당이었다고 기탄없이 말하면서 홀리에게 다음 비행기를 타고 돌아가라고 충고한다. 그런데 라임에게는 홀리가 라임의 무덤에서 본 여자 친구 애나(알리다 발리Alida Valli)가 있었다. 그녀는 몇 가지 답을 알고 있을 것이다. 홀리는 분명 그녀를 사랑한다. 양키인 그의 믿음직한 마음은 그녀의 방어막에는 상대도 안 되지만 말이다.

<제3의 사나이>는 유럽의 황폐함을 직접적으로 알고 있던 남자들에 의해 만들어졌다. 캐럴 리드는 전시에 영국 육군의 다큐멘터리 제작부대에서 일했고, 시나리오를 쓴 그레이엄 그린Graham Greene은 스파이 소설을 썼을 뿐 아니라 이따금 스파이로 활동하기도 했다. 리드는 영화의 사소한 디테일 하나하나를 두고 미국인 제작자 데이비드 O. 셀즈닉David O. Selznick과 다퉜다. 셀즈닉은 세트에서 찍으면서 발랄한 음악을 쓰며 노엘 카워드Noel Coward를 해리 라임으로 캐스팅하기를 원했다. 그가 만들고 싶어 한 영화는 영화를 감상하고 일주일 만에 대중의 뇌리에서 지워졌을 것이다. 리드는 폭탄이 터진 자국들이 입을 쩍 벌린 옆에 돌덩이들이 산더미처럼 쌓여 있고 제국의 유적들이 필사적인 암시장 경제를 지탱하는 비엔나에서 영화 전체를 로케이션 촬영하는 것으로 인습에 과감히 도전했다. 그리고 그는 카라스의 치터 음악을 고집했다('The Third Man Theme(제3의 사나이 테마)'는 1950년대의 최대 히트곡 중 하나였다).

리드와 아카데미상을 수상한 촬영 감독 로버트 크래스커Robert Krasker는 무모하면서도 도저히 잊을 수 없는 비주얼 스타일도 고안해

냈다. 내 생각에 그가 똑바로 찍은 숏보다 기울어지게 찍은 숏이 더 많은 것 같다. 그 숏들은 혼란에 빠진 세계를 암시한다. 환상적으로 기울어진 앵글들도 존재한다. 광각 렌즈들은 얼굴과 로케이션들을 왜곡한다. 기괴한 조명은 도시를 표현주의적 악몽의 현장으로 탈바꿈시킨다(라임을 잡기 위한 잠복 중에 풍선을 든 왜소한 남자가 이 장면에서 어슬렁거리는데, 그의 그림자는 3층 높이나 되는 괴물이다). <제3의 사나이>의 비엔나는 영화 역사에 등장하는 어떤 로케이션보다도 특별하고 명백한 장소다. 액션은 장갑에 미끄러져 들어가는 손처럼 도시에 딱 맞는다.

그러고는 얼굴들이 있다. 조지프 코튼의 숨김없고 순박한 얼굴은 해리 라임의 '친구들'의 얼굴과 대비된다. 타락한 쿠르츠 '남작'(에른스트 도이치Ernst Deutsch), 수상쩍은 닥터 빈켈(에리히 폰토Erich Ponto), 쥐처럼 생긴 포페스쿠(지그프리트 브로이어Siegfried Breuer). 고무공을 든 꼬마조차 기력이 쇠한 꼬마 도깨비처럼 보인다. 믿음직한 얼굴이라고는 홀리에게 "다른 남자가 있었어요. 제3의 사나이가요"라고 말하는 포터(파울 회르비거Paul Hörbiger)와, 캘러웨이의 부관으로 술에 취한 홀리의 턱을 갈겨 쓰러뜨리고는 사과하는 덩치 좋은 페인 하사(버나드 리Bernard Lee) 같은 순진한 사람들의 얼굴뿐이다. 망명자 신세인 주민들조차 타락했다. 토론 그룹의 우두머리 크래빈(윌프리드 하이드화이트Wilfrid Hyde-White)은 문화에 대해 지껄이는 와중에 애인이 문을 통해 계단으로 나가 사람들 시야에서 벗어나게끔 매끄럽게 일을 꾸민다.

해리 라임의 경우, 리드는 오슨 웰스Orson Welles가 영화 역사상 가장 유명한 등장을 하게끔, 그리고 가장 유명한 대사 중 하나를 연기하게끔 해 준다. 라임이 결국 모습을 드러낼 무렵, 관객은 웰스가 영화에 출연했다는 사실조차 가물가물한 상태다. 그 시퀀스는 잊을 수가 없다. 고양이가 문간에서 우는 소리, 큼지막한 구두, 홀리의 반항적인 도

전, 창문으로 흘러나오는 불빛, 그런 후 수수께끼 같고 개구쟁이 같은 라임의 얼굴을 향해 들어가는 숏. 두 대학 친구는 짓궂은 장난을 치다 붙잡힌 것만 같은 모습이다.

유명한 대사는 불편한 심정으로 거대한 페리스 휠에 올라탄 후에 나온다. 어느 순간 라임은 타고 있던 관람차의 문을 열고, 홀리는 근심스러운 표정으로 기둥을 팔로 감싼다. 다시 지상에 내려온 해리는 자신을 정당화하려고 애쓴다. "자네도 사람들이 하는 말을 알 거야. 보르지아 가문이 통치한 30년간 이탈리아에는 전쟁과 테러, 살인, 학살이 있었지. 하지만 그들은 미켈란젤로와 레오나르도 다빈치, 르네상스를 낳았어. 스위스인들에게는 형제애가 있었지. 그들은 5백 년 동안 민주주의와 평화를 누렸어. 그런데 그들은 무엇을 낳았나? 뻐꾸기시계뿐이지." (그린은 웰스가 이 대사를 썼다고 밝혔다.)

영화의 정서적 중심은 애나에게 빠져드는 홀리의 마음이다. 그런데 애나는 해리에 대해 어떤 사실을 알게 되건 상관없이 그를 사랑하면서 그에게 감사하려고 한다. 홀리와 애나가 같이 등장하는 장면들에는 사소한 디테일이 풍성하다. 그들이 해리의 아파트를 방문하고 그녀가 쳐다보지도 않으면서 서랍을 여는 때가 그렇다. 그녀는 서랍 안에 뭐가 있을지 이미 알고 있다. 그녀가 때로 홀리를 '해리'라고 부르는 말실수를 할 때도 그렇다. 영화에 나오는 사람들은 하나같이 이름 때문에 곤란을 겪는다. 홀리는 캘러웨이를 '캘러헌'이라고 부르고, 닥터 빈켈은 자기 이름은 "빈-켈!"이라고 고집한다. 해리 라임의 묘비에 적힌 이름조차 잘못되어 있다.

<제3의 사나이>의 추격 시퀀스는 올바른 로케이션과 올바른 액션이 결합한 또 다른 사례다. 해리는 궁지에 몰린 생쥐처럼 하수도로 도주하고, 리드는 메아리가 울리는 기다랗고 공허한 하수도 풍경으로 들어가는 추격자들과 라임의 땀에 젖은 얼굴과 도주로를 찾으려 사방을

둘러보는 눈동자의 클로즈업을 교차 편집한다. 비엔나 하수도에 조명이 설치됐을 리는 없을 듯하지만, 모든 모퉁이 뒤에는 보이지 않는 강력한 광원이 존재하고, 그 결과 역광을 받은 해리와 추격자들의 그림자는 길게 늘어진다.

<제3의 사나이>의 마지막 신은 애처롭게 내뱉는 기다란 한숨이다. 그런데 이 장면은 존재하지 못할 뻔했다. 처음에 셀즈닉과 그린은 해피 엔딩을 원했다(그린은 원래 "그녀는 그의 팔짱을 낀다"고 썼다). 리드는 그가 틀렸다고 그린을 설득했다. 영화는 시작할 때 그랬던 것처럼 묘지에서 끝나고, 그런 다음 캘러웨이는 홀리를 시내로 태워다 준다. 그들은 길가를 걷는 애나를 지나친다. 홀리는 지프에서 내리게 해달라고 부탁한다. 그는 나무 밑에 서서 그녀를 기다린다. 그녀는 그에게 다가오고, 그를 지나치고, 그런 후에 프레임 밖으로 나가 버린다. 그에게 눈길 한 번 주지 않은 채로 말이다. 그리고 오랫동안 멈춰 있던 홀리는 담배에 불을 붙이고는 지친 표정으로 성냥을 던진다. 조지프 코튼은 이 장면이 더 일찍 끝날 거라고 생각했노라고 나중에 회상했다. 그러나 리드는 카메라를 계속 돌리면서 평범하지 않은 롱 숏을 만들어냈고, 그 숏은 절대적으로 완전무결하다.

<제3의 사나이>는 전후 미국의 낙관주의와 유럽의 뼛속 깊은 피로감을 반영한다. 이 영화는 어른과 어린아이에 대한 이야기다. 라임이 저지른 범죄 행각의 결과를 직접 목격한 캘러웨이 같은 어른들과 자신이 쓴 웨스턴 소설에 등장하는 단순화된 선과 악의 이분법을 쉽게 믿어 버리는 홀리 같은 어린아이 말이다.

<제3의 사나이>는 <카사블랑카Casablanca>의 기력이 쇠해진 속편과 비슷하다. 두 영화 모두 주인공이 미국인 망명객으로, 배신과 암시장의 음모가 넘쳐나는 세상에 산다. 두 영화의 주인공 모두 전쟁에 시달린 여자를 사랑한다. 그런데 <카사블랑카>는 승전의 희망에 젖어 있

는 반면, <제3의 사나이>는 편집증과 배신, 폭탄으로 점철된 냉전 시대를 이미 반영하고 있다. 두 영화의 주인공 모두 여자를 얻지 못한다. 하지만 <카사블랑카>에서 일사는 레지스탕스 리더가 투쟁을 벌이는 것을 도우려고 그의 곁에 머물고, <제3의 사나이>에서 애나는 생쥐 같은 인간에게 충실한 채로 남는다. 결국 해리 라임은 나라 잃고 떠도는 신세로 죽을 게 분명했던 애나의 목숨을 구했다. 홀리는 애나가 전쟁에서 살아남으려고 무슨 일을 했었는지 절대 이해하지 못할 것이고, 애나는 그에게 그 이야기를 들려주려는 욕망이 조금도 없다.

내가 봐 온 모든 영화 중에서 이 영화는 영화를 보러 가는 행위에 깃든 로맨스를 가장 완벽하게 체현한 작품이다. 나는 이 영화를 비오는 날 파리 좌안의 연기 자욱한 어느 소극장에서 처음 봤다. 영화는 실존적 상실과 배신의 이야기를 들려줬다. 영화는 지쳐 있으면서도 빈틈이 없었고, 눈부시게 아름다운 스타일은 영화가 묘사하는 타락한 세상에 맞서는 저항 행위였다. 영화를 보면서 대단히 많은 할리우드 영화가 홀리 마틴스가 쓴 싸구려 웨스턴과 비슷하다는 것을 깨달았다. 수동적인 소비를 위한 해피 엔딩을 제공하는 천진난만한 공식들. 며칠 전에 <제3의 사나이>가 리메이크될 계획이라는 기사를 읽었다. 당신은 애나가 홀리의 품에 안길 거라고 생각하는가, 아니면 씁쓸한 냉소주의와 입밖에 낼 수 없는 지식에 충실한 채로 남을 거라고 생각하는가?

제7의 봉인

Det Sjunde Inseglet

감독	잉마르 베리만	
주연	막스 폰쉬도브, 군나르 뵈른스트란드	
제작	1957년	96분

십자군 원정에서 돌아오던 기사는 흑사병이 창궐하는 와중에도 초라한 예배당이 여전히 문을 열고 있는 걸 발견하고는 그곳에 고해를 하러 간다. 그는 격자창을 통해 모습이 절반쯤 보이는 후드 입은 인물에게 속내를 털어 놓는다. "저는 무관심 때문에 세상을 향한 문을 닫았습니다. 저는 유령들의 세상에서 꿈의 포로로 살고 있습니다. 신께서 당신의 손을 내미시고, 당신의 얼굴을 보여 주시고, 저에게 말을 해 주시기를 원합니다. 어둠 속에서 그분께 큰소리로 울부짖지만, 거기에는 아무도 없습니다." 후드를 입은 인물이 돌아서자, 그는 기사가 귀향길에 오른 내내 기사를 따라왔던 사신死神으로 밝혀진다.

쉽게 이해되는 심리와 사실적인 행동에 전념하는 현대 영화에서 이런 이미지는 설 곳을 갖지 못한다. 여러 면에서 잉마르 베리만Ingmar Bergman, 1918~2007의 <제7의 봉인>은 그 뒤를 이은 — 그 자신의 작품들을 비롯한 — 현대 영화들보다는 무성 영화와 공통점이 많다. 이 영화가 지금은 유행에 뒤처진 것처럼 보이는 이유도 그것일 것이다. 꾸밈없이 있는 그대로를 포착한 이미지들을 보여 주고 신의 부재라는 비타협적인 주제를 다루는, 오랫동안 걸작 영화로 간주되어 온 이 영화는 요즘의 일부 관객에게는 약간 당혹스러울 것이다.

영화는 더 이상 신의 침묵에 관심을 기울이지 않는다. 그 대신 인간들의 떠들썩한 수다에 관심을 갖는다. 우리는 베리만이 아이러니의 시대에 실존적인 질문들을 던지는 모습을 보는 게 불편하다. 베리만 자신도 <페르소나Persona>(1966)부터 동일한 질문들을 하는 데 더 교묘한 방식을 찾아냈다. 그런데 <제7의 봉인>의 직설적인 면모야말로 이 영화의 강점이다. 이 영화는 영화의 주인공의 면모와 동일한 단순함과 믿음으로 선과 악을 응시하며 고민하는 비타협적인 영화다.

코미디를 제외한 베리만의 성숙한 영화 전부는 신께서 당신을 드러내려고 선택하신 방식에 대한 그의 불만을 다룬다. 그런데 그는 <제7의 봉인>을 만들 때 자신이 선택한 주제를 있는 그대로의 태도로 접근할 만큼 — 대단히 완벽하기 때문에 이후로 숱하게 많은 패러디의 대상으로 세월을 살아남은 이미지가 된, 기사가 사신과 체스를 두는 모습을 실제로 보여줄 만큼 — 과감했었다. 그리고 그는 자신의 영화를 주장이나 클라이맥스로 끝맺는 게 아니라 이미지로 끝맺을 만큼 자신감이 넘쳤었다. "엄격한 사신이 그들에게 춤을 추라고 명하고 있어." 젊은 배우는 아내의 눈길을 지평선으로 이끌면서 말한다. 지평선에서는 사신이 방금 전에 포획한 희생자들을 죽음의 행진으로 이끌고 있다.

오랜 세월이 흐른 후에 <제7의 봉인>을 다시 보고는 전염병이 나라를 휩쓸고 십자군이 귀환하던 시기인 중세 초입의 유럽에 대한 디테일을 풍성하게 떠올렸다. 기사(막스 폰쉬도브Max von Sydow)는 다른 많은 캐릭터와 줄거리를 공유한다. 현실적이고 세상 물정에 밝은 그의 시종(군나르 뵈른스트란드Gunnar Björnstrand)도 비중 있는 캐릭터다. 여자

를 대놓고 싫어하는 시종은 그가 모시는 주인과 냉소적인 관계에 있다(그는 자신의 불만을 보여 주려고 낮은 목소리로 으르렁거린다). 두 사람이 고향에 있는 기사의 성으로 가는 동안, 기사는 사신의 도전을 받는다("나는 오랫동안 네 옆에 머물러 왔다"). 그는 사신에게 거래를 제안한다. 그들은 기사의 영혼을 놓고 체스를 둘 것이다. 게임은 영화 내내 이어진다.

길을 가는 동안 기사와 시종은 어린 아들을 둔 부부 요셉과 마리아가 속해 있는 유랑극단을 만난다. 그들은 사람이 살지 않는 듯 보이는 농장을 방문하는데, 여기서 시종은 전염병으로 목숨을 잃은 사람의 팔찌를 훔치려 애쓰는 라발이라는 남자를 붙잡는다. 라발은 몇 년 전에 십자군에 합류하라고 기사를 설득했던 바로 그 신학자다.

전염병은 극단적인 행동을 불러일으켰다. 고행자들의 행렬이 지나간다. 일부는 무거운 십자가를 짊어졌고, 다른 이들은 회개하면서 자기 몸을 채찍질하고 있다. 기사와 시종은 우리에 갇힌 젊은 아가씨(군넬 린드블롬Gunnel Lindblom)를 만난다. 그녀는 화형 당할 예정이다. 그녀를 체포한 자들은 그녀가 악마와 동침해서 전염병을 초래했다고 설명한다. 기사는 아가씨에게 신의 존재 여부를 알고 있어야 마땅한 악마에 대해 묻는다. "내 눈을 보세요." 여자는 말한다. "사제는 내 눈에서 그를 볼 수 있었어요. 그리고 병사들도……. 그들은 나한테 손을 대려하지 않아요." 그녀는 그게 자랑스럽기까지 하다. 기사는 "공포 말고는 아무것도 보이지 않아"라고 말한다. 나중에 여자를 화형 시킬 준비를 하는 동안 시종은 말한다. "저 여자의 눈을 보세요. 다름 아닌 공허를 보고 있어요." 기사는 "그럴 수는 없다"고 말한다. 우리는 영화가 거의 끝날 때까지도 사신이 초자연적인 인물로 존재할 가능성을 생각한다. 그러나 신께서 중요한 역할을 맡으실 거대한 구조물은 존재하지 않는다.

일부 영화감독은 천생 감독이다. 그런데 잉마르 베리만은 후천적으로 만들어진 감독이다. 1918년에 스웨덴 웁살라에서 태어난 그는 루터파 목사의 아들이었다. 아버지는 어린 아들을 "너의 발가락을 먹어치울 물건들과 함께" 찬장에 가두는 등의 체벌을 가하면서 아들을 엄격하게 키웠다(이런 체벌들이 나중에 영화에서 회상된다). 그가 전쟁 후에 만든 초기 영화들은 ─ 오늘날 그리 많이 감상되지 않는데 ─ 이탈리아 네오리얼리즘과 할리우드의 사회 드라마가 불편하게 뒤섞인 작품들이었다. 심지어 제목들〔<사랑에 내리는 비Det Regnar på vår Kärlek>(1946), <밤은 나의 미래Musik i Mörker>(1948)〕조차 작품들의 진부함을 보여 준다. 그는 사소하고 사실적인 제스처와 일상적인 행동으로 구성된 세계에서는 편하게 지내지 못한다. <즐거움Till Glädje>(1950)과 <톱밥과 금속조각Gycklarnas Afton>(1953) 같은 영화들을 만들면서 더 진지한 이슈들로 돌아갔을 때에야 그의 천재성이 발휘되기 시작했다. 1957년에 개봉된 <제7의 봉인>과 <산딸기Smultronstället>는 그가 예술가로서 성숙해졌음을 증명한 작품들이다. 두 영화 모두 인생의 끄트머리에 가까워지면서 삶의 의미를 찾아 나선 여정에 오른 남자들을 다룬다.

베리만이 커리어의 중반에 만든 여러 영화의 한복판에는 영적인 탐구가 자리 잡고 있다. 그 시기에 만들어진 <제7의 봉인>에서 그는 신이 세상에 부재하는 것처럼 보이는 이유를 묻고 또 물었다. <거울을 통해 어렴풋이Såsom i en Spegel>(1961)에서 정신 질환이 있는 여주인공은 거미에게서 하나님의 비전을 본다. 뵈른스트란드와 폰쉬도브가 다시 출연하는 장중한 영화 <겨울빛Nattvardsgästerna>(1963)은 임박한 핵전쟁의 위기에 신앙의 위협을 느끼는 시골 사제의 이야기다. <페르소나>에서 텔레비전으로 방송된 전쟁의 이미지는 여주인공이 말하는 것을 멈추게 만든다. 걸작 <외침과 속삭임Viskningar och Rop>(1972)에서 암으로 죽어가는 여인은 자매들이 이해하거나 공유할 수 없는 믿음을 찾아낸다.

베리만의 커리어를 장식하는 마지막 영화 네 편은 그가 사로 잡힌 의문들에 대한 대답들을 찾아 내면을 들여다본다. 모두 자전적인 작품으로, 그가 연출한 마지막 영화 <화니와 알렉산더Fanny och Alexander>(1984), 그리고 그가 시나리오를 쓴 <최선의 의도Den Goda Viljan>(1991), <일요일의 아이들Söndagsbarn>(1992), <트로로사Trolösa>(2000) 세 편이 여기에 해당한다. 젊은 청년과 죽어 가는 목사인 그의 아버지가 시골로 떠난 여름휴가의 기억에 바탕을 둔 <일요일의 아이들>은 베리만의 친아들 다니엘Daniel Bergman이 연출했다. 아마도 다니엘이 잉마르가 품었던 것과 같은 종류의 의문들을 다루도록 잉마르가 허락한 것이었을 테다. 그리고 <트로로사>의 연출자는 잉마르와 불륜 관계였고 그의 딸을 낳았지만 결코 결혼은 하지 않은 상태로 항상 그의 곁에 머물렀던 여배우 리브 울만Liv Ullmann이다. 이 작품에서 잉마르는 '베리만'이라는 노인에 대한 시나리오를 제공했다. 베리만이라는 이 노인은 베리만의 집에서 살며, 베리만의 책상에서 일하고, 오래 전에 맺었던 관계에서 했던 자신의 비도덕적인 행동에 대해 가차 없이 캐묻는다. 여기 있는 이 남자는 80대에 접어들어서도 인생에 대해 동일한 의문들을 계속 제기하면서 대답에 여전히 만족하지 못하는 사람이다. 베리만이 다른 영화를 만들지 않는다면, <트로로사>는 그에게 다가온 것처럼 보이는 인생의 종막에 가장 근접한 작품이 될 것이다.

베리만의 작품들은 일관된 포물선을 그린다. 현실에 불만이 많은 청년은 사회적이고 정치적인 이슈들에 관심을 갖는다. 중년에 접어든 그는 신에 대해, 실존에 대해 엄청난 질문들을 던진다. 노년이 된 그는 어떤 대답들이 있는지 찾으려고 자신의 기억으로 방향을 튼다. 그리고 이 많은 영화에는 사실상 동일한 것이나 다름없는 화해의 장면들이 있다. <제7의 봉인>에서 자기 인생의 종말과 전염병에 의한 전반적인 파괴에 직면한 기사는 요셉과 마리아와 그들의 아이와 함께 잠깐의 시간을 보내고는 이렇게 말한다. "이 평화로운 시간을 기억하겠어. 황혼, 산 딸기 한 사발, 우유가 담긴 사발, 류트를 든 요셉." 이 가족을 사신으로 부터 구하는 것이 그의 주장을 펼치는 마지막 제스처가 된다. <외침과 속삭임>에서 세상을 떠난 여인이 남긴 일기는 그녀의 기분이 약간이나 마 좋았던 날을 회상한다. 그날 자매들과 하녀는 양달로 걸어가 잔디 밭의 그네에 앉았었다. "나에게 무척이나 많은 것을 베푼 내 인생이 무 척이나 고마웠다"고 그녀는 썼다.

그리고 <결혼의 풍경Scener ur ett Äktenskap>(1973)은 결혼 생활이 붕괴되고 있지만 사랑과 희망이 아직 완전히 사라지지는 않은 부부의 이야기를 들려준다. 여러 해 동안 별거했던 두 사람은 한때 행복하게 지냈던 전원주택을 찾는다. 여자는 악몽을 꾸다 깨어나고, 남자는 그 녀를 붙잡고는 달랜다. 그리고 상처와 공포에 둘러싸인 어두운 집에서 한밤중에 두 사람 사이에 오가는 위안은 인류가 절망에 맞서 내세울 수 있는 가장 좋은 무기로 제시된다.

지난해 마리앙바드에서

L'Année Dernière à Marienbad

감독	알랭 레네	
주연	델핀 세리그, 조르조 알베르타치, 사샤 피토에프	
제작	1961년	94분

<지난해 마리앙바드에서>를 보려고 일리노이대학 캠퍼스 근처에 있는 코에드 극장 밖에서 내리는 빗줄기 속에 서서 기다리던 일을 정말로 생생하게 기억한다. 밤이 끝없이 이어질 것 같던 그때 인적이 드문 인도에서 우리는 얼마나 오랫동안 기다렸던가? 그런데 우리가 기둥과 복도, 줄지어 놓인 의자들이 있는 그 오래된 극장에 들어가려고 그렇게 줄을 서서 기다렸던 게 처음 있는 일이었던가, 아니면 우리는 그 전해에도 그 영화를 그곳에서 봤던가?

그렇다. 그 많은 풍자에 영감을 주고서도 그토록 오랫동안 뇌리에 남은 알랭 레네Alain Resnais, 1922~2014의 1961년 영화를 보고 미소를 짓는 건 쉬운 일이다. 대학생들이 그 영화를 보고 당혹스러워 하려고 실제로 빗속에 서 있었다는, 그러고는 영화에 담긴 의미에 대해 — 정작 영화를 연출한 감독은 그 영화에는 아무런 의미도 담겨 있지 않다고 주장했지만 — 몇 시간 동안이나 논쟁을 벌였다는 생각을 하는 건 믿기 어

려운 일이다. 오랫동안 <지난해 마리앙바드에서>를 보지 않았던 나는 비디오 대여점에서 새로 나온 DVD 버전을 보고는 무심결에 손을 뻗었다. 그 영화를 다시 보고 싶었기 때문이다. 그 작품이 멍청한지 심오한지 알아보려고, 그리고 아마도 왕년의 나 자신의, 예술에서 진리를 찾을 수 있을 거라고 희망했던 열아홉 살짜리의 모습을 되살려 보려고.

영화를 다시 보면서 지적인 체험을 하게 될 거라고, 작품을 감상하는 것보다는 작품에 대해 이야기하는 것이 더 재미있는 영화를 보게 될 거라고 예상했다. 그런데 내가 미처 대비하지 못했던 것은 <지난해 마리앙바드에서>의 관능적인 품격, 관객을 호령하는 것 같은 작품의 톤과 무드, 우리를 작품의 수수께끼 속으로 끌고 들어가는 최면 같은 방식, 장중한 시각적 아름다움이었다. 그렇다, 이 작품의 줄거리는 미스터리로 남는다. 심지어 영화의 캐릭터들에게조차 그렇다. 그러나 영화를 본 관객은 이 미스터리에 대한 해답을 알고 싶어 하지 않을 것이다. 해피 엔딩으로 끝나는 동화책은 아동용이다. 어른들은 이야기들이 계속해서 펼쳐지며 반복되고 스스로 원래 있던 자리로 되돌아온다는 것을, 그 어떤 이야기도 빠져나갈 수 없는 결말에 도달할 때까지 그런 일이 거듭된다는 것을 안다.

영화의 배경은 멋지고 기품 있는 대저택이다. 화려하게 꾸민 천장과 넓은 응접실, 커다란 거울과 그림, 한없이 뻗어 있는 복도, 관목들이 기하학적 모양과 패턴을 이루도록 괴롭힘을 당한 정원 등이 있는 저택이다. 이 저택에는 값비싼 차림새에 무감각한 표정의 고상한 손님이 많다. 그중 세 사람이 관심의 대상이다. 아름다운 여인 'A'(델핀 세리그Delphine Seyrig), 자신들이 작년에 만났으며 올해도 다시 만나기로 약속했다고 주장하는 아이돌 무비 스타처럼 잘생긴 'X'(조르조 알베르타치Giorgion Albertazzi), A의 남편 아니면 애인일 것 같은, 어쨌든 그녀에게 확실한 권위를 행사하는 'M'(사샤 피토에프Sascha Pitoëff). 이 가운데 역삼각형 형태의 얼굴, 높이 솟은 광대뼈, 깊이 자리한 눈, 뱀파이어의 이빨처럼 보이는 치열 등 M의 외모는 강렬한 인상을 남긴다.

영화는 X의 내레이션으로 진행된다. 다른 캐릭터들은 여기저기서 두어 줄의 대사만 갖는다. 사운드트랙으로 프랑시스 세리그Francis Seyrig의 심란한 음악이 흐르는데, 음악의 대부분은 오르간으로, 장송곡처럼 예배용의 고딕 스타일로 연주된다. X는 A에게 자신들이 작년에 만났었다고 말한다. 그는 그녀에게 두 사람이 함께했던 순간들을 상기시킨다. 그들이 나눈 대화, M이 게임 테이블에 있는 동안 그녀의 침실에게 만나기로 했던 계획, 그가 하는 요구들을 1년만 연기해 달라는 그녀의 간청, 그에게 이듬해 여름에 다시 만나자고 한 그녀의 약속.

하지만 A는 기억하지 못한다. 그녀는 X에게 혼자 있게 해 달라고 설득력이 떨어지는 간청을 한다. 그는 자신의 기억으로 그녀를 압박한다. 그는 대체로 2인칭을 써서 말한다. 당신은 내게 말하기를……, 당신이 했던 말은……, 당신은 내게 사정했고……. 이것은 그가 그녀를 위해 구성한 내러티브이고, 그가 그녀에게 그녀에 대해 들려주고 있는 이야기다. 이 이야기는 참일 수도 있다. 우리는 알 길이 없다. 레네는 이 이야기를 이야기의 공동 작가로서는 믿지 않지만 이 영화의 감독으로서는 믿는다고 말했다. 내러티브는 거세게 압박한다. 고집스럽고 설득력 있는 X는 총격과 죽음이 있었다고 회상한다. 아니다. 그는 자신이 한 말을 스스로 바로잡는다. 그 사건은 그런 식으로 벌어지지 않았다. 대신에 그 사건은 이런 식으로 벌어졌던 게 분명하다.

우리는 흰옷을 입은 그녀를, 검은 옷을 입은 그녀를 본다. 죽은 그녀와 살아 있는 그녀를 본다. 사샤 비에르니Sacha Vierny가 흑백으로 촬영한 영화는 와이드 스크린 포맷이다. 화면의 극단적인 넓이 덕에 르네는 X, A, M이 각자 다른 공간을, 심지어는 상이한 존재 상태를 차지하고 있는 것처럼 보이는 구도를 창조해 냈다. (DVD는 레터박스 포맷이

다. 그런 포맷으로 이 영화를 제대로 감상하는 건 불가능하다.) 카메라는 물결을 따라 흐르듯 이동한다. 캐릭터들은 대체로 느리고 뻣뻣한 방식으로 움직인다. 그래서 갑작스러운 움직임이 일어나면 거기서 생겨나는 충격은 의외로 크다(A가 자갈길에서 비틀거리고 X가 그녀를 붙잡을 때 리얼리티가 갑자기 호흡하는 느낌이 든다).

남자들은 게임을 한다. M이 제안한 게임이다. 성냥개비(또는 카드나 다른 물건)를 몇 줄로 늘어놓는다. 플레이어 두 명이 차례로 성냥개비를 들어낸다. 원하는 개수만큼 많이 들어낼 수 있지만, 한 번에 딱 한 줄에서만 들어낼 수 있다. 마지막 성냥개비를 들어내야 하는 플레이어가 진다. M은 늘 이긴다. 우리는 사운드트랙에서 이 게임과 관련한 이론들을 듣는다. "먼저 시작한 사람이 이긴다. (…) 두 번째로 수를 둔 사람이 이긴다. (…) 성냥개비를 한 번에 하나씩만 들어내야 한다. (…) 언제 어떤 수를 둬야 할지 알아야 한다." 이론은 도움이 되지 못한다. 어쨌거나 M이 늘 이기기 때문이다. 이 게임을 분석하는 캐릭터들은 이 영화를 분석하는 관객들과 비슷하다. 당신은 이 영화에 대해 하고 싶은 말은 무슨 말이건 할 수 있지만, 그렇다고 달라지는 것은 없다.

"자네에게 모든 걸 설명해 주지." 일리노이대학 독문과의 군터 마르크스Gunther Marx 교수님은 약속하셨다. 우리는 비 내리는 어바나의 밤늦은 시간에 학생회관에서 커피를 앞에 놓고 앉아 있었다. (그분은 젊은 나이에 타계하셨다. 그 분의 아들 프레더릭은 <후프 드림스Hoop Dreams>의 제작진 중 한 명이 됐다.) "이건 클로드 레비스트로스Claude Lévi-Strauss의 인류학적 원형으로 풀어낼 수 있어. 우리에게는 사랑하는 사람과 사랑받는 사람, 권위적인 인물이 있어. 영화는 연인들이 불륜을 벌였다고, 그들은 그러지 않았다고, 그들은 전에 만난 적이 있다고, 그들은 만난 적이 없다고, 권위적인 인물은 그 사실을 안다고, 그는 그걸 모른다고, 그는 그녀를 죽였다고, 그는 그녀를 죽이지 않았다고 말하네. 질문 있나?"

　나는 커피를 마시면서 깊은 생각에 잠겨 고개를 끄덕였다. 심오했다. 그날 이후로 레비스트로스가 쓴 글은 단 한 글자도 읽어 본 적이 없지만, 내가 그 이름을 잊지 않았다는 걸 당신은 알 것이다. 마르크스 교수님의 설명이 옳았는지 여부는 도통 모르겠다. 내가 생각하는 것은 인생은 이 영화와 비슷하다는 것이다. 당신이 얼마나 많은 이론을 인생에 적용하건, 인생은 당신에게는 관심이 없는 듯 나름의 불가해한 목표를 향해 돌진한다. 재미는 질문들을 던지는 데 있다. 대답들은 패배라는 내용을 꾸미는 형식에 불과하다.

　<지난해 마리앙바드에서>를 보면서 조바심을 키우는 게 가능한 일임을 깨닫는다. 이 작품이 관객에게 강한 정서적 충격을 주는 영화이며 참을 수 없는 영화라고 보게 되는 것도 마찬가지다. 영화는 오늘날의 히트작들처럼 줄거리를 서둘러 진행시키지 않는다. 이 영화는 내러티브를 이리저리 날려 대는 핀볼 머신이 아니다. 의도적이고 인위적이며 예술적인 구조물이다. 내가 무척이나 강렬한 쾌감을 느끼면서 영화를 봤다는 사실에 깜짝 놀랐다. 이 영화에 해답은 없을 거라는 사실은 처음부터 알고 있었다. 세 캐릭터들은 각자가 품은 욕망과 부인否認의 춤을 영원토록 출 거라는 사실을, 그들이 걸친 옷과 저택의 고상한 건축물들은 <2001 스페이스 오디세이2001: A Space Odyssey>의 결말에 나오는 침실만큼이나 리얼하다는 것을 — 달리 말해 인간의 행동을 관찰할 수 있는 단순한 세팅에 불과하다는 것을 — 나는 알고 있었다.

　이 영화를 고찰하는 다른 방법이 하나 있다. 내레이션을 주목해 보라. X는 A에게 이것을 말한다. 그러고는 그녀에게 저것을 말한다. M은 X가 그가 그렇다고 하는 방식대로 행동한다. 그것들을 함께 발견하고는 그것들을 발견하지 않고, 권총을 발사하고는 권총을 발사하지 않는다. A는 아무것도 기억하지 못한다. 그러나 관심 있는 양 행동한다.

그녀는 자신이 X를 만난 적이 없다고 생각한다. 그러나 몇몇 장면에서 그들은 연인처럼 보인다.

이것은 X가 예술가(작가, 감독)임을 말하는 것일까? 그는 2인칭으로 말할 때("당신은 내게 당신 방으로 오라고 부탁했소") 각자의 이야기를 지어내는 캐릭터들에게 말하고 있는 것일까? 그가 처음에는 M으로 하여금 권총을 쏘게 만들었는데, 그게 마음에 들지 않아서 마음을 바꿔 먹었고, M은 그의 욕망을 고분고분 반영했다면? 이것은 작가들이 일하는 방식 아닐까? 무無에서 캐릭터들을 창조하고는 그들에게 이런저런 명령을 내리는 것은? 물론 X가 예술가라고 해도, 그는 이 이야기에 꽤나 깊이 관여하고 있는 것처럼 보인다. 그는 자신이 작년에 마리앙바드에서 A를 만났다고, 그리고 그녀가 그에게 희망을 안겨 줬다고 — 올해 자신을 다시 만나 달라고 그에게 부탁했다고 — 간절히 믿고 싶어 한다. 그것이 작가들이 캐릭터들을 창조하는 이유다. 그들에게 이런저런 명령을 내리고 그들에게서 사랑받기 위해서다. 물론 때로 캐릭터들은 자기 나름의 의지를 갖는다. 그리고 거기에는 늘 M같은 문젯거리가 존재한다.

지옥의 묵시록

Apocalypse Now

감독	프랜시스 포드 코폴라	
주연	말론 브란도, 마틴 신	
제작	1979년	147분

프랜시스 포드 코폴라Francis Ford Coppola, 1939~ 감독의 <지옥의 묵시록>은 콩고의 오지로 침투해 들어가 신처럼 군림하는 유럽인 커츠를 다룬 조지프 콘래드Joseph Conrad의 소설 『암흑의 핵심Heart of Darkness』에서 영감을 받았다. 커츠를 찾으려는 배가 떠난다. 원정길에 오른 내레이터는 질서 정연한 문명사회에 대한 자신감을 계속 잃게 된다. 그는 주위를 둘러싼 정글이 가하는 엄청난 중압감에 위축된다. 정글은 생명체들이 서로에게 잡아먹히지 않으려고 날마다 악다구니를 쓰는 무자비한 진화론의 시험장이다.

원정 목적지에 다다른 내레이터가 발견한 것은 커츠라기보다는 커츠가 발견한 사실, 즉 우리 인간이 날마다 영위하는 생활 방식은 일말의 동정심도 없이 인간을 삼켜 버리려는 자연의 허기진 아가리 꼭대기에 불안스럽게 자리 잡고 있는 연약한 구조물에 불과하다는 사실이다. 행복한 인생이란 그런 사실을 날마다 망각한 데 따른 결과물일 따름이다. 나는 <지옥의 묵시록>을 보기 일주일 전에 캘커타에 있었다. 캘커타에는 수십만의 군중이 플라스틱과 판지, 금속 조각으로 얼기설기 얽은 오두막집에서 대를 이으며 살고 있는 엄청난 규모의 빈민촌이 펼쳐져 있었다. 너무나 궁핍한 그곳의 사람들은 거기서 벗어날 수 있으리라는 희망을 품는 것 자체가 불가능했다. 그렇게 절망적인 사람들과 <지옥의 묵시록>을 동급에 놓으려는 뜻은 아니다. 그것은 적절한 비교가 아니다. 하지만 나는 내가 목격한 장면에서 엄청난 충격을 받았고, 행복한 인생이란 무척이나 소중하면서도 굉장히 불안정하다는 것을 깨달았다. 그런 상황에서 <지옥의 묵시록>을 관람하던 중에 커츠 대령(말론 브란도Marlon Brando)이 윌러드 대위(마틴 신Martin Sheen)에게 '공포'에 대해 이야기하는 장면을 맞닥뜨렸다.

훈장을 받은 전쟁 영웅 커츠는 강 상류의 적지 깊숙한 정글에 성역을 만들었고, 몽타그나드 종족을 통치하며 사병으로 부린다. 커츠는 자신이 이끄는 특수부대 요원들이 마을 아이들에게 소아마비 예방 접종을 해 주던 날의 이야기를 윌러드에게 들려준다. "노인네 한 명이 쫓아오더니 차마 볼 수가 없다면서 울부짖는 거야. 마을로 돌아왔더니, 놈들이 몰려와서는 예방 주사를 맞은 아이들의 팔을 난도질했더군. 조그만 팔들이 쌓이고 또 쌓여 있었다네."

베트콩은 이기기 위해서라면 한없는 희생을 치를 의향이 있음을 커츠는 깨달았다. "그들이 우리보다 강하다는 걸 깨달았지. 그들은 강해. 그런 일을 할 수 있을 정도로 강해. 내게 그런 병사들로 구성된 병력 열 개 사단만 있다면, 이곳에서 겪고 있는 우리의 고초는 순식간에 사라질 걸세. 우리는 윤리 의식도, 감정도, 열정도, 판단력도 없이 원초적인 본능에 따라 살인을 할 수 있는 병사들을 보유하고 있어야 해." 이것이 커츠가 발견한 '공포'다. 그리고 그 공포는 윌러드 역시 집어삼키겠다고 위협한다. <지옥의 묵시록>은 미 육군이 배출한 최고의 군인 중

한 명이던 커츠가 광기와 절망에 사로잡히지 않고는 전쟁의 현실을 더이상 직시할 수 없는 수준으로 전락하게 된 이유를 이해하게 되는 윌러드의 원정을 그린다.

커츠는 발견했지만 우리 자신은 발견하지 않았으면 하고 바라는 것을 시적으로 환기시키는 <지옥의 묵시록>의 결말은 영화 역사상 가장 잊히지 않는 결말에 속한다. 강을 거슬러 오르는 원정은 커츠라는 존재에 대한 기대감을 크게 증폭시킨다. 그리고 브란도는 그런 기대를 충족시킨다. 영화가 개봉된 1979년에 브란도를 캐스팅한 것은 비판의 대상이었고, 당시로서는 어마어마한 액수인 출연료 1백만 달러도 논란의 대상이었다. 하지만 문화적 아이콘이라 할 그의 지위를 보나, 희미한 빛이 간신히 새어 드는 어두컴컴한 장면에 삽입되는 T. S. 엘리엇 T. S. Eliot의 절망적인 시 '공허한 사람들 The Hollow Men'의 문구를 읊조리는 목소리 면에서나, 그를 캐스팅한 것은 확실히 올바른 선택이었다. 그의 목소리는 영화의 최종적인 분위기를 결정한다.

커츠의 캠프를 찾아내고는 목격자 신분으로 머물면서 마약에 취해 있는 사진 기자(데니스 호퍼 Dennis Hopper)는 영화의 결말에 중요한 또 다른 요소다. 그는 커츠가 "고전적인 의미의 시인이자 전사"이며 "우리는 모두 그의 자식들"이라고 윌러드에게 떠벌린다. 우리는 약에 취해 해롱대는 사진 기자의 헛소리에서 커츠가 읊는 걸 들었던 게 틀림없는 시의 몇 구절을 그가 엉망진창으로 재연하는 것을 듣게 된다. "나는 고요한 바다의 밑바닥을 허둥지둥 가로지르는 오톨도톨한 한 쌍의 집게발이었어야 한다." 사진 기자는 윌러드와 커츠 사이에서 균형을 잡아주는 길잡이이자 광대이며 얼간이다.

<지옥의 묵시록>은 코폴라가 이런 결말에 만족해하지 않았다는 루머 때문에 오랫동안 고초를 겪어 왔다. 그 이유는 무엇일까? 나는 칸에서 열린 시사회에서 그런 혼란이 어떻게 시작됐는지를 목격했다. 원

래 코폴라는 크레디트가 달리지 않은 70밀리미터 특별 필름 상영으로 영화를 보여 주려 했다(크레디트는 소책자로 배포되었다). 그런데 35밀리미터로 개봉하려면 엔드 타이틀이 필요했다. 거대한 규모로 지어진 커츠의 주둔지 세트에서 촬영을 마친 후였다. 필리핀 정부는 코폴라에게 세트를 해체하라고 요구했고, 코폴라는 세트가 폭발하는 장면을 필름에 담았다. 애초에 주둔지 파괴를 영화의 다른 '결말'로 쓸 의도가 없었음에도(이 사실은 중요하다), 그는 35밀리미터 결말 크레디트에 그 촬영 분량을 활용하기로 결정했다. 결말에 대한 혼란스러운 소문이 칸에서부터 입소문을 타고 영화 관계자들 사이로 퍼져 나갔다. 대부분의 사람은 코폴라가 커츠와 관련된 모든 것을 '종결'하려 했다고 생각했다.

사건이 어떤 식으로 전개되었건, 20년이라는 상당한 시간이 흐른 후에 다시 본 <지옥의 묵시록>은 영화 역사 1백 년 동안 만들어진 어떤 중요한 영화보다도 더 중요한 작품처럼 보인다. 대부분의 영화는 걸출한 장면을 하나만 담고 있어도 운이 좋은 편에 속한다. 그런데 <지옥의 묵시록>은 강을 거슬러 오르는 원정을 연결 고리 삼아 걸출한 장면들이 계속 이어진다. 킬고어 중령(로버트 듀발Robert Duvall)이 이끄는 헬리콥터 부대가 베트남 마을을 공습하는 장면은 단연 압권이다. 중령의 헬리콥터가 어린 학생이 가득한 들판으로 급강하할 때 헬리콥터에 장착된 확성기는 바그너의 '발키리의 기행Ritt der Walküren'을 최고의 볼륨으로 토해 낸다. 오스카 후보에 오른 듀발은 잊을 수 없는 대사를 내뱉는다. "아침 무렵의 네이팜탄 냄새가 정말로 좋아." 그의 공허함은 소름 끼칠 정도다. 파도타기에 미친 그는 커다란 파도가 치는 해변을 접수할 수 있다는 이야기를 듣고서야 공습에 동의한다("베트콩은 파도타기를 하지 않아").

일가족이 탄 작은 고깃배를 경비정이 멈춰 세우는 장면도 있다. 젊은 여자가 갑자기 달리기 시작하자, 놀란 기관총 사수(풋풋하던 시절의 로런스 피시번Laurence Fishburne)가 사격을 가해 일가족을 몰살한다. 여자가 달린 건 강아지 때문이었다는 게 밝혀진다. 여자는 아직 숨이 붙어 있다. 경비정 선장(앨버트 홀Albert Hall)은 그녀를 데려가 치료해 주고 싶어 한다. 하지만 윌러드는 그녀에게 총알을 박는다. 어떤 것도 임무 수행을 지연시킬 수 없다. 경비정에 탄 사람 중에서 유일한 베테랑 군인인 윌러드와 '선장'은 모든 행동을 교범에 따라 하려고 한다. 독특한 에너지가 담긴 장면에서 선장은 자신이 작살에 맞아 죽게 됐다는 사실에 깜짝 놀란다.

나에게 영화에서 가장 인상적인 비주얼은 윌러드의 부하인 주방장(프레드릭 포리스트Fredric Forrest)이 망고를 따러 수풀로 들어가야 한다고 주장할 때 벌어진 장면이다. 그를 막을 수 없는 윌러드는 그와 함께 간다. 위대한 촬영 감독 비토리오 스토라로Vittorio Storaro는 거대한 나무의 발치에 선 그들이 얼마나 미미한 존재인지를 보여 준다. 그리고 이 장면이야말로 자연 앞의 우리는 난쟁이에 불과하다는 조지프 콘래드의 주장을 확인해 주는 순간이다.

로큰롤로 구성된 사운드트랙은 도어스The Doors의 'The End(디엔드)'로 시작하고 'The End'로 끝난다. 트랜지스터라디오에서 흘러나오는 디제이의 노래들도 있다("굿모닝 베트남!") 영화 음악은 윌러드의 부하 랜스(샘 보텀스Sam Bottoms)가 보트에 매달려 수상스키를 타는 장면 같은 초현실주의적인 장면들에 힘을 더한다. 영화는 또한 병사들이 고독감과 불안감을 달래려고 고향의 음악과 술, 마약을 어떻게 활용하는지를 잘 보여 준다.

<플래툰Platoon>, <디어 헌터The Deer Hunter>, <풀 메탈 자켓Full Metal Jacket>, <전쟁의 사상자들Casualties of War> 같은 다른 중요한 영화들도 나름의 방식으로 베트남전에 접근한다. 언젠가 하와이영화제에

서 베트남전을 다룬 북베트남 영화 다섯 편을 본 적이 있다. (그 영화들은 '미국'을 전혀 언급하지 않고 "적군"이라고만 불렀다. 어느 감독은 내게 "항상 똑같다. 중국과 프랑스, 미국 등이 우리를 침략했었다"고 말했다.) 하지만 <지옥의 묵시록>은 베트남전을 다룬 최고의 영화이자, 영화 역사상 최고의 영화 중 한 편이다. 다른 모든 것을 뛰어넘어 영혼의 음침한 부분까지 도달했기 때문이다. <지옥의 묵시록>은 전쟁을 다룬 영화라기보다는, 우리가 결코 발견하고 싶어 하지 않는 진실을 전쟁이 어떻게 들춰내는지를 다룬 영화다. 명확하게 설명되지는 못하겠지만, 캘커타를 방문하면서 갖게 된 생각이 커츠가 발견한 공포를 이해할 수 있도록 마음의 준비를 시켜 준 것 같다. 운이 좋다면, 우리는 지옥의 가장자리가 얼마나 가까이 있는지를 모르는 상태로 바보들의 천국에서 여생을 보내게 될 것이다. 커츠가 미치게 된 것은 이런 진실을 깨달았기 때문이다.

1. <400번의 구타Les Quatre Cents Coups> 리뷰에서 프랑스 감독 프랑수아 트뤼포François Truffaut를 인용했었다. "나는 영화가 영화 만들기의 기쁨 아니면 영화 만들기의 고통을 표현할 것을 요구한다. 나는 그 중간에 있는 것은 무엇이건 전혀 흥미가 생기지 않는다." 코폴라의 기쁨과 고통은 <지옥의 묵시록> 제작 과정을 다룬 팩스 바Fax Bahr와 조지 히켄루퍼George Hickenlooper의 1991년도 다큐멘터리 <암흑의 핵심: 영화감독의 묵시록Hearts of Darkness: A Filmmaker's Apocalypse>에 잘 표현되어 있다. <지옥의 묵시록> 프로젝트가 자신을 압도해 버릴지도 모른다는 코폴라의 불안감과 낙담을 비밀리에 녹화했던, 코폴라의 아내 엘리너 코폴라Eleanor Coppola가 개인적으로 촬영한 장면과 저널이 담겨 있다.

2. 2001년 5월에 칸에서 상영된 <지옥의 묵시록: 리덕스Apocalypse Now Redux>에는 프랑스인 농장 장면, 강을 거슬러 오르는 원정에 추가된 장면, 플레이보이 플레이메이트들

과 다시 만나는 장면, 브란도와 호퍼의 추가 대사 등 49분 분량이 추가되어 있다. 사실 이전에도 삭제 장면 형태로 그 장면들을 보기는 했지만, 추가된 장면들을 정식으로 보니 기분이 좋았다. 그런데 영화에 그 장면들이 필요했을까?

몇몇 장면은 감쪽같이 영화에 파고들면서 영화의 위력을 배가한다. 선상 장면이나 사진 기자 장면이 그렇다. 전쟁을 더 잔혹하고 예리하게 분석하는 내용이 담긴 브란도의 새로운 장면은 값진 장면이다. 하지만 플레이메이트 장면은 별 의미가 없다. 코폴라는 태풍으로 촬영을 완료하지 못했기 때문에 오리지널에서 그 장면을 들어냈다고 설명했다. 하지만 편집 감독 월터 머치Walter Murch는 "시퀀스에 들어갔다 빠져나오는 방법을 발견했다"고 설명했다. 그랬을 수도 있지만, 그 장면이 있을 이유는 없는 것 같다.

프랑스인 농장 장면은 가장 망설여진 장면이다. 내 생각에 그 장면은 관객들을 영화의 전반적인 흐름에서 벗어나게 만들 정도로 길다. 강을 거슬러 오르는 원정에는 나름의 리듬이 있다. 제방에서 너무 많은 시간을 보내는 건 리듬을 저해하는 일이다. 하지만 농장 장면 자체는 효과적이고 자극적이다(러브 신에 흐르는 음악이 부적절하기는 하지만). 프랑스인들을 유령으로 간주했다는 코폴라의 설명은 그 장면을 이해하는 데 도움이 되었다. 그렇게 고립된 상태에서 어떻게 살아남을 수 있었느냐고 물었던 나는 프랑스인들의 영혼이 미국인들에게 경고를 하기 위한 유령으로 살아남았다는 느낌을 주고 싶었다는 코폴라의 설명을 수긍했다. 길건 짧건, 리덕스건 아니건, <지옥의 묵시록>은 영화 관객으로 살아온 내 인생에서 중요한 사건 중 하나다.

차이나타운	감독	로만 폴란스키
Chinatown	주연	잭 니컬슨, 페이 더너웨이
	제작	1974년	130분

"혼자요?" 로만 폴란스키Roman Polanski, 1933~의 <차이나타운>에서 이런 질문을 받자 사립 탐정은 대꾸한다. "누구나 그렇지 않소?" 다른 이들의 비밀을 훔쳐 내는 한편으로 자신의 비밀에서는 도망을 다니고 있는 많은 누아르 히어로에게 그 고독함은 핵심적이다. 누아르의 톤은 대실 해밋Dashiell Hammet이 설정했다. 누아르의 가장 위대한 실천가는 레이먼드 챈들러Raymond Chandler였다. 해밋의 <말타의 매The Maltese Falcon>(1941)와 챈들러의 <빅 슬립The Big Sleep>(1946)에 나오는 험프리 보가트Humphrey Bogart를 관찰하는 것은 영화 캐릭터의 근본적인 유형(생계를 위해 사람들의 비극을 처리하는 종류의 남자) 중 하나의 탄생을 목격하는 것이다. 그런데 보가트 캐릭터는 순전히 냉혹한 인물인 것만은 아니다. 그가 보여 주는 무심한 듯한 모습은 낭만적인 면모를 감추는 마스크다. 그리고 그가 사악한 여자들을 이상적으로 여기는 이유가 바로 그것이다. 그가 연기한 캐릭터들은 그 분야에 종사하는 데

필요한 수준보다 교육을 더 많이 받았고 감수성도 예민하다. 그는 그러한 히어로를 연기하는 데 필요한 규칙들을 집필했다. 그래서 후대의 배우들은 편안한 스웨터에 몸을 집어넣는 것처럼 누아르 형사의 역할에 미끄러져 들어갈 수 있었다. 그런데 위대한 연기자들은 규칙을 준수하는 선에서 그치지 않고 그 규칙들의 구체적인 실례를 보여 준다. <차이나타운>의 거의 모든 신에 등장하는 잭 니컬슨Jack Nicholson이 연기하는 캐릭터 J. J. 기티스는 보가트의 노선을 택해 그것을 부드러운 버전으로 연기한다. 그는 근사하면서도 애처로운 사내를 연기한다.

우리는 (폴란스키가 연기하는 캐릭터가 니컬슨에게 칼을 휘두른 후) 밴드를 붙인 니컬슨의 코를 기억하면서 그를 하드보일드에 나오는 터프 가이로 생각한다. 하지만 전혀 그렇지 않다. 한 장면에서 그는 어떤 남자를 죽기 직전까지 두들겨 팬다. 하지만 그는 일을 하는 와중에 예의 바르고 소극적인 면모를 내비친다. "저는 결혼과 관련된 일을 합니다." 그는 그렇게 말하고는 덧붙인다. "그것이 저의 전문 분야입니다." 전문 분야? 그는 그런 용어로 무슨 짓을 하고 있는 건가? 그는 어째서 전화가 걸려오면 수화기에 대고 "기티스요"라고 으르렁거리는 대신 공손하게 응대하는 것인가? 그는 야비할 수도 있고, 음탕한 농담을 지껄일 수도 있고, 사람들의 비열한 행동 동기에 비난을 퍼부을 수도 있다. 그러나 그의 내면 깊은 곳에는 그의 캐릭터를 동정적인 존재로 만드는 무심한 특성이 늘 존재한다. 그는 다른 모든 사립 탐정과 비슷하게 돼지들을 상대로 씨름을 하지만, 대부분의 사립 탐정들과는 달리 그 일을 좋아하지는 않는다.

니컬슨은 신랄하고 위협적이며 공격적인 모습을 보일 줄 아는 배우다. 그는 과장된 연기를 하는 법을 안다〔<뻐꾸기 둥지 위로 날아간 새One Flew over the Cuckoo's Nest>(1975)와 그가 <배트맨Batman>(1989)에서 연기한 조커를 보라〕. 그의 연기는 <차이나타운>이 평범한 장르 범

죄 영화가 되지 않도록 막은 핵심 비결이다. 광대한 사막에 자리한 작은 도시인 옛날의 로스앤젤레스의 분위기를 환기한 로버트 타운Robert Towne의 시나리오도 마찬가지다. <차이나타운>에 등장하는 범죄에는 근친상간과 살인이 포함되어 있지만, 그중에서도 가장 큰 범죄는 물을 통제하는 것이 부를 통제하는 것이라는 것을 알아차린 사내들이 자행하는, 도시의 미래를 상대로 한 범죄다. 어느 순간 기티스는 백만장자 노아 크로스(존 휴스턴John Huston)에게 왜 더 많은 돈을 벌려고 하는 거냐고 묻는다. "이보다 얼마나 더 잘 먹을 수 있습니까? 당신이 지금 구입할 형편이 되지 않는 것 중에서 더 부유해졌을 때 사들일 수 있는 게 무엇이 있나요?" 그러자 크로스는 대답한다. "미래요, 미스터 기츠, 미래"(그는 기티스의 이름을 제대로 부른 적이 한 번도 없다).

기티스의 개입은 불륜 사건으로 시작한다. 자신을 멀레이라는 남자의 부인이라고 주장하는 여자가 그를 찾아온다. 그녀는 남편이 바람을 피우고 있다고 말한다. 기티스의 조사는 멀레이(대럴 즈월링Darrell Zwerling)로, 시市 공청회로, 말라 버린 강바닥으로, 최종적으로 멀레이의 익사한 시체와 진짜 멀레이 부인(페이 더너웨이Faye Dunaway)으로 이어진다. 살인과 거짓말, 불륜을 연달아 맞닥뜨리는 기티스는 이 모든 사건의 배후에 거대한 실체가 있음을, 알려지지 않은 사람들과 동기가 관련된 음모가 있음을 감지한다.

이 범죄는 결국 샌 페르난도 밸리의 오렌지 경작자들이 파산하게끔 물길을 다른 곳으로 돌려 밸리를 싼값에 사들이려는 시도임이 밝혀진다. 그러고 나면 뇌물과 부패를 통해 획득한 그 물과 더 많은 물은 밸리를 푸르른 곳으로 바꾸어 놓을 것이고 막대한 부가 창조될 것이다. 밸리는 오래 전부터 캘리포니아의 부로 이어지는 열쇠로 간주되어 왔다. 조엘 맥크리Joel McCrea는 영화 연기자로 일하게 된 첫날에 윌 로저스Will Rogers가 그를 반기면서 했다는 짧은 조언을 나한테 들려줬었다.

"밸리에 있는 땅을 사게."

원래 밸리 강탈은 오웬스 리버 밸리Owens River Valley 스캔들로 1908년에 있었는데, 타운은 시간적 배경을 1930년대로 바꿨다. 그는 오스카상 수상 시나리오의 서문에서 이렇게 회상했다. "어느 날 오후, 아내 줄리가 누비이불 두 장과 공공도서관에서 빌린 캐리 맥윌리엄스Carey McWilliams의 『서던 캘리포니아 컨트리, 뭍에 있는 섬Southern California Country, an Island on the Land』을 들고 호텔로 돌아왔다. 그 책에는 <차이나타운>의 기초를 형성하는 범죄가 실려 있었다." 수십 년간 『네이션Nation』의 편집자였던 맥윌리엄스는 애초의 토지와 수자원 약탈에 대한 정보를 타운에게 제공했을 뿐 아니라, 논리적으로는 어떤 도시도 세워질 수가 없는 사막에서 탄생한 도시인 옛 로스앤젤레스의 분위기까지 느끼게 해 주었다. 시나리오는 설명한다. "물을 로스앤젤레스로 가져오거나, 로스앤젤레스를 물가로 가져가거나." 영화가 후보로 지명받은 오스카상 열한 개 부문 중 하나인 존 A. 알론조John A. Alonzo의 촬영은 옛날 영화들의 배경에서 슬쩍 볼 수 있는, 지나치게 넓은 길거리에 태양이 내리쬐고 빌딩들은 자랑스럽기보다는 도전적인 태도로 서 있는 듯 보이는 로스앤젤레스의 분위기를 불러일으킨다(눈부신 햇빛이 기티스와 두 경관이 쓴 페도라에 떨어지면서 검은 복면을 쓴 것처럼 그들의 눈에 그늘이 지는 숏을 주목하라).

기티스는 상황의 진상에 도달하고 싶은 생각밖에 없는 남자가 된다. 그는 사람들이 늘어놓는 거짓말에 신물이 난다. 더너웨이가 때로는 ─ 아버지 이름이 거론될 때면 특히 ─ 도자기처럼 연약해 보이는 냉정하고 우아한 여자로 연기하는 이블린 멀레이와 있을 때 그는 어느 편에서는가? 우선 그는 가짜 이블린 멀레이에게 속았다가, 다음에는 진짜에게 속는다. 그런 후 그는 그녀를 사랑한다고 생각한다. 그런 후 그는 다시 속았다고 생각한다. 그런 후 그는 그녀가 자기 남편의 애인을 감추고 있다고 생각한다. 그런 후 그녀는 그 여자가 자기 여동생이라고 말한다. 그런 후 그녀는 그 여자가 자기 딸이라고 말한다. 그는 호구 취급당하는 것을 좋아하지 않는다.

휴스턴은 그녀의 아버지인 백만장자를 야비한 눈빛의 작은 눈을 가진 알랑거리는 매력의 소유자로 연기한다. 그가 기티스에게 머리가 그대로 달린 생선을 대접하는 오찬 장면이 있다. 생선의 눈이 자기를 먹으려는 남자를 응시하는 듯하다. 기티스는 "닭을 저런 식으로 대접하지만 않으신다면"이라고 말한다. 휴스턴(<말타의 매>의 감독)은 실생활에서도 스크린에서도 자신의 쇠락을 인정하는 것으로 상대를 매료시키는 매력을 발휘할 줄 알았던 사람이다. "물론 나는 존경받을만한 사람이오. 나는 늙었소. 정치인하고 추하게 생긴 건물, 창녀들은 충분히 오랜 시간을 버티기만 하면 모두 존경받을만한 존재가 되는 거요."

대부분의 누아르 이야기처럼 <차이나타운>은 혼란스러운 진실을 폭로하는 것으로 끝난다. 모든 것이 설명되고, 관계들은 재규정되고, 정의는 집행된다. 또는 그렇게 되지 않는다. 타운은 영화의 "지독히도 음울한 클라이맥스를 놓고 나와 폴란스키 사이에 빚어진 충돌과 영원한 실망"에 대해 썼다. 영화의 결말에서 그래서는 안 될 사람들이 살아남는 것은 (그리고 죽는 것은) 분명하다. 그러나 나는 폴란스키가 틀렸다고 확신하지는 못한다. 그는 아내 샤론 테이트Sharon Tate가 맨슨 패거리의 희생자가 된 지 5년밖에 안 된 시점에 이 영화를 만들었다. 그렇기에 그가 절망적인 분위기에 빠져 있는 것도 이해할만 하다. 만약에 이 영화가 10년 후에 만들어졌다면, 스튜디오는 낙관적인 엔딩을 고집했을 가능성이 크다. 그러나 이 영화는 로버트 에번스Robert Evans가 <대부 The Godfather>를 포함한 파라마운트의 최고작들을 연달아 관할하던 짧은 황금기 동안 제작되었다.

1933년에 파리에서 태어나 폴란드에서 자란 폴란스키는 할리우드에서 참신하게 출발할 작품을 만들려는 의도로 <차이나타운>을 연출했다. 1960년대 초반에 유럽에서 빼어난 스릴러들(<물속의 칼Knife in the Water>, <반향Repulsion>)을 연달아 만든 그는 캘리포니아로 와서 엄청난 성공〔<악마의 씨Rosemary's Baby>(1968)〕을 거뒀다. 그러다가 맨슨 살인 사건이 일어났고, 그는 컬트 살인 사건과 유사한 기이한 영화 <맥베스Macbeth>(1971)를 만들려고 유럽으로 떠났다. 그러다가 그는 <차이나타운> 이후로 미성년자와 섹스를 한 혐의로 기소되면서 유럽으로 망명했다. <차이나타운>은 그가 할리우드의 메이저 감독으로 발돋움했을 가능성을 보여 준다. <대해적Pirates>(1986) 같은 괴상한 프로젝트들의 제작비를 구하려고 허둥거리는 대신에 말이다.

니컬슨에게 이 영화에서 맡은 역할은 상당히 중요했다. 그는 여러 기획 영화에서 허우적거리며 10년을 보낸 후 <이지 라이더Easy Rider>(1969)로 잊을 수 없는 인상을 남겼고, <파이브 이지 피시즈Five Easy Pieces>(1970), <애정과 욕망Carnal Knowledge>(1971), <마지막 지령 The Last Detail>(1973) 등에서 강렬한 연기를 이어 나갔다. 그는 제이크 기티스 역할로 편안한 모습과 위험한 모습을 모두 선보이면서 관객에게 매력적인 사내로서 보가트의 영역에 발을 들였다. 니컬슨은 기티스를 출발점으로 삼아 모든 것을 목격했으면서도 여전히 짓궂게 흥겨워할 줄 아는 남자의 페르소나를 창조했다. NBA 농구장의 관중석 맨 앞자리에 앉은 그는, 선수들이 바로 앞에 놓인 플로어에서 선정적인 짓들을 저지르기를 기대한다는 것처럼 TV 카메라를 향해 미소를 지을 줄 아는 배우다.

<차이나타운>은 개봉 당시 네오누아르neonoir로 — 흘러간 장르의 업데이트로 — 간주되었다. 세월이 흐르고 영화의 역사가 약간은 흐릿해진 지금, <차이나타운>은 오리지널 누아르의 옆자리에 쉽게 터를 잡은 듯하다. 이것은 칭찬으로 하는 말이다.

천국의 나날들
Days of Heaven

감독	테런스 맬릭	
주연	리처드 기어, 브룩 애덤스	
제작	1978년	94분

테런스 맬릭Terrence Malick, 1943~ 감독의 <천국의 나날들>은 화가가 그린 듯한 이미지와 그런 이미지들을 환기하는 영화 음악으로 찬사를 받았지만, 감정 묘사가 빈약하다는 비판도 받았다. 치명적인 삼각관계에서 열정이 분출되기는 하지만, 영화에 등장하는 감정들은 하나같이 어딘지 모르게 쌀쌀맞은 분위기를 풍겼다. <천국의 나날들>이 줄거리에 등장하는 어른들에 대한 이야기라고 생각한다면 그런 견해는 옳다. 하지만 1978년에 만들어진 영화를 다시 본 나는 <천국의 나날들>이 10대 소녀가 화자로서 들려주는 자신에 대한 이야기임을, 그녀의 마음속에서 희망과 기쁨이 어떻게 부서져 내렸나 하는 것이 영화의 주제임을 확신하고 나서는 어느 때보다도 큰 충격을 받았다. 관객들은 영화 속 어른들의 한껏 끓어오르는 열정은 느끼지 못한다. 소녀의 열정이 아니기 때문이다. 어른들의 감정은 날씨나 파국의 시작을 알리는 신호인 메뚜기의 창궐 같은 자연 현상처럼 일정한 거리를 두고 관찰된다.

영화의 시간적 배경은 제1차 세계 대전이 발발하기 전의 몇 년간이다. 시카고 외곽에서 빌(리처드 기어Richard Gere)은 제강소 십장과 실랑이를 벌이다 살인을 하고 만다. 그는 연인인 애비(브룩 애덤스Brooke Adams)와 어린 여동생 린다(린다 만츠Linda Manz)와 함께 추수가 한창인 텍사스로 향하는 열차에 오른다. 세 사람은 농장주(샘 셰퍼드Sam Shepard)의 광활한 밀 농장에서 일자리를 얻는다. 사람들에게 애비를 자기 누이라고 말하고 다니는 빌은 그렇게 보이지 않는다고 말하는 일꾼과 싸움을 벌인다.

애비를 사랑하게 된 농장주는 추수가 끝난 다음에도 이곳에 머물러 달라고 말한다. 농장주와 의사가 하는 대화를 우연히 듣게 된 빌은 농장주가 1년밖에 못 살 거라는 사실을 알게 된다. 헨리 제임스Henry James의 소설 『비둘기의 날개Wings of the Dove』로 친숙해진 전략을 세운 빌은 애비에게 농장주와 결혼하라고 말한다. 나중에 농장주가 죽으면 그와 애비는 여생을 행복하게 보내기에 충분한 돈을 물려받게 될 것이다. "오빠는 시궁창에 빠진 돼지처럼 킁킁거리는 사람들처럼 살아가는 데 신물이 났어요." 린다는 내레이션에서 이런 비밀을 털어놓는다. 그러나 그녀는 나중에 농장주에 대해 이런 의견을 내놓는다. "병세가 악화되기는커녕 그의 상태는 항상 똑같았어요. 의사가 약이나 그런 비슷한 걸 준 게 틀림없어요."

빌과 애비가 다정스레 함께 있는 장면을 보게 된 농장주는 두 사람의 행동이 남매지간의 행동이 아니라고 느끼고는 빌을 의심하게 된다. 빌은 갑작스레 하늘에서 뚝 떨어져 내려온 공중 서커스단의 비행기에 올라 농장을 떠난다. 애비와 농장주, 린다는 1년간 행복한 시간을 보낸다. 그러다 추수 때가 되자 빌이 돌아온다. 메뚜기의 창궐, 화염에 휩싸인 들판, 살인, 파멸, 추방 등 성경에 등장할 법한 불행들을 배경으로 등장인물들이 가슴속에 묻어 두었던 모든 감정이 표면으로 다시 부글부글 끓어오른다.

      <천국의 나날들>은 무엇보다 영화 역사상 가장 아름다운 영화에 속한다. 맬릭의 제작 의도는 멜로드라마에 어울리는 이야기를 하려는 게 아니다. 상실에 대한 이야기를 하려는 것이다. 그는 구슬픈 분위기로 영화를 전개해 나간다. 그는 끝없이 펼쳐진 텍사스 초원의 황량함과 아름다움을 그려 낸다. 영화의 처음 한 시간 동안에는 실내 장면이 거의 없다. 밤하늘의 별빛 아래 놓인 농장 노동자들의 캠프와 벌판에서 하는 작업, 심지어 고딕 양식의 저택 지붕에 있는 풍향계를 고치는 농장주조차도 텍사스의 아름다운 풍경에 도취된 듯하다. 영화는 인간들을 하늘과 강, 벌판, 말, 꿩, 토끼 등 자연의 산물이 가득한 드넓은 액자 속에 배치한다. 맬릭은 영화의 상당히 많은 숏의 시간적 배경을 그림자가 부드럽게 지고 하늘의 톤이 항상 일정한 새벽과 황혼 무렵의 '황금 시간대'로 설정했다. 생상의 '동물의 사육제Le Carnaval des Animaux'를 인용한 엔니오 모리코네Ennio Morricone의 유명한 영화 음악은 이런 이미지들을 더욱 돋보이게 만든다. 명상에 잠긴 듯한 음악에는 상실감과 회한이 가득하다. 분위기 면에서 관객에게 음악을 들려주는 것이 아니라 관객의 뇌리에 음악이 남게 만들면서도 지나치게 과장하지는 않는 <대부The Godfather>의 주제곡과 비슷하다. 사람들의 목소리는 아련하게 들리는 경우가 잦고, 저 멀리서는 천둥소리가 들린다.

      이러한 배경 속에서 영화의 줄거리는 기이한 방식으로 관객에게 전달된다. 관객들은 어른 캐릭터 세 사람 사이에 흐르는 중요한 감정들을 보게 된다. (빌은 애비에게 농장주의 청을 받아들이라고 충고한다. 농장주와 좋은 시간을 보내던 애비는 그를 사랑하기 시작한다. 빌과 농장주는 두 사람 다 명확하게 드러내지를 않는 모호한 감정을 주고받는다.) 하지만 그들의 대사가 전달하는 감정의 양을 모두 합친다고 해도 린다 만츠의 좀처럼 잊히지 않는 보이스오버가 전달하는 감정

의 양에는 미치지 못한다.

　촬영 당시 열여섯 살이던 그녀는 실제 나이보다 어린 캐릭터를 때로는 앙상하고 평이해 보이는 얼굴로 연기하지만, 때로는 (특히 모닥불 불빛이 얼굴에 일렁일 때나 어둠에 둘러싸여 있을 때의 숏에서는) 깜짝 놀랄 만큼 아름답다. 그녀는 관객이 그녀의 캐릭터에 대해 알아야 할 모든 것을 목소리만으로 전달한다(목소리가 대단히 독특한 까닭에 우리는 그 목소리가 여배우 자신에 대한 이야기도 들려주고 있다는 생각까지 하게 된다). 약간 우스꽝스러운 동부 억양의 목소리는 밋밋하고 체념적이며 어떤 감정도 담고 있지 않다.

　그녀는 영화의 줄거리 전체를 들려준다. 하지만 그녀가 하는 이야기는 내레이션이라기보다는 여담과 각주가 달린 중계방송에 가깝다. 우리는 그녀가 사건들이 일어나고 오랜 시간이 지난 후에 순수했던 눈동자로 지켜봤던 당시의 사건들을 재현하려고 애쓰고 있다는 느낌을 받는다. 영화에 등장하는 첫 대사나 다름없는 대사도 그녀의 대사다("오빠는 사람들에게 자기들이 남매지간이라고 말하고는 했죠"라는 대사에는 보기보다 복잡한 의미가 담겨 있다). 그녀가 새로 사귄 "가장 친한 친구"와 철길을 따라 걸어갈 때 내뱉는 영화의 마지막 대사도 그녀의 대사다. 다른 이들이 모두 떠난 후에도 그녀는 거기에 남아 있다. 그녀는 이 이야기의 화자다.

　그녀가 힘든 시기를 견뎌 냈음을 우리는 안다. 그녀는 자신을 철저히 잘 지켜 냈다. 그녀는 최악의 경우가 닥치더라도 놀라지 않는다. 대단히 진실한 그녀의 목소리는 연기의 수준을 뛰어넘은 것 같다. 영화를 처음 볼 때 영화 말미에 등장하는 그녀의 몇몇 대사의 위력에 눌려 눈앞이 깜깜해졌던 기억이 난다. 세 사람은 강에서 보트를 타고 있다. 일은 그리 잘 풀리지 않았다. 천국의 나날들은 끝났다. 그녀는 말한다. "강가에 있는 사람들을 볼 수 있었어요. 하지만 너무 멀리 떨어져 있어서 그들이 무슨 일을 하고 있는지는 볼 수 없었죠. 그들은 누군가에게 도와 달라거나 그런 비슷한 말을 외치고 있었을 거예요. 아니면 누군가를, 또는 무엇인가를 파묻고 있었거나."

이것이 이 이야기를 들려주는 화자의 목소리다. 그리고 <천국의 나날들>에 등장하는 삼각관계의 감정이 필터를 통해 바라본 것처럼 모호해 보이는 이유도 바로 이 목소리 때문이다. 아이들은 어른들이 상대방의 열정에 사로잡힐 수 있음을 알고 있다. 하지만 아이들의 주된 관심사는 어른들의 열정이 자신들에게 미치는 영향이다. 내가 사는 세상을 형성하고 있는 어른들 사이의 감정이 재편되면 내 처지는 더 안전해질까, 아니면 위험해질까? 나는 더 사랑받게 될까, 덜 사랑받게 될까?

<천국의 나날들>은 영화가 개봉된 이후로 다양한 전설을 낳았다. 테런스 맬릭은 1973년에 신인 배우 시시 스페이섹Sissy Spacek과 마틴 신 Martin Sheen을 기용하여 <황무지Badlands>를 찍고 5년 후에 이 영화를 만들었다. 그러고서는 세간의 눈앞에서 자취를 감췄다. 영화가 대단히 인상적이었기 때문에 그의 잠적은 근거 없는 이야기들을 만들어 냈다. 그가 파리에 살고 있다는 이야기를 들은 사람도 있었다. 또는 샌프란시스코에, 또는 몬태나에, 또는 오스틴에 살고 있다는 소리를 들은 사람도 있었다. 그는 죽어 가고 있었다. 그렇지 않으면 다른 영화를 작업하는 중이었다. 아니면 소설이나 희곡을 작업하는 중이었다. 맬릭은 1990년대 후반에 <씬 레드 라인The Thin Red Line>을 만들면서 마침내 촬영 현장으로 돌아왔다. <씬 레드 라인>은 내레이션이나 자연에 대한 세밀한 관찰, 죽음에 직면한 사람들의 슬픈 정조 등에 있어서 맬릭이 예전에 떠났던 자리로 되돌아온 영화다.

<천국의 나날들>의 걸출한 촬영 역시 미스터리를 남겼다. 촬영 크레디트는 이 영화로 오스카상을 수상한 쿠바 출신 네스토 알멘드로스 Nestor Almendros에게 돌아갔다. <천국의 나날들>은 미국에서 그의 입지

를 굳혔고, 이후로 그는 엄청난 성공가도를 달렸다. 그런 다음에 끝부분에 "추가 촬영 해스켈 웩슬러Haskell Wexler"라는 작은 크레디트가 등장한다. 웩슬러 역시 가장 위대한 촬영 감독에 속한다. 그는 이 크레디트가 늘 가슴에 사무쳤다. 언젠가 그는 영화 중 절반 이상이 자신이 촬영한 장면임을 입증하려고 스톱워치를 들고 극장에 앉았던 일을 묘사하는 편지를 내게 보냈었다. 그가 크레디트 상단에 오르지 못한 이유는 개인적인 사연과 스튜디오의 정치가 반영된 결과다. 하지만 위대한 촬영 감독 두 명이 관객의 뇌리에 틀림없이 자리를 잡게 될 아름답고 위대한 영화를 만들어 냈다는 사실만큼은 변하지 않는다.

<천국의 나날들>이 주장하는 바는, 결말은, 메시지는 무엇일까? 이 영화는 세상을 어떻게 느껴야 할지를 아는, 관객의 머릿속에 그 느낌을 어떻게 재현시킬 수 있는지를 아는 사람이 만든 영화다. 그 감정은 위태롭게 살아가던 아이가 안정되고 즐거운 삶을 경험하다 그 모든 것을 다시 빼앗겼을 때 느끼는 감정, 애써 눈물을 참으면서 조금도 아프지 않다고 말할 때의 감정이다.

천국의 말썽	감독	에른스트 루비치
Trouble in Paradise	주연	미리엄 홉킨스, 케이 프랜시스, 허버트 마셜
	제작	1932년	83분

어렸을 때 나는 극장에 가는 걸 좋아했다. 어른들이 방에 아이들이 없을 때 무슨 일을 하는지 알아낼 수 있었기 때문이다. 그런 즐거움은 자라면서 서서히 자취를 감췄다. 아는 게 많아질수록 영화 속 캐릭터들은 점점 더 어른들처럼 보이지 않았다. 그 와중에 에른스트 루비치Ernst Lubitsch, 1892~1947의 <천국의 말썽>은 내가 옛날에 느꼈던 감정을 깨웠다. 이 영화는 어른이 되는 게 거의 불가능한 사람들을 비현실적이고 영화적인 방식으로 다룬다. 대단히 세련되고 냉소적이며 멋지고 붙임성 좋은 사람들이라, 누구나 일평생을 살아도 그런 품위는 달성하기 쉽지 않을 것 같다. 그들은 허공을 유유히 미끄러져 다닌다.

영화는 세 캐릭터를 위한 코미디로서, 조연들이 등장하는 코믹한 막간극들도 더해진다. 허버트 마셜Herbert Marshall은 신사적인 보석 도둑을 연기하고, 미리엄 홉킨스Miriam Hopkins는 그를 사랑하는 사기꾼 여성을 연기하며, 케이 프랜시스Kay Francis는 그를 돈으로 살 수 있을 거라 생각하지만 그를 잠시 임대하는 것에 만족해하는 부자 과부다. 그들은 매우 아름다운 의상과 흠잡을 데 없는 몸단장, 집사, 베니스의 그랜드 호텔, 파리의 펜트하우스, 칵테일, 이브닝드레스, 벽에 설치된 금고, 쭉 뻗은 계단, 나이트클럽, 오페라, 보석, 그리고 더 많은 보석이 존재하는 영화 속 세계에 산다. 이상한 점은 그들이 그런 허식의 한복판에 있으면서도 상당히 리얼해 보인다는 점이다.

로맨틱한 삼각관계는 독일 출신인 루비치 감독이 애호한 플롯 장치였다. 평론가 그레그 S. 폴러Greg S. Faller는 루비치가 "본질적으로 탄탄한 관계가 섹슈얼한 라이벌에 의해 일시적으로 위협받는" 이야기를 좋아했다고 지적한다. 영화에서 신사적인 도둑 가스통 모네스쿠(마셜)와 소매치기 여성 릴리 보티어(홉킨스)가 천생연분이라는 사실은 처음부터 명확하다. 그들이 서로를 좋아하기 때문이기도 하고 그들의 직업이 평범한 사람에 대한 신뢰를 불가능하게 만들기 때문이기도 하다. 가스통이 마리에트 콜레(프랜시스)를 만나는 건 그녀에게서 훔친 핸드백을 돌려주고 보상금을 받기 위해서다. 그녀는 그에게 매력을 느끼고, 그는 그녀의 욕정에 우아하게 굴복하지만, 그 밑바닥에는 냉정함이 깔려 있다. 그는 이 관계가 오래갈 수 없음을 아는데, 어떤 면에서는 그녀 역시 그렇다.

제작 규범이 효력을 발휘하기 전인 1932년에 만들어진 이 영화에서 영화의 기저에 깔린 섹슈얼한 분위기는 놀랄 정도로 노골적이다. 우리는 세 캐릭터 중 누구도 섹스와 사랑을 혼동할 위험에 처하지 않았음을 이해한다. 릴리와 마리에트 모두 자신이 원하는 것을 잘 알고, 가스통은 자신이 그것을 가지고 있음을 잘 안다. 그녀들을 향한 그의 감정은 세련된 희롱의 뚫을 수 없는 겉치장 아래 위장되어 있다.

허버트 마셜은 평범한 장면들을 취하고 거기에 긴장감을 잔뜩 불어넣는다. 어떤 면에서는 그가 자신이 명백한 감정을 그대로 드러내는

걸 허락하지 않는 것처럼 보이기 때문이다. 이 영화를 찍을 당시 마흔두 살이던 그는 터무니없을 정도로 잘생긴 미남이라기보다는 눈에 잘 띄지 않는 미남이다. 짙은 머리카락은 한 올 한 올 두피에 짝 달라붙게 매만져졌고, 등을 살짝 구부린 자세는 여자들을 향해 몸을 약간 숙였거나 여자들에게 허리를 굽히고 있는 것처럼 보이게 만든다. 걸음걸이는 느긋하고 눈에 확 들어올 정도로 부드럽다. 제1차 세계 대전에서 다리 한쪽을 잃은 그는 나무로 만든 의족을 착용했는데, 절뚝거리는 걸 감추는 연습을 대단히 잘한 덕에 방안을 떠다니는 것처럼 보인다.

그는 루비치가 선호한 공동 작업자 샘슨 라파엘슨Samson Raphaelson 이 쓴 대사에 익살과 조롱을 풍성하게 덧붙인다. 그는 자신이 상류 사회 코미디에 출연하고 있다는 걸 잘 아는 듯 보이고, 여배우들은 그와 화음을 이루는 대사를 연기한다. 그들이 주고받는 대사는 무척이나 희롱조라서 그들은 언어로 전희前戲를 하는 것만 같다. 보석을 훔친 가스통이 릴리와 둘만의 만찬을 가지려고 호텔 스위트로 돌아오는 도입부 장면을 숙고해 보라. 그는 남작인 척한다. 그녀는 백작 부인인 척한다.

"있잖아요," 릴리가 말한다. "처음 봤을 때 당신을 미국인이라고 생각했어요."

"감사합니다"라고 가스통은 차분하게 대답한다.

"딴 세상에서 온, 완전히 딴판인 사람으로요. 아! 나와 같은 계급에 속한 사람들은 너무나 지겨워요. 왕자와 백작과 공작과 왕들! 모두 자기 관심사만 떠들어 대요. 항상 보석을 팔려고 기를 쓰고요. 그러다 당신 이름을 듣고는 당신도 딱 우리 같은 사람이라는 걸 알게 됐어요."

"실망했나요?"

"아뇨, 자랑스러웠어요. 대단히 자랑스러웠어요."

그러고는 그들은 키스를 한다. 그런데 얼마 안 가 두 사람 다 상대편의 소지품을 훔치느라 분주했음이 드러난다. 그녀는 그의 지갑을 가졌고, 그는 그녀의 핀을 가졌다. 각자의 절도 행각이 드러날 때마다 두 사람이 느끼는 흥분이 커지는 스트립 포커 게임 같다. 결국 릴리는 다른 범죄자에 의해 신분이 폭로되자 이렇게 외친다. "달링! 말해 줘요. 당신에 대해 모든 걸 말해 줘요. 당신은 누군가요?"

그는 세상에서 가장 대담한 도둑이다. 그는 마리에트(프랜시스)의 다이아몬드로 덮인 핸드백을 훔쳤다가 그것을 되돌려준다. 그는 그녀의 신뢰를 얻으려고 립스틱과 애인을 선택하는 것(당연히 그는 핸드백에 들어 있는 러브레터를 읽어 봤다)에 대해 조언을 하면서 환심을 산다. 대사에 담긴 암시를 보면 대담하기 그지없다.

"제가 당신의 아버지라면, 다행히도 그렇지는 않지만, 그리고 당신이 자신의 비즈니스를 처리하려고 시도한다면, 저는 당신 볼기를 따끔하게 때릴 겁니다. 물론 사업적인 방식으로요."

"당신이 내 비서라면 어떻게 할 건가요?"

"똑같은 일을 할 겁니다."

"당신을 고용하겠어요."

이 대사의 기저에 열기를 불어넣으면 영화는 스크루볼 코미디가 된다. 루비치와 연기자들이 감각적으로 부글부글 끓는 수준에 영화를 묶어 두는 방식은 감질날 지경이다. 마셜과 프랜시스는 저음으로 애무하는 듯한 톤의 대사로 서로를 희롱하고 있다. 짓궂은 장난을 치고 있다. 그리고 마리에트는 버릇없는 부자도 아니고 순진무구한 희생자도 아니다. 기회를 활용할 줄 아는 상상력과 욕망을 가진 여자다. 그녀는 아마도 이 남자가 밝힌 신분을 믿지 않을 것이다. 그는 거짓말을 하는 동안 미소를 짓는다. 피해자들이 자신이 치는 장난에 담긴 내용을 들여다볼 수 있게 해 주기 위해서다. 그런데 마리에트는 차분한 자기 과신이라는 매력을 제외하고도 엄청나게 매력적인 여자다. 그는 그녀를 속이는 동안에도 그녀를 좋아한다.

두 사람의 첫 만남은 '루비치 터치Lubitsch Touch'를 보여 주는 훌륭한 샘플이다. 홍보담당자들이 만든 문구인 '루비치 터치'는 루비치 감독이 스타일을 통해 소재를 변환시키는 어떤 특별한 솜씨를 가졌음을 관객들이 감지했기 때문에 붙은 표현일 것이다. 이때 벌어지는 일은, 그리고 당신이 그런 일이 벌어졌음을 감지하고는 놀라게 되는 일은 공허함과 엉뚱함으로 점철된 상류 사회 코미디를 보면서 당신 자신이 캐릭터들을 믿으며 그들에게 관심을 기울인다는 사실을 알게 된다는 것이다.

단신에다 평범한 외모에 담배를 씹어 대며 인기를 얻은 에른스트 루비치는 베를린 출신으로, 열아홉 살 무렵부터 무대에 섰고, 무성 영화 코미디언으로 일하다가 1915년에 연출을 시작했다. 그의 무성 영화들에는 폴라 네그리Pola Negri가 자주 출연했는데, 그녀가 마담 뒤바리를 연기한 <마담 뒤바리Madame DuBarry>(1919)을 계기로 그 작품들은 미국에서 명성을 얻었다. 메리 픽포드Mary Pickford가 1923년에 그를 할리우드로 데려왔고, 그는 빠르게 성공을 거뒀다. 그가 만든 무성 영화 최고작은 오스카 와일드의 『윈더미어 부인의 부채Lady Windermere's Fan』를 각색한 동명의 1925년도 작품인데, 평론가 앤드루 새리스Andrew Sarris는 이 영화가 "플롯과는 거의 관련이 없는" 와일드의 경구警句들을 제외시키면서 사실상 원작보다 나아진 작품이라고 주장한다("믿기 어려워 보인다").

루비치는 1920년대 말과 1930년대에 지넷 맥도널드Jeannette MacDonald가 종종 출연한 일련의 뮤지컬로 사운드의 도래를 포용하며 파라마운트를 지배했다(그는 1년간 스튜디오의 우두머리였다). 일반적으로 그의 최고작은 <천국의 말썽>으로 간주된다. 하지만 노엘 카워드Noel Coward의 원작을 각색하고 게리 쿠퍼Gary Cooper와 프레드릭 마치Fredric March, 미리엄 홉킨스가 출연한 <삶의 설계Design for Living>(1933), 가르보Greta Garbo가 출연한 명백한 성인용 영화 <니노

치카Ninotchka>(1939), 제임스 스튜어트James Stewart와 마가렛 설러번Margaret Sullavan이 자신들이 로맨틱한 펜팔 친구임을 깨닫지 못하고 말다툼을 벌이는 동료로 출연한 <모퉁이 가게The Shop Around the Corner>(1940), 노골적으로 히틀러를 겨냥한 코미디로 잭 베니Jack Benny와 캐럴 롬바드Carole Lombard가 출연한 <사느냐 죽느냐To Be or Not to Be>(1942) 등 그의 다른 작품을 최고라고 생각하는 사람들도 있다.

'루비치 터치'는 홍보 담당자가 고안해 낸 용어라서 어느 누구도, 루비치 자신조차 그 용어를 제대로 정의하지 못한다. 그 용어는 그의 물 흐르는 듯한 촬영을 가리키곤 한다. 내가 <천국의 말썽>을 보면서 감지한 것은 연기자들이 코믹한 소재에 위엄을 불어넣는 방식이었다. 인생이라는 게 한도 끝도 없이 많은 웃음을 이끌어 내게끔 연기해 낼 수 없음을 안다는 사실을 제시하는 육중한 경험을, 캐릭터들은 각자의 배후에 갖고 있다. 새리스는 그 '터치'를 정의하려 애쓰면서 그것은 "영화의 가장 유쾌한 순간이 진행되는 동안에 드러나는 신랄한 슬픔이라는 대위법"이라고 말했다. 가스통과 마리에트가, 그가 그녀를 사랑했고 그녀의 재물을 훔쳤다는 게 두 사람에게 명확해진 후 마지막으로 작별을 고하는 방식을 숙고해 보라. 그들은 무척이나 당당하게 그 사실을 장난거리로 만들려고 애쓰지 않는가.

천국의 문	감독	에롤 모리스	
Gates of Heaven	제작	1978년	85분

저기 당신의 개가 있어요. 세상을 떠난 개가요. 그런데 그 아이를
움직이게 만든 건 어디에 있나요? 그 아이를 움직이게 만든 무언
가가 있었던 게 분명해요, 그렇지 않나요?

<천국의 문>에 나오는 이 말은 방금 전에 자신의 개를 매장한 여성이
한 것이다. 이 말은 삶의 핵심적인 미스터리를 표명한다. 지금까지 어떤
철학자도 이보다 뛰어난 의견을 밝히지 못했다. 이 말이 에롤 모리스
Errol Morris, 1948~ 의 1978년도 다큐멘터리의 복판에 자리한 진리를 형성
한다. 그리고 그 진리를 코미디와 페이소스, 아이러니, 인간의 본성이라
는 층이 겹겹이 에워싸고 있다. 나는 이 영화를 서른 번 정도 본 것 같
다. 그럼에도 이 영화의 맨 밑바닥에는 여전히 근처에도 가지 못한 상
태다. 내가 아는 거라고는 이 영화가 반려동물 공동묘지보다 훨씬 더
많은 걸 다룬 작품이라는 것뿐이다.

1970년대 중반, 영화를 만들어 본 적이 전혀 없던 모리스는 캘리포니아주 로스 알토스에 있는 풋힐 반려동물 공동묘지의 재정 붕괴에 대한 신문 기사를 읽었다. 법적인 불화를 여러 차례 겪은 후, 동물들의 시신은 파헤쳐져 나파 밸리에 있는 버블링 웰 반려동물 추모공원에 이장됐다. 이 사건들을 엮으면 영화로 만들 수 있을지도 모르겠다고 판단한 모리스는 촬영 감독 네드 버지스Ned Burgess와 함께 첫 공동묘지를 운영하는, 하반신이 마비된 경영자 플로이드 매클루어Floyd McClure와 버블링 웰을 운영하는 칼 하버츠Cal Harberts 가족을 인터뷰하러 갔다.

그들이 만든 영화는 언더그라운드의 전설이 되었다. 그리고 이 작품이 진지한 작품인지 풍자를 하려는 작품인지를, 사람을 웃기려는 건지 울리려는 건지를, 인터뷰 대상자들의 심정에 동조하는 것인지 그들을 조롱하는 것인지를 결정하지 못하는 관객들을 판별하는 리트머스 시험지가 되었다. 이후 모리스는 <가늘고 푸른 선The Thin Blue Line>과 <시간의 짧은 역사A Brief History of Time>, 그리고 신작 <빠르고 싸고 통제 안 되는Fast, Cheap and Out of Control> 같은 작품들을 내놓은 미국에서 가장 유명한 다큐멘터리 작가가 되었다. 하지만 <천국의 문>은 어떤 식으로건 분류할 수 없는, 보는 사람을 도발하고 애타게 만드는, 그 자체가 하나의 카테고리가 된 작품으로 남았다. 나는 역사상 가장 위대한 영화 열 편을 꼽는 리스트에 이 영화를 올려놨을 때 농담을 한 게 아니었다. 반려동물 공동묘지를 다룬 이 85분짜리 영화는 지난 20년간 내가 봤던 대부분의 다른 영화보다 생각할 거리를 내게 더 많이 안겼다.

영화는 내레이션 없이, 관련자들의 인터뷰만으로 진행된다. 영화는 두 부분으로 나뉘어 있는데, 기가 막힌 독백이 두 부분을 가른다. 영화의 전반부는 플로이드 매클루어의 것이다. 그는 "전망이 탁월한" 입지에 반려동물 공동묘지를 배치한다는 "숙명적인 아이디어"를 떠올렸을 때를 회상한다. 그는 쓰레기 회수트럭이 와서 가져가기 전에 반려동물을 묻으려는 친구를 도왔던 어린 시절의 흥포한 경험을 떠올린다. 인생 최대의 숙적인 렌더링 공장rendering plant• 이야기를 할 때에는 분을 못 참고는 아랫니를 드러내기까지 한다. 그는 4-H 클럽• 회원으로서 그런 공장을 처음 방문했을 때 "내가 지금 지옥의 땅바닥에 앉아 있구나" 하고 생각했던 것을 기억한다.

그가 하는 말들, 그리고 영화에 등장하는 모든 인물이 하는 말들은 엄청나게 강렬하게 귀에 꽂힌다. 그들은 시詩라고 해도 무방할 미국인들의 어법으로 속내를 표현한다. 심지어 매클루어가 "평화로운 과업들"을 실행에 옮기는 것을 말할 때처럼, 그들이 하는 말실수들조차도 웅변적이다. 그런데 모리스는 아이러니를 포착하는 귀가 탁월하기도 하다. 그래서 매클루어가 렌더링 공장 근처에 거주하는 데 따르는 문제를 다음처럼 자세히 설명할 때 모리스는 카메라 뒤에서 짓궂은 웃음을 짓고 있었을 것이다. "먹으려고 산 고급 고깃덩이만이 당신의 콧구멍을 강타하는 게 아니에요. (…) 식탁에 있는 와인 잔부터 먼저 움켜쥐어야 해요. 그러고는 식사를 할 수 있기 전에 렌더링 회사의 악취를 코에서 내쫓으려고 와인의 향기를 맡아야 해요."

그에게 투자했던 일부 투자자들의 서글픈 기억이 인터뷰 중간 중간에 삽입된다. 그의 사업 계획에 3만 달러를 날렸다고 변명조로 말하는, 그러고는 평생 다시는 그 정도의 거금을 보지 못할 것임을 관객에게 알리려는 듯 한숨을 쉬는 남자는 특히 인상적이다. 그리고 렌더링 공장 소유주가 그의 숙적으로 등장해 코믹한 분위기를 조성한다. 그는 일반인들은 동물의 시신이 어떻게 처리되는지 알고 싶어 하지 않는다고 말한다. "가끔 동물원에서 기린이 죽을 겁니다. 덩치 큰 동물이 죽거나 곰이 죽기도 할 거고요." 그러면서 동물 애호가들의 감수성을 자극

• 동물의 시신을 처리해서 쓸모 있는 소재를 만들어 내는 공장
◆ 농촌 생활 개선을 목적으로 하는 청소년 단체

하는 것을 피하려고 한다. "우리는 우리가 그런 동물을 처리한다는 사실을 부인해야 합니다."

영화에서 가장 중요한 부분은 첫 부분에 등장하는 반려동물 공동묘지를 굽어보는 자택의 문간에 앉은 플로렌스 라스무센Florence Rasmussen이라는 여성이 내놓는 긴 독백이다. 윌리엄 포크너나 마크 트웨인이 그 자리에 있었다면 그녀의 입에서 그 말들이 쏟아져 나올 때, 그녀가 카메라를 향해 자기 인생사를 들려줄 때, 창작의 기쁨에 휩싸여 눈물을 글썽일 것이다. 그녀는 빠르고 선명한 스케치로 세밀한 부분들을 그려 내고는 자신이 말한 내용을 일일이 반박한다.

그런 후, 영화는 나파 밸리로 여행을 떠난다. 그곳에서는 칼 하버츠 가족이 버블링 웰 반려동물 추모공원을 운영하고 있다. 그 역시 하나님은 인간만큼이나 동물도 사랑한다고 가르치는 교회를 설립했다. 그가 내뱉는 번지르르한 말의 대부분은 신랄한 말투의 아내 스코티Scottie에 의해 위력이 약화된다. 그런데 그녀는 그 교회의 철학을 다음과 같이 빼어나게 설명한다. "분명한 건, 동정심으로 똘똘 뭉친 하나님께서는 천국의 문에서, 으음, 너는 두 발로 걷고 있으니 들어가도 좋다고, 너는 네 발로 걷고 있으니 받아 주지 못하겠다고 말씀하시지는 않을 거라는 거예요."

우리는 하버츠의 두 아들을 만난다. 대니Danny는 성긴 수염을 기른 서글픈 낭만주의자로, 대학에 입학했을 때는 공부를 잘했지만 그러다가 밤새 파티를 벌이기 시작한 사람이다. 여자 친구를 잃은 그는 지금은 안다. "마음의 상처를 받는 건 모두가 마땅히 겪어 봐야 할 일이에요." 그의 형 필립Philip은 솔트레이크시티에서 보험 영업을 했었지만, 지금은 나파로 돌아왔다. 이곳에서 그는 W. 클레멘트 스톤W. Clement Stone의 성공 원칙의 관점에서 자신의 업무(묘지 파기, 개의 시신 빗질하기)를 분석한다. 묘지를 파는 힘든 직무를 분석하는 대니는 더 현실적인 사람이다. "공간을 낭비하고 싶지는 않기 때문에 묘를 지나치게 크게 파고 싶지는 않습니다. 시신을 안에 누이지 못할 정도로 지나치게 작게 파고 싶지도 않고요."

끊이지 않고 이어지는 어느 주목할 만한 숏에서, 비통에 잠긴 한 반려동물 주인은 자신이 키우던 개의 죽음에 대한 일장연설을 하고는 다른 반려동물 주인들에게 이런저런 방안을 추천한다. 그러다가 그녀가 마지막 말을 내뱉는 순간, 그녀의 남편이 끼어들어 다음과 같은 절망적인 최후의 말을 내뱉는 것으로 종지부를 찍는다. "중성화 수술을 시키세요." 이건 시나리오로는 도저히 쓸 수 없는, 도무지 예측이 불가능한 완벽한 순간에 속한다. 이런 장면은 순전히 자연스레 일어나는 일을 필름에 담을 수만 있을 뿐이다.

하버츠 가족에게는 뭐라 딱 꼬집어 말할 길이 없는 분위기가 감돈다. 부모는 번창한 데다 안락한 집에서 사는 듯 보이지만 대니는 외로움에 시달리고 있고, "나의 작은 가족을 이사시키고" 있는 필립은 살림 규모를 상당히 많이 축소시켰다. 그는 보험 일을 하면서 "세일즈맨 salesMAN에서 세일즈 매니저MANager가 됐다"고 말한다(그는 말장난을 좋아한다). 그러고는 사무실에 "많은 트로피를 전시"하는 것으로 직원들에게 깊은 인상을 심어 주고는 했다. 그런데 지금 그는 동물 병원들을 돌면서 동물들의 시신을 받아오려고 운전하고 다녀야 할 경로를 암기하려고 할 때 "진짜로 두려움을 느낀다"고 인정한다.

대니의 인생 역시 가슴 아프다. 그는 경영학 학위를 받았지만 일자리를 찾지는 못했다. 그래서 오두막에 살려고 귀향해서는 창턱에서 마리화나를 키우고 사운드 시스템으로 음악을 듣는다. 공원을 찾은 방문객들이 모두 떠난 오후가 되면 그는 언덕 꼭대기에 100와트 스피커들을 설치하고는 기타를 연주한다. '골짜기 전역에서' 그 기타 소리를 들을 수 있다. 그는 어느 종種의 마지막 남은 존재와, 같은 종에 속한 다른 존재를 부르는 애절한 울음소리를 거듭 내는 존재와 비슷하다.

반려동물의 묘비에 적힌 문구들 역시 나름의 방식으로 호소력을 발휘한다. "나는 사랑을 알았다. 나는 이 개를 알았다." "개Dog는 하나님God의 철자를 뒤집어 놓은 것이다." "내 인생의 구원을 위해." 앞선 장면들에서 폭소를 터뜨렸던 우리는 영화가 끝날 무렵에는 부지불식간에 침묵하게 된다. 이 동물 애호가들은 사랑과 우정을 향한 가장 심오한 인간적인 욕구를 표명하고 있다.

플로이드 매클루어는 말한다. "나는 등을 돌리면 당신을 진정으로 알지 못합니다. 하지만 나는 자그마한 우리 개한테는 등을 돌릴 수 있습니다. 그러면서 그 아이가 나한테 덤벼들거나 나를 물지는 않을 거라는 걸 압니다. 하지만 인간이라는 종은 그런 존재가 되지는 못합니다."

영화를 상영하는 강연을 해 달라는 요청을 받으면 <천국의 문>을 자주 가져간다. 영화가 끝난 후 벌어지는 논의는 변함없이 맹렬하게 끝도 없이 계속된다. 모리스는 이 사람들을 조롱하고 있는 걸까? 동물을 그토록 지나치게 사랑하는 사람들은 터무니없는 사람들일까? 이 영화는 다큐멘터리를 가장한 극영화가 맞을까? 이 일이 실제로 있을 수 있을까?

영화에서 칼 하버츠는 자신의 추모 공원이 앞으로 30년 후에도, 50년 후에도, 1백 년 후에도 여전히 존재할 거라고 약속한다. 20년이 지났다. 인터넷에서 버블링 웰 반려동물 추모 공원을 검색해서 그곳을 찾아냈다(www.bubbling-well.com). 공원에 있는 "우정의 정원", "야옹이의 굽잇길", "예약된 묘역"에 대한 정보는 있었지만, 이 영화에 대한 언급은 전혀 없었다. 하버츠 가족에 대한 언급도 마찬가지였다.

카사블랑카	감독	마이클 커티즈	
Casablanca	주연	험프리 보가트, 잉그리드 버그먼, 폴 헨레이드	
	제작	1942년	102분

우리가 영화에 나오는 캐릭터들에게 강한 일체감을 느낄 경우, <카사블랑카>가 역사상 가장 인기 있는 영화에 속한다는 사실은 전혀 미스터리가 아니다. 이 영화는 사랑에 빠진, 그러면서도 더 고귀한 목적을 위해 그 사랑을 희생하는 한 남자와 한 여자를 다룬다. 이 주제는 엄청나게 매력적이다. 관객은 험프리 보가트Humphrey Bogart나 잉그리드 버그먼Ingrid Bergman이 사랑을 쟁취하는 것뿐 아니라, 나치를 패퇴시킨다는 위대한 대의에 기여한다는 이타적인 견지에서 그 사랑을 단념하는 것을 상상할 수 있다.

　　<카사블랑카>를 만든 사람 중 누구도 자신들이 위대한 영화를 만들고 있다고는 생각하지 않았다. 이것은 그저 또 다른 워너 브라더스 개봉작일 뿐이었다. 'A급' 영화인 건 분명했다(보가트, 버그먼, 폴 헨레이드Paul Henreid는 스타였고, 피터 로리Peter Lorre와 시드니 그린스트리트Sydney Greenstreet, 클로드 레인스Claude Rains, 둘리 윌슨Dooley Wilson보

다 뛰어난 조연급 배우들을 워너 스튜디오에 모을 수는 없었다). 그러
나 영화의 제작비는 빠듯했고, 영화는 그리 큰 기대를 받지 않은 채로
개봉됐다. 영화에 관련된 사람 모두가 유사한 상황에서 수십 편의 영
화를 만들어 왔었고 앞으로도 만들 터였다. 따라서 <카사블랑카>가
성취한 위대함은 대체로 행운이 낳은 결과였다. 시나리오는 그리 큰 성
공을 거두지 못한 희곡을 각색한 것이었다. 이 영화를 다룬 회고록은
대사 몇 줄이 적힌 쪽지가 촬영장에 황급히 전달되는 일이 많았음을 밝
힌다. 도움이 되었던 것은 작가들의 머릿속에 캐릭터들이 굳건히 확립
되어 있었다는 점, 그리고 그 캐릭터들을 연기하는 배우들의 스크린 페
르소나와 그 캐릭터들이 무척이나 비슷했기 때문에 작가들이 그릇된
톤의 대사를 쓰기가 어려웠다는 점이다.

험프리 보가트는 커리어 내내 강인한 영웅적 주인공을 연기했지만,
낙담하고 상처 입고 분노한 주인공을 맡았을 때의 연기가 다른 경우보
다 더 나은 게 보통이었다. 다른 이들이 자기 황금을 훔치려는 음모를
꾸미고 있다고 철석같이 믿는 <시에라 마드레의 보물The Treasure of the
Sierra Madre>(1948)의 보가트를 떠올려 보라. 그는 <카사블랑카>에서 모
로코가 스파이와 매국노, 나치, 프랑스 레지스탕스의 활동 근거지일 때
카사블랑카에서 나이트클럽을 운영하는 술고래 미국인 릭 블레인을 연
기한다.

오프닝 장면들은 코믹한 분위기로 흥청거린다. 대사에는 피로
감과 냉소가, 명언과 풍자적인 표현이 결합되어 있다. 우리는 릭이 부
패한 세계에서 수월하게 운신하는 것을 본다. "당신은 국적이 어디
요?" 독일군 슈트라서가 묻자 그는 대답한다. "주류酒類 국가요I'm a
drunkard." 그의 개인적인 신조는 이렇다. "누구를 위해서도 위험을 무릅
쓰지 않는다."

그러던 중 "그녀가 세상 모든 도시의 하고많은 술집 중에서도 내

술집으로 걸어 들어왔다." 그녀는 몇 년 전 파리에서 릭이 사랑했던 여인 일사 룬드(잉그리드 버그먼)다. 독일군 점령의 그림자 아래에서 그는 두 사람의 탈출을 기획했지만 그녀가 그를 버렸다고 — 그들을 자유의 땅으로 데려갈 티켓을 가진 그를 비 내리는 기차역에서 기다리게 만들었다고 — 믿는다. 이제 그녀는 프랑스 레지스탕스의 전설적인 영웅 빅터 라즐로(폴 헨레이드)와 함께 있다.

이 모든 것이 내가 보아 온 어떤 장면들보다도, 이 영화를 숱하게 감상한 후인 지금도 정서적으로 나를 더 감동시키는 위력을 여전히 갖고 있는 많은 숏에서 엄청나게 경제적인 방식으로 다루어진다. 파리에서 두 사람의 친구였던 술집 피아노 연주자 샘(둘리 윌슨)은 그녀를 보고는 대경실색한다. 그녀는 그녀와 릭이 주제곡으로 삼았던 노래 'As Time Goes By(세월이 가면)'를 연주해 달라고 부탁한다. 그는 주저하다가 결국에는 연주를 시작하고, 뒷방에 있던 릭은 화가 나서 성큼성큼 다가온다("그 노래는 절대로 연주하지 말라고 한 것 같은데!"). 그런 후에 그는 일사를 본다. 드라마틱한 음악이 그들의 클로즈업을 강조하고, 이 장면은 분노와 후회, 진심이었던 사랑의 기억을 시각적으로 보여 준다. (이 장면은 처음 봤을 때는 다시 봤을 때만큼 강렬하지 않다. 처음에 영화를 볼 때는 파리에서 있었던 릭과 일사의 사연을 모르는 채로 영화를 보기 때문이다. 영화를 보면 볼수록 영화 전체가 관객의 마음속에 남기는 울림은 진정으로 커진다.)

영화가 전달하는 정서에 비하면 하찮은 축에 속하는 플롯은 두 사람이 카사블랑카를 떠나 포르투갈과 자유의 땅으로 갈 수 있게 할 통행증과 관련이 있다. 릭은 알랑거리는 암시장 장사꾼 우가르테(피터 로리)로부터 통행증을 입수했다. 일사의 갑작스러운 재출현으로 그의 옛 상처들은 다시 터지고 그가 조심스레 키워 온 중립적인 태도와 무관심의 위장막은 부서진다. 그녀의 이야기를 들은 그는 그녀가 늘 자신을 사랑해 왔음을 깨닫는다. 그런데 지금 그녀는 라즐로와 함께 있다. 릭은 일사와 함께 탈출하는 데 통행증을 쓰고 싶지만, 스크린에서 좀처럼 보기 힘든 서스펜스와 로맨스, 코미디가 결합된 지속된 시퀀스에서 일사와 라즐로가 함께 탈출하는 동안 그와 그의 친구인 경찰서장(클로드 레인스)은 살인죄에서 벗어나는 상황을 꾸며 낸다("용의자들을 체포해 와").

흥미로운 점은 주요 캐릭터 중에 악한 사람이 아무도 없다는 것이다. 어떤 이는 시니컬하고, 어떤 이는 거짓말을 하며, 어떤 이는 살인을 하지만, 모두 구원을 받는다. 릭이 일사를 향한 사랑을 포기하는 것이 — 나치에 맞서 싸우는 라즐로의 투쟁에 더 높은 가치를 매기는 것이 — 쉽다고 생각한다면, "조국과 친구 사이에서 선택하라는 강요를 당한다면, 나는 내가 친구를 선택할 만큼 용감하기를 희망한다"고 한 E. M. 포스터E. M. Forster●의 견해를 명심하라.

현대적인 관점에서 보면 영화는 흥미로운 가정들을 드러낸다. 일사 룬드의 역할은 기본적으로 위대한 남성의 연인이자 반려자의 역할이다. 영화가 던지는 진정한 질문은 그녀가 동침해야 마땅한 위대한 남성은 어느 쪽이냐 하는 것이다.

라즐로가 일사를 릭과 함께 카사블랑카에 남겨 두고 혼자서 비행기에 오르지 못할 이유는 없다. 실제로 이 엔딩은 많은 엔딩 후보 중 하나로 잠시나마 고려됐었다. 그런데 그랬더라면 모든 게 잘못되었을 것이다. '해피 엔딩'은 이기주의에 의해 손상되었을 것이다. 반면 지금의 엔딩에서 릭은 더 위대한 인물이, 더 고상한 인물이 된다("이 미쳐 버린 세상에서 우리 하찮은 세 사람의 문제가 거의 가치 없는 일이라는 것은 그리 많이 생각하지 않아도 알 수 있소"). 그리고 극장에서 이 모든 일

● 영국의 소설가(1879~1970)

을 대리 체험하는 우리는 그 엔딩 덕에 그의 영웅적 행위가 내뿜는 광채를 받으며 훈훈함을 느끼게 된다.

이 장면이 진행되는 동안 등장하는 클로즈업에서 버그먼의 얼굴은 혼란스러운 감정을 드러낸다. 혼란스러웠을 것이다. 촬영 마지막 날이 될 때까지, 그녀뿐 아니라 영화에 관련된 그 누구도 비행기에 오르게 될 사람이 누구인지 몰랐기 때문이다. 버그먼은 영화를 찍는 내내 영화가 어떻게 끝날지 모르는 채 연기했다. 그리고 그 점이 그녀가 등장하는 모든 장면을 감정적으로 더 설득력 있게 만드는 미묘한 효과를 발휘했다. 그녀는 바람이 불고 있다는 것만 알았지 바람의 방향이 어느 쪽인지는 알지 못했다.

스타일 면에서 영화는 대단히 빼어나다기보다는 할리우드 스튜디오의 장인 정신을 활용한다는 면에서 대단히 충실하고 안정적이다. 감독 마이클 커티즈Michael Curtiz, 1886~1962와 작가들(줄리어스 J. 엡스테인Julius J. Epstein, 필립 G. 엡스테인Philip G. Epstein, 하워드 코크Howard Koch)은 모두 오스카를 수상했다. 그들이 작품에 남긴 핵심적인 기여 중 하나는 릭과 일사, 그리고 다른 이들이 복잡한 시간과 장소에 살고 있음을 보여 준 것이다. 조역 캐릭터들의 풍성함(부패한 클럽 사장 역의 그린스트리트, 코맹맹이 소리를 내는 사기꾼 역의 로리, 아마도 양성애자일 경찰서장 레인스, 그리고 남편을 돕기 위해서라면 무슨 일이건 하려고 드는 젊은 여성 같은 마이너 캐릭터들)은 메이저 캐릭터들이 결정을 내리게 하는 도덕적 무대를 설치한다. 이 플롯이 1990년에 <아바나Havana>로 리메이크되었을 때, 할리우드의 관행은 중요한 장면에 빅 스타들(로버트 레드포드Robert Redford와 레나 올린Lena Olin)이 빠지지 않고 등장해야 한다고 요구했고, 그 결과 영화는 고초를 겪었다. 영화적인 맥락에서 벗어난 그들은 영웅이라기보다는 연인이었다.

해가 바뀔 때마다 이 영화를 거듭해서 보면서 이 영화가 지나치게 친숙해지는 일이 결코 없음을 알게 되었다. 이 영화는 좋아하는 음악 앨범과 비슷하다. 작품에 대해 많이 알면 알수록 그 작품을 더 좋아하게 된다. 흑백 촬영은 컬러가 그런 것처럼 낡아지지 않았다. 대사는 대단히 간결하고 냉소적이라 구닥다리 신세가 되지 않았다. <카사블랑카>의 정서적 효과에서 상당 부분은 우회적인 방법들로 달성된다. 극장을 나설 때 우리는 세계가 미쳐 가는 것을 막는 유일한 것은, 결국 하찮은 세 사람의 문제들이 가치 없는 일 이상 가는 소중한 것이라는 점을 철저히 납득하게 된다.

탐욕	감독	에리히 폰 슈트로하임
Greed	주연	깁슨 가울랜드, 자수 피츠, 진 허슐트
	제작	1924년　　　　140분

에리히 폰 슈트로하임Erich von Stroheim, 1885~1957의 <탐욕>은 밀로의 비너스처럼 창작자가 필수적인 부분이라고 판단했던 부분이 여러 모로 실종되었음에도 클래식으로 인정받는다. 이 작품의 불행한 사연은 잘 알려져 있다. 폰 슈트로하임의 오리지널 필름은 러닝 타임이 아홉 시간이 넘었다. 가위질당하고, 가위질당하고, 또 가위질당한 후, 영화는 폰 슈트로하임이 자신의 작품이 아니라고 부인하는 140분 안팎의 버전으로 개봉됐다. 이 버전의 개봉은 감독과 루이스 B. 메이어Louis B. Mayer 사이의 주먹다짐으로 이어졌다. 역사상 위대한 영화 중 한 편으로 종종 꼽히는 게 바로 이 버전이다.

　<탐욕>에 영감을 준 작품은 프랭크 노리스Frank Norris가 쓴 소설 『맥티그McTeague』였다. 소설은 주정뱅이 광부의 촌스럽고 순박한 아들이 돌팔이 의사에게 치과 의술을 배우고는 샌프란시스코로 이주해 구두쇠 여인과 결혼한 후, 데스밸리에서 자신의 아내가 된 여인과 그 여

인이 당첨된 복권을 놓고 라이벌 관계를 형성했던 사람의 시체 옆에서 최후를 맞는다는 내용이었다. 광란의 1920년대에 만들기에는 음울하고 냉소적인 이야기였다. 메이어나 그가 새로 맞은 MGM의 파트너 어빙 솔버그Irving Thalberg나 대중이 이런 이야기를 원할 거라고는 생각하지 않았다. 아홉 시간이 넘는 영화를 원치 않으리라는 점은 확실했다.

프러시아군 장교의 복장과 소지품, 외알 안경의 영향을 받은 독일 병정 같은 폰 슈트로하임 입장에서 그들의 반대는 이후로 그를 따라다닌 저주와 비슷했다. 1922년에 솔버그를 고용한 유니버설에서 폰 슈트로하임의 <어리석은 아낙네들Foolish Wives>은 3분의 1가량이 잘려 나갔고, 그 후 솔버그는 다음 작품 <회전목마Merry-Go-Round>에서 그를 해고했다. 폰 슈트로하임은 제작비 75만 달러가 들고 촬영에 1년이 걸린 <탐욕>을 만들려고 MGM으로 도주했다. 그런데 솔버그는 그곳으로 따라와 그의 덜미를 잡고는 더 잘라 내라고 요구했다.

현재 살아 있는 사람 중에 오리지널 버전을 본 사람은 아무도 없다. 그런데 샌프란시스코의 연극 평론가 이드월 존스Idwal Jones는 스튜디오에서 처음 열린 시사회에 참석했었다. 오전 10시에 시작된 시사회는 점심 식사나 다른 용무를 위한 휴식 시간도 없이 계속되었고, 폰 슈트로하임은 사람들에게 모범을 보이려는 듯 상영 시간 내내 꼿꼿한 자세로 앉아 있었다. 존스는 감독의 친구였다. 그러나 그 경험에 대해 그가 한 설명을 들으면 오리지널 버전을 본 그가 부럽다는 생각은 전혀 들지 않는다. 그는 영화의 부분들을 개별적으로 떼어 놓고 보면 꽤나 마음에 든다고 했다. 문제는 그런 부분들이 영화에 대단히 많다는 것이었다. "에피소드 하나하나가 끝까지 전개됐다. 책에 있는 인용 부호 하나하나를 고스란히 옮겨 놓은 듯했다." 그는 폰 슈트로하임이 "리얼리즘을 심오한 이상처럼 숭배했다. 리얼리즘을 다른 이들이 부나 명성을 숭배하는 것보다 더 심하게 숭배했고, 그것을 달성하느라 더 많은 고초를 겪었다"고 지적했다.

영화는 정말로 사실적이다. 오프닝 신들은 노리스가 집필 소재로 썼던 바로 그 금광에서 촬영됐다. 금광은 영화를 위해 재개장됐다. 샌 프란시스코의 치과 사무실은 세트가 아니라, 지금도 여전히 존재하는 실제 2층 사무실이다. 폰 슈트로하임은 사막 신들을 팜 스프링스 외곽에서 찍을 수도 있었지만, 기온이 섭씨 50도에 육박하는 데스밸리에서 촬영해야 한다고 고집을 부렸다. 그래서 얼린 수건들로 카메라의 열기를 식혀야 했다. 일부 스태프는 항명했고, 다른 이들은 불만을 터뜨렸다. 폰 슈트로하임은 잠을 잘 때 피스톨을 곁에 두고 잤다. 그는 두 배우가 죽음의 결투를 벌이는 장면에서 고함을 질렀다. "싸워! 싸워! 당신들이 나를 미워하는 것처럼 서로 미워하려고 기를 써보란 말이야!"

이 회고록과 다른 기록들은 감독의 오랜 친구로, 최근까지도 『파리 헤럴드트리뷴Paris Herald-Tribune』의 영화 평론가였던 토머스 퀸 커티스Thomas Quinn Curtiss에 의해 폰 슈트로하임을 다룬 책으로 취합됐다. 그는 파리에서 루이스 B. 메이어와 가진 오찬을 회상한다. 메이어는 그에게 폰 슈트로하임과 싸운 이야기를 들려줬다. 그리고 그날 저녁 커티스는 감독과 식사를 했는데, 감독은 그게 "굉장히 정확한 이야기"라고 확인해 줬다. 그들의 싸움은 폰 슈트로하임이 거물의 사무실에서 당당하게 걸어 나가려고 장갑을 집어 들면서 시작됐다. "당신은 나를 어중이떠중이로 보는 것 같군"하고 메이어가 말했다. 폰 슈트로하임은 "당신은 그런 존재도 못되는 사람입니다"라고 대꾸했다. 메이어가 그를 어찌나 강하게 때렸던지, 폰 슈트로하임은 사무실 문으로 튀어나와 마룻바닥에 나동그라졌는데, 그는 그 상황에서도 여전히 장갑과 지팡이를 쥐고 있었다. 그는 메이어의 비서에게 말했다. "봤죠? 내가 손을 쓸 수 없었다는 것을."

그들은 왜 그렇게 성질을 부린 걸까? 부분적으로는 메이어가 개봉

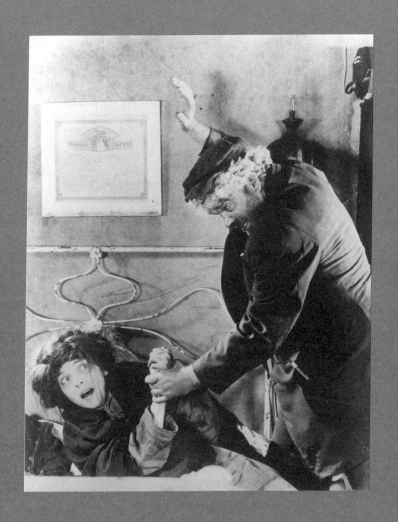

할 수 없는 영화에 자금이 낭비됐다고 생각했기 때문이다. 그는 영화에 담긴 인간관이 불쾌하고 냉소적이며 상업성이 없음을 알게 됐다. 맥티그(깁슨 가울랜드Gibson Gowland)는 트리나(자수 피츠Zasu Pitts)를 치과 의자에 앉히고 마취한 후에 그녀와 처음으로 사랑에 빠진 돌팔이 의사다. 그는 그녀의 머리에서 나는 향기를 맡으려고 그녀에게로 몸을 숙인다. 트리나는 비 오는 날 남편에게 버스비 5센트를 주는 것도 싫어하는 구두쇠다. 그녀는 동전들을 반짝반짝 빛이 날 때까지 닦는다. 트리나의 원래 구혼자인 마커스(진 허솔트Jean Hersholt. 그의 이름을 단 박애상이 있다)는 애초에는 그녀를 맥티그에게 넘겼으나, 그녀가 복권에 당첨된 후에는 그녀를 되찾고 싶어 한다. 맥티그와 트리나는 혼전 섹스를 했을 가능성이 꽤 큰데, 이는 1925년에는 불명예스러운 일이었다. ("제발! 오, 제발!"이라고 적힌 자막 화면에 크게 의존해서 상상한 내용이다. 그녀가 뜻하는 바는 제발 그러자는 것일까, 제발 그러지 말라는 것일까?)

사라진 일곱 시간은 영화계의 성배聖杯로 불려 왔다. 그 필름들은 필름 제조에 활용되는 질산은을 추출하기 위해 파괴됐을 게 분명하다. 영화는 1920년대에 상영되면서 괜찮은 수익을 올렸고, 훗날 무성 영화 역사가 케빈 브라운로Kevin Brownlow를 통해 복원되었다. 현재 걸작으로 간주되는 버전이 그 버전이다. 그리고 1990년대에 영화 복원가 릭 슈미들린Rick Schmidlin은 야심찬 새로운 접근 방식을 취했다. 오리지널 프로덕션 스틸들과 오랫동안 실종됐던 폰 슈트로하임의 330페이지짜리 오리지널 촬영 스크립트를 찾아낸 그는 그것들을 바탕으로 남아 있는 필름들과 함께 편집해 현재 비디오로 출시되어 있는 네 시간짜리 버전을 만들어 냈다.

두 버전을 비교해 보면, MGM의 가위질이 러닝 타임만 줄여 버린 게 아니라 영화에 고상한 척하는 감수성까지 불어넣었음을 알 수 있다. 맥티그와 트리나는 사귀기 시작할 때 기차를 타고 시골로 향한다. 그들이 기차역에 서 있을 때, MGM의 단축 버전에 나오는 트리나의 자막 화면에는 이렇게 적혀 있다. "오늘은 몇 주 만에 처음으로 비가 오지 않네요. 산책하기에 좋은 날씨 같아요." 슈미들린이 촬영 스크립트를 바탕으로 복원한 버전에는 이렇게 적혀 있다. "우리, 저기 가서 하수도에 앉아요." 두 사람은 자막에 나온 대로 맨홀 뚜껑에 걸터앉는다.

<탐욕>의 오리지널 버전은 보지 못해서 그리운 걸작이라기보다는 없어서 안타까운 걸작인 편이 나을 것이다. 영화에는 관객이 더 이상 가만히 앉아서 영화를 감상하지 못할 지점이 존재한다. 폰 슈트로하임의 친구 존스조차 영화를 "할부 계획에 따라" 볼 수는 없을지 궁금해했다. 그러면서 '쇠로 된 궁둥이'로 의역할 수 있는 "'인내Sitzfleisch'를 키울 때까지 몇 년이고 앉아 있는 독일 교수들"에 대한 고민에 잠겼다. 영화애호가들은 친숙한 (그리고 이것만으로도 위대한 경험인) 140분 버전으로 시작한 다음에 흥미가 동할 경우 자신이 놓친 것이 무엇인지를 확인하기 위해 슈미들린의 버전을 보기를 원할 거라는 것이 두 버전을 모두 본 내 느낌이다.

살아남은 <탐욕>은 사실주의를 실행에 옮긴 불굴의 시도다. 영화는 넓은 방 하나를 거실 두 개로 쪼개서 살았던, 미국의 신흥 도시들에 사는 지저분한 노동 계급의 삶을 포착했다. 본래는 상냥하고 좋은 사람이었으나 결국에는 두 건의 살인을 저지른 살인자로 최후를 맞는 맥티그가 겪는 곤경은 진정으로 가슴 아프다. MGM이 잘라 냈지만 슈미들린이 복원해 낸 장면 중 하나는 맥티그가 자신의 약혼을 축하하려고 극장표를 사는 모습을 보여 준다. 그는 극장 오른쪽 좌석의 표를 원한다. "무대를 보는 좌석이요, 관객을 보는 좌석이요?" 매표원이 묻는다. 혼란스러운 맥티그는 "북drum에서 멀리 떨어진 쪽이요"라고 말한 후에 그 남자가 자기를 갖고 논다는 걸 깨닫고 분통을 터뜨린다.

치과 의사가 되어 트리나의 사랑스러운 향기를 들이마시기만을 원했던 남자가 여기 있다. 그런데 그의 유골은 결국 데스밸리에 묻힌다. 그가 한 마지막 행위는 애지중지하던 카나리아를 풀어 준 것이다. 카나리아는 잠시 파닥거리다 숨을 거둔다. 메이어와 솔버그가 재즈 시대는 이 영화를 맞을 준비가 되어 있지 않다고 생각한 것도 놀라운 일이 아니다.

택시 드라이버	감독	마틴 스콜세지	
Taxi Driver	주연	로버트 드 니로	
	제작	1976년	113분

나한테 말하는 거야? 글쎄, 여기에는 나밖에 없는데.

— 트래비스 비클

사람들은 뒤에 등장하는 "글쎄, 여기에는 나밖에 없는데"라는 대사는 결코 인용하지 않는다. <택시 드라이버>에서 가장 진실한 대사인데도 말이다. <택시 드라이버>의 트래비스 비클은 어떤 식으로든 타인과 접촉하고 싶은 생각이 간절하다. 그는 주위에서 이뤄지는, 쉽게 참여할 수 있는 사회적 교류에 끼어들려 애쓰지만 성공하지 못한다.

<택시 드라이버>는 사람들과 관계를 맺으려는 트래비스의 시도가 실패로 돌아가는 것을 거듭해서 보여 주는 영화로 볼 수 있다. 그의 시도는 하나같이 실패하고 만다. 여성에게 데이트를 신청한 그는 여자를 데리고 포르노를 보러 간다. 정치인에게 아부를 하지만 정치인의 경계심만 불러일으킨다. 그는 경호실 요원과 잠시나마 이야기를 해 보려

고 애쓴다. 그는 어린 창녀와 친해지고 싶어 하지만 그녀는 그를 무서워한다. 그는 너무나 외롭다. "누구한테 말하는 거야?"라고 물어볼 때도 대화의 상대는 거울 속의 자신이다.

마틴 스콜세지Martin Scorsese, 1942~ 감독의 이 1976년도 영화는 시대에 뒤떨어지지도 않았고 지나치게 친숙해지지도 않았다. 나는 <택시 드라이버>를 수십 번 봤다. 그런데도 영화를 볼 때마다 영화의 매력에 맥없이 무릎을 꿇는다. 소외와 고독, 불운과 분노로 점철된 트래비스의 지하 세계로 빠져들어 간다. 영화사에 남을 걸작이자 위력적인 영화 중 하나인 <택시 드라이버>의 한복판에는 트래비스 비클의 처절한 고독이 자리 잡고 있다. 관객들이 가장 소외된 영화 주인공이라 할 수 있는 트래비스와 감정적으로 공감하는 것도 그 때문일 것이다. 우리 모두는 트래비스만큼 고독하다. 우리 대부분은 고독을 트래비스보다 더 잘 다룰 뿐이다.

폴 슈레이더Paul Schrader가 존 포드John Ford의 1956년 영화 <수색자 The Searchers>에서 영감을 얻어 <택시 드라이버>의 시나리오를 썼다는 건 잘 알려진 이야기다. 두 영화의 주인공은 구출되고 싶어 하지 않을지도 모르는 여자를 '구출'하려는 강박 관념을 키워 간다. 그들은 왜소한 할머니가 길을 건너려고 하는지 여부도 모르는 채 할머니가 길을 건너는 걸 도와주는 보이스카우트와 비슷한 존재다.

<수색자>의 이선 에드워즈(존 웨인John Wayne)는 남북 전쟁에 참전했던 베테랑이다. 그는 코만치족에게 납치된 어린 조카 데비(내털리 우드Natalie Wood)를 찾는 데 몇 년의 세월을 바친다. 그는 인디언의 품에 안겨 있는 데비의 모습을 상상하며 수색에 열을 올린다. 마침내 찾아낸 그녀는 인디언의 일족이 되어 있다. 그녀는 이선에게서 도망친다. 이선은 '인디언 여자'가 되는 죄를 저질렀다는 이유로 그녀를 죽일 생각을 품는다. 그러나 (유명한 장면에서) 그는 결국 그녀를 안아 올리면

서 "집에 가자, 데비야"라고 말한다.

여기에서 중요한 점은 15년에 가까운 세월 동안 조카의 일족이 되어 버린 사람들을 죽이는 일에 참여했던 이선은 조카를 '용서한다'고 생각한다는 것이다. 영화가 끝날 때 조카는 살아남은 생물학적 가족에게 돌아온다. 마지막 장면은 거칠고 광활한 공간에 다시금 이끌리는 이선의 실루엣을 문을 통해 보여 준다. 조카가 자신에게 벌어진 일을 어떻게 느끼는지를 보여 주는 장면은 사실상 한 장면도 없다.

<택시 드라이버>의 트래비스 비클(로버트 드 니로Robert De Niro) 역시 베트남에서 끔찍한 상처를 입은 베테랑이다. 그는 열두 살 먹은 창녀 아이리스(조디 포스터Jodie Foster)를 우연히 만난다. 그녀는 뚱쟁이 스포트(하비 카이텔Harvey Keitel) 밑에서 일하고 있다. 스포트는 인디언 머리띠를 둘렀다. 트래비스는 아이리스를 '구출'하겠다고 결심한다. 그러고는 스콜세지 영화에서조차 유례가 없을 정도의 유혈극을 벌이면서 아이리스를 구출한다. 아이리스의 부모인 스틴스마스 부부는 딸을 구해 줘서 고맙다는 내용의 편지와 신문 스크랩을 보낸다. 그러나 아이리스와 스포트가 함께 등장하는 중요한 장면에서 아이리스는 스포트와 일하는 걸 만족스럽게 생각한다고 말한다. 영화는 그녀가 가출한 이유는 살피지 않는다.

정상적인 인간관계를 맺을 수 없는 소외된 남자가 독불장군이 되어 세상을 떠돌다가 자신이 품은 편견에 위배되는 삶을 살아가는 순진한 어린 소녀를 구출하는 임무를 스스로 자신에게 부여한다는 것이 두 영화에 담긴 메시지다. 역시 동일한 주제가 담겨 있는 작은 에피소드들이 <택시 드라이버>의 핵심 줄거리를 감싸고 있다. 영화의 시간적 배경은 선거 운동 기간이다. 트래비스의 택시에 대통령 후보 팰런타인이 올라탄다. 트래비스는 팰런타인의 환심을 사려고 아부를 하지만, 관객이나 팰런타인 모두 분위기가 뭔가 이상하다는 걸 감지한다.

둘의 만남 직후에 트래비스는 팰런타인의 선거 운동원 한 명을 선거 운동에서 '해방'시켜 주려고 한다. 그녀는 그가 이상적으로 여기는 금발 여성(시빌 셰퍼드Cybill Shepherd)이다. 트래비스의 시도는 포르노 극장에서 데이트를 하겠다는 정신 나간 아이디어 때문에 실패로 돌아간다. 거울 앞에서 행하는 무시무시한 리허설을 마치고는 걸어 다니는 무기고로 변신한 그는 팰런타인을 암살하러 간다. 팰런타인 장면은 영화의 끝부분을 위한 최종 리허설과 비슷하다. 베치와 아이리스 모두 커피숍에서 그와 이야기를 나눴다. 두 여자 모두 그와 어정쩡한 '데이트'를 했다. 그는 여자들을 부리는 남자들을 습격하려 한다. 그는 팰런타인 암살이 실패하자 스포트에게 총을 겨누러 간다.

<택시 드라이버>의 밑바닥에는 딱히 의식적으로는 감지할 수 없는 무언가가 있다. 그가 택시 기사들의 아지트에서 마약상일지도 모르는 남자와 눈빛을 교환할 때 등장하는 두 개의 롱 숏에서는 흑인에 대한 트래비스의 감정이 드러난다. 그는 섹스에 애증을 느낀다. (그는 포르노가 판치는 세계에서 살아간다. 그러나 그가 도시에서 목격하는 섹스는 혐오감을 부추길 뿐이다.) 그는 '인간쓰레기들'이 거주하는 도시를 혐오한다. 그는 밤에 일하는 걸 좋아한다. 스콜세지의 촬영 감독 마이클 채프먼Michael Chapman은 노란 택시를 트래비스가 지하 세계를 여행할 때 사용하는 승차 도구로 탈바꿈한다. 길거리 통풍구에서 뿜어져 나오는 증기를 뚫고 소화전에서 분출된 물을 튀기며 달리는 택시는 뉴욕의 거리를 지옥의 여로로 바꿔 놓는다.

<택시 드라이버>의 스타일은 카이텔과 드 니로가 함께 작업했던 스콜세지의 첫 영화 <비열한 거리Mean Streets>(1973)의 연장선상에 있다. 초기작에서 스콜세지는 캐릭터가 세상을 좀 더 뚜렷하게 관찰할 수 있도록 다양한 속도의 슬로 모션을 활용했는데, <택시 드라이버>에서 그 수법은 더 극적으로 발전한다. 택시가 맨해튼의 거리를 달리는 장면

은 보통 속도로 촬영되었다. 그러나 트래비스의 시점 숏은 슬로 모션으로 촬영되었다. 그는 길가에 늘어선 창녀와 뚜쟁이들을 본다. 그렇지 않아도 민감한 트래비스의 인식은 슬로 모션을 통해 더욱 예리해진다.

관객들은 슬로 모션 기법에 친숙하다. 슬로 모션은 낭만적인 장면이나 후회하는 심정과 애수를 표현하는 장면에 자주 사용된다. 회피할 수 없는 재앙의 전조를 보여 주는 장면에서도 가끔 사용된다. 하지만 스콜세지는 캐릭터의 시점 숏으로 캐릭터의 심리 상태를 보여 주는 독특한 용도로 슬로 모션을 활용한다. 기사 식당 장면에서 그는 트래비스의 관심이 대화에서 벗어나 뚜쟁이일지도 모르는 흑인에게 맞춰지는 걸 보여 주려고 클로즈업을 활용한다. 대사를 사용하지 않으면서 캐릭터의 심리 상태를 표현하는 것은 가장 연출하기 어려운 일에 속한다. 스콜세지가 <택시 드라이버>로 달성한 위대한 업적 중 하나가 관객들을 트래비스 비클의 시점으로 끌고 들어간 것이다.

관객들이 인지하지 못하고 지나칠지도 모르는 <비열한 거리>와 <택시 드라이버>의 다른 연결 고리들이 있다. 두 영화에는 등장인물의 머리 위에서 촬영한 장면으로 활용되는 '사제 시점 숏priest's-eye-view'이 자주 등장한다. 스콜세지는 미사를 볼 때 제단에 선 사제가 신도들을 내려다보는 방식을 반영하려고 이런 장면을 사용했다고 밝힌 적이 있다. 관객들은 택시 발차 계원의 책상 꼭대기, 극장 카운터의 사탕, 침대에 놓인 총을 트래비스의 눈을 통해 보게 된다. 붉은 조명이 깔린 빌딩에서 벌어지는 학살 장면을 찍은 오버헤드 숏에서, 카메라는 분명히 천장을 뚫고 내려다보고 있다. 이 장면은 미사에 바쳐지는 최후의 제물을 보여 주는 장면이라고도 할 수 있다. <비열한 거리>에서 지옥 불을 시험하려는 카이텔은 촛불이나 성냥불 속에 계속 손가락을 밀어 넣는다. 드 니로가 연기하는 택시 기사는 가스 불 위에서 주먹을 쥔다.

<택시 드라이버>의 결말과 관련해서는 논란이 많다. 트래비스의

'영웅적 행위'를 다룬 신문 스크랩이 등장한다. 그의 택시에 올라탄 베치는 그에게 예전에 품었던 혐오감 대신 이제는 존경심을 품은 듯 보인다. 이 장면은 트래비스의 환상일까? 트래비스는 총격전에서 살아남은 걸까? 우리는 죽어 가는 그가 보는 환상을 보고 있는 것일까? 이 장면을 곧이곧대로 받아들여야 할까?

　이 질문들에 대한 답이 존재할 수 있는지 여부는 확실하지 않다. <택시 드라이버>의 결말부는 드라마가 아니라 음악과 비슷하다. <택시 드라이버>는 언어로 규정할 수 있는 차원이 아닌 정서적인 분위기의 차원에서 끝을 맺는다. 살육으로 끝나는 것이 아니라, 스콜세지의 많은 캐릭터가 목표로 삼는 영혼의 구원으로 끝난다. 그들은 자신을 멸시한다. 그들은 죄를 지으며 살아간다. 그들은 비열한 거리를 장악했다. 하지만 그들은 용서받고 존경받고 싶어 한다. 트래비스가 획득한 구원이 현실에서 일어난 것인지, 마음속에서만 일어난 것인지는 중요하지 않다. 영화 내내 그의 심리 상태는 그의 현실을 규정했다. 결국 그의 심리 상태는 그에게 평온을 안겼다.

파고	감독	조엘 코엔	
Fargo	주연	프랜시스 맥도먼드	
	제작	1996년	98분

새벽 3시에 전화기가 울린다. 몸이 무거운 여인은 한겨울의 미네소타로 나가 살인 사건을 조사하려고 경찰복을 입는다. "계란 먹을래?" 졸음을 떨치지 못한 남편이 묻는다. 그는 그녀에게 계란 요리를 차려 줄 것이다. 우리는 그들이 주방에 있는 포마이카 테이블에서 식사하는 모습을 본다. 주방의 계단은 뒷문으로 이어진다. 그녀가 밖으로 나갈 때 그는 테이블에 머무른다. 그러다가 그녀가 돌아오고, 그는 그녀가 하는 소리를 들으려고 고개를 기울인다. "허니," 그녀가 말한다. "순찰차가 방전됐어."

이 장면은 <파고>가 딱한 범죄자들에 대한 이야기를 취해서 어떻게 위대한 영화로 만들 것인지를 보여 준다. 마지 군더슨 서장(프랜시스 맥도먼드Frances McDormand)이 등장하는 첫 숏은 영화의 깊은 곳으로 곧장 파고든다. 범죄의 요소들은 이미 자리를 잡고 있다. 우리는 제리 룬더가드(윌리엄 H. 메이시William H. Macy)를 이미 만났다. 자동차 대리점의 중역인 그는 아내를 납치한 다음에 지불되는 몸값의 대부분을 갈취한다는 어리석은 계획을 갖고 있다. 우리는 칼 쇼월터(스티브 부세미Steve Buscemi)와 말없고 무자비한 파트너(피터 스토메어Peter Stormare)를 이미 만났다. 그들은 제리가 주차장에서 훔칠 새 차와 4만 달러를 받는다는 조건으로 제리의 아내를 납치한다는 데 동의했다. 그들은 괴팍하고 삐딱하며 매우 재미있는 캐릭터들이다. 그런데 상황이 어긋나면서 마지와 그녀의 남편 놈(존 캐럴 린치John Carroll Lynch)이 등장하고, 영화는 영화의 핵심을 찾아낸다.

마지 군더슨은 트래비스 비클과 헬 9000, 프레드 C. 도브스처럼 캐릭터의 이름이 우리 기억에 남아 있는 몇 안 되는 캐릭터에 속한다. 그들은 출연한 영화에서 그들 본연의 모습을 도전적이다 싶을 정도로 철저히 보여 주기 때문에, 영화들은 그들이 정확히 어떤 존재인가에 의존한다. 마지는 미네소타주 브레이너드의 경찰서장으로 아침이면 입덧에 시달리고, 손에 잡히는 정크 푸드는 모조리 먹어치우며, "예yeah"라는 말을 "야ya"로 발음하는 미네소타 악센트로 "물론이야"라는 말을 빠르게 내뱉는 인물이다. 타고난 경찰관인 그녀는 대단히 영리하다. 범행 현장에서 그녀는 무슨 일이 벌어졌는지를 신속하고 정확하게 재구성하고는 한 명은 크고 한 명은 작은 살인자 두 명이 있었다는 결론을 내린다. 그다지 명민하지 않은 남자 파트너는 'DLR'이 딜러 번호판을 가리키는 약칭이라는 걸 깨닫지 못하고, 그러면서 이 영화의 유명한 대사 중 하나를 탄생시킨다. "네가 경찰 일에 네 역량의 100퍼센트를 발휘하고 있다는 데 내가 동의하는지 여부는 나도 확실치 않아, 어브."

<파고>는 조엘 코엔Joel Coen, 1954~ 이 연출하고 이선 코엔Ethan Coen 이 제작했으며 형제가 공동으로 시나리오를 집필한 영화로, 그들이 자란 중서부 북쪽의 스칸디나비아계 미국인 거주 지역이 배경이다. 영화는 "실화에 기초했다"는 정보와 함께 시작해서 "등장인물들과 사건들"

은 허구라는 주의 문구와 함께 끝난다. 이 영화는 픽션이다. "실화"는 영화의 스타일을 강조하려고 삽입한 아이러니한 영화적 장치다.

그러나 <파고>는 소도시의 생활 리듬에는 사실적이며 충실하다. 첫 범행 현장에서 시체 세 구를 셀 때, 마지 군더슨은 범죄자들이 브레이너드 출신이 아님을 직관적으로 정확히 파악한다. 사건 수사를 위해 대도시로 떠난 그녀는 친구에게 좋은 식당이 어디인지를 물어보고 래디슨에 있는 뷔페로 향한다. 제리 룬더가드는 영업 매니저라는 직위에, 그리고 싱클레어 루이스Sinclair Lewis●의 작품에 나오는 캐릭터들과 비슷한 무자비한 장인(하브 프레스넬Harve Presnell)이라는 덫에 걸려 있다. 그는 도난 차량과 이중의 사기 계획(그는 납치범들에게 몸값 8만 달러를 나눠 갖자고 말하고는, 장인에게는 몸값이 1백만 달러라고 말할 계획이다)을 갖고 아슬아슬한 곡예를 부리는 중이다. 그의 아들은 맥도날드에서 친구들을 만나겠다며 저녁 식탁에서 튀어나간다. 아내 진(크리스틴 루드뤼드Krisin Rudrüd)은 쪼개고 뒤섞고 뜨개질하는 일을 가급적 빠르게 해 나가면서 모든 집안일을 정력적으로 해치운다.

집안에서 벌어지는 이런 사소한 일들과는 대조적으로, 범행은 도덕관념을 초월한 난폭한 행위들로 두드러진다. 범행 장면들은 추악한 순간들이다. 영화를 본 모든 관객이 스토메어(한때 베리만Ingmar Bergman의 작품에서 햄릿을 연기했었다)가 목재를 가는 기계에 파트너의 다리를 밀어 넣는 장면을 기억한다. 가여운 진이 앞을 보지 못하게 된 데다 맨발로 눈밭을 달아나려 애쓰는데 부세미가 그녀를 보고 낄낄거리는 장면은 무정하다. 갑작스럽고 인정사정없는 총질도 있다(첫 총격에 맞은 부세미는 "오, 대디!" 하고 울부짖는다). 이와는 대조적으로 마지 서장은 스스럼없는 소도시의 쾌활함을 호기심 많은 범죄자가 비

● 미국의 소설가(1885~1951). 1930년에 미국인 최초로 노벨 문학상을 받았다.

밀을 술술 늘어놓게끔 하는 도구로 활용한다.

폭력과 유머를 나란히 놓는 이 영화의 방식을 모두가 좋아하지는 않았다. 스탠리 카우프먼Stanley Kauffmann은 코엔 형제에 대해 이런 말을 했다. "뒤죽박죽이 된 그들의 톤은 오싹하고 불쾌한 부분들은 신뢰하기 어렵게 만들고 재미있는 부분들은 시대에 뒤떨어진 코믹한 에피소드처럼 보이게 만든다." 내 생각은 다르다. 나는 10대 때 범죄를 취재하라며 파견되는 일이 잦은 신문 기자였다. 검시관인 친구의 아버지는 시체가 있는 현장들로 나를 데리고 다녔다. 소도시 경관들이 시신을 앞에 두고 어떤 식으로 얘기하는지를 기억하는데, 마지 군더슨이 말하는 분위기는 거기에 딱 맞아떨어진다. 유머의 상당 부분은 딱딱한 분위기를 누그러뜨리려는 코믹한 에피소드 역할을 할지도 모른다. 그런데 그게 나쁜 일은 아니다. 코믹한 분위기 전환용 에피소드는 결국 분위기를 전환하려는 의도에서 들어간 것이고, 코엔 형제는 인간의 본성을 세심하게 관찰해서 웃음을 끌어낸다. 살인자들이 창녀 두 명과 모텔 방에서 섹스를 하는 장면을 눈여겨보라. 코엔 형제는 정력 넘치는 펌프질을 롱 숏으로 짧게 보여 준 후 창녀들과 고객들이 침대에 널브러져 「투나잇 쇼」를 보는 숏으로 곧장 편집해 넘어간다.

윌리엄 H. 메이시의 연기는 공포와 낙관이 뒤섞여 파열되는 모습을 보여 준다. 간단한 일을 원하는 사내가 여기 있다. 그는 주차장을 구입해서 자기 주머니를 채울 돈을 벌 수 있게 돈 많은 장인에게서 75만 달러를 빌린다. 사진관에서 찍은 제리의 초상 사진이 자동차 대리점의 '명예의 벽'에 걸려 있다. 그런데 거기에는 다른 사람 수십 명의 사진도 걸려 있다. 그의 사무실의 수직 블라인드는 시각적으로 감옥의 창살처럼 작동한다. 그는 92만 달러를 훔칠 수만 있다면 주차장을 매입할 수 있다. 그렇다, 그렇게 되려면 그의 아내는 납치되어야 한다. 그리고 그는 그런 일 정도는 감내하면서 살아갈 수 있다.

그의 계획은 측은하다. 그는 제3자를 통해 납치범들을 찾아낸다. 그는 그들에 대해서는 아는 게 하나도 없다. GMAC의 변호사들은 사라진 "황갈색 시에라"에 대한 정보를 달라며 날마다 그를 괴롭힌다(우리는 차 색깔이 실제로는 암갈색임을 알게 된다). 장인은 몸값을 직접 전달하겠다고 고집을 부린다. 이건 제리가 92만 달러를 떼어먹을 수 없다는 뜻이다. 그리고 그의 책상 건너편에 앉아 나불거리면서 그가 대답할 수 없는 질문들을 던져 대는 마지가 있다. 메이시는 땀을 흘린다. 우거지상을 하고는 미소를 짓는다. 그의 자기 통제력은 죽지 않으려고 안간힘을 쓰는 사람의 그것 같다. 그런 와중에도 상황은 쌓이고, 쌓이고, 또 쌓인다.

많은 관객이 이해하기 힘들어하는 장면이 있다. 마지는 제리와 가진 첫 면담과 두 번째 면담 사이의 저녁에 고등학교 동창 마이크 야나기(스티브 박Steve Park)와 저녁을 먹는다. 평론가 조너선 로젠바움 Jonathan Rosenbaum은 이 장면이 "다른 많은 이에게는 그릇되거나 모호하다는 인상을 주는 혼란스러운 에피소드"라고 말하면서도 이 영화의 열쇠라고 생각한다고 밝힌다. "영화의 주제(외로운 개인이 자신이 느끼는 절망감을 감추려고 애쓰면서 충동적으로 거짓말을 하지만 성공하지 못한다)를 기준으로 볼 때, 이 에피소드는 영화의 한복판에 자리한다." 내 생각도 같다. 나는 마이크가 제리의 거울 역할을 한다고, 그리고 그 저녁 장면은 마지가 제리와 가진 첫 면담과 두 번째 면담 사이를 잇는 연결 고리 역할을 한다고 생각한다. 이튿날 아침에 그녀는 브레이너드로 돌아가려고 준비하던 중에 마이크가 한 말은 모두 거짓말이라는 말을 고등학교 동창에게서 듣는다. 그 이야기를 듣고 깨달음을 얻은 그녀는 대리점에 있는 제리의 책상으로 돌아간다. 마이크 에피소드는 당혹스러운 상황에 대처해 나가는 마지를 섬세하게 연구할 수 있는 기회를 제공할 뿐 아니라, 그 에피소드가 없었을 때보다 한없이 뛰어난 상황을 연출한다. 제리와 딱 한 번만 인터뷰를 하는 것으로 그를 무너뜨리는 건 너무 간단한 설정이 될 것이다.

폭설과 추위는 코엔 형제에게 시각적인 방점과 공간적 배경에 대한 탁월한 감각을 제공한다. 오프닝 숏은 시에라를 배달하는 제리의 외로운 여정으로 페이드인 된다. 하이 앵글 숏들은 얼어붙은 주차장 두 곳을 보여 준다. 부세미 캐릭터는 이 주차장에서 번호판을 훔치고 몸값을 전달받는다는 이해하기 힘든 선택을 한다(그는 주차료 징수원이 목격자라는 사실을 간파하지 못하고, 이는 두 건의 추가 살인으로 이어진다). 그는 무한히 뻗어 나간 철조망 울타리 옆에 장물을 묻고는 플라스틱 성에 제거기를 딱해 보이는 표식으로 활용한다. 제리가 불만스러워하는 고객(게리 휴스턴Gary Houston)을 상대할 때, 남자와 아내는 무릎에 구스다운 코트를 올려놓고 있다.

어둠과 추위가 만물을 내리누른다. 그리고 그 가운데 있는 따스한 보금자리에는 마지 서장과 오리를 그리는 화가인 남편 놈이 있다. 그들이 없었다면 <파고>는 꼴사나운 유머가 장식된 <인 콜드 블러드In Cold Blood>가 됐을 지도 모른다. 코엔 형제는 때때로 자신들의 캐릭터들을 경멸하는 것처럼 보이지만, 마지를 향한 그들의 애정은 <파고>를 구원한다. 마지는 남들에게 좋은 영향을 주는 촉매 같은 인물이다. 그녀가 결말에서 하는 말은 상처를 치유하고 질서를 복원하는 방식에서 셰익스피어의 그것과 같다. "있잖아요, 인생에는 몇 푼의 돈보다 더 소중한 것이 있어요. 그걸 모르겠어요? 그리고 당신이 여기 있어요. 아름다운 날이에요."

<table>
<tr><td rowspan="3">**판도라의 상자**
Die Büchse der Pandora</td><td>감독</td><td colspan="2">G. W. 팝스트</td></tr>
<tr><td>주연</td><td colspan="2">루이즈 브룩스</td></tr>
<tr><td>제작</td><td>1929년</td><td>109분</td></tr>
</table>

루이즈 브룩스Louise Brooks는 마치 스크린이 거기에 존재하지 않는다는 듯이 스크린에서 우리를 응시한다. 그녀는 필름이라는 교묘한 발명품을 제거하고는 자기와 같이 놀자면서 우리를 초대한다. 그녀는 자신의 아름다움을 — 그것에 대해서는 그리 많은 생각을 하지 않는 재능처럼 — 소지하고 다닌다. 그러면서 행실 나쁜 여자로서 우리와 마주한다. 실생활에서 이런 여자를 만나면 당신은 그녀에게 매료될 테지만 그녀가 골칫덩어리나 다름없다는 사실도 본능적으로 감지할 것이다.

인생은 그러한 자유를 허용하지 못한다. 따라서 브룩스도 자신이 출연한 최고의 작품들에서 누린 향락에 대한 처벌을 받으며 억압당한다. <판도라의 상자>의 결말에서 그녀는 잭 더 리퍼의 품에 안긴 채 살해당한다. 관객들은 그녀의 죽음이 그녀가 보인 못된 행실에 대한 처벌인지 여부를 묻는 질문조차 받지 않는다. 이 죽음은 청산해야 할 채무에 가깝다. 그토록 외모가 뛰어난 사람이라면, 그리고 자기 나름의 방식대로 인생을 산 사람이라면 운명의 일격을 받아야 한다. 그렇지 않다면 그녀를 제외한 세상의 나머지인 우리는 크게 낙담할 것이다.

루이즈 브룩스 역시 운명에게 된통 일격을 당했다. 그녀는 "지나치게 유순한 비즈니스에서 지나치게 제멋대로였다"고, 그녀의 작품들을 보관하고 그녀의 리바이벌에 불을 댕겼던 이스트먼 하우스Eastman House의 필름 컬렉션 큐레이터 파올로 체르치 우사이 박사Dr. Paolo Cherchi Usai는 말했다. 1990년대 말에 『와이어드Wired』 잡지에 실린 기사에 따르면, 그녀는 "세상을 떠난 여배우 중에서 웹에서 가장 인기 있는 인물"이었다. 그녀가 얻기를 열망했던 명성은 아니지만, 이러한 명성은 그녀가 할리우드와 연결된 다리를 모두 불태워 버린 뒤, 무성 영화가 끝나 가는 시점에 독일에서 만든 걸작 두 편에 대한 커져 가는 찬양을 반영한 것이다.

그 영화들은 <판도라의 상자>와 <길 잃은 소녀의 일기Diary of a Lost Girl>(1929)로, 두 작품 모두 사이코섹슈얼 멜로드라마의 거장 G. W. 팝스트G. W. Pabst, 1885~1967의 연출작이었다. 현재 복원되어 비디오로 출시된 이 작품들은 흑백의 순수함으로 반짝반짝 빛나고, 브룩스의 얼굴은 영원토록 관객의 뇌리에 고정된다. 눈 위에 내려올 정도로 낮게 깎은 앞머리(『인스타일InStyle』 잡지에 따르면 "세상을 바꾼 헤어스타일 열 가지 중 하나"), 앞머리와 평행을 이루는 짙은 수평 눈썹, 그윽하고 새까만 눈동자, 삐죽거리거나 희롱하는 일이 잦은 입술, 도자기 같이 맑은 피부, 그리고 그녀를 거의 만화 주인공처럼 보이게 만드는 완벽하게 균형 잡힌 이목구비(그녀는 신문 연재만화 『딕시 듀건Dixie Dugan』에 영감을 준 인물이다).

그녀는 말랐지만 피골이 상접한 스타일이 아닌 왈가닥 스타일이다. 그녀를 사랑한 남자들은 찰리 채플린Charlie Chaplin과 (그녀에게 평생 용돈을 줬던) CBS 회장 윌리엄 페일리William Paley를 비롯해 숱하게

많다. 돈 많고 유명한 친구 모두가 그녀를 잊은 후인 1940년대 뉴욕에서 그녀가 에스코트 에이전시에 소속되어 일했을 때 만난 손님들도 있다. 그녀는 '지나치게 제멋대로'였다(그녀는 열여덟 살 때 알공퀸 호텔에서 "난잡하다"는 이유로 쫓겨났다). 그런데 그녀에게는 다른 문제점도 있었다. 술을 지나치게 많이 마신 것. 술에 취한 그녀는, 파라마운트가 그녀에게 할리우드로 돌아와 그녀가 출연했던 무성 영화들의 더빙을 해 달라고 요청했을 때 파라마운트더러 지옥에나 떨어지라고 말했던 것 같은 일들을 저질렀다.

그녀의 인생은 프랜시스 파머Frances Farmer•의 인생만큼이나 비참했지만 결말만큼은 해피 엔딩이었다. 어린 나이에 명성을 누리고(그녀는 열여섯 살 때 마사 그레이엄Martha Graham과 함께 무용을 했다) 할리우드의 스타 반열에 오르며 독일 영화들에 출연한 다음 서서히 내리막길을 걸은 후(그녀는 존 웨인John Wayne과 함께 B급 웨스턴을 찍을 때 웨인에게 욕정을 품었다), 그녀는 술과 '에스코트'로 점철된 잃어버린 시절을 맞았다. 그 후에 그녀가 살던 아파트의 복도 건너편이 우연히도 홍보 담당자 존 스프링어John Springer의 아파트였다. 당시 이스트먼 하우스의 필름 큐레이터였던 제임스 카드James Card가 스프링어에게 어디를 가면 브룩스를 찾을 수 있을 것 같으냐고 묻자, 스프링어는 그녀의 현관문을 노크했다고 한다. 카드는 예전 출연작들을 보러 로체스터를 방문해 달라며 브룩스를 초대했고, 이후 그녀에게 그곳에 머물러 달라고 요청했다. 그러면서 그는 그녀와 사랑에 빠졌다. 그들의 관계의 본질이 무엇인지 명확하지는 않지만, 그는 파리의 시네마테크 프랑세즈에서 열리는 회고전에 그녀를 데려갔다. 거기서 주름 많은 앙리 랑글루아Henri Langlois는 이렇게 선언했다. "가르보Greta Garbo는 없습니다! 디트

• 미국의 배우 겸 방송인(1913~1970). 활동 중 숱한 사건을 일으킨 것으로 악명이 높았다.

리히Marlene Dietrich도 없습니다! 세상에는 루이즈 브룩스만 있을 뿐입니다!" 브룩스는 그녀의 연인으로 알려져 있던 두 사람의 이름이 자신의 이름과 결부되는 것을 듣고는 미소를 지었을 게 분명하다.

그녀는 로체스터에서 나중에 『할리우드의 룰루Lulu in Hollywood』로 취합된 회고록을 집필했다. 이 책은 없어서는 안 될 책이라고 부를 수 있는 몇 안 되는 영화 서적에 속한다. 그녀는 보가트Humphrey Bogart를 뉴욕 무대에서 출발한 애송이로 기억했고, 옛 친구인 W. C. 필즈W. C. Fields를 향한 개인적인 애정을 기록했다. 그녀는 자신의 출세에 대해, 특히 자신의 전락에 대해 솔직했다. 많은 무성 영화 스타가 동일한 일화에 대한 기억만 되풀이하는 따분한 구시대의 유물이 되어 버렸지만, 루이즈 브룩스는 자신이 가진 재치라는 통렬한 능력을 발휘한 덕에 그러한 신세를 면했다.

며칠 전에 <판도라의 상자>를 다시 감상했다. 할리우드가 그녀를 차 버린 직후에 팝스트가 그녀에게 제의한 작품이다. 그녀의 등장, 특히 그녀의 클로즈업 장면이 없었더라도 이 영화가 위대한 영화가 될 수 있었을까? 그럴 수 없었을 것이다. 그리고 그것들이 없었다면 이 영화 자체가 없었을 것이다. 오늘날에 리메이크해도 될법한 영화의 플롯은 룰루라는 젊은 여성에 관한 것이다. 그녀는 자기 입으로는 창녀가 아니라고 말하지만, 우리는 그녀가 정확히 그런 여자처럼 행동함을 감지한다. 영화가 시작되면 그녀는 미터기 검침원을 즐겁게 해 주다가, 그녀의 아버지일 수도 있고 포주일 수도 있으며 둘 다일 수도 있는 지저분한 노인 쉬골흐(카를 괴츠Carl Goetz)를 반긴다. 그는 그녀가 공중그네를 타 주기를 원하는 곡예사에게 그녀를 소개한다. 그러나 그보다 앞서 그녀의 애인이자 후원자인 신문 발행인 쇤(프리츠 코르트너Fritz Kortner)이 그녀를 방문한다.

쇤은 낙담해 있다. 결혼을 앞둔 그는 관계를 끊고 싶어 한다. 술병을 들고 가구 뒤에 숨어 있는 쉬골흐를 발견한 그는 더욱 더 낙담한다. 룰루는 쇤의 사무실을 찾아가고, 거기에서 그녀는 발행인의 아들(프랜시스 레더러Francis Lederer)과, 그리고 영화 역사상 최초의 명백한 레즈비언에 속하는 백작 부인(알리스 로베르츠Alice Roberts)과 에로틱한 눈길을 주고받는다. 룰루는 그 아들이 제작하는 풍자극에 출연하는 댄서가 된다. 쇤은 (약혼녀와 아들과 함께) 현명치 못하게도 무대 뒤를 방문한다. "나는 저 여자를 위해서는 춤추지 않을 거예요." 룰루는 약혼녀를 가리키며 말한다. 정신을 차리라며 그녀의 몸을 흔들어 대던 쇤은 조금씩 흥분하게 되고, 그러다가 평판을 깎아 먹는 상황을 약혼녀에게 들키고 만다. 그래서 그는 대신에 룰루와 결혼한다. 폴린 케일Pauline Kael은 이 무대 뒤 장면에 대해 이렇게 썼다. "순전히 에로틱한 역동적 에너지 면에서 이 장면에 필적할 상대는 지금까지도 존재하지 않는다."

룰루를 사랑하는 사람들은 격렬하고 예상치 못한 죽음을 맞는 경향이 있다. 어느 캐릭터가 우연히도 총을 쐈을 때 그녀가 짓는 표정은 매혹적이다. 그녀는 자기 인생의 외부에 서서 자신에게 벌어지고 있는 사건들을 무심히 지켜보고 있는 듯하다. 평판 나쁜 후작이 그녀는 어떤 식으로건 독일에 되돌아가지는 못한다고 판단하고는 이집트인 포주에게 그녀를 팔려고 시도하는 도박선을 배경으로 한 에피소드가 있다. 그녀는 최악의 상황에서도 최선의 상황을 만들어 내는 편이 나은 것 같다.

보트로 도주하는 장면이 등장한 후 잭 더 리퍼가 런던의 안개에서 모습을 드러낸다. 영화가 끝나 가는 이 단계에서, 우리는 추위와 굶주림에 시달리면서 늙은 포주(또는 아버지)를 염려하는 룰루가 난생 처음으로 돈을 받고 섹스를 하기로 결심했다는 사실을 믿으라는 요구를 받는다. 그런데 잭 더 리퍼가 돈이 없다고 설명하자, 그의 외모가 무척이나 마음에 든 그녀는 그를 위층으로 초대한다. 썩 훌륭한 판단은 아니다.

이 시놉시스는 위대한 영화로도, 조롱거리 영화로도 만들어질 수 있는데, 브룩스는 이 시놉시스를 위대한 영화로 만든다. 그녀는 <판도라의 상자>의 외부에 서 있는 것처럼 보인다. 그녀의 외모는 현대적이다. 그녀는 많은 무성 영화 스타처럼 유행에 뒤떨어지는 메이크업을 하지 않았다. 컴퓨터를 동원해서 옛날 영화의 장면들에 데미 무어Demi Moore나 위노나 라이더Winona Ryder를 합성해서 집어넣었다고 해도 무방할 것이다. 그녀가 이 남자의 품에서 저 남자의 품으로 옮겨갈 때, 꾸준히 발휘되는 유일한 요소는 그녀의 의지다. 그녀는 파티에 가고 싶어 하고, 사랑을 나누고 싶어 하고, 술을 마시고 싶어 하고, 원하는 것이 무엇인지를 남자들에게 말하고 싶어 하며, 그것을 갖고 싶어 한다. 그녀의 욕망 외에 다른 동기는 존재하지 않는다. 돈도 아니고, 섹스도 아니고, 그저 이기심만 존재한다. 추악해질 수도 있는 설정이지만, 그녀는 그런 설정을 재미있어 보이게 한다. 무언가를 공짜로 얻을 수는 없는 노릇이다. 그런데 청구된 금액에 대한 지불을 충분히 미룰 수 있다면, 공짜로 얻을 수도 있을 거라는 느낌이 들기 시작할지 모른다.

펄프 픽션	감독	쿠엔틴 타란티노	
Pulp Fiction	주연	존 트라볼타	
	제작	1994년	154분

대사는 쿠엔틴 타란티노Quentin Tarantino, 1963~의 <펄프 픽션>을 밀고 나가는 원동력이다. 대사의 수준이 대단히 높기 때문에 레이먼드 챈들러Raymond Chandler부터 엘모어 레너드Elmore Leonard에 이르는 군더더기 없는 하드보일드 문장의 대가들과 비교 대상으로 삼을 만한 자격이 있다. 그들처럼 타란티노는 관객에게 웃어 달라고 부탁하는 것처럼 보이는 일 없이도 대사를 유머러스하게 만드는 방법을 찾아낸다. 그들처럼 그는 실용적인 문장을 투박한 시詩와 훌륭한 상상력이 번득이는 스타일과 결합한다.

　이 영화에 대해 논하는 자리에서 그리 자주 언급되지 않는 작은 신을 숙고해 보라. 프로 복서 부치(브루스 윌리스Bruce Willis)는 링에서 상대 선수를 죽이고 나온 참이다. 그는 여자 친구 파비안(마리아 데 메데이로스Maria de Medeiros)이 묵는 모텔 방으로 돌아온다. 그녀는 거울을 보고 있었다면서 자신의 배가 올챙이배처럼 불룩 튀어나왔으면 좋겠다

고 말한다. "지금 당신 배가 그래." 부치가 바짝 다가서며 말한다. 여자
는 대답한다. "내 배가 그렇다면, 배를 돋보이게 만들게 두 사이즈 작은
티셔츠를 입을 거야." 잠시 후에 여자는 말한다. "만져서 기분 좋은 거하
고 눈으로 봐서 기분 좋은 게 같은 적이 드물다는 건 불행한 일이야."

놀라운 대사다(이건 샘플로 보여 준 대사일 뿐이다). 이 대사에는
무언가가 있다. 이 대사는 부치가 절망에 빠진 순간에 등장한다. 그는
경기를 져 주겠다는 데 동의하고 비밀리에 자신에게 많은 돈을 걸고는
경기에서 이긴다. 그는 거금을 벌게 될 것이다. 마르셀러스 월리스(빙
레임스Ving Rhames)와 그가 거느린 살인 청부업자 줄스와 빈센트(각각
새뮤얼 L. 잭슨Samuel L. Jackson과 존 트라볼타John Travolta)의 복수에서
벗어날 수만 있다면 말이다. 수준 낮은 영화에서라면 이 신의 대사는
철저하게 플롯을 밀고 나가는 데 주력했을 것이다. 부치는 파비안에게
그가, 그녀가, 우리가 이미 아는 것들을 설명했을 것이다. 그 대신 타란
티노는 여자의 성격과 두 사람의 관계를 빠르게 설정하기 위해 겉보기
에는 아무런 연관성이 없는 대사를 활용한다.

캐릭터들이 액션하고는 비스듬한 각도에 있는 말을 꺼내거나 재
치가 번득이는 모습을 보여 주는 것으로 시작하는 것은 타란티노가 그
의 작품들 내내 구사해 온 전략이다. 줄스와 빈센트가 주고받는 오프
닝 대사를 기억해 보라. 그들은 월리스의 서류 가방을 챙겨서는 그의
심기를 불편하게 만든 대학생들에게 폭력적인 앙갚음을 하러 가는 길
이다. 그들은 암스테르담의 마약 법규에 대해, 파리에서 쿼터 파운드
햄버거를 부르는 이름에 대해, 발 마사지에 함축된 성적인 은밀함의 정
도에 대해 이야기한다. 마지막으로 줄스가 말한다. "이제 캐릭터가 돼
보자고." 그러고는 그들은 아파트로 들어간다.

타란티노의 대사는 별난 수준에만 머물지 않는다. 그 뒤편에는 나
름의 논리가 있다. 쿼터 파운드 버거가 파리에서 "루아얄Royale"로 불

리는 이유에 대한 논의는 몇 분 후 줄스와 대학생(프랭크 웨일리Frank Whaley) 사이에 오가는 긴장감 넘치는 대화에서 반복된다. 아내에게 발마사지를 해 줬다는 이유로 마르셀러스가 4층 창문 밖으로 내던진 남자에 대한 이야기는 영화 뒷부분을 위한 설정인 것으로 밝혀진다. 타란티노는 빈센트가 보스의 명령에 따라 미아 월리스(우마 서먼Uma Thurman)를 데리고 나가 데이트하는 장면을 위한 극적인 토대를 준비하는 중이다. 미아가 약물을 과다 복용하자 빈센트는 그녀를 황급히 마약상 랜스(에릭 스톨츠Eric Stoltz)에게 데려가고, 랜스는 그녀의 심장에 아드레날린 주사를 꽂아 그녀를 소생시킨다.

그리고 그 신 역시 재미있게만 들리는 대사로 시작하지만, 그 대사 역시 더 튼튼한 기초를 닦고 있다. 랜스의 여자 친구 조디(로사너 아켓Rosanna Arquette)가 등장하는데, 가능한 곳이면 어디에건 피어싱을 한 조디는 자신의 피어싱 페티시에 대해 주절거린다. 타란티노는 그 장면의 클라이맥스를 위해 설정을 하는 중이다. 주사 바늘이 심장에 꽂힐 때, 그 순간이 영화에서 아주 끔찍한 순간들 중 하나가 될 거라 예상했던 관객들은 기이하게 웃음도 함께 터뜨린다. 버지니아대학에서 가진 숏 단위 분석에서 그 이유를 알아냈다. 타란티노는 바늘이 가슴에 들어가는 장면은 조금도 보여 주지 않는다. 그는 의식을 되찾은 미아가 벌떡 일어나자마자 그녀를 유심히 지켜보던 모든 이가 소스라치며 뒤로 물러서는 리액션 숏들을 보여 주는 식으로 영화를 편집한다. 그러면 조디는 "뿅 갔었다"고 말한다. 우리는 그 말의 의미를 이해한다. 피어싱 마니아인 그녀는 지금 막 궁극의 피어싱을 목격했다. 보디랭귀지와 촌철살인의 대사는 그로테스크한 신을 취해 음울하지만 순도 높은 코미디로 탈바꿈시킨다. 모든 게 대사와 편집에서 비롯한다. 물론 월리스 부인이 목숨을 잃게 만드는 것은 그녀의 발을 마사지해 주는 것보다 훨씬 더 심각한 상황이라서, 빈센트가 마르셀러스에게 당할지도 모

르는 분풀이에 대한 고민으로부터 생긴 절망적인 분위기도 이 장면의 기저에 흐른다.

영화의 순환적이고 자기 지시적인 구조는 유명하다. 펌프킨(팀 로스Tim Roth)과 허니 버니(어맨다 플러머Amanda Plummer)가 벌이는 레스토랑 강도 행각은 영화를 열고 닫고, 다른 스토리라인들은 엄격한 시간적 순서의 안팎을 오가며 자유로이 종횡한다. 그러나 대사에는 시간적인 순서가 존재한다. 앞서 이야기됐던 일이 뒤에 등장하는 일을 위한 설정으로 변함없이 작용하거나 그 일을 풍성하게 해 준다는 의미에서 말이다. 대사는 조금의 오류나 결함이 없다는 점에서 타란티노가 시간을 가지고 곡예를 부리려는 마음을 처음부터 품고 있었음을 보여 주는 증거가 된다. 신들은 시간적 순서를 따르지 않지만, 대사는 그 대사가 영화의 어느 지점에 낙하하는지를 늘 정확하게 알고 있다.

주사 바늘이 심장에 꽂히는 신이 관객들의 폭소 덕에 구원을 받는 방식에 대해 앞서 언급했다. 청부업자들이 뒷자리에 앉은 승객을 무심코 죽이는 신도 역시 그런 사례에 속한다. 온통 피투성이인 차 내부를 수습하기 위해 울프(하비 카이텔Harvey Keitel)가 호출된다. 우리는 피가 실제로 우리가 보는 것보다 더 낭자했었다는 걸 기억하는데, 이는 그 신이 영화를 그 자리에 맥없이 멈춰 세우지 않는 이유다. 유혈이 낭자한 신들은 울프가 가진 전문가다운 솜씨를 보여 주는 신들로 절묘하게 방향을 튼다. 울프의 솜씨는 재미있다. 대단히 사무적이고 사실적이기 때문이다. 줄스와 빈센트가 아파트에서 사격을 개시할 때나 부치가 가죽 옷을 입은 사내들과 "중세 시대"(마르셀러스의 잊을 수 없는 단어 선택)로 갈 때처럼 영화에는 갑작스럽고 잔혹한 폭력 신들이 있다. 그러나 타란티노는 롱 숏과 반전, 장면 전환, 대사의 맥락을 활용해 영화를 보기보다 덜 폭력적으로 보이게 만든다.

하워드 호크스Howard Hawks는 언젠가 좋은 영화를 나름의 방식으

로 이렇게 정의했다. "걸출한 신 세 개, 나쁜 신은 하나도 없음." 최근에
나온 영화 중에서 <펄프 픽션>보다 훌륭한 신을 많이 가진 영화는 드
물었다. 빈센트와 미아가 잭래빗 슬림스에서 춤을 출 때처럼 영화의 일
부분은 뮤지컬 코미디에 근접한다. 부치가 아파트로 돌아왔다가 빈센
트를 깜짝 놀라게 만드는 장면처럼 일부 장면은 갑작스럽게 벌어진다
는 면에서 인상적이다. 마르셀러스 월리스가 부치와 나누는 대사, 또는
쿤스 대위(크리스토퍼 워컨Christopher Walken)가 '작은 사나이'에게 아버
지의 시계를 돌려주면서 하는 독백처럼 영화의 일부는 순전히 입심으
로 구성되어 있다.

그리고 일부 장면은 논란을 초래하려고 고의로 계획한 것처럼 보
인다. 서류 가방에는 무엇이 들어 있을까? 앞부분에 등장하는 아파트
에서 총격을 가하는 동안 화면에 번득이다 사라지는 빛은 무엇일까?
잭슨은 성경을 올바로 인용하고 있는 것일까? 일부 신들은 전적으로
행동에 의존한다(울프의 현실적인 청소 디테일이 그 예다). 많은 신은
신 자체만을 놓고 보는 것보다 더 흥미롭다. 캐릭터들이 보복을 두려워
하기 때문이다(부치는 월리스를 무서워하고, 빈센트는 월리스를 무서
워하며, 마약상 지미는 아내가 귀가하기 전에 집에서 시체를 치우고 싶
어 한다).

<펄프 픽션>을 1994년 칸영화제에서 처음 봤다. 영화는 황금종려
상을 수상했고, 이후로 최소 12개월 동안 미국 전역에서 이뤄지는 영화
관련 대화를 점령했다. 이 영화는 1990년대에 가장 큰 영향력을 행사한
작품이었다. 영화의 순환적인 타임라인은 <유주얼 서스펙트The Usual
Suspect>, <제로 이펙트Zero Effect>, <메멘토Memento> 같은 상이한 영화
들에서도 감지할 수 있다. 그 작품들이 <펄프 픽션>을 모방했다는 게
아니라, 시간의 순서를 갖고 장난을 치는 데 따르는 쾌감을 인식했다
는 말이다. 그런데 <펄프 픽션>을 위대한 영화로 만들어 주는 것은 구

조가 아니다. 영화의 위대함은 독창적인 (본질적으로 코믹한) 캐릭터와 일련의 생생하고도 반쯤은 비현실적인 사건들의 결합에서, 그리고 대사에서 비롯한다. 대사는 다른 모든 것을 받쳐 주는 토대다.

나는 많은 영화를 보면서 모든 대사가 순전히 설명을 하거나 플롯을 밀고 나가는 데만 바쳐진다는 것을, 언어의 스타일이나 관용적인 표현 자체에서는 즐거움을 전혀 취하지 않는다는 것을 깨닫는다. <진주만Pearl Harbor>에는 조롱거리로 삼을 때를 제외하고는 인용하고 싶은 대사가 단 한 줄도 없다. 대부분의 영화에 등장하는 대부분의 대화는 끔찍이도 지루하다. 바로 그것이 대사에 재능이 없는 감독들이 액션과 특수 효과에 그토록 심하게 의존하는 이유다. <펄프 픽션>의 캐릭터들은 입을 잠시도 쉬지 않는다. 그러면서도 늘 흥미롭거나 웃기거나 겁나거나 기발하다. 이 영화는 오디오 북으로도 제몫을 해낼 것이다. <미이라 2The Mummy Returns>를 오디오 북으로 들어야 하는 상황을 상상해 보라.

페르소나	감독	잉마르 베리만
Persona	주연	리브 울만, 비비 안데르손
	제작	1966년 84분

셰익스피어는 인간이 직면한 근본적인 선택을 제기하려고 여섯 단어를 사용했다. "To be, or not to be?(죽느냐, 사느냐?)" 잉마르 베리만 Ingmar Bergman, 1918~2007의 <페르소나>에 등장하는 캐릭터 엘리자베스는 그에 대한 대답으로 두 단어를 사용한다. "No, don't!(안 돼, 그러지 마!)" 배우인 그녀는 어느 날 밤 공연 도중에 말을 멈춘 후로 여태까지 침묵해 왔다. 지금 그녀의 간호사 알마는 극도로 흥분해서 냄비에 있는 끓는 물을 그녀에게 끼얹으려는 참이다. "No, don't!"는 이렇게 해석된다. 고통을 느끼고 싶지 않아, 상처 입고 싶지 않아, 죽고 싶지 않아. 그녀는 존재하고 싶다. 그녀는 자신이 존재함을 인정한다.

　　<페르소나>는 영화에 담긴 이미지의 아름다움 때문에, 그리고 영화에 담긴 미스터리들을 이해하고 싶다는 소망 때문에 우리가 오랫동안 거듭해서 찾은 영화다. 난해한 영화가 아닌 건 분명하다. 벌어지는 사건은 하나같이 극도로 명확하다. 심지어 꿈 시퀀스조차 꿈이라는 게

명확하다. 그러나 영화는 진실들이 감춰져 있음을 암시하고, 우리는 그 진실들을 찾아낼 가능성에 대해 비관적이다. <페르소나>는 내가 1967년에 평론가로서 리뷰했던 초기 영화에 속한다. 나는 내가 이 영화를 이해했다고는 생각하지 않았다. 하지만 약 30년이 지난 지금, 나는 영화에 대해 알아야 할 지식을 어느 때보다도 많이 갖고 있다. 그리고 <페르소나>에 다가갈 때 취해야 할 최고의 접근 방식은 영화를 있는 그대로 이해하는 것이라는 점을 이해한다.

이 영화는 영화가 다루고 있는 것처럼 보이는 것을 정확하게 다룬다. 존 하디라는 영화 팬은 '인터넷 무비 데이터베이스Internet Movie Database, IMDb'에 올린 코멘트에 "허세 부리는 영화가 전혀 허세 부리지 않는 것처럼 보이는 데 성공했다는 점이 <페르소나>가 거둔 위대한 성취 중 하나다"라고 썼다. 베리만은 일상적인 행위들과 평범한 대화에서 사용되는 단어들을 보여 준다. 그리고 스벤 닉비스트Sven Nykvist의 촬영은 그것들을 잊히지 않는 이미지로 보여 준다. 그런 이미지에 속하는, 한 얼굴은 정면으로, 다른 얼굴은 측면으로 잡은 이미지는 영화 역사상 아주 유명한 이미지 중 하나가 됐다.

엘리자베스(리브 울만Liv Ulmann)는 「엘렉트라Electra」를 공연하는 도중에 말을 멈추고는 다시는 말을 하지 않는다. 정신과 의사는 엘리자베스와 간호사 알마(비비 안데르손Bibi Andersson)가 외딴 별장에서 여름을 보내는 게 도움이 될지도 모른다고 생각한다. 동일한 공간과 시간이라는 상자에 갇힌 두 여자는 어찌 된 일인지 서로에게 녹아든다. 엘리자베스는 한마디도 않고, 알마는 말을 멈추지 않으면서 자신이 세운 계획들과 느끼는 공포를 털어놓는다. 그러다가 결국 빼어나고 대담한 독백에서 그녀가 지극히 행복했던 시기에 있었던 에로틱한 에피소드를 털어놓는다.

두 여배우는 어느 정도 비슷해 보인다. 베리만은 한 얼굴의 절반과

다른 얼굴의 절반을 결합한 심란한 숏에서 이 비슷함을 강조한다. 나중에 그는 두 얼굴을 겹쳐 놓는다. 안데르손은 자신과 울만은 베리만이 이 이미지로 무슨 일을 할 작정인지를 전혀 몰랐다고, 그러다가 영화를 처음 봤을 때 이 장면이 심란하고 섬뜩하다는 걸 알게 됐다고 내게 말했다. 베리만은 내게 이렇게 말했다. "인간의 얼굴은 영화의 위대한 주제입니다. 모든 것이 거기에 있습니다."

두 사람의 외모 융합은 심오한 심리적 흡인력을 암시한다. 말이 없고 병약한 환자인 게 분명한 엘리자베스는 알마보다 더 강인하다. 결국 간호사는 자신의 영혼이 다른 여자의 강인함에 압도당하고 있다고 느낀다. 그녀가 분통을 터뜨리면서 엘리자베스를 되받아치는 순간이 있다. 햇볕 가득한 별장의 안뜰에서, 깨진 유리잔의 조각들을 집어내던 그녀는 엘리자베스가 다닐지도 모르는 곳에 일부러 유리 조각을 놔둔다. 엘리자베스는 발을 벤다. 그러나 이것은 결국 간호사가 직업적 계율을 내팽개치고 허약함을 드러내게끔 만든 여배우의 승리다.

엘리자베스는 유리 조각이 우연히 거기에 있던 게 아니라는 것을 아는 듯한 표정으로 알마를 바라본다. 그 순간 베리만은 그의 영화가 찢겨지고 불에 탄 것처럼 보이게 만든다. 스크린이 새하얘진다. 그러다 영화는 스스로 복원된다. 이 시퀀스는 영화를 열었던 방식과 아주 흡사하다. 두 경우 모두에서 영사기 램프는 백열하며 타오르다 활력을 얻는다. 그러고는 영화의 초창기 시절의 이미지들을 조합한 몽타주가 등장한다. 덜커덩거리는 말 없는 해골들, 관의 이미지, 못에 관통 당하는 손. 영화 중간의 '중단'은 마음속으로 침투해 들어가는 것처럼 눈을 향해, 심지어는 눈의 혈관 속으로 이동해 들어가는 카메라로 끝난다.

<페르소나>의 오프닝 시퀀스는 이 작품이 영화라는 매체가 탄생한 시점부터 시작하고 있음을 암시한다. 중간의 중단은 그리로 되돌아가 다시 시작한다는 것을 보여 준다. 결국 필름은 카메라에서 벗어나

고 빛은 램프에서 숨을 거두며 영화는 끝난다. 베리만은 자신이 최초의 원칙으로 되돌아갔다는 걸 보여 주고 있다. "태초에 빛이 있었다." 영화가 끝날 즈음, 크레인에 장착된 카메라와 그 카메라를 지키는 닉비스트와 베리만을 담은, 카메라 스태프를 찍은 장면이 있다. 이 숏은 작업 중인 창조자들을 암시한다. 그들은 거기 있었고, 이것은 그들의 것이며, 그들은 이것과 자신들을 분리하지 못한다.

영화 앞부분에서, 엘리자베스는 TV 뉴스에 나오는 분신焚身하는 승려를 포함한 베트남의 이미지를 본다. 나중에는 체포된 유대인들을 담은, 바르샤바 게토의 사진이 등장한다. 영화는 작은 소년의 얼굴을 오래도록 응시한다. 세계의 공포들이 엘리자베스가 말을 멈춘 이유일까? 영화는 그렇다고 대놓고 말하지는 않아도 그렇다고 분명히 암시한다. 알마의 경우 공포는 집 가까이에 있다. 그녀는 결혼 계획이 있는 남자와 맺은 관계의 타당성을 의심한다. 간호사로서 자신의 능력을 의심한다. 자신이 엘리자베스에게 맞설 만큼 강한지를 의심한다.

그런데 엘리자베스에게도 개인적인 고민이 있다. 베리만은 대단히 투박한, 그러면서도 엄청나게 용감해서 우리가 그 대담함에 깜짝 놀라게 되는 시퀀스에서 그 고민을 보여 준다. 우선 엘리자베스가 한밤중에 알마의 방에 들어오는 꿈 시퀀스가 있다. (그게 꿈일 경우에 그렇다는 말이다. 이 시퀀스에 대한 의견은 분분하다.) 스웨덴의 여름철에 밤은 하루와 이튿날 사이에 존재하는 잠깐의 어스름이다. 부드럽고 희미한 빛이 방에 쏟아져 들어온다. 두 여자는 거울에 비친 이미지를 보듯 서로를 바라본다. 두 사람이 고개를 돌려 우리를 향하고, 한 여자가 다른 여자의 머리를 뒤로 쓸어 넘긴다. 남자의 목소리가 부른다. "엘리자베스." 그녀의 남편 보글러(군나르 뵈른스트란드Gunnar Björnstrand)다. 그들은 실외에 있다. 남자는 알마의 얼굴을 쓰다듬으면서 "엘리자베스"라고 부른다. 아니라고, 자신은 엘리자베스가 아니라고 그녀는 말한다. 알마의 손을 잡은 엘리자베스는 그 손을 자기 남편의 얼굴을 쓰다 듬는 데 쓴다.

나중에 실내에서 알마는 엘리자베스의 아이에 대해 긴 독백을 한 다. 아이는 불구로 태어났고, 엘리자베스는 극장으로 돌아가려고 아 이를 친척에게 맡겼다. 참을 수 없을 만큼 고통스러운 이야기다. 이야 기는 카메라를 엘리자베스에게 고정한 채 들린다. 그러다가 이야기는 카메라를 알마에게 고정한 채 다시 들린다. 단어 하나하나 그대로. 나 는 이게 지금까지 주장되어 온 것처럼 베리만이 두 여자 모두의 모습 을 다 보여 주려고 애쓰는 단순한 시도에서 비롯한 게 아니라고 믿는 다. 그 대신 이 설정은 말 그대로 두 여자가 똑같은 이야기를 — 엘리 자베스의 차례일 때는 엘리자베스가 말을 하지 않으므로 알마를 통해 — 들려주고 있는 것이다. 이 설정은 그들의 존재가 하나로 결합됐음 을 보여 준다.

영화에 등장하는 다른 독백은 더 유명하다. 자신과 여자 친구와 두 소년이 해변에서 했던 섹스에 대한 알마의 이야기. 이 독백이 그려 낸 묘사가 어찌나 강력했던지, 나는 이 장면을 실제로 영화에서 본 것처럼 묘사하는 사람들의 이야기를 들어 본 적도 있다. 이 세 독백 모두에서 베리만은 관념이 어떻게 이미지와 실체를 창조해 내는지를 보여 준다.

영화에서 가장 리얼하고 객관적인 체험은 베인 발과 끓는 물을 끼얹겠다는 협박이다. 이렇게 '중단'시키는 것으로 영화는 그 외의 모 든 것이 어떻게 사고(또는 예술)에 의해 만들어지는지를 보여 준다. 알마가 여태까지 겪은 가장 리얼한 경험은 해변에서 느낀 오르가슴이 다. 엘리자베스의 통증과 알마의 엑스터시는 그들의 삶이라는 환상을 뚫고 나올 수 있었다. 우리가 '우리 자신'이라고 생각하는 것 대부분은 세계를 직접 체험해서 얻은 것이 아니라, 관념과 기억, 미디어가 주입한 것, 타인들, 직업, 역할, 의미, 욕망, 소망, 공포 등으로 만들어진 정신적인 방송 프로그램이다. 엘리자베스는 자기 본연의 존재가 되기를 선택한다. 알마는 엘리자베스가 아닌 존재가 되기를 선택할 만큼 강하지 않다. 비밀을 여는 열쇠는 제목에 있다. "페르소나persona", 단수형이다.

프랑켄슈타인의 신부	감독	제임스 웨일
Bride of Frankenstein	주연	보리스 칼로프, 콜린 클라이브, 엘자 랜체스터
	제작	1935년 · 75분

신들과 괴물들의 신세계를 위해!

프레토리우스 박사는 헨리 프랑켄슈타인 박사에게 함께 작업하자고
제의하기 전에 진gin 한 잔("내 유일한 약점")으로 자신들의 새로운 우
정에 축배를 들자면서 이렇게 읊조린다. 그는 종처럼 생긴 유리그릇에
들어 있는 살아 있는 인간들의 미니어처를 연달아 공개한다. 그는 이것
들은 인간과 크기가 똑같은 생명체를 창조하는 실험으로 이어지는 길
을 가리키는 호문쿨루스homunculus들이라고 말한다. 그는 프랑켄슈타
인을 설득한다. "당신은 혼자서 남자를 창조했소. 이제 우리는 힘을 합
쳐 그의 짝을 창조하는 거요."

그들의 탐구 작업이 제임스 웨일James Whale, 1893~1957 감독의 <프
랑켄슈타인의 신부>의 영감을 이룬다. 프랑켄슈타인을 다룬 영화 중
에서 최고의 작품인 이 영화는 공포라는 장신구를 씌워 충격적인 소재

들을 위장하는 것으로 검열 당국의 눈을 슬그머니 통과한 교활하고 전복적인 작품이다. 어떤 영화들은 세월을 타면서 낡아지고, 또 어떤 영화들은 숙성된다. 웨일의 걸작을 오늘날에 보면 영화가 만들어졌던 당시보다 더 놀랍다. 오늘날의 관객들은 영화에 잠복된 동성애와 시체 애호증, 신성 모독에 대한 힌트들을 더 민감하게 감지하기 때문이다. 그렇다고 영화를 즐기려고 영화를 해체할 필요까지는 없다. 풍자적이고 짜릿하며 웃기는 이 영화는 미술 연출 분야에서도 큰 영향력을 행사한 걸작이다.

웨일은 오래 전부터 1930년대 호러 영화들의 팬들로부터 가치를 인정받아 온 감독이다. 하지만 크리스토퍼 브램Christopher Bram이 쓴 소설 『프랑켄슈타인의 아버지Father of Frankenstein』가 원작인 빌 콘던 Bill Condon 감독의 전기 영화 <갓 앤 몬스터Gods and Monsters>가 개봉한 1998년에야 의미 있는 삶을 살았던 인물로 새롭게 간주되었다. 끈덕지게 벽장 안에 머물렀던 동성애자들이 할리우드에 가득했던 시대에 그는 — 실생활에서뿐 아니라 작품에서도 — 공공연한 게이로 묘사되었다. 이 관점은 희망 사항이 많은 생각과 관련이 있을 것이다. 앤서니 슬라이드Anthony Slide 같은 전기 작가들은 웨일이 "사생활을 철저하게 남들에게 드러내지 않은 대단히 비밀스러운 인물"이라고 말하지만, 그런 의견은 <프랑켄슈타인의 신부>를 과감한 게이 우화로 해석하는 게리 모리스Gary Morris 같은 평론가들의 주장과는 맞지 않는다. 모리스의 글은 때때로 읽기 괴롭다. (괴물과 장님 은둔자는 "더할 나위 없이 행복한 부부"의 모델일까?) 그러나 프레토리우스와 프랑켄슈타인을 괴물의 동성同性 부모로 보는 그의 관점은 옳을 것이다("아버지 헨리는 그에게 생명을 주었고, 어머니 같은 존재인 프레토리우스는 그 괴물을 양육했다"). 프레토리우스(지나치다 싶을 정도로 과장되게 연기하는 어니스트 테시거Ernest Thesiger)는 실제로 괴물을 과격한 섹스 파트너처럼 대하고 있는 듯이 보인다. 우화건 아니건 이 영화에 부여된 암시들이 언급되지는 않은 서브 텍스트로서 영화의 거죽 밑으로 미끄러져 들어가는 것이 허용될 때, 이 영화는 더 재미있어진다.

영화는 나름의 관점에 따라 관객에게 썩 잘 먹힌다. 웨일의 <프랑켄슈타인Frankenstein>(1931)의 속편인 이 영화는 괴물을 우정을 갈망하는 추방자로 다시 등장시킨다. <프랑켄슈타인>의 크레디트는 이 영화가 "퍼시 B. 셸리 부인Mrs. Percy B. Shelley"의 소설에서 영감을 받은 영화라고 밝혔다. 그리고 <프랑켄슈타인의 신부>는 페미니스트의 영웅이 된 그녀의 지위를 격상하면서 그녀를 "메리 울스턴크래프트 셸리Mary Wollstonecraft Shelley"로 부른다. 그러면서 메리와 그녀의 남편 퍼시, 그들의 친구 바이런 경Lord Byron이 첫 이야기의 속편을 상상하는 프롤로그를 덧붙인다. 여기서 방앗간의 불길에서 살아남은 괴물은 사방을 비틀거리고 다니면서 세상의 오해를 받으며 살아간다.

엘자 랜체스터Elsa Lanchester가 메리 셸리와, 크레디트에 오르지 않은 신부 역할을 연기한다(신부 역할에서 그녀는 기괴하게 우뚝 솟은 머리카락에 번개 치는 모양으로 은빛 염색을 하고는 영화사에 남을 불멸의 이미지 중 하나를 제공한다). 웨일은 1930년대 독일 표현주의의 강렬한 그림자와 삐뚤삐뚤하게 기울어진 숏들을 이 영화 비주얼의 기초로 삼았는데, 그의 작품 같은 1930년대 호러 영화들은 1940년대 필름 누아르의 비주얼에 영향을 끼쳤다. 그가 신부의 이미지를 연출하는 데 영감을 준 것은 프리츠 랑Fritz Lang의 <메트로폴리스Metropolis>(1927)에 나오는 인조인간 여성 마리아였다. 그는 또한 번개가 관통할 수 있도록 신부를 하늘로 끌어올리는 플랫폼이 있는 프레토리우스의 실험실을 위한 아이디어도 랑의 영화에서 차용했다. (멜 브룩스Mel Brooks의 1974년 영화 <영 프랑켄슈타인Young Frankenstein>에 나오는 프레토리우스의 실험실은 이 영화의 실험실과 비슷해 보이는 정도에 그치지 않는

다. 그 영화는 브룩스가 창고에서 발견한 동일한 소품들을 활용했다.)

물론 영화의 중심인물은 괴물이다(제목은 그렇게 붙어 있지만, 그의 이름은 프랑켄슈타인이 아니다). 보리스 칼로프Boris Karloff가 괴물을 연기하는데, <프랑켄슈타인>의 크레디트에는 이렇게만 표시되어 있었다.

괴물……………?

그러나 속편에는 제목 위에 굵은 대문자로 "KARLOFF"라고 적혀 있다. 캐릭터가 대단히 광범위하게 정의되어 있는데도, 칼로프는 미묘하고 세세한 제스처들을 구사할 영역을 찾아낸다. 그는 괴물이 말을 하게 만든다는 결정에 반대했지만, 그 결정에서 엄청난 혜택을 입었다. <프랑켄슈타인>에서 그는 애처롭게 울어 대기만 했었다. 그러나 <프랑켄슈타인의 신부>에서 그는 숲에 있는 오두막에서 앞을 못 보는 바이올리니스트를 우연히 만나는데, 바이올리니스트는 괴물에게 말을 가르쳐 주고("와인…… 와인!"), 괴물의 말하는 능력은 나중에 프레토리우스에게 펼치는 통렬한 주장으로 발전한다. "나는 나 같은 친구를 원한다."

1931년도 영화는 괴물이 연못에 국화를 흘려보내는 소녀를 우연히 만나는 장면으로 유명하다. 괴물은 그녀와 함께 물에다 꽃을 던진다. 꽃이 다 떨어지자 그는 논리적으로 추론한 다음 단계에 따라 소녀를 물에 던진다. 소녀는 익사한다. 속편은 소녀의 부모가 괴물이 죽었는지 확인하려고 불타 버린 방앗간의 폐허를 뒤지는 것으로 시작한다. 아버지가 죽는다. 어머니는 잔해에서 뻗어 나온 손을 움켜쥐지만 그것이 남편의 손이 아니라 괴물의 손임을 알게 된다. 그러한 냉혹한 장면들이 영화에 등장하는 노골적인 폭력보다 훨씬 더 쇼킹하다. 그런데 웨일이 이어지는 줄거리를 부드럽게 만들려고 괴물에게 동정심을 허용하는 방식은 흥미롭다. (이번에 괴물은 물에 빠진 소녀를 구한다. 그의 영웅적 행위가 소녀를 공격하는 것으로 오인되기는 하지만 말이다.)

괴물이 은둔자(O. P. 헤기O. P. Heggie)와 저녁을 먹는 장면은 잔잔하고 감동적이다(은둔자는 자신을 외롭지 않게 할 손님을 보내 주신 것에 대해 하나님께 감사드린다). 첫 식사는 감동적이고, 괴물이 우연히 납골당에 들어갔다 쓸 만한 인체 부위를 찾아 나선 프레토리우스와 촛불을 켠 만찬 자리에 합석하게 되는 두 번째 식사는 익살스럽다. 프레토리우스는 그에게 합석을 권하고, 괴물은 만족스럽게 시가를 피운다.

<프랑켄슈타인의 신부>는 대체로 프레토리우스와 괴물의 작품이다. 프랑켄슈타인(콜린 클라이브Colin Clive)과 약혼녀가 등장하는 서브플롯이 있기는 하지만 말이다(두 사람의 결혼 날짜는 실험실에 마음을 빼앗긴 박사 때문에 연기된다). 신체 부위들을 얼기설기 얽은 신부에게 생명력을 불어넣으려고 번개를 활용하는 기괴한 장치들이 설치된 프레토리우스의 고딕 망루에서 클라이맥스가 찾아온다. 관객들이 이 장면에서 받는 인상이 대단히 강렬하기 때문에, 신부가 영화에 실제로 등장하는 시간이 무척 짧다는 사실은 잊기 십상이다.

웨일과 시나리오 작가 윌리엄 헐벗William Hurlbut은 어울리겠다 싶은 곳이 생길 때마다 씁쓸한 유머를 가미한다. 그들은 비명 소리로 유리도 깨뜨릴 수 있는 프랑켄슈타인의 가정부 미니(우나 오코너Una O'Connor) 캐릭터로 재미를 본다. 그리고 그들은 괴물이 물에 빠진 양치기 소녀를 구하고는 "그래, 여자. 이제는 그게 정말로 흥미로워"라고 골똘히 생각하는 장면 같은 순간들을 즐긴다.

공포 영화의 이점 하나는 현실적인 소재에서라면 분위기를 깨 버릴 만한 극단적이면서도 독특한 풍미가 깃든 행동이 허용된다는 것이다. <노스페라투Nosferatu>(1922)의 무성 영화 뱀파이어부터 1960년대 해머Hammer 호러 영화의 크리스토퍼 리Christopher Lee와 피터 쿠싱Peter Cushing 같은 쾌활하게 오버하는 연기에 이르기까지, 이 장르는 괴상한 매너리즘과 공들여 세밀한 자세를 취하는 것으로 영화에 신선한 자극을 불어넣으라며 연기자들을 부추겨 왔다. 캐릭터들의 말하는 패턴은 무척이나 절묘해서 패러디조차 불가능할 경우가 많다.

이 장르는 시각적 실험도 장려했다. <칼리가리 박사의 밀실Das Cabinet des Dr. Caligari>(1919) 이후로 공포는 예상치 못한 카메라 앵글과 환각적인 건축물, 노골적으로 인공적인 세트를 구사하기 위한 구실이 되어 왔다. 주류 영화들이 비주얼 면에서 상상력을 줄이고 현실적인 쪽으로 꾸준히 성장해 오면서, 호러는 무성 영화 시대의 대단히 컸던 디자인의 자유로 돌아가는 생명선을 제공해 왔다. 센세이셔널하게 '리얼한' 대상들을 보는 것은 괴이하고 그로테스크하며 왜곡되고 별난 대상들을 보는 것과는 다른 일이다. 어둠 속에서 예상치 못하게 튀어나온, 손톱이 날카로운 손은 <아마겟돈Armageddon>(1998)의 특수 효과 전체보다 더 큰 충격을 준다. <아마겟돈>은 사실적으로 보이지만, 호러 영화들은 리얼리티는 환상이라며 우리를 비웃기 때문이다.

제임스 웨일의 삶에 대한 많은 디테일은 <갓 앤 몬스터>에서 엿볼수 있다. 이 영화는 전장戰場에서 숨을 거둔 친구와 가진 그의 초기 로맨스와 1930년대에 그가 할리우드에서 만든 위대한 영화들(<프랑켄슈타인>뿐 아니라 <올드 다크 하우스The Old Dark House>와 <투명 인간The Invisible Man> 같은 영화들)을 언급한다. 웨일은 1941년에 영화 제작을 멈추고는 그림을 그리고 사교 생활을 하면서 조용하고 호사스러운 삶을 살았다. 영화는 그의 인생의 말년을 보여 준다. 이언 매켈런Ian McKellen은 그를 교양 있는 인물이지만 새로 온 정원사(브렌든 프레이저Brendan Fraser)에게서 마지막 유혹의 기회를 보는, 여전히 희망을 가득 품은 게이로 그려 낸다. 하지만 프레이저의 헤어스타일을 상고머리로 설정한 것은 신神으로서 감독들과 그들이 창조한 괴물들 사이의 유사 관계를 지나치게 강조하고 있는 듯 보인다.

피노키오

Pinocchio

감독	해밀턴 러스크, 벤 샤프스틴	
주연	클리프 에드워즈, 디키 존스, 크리스천 러브	
제작	1940년	88분

러시아 감독 세르게이 에이젠슈타인Сергей Эйзенштейн은 디즈니의 <백설 공주와 일곱 난쟁이Snow White and the Seven Dwarfs>(1937)를 보고는 지금껏 만들어진 가장 위대한 영화라고 말했다. 위대한 영화들의 명단 상단을 차지하던 영화 <전함 포템킨Броненосец «Потёмкин»>을 만든 인물이 보낸 극찬이었다. 에이젠슈타인은 <백설 공주와 일곱 난쟁이>에서 새로운 영화적 자유를 목격했다. 만화는 아티스트가 상상할 수 있는 비주얼은 무엇이건 표현할 수 있다는 것. 만화 영화는 더 이상 아동용 단편이 아니라, 사실적인 장편 영화들과 어깨를 나란히 할 만한 자격이 있었다.

1940년에 디즈니는 두 번째와 세 번째 장편 애니메이션인 <판타지아Fantasia>와 <피노키오>를 만들었고, 일반적으로 두 작품은 오늘날까지도 스튜디오가 만든 애니메이션 중에서 대표적인 우수작들로 간주된다. 그 작품들이 그토록 훌륭한 건 애니메이션이 발전하던 알맞은 시기에 찾아온 작품들이기 때문일 것이다.

애니메이션의 초창기 개척자들(특히 월트 디즈니Walt Disney와 맥스 플라이셔Max Fleischer)은 캐릭터들을 단순히 스크린에 등장하는 그림 이상 가는 존재로 만들, 그들이 중력과 차원을 가진 세계에 존재하는 것처럼 보이게 만들 방법들을 찾아냈다. 그들은 애니메이션 캐릭터들이 어떻게 움직여야 하는가를 알아내려는 실험을 한없이 해 봤다. 그들은 실제 세계를 고스란히 반영하는 일 없이도 설득력을 가진 새로운 종류의 양식화된 리얼리즘을 찾으려하고 있었다. 애니메이션 전문가 어니스트 리스터Ernest Rister는 이렇게 썼다. "무게감과 볼륨감을 가진 그림을 그려 내는 테크닉을 찾아낸 것이 훗날 아마존의 살인 곤충이나 거대한 뱀을 창조하는 데 쓰일 거라는 걸 그들이 알고 있었을지 궁금하다."

<백설 공주와 일곱 난쟁이>로 비약적인 발전을 이룬 후, 디즈니 애니메이터들은 혁신적인 기법 두 가지를 갖추고는 스토리보드로 돌아갔다. 하나는 스크린 밖에도 공간이 있다는 걸 내비칠 수 있는 자유였다. '보통' 영화에서 캐릭터들은 스크린 모서리에 위치하면 절반만 화면에 등장한다. 그들은 스크린에 등장했다가 스크린에서 벗어났고, 카메라는 추가적인 공간을 통과하면서 팬을 하고 줌을 했다. 초기 애니메이션은 프레임 내부에 머무르려는 경향이 있었다. 그러다가 디즈니는 <판타지아>에서, 그리고 특히 <피노키오>에서 프레임으로부터 벗어났다. 예를 들면 고래가 재채기를 하면서 피노키오와 아버지가 고래 뱃속에서 바다로 떠밀려 나왔다가 다시 빨려 들어간 후 재차 바다로 떠밀려 나오는 짜릿한 시퀀스가 그렇다. 관객은 고래 몬스트로가 스크린의 오른쪽 밖에 있음을 쉽게 감지할 수 있다.

또 다른 혁신은 '다면 촬영'이었다. 디즈니가 발명한 이 테크닉 덕에 그림들은 3차원을 획득했다. 카메라는 전경前景의 그림들을 지나쳐

프레임 깊숙한 곳으로 들어가는 듯 보였다. 피노키오가 사는 마을을 창공에서 잡은 숏에서 카메라는 클로즈업에 도달할 때까지 몇 단계의 그림을 줌으로 지나쳐 들어간다. 이 기법은 간단한 원근법만을 활용해 깊이를 보여 주는 것보다 훨씬 더 뛰어났다.

<피노키오>의 관객들은 이런 혁신들을 그렇게 많이 인지하지는 못한다. 관객들은 영화의 내러티브가 가진 위력에 빠져든다. 작은 꼭두각시와 그가 진짜 꼬마가 되기 위해 겪는 모험 이야기는 도덕적인 교훈이 담겨 있는 스토리텔링의 개가다. 거짓말을 하는 데 따르는 위험에 대해 대중문화가 이보다 더 뇌리에서 지워지기 힘든 우화를 만들어 낸 적이 있던가? 이 이야기는 그저 경이롭기만 하다. 이 영화에는 디즈니 애니메이션의 공식으로 세련되게 다듬어질 요소들이 담겨 있다(고양이 피가로와 금붕어 클레오는 이후 코믹한 조연 캐릭터들로 아주 많이 재활용되었다). 그리고 메인 줄거리는 아동 관객의 마음을 사로잡으려는 교활하다 싶을 정도로 영리한 방식으로 설계되었다.

핵심은 줄 없이도 걷고 말할 수 있는 나무 꼭두각시에 그치지 않고 '진짜 꼬마'가 되고 싶다는 피노키오의 욕망이다. 모든 아이는 내면의 대단히 깊은 차원에서 진짜가 되고 싶어 하면서 자신들이 그럴 수 있을지를 의심한다. 영화가 주는 멋진 영감 중 하나는, 피노키오가 진짜 꼬마가 되어 가는 동안 그를 어느 정도 독립적인 존재로 남겨 둔 것이다. 그에게는 친절한 꼭두각시 제작자인 제페토라는 아버지상이 있지만, 노인은 건망증이 있는 데다 다른 것에 쉽게 정신이 팔린다. 그리고 피노키오에게는 지미니 크리켓이 있다. 지미니는 피노키오의 양심이 된다는 과업에 지원하고는, 훌륭한 자격을 갖추는 일 없이도 그 과업을 따낸다. 제페토와 푸른 요정, 지미니가 하는 일은 피노키오에게 비전을 — 무엇을 얻으려 애써야 마땅한지에 대한 관념을 — 제공하는 것이다. 그런데 푸른 요정은 그녀만이 굉장히 많은 도움을 줄 거라고

그에게 경고하고, 나머지 두 조연은 그다지 큰 도움을 주지 않는다.

아이들은 착해야 한다는 것을 알고, 자신들이 유혹 앞에서 약한 존재라는 것을 안다. 피노키오는 학교에 가려고 길을 나섰다가 파울펠로와 기디언을 따라 엉뚱한 곳으로 향하는 동안 세상의 모든 아이를 대표한다. 영화는 평온하고 명랑한 톤으로 시작한다. 노래 'When You Wish Upon a Star(별에게 소원을 빌면)'이 흐르고 제페토는 잠자리에 들기 전에 꼭두각시와 놀면서 피가로와 클레오의 친분을 두텁게 한다. 푸른 요정의 마법 같은 방문은 매혹적이다. 지미니는 쾌활한 새 친구다. 그러다 갑자기 피노키오가 두 사기꾼에게 현혹되고, 사기꾼들은 그를 비열한 꼭두각시 조종자 스트롬볼리에게 팔아넘긴다. 피노키오는 자신이 노래하고 춤추는 꼭두각시 배우('I've Got No Strings(나한테는 줄이 달려 있지 않아요)')가 되어 있음을 알게 된다. 재능 있는 분석가는 아닌 지미니는 어깨를 으쓱하고는 스타가 된 피노키오가 더 이상은 자신을 필요로 하지 않을 거라고 짐작한다. ("배우가 양심 따위를 어디에 쓰겠어?") 지미니는 제페토가 얼마나 걱정할지를 왜 모르는 걸까? 귀뚜라미는 인간의 사랑을 이해하지 못하기 때문일 것이다.

탈출하려고 애쓰던 피노키오는 스트롬볼리에 의해 새장에 갇히고, 푸른 요정이 피노키오를 방문한다. 그런 후 (필름에 담긴 탁월한 장면 중 하나에서) 피노키오는 요정에게 거짓말을 했다가 코가 자라고, 자라고, 또 자라는 걸 보게 된다. 결국 코에서는 이파리들이 생기고 지저귀는 새 두 마리가 들어 있는 둥지가 생긴다. 이 신이 상영되는 동안 아이들을 곁눈질로 봐 보라. 죄책감이 느껴지는 가장 무서운 공포를 보여 주는 증거에 완전히 매혹된 아이들을 보게 될 것이다.

푸른 요정은 피노키오를 구해 주지만, 피노키오는 다시 곤경에 빠진다. 파울펠로의 농간에 빠져 '낙원의 섬'에 가게 된 것이다. 이 섬에서 꼬마들은 담배를 피우고 당구를 친다. 그러고 나면 중노동을 하게 될 노새로 변신한다("나쁜 아이들에게 여유를 충분히 주면 그 애는 스스로 당나귀가 될 것이다"). 아이들은 담배의 독성과 저지른 죄 때문에 귀가 커지고 발굽이 생기고 주둥이가 나온다. 그 순간에 실제로 얼마나 많은 아이가 절대로 담배를 피우지 않겠다고 결심했을까?

피노키오와 지미니는 탈출해서 제페토의 집에 돌아오지만, (강렬하면서도 음울한 장면에서) 노인이 사라졌다는 것만 알게 된다. 피노키오는 버림받았다고 느낀다. 객석에 앉은 아이들의 휘둥그레진 눈동자는 촉촉이 젖어 든다. 마지막까지 데우스 엑스 마키나deus ex machina 역할을 하는 푸른 요정은 제페토가 고래 몬스트로의 뱃속에 갇혀 있다는 정보를 비둘기 편에 보낸다. 그 정보는 피노키오가 결국 자신이 가진 진짜 역량을 입증하는 최후의 빼어난 액션 시퀀스로 이어진다. 클라이맥스에서는 비주얼 상상력이 폭포수처럼 쏟아져 나온다. 재채기를 하게 만들려고 피노키오가 불을 붙인 후에 몬스트로가 버둥거리는 모습은 누구나 기억하는 장면이다. 그런데 이 액션의 앞부분에는 꼭두각시와 귀뚜라미가 물고기와 말미잘, 산호에 거주하는 동물들, 그리고 다른 세밀하게 그려진 동물들을 만나면서 바다 밑바닥을 헤매는 마법 같은 긴 시퀀스가 있다.

<피노키오>는 아이들을 위한 우화다. 여러 세대가 "너의 양심을 길잡이로 삼아라", 그리고 "거짓말은 얼굴에 있는 코처럼 똑똑히 보이게 될 때까지 계속 커지고 커진다"는 말을 명심하면서 자랐다. 내 생각에 이 영화의 위력은, 이 영화가 정말로 뭔가 의미 있는 주제를 다룬 이야기라는 사실에서 나타난다. 이 영화는 솜씨 좋게 꾸며 낸 우화나 멍청한 요정 이야기가 아니다. 심오한 원형적 반향을 남기는 내러티브다〔<신데렐라Cinderella>(1950)와 <미녀와 야수Beauty and the Beast>(1991), <라이언 킹The Lion King>(1994)이 그런 특성을 공유하고, 덤보Dumbo와 그의 어머니와 관련된 신들도 마찬가지다〕.

이 영화는 어째서 우리가 일단 자라고 나서 이 영화가 주는 교훈들을 학습하거나 무시하고 난 후에도 그런 매력을 계속 유지하는 걸까? 그림이 우아하기 때문일 것이다. 이후의 디즈니 영화들도 이 영화에 필적할 만한 솜씨를 보여 주지만, 발견에 따르는 흥분은 보여 주지 못한다. 상이한 아티스트 수십 명이 그린 수천 장의 낱장 그림을 통해서도 집단적이고 창조적인 통찰을 감지하는 게 가능할까? 나는 그렇다고 생각한다. 디즈니의 성실한 애니메이터들은 할리우드가 미키마우스 만화 영화들을 조그만 골목길 가게에서 파는 아동 용품으로 팔아 치우던 초기 시절부터 디즈니에서 일해 온 사람들이었다. 그들은 자신들이 뭔가 위대한 작품을 만들어 내는 중임을 알고 있었던 게 분명하다. 그들이 느끼는 환희는 스크린에 배어들었다.

디즈니 제작소가 초기의 애니메이션 장편들로 해낸 일은 영화의 역사를 통해 울려 퍼졌다. 어니스트 리스터는 편지에 이렇게 썼다. "오늘날 『디즈니 애니메이션: 삶의 환상Disney Animation: The Illusion of Life』을 작업용 책상에 꽂아 놓고 있는 컴퓨터그래픽 아티스트가 얼마나 많은지 모릅니다." 자바 더 헛•부터 <토이 스토리Toy Story>까지, 현대 영화에 등장하는 모든 애니메이션 콘텐츠는 디즈니에서 다양한 테크닉을 발명하던 그 시절에서 비롯했다고 그는 말한다. "동일한 원칙들이 모든 곳에 적용됩니다. 그 원칙들은 모두 수십 년 전에 무언가를 창조해 낸다는 사실에 흥분한 일군의 젊은 풋내기들이 한 작업장의 지붕 아래서 발견한 것들입니다."

이것은 거짓말이 아니다.

• 《스타워즈》 시리즈에 등장하는 허구의 캐릭터

피핑 톰	감독	마이클 파월
Peeping Tom	주연	카를하인츠 뵘, 모이라 시어러, 애나 메이시
	제작	1960년　101분

영화는 우리를 관음증 환자로 만든다. 우리는 어둠 속에 앉아 다른 이들의 인생을 지켜본다. 이것은 영화가 우리와 맺은 합의다. 대부분의 영화는 품행이 대단히 방정해서 그런 사실을 언급하지 않지만 말이다. 자신의 희생자들이 죽어 가는 모습을 필름에 담는 남자를 다룬 영화인 마이클 파월Michael Powell, 1905~1990의 <피핑 톰>은 그런 규칙을 깨고 선을 넘었다. 이 영화는 처음 개봉 당시 대단한 혐오의 대상이 되면서 극장들에서 내려졌고, 그러면서 영국이 낳은 위대한 감독 중 한 명의 커리어를 사실상 끝장냈다. 평론가들과 대중은 어째서 이 영화를 그토록 혐오했던 것일까? 관객이 어둠 속에 정체를 드러내지 않고 잠복해 있는 것을 허용하지 않는 대신, 우리를 타이틀이 가리키는 캐릭터의 관음증에 말려들게 만들었기 때문일 것이다.

마틴 스콜세지Martin Scorsese는 언젠가 이 영화와 펠리니Federico Fellini의 <8과 1/2⁸ 1/2>은 영화 연출에 대해 말할 수 있는 모든 걸 담고 있다는 말을 했었다. 펠리니 영화는 거래와 시나리오와 쇼 비즈니스로 구성된 세계를 다루고, 파월의 영화는 영화감독이 배우들에게 지시하는 대로 하라고 말하면서 자신은 어둠 속에 서서 그 모습을 지켜볼 때 작동하는 내면 깊은 곳의 심리적 변화를 다룬다.

스콜세지는 파월의 가장 유명한 팬이다. 그는 어렸을 때 '아처스 the Archers'(감독 파월과 작가 에머릭 프레스버거Emeric Pressburger가 이룬 팀)의 영화들을 연구했다. 스콜세지는 그들의 작품들을 트는 심야 상영에 매료됐고, 파월의 과감한 이미지와 자신감, 예상치 못한 이야기 전개를 한껏 빨아들였다. 파월과 프레스버거는 1940년대와 1950년대에 아주 뛰어나고 성공적인 영화들을 만들었다. 이 시기에 나온 그들의 작품에는 마술 같은 특수 효과가 구현된 <바그다드의 도둑The Thief of Bagdad>(1940), 로저 리브시Roger Livesey가 겪는 세 번의 전쟁에 걸친 위대한 연기를 담은 <블림프 대령의 삶과 죽음The Life and Death of Colonel Blimp>(1943), 모이라 시어러Moira Shearer가 발레 댄서로 출연한 <분홍신The Red Shoes>(1948), 데버라 커Deborah Kerr가 히말라야산맥의 수녀로 출연한 <흑수선Black Narcissus>(1947), 데이비드 나이번David Niven이 세상을 떠난 비행사로 출연한 <천국으로 가는 계단Stairway to Heaven>(1946)이 포함된다. 그러고는 <피핑 톰>이 나왔다.

이 영화는 보는 행위를 다룬 영화다. 영화의 중심 캐릭터는 영국의 영화 스튜디오에서 일하는 포커스 풀러focus puller다. 그의 직무는 미사에서 신부를 돕는 복사服事처럼 카메라를 관리하는 것이다. 그의 비밀스러운 삶은 삼각대에 칼이 감춰진 카메라로 여자들을 촬영하는 것이다. 여자들이 자신의 운명을 깨달을 때, 그는 그들의 얼굴을 필름에 담고는 촬영된 필름을 그의 방의 어둠 속에서 거듭 감상한다. 그는 사람들에게는 "다큐멘터리"를 작업하고 있다고 말한다. 우리는 영화의 마지막 숏에 이르러서야 그 다큐멘터리가 그의 범죄 행각뿐 아니라 자신

의 죽음까지도 다룬다는 점을 깨닫는다. 그는 희생자들이 맞는 운명에서 자신을 예외로 삼지 않는다.

이 마크 루이스라는 남자는 성장 과정에서 딱한 괴물로 만들어진 존재다. 아래층에 사는 사근사근한 아가씨 헬렌(애나 메이시Anna Massey)이 그의 작품에 관심을 보이자, 그는 아버지가 찍은 필름들을 보여 준다. 어린 마크가 한밤중에 눈에 비친 플래시 불빛 때문에 잠에서 깨어나는 필름들, 아버지가 그가 자는 침대 시트에 도마뱀을 떨어뜨리는 필름들, 그가 겁에 질려 울먹거리는 테이프들. 공포라는 주제를 전문적으로 다루는 심리학자인 마크의 아버지는 자신의 실험을 위해 아들을 이용했다. 이 이야기를 들은 경찰 심리학자는 신중하게 말한다. "그 친구, 아버지 눈을 쏙 뺐군."

거기에 그치지 않는다. 우리는 어린 마크가 어머니의 시신 옆에 서 있는 모습을 찍은 필름을 본다. 아버지가 재혼하고 6주 후에 찍은 또 다른 필름이 있다. (복잡한 설정이 있다. 아버지는 마이클 파월이 연기했고, 마크가 어릴 적에 살던 집은 파월이 자랐던 런던 집이며, 어린 마크를 연기한 배우는 파월의 친아들이다.) 결혼식에서 마크의 아버지는 아들에게 카메라를 선물로 준다. 마크에게 섹스와 고통, 공포, 영화 연출의 영역들은 서로 연결되어 있다. 그는 카메라와 자신을 무척 동일시한다. 그래서 헬렌이 그에게 키스하면, 그는 자기 카메라의 렌즈에 키스하는 것으로 반응한다. 경찰이 마크의 카메라를 만지작거리자 — 마크의 신체가 카메라를 열망하고 카메라에 의해 지배당하는 것 마냥 — 마크의 손과 눈은 경관의 움직임을 쉼 없이 반영한다. 헬렌이 액세서리를 어깨에 하는 게 좋은지 네크라인에 하는 게 좋은지 결정하려 애쓸 때, 마크는 자신이 그녀의 제스처를 녹화하는 카메라인 것처럼 손으로 그녀가 짚은 곳과 똑같은 부위의 자기 몸을 만진다.

원래 파월은 주연으로 로런스 하비Laurence Harvey를 캐스팅할 생각이었지만, 결국 카를하인츠 뵘Karlheinz Böhm을 주인공으로 결정했다. 오스트리아인인 뵘이 구사하는 영어의 미묘한 악센트는 자신감 없는 면모를 꽤나 많이 드러낸다. 뵘은 상냥한 금발 미남이지만 머뭇거리는 분위기를 풍긴다. 파월은 자신이 캐스팅한 신인이 유명한 심포니 지휘자•의 아들이라는 사실을 알고는 흥미를 느꼈다. 이 배우는 아들을 압도하는 아버지에 대해 무언가를 알고 있을지도 몰랐다. 뵘의 연기는 부끄럼 많고 상처 입은 부도덕한 살인자를 빚어낸다. 영화는 그를 경멸하지만, 한편으로 그를 동정한다. 그는 대단히 외로운 남자다. 그는 월세집의 2층에 산다. 그의 집의 첫 방은 탁자, 침대, 주방이 있는 판에 박힌 방이다. 카메라, 필름 장비, 현상실, 영사 공간, 천장에 달린 정체불명의 장비들이 있는 두 번째 방은 미친 과학자의 실험실과 비슷하다.

그가 이 집이 자신이 어렸을 때 자란 집이며 자신이 이 집의 주인이라고 밝히자 헬렌은 깜짝 놀란다. "당신이요? 그런데 당신은 월세를 못 내는 사람처럼 걸어 다니잖아요." 헬렌은 알코올에 중독된 앞 못 보는, 마크의 발소리를 귀담아 듣는 어머니(맥신 오들리Maxine Audley)와 함께 산다. 헬렌이 어머니에게 마크와 데이트를 하러 갈 계획이라고 말하자 어머니는 말한다. "나는 살금살금 걷는 남자는 믿지 않는다." 나중에 마크는 어머니가 그의 두 번째 방에 들어와 있는 걸 보고는, 그리고 그녀가 그의 비밀의 핵심으로 곧장 파고드는 걸 보고는 경악한다. "나는 밤마다 이 방에 와요. 앞 못 보는 사람은 늘 자신이 사는 곳 위에 있는 방을 찾는답니다. 내가 지금 보고 있는 게 뭐죠, 마크?"

파월의 영화는 영국 감독이 만든 또 다른 쇼킹한 영화 <사이코Psycho>보다 몇 달 전에 개봉했다. 히치콕의 영화는 어쩌면 파월의 영화보다 훨씬 더 타락한 주제를 다뤘다. 그럼에도 히치콕의 영화는 감독

• 오스트리아 출신의 지휘자 카를 뵘(Karl Böhm, 1894~1981)을 가리킨다.

의 커리어에 힘을 실어 줬다. 아마도 관객들이 히치콕에게는 무시무시한 영화를 기대한 반면, 파월은 고상하고 스타일 넘치는 영화들과 동일시했기 때문일 것이다. <피핑 톰>이 일으킨 격분과 소동은 ― 파월이 이후로 영화 몇 편을 더 만들기는 했지만 ― 그의 커리어를 본질적으로 끝장냈다. 그런데 1970년대 말에 스콜세지가 그의 작품들의 리바이벌과 복원을 지원했고, 몇 편의 비디오에 딸린 오디오 코멘터리 트랙을 파월과 함께 녹음했다. 파월과 스콜세지의 편집 감독 셀머 슌메이커 Thelma Schoonmaker는 사랑에 빠져 결혼했고, 그녀는 내가 읽어 본 아주 뛰어난 감독 자서전인 『영화계의 삶A Life in Movies』과 『백만 달러 영화 Million-Dollar Movie』를 집필하는 그를 도왔다.

<피핑 톰>에는 히치콕이 부러워했을 법한 시퀀스가 있다. 영화 스튜디오의 근무 시간이 끝난 후, 마크는 춤을 추는 모습을 필름에 담을 수 있도록 남아 달라며 엑스트라(모이라 시어러)를 설득한다. 자신만의 솔로 숏을 찍는다는 생각에 들뜬 그녀는 춤을 추며 세트를 돌아다니다 커다란 청색 트렁크에 들어가기까지 한다. 이튿날 그 트렁크에서 시체가 발견된다. 그러는 동안 마크는 사람들 눈을 피해 시체를 발견하는 과정을 필름에 담는다.

영화의 비주얼 전략은 관객을 마크의 관음 행각에 연루시킨다. 오프닝 숏은 마크의 뷰파인더를 통해 등장한다. 우리는 나중에 같은 장면을 마크의 시사실에서, 마크의 머리 뒤에서 영사되는 두드러진 숏에서 본다. 카메라가 뒤로 물러나면 스크린에 있는 이미지가 클로즈업을 위해 이동하고, 그러면서 마크의 머리가 줄어드는 동안 희생자의 얼굴은 효과적으로 같은 크기로 머무른다. 어떤 숏에서 파월은 객석에 앉은 관객이 영화적 비전의 위력에 의해 왜소해지고 있음을 보여 준다. 다른 영화들은 우리가 관음 행각을 즐길 수 있게 해 주는 반면, 이 영화는 그 즐거움의 대가를 치르라고 강요한다.

파월은 풍성한 색채를 사랑한 감독이었다. <피핑 톰>은 밝은 빨간색 모포를 덮은 희생자의 시신이 우중충한 회색 거리에서 두드러져 보이는 것 같은 숏들을 포착하는 빼어난 테크니컬러로 촬영됐다. 그는 카메라 활용의 대가였다. <피핑 톰>의 기본 전략은 관객인 우리가 쳐다보는 데에서 그치지 않고 적극적으로 관찰하고 있다는 것을 늘 암시하는 것이다. 그의 영화는 우리를 낚싯바늘에서 절대로 풀어놓지 않는다는 바로 그 이유 때문에 걸작이다. 이는 멍청한 10대 슬래셔 영화들이 하나같이 제대로 도달하지 못하는 경지다. 우리는 웃으면서 스크린과 거리를 유지할 수 없다. 우리는 겁에 질렸으면서도 매혹된 채 지켜보고 있음을 인정하라고 강요당한다.

하드 데이즈 나이트

A Hard Day's Night

감독	리처드 레스터
주연	존 레넌, 폴 매카트니, 조지 해리슨, 링고 스타
제작	1964년　　　　88분

<하드 데이즈 나이트>는 1964년에 개봉했을 때 로큰롤 뮤지컬이라는 평판이 좋지 않은 형식을 갖춘 문제의 소지가 있는 작품이었다. 비틀스는 이미 온 세상이 다 아는 떠들썩한 사회적 현상이었지만(그들이 출연한 「에드 설리번 쇼The Ed Sullivan Show」를 7천만 명이 시청했다) 그때까지만 해도 문화적 아이콘의 반열에는 오르지 못했었다. 많은 평론가가 선심성 평론을 써 줄 마음의 준비를 하고 영화를 보러 갔다. 그런데 그들이 본 영화는 뇌리에서 즉각 지울 수 있는 그런 작품이 아니었다. 무척이나 즐거움이 넘치는 데다 독창적인 영화라서 초기 리뷰들조차 그 영화를 어떤 특별한 작품으로 인정하기까지 했다. 30년 넘게 세월이 흘렀지만, 이 영화는 나이를 먹지도 않았고 시대에 뒤떨어지지도 않았다. 이 영화는 시간의, 장르의, 심지어는 로큰롤의 외부에 존재한다. 그리고 영화라는 매체가 낳은, 삶을 긍정하는 위대한 기념비에 속한다.

1964년에 우리가 '1960년대'라고 생각한 세계는 1950년대가 피우고 꺼진 잔불에서 떠오르지 않은 상태였다. 아마도 이 영화는 새로운 10년이 도래했음을 알리며 만방에 울려 퍼진 첫 음音일 것이다. 조지 해리슨George Harrison이 새로 도입한 12현 기타의 오프닝 코드로 말이다. 영화의 자유분방하고 남녀의 성 구별을 뛰어넘는 묘사의 영향력이 어찌나 컸던지, 단발머리로 극장에 들어갔던 수많은 젊은 남성의 머리카락은 영화가 상영되는 동안 자라기 시작해 1970년대가 도래하기 전까지 다시는 가위질당하지 않았다.

<하드 데이즈 나이트>가 엘비스Elvis Presley와 그의 모방자들이 출연했던 록 뮤지컬들과 생판 다른 부류에 속한 영화라는 사실은 처음부터 명백했다. 영화는 영리했고 불손했으며, 제작진은 진지하고 심각한 마음가짐으로 제작에 임하지 않았다. 그리고 리처드 레스터Richard Lester, 1932~는 영화를 흥분이 느껴지는 흑백으로, 이 청년들의 일생 중 하루를 쫓아다니는 것처럼 보이는 세미다큐멘터리 스타일로 촬영하고 편집했다. 영화에는 비틀스의 개성이 넘쳐흘렀다. 그들이 툭툭 던지는 촌철살인의 대사들은 그들이 겪고 있는 스타덤이라는 바로 그 과정을 비아냥댔다. "당신은 모드mod•인가요, 로커rocker인가요?" 기자 회견에서 이런 질문을 받은 링고Ringo Starr는 대답한다. "나는 모커mocker입니다."

음악적인 면에서 비틀스는 오리지널 록이 1950년대부터 보여 줬던 기세가 꺾여 가던 딱 그 시기에 이뤄진 자유분방한 획기적 발전을 대표했다. 영화는 'I Should Have Known Better(더 잘 알았어야 했어)', 'Can't Buy Me Love(내게서 사랑을 살 수는 없어)', 'I Wanna Be Your Man(네 남자가 되고 싶어)', 'All My Loving(내 모든 사랑)', 'Happy

•　　1960년대에 유행을 추종하던 영국의 청년 집단

Just to Dance with You(너랑 춤추는 것으로도 행복해)', 'She Loves You(그녀는 너를 사랑해)' 등 위대한 노래들로 시종일관한다. 링고 스타가 우연찮게 내놓은 의견에서 영감을 받은 레넌John Lennon과 매카트니Paul McCartney가 밤새 작곡한 타이틀 송도 거기에 포함된다.

분명히 비틀스는 유순하게 길들여진 스타가 아니었다. 그들보다 먼저 출현한 미국의 록 스타들은 매니저들로부터 조련을 받았다. 엘비스는 인터뷰 질문들에 착한 청년처럼 성실하게 대답했다. 하지만 비틀스는 (헤어스타일과 의상을 맞춘) 외모가 복제인간 같았음에도 각자가 던지는 대사의 개성으로 그런 외모에 대한 사람들의 기대를 배신했고, 확실히 존과 폴, 조지와 링고 등 각자의 캐릭터는 두드러져 보였다. 앨런 오언Alun Owen이 쓰고 오스카상 후보로 지명된 시나리오의 오리지널 버전은 (멤버들이 연기를 못하는 경우에 대비해서) 멤버들에게 짧고 재치 넘치는 대사들을 제공했지만, 그들의 연기는 자연스러웠고, 그 점을 활용하기 위한 새로운 소재들이 집필됐다. 그들은 진짜로 생생하고 자연스러운 모습을 보여 줬다.

<하드 데이즈 나이트>가 불러일으킨 가장 막강한 효과는 해방감이었다. 장발은 그 점을 보여 주는 표면적인 표식에 불과했다. 기저에 깔린 테마는 기성 사회에 속한 이들이 비틀스가 기존 질서를 따르게끔 만드느라 애쓰는 과정에서 겪는 어려움이다. 매니저(노먼 로싱턴Norman Rossington)는 그들을 통제하려 애쓰고 TV 연출자(빅터 스피네티Victor Spinetti)는 TV 생방송 중에 비틀스가 하는 즉흥적인 행동에 미쳐 날뛰지만, 비틀스는 자신들이 느끼는 방식에 따라 행동한다. 링고는 고민에 잠기면서 스튜디오를 떠나 이리저리 떠돌고, 녹음 세션은 그가 돌아올 때까지 대기 상태에 있어야 한다. 청년들은 '노동'에서 해방되자 확 트인 들판에 나가 어린애들처럼 뛰어다닌다. ('Can't Buy Me Love'가 흐르는 동안 펼쳐지는) 이 장면이 눈덩이처럼 불어나 1960년

대 말에 공원에서 일어났던 온갖 러브인love-in•과 비인be-in• 등으로 변모했다고 봐도 무방하다. '너 자신의 일을 하라'는 견해가 영화의 모든 신 안에 잠복해 있다.

깜짝 놀랄 정도로 독창적인 어떤 영화가 수많은 다른 영화의 형태에 영향을 끼치는 바람에 우리는 때때로 최초의 작품이 보여 줬던 참신함을 보지 못하고는 한다. 고다르Jean-Luc Godard가 <네 멋대로 해라À Bout de Souffle>(1960)에서 보여 준 점프 컷jump cut★은 모든 TV 광고에 등장했다. 트뤼포François Truffaut가 <400번의 구타Les Quatre Cents Coups>(1959)의 마지막에 보여 준 정지 화면은 클리셰가 됐다. 리처드 레스터가 <하드 데이즈 나이트>에서 보여 준 혁신적인 기법들은 이후로 친숙해졌다. 그런데 스타일과 주제, 출연자들이 서로 무척이나 잘 어울렸기 때문에, 영화는 시대에 뒤처지지 않았다. 영화에는 재미있는 시간을 보내면서 자신들이 다루는 형식의 정점을 창조해 내고 있던, 그러면서 자신들이 그러고 있다는 사실을 잘 알았던 네 뮤지션의 유쾌함과 흥분이 가득하다.

영화 매체는 1964년에는 야성을 잃은 상태였다. 할리우드 대작은 스태프 1백 명과 모터사이클 크기만 한 미첼Mitchell 카메라를 활용했다. 감독들은 마스터 숏, 그에 이어지는 클로즈업, 인서트 숏, 재설정 숏, 디졸브와 페이드 같은 전통적인 문법을 활용했다. 배우들은 조심스럽게 짠 구도 속에 배치됐다. 하지만 성미 급한 고양이는 이미 우리에서 풀려난 상태였다. 존 카사베츠John Casasavetes 같은 감독들은 드라마처럼 연기되지만 때깔은 다큐멘터리처럼 보이는 영화들을 만들기 시작하고 있었다. 그들은 가벼운 16밀리미터 카메라와 핸드헬드 숏, 실생활

- 1960년대에 히피들이 갖던 사랑의 집회
- 히피들의 모임
- ★ 카메라가 미세한 위치 차이에서 포착한 동일한 피사체의 연속되는 숏을 이어 붙이는 편집 기법. 시간이 점프해서 진행된 듯한 효과를 준다.

의 순간들이 펼쳐지는 동안에 낚아챈 것처럼 보이는 혼란스러운 구도를 활용했다.

레스터가 참고한 전통이 그것이었다. 그는 1959년에 피터 셀러스 Peter Sellers, 스파이크 밀리건Spike Milligan 등이 출연한 <달리고 점프하고 서 있는 스틸 영화The Running, Jumping and Standing Still Film>를 연출했었다. 핸드헬드로 찍은 무질서하고 별나 보인 그 영화에는 <하드 데이즈 나이트>에 영향을 준 것과 동일한 정신이 담겨 있었다. 레스터는 다큐멘터리와 TV 광고를 촬영하면서 영화 제작의 정석을 무시한 방식으로 빠르게 작업할 수 있었다. 그는 그럴 수밖에 없었다. 예산이 50만 달러였으니까.

비틀스가 역에서 기차를 타려고 애쓰는 동안 팬들의 습격을 받는 모습을 보여 주는 오프닝 시퀀스에서, 레스터는 믿기 힘든 에너지 레벨을 보여 준다. 우리는 팬들이 보이는 히스테리와 비틀스가 느끼는 흥분을 느낄 수 있다. 이 장면에 깔리는 타이틀 송(영화 타이틀이 이런 역할을 한 것은 처음이었다)은 노래들과 팬들은 같은 동전의 양면임을 암시한다. 다른 장면들 역시 동일한 다큐멘터리 때깔을 차용했다. 많은 신이 즉흥적으로 연출해 낸 것처럼 느껴지지만, 실제로 그런 신은 많지 않다.

레스터는 <하드 데이즈 나이트>에서 활용된 기법들을 창조해 낸 인물은 아니다. 그러나 그것들을 대단히 설득력 있게 한데 묶어낸 덕에 다른 많은 영화에 영향을 미쳤다. 오늘날 TV를 보면서 빠른 커팅과 핸드헬드 카메라, 움직이는 대상과 함께 이동하면서 행하는 인터뷰, 대사를 빠르게 교차 편집하는 기법, 다큐멘터리 밑에 깔리는 음악, 그리고 모던 스타일의 다른 모든 트레이드마크를 볼 때, 우리는 <하드 데이즈 나이트>의 자식들을 보고 있는 셈이다.

대단히 깔끔하게 편집된 영화에서 책잡을 만한 순간을 찾기는 어렵다. 하지만 뛰어난 많은 신 중에서도 최고의 신을 골라내기란 쉽다. 비틀스가 'She Loves You'를 부르는 콘서트 장면. 이 장면은 영화 역사상 가장 오랫동안 지속된 오르가슴 시퀀스에 속한다. 비틀스가 공연하는 동안, 레스터는 그들이 재미있어 하는 게 분명하다는 것(그들은 노래하는 동안 미소를 짓고 있다)을 보여 주면서, 대부분이 아가씨인 관객 숏들을 빠르게 교차 편집한다. 아가씨들은 노래가 흐르는 동안 잠시도 쉬지 않고 비명을 지르면서 울부짖고 껑충껑충 뛰어오르고 좋아하는 멤버의 이름을 부르면서, 오랜 세월이 흐른 지금까지도 짜릿한 흥분이 여전히 남아 있는 엄청나게 열정적인 광란의 분위기를 빚어낸다(내가 좋아하는 관객은 눈물이 그렁그렁한 채로 눈물이 뺨에 흘러내리는 동안 "조지!"라고 울부짖으며 황홀경에 빠져 있는 금발 아가씨다).

비틀스와 <하드 데이즈 나이트>의 순수함은 물론 오래가지 않았다. 그들 앞에는 역사상 가장 인기 있는 그룹이 되는 데 따르는 무시무시한 압박감과 신비로운 동양에서 보낸 허송세월, 결별, 1960년대가 낳은 마약이라는 부산물, 그리고 존 레넌의 죽음이 기다리고 있었다. 비틀스는 긴 여름과 미몽에서 깨어난 가을, 비극적인 겨울을 거치게 될 터였다. 하지만, 오, 이 얼마나 사랑스러운 봄날이란 말인가. 영화에는 그 봄날이 모두 담겨 있다.

학살의 천사
El Angel Exterminador

감독	루이스 부뉴엘	
주연	실비아 피날, 엔리케 람발	
제작	1962년	93분

만찬 손님들은 두 번 도착한다. 그들은 계단을 오르고 널찍한 출입구를 통해 만찬장에 들어선다. 그런 후 그들은 다시 도착한다. 높은 앵글로 잡은 똑같은 손님들이다. 그런데 이건 농담이다. 얼마 안 가 우리는 이 농담의 결정적인 구절을 이해하게 된다. 너무도 완벽하게 도착한 손님들은 만찬장을 떠날 수 없는 것이다. 루이스 부뉴엘Louis Buñuel, 1900~1983의 <학살의 천사>는 무시무시한 코미디이자 우리가 마음속에 잔인한 본성들과 입 밖에 꺼낼 수 없는 비밀들을 품고 있음을 시사하는, 인간의 본성을 바라보는 통렬한 관점이다. 그는 부유한 만찬 손님 집단을 선택해서 충분히 오랫동안 우리에 가둬 두면 그들이 인구 과잉을 연구하는 실험에 동원된 쥐들처럼 서로 적대시할 것임을 암시한다.

부뉴엘은 사소한 흥조들로 영화를 시작한다. 만찬 손님들이 도착하는 동안 요리사와 하인들이 갑자기 코트를 걸치고는 저택에서 탈출한다. 안주인은 격노한다. 그녀는 곰 한 마리와 양 세 마리가 등장하는 만찬 후 여흥을 준비해 두고 있었다. 이제 그 여흥은 취소해야 할 것이다. 이런 초현실주의적 요소들을 아무런 코멘트 없이 영화에 넣는 것이 부뉴엘의 전형적인 특징이다.

만찬 파티는 성공적이다. 손님들은 서로에 대한 험담을 속삭이고, 그들의 눈은 다른 손님들의 얼굴을 가로지르면서 탐욕, 욕정, 질시의 시선을 던진다. 만찬이 끝난 후, 그들은 느긋하게 응접실로 이동한다. 거기에서 우리는 닭털과 수탉의 닭발이 가득 든 어떤 여성의 핸드백을 보게 된다. 의사는 여성 중 한 명이 일주일 안에 대머리가 될 것이라고 예견한다. 이 모임에 대한 개략적인 아웃라인은 충분히 정상적인 것처럼 보인다. 술이 돌고, 피아노가 연주되며, 만찬 복장 차림인 모두는 품위 있어 보인다. 그러다가 일련의 미묘한 전개가 이어지면서 누구도 이곳을 떠날 수가 없다는 게 명확해진다. 그들은 사전에 준비된 몸짓을 취한다. 그들은 현관으로 이동한다. 아무것도 그들을 막아서지 않는다. 그럼에도 그들은 떠나지 못한다. 그들은 이 상황을 조금도 정확히 기술하지 못한다. 그들이 소파와 양탄자에 편안히 자리를 잡을 때, 그들은 입 밖에 내지는 않지만 애처로운 심정으로 상황을 받아들인다.

교활한 영화를 위한 명민한 오프닝이다. 톤은 억제되어 있지만, 굉장히 많은 불길한 디테일이 축적된 덕에 손님들이 그날 밤을 묵으려고 잠자리를 마련할 무렵이면 부뉴엘은 이미 우리에게 주문을 건 상태다.

그는 가장 인습 타파적이고 개성이 강한 감독으로, 파리의 초현실주의자들의 궤도에 끌려 들어간 스페인인이다. 그는 여러 해 동안 할리우드 영화들의 스페인어 더빙판을 연출했다. 그의 최고 걸작들은 그가 60~77세일 때 만들어졌다. 살바도르 달리Salvador Dali와 공동으로 시나리오를 쓴 데뷔작 <안달루시아의 개Un Chien Andalou>(1928)는 일대 소동을 불러 일으켰다(그는 관객들이 공격해 올 경우 관객들에게 던질 수 있도록 주머니에 돌멩이를 가득 채우고 극장에 갔노라고 자서전에

썼다). 그 영화에는 영화 역사상 가장 유명한 이미지 중 하나인, 달의 표면을 가르며 지나가는 구름과 짝을 이루는, 눈동자를 가르는 면도날의 이미지가 담겨 있다.

그 영화 이후 그는 스캔들을 일으키면서 오랫동안 탄압받은 <황금시대L'Age d'Or>(1930)와 스페인의 가장 빈곤한 지역에서 찍은 논쟁적인 다큐멘터리 <빵 없는 세상Las Hurdes: Tierra Sin Pan>(1932)을 만들었다. 더 이상 영화를 연출하지 못하던 부뉴엘은 1940년대 말에 멕시코로 망명했다. 그곳에서 상업적이면서 개인적인 프로젝트들을 진행했는데, 대부분의 작품이 그의 강박 관념을 보여 준다. 프랑코 치하 스페인의 숙적이던 그는 파시즘과 종교, 부르주아에 반대하는 성향의 인물이었다. 또한 풋 페티시라는 비밀스러운 성향의 소유자였다(폴린 케일 Pauline Kael은 언젠가 이렇게 말했다. "어린 루이스가 어머니의 옷장 바닥에서 경이로운 오후를 보낸 것은 그의 나이 열두 살 때였고, 이후로 그는 우리와 그 경험을 공유해 왔다").

그가 가장 굳건하게 견지한 신념은 대부분의 인간은 위선자라는 것이다. 대부분의 인간은 자신들의 믿음이 굳건한 척하고 다른 사람들을 기분 좋게 만들어 주려고 한다는 것. 그에게는 허무주의 성향도 있었다. 어느 영화에서 그리스도와 닮은 인물이 수레의 바퀴 축에 묶인 개가 수레를 따라가기에는 너무 지쳐 있는 모습을 보고는 슬퍼한다. 그는 개를 자유롭게 풀어주려고 개를 산다. 그 사이에 배경에서는 그가 모르는 사이에 다른 수레에 묶인 다른 개가 절뚝거리며 지나간다.

<학살의 천사>를 만들 무렵, 부뉴엘의 커리어는 오랫동안 지연되었던 상승 곡선을 타는 중이었다. 그는 1960년에 국제적으로 대히트를 친 <비리디아나Viridiana>를 만들었다. 여러 영화제에서 수상한 그 영화는 해외에서 수십 년을 떠돈 그의 스페인 귀환을 대표하는 작품이었다. 그러나 그 작품에 담긴 핵심 이미지(최후의 만찬을 충격적으로 재현한

이미지)는 스페인 검열 당국의 심기를 거슬렀다. 멕시코로 되돌아간 그는 <학살의 천사>를 만들 때에는 씁쓸한 풍자극을 만들 준비가 되어 있었다.

내가 독해한 방식에 따르면, 만찬에 온 손님들은 프랑코 치하 스페인의 지배 계급을 대표한다. 스페인 내전에서 노동 계급에 승리를 거두면서 스스로 연회 테이블을 설치한 그들은 축하연을 벌이려고 자리에 앉기는 했지만 축하연은 결코 끝나지 않는다는 사실만 알게 된다. 세상의 따돌림을 당하는 그들은 부르주아적 곤경에 갇힌다. 그들은 외부 세계와 단절되었다는 사실에 분노를 느끼면서 저열해지고 불안해한다. 그들이 가진 최악의 성향들이 폭로된다. 물론 부뉴엘은 정치적 상징을 결코 떠들썩하게 드러내지 않는다. <학살의 천사>는 만찬 손님들이 벌이는 평범하지 않은 모험을 다룬 근엄한 분위기의 코미디로 전개된다. 시간은 나날이 연장되고, 그들이 처한 딜레마는 제식의 성격을 취한다. 이 상황은 사물의 자연스러운 상태처럼 보인다. 캐릭터들은 활짝 열린 문 앞에서 서성인다. 거기에는 넘지 못할 보이지 않는 선이 있다. 어느 손님이 다른 손님에게 말한다. "내가 당신 등 뒤로 슬그머니 다가가 당신을 저 밖으로 밀면 정말 재미있지 않을까요?" 다른 손님은 으르렁거린다. "그렇게만 해 봐. 너를 죽여 버릴 테니까." 병사들은 저택으로 전진하라는 명령을 받지만 그러지 못한다. 아이 하나가 과감하게 집으로 뛰어가지만 다시 허둥지둥 뒷걸음질을 친다. 손님들을 막는 게 무엇이건 그것은 그들을 구조하려는 이들도 막는다.

상황이 악화된다. 도끼를 구한 손님들은 마실 물을 얻으려고 도끼로 회벽을 부숴 파이프를 연다. 두 연인은 자살한다. 시체들이 벽장에 쌓인다. 흑마술이 펼쳐지려고 한다. 양들이 방으로 어슬렁거리고 들어왔다 목숨을 잃고는 부서진 가구로 피운 불 위에서 요리된다. 문명은 원시 시대 동굴의 지척에 있다.

부뉴엘은 자신을 사로잡은 주제들을 거듭해서 강박적으로 작업한 위대한 감독 그룹에 속한다. 오즈 야스지로小津安次郎와 히치콕Alfred Hitchcock, 헤어초크Werner Herzog, 베리만Ingmar Bergman, 파스빈더Rainer Werner Fassbinder, 부뉴엘 사이에는 그들을 관통하는 다음과 같은 끈을 제외하고는 스타일적인 연결 고리는 거의 존재하지 않는다. 인생의 초년기에 어떤 상처나 허기가 그들에게 깊이 각인되었고, 그래서 그들은 그 상처를 치유하거나 소중히 간직하려고 커리어 내내 그것들을 다룬다는 것.

부뉴엘은 1900년생이다. 그래서 그의 영화가 제작된 해는 그의 연령을 반영한다. 그는 영화 역사상 가장 늦은 나이에 활짝 꽃을 피운 감독이다. 그가 1940년대와 1950년대에 멕시코에서 만든 영화들은 대단히 훌륭하다. <잊힌 사람들Los Olvidados>(1950), <엘El>(1952), <범죄에 대한 수필Ensayo de un Crimen>(1955)이 대표적이다. <비리디아나>는 그의 국제적인 컴백작이었다. 그다음에 <학살의 천사>가 나왔는데, 그는 이 작품이 유작이 될 것 같다고 말했다. 그러나 그의 커리어의 위대한 시기의 커튼은 이제 막 오르는 중이었다. 그의 가장 유명한 영화 <세브린느Belle de Jour>(1967)는 베니스에서 그랑프리를 수상했다. 영화는 카트린 드뇌브Catherine Deneuve를 유명한 매음굴에 매료되어 일주일에 이삼일 오후에 그곳에서 일하게 되는 품위 있는 파리의 주부로 출연시킨다. 부뉴엘은 베니스에서 열린 시상식에서 다시금 은퇴를 발표했다. 그러나 그렇게 되지는 않았다. 1970년에 그는 나이 많은 남색꾼과 그가 입양하고 학대했다가 잃게 되는 여성이 벌이는 불건전한 로맨스인 <트리스타나Tristana>에 드뇌브를 다시 출연시켰다. 그녀는 다리를 절단한 후 그를 부양하기 위해, 그리고 복수하기 위해 그에게 돌아간다.

그 후 짓궂은 풍자와 유쾌한 강박 관념의 거대하고 자유로운 물결 속에서 부뉴엘의 재능이 활짝 만개한 위대한 영화 세 편이 나왔다.

오스카상 외국어 영화상을 수상한 <부르주아의 은밀한 매력Le Charme Discret de la Bourgeoisie>(1972)은 <학살의 천사>를 거꾸로 뒤집은 작품이다. 여기서 만찬 손님들은 영원토록 축하연에 앉아 있지만 식사를 하려는 욕망은 거듭해서 좌절당한다. 그러고는 <자유의 환상Le Fantôme de la Liberté>(1974)이 나왔다. 일군의 캐릭터로 시작했다가 다른 집단을 따라가고, 그다음에 또 다른 집단을 따라가는 자유로운 형식의 영화다. 그의 유작은 <욕망의 모호한 대상Cet Obscur Object du Désir>(1977)으로, 어느 한 여성을 제외하면 어느 누구도 자신의 욕망을 충족해 줄 수 없다고 믿는 노인에 대한 영화다. 부뉴엘은 그 여성을 두 여배우가 교대로 연기하게끔 했다.

　　부뉴엘은 1983년에 타계했다. 죽음이 일으키는 최악의 사건은 이튿날 신문을 읽을 수 없게 되는 것이라는 말이 담긴 놀라운 자서전을 그는 남겼다. 그가 창조한 세계는 무척이나 특별해서, 그의 영화들은 어느 작품이건 조금만 보면 감독이 누구인지를 모르는 게 불가능할 정도다. <학살의 천사>는 이런 선언과 함께 시작한다. "이 영화에 대한 최고의 설명은, 순수 이성의 관점에서 볼 때 설명은 존재하지 않는다는 것이다." 이런 영화를 만들 수 있었던 인물의 입장에서 신문을 읽는 것은 유쾌한 일이었을 게 분명하다.

한밤의 암살자	감독	장피에르 멜빌	
Le Samourai	주연	알랭 들롱	
	제작	1967년	105분

텅 빈 방. 아니, 비어 있지 않다. 그늘진 곳에서 침대에 누워 있는 남자가 간신히 보인다. 그는 담배에 불을 붙이고, 연기는 창문에서 들어온 한 다발 빛을 향해 소용돌이치며 올라간다. 시간이 조금 흐른 후, 남자는 일어나 옷을 차려입고 현관문 근처에 있는 모자걸이로 향한다. 페도라를 쓴 그는 세심하고 정교한 손길로 챙을 바로잡고는 거리로 나간다.

화가나 뮤지션처럼 영화감독은 몇 번의 붓질만으로 자신의 솜씨가 완벽하게 숙련됐음을 세상에 알릴 수 있다. 장피에르 멜빌Jean-Pierre Melville, 1917~1973은 <한밤의 암살자>에서 대사 한마디가 등장하기 전부터 우리에게 마법을 건다. 그는 빛으로, 우중충한 날의 새벽처럼 차가운 빛으로 그런 위업을 이룬다. 그리고 컬러로, 회색과 청색으로 그런 일을 해낸다. 그리고 대사의 자리를 차지하고는 우리에게 말을 거는 액션들로 그런 일을 해낸다.

훔친 자동차의 시동을 건 사내는 황량한 거리를 가로지르며 출입구가 열려 있는 자동차 정비소로 차를 몬다. 그는 정비소 안으로 들어간다. 정비공이 기다리고 있다가 차의 번호판을 교체한다. 운전자는 기다리면서 담배를 피운다. 정비공은 서랍을 열고 그에게 서류를 건넨다. 운전자는 손을 뻗는다. 악수를 하려고? 아니다. 총을 달라는 것이다. 그는 총을 주머니에 넣는다. 그는 정비공에게 현금을 건넨다. 그러고는 차를 몰고 떠난다. 말은 한마디도 오가지 않는다.

프랑스 영화계의 터프한 꽃미남 알랭 들롱Alain Delon이 제프 코스텔로라는 이름의 이 사내를 연기한다. 그는 이 영화가 제작될 때 서른두 살이었다. 믿기 힘들 정도로 잘생긴 그가 자신의 외모를 다루는 최고의 전략은 포커페이스를 활용하는 것이다. 그는 이 영화에서 자신의 외모에 대해서는 조금도 알지 못하는 사람처럼 보인다. 때로 그는 꿈속에서 자기 자신을 연기하고 있는 것처럼 보인다. 데이비드 톰슨David Thomson은 그를 "어두운 거리의 아름다운 파괴 천사"라고 불렀다.

코스텔로는 청부 살인자다. 그가 알리바이를 구축하는 동안, 나이트클럽 사장을 죽이는 동안, 경찰의 용의자 확인 절차에서 벗어나는 동안, 그를 고용한 자들에게 배신당하는 동안, 파리 지하철을 통해 벌어지는 추격전이 포함된 경찰의 범인 사냥의 대상이 되는 동안, 영화는 세밀한 요소들을 꼼꼼히 관찰하면서 그를 따라다닌다. 그러는 내내 그는 감정을 거의 드러내지 않는다.

두 여인이 그의 알리바이 제공을 돕는다. 우리는 제인이 그를 사랑한다고 짐작한다. 그녀에게는 부자 애인이 있고 코스텔로도 그 사실을 잘 알지만 말이다(그녀를 연기한 배우는 들롱의 실제 아내 나탈리 들롱Nathalie Delon이다). 다른 여자는 나이트클럽에서 피아노를 연주하는 흑인 뮤지션 발레리(케이티 로지에Caty Rosier)로, 그녀는 용의자 확인 과정에서 그를 처음 보는 사람이라고 거짓말을 한다. 그러나 그녀는 자신이 그를 봤다는 사실을 잘 안다. 그녀는 그를 도우려고 거짓말을 하는 걸까? 아니면 그를 고용한 사람들을 아는데, 그 사람들은 그가 체포되기를 원치 않는다는 걸 알기 때문일까? 코스텔로가 고용자들에게 배신당한 후, 이 질문은 그의 마음을 무겁게 짓누른다. 그래서 그는 피아노 연주자를 보러 간다. 그녀는 그가 자신을 죽일지도 모르는데도 조금도 두려워하지 않는다. 코스텔로의 여자들은 코스텔로 자신의 실존적 초연함을 반영한 듯 보인다. 그는 자신의 직업을 실행한다. 자신의 능력을 한껏 발휘한다. 그에게 가치관 따위는 없다. 그는 프로다. 그가 살아가는 방식에 감상이 차지할 공간 따위는 없다.

영화 도입부에 등장하는 인용문은 "사무라이의 고독보다 더 큰 고독은 없다"고 말한다. "만약에 있다면 그것은 정글에 있는 호랑이의 고독일 것이다." 이 인용문은 『무사도의 책Le Bushido』에 나오는 것으로 소개되는데, 실망스럽게도 이 책은 멜빌이 만든 허구의 책이었다. 이 인용문과 코스텔로 캐릭터가 영화 내내 보여 주는 태도는 엄격한 규율에 따라 활동하는 남자를 제시한다. 그러나 스탠리 카우프먼Stanley Kauffman이 리뷰에서 지적했듯 "사무라이는 단순히 돈 때문에 살인 의뢰를 받아들이지 않았다. 그들의 임무 수행에는 명예와 윤리가 관련됐었다."

이 영화에서 명예와 윤리는 제프 코스텔로가 자신에게 바치는 충성처럼 보인다. 사무라이는 주군을 위해 목숨을 바칠 준비가 되어 있다. 그리고 코스텔로는 자신에게 고용되었다. 그는 일본에서 16세기에 나온 실제 책 『무사도武士道』에서 행동 규범을 취한 게 분명하다. 이 책은 멜빌이 인용했을 법한 구절로 시작한다. "사무라이 된 자는 밤이건 낮이건 어떤 상황에서든 마음을 평온하게 유지해야 한다. 자신이 죽어야 한다는 사실, 그것이 그의 가장 중요한 본분이다."

영화는 연기와 비주얼 스타일을 통제하는 면에서 빼어나다. 멜빌은 들롱의 초연함과 냉정한 객관성과는 대비되는, 범인 사냥을 지휘하

는 동안 경찰 무전기를 향해 호통 치듯 명령하는 경감(프랑수아 페리에François Périer) 캐릭터를 설정한다. 그는 코스텔로가 거짓말을 하고 있다는 걸 알지만 그것을 입증하지는 못한다. 그가 제인에게 코스텔로를 배신하라고 강요하는 비열한 신이 있다. 한편 코스텔로는 복수를 위해 자신을 고용한 자들을 찾아내려고 애쓴다.

<한밤의 암살자>가 안겨 주는 쾌감 중 하나는 플롯이 밋밋하고 진지한 방식을 통해 얼마나 복잡하게 커져 가는지를 깨닫는 것이다. 그리 많지 않은 대사와 (대부분이 센세이션과는 거리가 먼) 몇 안 되는 순수한 액션 신을 갖춘 영화는 제프가 경찰과 지하 세계 양쪽에서 쫓기면서 파리 전역을 도망 다니는 상황을 만들어 낸다. 그 사이에 그는 나름의 계획을 실현하려고 애쓰면서 두 여자와 거래를 해 나간다.

영화는 액션이 어째서 서스펜스의 적인지를, 액션이 어째서 긴장감을 구축해 나가는 대신 긴장감을 새어 나가게 만드는지를 가르쳐 준다. (우리가 벌어지는 사건에 대해 진짜로 관심을 갖고 있다고 가정할 때) 영화 내내 무슨 일이 벌어지기를 기다리는 것이, 관심이 가지 않는 사건들이 꾸준히 벌어지고 있는 영화를 보면서 앉아 있는 것보다 훨씬 더 낫다.

멜빌은 서스펜스를 구축하기 위해 액션이 아니라 캐릭터를 활용한다. 지하 세계 부하 한 명이 코스텔로에게 사과하고 그를 다른 일에 고용하려고 코스텔로를 찾아오는, 그리고 코스텔로가 완전히 텅 빈 표정과 공허한 눈으로 그를 응시하는 장면을 고려해 보라.

"할 말 없나?" 건달이 묻는다.

"나한테 총을 겨눈 사람하고는 없어."

"원칙인가?"

"습관이야."

멜빌은 영화에서 상황을 처리하는 과정을 사랑한다. 제프가 지하철에서 경관들에게 미행당하는 시퀀스는 여러 영화에 영감을 줬다. 모든 플랫폼에 경찰이 배치되어 있지만, 코스텔로는 이 객차 저 객차를 들락거리고 플랫폼과 객차를 교체하면서 경찰들을 갖고 논다. 두 경관이 코스텔로의 아파트에 도청 장치를 설치하는 사랑스럽게 연출된 시퀀스도 있다. 코스텔로가 살인이 벌어졌던 나이트클럽으로 돌아와 플롯의 모든 가닥을 해결하면서 그의 주장을 펼칠 수 있게 하는, 그리고 본질적으로 계속 소극적인 태도로 남아 있는 마지막 신도 있다.

데이비드 톰슨은 이 영화가 "엄청나게 터프해서 영화의 소극적인 로맨티시즘은 매혹적인 게 아니라 거의 코믹하기까지 하다"고 썼다. 코믹한 디테일 몇 가지는 무척이나 조용해서 감지하지 못하고 지나칠 수 있다. 코스텔로의 칙칙한 호텔 방에 있는 새를 생각해 보라. 불쾌한 소리로 우는 회색의 (물론) 초라한 새다. 이 사내는 왜 새를 키우는 걸까? 방에 원래부터 딸려 있던 새일까? 경관들이 방에 도청 장치를 설치하고 테이프 레코더가 한동안 새 울음소리만 녹음하는 장면에서 새 울음소리는 즐거운 결말을 제공한다. 새를 제외하면, 이 방에 있는 것은 다음과 같은 코스텔로의 개인 소지품이 전부다. 트렌치코트, 페도라, 담뱃갑, 생수 한 병. 내가 즐겁게 감상하는 어떤 시점에서 그는 옷장으로 걸어가는데, 찬장 위에는 줄지어 선 물병, 깔끔하게 정돈된 담뱃갑 들이 있다. 이런 디테일들은 멜빌이 자신이 어떤 일을 하는지를 잘 알고 있다고 관객에게 알리면서 보내는 조용한 윙크라서 관객들은 미소를 짓게 된다.

장피에르 멜빌은 원래 성이 그룸바흐Grumbach지만 미국 소설가의 이름을 따서 개명했다. 그는 프랑스 레지스탕스의 영웅이었다. 전쟁이 끝난 후 직접 스튜디오를 세우고 대단히 적은 예산으로 독립 영화를 만듦으로써 영화 경력을 시작한 그는 본질적으로 프랑스 누벨바그가 나아갈 길을 뚫었다. 그는 언젠가 "나는 다듬어지지 않은 거친 밑그림

말고는 아무 것도 할 줄 몰랐다"고 말했지만, 사실 <한밤의 암살자>는 영화라는 매체가 할 수 있는 가장 완결적이고 세련된 작품이다.

이 영화의 요소들(살인자들, 경찰들, 지하 세계, 여자들, 규율)은 영화 자체만큼이나 친숙하다. 1930년대 할리우드 범죄 영화들을 사랑한 멜빌은 자신이 만든 작품으로 현대 필름 누아르의 발전을 도왔다. <한밤의 암살자>에는 소재를 다루는 방식을 제외하면 독창적인 점이 전혀 없다. 멜빌은 불필요한 요소들을 잘라 내고는 본질적인 것만 남겼다. 그는 인위적인 액션 시퀀스와 억지로 지어낸 결말을 경멸한다. 스크린에서는 컬러를, 자신이 다루는 캐릭터들에게서는 대사를 빼낸다. 결말에는 (어쨌거나 할리우드적 관점에서) 드라마틱하고 수수께끼 같은 주장을 울부짖는 최후의 신이 있다. 그러나 멜빌은 우리에게 진부한 결말을 안겨 주고는 입을 다문다. 그는 자기 주인공의 가장 중요한 본분이 무엇인지를 꾸준히 마음속에 새길 수 있었다.

현기증

Vertigo

감독	앨프리드 히치콕	
주연	제임스 스튜어트, 킴 노백	
제작	1958년	127분

그가 당신을 훈련시켰나? 당신을 리허설 시켰나?

그가 당신에게 무슨 일을 하고 무슨 말을 하라고 말했었나?

상처 입은 마음이 토해 낸 이 울부짖음은 앨프리드 히치콕Alfred Hitchcock, 1899~1980의 <현기증>의 결말에 나온다. 그리고 이 울부짖음이 나올 무렵, 우리는 이 울부짖음에 완벽하게 공감한다. 한 남자가 세상에 존재하지 않는 여자와 사랑에 빠졌다. 그리고 지금 그는 그녀인 척 연기했던 진짜 여자를 상대로 거칠게 울분을 토로한다. 그런데 여기에는 그보다 훨씬 더한 것들이 존재한다. 진짜 여자는 그와 사랑에 빠졌다. 그를 속이는 동안, 그녀는 자신을 속였다. 그리고 남자는 자기 앞에 서 있는 여자보다 자신이 꿈꾸는 여자를 더 좋아하면서 두 여자를 모두 잃는다.

다른 모든 것의 밑바닥에는 또 다른 차원이 있다. 앨프리드 히치콕은 가장 큰 지배력을 휘두른 감독으로 유명하다. 여자 문제에서는 특히 더 그랬다. 그의 영화에 등장하는 여성 캐릭터들은 동일한 특징들을 거듭해서 반영했다. 그들은 금발이었다. 쌀쌀맞고 차가웠다. 패션과 페티시즘이 교묘하게 결합된 의상에 감금됐다. 남자들을 매혹했는데, 육체적이거나 심리적인 장애를 가진 남자들인 경우가 많았다. 히치콕의 여자 대부분은 이르건 늦건 결국에는 창피와 굴욕을 당했다.

히치콕이 만든 두세 편의 걸작 중에서 첫손가락으로 꼽히는 <현기증>은 그의 예술 세계를 좌우했던 주제들을 직설적으로 다루는 가장 자기고백적인 작품이다. 이 작품은 히치콕이 여자들을 어떻게 활용하고 두려워하고 통제하려 애썼는지를 다룬다. 스카티(제임스 스튜어트James Stewart)는 그를 대표하는 캐릭터다. 육체적인 약점과 정신적인 약점(등 통증, 고소 공포증)을 가진 스카티는 어느 여성의, 평범한 여성이 아니라 전형적인 히치콕 여성의 이미지와 강박적인 사랑에 빠진다. 그리고 그녀를 가질 수 없게 되자, 다른 여자를 찾아내 그가 욕망하는 여자와 닮아 보일 때까지 옷을 입히고, 그녀를 훈련시키고, 메이크업과 헤어스타일을 변화시킨다. 그는 자신이 주무르고 있는 찰흙에는 조금도 신경을 쓰지 않는다. 그는 자신의 꿈의 제단에 기쁜 마음으로 그녀를 바칠 것이다.

그런데 물론 그가 주무르고 있는 여자와 그가 욕망하는 여자는 동일인이다. 그녀의 이름은 주디(킴 노백Kim Novak)로, 그녀는 스카티가 의심할 생각조차 품지 못한 살인 음모의 일환인 꿈의 여성 '매들린'을 연기하는 일에 고용됐었다. 속았음을 알아차린 그의 분노는 통제 불능 상태가 된다. 그는 이 글을 시작할 때 소개한 대사들을 큰소리로 내뱉는다. 자신을 위해 변신시키고 있다고 생각했던 여자를 다른 남자가 변신시켰다는 걸 알게 된 스카티가 내뱉는 음절 하나하나는 그의 심장에 박히는 칼날이다. 다른 남자는 스카티의 여자뿐 아니라 스카티

의 꿈도 앗아 갔다.

그러한 설정은 <현기증>의 복판에 자리한 윤리적 패러독스를 빚어낸다. 다른 남자(톰 헬모어Tom Helmore가 연기한 개빈)는 결국 스카티가 이 여자에게 하고자 했던 일을 했을 뿐이다. 그 과정이 진행되는 동안 진짜 여자 주디는 개빈에게서 스카티에게로 충심의 대상을 바꿨고, 결국 돈을 위해서가 아니라 사랑을 위한 희생으로서 그녀에게 주어진 역할을 연기하고 있다.

이 모든 정서적 실마리가 히치콕의 작품 중에서 가장 위대한 단일 신에서 한데 어우러진다. 개빈에 의해 '매들린'을 따라다니는 일에 고용된 전직 샌프란시스코 경찰 스카티는 그녀에게 집착하게 된다. 그러다가 매들린이 세상을 떠난 것처럼 보인다. 스카티는 우연히 주디를 만난다. 괴이하게도 그녀는 매들린과 닮았지만 더 관능적이고 덜 우아한 버전처럼 보인다. 물론 그는 그녀가 똑같은 여자라는 것을 깨닫지 못한다. 그는 그녀에게 데이트를 요청하고, 주디는 어리석게도 그 요청을 받아들인다. 그리고 그들의 기이하고 과장된 구애가 행해지는 동안 그녀는 그를 가여워하며 걱정하기 시작한다. 그래서 그가 그녀에게 매들린처럼 꾸미게 해 달라고 부탁했을 때, 그녀는 동일한 역할을 두 번째로 연기하는 데 동의한다.

걸출한 신은 호텔 방에서 벌어진다. 주디가 도착한다. 그런데 그녀는 자신이 동일한 드레스에 동일한 헤어스타일을 하기를 원하는 스카티를 만족시키기에 충분할 정도로 매들린처럼 보이지 않는다. 그의 두 눈은 병적인 집착으로 불타오른다. 주디는 스카티가 인간으로서 그녀에게는 무관심하고 자신을 하나의 대상으로 본다는 것을 깨닫는다. 하지만 그녀는 그를 사랑하기 때문에 이러한 상황을 받아들인다. 스스로 화장실에 들어가 공들여 화장을 하고 문을 열고 나온 그녀는 — 호텔의 네온사인에 의해 설명할 수 있는 게 분명하지만 — 사실상 꿈결 같은 효과를 자아내는 매혹적인 녹색 안개를 뚫고 스카티에게 걸어간다.

히치콕이 (그토록 큰 고통과 슬픔, 연인을 기쁘게 해 주려는 의지를 보여 주는) 노백의 얼굴과 (욕정이 빚어낸 황홀경과 자신이 휘두르는 통제력에 대한 만족감에 젖은) 스튜어트의 얼굴 사이를 앞뒤로 오가며 편집할 때, 우리는 마음이 갈가리 찢어져 나가고 있음을 느낀다. 두 사람은 그 방에 있지도 않은 남자가 만든, 아내를 살해한 행위에서 멀리 도망갈 수 있는 장치로 '매들린'을 창조한 개빈이 만든 이미지의 노예들이다.

스카티가 '매들린'을 포옹할 때, 그가 있는 진짜 방 대신에 그의 주관적인 기억들을 반영하기 위해 배경까지 바뀐다. 버나드 허먼Bernard Herrmann의 음악은 심란하고 불안정한 열망을 빚어낸다. 카메라는 스카티의 악몽에 나오는 바람개비 이미지처럼 그들 주위를 절망적으로 돈다. 그 숏이 우리가 느끼는 인간적인 욕망들의 현기증 나는 하찮음에 대한, 우리를 행복하게 만들라고 인생에 강요하는 것의 불가능성에 대한 숏이 될 때까지 말이다. 이 숏은 심리적이고 예술적이고 기술적인 복잡성 면에서 앨프리드 히치콕의 경력 전체에서 그가 자신을, 그리고 그의 열정과 슬픔 전부를 철저히 드러낸 유일한 경우일 것이다. (여자의 이름이 매들린인 것은 — 프루스트의 소설에서 상실하고 갈망하는 어린 시절의 기억들을 한꺼번에 되돌려오는 프랑스 비스킷을 가리키는 단어인 것은 — 우연의 일치일까?)

앨프리드 히치콕은 공포와 죄책감, 정욕 같은 보편적인 감정들을 취해 평범한 캐릭터들에게 배치한 다음, 그 감정들을 언어보다는 이미지를 통해 발전시켰다. 그가 가장 즐겨 등장시킨 캐릭터인 누명을 쓴 무고한 남자는 관객에게서 오늘날의 액션 영화에 나오는 천박한 슈퍼맨보다 훨씬 더 심오한 공감을 이끌어 낸다.

그는 두 가지 점에서 위대한 비주얼 스타일리스트였다. 그는 뚜렷한 이미지들을 활용했고, 미묘한 콘텍스트로 그 이미지들을 둘러쌌다. 그가 제임스 스튜어트의 현기증을 암시하는 분명한 방식들을 숙고해 보라. 오프닝 숏은 사다리 위에서 아래에 있는 거리를 내려다보며 비틀 거리는 그를 보여 준다. 플래시백은 그가 경찰을 떠난 이유를 보여 준 다. 그는 교회의 종루에 겁을 먹고, 히치콕은 그의 시점을 보여 주려고 유명한 숏을 창조해 낸다. 종루 내부를 보여 주는 모형을 활용하고, 카 메라로 줌 인 해 들어가는 동시에 카메라를 물리적으로 뒤로 뽑아내는 방식으로 벽들이 다가오는 동시에 뒤로 물러나는 것 같은 모습을 보여 준 것이다. 이 공간에는 악몽의 논리가 담겨 있다. 그런 후 스카티가 샌 프란시스코의 언덕들을 차를 몰고 내려오기만 하지 결코 올라가지는 않는 것으로 영화에 추락의 개념을 슬그머니 집어넣는, 덜 두드러진 방 식을 주목하라. 그리고 그가 얼마나 참되게 사랑에 '빠지는지'를 주목 하라.

　<현기증>을 위대한 영화로 만들어 주는, 거의 거론되는 일이 없는 또 다른 요소가 있다. 우리가 비밀들 내부로 진입한 순간부터 영화는 주디를 스카티와 동등하게 다루는 영화가 된다. 그녀가 겪는 고통, 그 녀가 느끼는 상실감, 그녀가 갇힌 덫. 히치콕이 줄거리를 대단히 영리 하게 조작한 덕에 두 캐릭터가 교회 종루를 올라갈 때 우리는 두 사람 모두에게, 두 사람이 느끼는 공포에 대해, 주디가 스카티보다 지은 죄 가 덜하다고 느끼는 방식에 일체감을 느낀다.

　"히치콕은 내가 정확히 무슨 일을 해야 하는지를 아주 세밀하게 말해 줬어요." 1996년에 이 영화가 복원된 후, 킴 노백은 나와 가진 대 화에서 이렇게 기억을 떠올렸다. "어떻게 움직이고 어디에 서야 할지 같 은 것들을요. 관객들은 일부 숏에서 내가 약간 저항하는 모습을, 나 자 신의 정체성을 고집하고 있는 것 같은 모습을 볼 수 있을 거라 생각해 요. 내 연기에는 나 자신이 특정한 지점을 넘어서는 수준까지 밀리게

놔두지 않겠다고, 저기에 내가 있다고, 나는 나였다고 제시하려 애쓰는 약간 날카로운 면이 있다고 생각해요."

노백이 연기하는 주디를 스카티가 그녀를 보는 것과 동일한 방식으로 하나의 대상으로 바라보는 것은 위험하다. 그녀는 사실 히치콕이 등장시킨 모든 여성 캐릭터 중에서 가장 동정적인 여성 캐릭터에 속한다. 히치콕은 여러 작품에서 자신의 여자들을 말 그대로, 그리고 상징적으로 진창으로 거듭해서 끌고 들어가는 데에서 — 그녀들을 망신시키고, 그 자신의 페티시들을 쏟아 내는 것처럼 그녀들의 머리와 의상을 망가뜨리는 데에서 — 기쁨을 취했다. <현기증>의 주디는 그가 자신의 플롯에 따른 여성 피해자들에게 공감하고 동정하는 데 가장 가깝게 접근한 사례다. 그리고 당시에는 이 캐릭터를 지나치게 뻣뻣하게 연기한다고 비판을 받았던 노백은 올바른 연기를 선택했다. 당신이 참을 수 없는 고통을 느낀다면 어떻게 행동하고 말할 것인지 자문해 본 후에 주디를 다시 관찰해 보라.

황야의 결투	감독	존 포드	
My Darling Clementine	주연	헨리 폰다, 린다 다넬, 빅터 머추어	
	제작	1946년	97분

"무슨 동네가 이 모양이야?" 와이어트 어프는 툼스톤에서 맞은 첫날 밤에 이렇게 묻는다. "머리에 총알을 맞지 않고서는 면도도 할 수 없잖아." 본톤 이발소의 최신식 이발 의자에서 얼굴 절반에 여전히 면도 크림을 묻힌 채 일어난 그는 술집의 2층 창문으로 들어가 제멋대로 권총질을 해대는 주정뱅이의 머리를 갈겨 쓰러뜨리고는 발꿈치를 붙잡고 질질 끌고 나온다.

어프(헨리 폰다Henry Fonda)는 이 동네가 무슨 동네인지 이미 안다. 존 포드John Ford, 1894~1973의 위대한 웨스턴 <황야의 결투>의 오프닝 신에서 그와 동생들은 캔자스로 소떼를 모는 중이다. 와이어트와 버질, 모건은 막내 제임스에게 소떼를 맡기고는 면도를 하고 맥주를 한잔하러 마을에 들어간다. 그들이 낮게 깔린 드넓은 저녁 하늘 아래에서 말을 타고 툼스톤의 중심가로 들어설 때 술집에서는 총소리와 소란스러운 웃음소리가 쏟아져 나오고, 우리는 이 마을에 로키산맥 서쪽에서 가장 큰 묘지가 있는 이유를 물을 필요가 없다.

　　포드의 스토리는 웨스턴의 핵심적인 윤리적 플레이를 재현한다. 와이어트 어프는 마을의 새 보안관이 된다. 영화에서는 법과 무법 상태 사이의 결투가 벌어지고 법이 승리한다. 그리고 마지막 숏에서 영화는 새로 부임한 여교사를 보여 준다. 그 여교사는 문명의 도래를 상징한다. 대부분의 웨스턴은 결투를 강조한다. <황야의 결투>는 O.K. 목장에서 벌어졌던 전설적인 총싸움도 보여 주지만, 그보다는 일상적인 사건들(헤어스타일, 로맨스, 우정, 포커, 질병)에 더 중점을 둔다.

　　영화의 복판에는 와이어트 어프를 맡은 헨리 폰다의 연기가 있다. 어프는 대체로 액션 히어로로 간주된다. 하지만 폰다는 그를 여자가 실내에 들어오면 자리에서 일어나고, 닭고기를 자르는 법을 알며, 릴 reel 춤을 추는 새로운 스타일의 서부인으로 만든다. 그는 틴에이저처럼 사무실 앞 베란다에 놓인 의자에 앉아서는 의자를 기울여 뒷다리만으로 균형을 잡고는 두 발을 번갈아 가며 난간에 올렸다 내려놓는다. 그는 클레멘타인을 생각하는 중이다. 폰다는 그가 느끼는 행복감을 보디랭귀지로 보여 준다.

　　어프가 보안관 배지를 수락한 것은 그와 동생들이 소떼로 돌아왔을 때 제임스는 죽어 있고 소떼는 도둑맞았다는 걸 알게 됐기 때문이다. 올드 맨 클랜튼(월터 브레넌Walter Brennan)과 '아이들'(수염이 텁수룩한 건장하고 비열한 자들)이 벌인 짓이라고 믿을 이유는 사방에 넘친다. 앞선 신은 클랜튼이 독니를 보여 주는 짐승처럼 자신의 이빨을 드러내는 것으로 마무리됐다. 어프는 감동적인 신에서 제임스에게 묻는다("너는 그리 많은 기회를 얻지 못했구나, 그렇지, 제임스?") 그런 후 그는 마을로 말을 몰아 클랜튼 일가에게 총질을 해 대는 대신, 새 보안관이 되겠다고 시장에게 말한다. 그는 복수를 원한다. 그러나 합법적인 복수를 원한다.

영화에서 가장 중요한 관계는 어프와, 툼스톤을 운영하는 전문 도박사이지만 폐결핵으로 죽어 가고 있는 닥 할리데이(빅터 머추어Victor Mature) 사이의 관계다. 그들은 타고난 적수이지만, 말없는 두 사내 사이에는 차츰 조용한 눈빛이 오간다. 어프가 할리데이의 뼛속 깊이 스며든 슬픔을 감지했기 때문일 것이다. 할리데이의 셋방 벽에는 그의 의사 자격증이 걸려 있고 그 밑에는 의사 가방이 있다. 그러나 그는 더 이상은 진료를 않고 있다. 동부에서 무슨 일인가가 잘못됐었다. 그래서 그는 지금은 생계를 위해 도박을 하고 인사불성이 되려고 술을 들이킨다. 그의 연인은 창녀 치와와(린다 다넬Linda Darnell)다. 그는 그녀와 멕시코로 떠나는 문제를 이야기한다. 그러나 각혈을 하는 그는 자신의 예후가 어떤지 잘 알고 있다.

보안관이 할리데이와 벌이는 첫 결투는 전형적인 포드의 신이다. 닥이 들어오자 술집 안이 조용해지고, 그가 걸음을 멈추자 술집 내부가 정리된다. 그는 바에 있는 어프에게 다가가 말한다. "뽑으시오!" 어프는 그럴 수 없다고 말한다. 총이 없기 때문이다. 닥은 총을 달라고 요구하고, 바에 있는 한 남자가 어프에게 총을 밀어 보낸다. 어프는 총을 보고는 말한다. "내 동생 모건의 총이군. 저기 잘생긴 애는 내 동생 버질이오." 닥은 무슨 말인지 알아듣고는 총을 권총집에 꽂는다. 그는 어프의 형제들을 꺾을 수 없음을 깨닫는다. "안녕하쇼." 닥은 말한다. "한잔합시다."

닥은 누군가에게 마을에서 꺼지라고 두 번 말하고, 어프는 그건 보안관이 하는 직무라고 두 번 상기시킨다. 업무의 최우선 과제는 클랜튼 일가지만, 닥과 어프는 대결할 운명처럼 보인다. 그럼에도 그들은 존 포드의 모든 작품에서도 아주 기이하면서도 아름다운 신 중 하나를 연출해 낸다. 영국인 배우(앨런 모브레이Alan Mowbray)가 공연을 하러 마을에 왔는데 극장에 나타나지를 않는다. 어프와 할리데이는 술집에

서 그를 찾아낸다. 그는 테이블 위에서 클랜튼 일가의 횡포에 시달리고 있다. 배우는 햄릿의 유명한 독백을 시작하지만 술에 너무 취한 데다 공포에 질려 이어가지를 못한다. 닥 할리데이는 기억을 더듬어 그 독백을 끝맺는데, 그 독백은 본인의 이야기일 수도 있다. "다만 이 세상의 여행자가 한 번도 돌아오지 못한 미지의 나라로, 우리의 의지를 당혹스럽게 만드는 죽음 다음에 올 것에 대한 두려움 때문이다."

영화에서 가장 온화한 순간들은 어프가 클레멘타인(캐시 다운스 Cathy Downs)을 향한 감정을 드러내는 순간이다. 동부에서 온 역마차를 타고 당도한 클레멘타인은 "닥터 존 할리데이"를 찾고 있다. 그녀는 닥이 뒤에 남겨 두고 온 아가씨다. 호텔 밖에 앉아 있던 어프는 그녀가 역마차에서 내리는 순간 벌떡 일어선다. 그의 몸놀림은 그가 이 우아한 여성에게 경외감을 느끼고 있음을 보여 준다. 클레멘타인이 서부 곳곳을 돌아다니며 닥을 찾아 다녔음을 우리는 알게 된다. 그녀는 그를 집에 데려가고 싶어 한다. 닥은 그녀에게 마을을 떠나라고 말한다. 치와와는 질투를 느끼며 상황을 주시한다.

클레멘타인이 이튿날 아침에 떠나려고 짐을 꾸릴 때, 어색하고 수줍은 모습으로 나타난 보안관은 같이 교회에 예배를 드리러 가서 춤을 추자고 부탁한다. 포드가 좋아하던 찬송가 'Shall We Gather at the River(강가에 모이게 하소서)'가 연주되는 동안 그들은 포장된 인도를 품위 있게 걸어간다. 바이올린 연주가 시작되면 와이어트와 클레멘타인이 춤을 춘다. 그는 서투르지만 엄청나게 기쁜 기색으로 열심히 춤을 춘다. 이 춤은 영화의 전환점으로 올드 웨스트Old West•의 종지부를 찍는다. 벌여야 할 총격전이 아직도 남아 있지만, 문명은 이미 툼스톤에 당도했다.

<hr>

• 서부 영화의 시대적 배경으로 자주 등장하는, 19세기 후반기의 미국 서부를 가리킨다.

O.K. 목장에서 벌어진 전설적인 총싸움은 많은 영화의 주제가 되어 왔다. <변경의 보안관Frontier Marshal>(1939), <OK 목장의 결투Gunfight at the O.K. Corral>(1957), <툼스톤Tombstone>(1993, 발 킬머Val Kilmer가 닥으로서 빼어난 연기를 펼친다), <와이어트 어프Wyatt Earp>(1994) 같은 영화들이 그렇다. 일반적으로 총싸움이 영화의 중심적인 사건이다. 그런데 이 영화에서 총싸움은 완결되지 않은 업무를 신속하게 해치우는 쪽에 더 가깝다. 포드는 폭력을 오래 다루지 않는다.

어프가 목장에서 기다리겠다며 큰소리로 도전했던 클랜튼 일가와 대결을 준비하는 동안 보안관 사무실에는 말없는 긴장감이 흐른다. 어프의 동생들은 그와 함께 결투에 나선다. 이것은 '가족의 문제'이기 때문이다. 어프는 다른 지원자들은 퇴짜 놓지만, 닥이 나타나자 닥을 받아들인다. 닥 역시 이 대결이 가족의 문제이기 때문이다(클랜튼의 아들 중 하나가 치와와를 죽였다). 멀리서 들려오는 말 울음소리와 개 짖는 소리 말고는 침묵이 흐르는, 잔인하리만치 청명한 사막의 여명 아래에서 사나이들은 거리를 걸어 내려가 문제를 해결한다.

많은 이가 존 포드를 미국이 낳은 가장 위대한 감독이었다고 믿는다. 그는 지금은 약간 유행에 뒤처졌고, 사람들은 그의 이름을 더 이상은 예전에 그랬던 것처럼 듣지 못한다. 하지만 그의 <분노의 포도The Grapes of Wrath>(1940)는 최고의 미국 영화로 꼽혔었다. 그가 다른 어떤 감독보다도 미국 역사의 변환기를 많이 다뤘던 것은 분명하다. 그는 <황야의 결투>를 자신이 사랑하던, 애리조나와 유타의 경계선에 있는 모뉴먼트 밸리에서 촬영했다. 겉으로 노출된 지층들이 지평선 위에 두드러진 조각품처럼 거대하게 솟아 있는 곳이다.

포드의 입장에서 웨스턴은 훗날의 감독들에게 그런 것처럼 '시대극'이 아니었다. 그는 사막과 초원의 로케이션에서 촬영했고, 출연진과 제작진은 소몰이에 나선 사람들처럼 생활하면서 취사용 마차에서 식사를 하고 텐트에서 잠을 잤다. 그는 무성 영화 웨스턴을 수십 편 만들었고, 영화 촬영장에서 실제 와이어트 어프를 만나 O.K. 목장의 이야기를 직접 들었다(그래도 역사는 이 영화와는 사뭇 다른 이야기를 전한다). 포드는 동일한 배우들(그의 '레퍼토리 극단')과 거듭해서 작업했다. 그래서 그가 와이어트 어프 역에 자신이 좋아한 또 다른 배우인 존 웨인John Wayne 대신 폰다를 선택한 점은 흥미롭다. 아마 웨인은 올드 웨스트를 체현한 배우라고 봤고, 더 온화한 폰다는 야성을 순화할 수 있는 새로운 사내에 속한다고 봤기 때문일 것이다.

<황야의 결투>는 웨스턴 중에서 가장 사랑스럽고 마음씨 고운 영화일 것이다. 제목만 봐도 알 수 있다.• 제목에는 와이어트나 닥이나 총싸움이 아니라, 줄거리가 진행되는 동안 어프 보안관에게 일어난 가장 중요한 일인 게 확실한 클레멘타인이 등장한다. 그녀가 마을에 도착하고 얼마 지나지 않아 등장하는 순간이 있다. 어프가 머리를 자르고 본 톤 이발소에서 나오는데 이발사가 그에게 향수를 뿌려 준다. 그와 가까운 곳에 선 클레멘타인이 "사막의 꽃들에게서 나는 향내"를 좋아한다고 말한다. "저한테서 나는 겁니다." 어프는 말한다. "이발사가 뿌려 줬습니다."

• 이 영화의 원제 'My Darling Clementine'은 미국 서부의 포크 발라드 'Oh My Darling, Clementine (오 마이 달링 클레멘타인)'에서 차용한 것이다.

후프 드림스	감독	스티브 제임스	
Hoop Dreams	제작	1994년	170분

프로 농구 선수를 꿈꾸는 두 도심 빈민가 소년을 다룬 <후프 드림스>는 한 소년의 어머니가 카메라를 향해 거침없이 속내를 쏟아 내는 지점에서 꼼짝 못하고 얼어붙는다.

"내가 어떻게 먹고 사는지 궁금하기나 해요?" 실라 에이지Sheila Agee가 묻는다. "내 자식들이 어떻게 살아남는지, 그 아이들은 어떻게 먹고 사는지 궁금하지 않아요? 우리 생활은 밖에 나가서 남들한테 욕설을 퍼붓고 폭력을 휘두르고 싶다는 마음을 먹게끔 만들기에 충분해요."

맞다, 우리는 궁금했었다. 그녀의 가족은 한 달에 268달러 나오는 보조금으로 생계를 잇고 있다. 그녀의 아들 아서Arthur Agee가 열여덟 살이 되면서 그에게 지급되는 1백 달러가 깎여 나갔다. 그는 여전히 고등학교에 다니는 중인데도 말이다. 그들은 겨울에는 가스와 전기를 차단하며 살아 왔다. 가족은 캠핑용 랜턴을 조명 도구로 쓴다.

아서는 교외 지역인 웨스트체스터에 있는 세인트조지프스고등학교에서 발행한 학업 수료증이 없으면 자신이 다니는 시카고의 마셜고등학교를 졸업할 수 없다. 그를 선발했다 탈락시킨 학교인 세인트조지프스고등학교는 수업료 1천3백 달러를 반환하지 않으면 성적 증명서를 발행하지 않겠다는 입장을 취한다. 스카우터들이 운동장에서 아서를 발견하고는 그에게 장학금을 제공하지 않았다면 이 부채는 존재할 수 없었을 터이므로, 여기에는 아이러니가 있다. 부유한 학교는 도움을 받을 자격이 있는 학생들을 향해서가 아니라, 뛰어난 농구 선수들을 향해 도심으로 손을 뻗는다. 그 선수들은 성적을 내지 못하면 연못에 다시 내동댕이쳐진다. 그런데 앙갚음의 시간이 도래한다. 마셜고등학교에서 스타가 된 아서는 학교가 주州 대회 3위에 오르는 데 한몫을 한다. 학교가 선발한 다른 중학교 2학년생 윌리엄 게이츠William Gates는 부상 때문에 몇 달간 경기에 나서지 못한다. 아서가 일리노이대학에서 열린 주 준결승에서 뛰는 동안, 게이츠와 진 핑가토레Gene Pingatore 감독은 관중석에 앉아 있어야 하는 신세에 놓인다.

어느 시나리오 작가도 감히 이런 이야기를 쓰지 못할 것이다. 이것은 보는 이가 눈물을 쏟고 싶게 만드는 격분을, 그리고 인상적인 순간들을 패키지로 담아낸 드라마이자 멜로드라마다. <후프 드림스>는 형식으로 보면 스포츠 다큐멘터리이지만, 작품이 전개되는 동안 미국에서 사는 인생을 다룬 의미심장하고 가슴 아픈 이야기로 바뀐다. 영화 제작진은 작품에 처음 착수했을 때에는 도심 빈민가 운동장에서 농구를 하다가 교외에 있는 학교들에 선발된 중학교 2학년생들에 대한 30분짜리 영화를 만들려고 했다. 하지만 그들은 결국 250시간을 촬영하면서 6년의 시간을 담아냈고, 그 선수들에게 일어난 꿈에도 예상하지 못했던 운명의 반전을 목격했다.

우리는 영화 도입부에서 교외에 있는 학교로 90분 걸리는 통학길에 오르려고 새벽 5시 30분에 일어나는 청년들을 본다. 그중 한 명

이 "카펫과 꽃이 있는" 세인트조지프스에 대해 말한다. 윌리엄 게이츠는 타고난 재능 면에서 처음부터 아서 에이지보다 뛰어나다. 그는 신입생이면서도 학교 대표 팀에 선발된 반면, 아서는 신입생 팀에서 뛴다. 윌리엄은 날래고 영리하며 자신감이 넘친다. 평가토레는 그를 자신이 발굴해 낸, 역시 세인트조지프스에서 선발했던 NBA 스타 아이제이아 토머스Isiah Thomas와 비교한다. 두 학생 모두 초등학교 4학년 수준의 독해력으로 학교에 도착하지만, 게이츠는 비난받을 대상은 자신이 사는 동네의 학교들이라고 주장하면서 뒤처진 시간을 빠르게 만회한다. 아서는 교실에서나 코트에서나 발전 속도가 느리다. "감독님이 나한테 계속 물어요. '너는 언제 자랄래?'" 그는 미소를 짓는다. 그는 결국 팀에서 탈락하고, 장학금 자격을 상실한다. 그러고 두 달 후 마셜에 입학한다.

윌리엄은 스타덤을 향해 돌진하는 듯 보이지만, 부상이 그를 덮친다. 그는 고등학교 2학년 때 인대 치료를 받고 찢어진 연골을 제거한다. 어쩌면 그는 코트에 너무 일찍 복귀했는지도 모른다. 그는 다시 부상을 당한다. 자신감을 잃는다. 그러는 사이에 마셜에서 농구 실력이 부쩍 는 아서는 팀을 눈부신 시즌으로 이끈다. 그러나 스포트라이트는 여전히 윌리엄을 비추고 있다. 그는 프린스턴에서 열린 나이키 올아메리칸 서머 캠프에 참석하고, 앞날이 창창한 예비 스타들은 그곳에서 유명한 코치들(조이 메이어Joey Meyer, 보비 나이트Bobby Knight)로부터 점검을 받고 딕 바이텔Dick Vitale(현란한 테크니션)과 스파이크 리Spike Lee(무자비한 현실주의자)의 강의를 듣는다. 아서는 그 여름을 피자헛에서 시급 3.35달러를 받고 일하면서 보낸다. 그러고는 아서가 팀을 주결승전으로 이끄는 졸업반 시즌이 도래한다.

두 젊은이 모두 대학에 스카우트됐다. 윌리엄은 여러 번 부상을 당했음에도 마케트대학으로부터 농구를 하지 못하더라도 4년간 장학금을 주겠다는 제안을 받는다. 그는 제안을 수락한다. 성적이 아슬아슬한 아서는 미주리에 있는 미네랄에이리어주니어칼리지에 진학한다. 캠퍼스에 흑인 학생은 여덟 명밖에 안 된다. 그중 일곱 명이 농구 선수로 같은 집에 거주한다. 그는 학업 성적이 괜찮을 경우 이 대학을 4년제 대학으로 진학하는 도약대로 활용할 수 있을 것이다(그리고 그는 그렇게 한다).

스포츠 스토리는 저돌적인 서스펜스로 전개된다. 그런데 이 영화의 진짜 핵심은 도심 빈민가의 집과 운동장, 교회에서 촬영된 장면들에 있다. 두 아이의 아버지들이 관련된 유사한 드라마들이 있다. 아서의 아버지는 가정을 이룬 지 20년째에 가족을 떠나 마약에 연루되어 교도소에서 시간을 보냈다가 돌아와 일요 예배에서 노래를 부르는 것으로 새사람이 됐다고 확언하지만, 아들의 믿음을 되찾지는 못한다. 윌리엄의 아버지는 몇 년간 없는 사람이나 다름없는 신세였다. 자동차 정비소를 운영하는 그는 이따금 만나는 아들을 자상하게 대한다. 어머니들은 두 가정의 핵심적인 구성원이다. 우리는 격려와 지원을 아끼지 않는 대가족 네트워크도 살짝 엿보게 된다.

<후프 드림스>를 볼 때마다 아서의 어머니 실라가 이 영화의 여주인공이라는 결론에 도달하게 된다. 촬영이 진행되는 동안 그녀의 남편은 집을 떠났다가 곤경에 빠져들고, 그녀는 만성적인 등 통증에 시달리면서 실직을 하고 복지 보조금을 받는다. 게다가 아서는 세인트조지프스에서 쫓겨난다. 그러다가 이 영화의 가장 놀라운 발견의 순간에, 우리는 그녀가 간호조무사 학교를 반에서 수석으로 졸업했음을 알게 된다.

영화에는 카메라가 냉정하게 상황을 지켜만 보고 있는 동안 우리가 나름의 결론에 도달하게 되는 순간들이 있다. 그중 하나는 아서와 부모가 성적 증명서를 받으려고 세인트조지프스를 찾아갔다가 수업료

반환 계획서를 제출해야 한다는 이야기를 듣는 장면이다. 학교 직원은 "우리 학교 수입의 90퍼센트가 수업료입니다"라고 말한다. 맞는 말이다. 그러나 학교는 아서를 선발할 때에는 그에게 수업료를 받는 것을 기대하지 않았었다. 학교는 농구 선수를 기대하고 있었다. 그러니 학교는 기대했던 선수를 확보하지 못하게 됐더라도 학생이 진 수업료 관련 부채는 탕감해 주는 자비를 보여야 마땅하다.

핑가토레 감독과 학교는 이 영화의 극장 개봉을 막으려고 소송을 제기했다. 영화에서 학교는 사무적이고 냉담한 모습으로 비춰지는데, <후프 드림스>는 세인트조지프스고등학교만이 아니라 미국 전역에 있는 학교의 진정한 현실을 담아낸다. 핑가토레의 경우, 나는 그가 속내를 꽤나 솔직하게 드러낸다고 생각한다. 그 역시 제2의 아이제이아 토머스를 발굴한다는 나름의 꿈이 있다. 그는 이기고 싶다. 그의 기록은 그가 좋은 감독이라는 걸 보여 준다. 그는 윌리엄에게 사려 깊은 조언을 한다. 윌리엄이 부상을 당한 후 너무 일찍 그를 코트에 세우려고 열심이기는 하지만 말이다. 윌리엄이 영화 제작진에게 말하길, 감독은 스포츠가 엄청나게 중요하다고 생각한다. 그런데 고등학교 운동부를 취재하며 2년을 보냈던 나는 그렇지 않은 감독을 단 한 명도 보지 못했다. 핑가토레는 윌리엄에게 작별 인사를 하고는 자신의 생각을 피력한다. "한 명이 문 밖으로 나가면 다른 한 명이 문으로 들어옵니다. 이 일은 그게 전부입니다." 이 의견에는 서글픈 시詩가 담겨 있다.

영화를 만든 사람들은 감독 스티브 제임스Steve James, 1954~ 와 촬영 감독 피터 길버트Peter Gilbert, 편집 감독 프레더릭 마르크스Frederick Marx 가 이룬 팀이다. 그들은 놀랄 정도로 교차한 기회와 행운으로부터 수혜를 받았다. 그들은 프로젝트에 착수했을 때만 하더라도 그들이 결국 들려주게 될 이야기를 에이지와 게이츠의 체험이 얼마나 완벽하게 만들어 낼 것인지 알지 못했을 것이다. 몇 년의 세월이 지나고 그들의 이후 삶에 대한 정보가 업데이트됐다. 윌리엄은 마케트에서 4년을 뛰고 졸업했다. 그는 대학 교육을 받는 아내를 외조하면서 사회복지사 일을 하다가 로스쿨에 돌아갈 계획을 세웠다. 아서는 아칸소주립대학에서 2년간 선수로 뛴 후 영화 몇 편에 출연해 연기 경력을 쌓았고, 이후로는 도심 빈민가 아이들의 대학 진학을 돕는 재단을 차렸다. 두 선수 모두 NBA에서 뛰지는 못했다. 해마다 고등학교 농구 선수로 뛰는 아이 50만 명 중에 스물다섯 명만이 NBA에 진출한다. 그러나 그들의 후프 드림 은 실현됐다.

흩어진 꽃잎	감독	D. W. 그리피스	
Broken Blossoms or The Yellow Man and the Girl	주연	릴리언 기시, 리처드 바텔메스	
	제작	1919년	90분

릴리언 기시Lillian Gish는 D. W. 그리피스D. W. Griffith, 1875~1948에게 자신은 <흩어진 꽃잎>에서 소녀를 연기하기에는 나이가 너무 많다고 말했다. 아마도 그랬을 것이다. 1896년생인 그녀는 그리피스가 이 영화의 제작을 준비하던 1919년에는 스물세 살이었고, 그로부터 5년 전에 촬영된 <국가의 탄생The Birth of a Nation>에 출연한 그녀를 기억하는 관객들이 보기에는 떠돌이 소녀 같아 보이지도 않았다. 그러나 그리피스는 스타를 원했고, 기시는 스타였다. 믿기 어렵겠지만, 무성 영화 배우들이 작업을 멈추는 법이 절대로 없던 시절에 이것은 그녀의 예순네 번째 출연작이었다.

이 영화는 <국가의 탄생>만큼 중요하지는 않다. 그러나 그 작품처럼 결함이 있지도 않다. 자신이 만든 걸작의 후반부가 KKK를 찬양하고 흑인들의 야만적인 이미지를 보여 주는 면에서 인종 차별적이라는 평단의 공격에 괴로워한 그리피스는 편견을 비판한 <인톨러런스

Intolerance>(1916)에서 행실을 고치려고 노력했다. 그리고 그는 <흩어진 꽃잎>에서 아마도 영화 역사상 최초일 인종 간의 러브 스토리를 들려준다. 육체적인 접촉은 없는 이상화된 사랑이라는 점이 분명하기는 하지만 말이다.

기시는 런던의 짐승 같은 프로 복서 배틀링 버로스(도널드 크리스프Donald Crisp)의 딸 루시를 연기한다. 그녀는 "그의 여자들 중 한 명에 의해 그의 손에 맡겨졌다"고 자막은 우리에게 말한다. 술 취한 '고릴라'인 그는 라임하우스에 있는 곳간에서 산다. 매니저가 술을 마시고 흥청댄다며 호되게 야단을 치자, 그는 루시에게 분풀이를 한다. 그들의 이야기는 자막에서 "황인The Yellow Man"이라고 부르는 쳉후안(리처드 바텔메스Richard Barthelmess)의 이야기와 교차 편집된다. 불교도인 그는 "미개한 앵글로 색슨들에게 평화의 메시지"를 전하려고 중국으로부터 여행에 나선다. 그러나 그는 아편에 빠져들고, "라임하우스는 그를 중국인 가게 주인으로만 안다."

그리피스는 감춰진 인생들을 암시하는 안개 낀 강변의 분위기를 창조하면서 영화의 거의 전체를 세트에서 찍었다. 쳉의 방은 가게 위층에 있는 은신처다. 루시와 배틀링은 창이 없는 방에 산다. 여기서 그는 테이블에 앉아 게걸스럽게 식사를 하고 술을 마시는데, 그러는 동안 그녀는 구석에 웅크리고 있다. 그가 그녀에게 웃으라고 명령하자, 그녀는 손가락으로 입 꼬리를 밀어 올린다. 루시에게 먹거리를 사라고 돈을 준 그는 술을 더 마시러 나가고, 그녀는 징글징글한 생활을 환하게 밝혀줄 꽃과 바꿀 수 있을 거라는 희망에 소중하게 간직해 온 은박지를 움켜쥐고는 쉽사리 떨어지지 않는 걸음을 떼며 쇼핑을 하러 나간다. 거리에서 삶에 지친 주부들은 결혼하지 말라고 그녀에게 경고하고, 밤의 여자들은 몸을 팔지 말라고 경고한다. 그 결과 그녀에게 가능한 두 개뿐인 탈출구는 봉쇄된 듯 보인다. 황인은 가게 창문을 통해 그녀를 본다.

"라임하우스 전체가 제대로 알아보지 못한 아름다움이 그의 마음을 강하게 사로잡았다."

그날 저녁에 루시는 배틀링의 손에 뜨거운 음식을 쏟고, 그는 그녀를 죽기 직전까지 채찍질한 다음에 술을 마시러 나간다. 그녀는 중국인의 가게로 비틀거리며 들어가고, 남자는 그녀에게 은신처를 제공한다. "그녀가 여태까지 알지 못했던 최초의 친절이다." 그녀는 그를 향해서는 손가락을 쓰지 않고도 웃을 수 있다. 배틀링 버로스가 그녀의 행방을 알게 되면서 격렬한 대결이 펼쳐진다. 그리고 대결이 펼쳐지는 동안 배틀링이 도끼로 문을 박살낸 방에 배틀링과 함께 갇힌 루시가 비명을 지르며 무력하게 도망 다니는 인상적인 숏이 등장한다.

기시는 무성 영화 시대에 가장 연약한 모습으로 비명을 지르는 배우였다. 용기 있고 독립적인 모습도 많이 보였고, <8월의 고래The Whales of August>(1987)로 마무리된 긴 경력 동안 강인한 여성을 연기한 적도 많았지만 말이다. 이 영화에서 그녀는 본질적으로 남성들이 — 그녀를 하녀이자 희생자로 보는 배틀링이, 그리고 그녀를 자신의 "하얀 꽃"으로 이상화하는 쳉이 — 꿈꾸는 판타지의 수동적인 대상이다. 그리피스는 그녀보다 높은 곳에서 조명을 치고 촬영하는 방식으로 그녀의 천사 같은 얼굴과 연약한 면모 양쪽을 자주 강조한다. 오랜 세월이 흐른 후 로버트 올트먼Robert Altman의 <결혼A Wedding>(1978) 촬영장에서, 나는 그녀가 로 앵글 숏을 시도하려는 사진작가를 나무라는 소리를 들었다. "일어나요! 일어나! 하나님께서 당신이 나를 그 앵글에서 촬영하기를 원하셨다면 그분께서는 당신 배꼽에 카메라를 달아 주셨을 거예요. 그리피스 씨는 늘 말씀하셨어요. '위에서 찍는 촬영은 천사를 위한 것이고 아래에서 찍는 촬영은 악마를 위한 것이다.'"

<흩어진 꽃잎>의 인종에 대한 태도가 <국가의 탄생>의 그것보다 호의적이고 긍정적이라고는 해도, 오늘날의 눈으로 보면 그 태도는 가

슴 아플 정도로 구시대적이다. 물론 그것들은 실제로도 구시대적이다. 다른 인종 간의 결혼은 1919년에는 범죄였다. 그리고 우리는 루시에게 키스하고 싶어 하는 것처럼 가까이 다가가다 자막이 그의 순수한 의도를 우리에게 확신시키자 그녀에게서 멀어지는 쳉의 얼굴을 클로즈업으로 본다. 배틀링은 황인이 그녀를 유혹했다고 생각하지만, 소녀는 "잘못된 건 하나도 없었어요!" 하고 울부짖는다. 그리피스는 이국적인 섹스의 가능성으로 관객의 흥미를 돋우다가 도덕적인 설명을 담은 자막으로 편집을 해서 넘어간다.

중국인 캐릭터를 스테레오타입화한 것은 그를 연기할 배우로 서양인을 선택한 것에서 시작된다. 많은 아시아 배우가 무성 영화에 출연했다. 그러나 딱 한 사람, 하야카와 셋슈早川雪洲만이 주인공을 여러 번 연기했고, 초기 아시아인 캐릭터 중 가장 유명한 찰리 챈과 푸 만추는 백인들이 연기했다. 쳉 캐릭터는 스테레오타입의 결정판이다. 그는 온순한 불교도이고 아편 중독자이며 가게 주인이다. 그럼에도 그리피스의 영화는 편견이 없으며, 그의 시대와 관객의 맥락을 고려해서 보면 리버럴하기까지 하다. 우리는 쳉이 여정에 오르기 전에 승려에게서 받은 조언을 묘사하는 다음과 같은 관대한 자막 뒤에 선한 의도가 자리하고 있음을 감지한다. "한마디 한마디, 우리 조국의 자애로운 부모가 들려줄 법한."

최고의 무성 영화 코미디가 시간을 초월한 작품으로 남았고, 많은 무성 영화가 시대에 뒤처지지 않은 작품으로 남아 있다. 하지만 <흩어진 꽃잎> 같은 멜로드라마는 많은 관객의 눈에 구닥다리처럼 보인다. 이 영화를 감상하려면 영화에 협조해야 한다. 심지어는 적극 공감해야 한다. 이런 이야기들이 한때는 얼마나 색다른 것이었는지를, 라임하우스의 안개 자욱한 거리와 노골적으로 묘사된 캐릭터들이 한때는 얼마나 관객을 사로잡았을지를 상상해야 한다. 페데리코 펠리니

Federico Fellini의 <길La Strada>(1954)을 보는 게 이 영화가 당시에 발휘한 임팩트를 상상하려고 노력하는 데 도움이 될지도 모르겠다. 폴린 케일Pauline Kael은 펠리니가 <흩어진 꽃잎>에서 많은 영감을 받았다고 생각했다. 차력사 잠파노(앤서니 퀸Anthony Quinn)는 걸친 의상조차 배틀링 버로스의 의상과 비슷하다. 그에게서 숱한 학대를 받는 짝 젤소미나(줄리에타 마시나Giulietta Masina)는 루시에게서 영감을 받은 게 분명하고, 잔인한 남자를 피할 은신처를 제공하는, 리처드 베이스하트Richard Basehart가 연기한 매토는 황인이 수행했던 것과 동일한 기능을 수행한다.

1919년의 그리피스는 진지한 분위기의 미국 영화를 만드는 확고부동한 제왕이었다(명성 면에서는 세실 B. 데밀Cecil B. DeMille만이 그의 라이벌이었다). 그리고 <흩어진 꽃잎>은 용감하고 논쟁적인 작품으로 간주되었다. 오늘날 남은 것은 제작 과정에서 발휘된 예술적인 수완과 릴리언 기시의 우아한 품격, 폭넓게 어필하는 멜로드라마, 정교하게 제작된 세트의 분위기다(실제로 이 영화의 제작비는 <국가의 탄생>의 제작비보다 많았다). 그리고 이 영화가 가한 사회적 임팩트가 남았다. 지금 보기에는 순진하기 그지없는 이런 영화들은 외국인 혐오증을 가진 나라가 인종에 대한 관용을 보이는 나라로 천천히 탈바꿈하는 데 도움을 주었다.

이 영화에는 모든 것이 있다. 그리고 릴리언 기시의 얼굴이 있다. 그녀는 무성 영화의 가장 위대한 여배우였을까? 아마 그럴 것이다. 그녀의 얼굴과 루이즈 브룩스Louise Brooks의 얼굴은 내가 무성 영화 여배우의 얼굴을 떠올릴 때 가장 먼저 떠올리는 얼굴들이다. 남자 배우를 떠올릴 때 채플린Charlie Chaplin과 키튼Buster Keaton을 나란히 떠올리는 것처럼 말이다. 그녀가 1987년에 <8월의 고래>를 찍을 때, 그녀와 공연한 배우가 또 다른 전설적인 여배우 베티 데이비스Bette Davis였다. 그 영화의 감독인 린지 앤더슨Lindsay Anderson은 나한테 이런 얘기를 들려주었다. 어느 날 촬영이 끝나고 그가 말했다. "기시 양, 오늘 제게 너무도 근사한 클로즈업 연기를 해 주셨습니다!" "그거야 당연한 일이잖아요." 베티 데이비스가 냉담하게 말했다. "그녀는 그걸 발명한 사람이니까요."

JFK	감독	올리버 스톤	
	주연	케빈 코스트너	
	제작	1991년	189분

올리버 스톤Oliver Stone, 1946~ 감독이 케네디John F. Kennedy• 암살범을 알고 있는지 여부는 잘 모르겠다. 나는 스톤의 1991년 영화 <JFK>에 등장하는 역사적 사실의 정확성에 대해서는 상당한 의혹을 품고 있다. 그런데 그런 의혹은 중요치 않다고 생각한다. <JFK>는 암살과 관련한 역사적 사실을 다룬 영화가 아니라 암살이 불러일으킨 사회적 정서를 다룬 영화다. <JFK>는 미국 국민이 1963년 11월 22일 이후로 품고 있는 정서를 정확하게 반영한다. 미국인들은 진실이 모두 밝혀진 게 아니라고 느낀다. 한 명 이상의 저격수가 암살과 관련되어 있다고 생각한다. CIA, FBI, 카스트로Fidel Castro◆, 카스트로에 반대하는 쿠바인들, 마피아, 또는 러시아, 혹은 앞서 언급한 모든 이가 케네디 암살에 관련돼 있다고 느낀다. 어떤 방식으로 관련됐는지는 모르지만, 아무튼 우리는

- 미국의 35대 대통령(1917~1963). 재임 중인 1963년에 댈러스에서 암살당했다.
- 쿠바의 혁명가이자 통치자(1926~2016). 1959년에 혁명에 성공한 후 2008년까지 쿠바를 통치했다.

그렇다고 느낀다.

영화 개봉 직후에 나와 월터 크롱카이트Walter Cronkite● 사이에 의견 충돌이 있었다. 그는 나를 비롯해서 영화 <JFK>에 찬사를 보낸 영화 평론가들을 겨냥해 거친 말을 퍼부었다. 그는 영화에는 진실이 조금도 담겨 있지 않다고, <JFK>는 거짓말과 편집증적인 환상이 뒤범벅된 영화라고 말했다. 또한 훌륭한 저널리즘에 필요한 기초적인 원칙들이 전혀 지켜지지 않았다면서 우리 모두는 스스로 부끄러워해야 한다고 말했다. 크롱카이트의 관점에서 볼 때 그가 주장하는 바가 옳다는 점을 나는 추호도 의심하지 않는다. 하지만 나는 영화 평론가다. 내가 해야 하는 일은 그가 해야 하는 일과는 다르다. 그는 역사적 사실을 원하고, 나는 분위기와 톤, 두려움, 상상력, 변덕, 추리, 악몽을 원한다. 일반론적으로 이야기하자면 나는 영화는 역사적 사실을 전달하는 데 적합한 매체가 아니라고 믿는다. 역사적 사실은 인쇄 매체에 속한다. 영화는 정서를 다루는 매체다. <JFK>는 스톤의 <닉슨Nixon>이나 <간디Gandhi>, <아라비아의 로렌스Lawrence of Arabia>, <글래디에이터 Gladiator>, <아미스타드Amistad>, <아웃 오브 아프리카Out of Africa>, <마이 독 스킵My Dog Skip>이나 그 외의 '실제의 삶'에 기초해서 만들어진 영화들의 수준만큼만 역사적 사실에 부합한다는 게 내 생각이다. 우리가 던질 수 있는 합당한 질문은 영화가 솜씨 좋게 잘 만들어졌느냐, 그리고 영화가 '정서적' 진실에 얼마만큼 접근했느냐 하는 것이 전부다.

그런 기준을 적용해 보면 <JFK>는 걸작이다. <JFK>는 1963년 이후에 발표된 저서와 기사, 다큐멘터리와 TV 프로그램, 학술적인 논쟁과 음모 이론을 모두 합쳐 놓은 콜라주다. 풀이 무성한 둔덕, 잘 차려입은 부랑자들, 퍼레이드 경로, 피그만, 러시아에 간 오스월드Lee Harvey Oswald◆,

● 미국의 방송인(1916~2009). 케네디 암살 사건 보도로 유명하다.
◆ 케네디를 암살한 인물(1939~1963). 암살 이틀 후 댈러스 경찰서에서 잭 루비(Jack Ruby)에게 암살당했다.

두 명의 오스월드, 클레이 쇼, 앨런 덜레스, 2.6초 사이에 이뤄진 세 발의 총격, 목격자의 증언, 우산을 든 남자, 화약 검사, 지문, 잭 루비, 군산 복합체, 사진 속의 잘못된 그림자, 재프루더 필름Zapruder film• 등, 영화의 길고 지루한 설명을 우리는 마음으로 받아들인다. 이것들은 아동용 작업 의자에 튀어나온 못과 같다. 못 하나를 두드려 박으면 다른 것이 튀어나온다.

올리버 스톤은 <JFK>를 만들려고 태어난 사람이다. 펄펄 끓는 에너지와 한도 끝도 없는 테크닉을 동원해서 상상과 사실을 곤혹스러울 정도로 끌어모은 후, 그런 요소들에 매몰되지 않으면서도 잘 만든 영화로 엮을 수 있는 능력을 가진 감독이다. 스톤의 비법은 영화를 보면서 그가 동원한 요소들을 짜 맞춘 관객들이 암살 사건에 대한 논리적 결론을 내리고 싶어 하지는 않게 한다는 데 숨어 있다. 스톤의 영화는 주인공인 뉴올리언스 지방 검사 짐 개리슨Jim Garrison(케빈 코스트너 Kevin Costner)이 취합한 사건들을 다룬 영화가 아니다. <JFK>는 개리슨의 집착을 다룬 영화다. 영화는 진실을 향해 돌진하지 않는다. 우리가 느끼는 절망과 분노를 향해 돌진한다. 알려진 진실을 곧이곧대로 믿기에는 대단히 많은 거짓말이 내뱉어졌고, 대단히 많은 증거가 훼손됐다. 개리슨이 합리적으로 입증하고 싶어 하는 것은 공식적으로 인정받을 수 있는 진실이 있을 법하지 않거나 불가능하다는 것, 그리고 감질 나는 단서들과 연결 고리들을 들쑤시면 생판 다른 연결 고리가 감춰져 있다는 게 드러난다는 것뿐이다.

스톤은 개리슨을 주인공으로 선택한 것 때문에 많은 비판을 받았다. 그렇다면 누구를 선택했어야 하나? 얼 워런? 앨런 덜레스? 월터 크롱카이트? 영화감독인 스톤이 할 일은 자신의 정서를 반영할 주인공을

• 에이브러험 재프루더(Abraham Zapruder)라는 인물이 홈 무비 카메라로 케네디 암살 순간을 촬영한 필름을 가리킨다. 소리가 없는 8밀리미터 필름이다.

찾아내는 것이다. 짐 개리슨이 사건을 제대로 추적한 사람은 아닐지도 모른다. 그러나 국민적인 의혹을 대변할 완벽한 대리인인 것은 확실하다. 그는 결코 만족스러운 대답을 얻어 내지 못한 질문들을 던진다. 워런 보고서의 정통성을 인정할 수 있느냐 같은, 대답이 없을 수밖에 없는, 심지어는 질문이 될 수조차 없는 질문들을 던진다. 짐 개리슨은 케네디 암살 음모와 관련한 영화에서 주인공을 맡을 만한 가장 확실한 인물이다.

스톤이 채택한 비주얼 스타일도 아주 적절하다. 관객들은 연달아 쏟아지는 정보와 이미지의 폭격을 받는다. 속속들이 분석된 몇십 년간의 필름, 책자, TV 뉴스, 다큐멘터리, 사진들이 홍수처럼 밀려온다. 그런데 관객들에게 밀려오는 요소들은 아귀가 하나도 맞지 않는다. 매끄럽고 일관적인 비주얼 스타일로 <JFK>를 만들었다면 실패작이 됐을 것이다. 스톤과 그의 전담 촬영 감독 로버트 리처드슨Robert Richardson(이 영화로 아카데미상을 수상했다)은 35밀리미터, 16밀리미터, 슈퍼 8.8밀리미터, 비디오, 스틸 사진, 컬러, 흑백 등 관련 시각 매체를 총동원했다. 역시 아카데미상을 수상한 편집 감독 조 허칭Joe Hutshing과 피에트로 스칼리아Pietro Scalia는 동원된 시각 매체를 퍼즐 조각 맞추듯 짜 맞췄다. <JFK>는 단선적이지 않다. 한 장면이 동시에 여러 방향으로 전개되기도 한다. 레스토랑에 모인 개리슨과 수사관들의 모습 사이로 가짜라고 의심되는 오스월드와 라이플이 등장하는 사진이 교차 편집되는 장면을 주목해 보라. 사람들이 혼란스러워할 때, 다른 시퀀스에서 오려진 사진의 윤곽이 『라이프Life』의 표지로 자리한다. 사진은 위조된 걸까? 그것을 누가 알겠는가? 확실히 그림자는 일치하지 않는 것처럼 보인다.

물론 음모 이론가들의 가장 소중한 무기인 재프루더 필름을 제공한 것 역시 『타임Time』-『라이프』 잡지 제국이기도 하다. <JFK>는 음모를 꾸민 자들이 누구건 '재프루더 필름은 예상하지 못했다'고 주장한다. 지척에서 사격이 이뤄졌기 때문에, 입자가 굵은 재프루더의 홈 무비만 봐서는 오스월드 혼자서 그 모든 총알을 쏴 댔을 법하지는 않다는 걸 알아내기란 불가능하다. 모든 사건이 워런 위원회가 내린 결론처럼 벌어졌을 수도 있음을 주장하는 제럴드 포스너Gerald Posner의 책 『사건 종결Case Closed』이 있다는 것을 나도 안다. 하지만 <JFK>가 주장하고 우리 대다수가 여전히 그렇다고 믿고 있는 의혹은, 오스월드가 그토록 빠른 속도로 정확하게 사격을 했다고는 믿기 어렵다는 것이다. <JFK>는 우리 마음속 깊은 곳의 정서를 반영한다. <JFK>는 우리의 그늘진 의혹을 대변한다.

스톤은 엄청난 출연진을 동원했다. 스톤은 관객들이 캐릭터 전원을 뒤따라 뒤섞인 증거의 재구성과 플래시백, 가상 회의, 순식간에 스쳐 지나가는 이미지 등을 헤쳐 나갈 수 있도록 하기 위해 역할에 딱 들어맞는 배우들을 출연시켰고 스타 시스템도 활용했다. 게리 올드먼Gary Oldman 같은 배우를 선택한 건 연기력이 좋다는 이유도 있었지만, 그들이 연기하는 실제 캐릭터(올드먼의 경우에는 오스월드)와 닮았기 때문이기도 했다. 잭 레먼Jack Lemmon, 에드 애스너Ed Asner, 월터 매소Walter Mattau, 케빈 베이컨Kevin Bacon, 도널드 서덜랜드Donald Sutherland, 시시 스페이섹Sissy Spacek 같은 스타들은 자신들이 연기하는 캐릭터 주위의 정서적 공간을 순식간에 확보한다. 개리슨의 심복 수사관을 연기하는 마이클 루커Michael Rooker처럼 얼굴이 덜 알려진 배우들은 주변부 역할을 맡았다. 우리는 루커가 스크린에 등장할 때마다 그를 알아보지만, 그는 결코 주연 배우를 능가하려고 애쓰지 않는다. 그리고 주인공을 연기하는 케빈 코스트너는 개리슨 캐릭터에 신뢰성과 호감, 끈질긴 결단력을 불어넣는다. 개리슨은 유능한 사람도 아니고 천재도 아니지만, 거짓말을 들으면 흥분하는 고집불통이다.

<JFK>에는 굉장히 많은 설명이 등장한다. 스톤은 캐릭터들이 사건을 해결하는 동안 관객들은 귀만 기울이고 있으라고 요청하기도 한다. 스톤은 설득력 있는 배우들을 활용하고, 다양한 시점들을 편집하며, 묘사된 사건을 재구성하는 식으로 그러한 순간들을 만들어 낸다. 중요한 내레이터는 서덜랜드가 연기하는 펜타곤의 고위 장교 '미스터 X'다(음모가 있음을 주장한 L. 플레처 프라우티L. Fletcher Prouty 대령을 모델로 했다고 한다). 그가 개리슨에게 들려준 이야기는 1960년대 초반의 군부 내부의 생각을 반영한 것일까? 그럴듯하게 들린다. 경건하기는 하지만 진부하기 짝이 없는 공식 보고서보다는 훨씬 더 그럴듯하게 들린다.

존 F. 케네디 암살은 사건에서 직접 영향을 받은 사람들의 삶을 따라다니는 것처럼 역사를 계속 따라다닐 것이다. 그럴듯하게 주장되는 역사적 사실들도 실체가 모호한 논쟁거리로 계속 남을 것이다. 케네디 암살과 관련한 역사적 사실을 다룬 영화는 개봉되기 무섭게 시대에 뒤떨어진 영화가 될 것이다. 그러나 <JFK>는 우리의 정서를 기록한 영화로 영원히 남을 것이다. 미국인들이 왜 밝혀진 것보다 더 많은 진실이 은폐됐을 거라고 의심하는지, 왜 우리가 오스월드 혼자서 모든 일을 저질렀다는 주장을 의심하는지, 왜 우리가 어떤 음모가 있다고 생각하는지를 기록한 영화로 말이다. <JFK>는 우리가 느끼는 불쾌함과 망상, 불만을 반영한 눈부신 영화다. 그런 관점에서 보면, <JFK>는 '정서적' 진실을 온전히 담아낸 영화다.

M	감독	프리츠 랑	
	주연	피터 로리, 오토 베르니케, 구스타프 그뤼드겐스	
	제작	1931년	117분

얼굴들이 빚어내는 공포. 그것이 독일의 아동 살인자를 다룬 프리츠 랑
Fritz Lang, 1890~1976의 1931년 영화 <M>의 복원판을 최근에 감상한 후
뇌리를 떠나지 않고 남아 있는 압도적인 이미지다. 내 기억에 이 작품
은 피터 로리Peter Lorre가 연기하는, 보는 사람을 오싹하게 만드는 왜소
한 살인자 한스 베케르트를 중심으로 한 영화였다. 그러나 베케르트가
스크린에 등장하는 시간은 상대적으로 제한되어 있다. 게다가 그가 내
뱉는 중요한 대사는 딱 하나 뿐이다. 잊히지 않는 대사이기는 하다. 영
화의 대부분은 경찰과 지하 세계 양쪽이 베케르트를 찾아내는 과정에
할애되고, 이 신들의 상당수는 클로즈업으로 구성되어 있다. 연기자들
의 얼굴을 묘사할 단어를 궁리하던 나는 어쩔 도리 없이 "돼지 같은"이
라는 표현을 선택할 수밖에 없었다.

랑은 어떤 인물이었나? 유명한 감독이었다. 그의 무성 영화 <메트
로폴리스Metropolis>(1927)는 전 세계에서 성공을 거뒀다. 그는 브레히

트의 좌익 희곡들이 <카바레Cabaret>(1972) 같은 영화들에서 재창조된 퇴폐적인 환경과 공존하던 베를린에 거주했다. 1931년경, 나치당은 독일 전역을 행군하는 중이었다. 아직까지는 권력을 완벽하게 휘어잡지는 못했지만 말이다. 랑의 아내는 훗날 나치당원이 됐다. 랑은 두 개의 장르를 만들어 냈다고 간주되는 영화를 만들었다. 연쇄 살인자 영화와 경찰 수사물. 그리고 그는 그 영화를 그로테스크한 것들로 채웠다. 표면 밑에 무언가가 존재했을까? 이 이야기가 그에게 표현해도 좋다고 허락한, 그가 속한 사회에 대해 느끼는 본능적인 느낌이?

<M>을 보면 1930년대 초반의 독일을 향한 혐오감이 한눈에 훤히 보인다. (어린 딸이 학교에서 돌아오기를 기다리는 어머니의 측은한 신 같은) 부르주아의 일상을 담은 기계적인 숏 두어 개를 제외하면 영화 전체는 그림자 속에서, 연기가 가득한 소굴에서, 구역질나는 싸구려 술집에서, 음모를 꾸미는 회의장에서 모습을 볼 수 있는 남자들로 구성되어 있다. 그리고 그 남자들의 얼굴은 잔혹한 캐리커처다. 뚱뚱하고 일그러졌으며 툭 튀어나온 짙은 눈썹에 턱이 깊게 파이고 이목구비의 비율이 맞지 않는 얼굴들. 어떤 남자의 얼굴을 보면 카를 테오도르 드레위에르Carl Theodor Dreyer의 <잔 다르크의 수난La Passion de Jeanne d'Arc>(1928)에 나오는 힐난조 재판관들의 딱딱한 얼굴이 떠오르지만, 그 얼굴들은 추악한 얼굴이라기보다는 불길한 얼굴에 가까웠다.

내가 감지하는 것은 랑이 주변 사람들을, 나치즘을, 그러한 이념을 허용한 독일을 혐오했다는 것이다. 그의 다음 영화 <마부제 박사의 유언Das Testament des Dr. Mabuse>(1933)에 나오는 악당들은 틀림없는 나치들이다. 검열 당국은 그 작품의 개봉을 금지했다. 그러나 일설에 따르면 요제프 괴벨스Joseph Goebbels는 나치의 편에 선다면 독일 영화 산업을 좌우할 수 있게 해 주겠다고 랑에게 제안했다. 랑의 주장에 따르면, 그는 심야 열차를 타고 도망쳤다. 패트릭 맥길리건Patrick McGilligan

은 저서 『프리츠 랑: 야수의 본성Fritz Lang: The Nature of the Beast』에서 랑이 내세운 많은 숭고한 주장을 의심스럽게 여기지만 말이다.

<M>은 분명 병든 사회를 그린 초상화다. 1930년대의 베를린을 묘사한 다른 초상화들보다 더 퇴폐적인 것처럼 보이기까지 한다. 영화의 캐릭터들은 미덕이라고는 하나도 갖고 있지 않으며, 심지어는 매력적으로 보이는 악덕조차 결여되어 있다. 우리는 그 시대를 다룬 다른 이야기들에서는 나이트클럽과 샴페인, 섹스, 변태를 본다. 술집을 방문한 <M>은 기름투성이 소시지와 엎질러진 맥주, 썩은 치즈, 더럽혀진 시가 꽁초를 클로즈업으로 보여 준다.

영화의 줄거리는 뒤셀도르프의 연쇄 살인범이 벌인 범죄 행각에서 영감을 받았다. <M>에서 한스 베케르트는 아이들을 범행 대상으로 삼는다. 아이들에게 사탕을 주고 친해진 다음 살해하는 것이다. 살인은 모두 스크린 밖에서 벌어지는데, 랑은 첫 번째 살인을 어린 희생자의 빈 저녁 식기, 아래의 빈 나선형 계단을 향해 미친 듯이 아이를 부르는 어머니, 살인자가 사 준 아이의 풍선이 전깃줄에 걸려 있는 숏들을 포함한 전형적인 몽타주로 제시한다.

살인자의 정체에 따르는 서스펜스는 없다. 우리는 영화 도입부에서 베케르트가 거울 속의 자신을 관찰하는 모습을 본다. 당시 스물여섯 살이던 피터 로리는 통통한 동안에 깔끔하게 면도를 했다. 그는 거울에 비친 자신의 모습을 바라보다가, 다른 사람들이 그에게서 보는 그의 내면에 존재하는 괴물을 보기 위해 양쪽 입 꼬리를 아래로 잡아당기며 섬뜩한 표정을 만들어 내려 애쓴다. 영화는 그의 모습을 직접 보여 주는 것보다는 그의 존재를 암시하는 경우가 더 잦다. 그는 '페르 귄트Peer Gynt'의 곡조를 강박적으로 거듭해서 휘파람으로 불고, 결국 그 멜로디는 살인을 의미하게 된다.

도시는 동요한다. 살인범을 반드시 체포해야 한다. 경찰이 이 사

건에 전체 인력을 투입하면서 범죄를 저지르며 사는 사람들의 생활은 참을 수 없는 지경이 된다("거리에 계집보다 경찰이 더 많다"고 포주는 투덜거린다). 열기를 가라앉히기 위해, 도시의 범죄자들은 살인자를 찾아내기 위해 팀을 이룬다. 랑이 경찰과 범죄자들이 갖는 두 정상 회의 사이를 교차 편집으로 보여 줄 때 두 그룹이 비주얼 면에서 대단히 유사하다는 사실은 인상적이다. 두 모임 모두 음침한 방의 테이블 주위에 앉아 얼굴이 거의 보이지 않는 경우가 간간이 생길 정도로 짙은 담배 연기를 뿜어내고 있다. 두툼한 손가락 때문에 시가들은 똥 덩어리처럼 보인다(범죄자들이 아이를 살해하는 것은 규범에 어긋난 일이라는 점에 동의할 때, 나는 <대부The Godfather>의 정상 회의에서 마약에 대해 논의하는 모습을 떠올렸다).

<M>은 랑의 첫 번째 유성 영화였다. 그러나 그는 대사를 상당히 인색하게 활용할 정도로 영리했다. 초창기의 많은 유성 영화는 잠시도 쉬지 않고 떠들어 대야 한다고 느꼈다. 그러나 랑은 카메라가 쥐의 시점으로 거리와 술집을 배회하도록 한다. 영화에서 아주 스펙터클한 숏 중 하나에서는 완전히 침묵만 흐른다. 체포된 살인자가 지하실로 끌려와 도시 전역에서 모인 범죄자들을 대면하는 장면으로, 여기서 카메라는 그들의 얼굴을 보여 준다. 딱딱하고 냉담하며 자폐적이고 무자비한 얼굴을.

로리가 자신을 옹호하는, 또는 설명하는 유명한 변론을 펼치는 게 바로 이 재판 장면이다. 그는 공포 때문에 땀을 쏟아 내면서 겁에 질린 표정으로 울부짖는다. "나도 어쩔 수 없었소! 내 안에 있는 이 사악한 것을 통제할 수가 없었단 말이오! 불길, 목소리, 고통!" 그는 거리를 걸을 때마다 강박 관념이 자신을 어떻게 따라다녔는지 설명하려다 이렇게 말을 마친다. "나 같은 존재가 되는 게 어떤 기분인지를 누가 알겠소?"

사람들은 늘 이 영화가 로리의 영화 데뷔작이라고 하지만, 맥길리건은 이것이 그의 세 번째 영화임을 증명했다. 그가 이 영화에서 보여 준 연기는 분명 그의 이미지를 영원히 굳어지게 만들었다. 그가 워너 브라더스에 전속된 유명한 성격파 배우 중 한 명으로 긴 할리우드 경력(<카사블랑카Casablanca>, <말타의 매The Maltese Falcon>, <디미트리오스의 가면The Mask of Dimitrios>)을 쌓는 동안에도 그 이미지는 여전했다. 그는 또한 코미디언이자 가무에 능한 인물이었다. 그가 <실크 스타킹Silk Stockings>(1957)에서 프레드 아스테어Fred Astaire의 상대역을 연기하는 모습을 볼 수 있지만, 그의 생계 수단은 사이코패스 연기였다. 그는 1964년에 타계했다.

프리츠 랑은 미국에서 유명한 필름 누아르 감독이 됐다. 그의 크레디트에는 <하나뿐인 목숨You Only Live Once>(보니와 클라이드 이야기에 기초한 1937년 영화), 그레이엄 그린Graham Greene의 원작을 각색한 <공포의 내각Ministry of Fear>(1944), <빅 히트Big Heat>(리 마빈Lee Marvin이 글로리아 그레이엄Gloria Grahame의 얼굴에 뜨거운 커피를 끼얹는 1953년 영화), <도시가 잠든 사이에While the City Sleeps>(또 다른 범인 추적 이야기인 1956년 영화) 등이 포함된다. 그는 연기자들을 가학적으로 다룬다는 비난을 자주 샀다. 그는 로리를 범죄자 소굴로 이어지는 계단 아래로 수십 번 내동댕이쳤다. 피터 보그다노비치Peter Bogdanovich는 랑의 <웨스턴 유니언Western Union>(1941)에서 랜돌프 스콧Randolph Scott이 손목에 묶인 밧줄을 불로 끊으려고 애쓰는 신을 묘사한 적이 있다. 그의 묘사에 따르면, 존 포드John Ford는 영화를 보면서 "저건 랜돌프의 손목이군. 저건 진짜 밧줄이고, 저건 진짜 불이야"라고 말했다.

수십 년간 <M>은 긁힌 자국이 많고 어두침침한 프린트로만 볼 수 있었다. 내가 소장한 초창기 레이저 디스크조차도 화면이 간신히 보일 정도였다. 하지만 뮌헨 필름 아카이브가 복원한 새 버전은 화면도 나아졌을 뿐 아니라, 독일어 대사의 상당 부분을 자막으로 달았기 때문에 줄거리를 따라가기도 쉽다(로리는 영어로도 사운드트랙을 녹음했는데, 이 사운드트랙은 DVD 버전에 옵션으로 포함돼야 마땅하다). <M>의 새 프린트를 보면서 이 영화가 내가 기억했던 것보다 훨씬 더 위력적이라는 사실을 알게 됐다. 예전에 본 영화는 여기저기 빠진 조각이 많은 알쏭달쏭한 영화였기 때문이다.

이 얼마나 매혹적인 영화인가. 영화는 살인자 한스 베케르트에게 동정심을 가지라고 요구하지 않는다. 그 대신 그를 이해하라고 요구한다. 그가 자신을 변론하며 하는 이야기처럼, 그는 자신을 장악한 사악한 충동에서 벗어나거나 충동을 통제하지 못한다. 영화 앞부분에서 살인자로 의심 받는 무고한 노인은 순식간에 그 자리에 형성된 군중으로부터 공격을 받는다. 군중의 한 사람 한 사람은 (베케르트가 그랬던 것과는 달리) 옳고 그름을 분별하면서 각자의 행동을 통제할 수 있었겠지만, 군중을 형성한 그들은 사람을 죽이려는 동일한 충동에 따라 행동한다. 거기 어딘가에 메시지가 있다. 아니, '어딘가'가 아니라 바로 그 장면에 빤히 보인다. 그런 메시지가 나치 검열관들의 시선을 벗어났다는 것은 경이로운 일이다.

2001 스페이스 오디세이

2001: A Space Odyssey

감독	스탠리 큐브릭	
주연	키어 둘레이, 게리 록우드	
제작	1968년	150분

스탠리 큐브릭Stanley Kubrick, 1928~1999이 <2001 스페이스 오디세이>에서 발휘한 천재성은 그가 이 영화에서 대단히 많은 걸 보여 줬다는 데 있는 게 아니라 무척이나 적은 걸 보여 줬다는 데에서 드러난다. 이 영화는 자신감이 넘칠 대로 넘친 까닭에 관객의 관심을 끌겠다는 단순한 의도로 연출한 숏은 단 한 장면도 영화에 포함시키지 않은 예술가가 만든 작품이다. 그는 각각의 장면에 꼭 필요한 본질적인 것들만 남을 때까지 불필요한 것들을 쳐내고 또 쳐냈다. 그러고는 우리가 그 장면에 대해 응시하고 숙고하기에, 그 장면들이 우리의 상상력 속에 둥지를 틀기에 충분할 만큼 오랫동안 그 장면들을 스크린 위에 남겨 두었다. <2001 스페이스 오디세이>는 우리를 흥분시키는 데에는 관심이 없고, 우리의 외경심을 불러일으키는 데에 관심이 있다는 점에서 SF 영화로서는 드문 영화에 속한다.

이 영화가 거둔 효과에서 음악에서 비롯된 효과가 차지하는 비중은 작지 않다. 알렉스 노스Alex North에게 오리지널 스코어 작업을 의뢰한 큐브릭은 영화를 편집하는 동안에는 클래식 음악들을 임시 트랙으로 사용했다. 그런데 그 효과가 무척이나 좋아서 그는 그 음악들을 그대로 영화에 남겼다. 이건 중요한 결정이었다. 현재 음반으로 구매할 수 있는 노스의 스코어는 영화 음악 자체만 놓고 보면 훌륭한 작업이지만, <2001 스페이스 오디세이>에는 어울리지 않는 음악이었을 것이다. 다른 모든 스코어와 비슷하게 액션을 강조하려고, 관객인 우리가 어떤 감정을 품어야 할지를 지시하려고 하기 때문이다. 큐브릭이 선택한 클래식 음악은 액션의 외부에 존재한다. 그 음악들은 액션을 고양하고, 액션을 숭고하게 만들고 싶어 하며, 비주얼에 진지함과 초월성을 불어넣는다.

두 가지 사례를 숙고해 보라. 스페이스 셔틀과 우주 정거장의 도킹 장면에 곁들여진 요한 슈트라우스Johann Strauss의 '아름답고 푸른 도나우 강An der Schönen Blauen Donau'는 느긋하리만치 느린데, 액션도 마찬가지다. 그런 도킹 과정은 (지금 우리가 경험을 통해 알고 있듯) 극도로 조심스러운 상황에서 행해져야 할 것이다. 다른 감독이라면 스페이스 발레가 지나치게 느리다고 판단하고는 스릴 넘치는 음악으로 그 장면을 강조할지 모르는데, 그런 결정은 그릇된 결정이 될 것이다. 이 장면에서 우리는 도킹 과정을 응시하라는, 우주에 서서 그 과정을 차분히 지켜보라는 요구를 받는다. 우리는 그 음악을 안다. 음악은 으레 그래야 하는 방식으로 전개된다. 그리고 별난 논리적 추론에 따라 우주에 떠 있는 장비들은 천천히 움직인다. 그 장비들은 왈츠의 템포를 따르고 있기 때문이다. 동시에 그 음악에는 우리가 이 과정의 장엄함을 느끼게끔 해 주는 고양된 정서가 담겨 있다.

이제 큐브릭이 리하르트 슈트라우스Richard Strauss의 '차라투스트라는 이렇게 말했다Also Sprach Zarathustra'를 활용한 유명한 사례를 숙고

해 보라. 니체가 한 말에서 영감을 받은 이 인상적인 서주序奏는 인류가 신들을 위해 준비해 둔 종種의 반열에 올라섰음을 구체적으로 표방한다. 싸늘하고 섬뜩하며 장려한 음악이다. 영화에서 이 음악은 인간이 우주를 처음으로 의식하는 장면에, 그리고 결말부에서 의식의 최종적인 여정이 스타 차일드로 상징되는 새 단계에 접어들었을 때 등장한다. 클래식 음악이 대중적인 엔터테인먼트와 결합했을 때에는 음악이 평범해지는 결과가 빚어지는 게 보통이다. ('윌리엄 텔 서곡William Tell Overture'을 들으면서 론 레인저를 떠올리지 않을 사람이 있을까?) 큐브릭의 영화는 그가 빚어낸 이미지들과 음악을 결부하는 것으로 음악을 강화했다는 점에서 독보적이다.

나는 1968년에 팬터지스 극장에서 열린 이 영화의 로스앤젤레스 시사회에 참석했었다. 당시 관객들이 품고 있던 기대를 적절하게 묘사하는 건 불가능한 일이다. 큐브릭이 작가 아서 C. 클라크Arthur C. Clarke, 특수 효과 전문가 더글러스 트럼불Douglas Trumbull, 그리고 그가 상상하는 미래의 구체적인 디테일들(우주 정거장의 디자인부터 기업 로고에 이르는 모든 것)에 대해 조언해 주는 컨설턴트들과 협력하면서 이 영화를 몇 년간 비밀리에 작업해 왔다는 것을 관객들은 잘 알고 있었다. 마감 시간이 임박했을 때, 비행飛行을 두려워한 큐브릭은 영국에서 퀸엘리자베스호를 타고 대서양을 건너면서 선상의 편집실을 이용했고, 기차로 미국 횡단 여행을 하는 동안에도 편집 작업을 계속했다. 그 영화가 드디어 관객을 맞을 준비가 되었던 것이다.

이 영화의 첫 시사를 재앙이었다고 묘사하는 건 잘못된 일일 것이다. 영화가 끝났을 때까지 남아 있던 관객 중에는 자신이 지금 역사상 손꼽히는 위대한 영화를 봤다는 걸 아는 이가 많았기 때문이다. 그런데 관객 전원이 남아 있었던 건 아니다. 배우 록 허드슨Rock Hudson은 복도를 뚜벅뚜벅 걸어가면서 대놓고 투덜거렸다. "나한테 이 영화 내용이 뭔지 말해 줄 사람이 있을까?" 상영 도중에 나간 사람이 많았다. 일부는 영화의 느린 속도를 불편해했다(큐브릭은 그 즉시 다른 장면에서 반복되는 것이나 다름없는 포드 시퀀스를 포함해서 17분을 잘라냈다). 영화는 관객들이 기대하는 명확한 내러티브와 편안한 엔터테인먼트 분위기를 제공하지 않았다. 우주 비행사가 불가사의한 과정을 거친 끝에 자신이 목성 너머 어딘가에 있는 침실에 있다는 걸 발견하는 클로징 시퀀스들은 관객들을 당혹스럽게 만들었다. 할리우드가 밤새 내린 판단은 큐브릭이 정상 궤도를 이탈했다는 것, 특수 효과와 세트에 집착한 탓에 제대로 된 영화를 만드는 데 실패했다는 것이었다.

그런데 그가 실제로 해낸 일은 인간이 우주에서 차지하는 위치에 대한 철학적인 주장을 펼친 것이었다. 그러면서 그는 과거의 사람들이 언어나 음악, 기도를 이용해 밝혔던 주장을 이미지를 활용해 펼쳤다. 그리고 우리가 — 잘 만들어진 상투적인 SF 영화를 볼 때 그러는 것처럼 엔터테인먼트로 대리 체험을 하게 만드는 게 아니라, 철학자들이 취할 법한 방법인 영화 외부에 서서 영화를 고민해 보는 방식으로 — 그 주장을 숙고하게끔 우리를 초대하는 방식으로 영화를 만들었다.

영화는 대여섯 부분으로 나뉜다. 첫 부분에서 미스터리한 검정 모노리스와 맞닥뜨린 선사 시대 유인원들은 동물의 뼈를 무기로 사용할 수도 있음을 스스로 터득하고 결국 최초의 도구를 발견한다. 지적인 존재가 만든 것이 분명한 모노리스의 부드러운 인공적인 표면과 직각 모서리들은, 유인원의 뇌가 세계에 존재하는 객체들의 모양을 잡는 데 지능을 활용할 수 있다는 깨달음을 얻게끔 자극했을 것이라고 나는 늘 느껴 왔다.

하늘로 던져진 뼈는 또 다른 무기인, 궤도를 도는 폭탄 플랫폼으로 디졸브 된다(이 장면은 영화 역사상 가장 긴 플래시 포워드로 불린다). 우주 정거장과 달을 향해 가는 길에서 헤이우드 플로이드 박사(윌리엄 실베스터William Sylvester)가 등장한다. 이 섹션은 의도적으로 내러티브를 무시한다. 그의 임무를 우리에게 알려 주는 숨 가쁜 대사는 존재하지 않는다. 대신에 큐브릭은 우주 비행과 관련된 세세한 사항들(선실의 디자인, 기내 서비스의 디테일, 무중력에 따른 효과)을 보여 준다.

그러고는 왈츠와 함께 도킹 시퀀스가 나온다. 나는 안달하던 관객들도 절대적으로 경이로운 비주얼 때문에 한동안은 침묵에 잠길 거라고 생각한다. 우리는 기내에서 친숙한 브랜드 네임들을 본다. 여러 나라에서 온 과학자들이 갖는 수수께끼 같은 컨퍼런스에 참여하고, 비디오 폰과 무중력 화장실 같은 신기한 장치들을 본다.

달 시퀀스(이 영화가 개봉하고 1년 후에 있었던 달 착륙을 담은 실제 비디오처럼 리얼하게 보인다)는 영화의 오프닝 시퀀스의 변주다. 인간은 유인원들이 예전에 그랬듯 모노리스와 맞닥뜨리고 유사한 결론에 이끌린다. 이것은 인공적으로 만들어진 물건인 게 분명하다는 것이다. 최초의 모노리스가 도구의 발견으로 이어졌듯, 두 번째 모노리스는 인간이 만든 가장 정교한 도구의 채택으로 이어진다. 인간이 인공지능을 가진 선상船上 컴퓨터 핼 9000과 협력해서 조종하는 우주선 디스커버리호로 말이다.

디스커버리호의 선상 생활은 운동과 유지 보수 작업, 핼과 두는 체스 같은 길고 따분한 일과로 제시된다. 우주 비행사들이 핼의 프로그래밍이 잘못되었다고 두려워할 때에야 유일하게 일정 수준의 서스펜스가 피어난다. 그들이 부여받은 어려운 임무는 "내게 이 임무는 무척이나 중요하기 때문에 당신들이 그 임무를 위험하게 만드는 걸 용납할 수 없다"고 믿게끔 프로그래밍된 핼을 약간 각성시킨다. 비행사들의 노력은 영화 역사에 남을 위대한 숏 중 하나로 이어진다. 인간들이 스페이스 포드에서 은밀한 대화를 하려 시도하자, 핼은 그들의 입술을 읽는다. 핼이 무슨 일을 하고 있는지를 관객들이 파악할 수 있게끔 이 장면을 편집한 큐브릭의 절제된 스타일은 걸출하다. 그는 이 장면을 명확한 방식으로 연출하지만, 그것을 관객에게 주장하지는 않는다. 그는 관객의 지능을 믿는다.

이후로 유명한 '스타 게이트' 시퀀스가 나온다. 비행사 데이브 보우먼(키어 둘레이Keir Dullea)이 우리가 지금은 웜홀이라고 부를지도 모르는 것을 통해서 설명되지 않는 다른 장소나 차원으로 여행하는 소리와 빛의 여행이다. 여행의 끝은 안락한 침실로, 그는 그곳에서 조용히 음식을 먹고 낮잠을 자고 (내가 상상하기로는) 친숙한 환경에 자리한 동물원 속 동물의 삶을 살면서 늙어 간다. 그러고는 스타 차일드가 등장한다.

모노리스를 남겨 놓고 스타 게이트와 침실을 제공한 외계 종족에 대한 설명은 전혀 등장하지 않는다. <2001 스페이스 오디세이>와 관련해서 떠도는 전설은 큐브릭과 클라크가 그럴싸한 외계인을 창조하려고 애썼지만 실패했다고 주장한다. 그런데 지금의 상태도 나쁘지 않다. 외계 종족은 네거티브 우주negative space에서 더 효과적으로 존재한다. 우리는 실제 형상을 가진 존재에 대해 할 수 있는 일보다는 눈에 보이지 않는 그런 존재에 더 강하게 반응하기 마련이다.

<2001 스페이스 오디세이>는 많은 면에서 무성 영화나 다름없다. 이 영화에 자막 화면으로 처리해도 무방하지 않은 대화는 거의 없다. 대사의 상당 부분은 줄거리와는 그다지 큰 관련 없이, 사람들이 서로에게 말하고 있다는 걸 보여 주기 위해서만 존재한다(우주 정거장에서 갖는 컨퍼런스도 마찬가지다). 아이러니한 것은 가장 큰 감정을 담은 대사가 '목숨'을 살려달라고 간청할 때와 'Daisy(데이지)'를 부를 때처럼 핼에게서 나오는 대사라는 점이다.

이 영화는 본질적으로 비주얼과 음악에서 영화의 효과를 이끌어 낸다. 영화는 사색적이다. 우리의 취향에 영합하지 않으면서 우리에게

영감을 주고 우리를 더 큰 존재로 확장시키고 싶어 한다. 만들어진 지 30년이 넘었지만, 이 영화의 중요한 디테일은 시대에 뒤떨어지지 않았다. 컴퓨터 시대를 맞아 특수 효과가 더욱 다재다능해졌지만, 트럼불의 작업은 완전무결한 설득력을 여전히 유지하고 있다. 이후에 나온 영화들이 구사한 더 정교한 효과들보다 더 큰 설득력을 발휘하는지도 모른다. 줄거리에 등장하는 요소들처럼 보이기보다는 다큐멘터리 화면에 나오는 요소들처럼 더욱 그럴싸해 보이기 때문이다.

음악이나 기도, 또는 보는 이를 왜소하게 만드는 풍경처럼 우리의 마음과 상상력에 영향력을 발휘하는 초월적인 영화는 몇 편 되지 않는다. 대부분의 영화는 마음속에 목표를 설정해 둔 캐릭터들을 다룬다. 그들은 코믹하거나 드라마틱한 어려움들을 극복하고는 목표를 달성한다. <2001 스페이스 오디세이>는 목표에 대한 영화가 아니라, 탐구에 대한, 욕구에 대한 영화다. 영화는 특정한 플롯 포인트에서 그럴싸한 효과들로 우리를 낚으려 들지 않는다. 우리에게 데이브 보우먼이나 다른 캐릭터와 일체감을 느끼라고 요구하지도 않는다. 영화는 우리가 생각하는 법을 배웠을 때 인간이 되었다고 우리에게 말한다. 우리의 정신은 우리가 사는 곳과 우리가 누구인지를 이해하는 도구들을 우리에게 건네 왔다. 이제는 다음 단계로 이동할 시간이다. 우리가 행성에서 사는 게 아니라 별들 가운데에서 산다는 걸 알기 위해, 우리가 살덩어리에 불과한 게 아니라 지능을 가진 존재라는 걸 알기 위해.

400번의 구타
Les Quatre Cents Coups

감독	프랑수아 트뤼포	
주연	장피에르 레오, 알베르 레미, 클레르 모리에	
제작	1959년	99분

> 나는 영화가 영화 만들기의 기쁨 아니면 영화 만들기의 고통을 표현할 것을 요구한다. 나는 그 중간에 있는 것은 무엇이건 전혀 흥미가 생기지 않는다. — **트뤼포**

프랑수아 트뤼포François Truffaut, 1932~1984의 <400번의 구타>는 여태까지 만들어진 청소년을 다룬 영화들 중에서 아주 강렬하고 감동적인 영화에 속한다. 트뤼포 자신의 어렸을 때 삶에서 영감을 받은 영화는 파리에서 자라면서 범죄자의 삶을 향해 무턱대고 질주하는 게 분명해 보이는 머리 잘 굴리는 어린 소년을 보여 준다. 어른들은 그를 말썽장이로 간주한다. 우리는 그가 자기 침실에 있는 오노레 드 발자크Honoré de Balzac에게 바치는 작은 제단祭壇에 촛불을 켤 때처럼 그의 개인적인 순간 중 일부를 함께해도 좋다는 허락을 받는다. 정지 화면으로 줌 인 해 들어가는 영화의 유명한 마지막 숏은 카메라를 똑바로 쳐다보는 그의 모습을 보여 준다. 방금 전에 소년원에서 도망 나와 바닷가에 온 그는 물과 물 사이에, 과거와 미래 사이에 붙잡혀 있다. 그가 바다를 본 건 이번이 처음이다.

장피에르 레오Jean-Pierre Léaud가 주인공 앙투안 두아넬을 연기한다. 진지하면서도 초연한 분위기를 풍기는 레오는 영화가 시작되기 오래 전에 받은 분명치 않은 정신적 상처 때문에 고생해 온 것처럼 보인다. 이 영화는 레오와 트뤼포 감독의 장기간에 걸친 협력 작업의 막을 연 첫 작품이다. 두 사람은 단편 <앙투안과 콜레트Antoine et Collette>(1962), 장편 <도둑맞은 키스Baisers Volés>(1968)와 <부부의 거처Domicile Conjugal>(1970), <사랑의 도피L'Amour en Fuite>(1979)에서 앙투안 캐릭터에게 돌아왔다.

나중에 만든 영화들은 각각 나름의 장점이 있고 <도둑맞은 키스>는 트뤼포의 최고작에 속하지만, 꾸밈없는 감정이 풍부하게 담긴 <400번의 구타>는 걸작의 반열에 오른 작품이다. 이 영화는 트뤼포의 첫 장편이자 프랑스 누벨바그의 초석을 다진 영화에 속한다. 우리는 이 영화가 트뤼포의 마음에서 곧장 우러나온 작품이라는 걸 감지한다. 영화는 앙드레 바쟁André Bazin에게 헌정되었다. 프랑스의 영향력 있는 영화 평론가인 그는 청년 트뤼포가 영화감독의 인생과 말썽꾼의 인생 사이에 서 있는 듯 보이던 시기에 아버지 없던 트뤼포를 품에 거둔 인물이다.

이 영화에는 어떤 효과를 얻으려고 삽입된 요소가 거의 없다. 모든 요소가 마지막 숏의 임팩트에 덧붙는다. 우리는 10대에 들어선 지 얼마 안 된 앙투안을 만난다. 그는 어머니와 의붓아버지와 함께 엘리베이터 없는 복작대는 아파트에 사는데, 이 아파트 주민들은 복도와 계단을 가려면 늘 다른 주민 옆을 비집고 지나가야만 하는 것처럼 보인다. 어머니(클레르 모리에Claire Maurier)는 몸에 딱 붙은 스웨터를 좋아하는

금발 여인으로 가난 때문에, 성가신 아들 때문에, 직장 동료와 벌이는 불륜 때문에 심란하다. 의붓아버지(알베르 레미Albert Rémy)는 앙투안을 향한 애정이 그리 깊지는 않지만, 친하고 편안하게 소년과 사귀면서 친숙한 방식으로 소년을 대할 정도로 좋은 사람이다. 부모 모두 집을 비우는 시간이 많다. 게다가 부모 중 어느 쪽도 소년에게 면밀한 관심을 기울일 정도의 인내심이 없다. 그들은 소년을 외모에 따라, 그리고 소년을 오해하는 다른 이들이 내놓는 의견에 따라 판단한다.

학교에서는 담임 선생님(기 드콩블Guy Decomble)이 앙투안을 말썽 꾼으로 찍는다. 앙투안은 운이 좋지 않다. 선생님이 아이들 손을 거쳐 다니던 핀업 캘린더 사진을 발견한 순간은 그의 손에 사진이 들려 있을 때다. 교실 구석에 서 있으라는 벌을 받은 그는 급우들을 향해 얼굴을 찌푸리고는 벽에다 불평을 긁적인다. 선생님은 성가신 문장들을 도표로 그리라는 벌을 준다. 숙제를 하는 그는 방해를 받는다. 그는 숙제를 하지 않고 학교로 돌아가는 대신에 학교를 빼먹는다. 그가 내놓는 변명은 아팠다는 것이다. 다음번에 결석한 후에는 어머니가 돌아가셨다고 말한다. 어머니가 멀쩡한 모습으로 격분해서 학교에 찾아오자 그는 거짓말쟁이로 찍힌다.

하지만 우리는 자신의 일상을 기록한 연대기로 프랑스가 프랑스라는 관념을 창조하는 데 도움을 준 발자크의 작품에 깊이 빠져든 앙투안이 발자크에게 바치는 제단을 침실 벽감에 설치한 것을 본다. 그는 발자크를 사랑한다. 정말로 엄청나게 사랑하기 때문에 살아오면서 겪었던 중요했던 순간에 대한 에세이를 쓰라는 과제를 받자 '할아버지의 타계'에 대한 글을 끝맺는 문장으로 자신의 기억에 터를 잡은 발자크의 문장을 써넣기까지 한다. 그런데 선생님은 이것을 오마주가 아닌 표절로 간주하고, 그러면서 더 많은 말썽이, 결국에는 밑바닥으로 추락하는 소용돌이가 이어진다. 그와 친구는 타자기를 훔치고, 그는 타자기를 다시 갖다 놓으려다 붙잡혀 소년원에 가게 된다.

영화에서 가슴에 사무치는 순간들은, 그가 부모에 의해 세상으로 떠밀려 나가면서 사회복지 사업의 자비에 의존하는 모습을 보여 준다. 부모는 관계 당국과 논의하면서 서글픈 목소리로 그를 가망이 없는 아이라고 말한다("집에 오더라도 다시 가출하기만 할 겁니다"). 그러면서 그는 경찰서에 구금되고, 유치장에 갇히고, 창녀들과 절도범들과 함께 경찰 호송차에 태워진다. 파리의 어두운 거리를 달리는 동안, 그의 얼굴은 디킨스 소설의 젊은 주인공처럼 창살 사이로 바깥세상을 응시한다. 쌀쌀한 계절에 파리에서 흑백으로 촬영한 영화의 다른 순간에도 그는 비슷한 감정을 표현한다. 앙투안은 늘 바람을 막으려고 재킷 옷깃을 세우고 있다.

트뤼포의 영화는 비장한 만가挽歌나 철저한 비극이 아니다. 영화에는 재미있고 즐거운 순간들이 있다(제목은 '소동을 일으키다'라는 뜻의 관용적 표현이다). 거리 위에서 거리를 내려다보고 찍은 어느 소중한 시퀀스에서 체육 교사는 소년들을 이끌고 파리 길거리로 조깅을 나간다. 학생들은 둘씩 짝을 이뤄 대열에서 도망가고, 결국 교사는 두세 명의 학생만 남은 행렬의 선두에 서게 된다[이것은 장 비고Jean Vigo의 <품행 제로Zéro de Conduite>(1933)에 바치는 오마주다]. 영화에서 가장 행복한 순간은 앙투안이 저지른 멍청한 실수 중 하나가 나온 직후에 찾아온다. 그는 발자크를 위해 촛불을 켜는데, 그 때문에 작은 마분지 제단이 불길에 휩싸인다. 부모들은 불은 끈다. 그들의 분노는 용서로 이어지고, 결국 가족 전체가 영화를 보러갔다가 깔깔거리고 웃으며 집에 돌아온다.

<400번의 구타>에는 영화를 보러 가는 장면이, 앙투안이 진지한 얼굴로 스크린을 바라보는 장면이 많다. 어린 트뤼포 자신이 가능할 때면 언제든 영화로 탈출했었다는 것을 우리는 안다. 영화에는 그가 커

리어의 말년에 인용했던 숏이 등장한다. 친구와 영화를 보고 나오던 앙투안은 로비에 붙은 스타의 사진을 훔친다. 트뤼포 자신이 영화감독으로 출연한 <아메리카의 밤La Nuit Americaine>(1973)에는 그가 연기하는 캐릭터가 소년일 때 극장 앞에서 <시민 케인Citizen Kane>의 스틸 사진을 낚아채 어두운 거리를 도망가는 플래시백이 등장한다.

영화가 프랑수아 트뤼포의 인생을 구해 냈다는 말을 그는 하고 또 했다. 영화는 비행 학생을 사로잡고는 사랑할 대상을 제공했다. 바쟁의 격려를 받은 그는 평론가가 되었다가 자신의 스물일곱 번째 생일에 이 영화를 만들었다. 누벨바그가 고전 영화와 현대 영화를 가르는 분기점이라면(그렇다고 생각하는 이가 많다), 트뤼포는 현대 감독들 중 가장 사랑받는 ─ 영화 만들기를 향한 가장 심오하고 풍부한 사랑이 작품들에 메아리치는 ─ 감독일 것이다. 그는 구닥다리가 된 효과들을 되살리는 걸 좋아했고[<와일드 차일드L'Enfant Sauvage>(1969)의 아이리스 숏, 그의 작품 중 다수에 활용된 내레이션], 그런 효과들에 경의를 표했다. <비련의 신부La Mariée Était en Noir>(1967)와 <미시시피의 인어La Sirène du Mississipi>(1969)는 그의 영웅인 앨프리드 히치콕Alfred Hitchcock에게 많은 걸 빚진 작품들이다.

트뤼포는 52세라는 이른 나이에 뇌종양으로 숨졌다. 그러나 그는 단편과 시나리오를 제외하고도 스물한 편의 영화를 남겼다. 그의 <포켓머니L'Argent de Poche>(1976)는 교실이라는 세계를 선명하게 기억하는 작품으로, 앙투안보다 어린 학생들에게 돌아가 벽에 걸린 시계가 수업 종료 벨이 울릴 시점까지 느릿느릿 향할 때 조성되는 참기 힘든 긴장감을 회상한다. 그는 1년에 영화 한 편씩을 연출하는 동안에도 다른 영화와 감독들에 대한 글을 쓰고, 히치콕과 그의 연출작 한 편 한 편에 대해, 이제는 고전이 된 책 한 권 분량의 인터뷰를 할 시간을 냈다.

그의 신기하고 매혹적인 영화 중 한 편이 <녹색 방La Chambre

Verte>(1978)이다. 헨리 제임스Henry James의 소설『죽은 이들을 위한 제단The Altar of the Dead』이 원작으로, 세상을 떠난 사랑하던 이들을 기억하려는 열정을 공유하는 한 남자와 한 여자에 대한 이야기다. <녹색방>이 트뤼포의 최고작일 거라고 생각하는 조너선 로젠바움Jonathan Rosenbaum은 이 작품이 트뤼포가 '작가 이론'에 바치는 오마주일 거라 생각한다고 내게 말했다. 바쟁과 제자들(트뤼포, 고다르Jean-Luc Godard, 르네Alain Resnais, 샤브롤Claude Chabrol, 로메르Éric Rohmer, 말Louis Malle)에 의해 창안된 그 이론은 — 스튜디오도, 시나리오 작가도, 스타도, 장르도 아닌 — 감독이야말로 영화의 진정한 작가라고 선언했다. 녹색 방의 등장인물들이 과거의 위대한 감독들을 상징한다면, 지금쯤 거기에는 트뤼포에게 바쳐진 제단이 있을 것이다. 그는 앙투안 두아넬이 그 앞에 촛불을 켠다는 생각을 좋아할 것이다.

7인의 사무라이
七人の侍

감독	구로사와 아키라	
주연	미후네 도시로, 시무라 다카시	
제작	1954년	205분

구로사와 아키라黒澤明, 1910~1998의 <7인의 사무라이>는 영화 자체로도 걸작이지만, 20세기의 남은 세월 동안 유장하게 흐를 장르의 시원이기도 하다. 평론가 마이클 젝Michael Jeck은 이 영화가 임무 수행을 위해 팀을 결성하는 내용을 다룬 최초의 영화라고 밝혔다. <7인의 사무라이>의 바탕이 된 아이디어는 이 영화를 할리우드에서 리메이크한 <황야의 7인The Magnificent Seven>뿐 아니라 <나바론 요새The Guns of Navarone>, <더티 더즌The Dirty Dozen> 등 이후로 만들어진 무수한 전쟁 영화와 강도 영화, 범죄 영화를 탄생시켰다. 구로사와 아키라의 사무라이 모험 영화 <요짐보用心棒>(1960)는 <황야의 무법자A Fistful of Dollars>로 리메이크되면서 사실상 스파게티 웨스턴 장르를 창조했고, <숨은 요새의 세 악인隱し砦の三惡人>(1958)은 조지 루카스George Lucas의 <스타워즈Star Wars> 시리즈에 영감을 줬다. 그래서 이 위대한 영화감독이 이후 50년간 액션 히어로들에게 일자리를 제공했다고 주장하는 것도 가능하다.

그의 주된 의도와는 무관한 일이었지만 말이다.

구로사와가 <7인의 사무라이>를 만든 목적은 유서 깊은 일본 문화에 탄탄하게 뿌리를 박고 있는 사무라이 영화를 만드는 것, 그러면서도 융통성이라고는 없는 전통이 버티고 선 자리에 융통성 있는 휴머니즘을 위한 자리를 마련하는 것이었다. <7인의 사무라이>에 담긴 핵심적인 주제 중 하나는, 사무라이와 그들을 고용한 마을 사람들은 사회적으로 다른 계급에 속한 사람들이자 결코 섞여서는 안 되는 사람들이라는 것이다. 실제로 우리는 마을 사람들이 초기에는 사무라이들에게 적대적이었음을 알게 된다. 그중 한 명은 상황이 끝난 뒤에도 사무라이가 자신의 딸을 데리고 달아날 거라고 신경질적으로 두려워한다. 그럼에도 도적들은 사무라이들보다 더 위협적인 존재들이다. 그래서 마을 사람들은 사무라이들을 고용하지만, 사무라이가 그들에게 가진 효용 가치와 그들에게 느껴지는 불쾌함의 크기는 엇비슷하다.

사무라이들은 왜 이 일을 맡을까? 그들은 어째서 날마다 제공되는 한 움큼의 쌀을 위해 목숨을 거는 걸까? 그게 사무라이가 하는 일이고 사무라이의 본질이기 때문이다. 마을 사람들이나 사무라이들이나 사회가 그들에게 부여한 역할에 묶여 있는 신세다. 노엘 버치Noel Burch는 일본 영화를 다룬 연구서『멀리 떨어져 있는 관찰자에게To the Distant Observer』에서 이런 견해를 피력한다. "복잡한 사회적 의무를 수행하는 과정을 피학적일 정도로 감내하는 것이 일본 문화의 본질적 속성이다." 상황을 감내해야 하는 것은 사무라이들만이 아니다. 마을의 방어 태세가 잘 갖춰져 있다는 게 명백한데도, 심각한 손실을 입고 있으면서도, 방비가 허술한 마을들이 가까운 곳에 있는 게 분명한데도 계속 습격을 가하는 도적 떼도 마찬가지다. 도적들은 그리스 비극의 캐릭터들처럼 자신에게 부여된 역할을 수행한다.

영화의 중요한 서브플롯 두 개는 사회적 관습을 향한 반항을 다룬다. 미후네 도시로三船敏郎가 천방지축에다 허풍이 센 인물로 연기하는 활기찬 사무라이 기쿠치요는 사무라이 가문에서 태어난 사람이 아니라 사무라이가 되려고 사회적으로 부여된 계급을 뛰어넘은 인물이다. 그리고 사무라이 가쓰시로(기무라 이사오木村功)와 마을 처자(아이러니하게도 걱정이 깊은 바로 그 농민의 딸) 사이의 금지된 로맨스가 있다. 그들은 서로를 사랑하지만 농민의 딸이 로닌浪人*과 결혼하는 건 꿈도 꾸지 못할 일이다. 그러나 최후의 결투가 벌어지기 전날 밤에 그들이 함께 있는 모습을 본 마을 사람들은 "젊은 사람들을 이해"하자고 주장하면서 두 사람의 로맨스를 허용하자고 탄원한다. 이러한 탄원은 현대의 관객을 위해 설정된 것으로, 영화의 배경인 1600년대에 그 주장에 그만큼 큰 무게가 실렸을 성 싶지는 않다.

서구 관객 대부분은 구로사와를 가장 위대한 일본 감독이라고 생각한다(그의 동포인 일본의 평론가들은 그가 지나치게 서구적이라며 콧방귀를 뀐다). <7인의 사무라이>는 그의 영화 인생에서 거대한 분수령에 해당한다. 그의 초기작 대부분은 팀워크와 팀원들 사이의 조화, 어울림, 체제 순응 같은 일본적인 미덕을 지지하고 있다는 게 젝의 의견이다. 반면에 그의 모든 후기작은 부적응자, 체제 비판자, 반항아 들을 다루고 있다. 걸작 <이키루生きる>(1952)에서 그 전환점을 볼 수 있다. <이키루>에서, 의미 없는 업무를 기계처럼 반복해서 수행하며 하루하루를 보내던 공무원은 죽음을 맞게 되자 속박에서 벗어나 의미 있는 일을 적어도 한 가지는 이루기로 결심한다.

<이키루>에서 공무원을 연기한 시무라 다카시志村喬가 믿기 어렵게도 7인의 사무라이의 리더인 간베를 연기한다. 1952년 영화에서는 늙고 쇠약한 듯 보였던 시무라는 이 영화에서는 산전수전 다 겪은 강

* 모시는 영주가 없는 사무라이

인한 사람처럼 보인다. 구로사와는 오랫동안 함께 일했던 사람들에게 충직했고, 그가 18년간 만든 모든 영화에서 시무라나 미후네, 또는 두 사람 모두를 자주 활용했다.

<7인의 사무라이>에서 두 배우는 필수적인 존재들이다. 시무라가 연기하는 간베는 베테랑 전사다. 영화 도입부에서 간베는 인질이 잡혀 있는 저택에 들어가려고 승려로 가장하기 위해 머리를 민다. (주인공이 영화의 뒷부분에 등장하는 플롯과는 아무런 관련도 없는 위험천만한 상황으로 뛰어드는 장면을 오프닝 시퀀스에 등장시키는 액션 영화의 오랜 전통을 이 장면이 만들어 냈던 걸까?) 그는 이 장면 이후로 영화 내내 난처한 상황에 처하면 머리카락이 뻣뻣하게 자란 머리를 정신 사납게 문질러 댄다. 그는 차분하고 현명한 리더이며, 훌륭한 전략가다. 우리가 영화에서 벌어지는 전투를 부분적으로나마 따라갈 수 있는 건 그가 (그리고 구로사와가) 우리를 위해 지도를 통해 전투를 상세히 보여 주기 때문이다. 그는 우리를 데리고 마을의 방어 태세를 살피고 돌아다니면서 도적 40명이 하나둘씩 제거될 때마다 남아 있는 도적의 수를 계속 센다.

미후네가 연기하는 기쿠치요는 열등감을 이겨 내려고 오버하는 인물이다. 다른 사람들보다 긴 칼을 차고 도착한 그는 그 칼을 소총수처럼 어깨에 메고는 건방을 떨며 돌아다닌다. 충동적이고 용감하며 허세를 부리는 그의 주위에 그를 따라다니는 마을 아이들로 구성된 팬클럽이 생긴다. 운동 신경이 뛰어났던 미후네는 영화에 등장하는 어려운 점프와 스턴트 일부를 직접 해냈다. 하지만 그가 연기하는 캐릭터의 승마 실력은 가망이 없는 듯 보인다(기쿠치요는 농민의 아들이라 젊었을 때 승마를 배울 기회가 없었을 것이다). 기쿠치요가 천방지축인 마을의 말을 다룰 능력이 없다는 사실을 보여 주는 재미난 장면이 있다. 장벽 뒤로 함께 모습을 감췄던 말과 기쿠치요가 잠시 후에는 장벽 뒤에서

따로따로 나타나는 유쾌한 장면이 있다.

영화는 중간에 휴식 시간이 있을 정도로 길다(207분). 하지만 줄거리가 대단히 명확하고, 캐릭터들의 성격이 뚜렷하며, 액션 장면의 스릴이 압도적이라서 영화는 쏜살같이 전개된다. 구로사와보다 액션을 잘 찍을 수 있는 사람은 없다. 그의 트레이드마크 중 하나는 높은 곳에서 낮은 곳으로 몰려 내려가는 사람들의 물결을 활용하는 것이다. 그는 액션 장면을 별도의 숏으로 나눠 편집하는 대신, 카메라가 액션의 쇄도와 흐름을 따라다니는 식으로 고안한 숏들을 무척 좋아했다. 오슨 웰스Orson Welles는 <7인의 사무라이> 후반부에 등장하는 일부 전투 신에서 클로즈업을 활용한 기법을 주목했던 것 같다. 그는 <심야의 종소리Chimes at Midnight>에서 구로사와의 스타일로 말, 사람들의 다리, 칼 등이 뒤엉키는 데 카메라를 심어 엑스트라 수가 부족하다는 걸 감췄다.

<7인의 사무라이>를 거듭해서 보면 비주얼 패턴이 드러난다. 예를 들어 도적들과 벌이는 첫 전투의 끝을 장식하는 두 시퀀스의 아이러니를 주목하라. 첫 장면에서 도적들이 몰려온다는 소식을 들은 마을 사람들은 공포에 질려 사방으로 날뛴다. 간베는 사무라이에게 사람들을 진정시키라고 명령한다. 명령을 받은 로닌은 마을 사람들을 은신처로 몰아가려고 이 무리로 달려갔다 저 무리로 뛰어간다(마을 사람들은 개별적으로 돌아다니지 않고 늘 무리를 이뤄 도망 다닌다). 나중에 도적들을 물리친 후 부상당한 도적 한 명이 마을 광장에 떨어져 있다. 이제 마을 사람들은 뒤늦게 용기를 내서 그를 죽이려고 돌진한다. 사무라이는 이번에는 허둥지둥 달려와 사람들을 뒤로 밀어낸다. 이런 식의 거울에 비친 것 같은 장면들을 영화 내내 찾아볼 수 있다.

빼어난 화면 구도를 잡아내려는 구로사와의 본능이 느껴지는 장면도 있다. 구로사와는 전경과 중경, 후경에서 벌어지는 액션을 동시에 따라가려고 딥 포커스를 꾸준히 활용한다. 장애물을 활용해 거리감을

부여하는 경우도 잦다. 전경에 있는 사무라이가 건물의 널조각을 통해 밖을 살피면서 텅 빈 공터 너머에 있는 방어용 목책의 널조각을 통해 안쪽을 들여다보는 도둑들의 모습을 응시하는 숏을 주목하라. 구로사와의 움직이는 카메라는 장면들을 비교시키려고 컷을 회피하는 경우가 잦다. 그가 클로즈업으로 대사를 잡기 시작했다가 방이나 공터를 가로지른 후 대화의 상대가 되는 다른 캐릭터의 클로즈업으로 장면을 끝낼 때가 그런 경우다.

<7인의 사무라이>에서는 많은 캐릭터가 죽음을 맞는다. 하지만 영화가 주장하려는 바는 폭력과 액션이 아니다. 영화가 더 중요하게 다루는 것은 사회적 의무와 역할이다. 마지막 전투가 끝났을 때 일곱 명의 사무라이 중 네 명이 목숨을 잃는다. 그럼에도 그들은 불평을 늘어놓지 않는다. 그것이 사무라이의 운명이기 때문이다. 도적들이 사라지자 마을 사람들은 사무라이들이 근처에서 어슬렁거리는 걸 원치 않는다. 무장한 사내들은 질서를 위협하기 때문이다. 그것이 사회의 본성이다. 마을 처자와 사랑에 빠진 사무라이는 마지막 숏들의 구도에서 중요하게 활용된다. 처음에는 그가 동료들과 함께 있는 게 보인다. 그런 다음에 그는 아가씨와 함께 있다. 그런 다음에는 사무라이와 함께 있지 않은 중립적인 장소에 있다. 하지만 어찌 됐든 그는 사무라이의 일원이다. 여기서 우리는 두 장르가 전쟁을 벌이는 걸 볼 수 있다. 사무라이 영화, 그리고 구로사와가 꽤나 친숙하게 여겼던 웨스턴. 주인공은 여자를 얻어야 마땅할까? 1954년의 일본 관객은 아니라고 대답했을 것이다. 구로사와는 개인은 사회의 도구가 되어야 마땅하다는 의견에 맞서 목소리를 높이면서 이후 40년을 보냈다.

8과 1/2	감독	페데리코 펠리니	
8 1/2	주연	마르첼로 마스트로야니, 클라우디아 카르디날레	
	제작	1963년	138분

페데리코 펠리니Federico Fellini, 1920~1993 감독이 개인적인 판타지를 좇으려고 리얼리즘을 저버리는 실수를 했다는 게 일반적인 통념이다. 펠리니는 <달콤한 인생La Dolce Vita>(1960)을 만든 이후 프로이트주의와 기독교, 섹슈얼하고 자전적인 내용이 무성한 정글 속을 거침없이 뛰어다니기 시작했다. 일반적인 통념을 신봉하는 이들은 <길La Strada>(1954)에서 보여 준 세밀한 관찰력이 펠리니 영화 경력의 정점이었으며, 이후로 펠리니는 네오리얼리즘의 뿌리를 폐기해 버렸다고 주장한다. 그들의 주장에 따르면, <달콤한 인생>은 상당히 못 만든 영화이고, <8과 1/2>은 더 안 좋은 작품이며, <영혼의 줄리에타Giulietta degli Spiriti>(1965)를 만들 무렵의 펠리니는 완전히 궤도에서 이탈한 상태였다. 펠리니의 유년기 기억을 담은 <아마코드Amarcord>(1974)를 제외하면, 1987년까지 이어진 펠리니의 영화 경력은 계속 내리막길을 걸었다는 주장이다. 그런데 <아마코드>는 대단히 매력적인 영화라서 일반적

인 통념을 주장하는 사람들도 두 손 들고 영화를 즐길 수밖에 없을 것이다.

이런 상투적인 견해는 완전히 그릇된 것이다. 흔히들 생각하는 '펠리니 스타일Felliniesque'은 <달콤한 인생>과 <8과 1/2>에서 만개했다. <아마코드>를 제외한 후기작이 그리 훌륭한 편은 못되고, 몇 편은 상당히 안 좋기까지 하지만, 장인匠人의 낙관은 그 영화들에도 틀림없이 찍혀 있다. 경이롭게 여겨지는 초기작들을 보면, 펠리니 특유의 매력 사이사이로 네오리얼리즘에 대한 의무감의 흔적과 약간의 부담감이 드러난다.

평론가 앨런 스톤Alan Stone은 『보스턴 리뷰Boston Review』에 기고한 글에서 "관념보다 이미지를 강조하는 펠리니의 스타일리스틱한 경향"에 유감을 표명했다. 내 입장은 그와 반대로 그런 경향을 찬양하는 쪽이다. 이미지보다 관념을 선호하는 영화감독은 결코 2류 수준을 벗어나지 못한다. 그런 감독은 영화 예술의 본질과 맞서 싸우고 있기 때문이다. 활자는 관념을 위한 이상적인 매체다. 반면 영화는 이미지를 위한 매체다. 숱한 연상을 자유로이 불러일으키면서도 편협한 목적을 위해 사용되지 않는 이미지야말로 최고의 이미지라 할 수 있다. 다음은 스톤이 <8과 1/2>의 복잡성에 대해 쓴 글이다. "<8과 1/2>을 보고서 자신이 본 영화가 어떤 것이었는지 확신할 수 있는 사람은 없을 것이다." 맞는 말이다. 그런데 위대한 영화 모두가 그렇다는 사실을 알아야 한다. 반면 천박한 영화를 본 관객은 자신이 본 영화가 어떤 것이었는지 확실하게 알 수 있다. (로버트 올트먼Robert Altman 감독이 내게 했던 말이 있다. "나를 제일 낙담시키는 일은 내 영화를 한 번만 본 사람이 내 영화를 봤다면서 무슨 말을 하려는 영화인지 알겠다고 말하는 겁니다.")

<8과 1/2>은 영화 제작을 소재로 만든 영화들 중 최고작이다. 영화는 영화감독인 주인공 귀도(마르첼로 마스트로야니Marcello

Mastroianni)의 시점으로 전개된다. 귀도 캐릭터는 펠리니 자신을 지칭하려는 의도가 뚜렷하다. 영화는 질식할 것 같은 악몽과 귀도가 하늘에 둥둥 떠 있는 인상적인 이미지로 시작된다. 밧줄에 묶인 귀도를 땅으로 끌어당기는 귀도의 동료는 차기작 제작 계획을 짜라며 귀도를 못살게 군다. 영화 대부분의 배경은 로마 인근의 온천이다. 귀도가 흥미를 잃은 차기작인 SF 서사 영화를 위한 거대한 세트가 온천 근처에 지어져 있다.

영화는 리얼리티와 판타지 사이를 오간다. 현실 세계에서 벌어진 일이 무엇이고 귀도의 머릿속에서만 벌어지는 일이 무엇인지 구분하는 게 불가능하다고 투덜대는 평론가들도 있지만, 나는 그걸 조금도 어려운 일로 느끼지 않는다. 귀도가 불편한 현실로부터 안락한 꿈의 세계로 도피하는 순간에는 명확한 전환점이 있다. 귀도가 꾸는 꿈의 세계는 가끔은 순수한 창작물이다. 귀도가 아내, 정부情婦, 동침만 하고 싶던 여인 등 평생 꿈꿔 온 여인들로 가득 찬 하렘을 통치하는 장면이 그렇다. 다른 장면에서는 상상을 통해 왜곡된 실제 기억들이 등장한다. 해변에서 학교 친구들과 어울린 어린 귀도가 창녀 사라기나에게 추파를 던지는 장면을 예로 들어 보자. 어린 소년의 기억에 남아 있는 그녀의 모습은 남자들을 압도하는 거구의 관능적인 여인이다. 귀도가 가톨릭 학교의 사제에게 벌을 받는 장면에는 당시 이탈리아에서 순결의 상징이던 도미니코 사비오Dominico Savio의 거대한 초상화가 벽을 가득 채우고 있다. 현실 세계에 존재한다고 보기에는 지나치게 거대한 초상화는 젊은 성인聖人의 굳은 의지를 갖지 못했다는 귀도의 죄책감을 반영한 것이다.

펠리니가 만든 영화 중에서 구조가 가장 촘촘한 영화인 <8과 1/2> 속으로 이미지(현실 세계의 이미지, 기억 속의 이미지, 만들어 낸 이미지)들이 쏟아져 들어온다. 시나리오의 구성은 대단히 섬세하다. 차기작으로 만들고 싶은 영화에 대한 아이디어가 전혀 떠오르지 않는 감독의 혼란스런 이야기란 점에서, <8과 1/2>은 아무 생각 없는 영화감독이 마구잡이로 휘둘러 대는 에피소드들을 모아 놓은 작품으로 묘사되기도 한다. 인터넷에서 활동하는 어느 평론가는 이렇게 물었다. "세상에서 가장 존경받는 영화감독이 아이디어가 완전히 고갈되었다. 흔히 겪는 상황하고는 판이한 상황에 처한 감독이 실제로 영화를 만들 수 없게 된 자신에 대한 영화를 만든다면 무슨 일이 벌어지겠는가?" 하지만 <8과 1/2>은 아이디어가 고갈된 감독이 만든 영화가 아니다. 폭발해 버릴 것 같은 창조적 영감으로 가득한 영화다. 귀도는 영화를 만들지 못하는 상태지만, 펠리니에게 자신에 대한 영화를 만들 능력이 있다는 건 명백하다.

마스트로야니가 현실 도피와 거짓말, 육체적 욕망에 지쳐 버린 남자 귀도를 연기한다. 그는 세련되고 이지적인 아내(아누크 에메Anouk Aimée)를 사랑하지만, 부부는 자신들의 생각을 상대방에게 전하지 못한다. 천박하지만 관능적인 애인(산드라 밀로Sandra Milo)은 귀도의 취향은 아니지만 성욕만큼은 부채질한다. 연애 생활 관리에 서투른 귀도는 아내와 애인이 동시에 온천에 나타나게 만든다. 툭하면 짜증을 내는 제작자와 잔소리 심한 시나리오 작가, 자신들이 맡을 배역이 있기를 바라거나 있다고 믿는 골치 아픈 배우들도 온천에 찾아온다. 귀도는 한순간도 편치가 않다. 영화 후반부에서 귀도는 속삭이다. "행복이란, 누구에게도 상처를 주지 않으면서 진실을 말할 수 있는 능력으로 이뤄져 있어." 귀도의 시나리오 작가는 그런 재능을 터득하지 못했다. 그는 귀도의 영화가 "의미가 전혀 없는 에피소드의 연속"이며 "아방가르드 영화의 결점은 모두 갖고 있지만 장점은 하나도 갖고 있지 않다"고 말한다. 귀도는 조언을 듣고 싶어 한다. 고개를 설레설레 젓는 늙은 성직자는 귀도가 어렸을 때 느낀 죄책감을 떠올리게 만든다. 마르크스주의자인 시나리오 작가는 귀도의 작품을 대놓고 경멸한다. 의사들은 광천

수를 마시면서 충분한 휴식을 취하라고 충고한다. 제작자는 빨리 시나리오를 고치라고 애걸한다. 거대한 세트를 짓느라 돈을 쏟아 부은 제작자는 어떻게든 세트를 활용해야 한다고 주장한다. 가끔씩 귀도는 이상형으로 여기는 여인을 본다. 클라우디아 카르디날레Claudia Cardinale로 상징되는 그 여성은 멋있다. 남자들을 위로한다. 아름답고 차분하면서도 비판은 가하지 않는, 모든 대답을 갖고 있지만 질문은 전혀 하지 않는 존재다. 그런 그녀가 실제로 눈앞에 나타났을 때, 그가 품었던 환상은 실망으로 바뀌지만(그녀 역시 다른 배우들처럼 구제 불능이다), 그의 마음은 그녀를 뮤즈로 둔갑시킨 후 그녀가 보내는 가상의 성원에서 위안을 얻는다.

펠리니의 카메라는 한없이 유쾌하다. 배우들이 단순히 걸음을 뗄 때는 것이 아니라 춤을 추는 것처럼 보이는 장면이 자주 등장한다. 나는 <사티리콘Satyricon>(1969)의 촬영장을 방문한 적이 있다. 촬영할 때마다 음악을 틀어 놓는 모습이 흥미로웠다(펠리니는 동시대 이탈리아 감독들처럼 대사를 세트에서 녹음하지 않고 녹음실에서 후시로 녹음했다). 음악은 배우들을 흥겹게 만들어 줬고, 배우들의 몸놀림에 미묘한 리듬을 부여했다. 물론 음악은 상당수 장면에서 그 장면의 구성 요소로 자리한다. <8과 1/2>에는 오케스트라와 무도장의 밴드, 순회 뮤지션들이 등장한다. 배우들은 리듬에 맞춰 치밀하게 안무된 방식으로 움직인다. 대중음악과 춤곡을 결합시킨 니노 로타Nino Rota의 영화 음악은 배우들의 몸놀림에 흥을 돋운다.

펠리니만큼 공간을 잘 활용하는 감독은 없다. 그가 애용하는 테크닉 중 하나가 배경에서 움직이는 집단에 포커스를 맞추고는 트랙을 따라 움직이면서 맨 앞에 있는 사람들의 얼굴이 프레임 안으로 미끄러지듯 들어왔다 나가게 만드는 것이다. 전경全景을 담은 마스터 숏을 찍은 후, 관객을 맞이하는 것처럼 서 있는 캐릭터의 클로즈업으로 옮겨가는 것도 좋아했다. 그가 좋아했던 또 다른 테크닉은 걸어가는 캐릭터를 따라가다 캐릭터들이 카메라에 등을 돌릴 때 옆얼굴의 4분의 3 가량을 찍는 것이었다. 춤을 추는 사람이 다른 파트너가 합류하기 전에 카메라를 향해 춤을 추자고 초대하듯 웃음을 짓는 댄스 장면도 좋아했다.

이런 카메라 움직임 전부가 펠리니 특유의 퍼레이드 장면에 사용됐다. 어렸을 때부터 서커스를 좋아했던 펠리니는 영화에 늘 퍼레이드를 등장시켰다. 몇 사람은 앞에 서고 몇 사람은 저 멀리 서는 식으로 사람들이 한데 모여 공동의 목표를 향해 나아가거나, 같은 음악에 발을 맞추는 퍼레이드였다. 그러나 체계를 갖춘 정연한 퍼레이드가 아닌, 격식을 차리지 않는 분방한 퍼레이드였다. <8과 1/2>은 음악가들, 주요 캐릭터들, 펠리니가 영화에 즐겨 등장시켰던 '유형'의 그로테스크하고 엉뚱한 사람들이 벌이는 서커스 분위기의 퍼레이드로 끝을 맺는다.

<8과 1/2>을 되풀이해서 볼수록 영화에 대한 이해는 깊어만 간다. <8과 1/2>은 불가능한 듯 보이는 일을 해낸 영화다. 펠리니는 자신이 사용하는 트릭에 대해 관객들과 토론한다. 그는 관객들에게 트릭을 폭로하고 트릭에 대해 설명하면서 트릭을 해체하면서도, 동시에 관객을 속이는 마술사다. 그는 자신이 원하는 게 무언지를, 어떻게 그걸 손에 넣을 수 있는지를 모른다고 주장한다. 하지만 펠리니의 영화는 그가 그 모든 걸 정확하게 알고 있으며, 자신이 그런 지식을 갖고 있다는 사실을 기뻐하고 있음을 증명한다.

스틸 사진과 활동사진

메리 콜리스 Mary Corliss

나는 과거에서 살고 있다.

뉴욕현대미술관Museum of Modern Art in New York, MoMA의 영화 및 미디어 부서 보조 큐레이터로 일하는 나는 세계에서 가장 큰 영화 스틸 사진 컬렉션 중 하나인 영화 스틸 아카이브Film Stills Archive를 운영하고 있다. 학자들과 저널리스트들은 중요한 영화나 유명한 영화인들의 사진을 우리에게 요청한다. 요청을 받은 나는 지난 34년간 해 왔던 것처럼, 보관소에 있는 고색창연한 서류 캐비닛을 열고 한 세기 동안 축적된 영화 자료들을 탐색한다. 예술적인 가치가 있는 자료가 있는 반면, 우스울 정도로 가치 없는 자료도 있다. 상업적이고 키치에 가까운 자료가 있는가 하면, 더할 나위 없이 소중한 자료도 있다. 하지만 무엇보다 이 자료들은 인류의 기억에서 지울 수 없는 추억들이다.

로저 에버트의 저서 『위대한 영화』에 실릴 스틸 사진들을 찾는 작업을 하면서 영화의 역사, 무엇보다 1백 장의 사진에 담긴 기적 같은 영화의 역사를 새로운 시각으로 바라보게 됐다. 나는 무비 스타의 스틸 사진이 담긴 두툼한 '유명 인사 파일'을 뒤적거릴 때도 비슷한 경험을 한다. 유명 인사 파일을 통해 축약된 인생사를 볼 수 있다. 앞날이 창창한 젊은 배우의 풋풋함과 어색함, 영화감독의 솜씨로 가다듬어진 후 환한 빛을 발하는 스타의 매력, 세월의 흐름이 배우의 얼굴에 그어 놓은 잔인한 흔적과, 두터운 분장과 세심한 조명과 소프트 포커스라는 사진 기법으로 육체적 매력의 쇠락에 맞서 분투하는 스타의 안간힘이 한눈에 들어온다. 유명 인사 파일은 아름다움에 도취하는 인간의 본성과 어찌할 도리가 없는 인간의 유한성 모두를 하느님의 관점에서 바라볼 수 있게 해 주는 만화경이다. 그럼에도 영화 스틸 사진에 모습을 나타낸 스타들은 절정의 매력을 영원토록 뽐낼 수 있다.

영화 스틸 사진은 21세기를 살아가는 사람들로서는 값을 매길 수도 없는 보물을 19세기에 개발된 기술로 담아낸 유물이다. 그 유물에는 역사적 자료로서 위력과 정서적 예술로서 위력이 한데 어우러져 있다. 영화관에서 상영하는 이미지들(영사기를 통과한 이미지들은 관객의 마음에 둥지를, 때로는 '영원한 둥지'를 마련하려고 필름을 탈출한다)처럼, 영화 스틸 사진은 영화적 사건을 입증하는 자료다. 기록된 이미지인 스틸 사진은 신문과 책, 잡지로 출판될 때 영화를 대표한다. 여러 세대에 걸친 영화 관객들(기사를 읽는 독자들, 스틸 사진을 본 사람들)은 출판된 스틸 사진을 보는 것이 영화를 기억하는 방식의 일부라고 무의식중에 배워 왔다. 영화 스틸 사진은 영화를 '계속 이어진 이미지들'이라는 본질적인 수준으로 되돌려 놓는다. 스틸 사진은 오래된 가족 앨범과 비슷하다. 가족 앨범 속의 다정한 얼굴들은 세월의 흐름에 따라 돌처럼 딱딱하게 굳어 버린다. 스틸 사진은 관객들의 상상력이라는 휴대용 박물관에 소장돼 있을 가능성이 높은 사진이다.

이 책을 읽는 당신의 눈길이 로저 에버트의 빼어난 글 솜씨를 떠나 각각의 리뷰에 딸려 있는 이미지에 맞춰지는 경우가 자주 생길 것이다. 당신이 에버트가 다루는 영화에 친숙한가 그렇지 않은가 여부와는 무관하게, 각 영화의 스틸 사진을 보는 당신은 영화의 비주얼과 정서적 내용을 머릿속에 그리게 될 것이다. <카사블랑카Casablanca>의 스틸 사진에서 험프리 보가트Humphrey Bogart와 잉그리드 버그먼Ingrid Bergman은 흘러간 세월을 얘기하고 있다. <시티 라이트City Lights>의 스틸 사진에서 앞을 보지 못하는 버지니아 셰릴Virginia Cherill은 방랑자 찰리 채플린 Charlie Chaplin에게 꽃을 건넨다. 그리고 채플린은 그녀에게 답례로 영원한 사랑을 선사한다. <사이코Psycho>의 스틸 사진에서 영화 역사상 가장 효성스러운 아들인 앤서니 퍼킨스Anthony Perkins는 어머니가 방금 전에 저지른 범죄에 대한 공포에 질려 손으로 입을 틀어막고 있다. 로버트 드 니로Robert De Niro가 쓰러진 상대를 바라보며 서 있는 <분노의 주먹Raging Bull> 스틸 사진은 채찍질 자국과 마음의 상처를 피카소 스타일로 앙상블라주한 것 같다.

프랑수아 트뤼포François Truffaut는 데뷔작 <400번의 구타Les Quatre Cents Coups>를 어린 주인공의 프리즈 프레임으로 끝맺으면서 스틸 이미지의 위력을 인정했다. 그 장면은 앙투안 두아넬(장피에르 레오Jean-Pierre Léaud)의 한 순간을 포착한다. 그의 미래는 불투명하다. 험난한 세파를 이제 막 처음으로 겪어 낸 그의 얼굴은 '이제는 뭘 해야 하지?' 하고 묻는 듯하다. 영화 스틸 사진의 본령이 그것이다. 스틸 사진은 배우, 장면, 영화, 시대의 정서와 흥분을 냉동 보존한다. 영화는 사랑스럽지만 덧없는 생명체들에게 영생을 부여한다. 스틸 사진은 영화라는 나비를 액자에 고정시키는 핀과 같다. 스틸 사진은 시간을 증류 농축한다. 시간을 보존한다. 정확히 말하면, 이 책에 들어 있는 스틸 사진 대부분은 각각의 영화에서 추출한 사진은 아니다. 다시 말해 이 책의 사진들은 영화의 한 프레임, 그러니까 35밀리미터 프레임을 확대한 것이 아니다. 일반적으로 이 책의 사진들은 촬영장에서 영화를 촬영할 때 사진을 찍으라고 영화사에서 고용한 '전속 사진가'가 찍은 작품들이다. 이 책에 실린 스틸 사진들은 스타의 홍보용 사진을 비롯해 영화의 매혹적인 장면으로 미래 관객의 구미를 동하게 만들 목적으로 찍은 제품 판매용 사진들이다. 그러나 대부분의 상업적 예술이 그렇듯, 스틸 사진 역시 정서적인 차원에서, 미학적인 차원에서 나름의 영광을 보여 준다. 옛날 할리우드 영화의 스틸 사진을 힐끔 보는 것만으로도 그 시대의 분위기를 단박에 떠올릴 수 있다. 스틸 사진은 감독의 스타일을 보여 준다. 스틸 사진을 보는 우리는 화려했던 시절의 세트와 의상의 세밀한 분위기를 떠올리게 되고, 스타뿐 아니라 세월의 흐름에 따라 잊힌 연기자들의 외모와 분위기를 꼼꼼히 살펴보게 된다.

특정 장면을 완벽하게 담은 이미지로 남고 싶어 하는 스틸 사진은 우리의 기억을 거머쥐는 운명을 타고나기도 한다. 1930년대에는 대공황을 겪어야 했던 빈민들을 담기 위해 어마어마한 뉴스 필름이 소비됐다. 그러나 당대를 겪은 사람들을 가장 감동적으로 담아낸 초상은 사진작가 도로시아 레인지Dorothea Lange가 농업성을 위해 찍은 사진들이다. 걸인과 때에 전 농부, 빈곤의 횡포에 상처 받은 가족이 암담한 미래를 텅 빈 시선으로 바라보는 모습 등이 담긴 레인지 사진의 예술적 생동감은 불안에 떠는 환자에게 슬픈 진단 결과를 말해 줘야 하는 의사의 심정을 떠올리게 한다. 그 사진들은 상실과 절망을 읊은 시다.

할리우드 영화는 감동과 안도감이라는 서로 다른 시를 추구했다. 그들은 꿈을 좇는 아름다운 사람들에 관한 동화를 들려줬다. 할리우드는 평범한 배우를 찍은 사진을 아이콘으로 탈바꿈시키는 것으로 과업을 수행했다. 밝고 환상적인 순간을 따로 떼어 낸 영화 스틸 사진은 할리우드의 생산성을 한껏 제고했다. 스틸 사진의 임무는 영화의 매혹적인 순간을 단일 프레임이라는 캡슐에 담는 것이다. 그것도 가장 황홀하게, 가장 예술적으로. 최고 수준의 스틸 사진은 영화의 핵심과 스타 배우의 정수를 포착했다.

배우라고 모두 스틸 사진의 사진발을 잘 받은 건 아니었다. 바쁘게 뛰어다녔던 연기자들(제임스 캐그니James Cagney, 진 켈리Gene Kelly, 제리 루이스Jerry Lewis)은 카메라 셔터 앞에서는 흐릿하게 보이는 피사체에 불과했을 것이다. 하지만 평온하고 냉담하게, 그리고 상냥하게 사내들이 실수하기만을 기다릴 줄 아는 여신의 이미지를 스크린에서 굳힌 그레타 가르보Greta Garbo나 마를레네 디트리히Marlene Dietrich 같은 하늘의 별 같은 배우들에게 카메라는 엄청나게 이상적인 장치였다. 이 배우들은 말 그대로 조각 같은 매력을 풍겼다. 그리고 스틸 카메라는 그들의 평온함을 기록해서 그들의 이미지를 한껏 높여 줄 이상적인 기계였다. 자신들과 카메라 사이의 공생 관계를 알고 있던 최상급 여배우들은 스틸 사진작가와 대단히 끈끈한 직업적·생산적 관계를 유지했다. 가르보는 루스 해리엇 루이즈Ruth Harriet Louise와 클래런스 싱클레어 불Clarence Sinclair Bull, 디트리히는 유진 로버트 리치Eugene Robert Richee와 윌리엄 월링 주니어William Walling, Jr.와 돈독한 관계였다. 『위대한 할리우드 인물 사진작가의 예술The Art of the Great Hollywood Portrait Photographer』이라는 책에서 존 코발John Kobal은 디트리히가 "자신에게는 출연작보다 스튜디오에서 찍은 사진이 훨씬 중요하다"고 믿었다고 밝혔다.

뉴욕현대미술관의 영화 스틸 아카이브는 『포토플레이Photoplay』지가 소장했던 1백만 장의 사진 컬렉션을 발판으로 문을 열었다. 영화가 아직 실험의 대상이던 영화 초창기인 1890년대부터 할리우드 황금기의 말미에 다다른 1948년까지 촬영된 영화 관련 사진들이었다. 현재 뉴욕현대미술관은 주요 국가, 감독, 배우, 영화 및 각각의 시대를 대표하는 4백만 장 가까운 스틸 사진을 소장하고 있다. 1920년대, 1930년대, 1940년대에 촬영된 사진들은 아주 세심하게 촬영된 후 질긴 섬유질

종이에 인화됐기 때문에 아직까지도 훌륭한 상태를 유지하고 있다. 영화가 존재하는 한, 스틸 사진도 존재할 것이다.

때로는 스틸 사진이 영화보다 장수하는 경우도 있다. 많은 영화, 특히 무성 영화 시대의 영화들은 행방불명이거나 지상에서 사라진 것으로 추정되고 있다. 예를 들어 그레타 가르보가 출연한 빅터 시스트룀Victor Seastrom 감독의 <천상의 여인The Divine Woman>은 관객을 감질나게 만드는 필름 한 통만 남아 있다. 1948년 이전에 만들어진 질산염을 함유한 필름들이 눈뜨고 보기 힘들 정도로 상태가 나빠진 반면, 종이에 인화된 사진들이 1백 년 넘게 남아 있을 수도 있다는 것은 슬프지만 엄연한 사실이다. 그 결과 영화의 존재를 시각적으로 입증할 수 있는 증거가 영화 홍보를 위해 찍었던 영화 스틸 사진 컬렉션인 경우가 많다. 1968년에 게리 케리Gary Carey가 조직했던 뉴욕현대미술관 전시회 '실전된 영화들의 스틸 사진Stills from Lost Films'은 유명한 실전 영화들이 남긴 엄청난 양의 스틸 사진을 확대해 전시하는 내용으로 꾸며졌다.

다행인 것은 영화사들이 제작하는 영화를 장면마다, 때로는 숏마다 철저히 기록에 남기라고 전속 사진작가에게 지시했다는 점이다. 1920년대와 1930년대에는 '소품' 영화조차 스틸 사진이 수백 장에 이른다. 이런 스틸 사진이 존재한 덕에 학자들은 실전된 영화를 '재창작'할 수 있었다. 역사가 필립 K. 라일리Philip K. Riley는 론 채니Lon Chaney가 출연한 <한밤이 지난 런던London After Midnight>을 재구성한 책을 출판했다. 허먼 G. 와인버그Herman G. Weinberg도 에리히 폰 슈트로하임Erich von Stroheim이 연출하고 출연한 1928년 영화 <결혼행진곡The Wedding March>에 관한 비슷한 책을 출판했다. 1999년, TNT 방송국의 의뢰를 받은 릭 슈미들린Rick Schmidlin은 남아 있는 필름과 수백 장의 스틸 사진을 재구성해 슈트로하임이 감독한 전설적인 영화 <탐욕Greed>을 네 시간짜리 버전으로 만들어 냈다. 이런 노력들은 스틸 사진이 위태로운 지경에 처한 영화 매체의 소중한 가공물을 끼워 맞추는 데 중요하고 유용하다는 점을 입증한 사례다.

이 책은 영화 스틸 아카이브에서 일하는 내가 매일 깨닫는 진리를 증명할 것이다. 영화 스틸 사진은 먼지 묻은 역사적 기록 이상의 것을 담고 있다. 우리는 스틸 사진을 보면서 영화의 장엄한 과거를 정확하게, 그리고 순수한 상태로 떠올린다. 스틸 사진은 영화감독의 비전이 영원함을 증명하고, 영화의 매력 속으로 사람들을 유혹한다. 스틸 사진은 영화 애호가가 가진 추억이 최고의 추억인 까닭을 입증한다. 스틸 사진이라는 과거의 유물은 활동사진이 얼마나 감동적일 수 있는지를 보여 준다.

나는 에버트와 인연이 굉장히 깊다고 생각한다. 내가 번역을 직업적으로 시작했을 때 의뢰받은 첫 글이 에버트의 영화 리뷰였고, 처음으로 의뢰를 받은 단행본 번역이 최보은 선배와 작업한 『위대한 영화 1』이었다. 『에스콰이어』 한국판에서 마감을 앞두고 급히 번역해 줬으면 하는 기사가 있다는 연락과 함께 메일로 받은 파일을 열어보니 에버트를 인터뷰한 기사였다. 그리고 얼마 지나지 않아서는 에버트의 자서전 『로저 에버트: 어둠 속에서 빛을 보다』를 번역하게 됐다. 이처럼 20년 가까이 여러 인연을 맺었으니 에버트와 나는 거리에서 잠깐 스쳐가는 수준은 훌쩍 뛰어넘는 수준의 인연이라고 말해도 무방할 듯하다.

에버트의 자서전을 한창 번역하던 중이었다. 한국에서 몇 손가락 안에 드는 실력을 가진 명리학자 분을 몇 번 만나 가르침을 듣는 기회가 생겼다. 나 자신의 명命에 대해 궁금한 걸 묻고 그에 대한 고견을 들었는데, 자리가 파할 무렵에 에버트 생각이 났다. 에버트의 사주를 보고 무슨 말씀을 하실지, 나와 에버트의 합습은 어떻다고 하실지 궁금했다. 그래서 에버트의 이름도 어떤 사람인지도 말씀드리지 않고는 검색으로 찾아낸 에버트의 생일을 보여드리며 "이 사람의 사주는 어떻게 보시느냐?"고 여쭸다. 그런데 그분이 에버트의 사주를 보시고 하신 말씀은 무척이나 생뚱맞았다. "이 사람은 범죄 영화에 자주 나오는 장면처럼 백열등 하나만 켜진 어두운 방에서 범인을 날카롭게 심문하는 형사 같은 사람"이라는 거였다. 전혀 예상치 못한 말씀으로, 무슨 뜻인지 가늠이 되지 않았다.

오랫동안 세계에서 가장 유명한 영화평론가라는 소리를 들어온 사람의 사주를 물었는데 '범인을 심문하는 형사' 같은 사람이라니. 내가 찾은 생일이 잘못된 게 아닌지 의아해하던 중에 에버트의 생일도, 그분의 사주풀이도 잘못된 게 아니라는 걸 퍼뜩 깨달았다. "백열등 하나만 켜진 어두운 방"은 다름 아닌 극장이었고, '심문당하는 범인'은 상영되는 영화였다. 에버트는 영화와 관련된 내용을 꼬치꼬치 캐물으며 그 안에 담긴 얘기를 속속들이 캐내려는 형사 같은 사주를 타고난 사람이었던 것이다. 에버트의 자서전에 부제를 붙이고 싶은데 알맞다고 생각되는 제목이 있느냐는 출판사의 물음에 "어둠 속에서 빛을 보다"라는 부제를 제안한 건 암 투병 과정에서 턱뼈를 제거해야 하는 바람에 얼굴이 심하게 변했는데도 그에 굴하지 않고 칠흑 같은 어둠 속에서도 한줄기 빛을 찾아내려는 사람처럼 열심히 대외적인 활동을 하던 에버트의 삶의 태도를 반영한 제목이라서 그런 것이기도 했지만, 어두운 극장에서 빛으로 영사되는 영화를 냉철한 눈으로 분석하는 영화 평론가라는 에버트의 직업을 반영한 제목이라 생각해서 그런 것이기도 했다.

그런데 에버트의 역할은 단순히 어둠 속에서 빛을 보는 데에만 머무르지 않았다. 그는 어둠 속에서 빛을 보고는 아직 그 빛을 보지 못한, 또는 빛을 봤지만 그 빛의 진가를 제대로 알아보지 못하는 대중에게 그 빛이 안겨 주는 감흥을 편견 없는 마음으로 쉽게 전달하려고 애쓰는 해설자이기도 했다. 나는 빛의 진가를 제대로 파악하는 눈을 가진 것도 에버트의 장점이지만, 에버트의 진정한 미덕은 '쉽게 전달하려고 애쓰는' 부분에 있다고 생각한다.

여기서 잠깐 에버트의 변해 버린 외모에 대한 이야기를 해야 할 것 같다(인터넷을 검색해보면 내가 말하는 에버트의 얼굴을 쉽게 볼 수 있다). 에버트 이야기를 하면서 외모 이야기를 꺼내는 건 내가 사람의 외모에 대한 편견을 갖고 있기 때문도 아니고 에버트의 얼굴을 구경거리로 삼겠다는 의도에서 그러는 것도 아니다. 에버트의 변해 버린 얼굴을 본 사람이라면 알겠지만, 솔직히 그 얼굴은 어지간한 사람이라면 하루아침에 달라져 버린 자기 모습을 남들에게 보여 줄 엄두를 내지 못해 세상과 담을 쌓으려고 들 것만 같은 얼굴이다. 그런데 에버트는 변해 버린 얼굴을 세상에 드러내는 것을 조금도 마다하지 않았다. 에버트는 『에스콰이어』와 인터뷰를 하면서 잡지에 실을 초상 사진을 위해 카메라 앞에서 스스럼없이 웃음을 지어 보일 정도로 용감한 사람이었다(나는 그 사진을 자서전의 표지로 삼자고 제안했고, 출판사는 내 제안을 받아 줬다). 순전히 내 주관적인 의견이지만, 나는 자신의 달라진 외모를 대수롭지 않게 받아들이는 그의 태도는 온전히 영화를, 궁극적으로는 인생을 바라보는 그의 철학에서 비롯한 것일 거라고 짐작한다.

나는 에버트가 삶에서 중요하게 여긴 것은 세계와 영화의 겉모습이 아니었다고, 우리 눈에 훤히 보이는 게 아니었다고 생각한다. 범행 현장을 꼼꼼히 살피고 피의자의 진술에 바짝 귀를 기울이는 형사에게 중요한 것은 현장의 모습과 피의자의 진술 자체가 아니라 결국에는 어떤 사건이 왜 일어났고 어떤 방식으로 일어났느냐를 파악하는 것이듯, 에버트가 영화를 보며 중시한 건 관객의 말초 신경을 한껏 자극하겠다는 목표에만 주력하며 연출된 화려한 영상과 압도적인 음향이 아니라 영화를 만든 이들이 관객에게 전달하고자 하는 바가 무엇이며 그것이 얼마나 효과적이고 진솔하게 전달되느냐 하는 것이었을 것이다. 『위대한 영화』 시리즈에 간간이 등장하는, 이렇다 할 알맹이는 하나도 없이 현란한 영상만 생각할 틈도 주지 않고 늘어놓는 것으로 관객들을 현혹시키려 드는 영화에 대한 에버트의 혹평은 바로 그런 그의 영화 철학에 바탕을 뒀을 것이다. 『위대한 영화』에 실린 글을 읽어 본 독자라면 내가 하는 말에 동의할 거라 생각한다.

　그런데 반드시 강조하고픈 말이 있다. 『위대한 영화』 시리즈는 단 한 글자도 틀린 구석이 없는, 누구나 추앙해야하는 신성한 경전이 아니라는 것이다. 이 시리즈를 경전처럼 추앙하는 이가 있다면 에버트는 고개를 설레설레 저을 것이라고 생각한다. 에버트는 이 시리즈에 영화 평론가라면, 그리고 영화를 사랑하는 이라면 누구나 명작이라고 동의할 영화들에 대한 '에세이'(리뷰가 아니라는 점을 주목하라)를 수록했지만, 만장일치의 동의를 이끌어내지는 못하는 영화일지라도 그때그때 일어난 시사적인 이슈와 관련 있는 수작을 수록한 경우도 많다. 가끔은 '왜 이런 영화를?'이라는 의문이 생기는 영화를 수록해 놓기도 했다. 그래서 나도 에버트가 선정한 영화들의 명단에 100퍼센트 동의하지는 않는다. 각각의 영화들에 대한 에버트의 평가와 의견에 100퍼센트 공감하는 것도 아니다. 에버트도 자신의 글을 읽는 사람이 하나같이 그렇게 해 주기를 바라지는 않았을 것이다.

　에버트가 『위대한 영화』 시리즈를 집필하면서 세운 목표는 자신보다 늦게 영화와 사랑에 빠진 사람들을 위해 정성껏 길을 안내하는 길잡이 역할을 하겠다는 거였을 것이라고 생각한다. 때로는 길 안내가 틀렸을 수도 있고 제대로 된 길이 어느 쪽이냐에 대해 안내를 받는 이와 의견이 엇갈릴 수 있지만, 그래도 초행길에 나선 길손들에게 전체적인 여로에 대한 정보를 제공하고 여정에 대한 감感을 제공하는 길잡이 역할 말이다. 그렇기에 에버트가 시사적인 이슈와 관련된 영화들을 실은 건 실생활에서 일어난 사건에 관심을 기울이는 사람들에게 그와 관련이 있는 영화를, 그것도 좋은 영화를 감상하면서 실제 사건을 더 깊이 있게 이해하는 한편으로 영화에 대한 애정도 더 깊어지게 만드는 계기를 제공하겠다는 의도에서였을 것이다.

앞서도 에버트의 장점이라고 언급했지만, 에버트는 무척 쉬운 글을 쓰는 것으로 그 의도를 효과적으로 실행에 옮기려 애쓴다. 영화 평론을 전공하는 전문가들이나 이해할 법한 전문적인 용어는 최대한 피하면서 이해하기 쉬운 비유와 평범한 용어들을 사용하려 노력한다. 이것은 다양한 배경을 가진 불특정 다수의 독자를 상대로 읽고 이해하기 쉬운 글을 써야 하는 신문기자였다는 에버트의 출신 배경이 반영된 특징일 것이다.

그렇게 쉽게 읽히는 글을 쓰면서도 두고두고 곱씹어 볼만한 촌철살인의 문장들도 자유자재로 구사한다는 엄청난 장점에 매력을 느껴 에버트를 좋아하다가 『위대한 영화 1』을 번역하는 기회까지 잡은 2003년에, 나는 직업적인 번역의 길에 처음 들어선 초짜였었다. 그러고서 16년이 지난 지금, 세상은 변했다. 『위대한 영화 1』이 나올 때만 해도 회원들에게 회비를 받고 DVD를 대여하는 업체에 불과했던 '넷플릭스'가 지금은 영화를 비롯한 각종 영상 콘텐츠를 세계 전역에 VOD로 유통하고 때로는 직접 콘텐츠를 제작하기까지 하는 업체로 변모한 것에서 볼 수 있듯, 미국에서 『위대한 영화 1』과 『위대한 영화 4』가 출판된 시기 사이에 세상은 어마어마하게 변했다.

영화라는 (예술 및 오락) 매체가 제작되고 유통되고 소비되는 방식도, 영화를 대하고 즐기는 사람들의 태도도 변화의 예외는 아니었다. 이 시리즈에 실린 영화 중에는 내가 비디오로 처음 봤던 영화들이 많다. 보고 싶은 마음은 굴뚝같지만 극장에서 볼 길이 전혀 없는 영화들을 보는 방법은 비디오를 구해서 보는 것밖에는 없던, 그나마도 구하기 쉽지 않던 비디오를 빌리려고 버스로 왕복 1시간 거리의 대여점을 찾아가 한꺼번에 몇 편을 빌려서는 보고 반납하러 다시 대여점을 찾던 시절이 있었다(마우스 몇 번 클릭하면 보고픈 영화를 VOD로 감상할 수 있는 요즘, 이 글을 읽는 독자 중에는 비디오가 무엇이고 비디오 대여점이 어떤 곳인지를 모르는 이도 있을 것이다). 내가, 그리고 에버트를 비롯한 앞선 시대의 사람들이 영화를 보려고 그 정도 정성을 쏟았었다는 자랑을 하려는 게 아니다. 정성을 쏟아 가며 감상한 영화에 대해 품는 애정과 편하고 쉽게 구한 디지털 파일을 재생하고는 주변에서 일어나는 잡다한 일에 정신이 팔려가며 대충대충 보고 넘기는 영화에 품게 되는 애정은, 그리고 거기서 받는 감동과 느끼는 재미는 분명 차이가 있다는 이야기를 하려는 것이다. 영화를 팝콘처럼 쉽고 가볍게 소비하는 세상이 됐다고 비난을 하고 싶지는 않다. 그건 시대의 흐름을 거스르려는 어리석은 짓이니까. 하지만 영화를 보고 즐기는 세상의 태도가 이렇게 바뀐 것이 무척이나 안타까운 마음이 드는 건 사실이다. 에버트도 영화를 즐기는 사람들의 태도가 변한 것을 심히 애석해했을 것이다. 그래도 『위대한 영화』 시리즈를 읽는 분들은 영화에 대한 애정이 남다른 분일 거라고, 그래서 에버트가 안타까워할 일은 없을 거라고 믿는다.

시간이 흐르면서 변한 건 세상과 영화, 관객의 태도만이 아니다. 나도 변했다. 에버트는 <달콤한 인생La Dolce Vita>에 대한 에세이에서 그 영화는 예나 지금이나 변한 게 없지만 그 영화를 바라보는 자신의 시각은 나이를 먹어 감에 따라 달라졌다고 썼다. 세월이 흐르는 동안 영화를 바라보는 에버트의 시각이 변했던 것처럼, 에버트의 글을 처음 번역한 이후로 많은 시간이 지나는 동안 (바라건대) 지식도 쌓고 조금이나마 트인 눈으로 세상을 보게 된 내 생각도 많이 변했다.

네 권을 한꺼번에 번역하는 만만치 않은 작업에 착수하기로 마음 먹은 건 그런 변화를 바탕으로『위대한 영화』시리즈를 작업하면 조금 이나마 나아진 솜씨로 에버트의 세계를 조금이라도 더 정확하고 풍부하게 독자들에게 전할 수 있지 않을까하는 막연한 기대 때문이었다. 1권을 작업할 때에는 산전수전 다 겪은 최보은 선배라는 기댈 언덕이 있었지만, 이제는 온전히 모든 걸 혼자 떠맡아야했기에 두려움도 없지는 않았다. 하지만 에버트의 글을 좋아하는 팬으로서, 에버트와 인연이 깊다고 생각하는 사람으로서 최선을 다해보자는 마음가짐으로 앞서 작업했던『위대한 영화』1권과 2권을 다시 번역하고 3권과 4권을 새로 번역했다. 정성을 다하고 온힘을 쏟았지만 결과물로 나온 번역이라는 게 사람의 마음대로 되는 것은 아니라서 부족한 부분도 있고 오류도 있을 거라고 생각한다. 아무쪼록 내 부족한 실력이 에버트의 글에 누가 되지 않기를 바랄 뿐이다.

번역에 도움을 주신 분들이 많다. 누구보다도 오홍석 선배에게 많은 신세를 졌다. 선배가 이 시리즈에 실렸지만 구하기 쉽지 않았던 영화들을 구해주지 않았다면 번역 작업은 무척이나 험난했을 것이다. 번역 작업을 도와주면서 이런저런 격려를 해준 오홍석 선배에게 감사드린다. 번역하는 내내 물심양면으로 도와주신 한상진 선배에게도 감사드린다. 전인한 교수님은 바쁘신 중에도 알렉산더 포프의 시와 셰익스피어의 글을 번역해 주셨다. 감사드린다. 그 외에도 고마운 분들이 많다. 여기에 일일이 이름을 적고 인사드리지 못해 죄송할 따름이다. 그래도 그분들에 대한 고마움만큼은 결코 잊지 않을 것이다.

네 권짜리 시리즈를 한꺼번에 출판한다는 쉽지 않은 결정을 하고 작업을 맡겨 준 을유문화사 임직원 분들께도 감사드린다. 그분들의 노고가 있었기에 모자란 번역이 좋은 책으로 탈바꿈됐다고 생각한다.

마지막으로, 이 글은 에버트에게 너무 뒤늦게 보내는 팬레터이기도 하다. 생전에 에버트가 쓴 다른 책의 번역 의뢰가 들어왔을 때 계약금을 여비 삼고 저자를 직접 만나 번역의 질을 높이겠다는 구실을 내세워서는 시카고로 날아가 에버트를 만나겠다는 생각을 한 적이 있었다. 그런데 출판이 불발되면서 그 만남은 어디까지나 내 희망사항으로만 남게 됐다. 에버트와 나의 인연의 깊이는 딱 거기까지였던 것 같다. 그러나 생전의 그를 만났건 그러지 못했건, 나는 그의 글을 좋아하고 그의 인생과 삶의 태도를 존경하는 팬이다. 언제일지는 모르지만 훗날에 나도 가게 될 곳이라는 것만큼은 분명한 다음 세상에서 그를 만나면 당신의 글을 20년 가까이 번역하는 인연을 갖게 된 걸 크나큰 기쁨으로 여겼고 당신의 글을 굉장히 즐겁게 읽었다는 얘기를, 생전에 직접 만나 전했어야 옳았지만 안타깝게도 그러지 못했던 애정이 담긴 이야기를 해 주고 싶다.

2019년 10월
윤철희